KB217295

중국·북한 동맹관계

불편한 동거의 역사

중국·북한 동맹관계

불편한 동거의 역사

최명해 지음

머리말

중국-북한 동맹관계가 동북아 국제정치에 미친 영향은 지대했다. 그것은 한·미 동맹관계에 '대칭'되는 하나의 축으로 간주되면서 한반도를 둘러싼 국제정치의 동학을 규정해 왔다. 탈냉전 이후에도 중·북 동맹조약은 여전히 유지되고 있다. 이것은 한반도 통일이라는 미래 상황의 전개과정에서도 중·북 동맹관계의 중요성이 지속될 것임을 말해 준다. 그럼에도, 양국 동맹관계에 대한 초보적 연구조차 미진한 것이 사실이다.

이러한 현상이 나타나게 된 원인을 두고 흔히 두 가지 한계성이 지적되고 있다. 하나는 자료 부족의 문제이고, 다른 하나는 중국과 북한 연구자 간 소통의 문제이다. 그러나 필자는 외람되지만 생각을 조금 달리하고 있다. 공개된 1차 사료가 거의 없다고는 하지만, 다소의 품을 들이면 사실 탐독해야 할 문헌들이 오히려 너무 많다고 느낀다. 그리고 북한·중국 문제와 관련된 각종 연구활동들이 거의 매일 같이 진행되는 최근의 고무적 현실을 감안할 때 연구자 간 소통의 문제도 설득력이 떨어져 보인다. 필자는 중·북 동맹관계에 대한 연구부족은 역시 가정된 선입견 탓이라 생각한다.

지금까지 중·북 동맹관계는 크게 보면 세 가지 관점에서 조망된 측면이 있다. 그것은 '세력균형'론, '특수관계'론, '위기관리'론이라 할 수 있다. 우선 '세력균형'론은 북·중·소(러) 북방 삼각관계와 한·미·일 남방 삼각관계의 대립과 경쟁이라는 시각에서 동북아 국제정치의 큰 틀을 규정하고, 중국과 북한 관계를 강대국 국제정치의 종속변수로 설명했다. 한반도가 강대국 세력균형 경쟁의 각축장으로서의 역할을 해 왔음을 생각할 때 이러한 설명방식은 타당한 면이 분명히 있을 것이다. 그러나 중·북 관계를 조망할 때 가장 커다란 '역사의 수수께끼'는, '동맹 관계'에 있었음에도 양국 관계는 끊임없는 긴장과 갈등을 지속하였으며 긴밀한 유대의 시기는 오히려 예외적 현상이었다는 점이다. 우리가 동북아 세력균형론적인 관점만으로 중·북 관계를 고찰한다면, 양국관계에서 보인 긴장과 갈등의 역사는 그 의미를 상실한다. 또한, 동북아 국제정치의 고착된 구조의 강조와 그에 따른 '공고한' 중·북 관계를 하나의 상수로 간주한다면 중국의 대북 영향력을 과대평가할 수 있는 오류를 범하기 쉽다.

'특수관계'론은 어떤 특수한 역사적 경험에 초점을 맞추어 설명하는 것이다. 이러한 주장의 요지는 중국과 북한은 역사적으로 '공동 항일 투쟁' 또는 '공동 항미 투쟁'을 전개하였고, 이를 바탕으로 형성된 군사관계가 양자관계를 소위 '혈연적 동맹관계'로 유지시켜 왔다는 것이다. '특수관계'론의 가장 큰 문제점은 바로 그 용어 사용 자체에 있다. 도대체 중·북 양자관계의 특수성이 무엇인가에 대한 해답을 스스로 찾지 못하고 있다는 것이다. 이러한 시각은 현재의 중·북 관계를 동맹에서 전략적 협력관계로 변화하였다고 주장하는가 하면, 과거의 특수관계가 현재는 국가이익을 기반으로 한 정상적 국가관계로 전환 중이라고 주장한다. 그렇다면, 과거에는 정상적 국가 대 국가 관계가 아니었다는 것인가? 선험적 경험에 비추어 볼 때, 아무리 혈맹적 유대를 보였다고 하더라도, 일반 국가관계에 무조건적 지원이란 있을 수 없다. 본문에서 자세히 논의하겠지만, 중·북 동맹관계사도 자세히 고찰하면 상호 국가이해의 조정 과정이었다. 따라서 과거의 어느 한 시점 또는 어떤 특수한 경험만을 모든 역사적 전개과정 속에 끼워 맞추는 것은 상당한 역사적 오류를 감수해야만 한다.

'세력균형'론이 강대국 경쟁의 시각이라면, '위기관리'론은 강대국 공조 또는 협조의 시각이다. 약소국의 취약성이 강대국에 대한 '순응'을 의미하는 것은 결코 아니다. 특히 약소 동맹국의 '불가 예측성' 또는 '모험주의' 자체는 강대국에 심각한 좌절감과 초조함을 가져다주기도 한다. 약소국은 좁은 범위의 자국의 사활적 이익에 관심을 집중시킨다. 그러나 상대적 강대국은 약소 동맹국의 국부적 이해보다는 국제체제의 거시적 안정이나 체제의 불안정이 초래할 부정적 결과를 더욱 우려한다. 최근 들어 북핵 위기가 시현되고 미·중 '고위급 전략 대화'를 관찰하면서, '위기관리'론의 시각은 많은 시장을 형성하고 있는 것이 사실이다. 다만, 이러한 시각은 왜 강대국 공조 체제의 등장에도, 한반도 문제해결에 많은 굴곡과 갈등이 나타나는지에 대한 적절한 해석은 여전히 불충분하다. 따라서 강대국 공조 체제의 한계성에 대한 적절한 설명이 제시되려면 북한이 이에 대해 어떤 인식과 전략을 가지고 대응해 왔는가에 대한 역사적 패턴이 중요한 관찰대상이 아닐 수 없을 것이다.

이처럼 위의 3가지 시각 모두 중·북 동맹관계를 설명하는 데 일정한 한계를 보이고 있다. 그렇다고 현 시점에서 거대담론이나 이론을 만들어 내기도 곤란하다. 왜냐하면, 양국 동맹관계가 어떻게 형성되고 어떤 역사적 패턴을 보이며 전개되어 왔는가에 대한 초보적 연구는 여전히 부족한 실정이기 때문이다. 필자가 이 책을 출판하고자 한 것도 바로 이러한 문제의식 때문이었다. 이 책은 필자의 박사학위 논문을 보완, 가필한 것이다. 필자는 역사적 전개 패턴에 대한 이해가 양자 동맹관계 연구에 가장 기초적인 작업이 되어야 한다는 생각으로 특정 시기별, 특정 분야별 접근이 아니라 통시적 맥락 속에서 접근해보고자 했다. 다만, 양자관계를 시기별로 개괄하기보다는 동맹은 '위협'과 관련된다는 이론적 교훈을 염두에 두고 어느 일방의 타방에 대한 단방향의 정책만이 아니라, 양자관계 상호작용의 동학을 그려보려 했다. 필자는 학위논문을 보완하는 과정 내내 현재의 중·북 관계의 긴장과 갈등은 과거 역사에 대한 이해 없이는 매우 설명하기 곤란함을 느꼈다. 사실 개인 관계와 마찬가지로 국가 간 관계도 과거 역사의 '기억'을 통해 현재의 상대방을 조망하는 측면이 강하다. 이 책이 중·북 양자관계의 묻혀진, 그러나 현재적 함의가 지대할 수 있는 역사의 '기억'을 되살림으로써 현재형으로 진행되고 있는 중·북 관계의 긴장과 갈등을 이해하는 데 미력하나마 도움이 되었으면 하는 바람이다.

이 책이 나오기까지 많은 분으로부터 너무나 귀한 도움을 받았다. 우선, 필자가 이 책에서 외람되이 나름의 문제의식을 보였다고는 하나 이 분야 선학들의 기존 연구 성과물이 없었다면 불가능했을 것이다. 이 책에서 참고한 훌륭한 연구업적들을 남겨주신 모든 선학들께 깊은 존경의 뜻을 표한다. 필자는 1999년부터 외교안보연구원에서 근무했다. 연구원에서의 경험은 필자의 인생에 가장 큰 영감을 불어 넣어준 소중한 시간이었다. 특히 박두복 교수님, 이동휘 교수님, 이서항 교수님, 배긍찬 연구실장님, 윤덕민 교수님은 중국 현지 방문의 기회를 여러 번 만들어 주셨고 늘 따뜻한 격려와 배려로 필자의 부족함을 채워주셨다. 지면을 빌어 연구원의 모든 분께 감사드린다. 그리고 필자의 학문적 일천함을 꾸중이 아니라 자상한 미소로 지도해 주신 고려대 서진영 교수님과 현인택 교수님의 학은(學恩)은 소중히 간직해야 할 기억이 되었다. 또한, 학문적 격려뿐만 아니라 늘 훈훈한 정으로 대해주신 조석제 박사님과 이인배 박사님, 동의대 김태완 교수님께도 감사드린다. 그리고 필자의 부족한 글을 흔쾌히 출판해 주신 부성옥 오름 출판사 사장님께도 깊은 감사의 말씀 올린다. 마지막으로, 생각이 미치면 늘 마음 한구석이 뭉클해지는 가족에게 미안함과 고마움을 전한다. 평소 변변한 도리 한번 다 하지 못한 필자의 죄스러움이 상쇄되기는 어렵겠지만 다소나마 위안이 되었으면 하는 마음으로 부모님과 아내, 두 아들에게 이 책을 바친다.

2009년 1월
저자 씀

차 례

제5장 중국의 대북 안보 우려와 '계산된 모호성' 275

서 론

제1절 풀어야 할 의문들

일반적으로 아나키적 국제정치 질서 속에서 각 단위 국가들은 대내외적 위협(threats)에 직면해 크게 두 가지 방식으로 국가 생존과 안전을 확보하기 위한 노력을 기울인다. 하나는 자체 군비증강을 통해 국가역량의 취약성(vulnerabilities)을 극복해 나가는 것이며, 다른 하나는 동맹 체결과 같이 외부역량을 이용해 위협을 관리·통제하는 것이다.[1] 특히 내부적으로 자원이 결핍되어 있고 대외적으로도 상대적 지위가 취약한 약소국이 국가안보를 확

1) 월츠(Waltz)는 전자를 내적 균형(internal balancing) 추구로, 후자를 외적 균형(external balancing) 추구로 부르고 있다. Kenneth N. Waltz, *Theory of International Politics* (Reading, Massachusetts: Addison-Wesley Publishing Company, 1979), pp.163-170. 한편 부잔(Buzan)은 이를 '국가안보(national security) 전략'과 '국제안보(international security) 전략'으로 대별하기도 한다. Barry Buzan, *People, States and Fear: An Agenda for International Security Studies in the Post-Cold War Era* (2nd ed.) (Boulder, Colorado: Lynne Rienner Publishers, 1991), Chapter 2-4.

보하는 "가장 간결하고 일상적인 방법은 강대국으로 하여금 (자국이) 군사적인 공격을 받을 때에 확실하고 명확한 지원을 약속하는 공식적인 방위동맹을 체결하도록 하는 것"이다.[2)]

이처럼 강대국 역량을 이용한 안보전략이 약소국의 일반적 패턴이라면 남한과 북한도 예외는 아닐 것이다. 남한은 1953년 미국과 「상호방위조약」을 체결하였다.[3)] 그런데 북한은 6·25전쟁 종전 이후 상당기간이 지난 시점인 1961년에 가서야 방위동맹의 성격이 포함된 「우호, 협조 및 호상 원조에 관한 조약」(이하 「조·소 조약」 및 「조·중 조약」)을 소련·중국과 거의 동시에 체결하게 된다. 그렇다고 북한이 중·소와의 동맹조약 체결의 필요성을 느끼지 못했다고 말할 수도 없다. 사실 북한은 6·25전쟁 이전부터 중·소와의 군사동맹 조약 체결을 강구했었다.[4)] 그렇다면, 왜 조약체결이 그토록 지연되었는가에 대한 문제 제기가 마땅히 있었어야만 했다. 그러나 이제까지 「조·중 조약」 체결 시점이 왜 1961년이었는가에 대한 문제 제기는 없었다.[5)] 중국·북한 동맹관계는 동북아 국제정치 질서에 지대한 영향을 미쳐온 하나의 요소임이 틀림없다. 그런 점에서 볼 때, 양국 간 공식적 동맹조약이 왜 1961년 7월에 가서야 성립되었는지에 대한 초보적 연구조차 진행되지 않았다는 사실은 그 자체가 흥미롭다.

---

2) 한델(Michael Handel), *Weak States in the International System* (London: Frank Class and Company Limited, 1981), 김진호 옮김, 『약소국생존론』(서울: 대왕사, 1995), p.138.
3) 「한미상호방위조약」 체결의 정치적 과정에 대해서는 Yong-Pyo Hong, *State Security and Regime Security: President Syngman Rhee and the Insecurity Dilemma in South Korea 1953-1960* (London: Macmillan Press, 2000); 김일영·조성렬, 『주한미군: 역사, 쟁점, 전망』(서울: 한울, 2003) 참조.
4) 김일성은 이미 1949년부터 소련에 대해 동유럽 공산정권과 유사한 우호협력조약 체결을 줄곧 요구해 왔으며, 중국에 대해서도 이와 유사한 요구를 했었다. 沈志華, 『毛澤東·斯大林與朝鮮戰爭』(廣州: 廣東人民出版社, 2003), p.48; 시모토마이 노부오(下斗米伸夫), 『アジア冷戦史』(東京: 中央公論新社, 2004), 이혁재 옮김, 『북한정권 탄생의 진실』(서울: 기파랑, 2006), pp.62-63.
5) 지금까지의 논의는 「조·중 조약」이 어떻게 성립할 수 있었는가 하는 점보다는, 단순히 '주어진 것'(given)으로 받아들인 경향이 강하다.

사실 중국과 북한, 소련과 북한의 관계는 1961년 조약에 근거하여 유지됐다고 해도 과언이 아니다. 북한과 중·소 모두 이 조약에 따라 동맹의무를 준수할 필요성이 있었고, 조약에 규정된 '공약'의 준수 여부에 따라 양자관계는 갈등과 협력이 착종되어 나타났다.[6)]

한편, 중국이 1950년 상대적 강대국이었던 소련과 우호동맹조약을 체결한 것을 제외하고 상대적 약소국과 공식적 동맹조약을 체결한 국가로는 북한이 유일하다. 따라서 「조·중 조약」 체결은 중국의 대외적 제휴(alignment) 행위에서 예외적 현상이다.[7)] 그런데 일반적으로 강대국은 약소국에 명문화

---

6) 1988년 4월 9일 *Far Eastern Economic Review*의 모스크바 특파원은 소련 외무부 고위관리의 다음과 같이 언급한 내용을 전하고 있다. "북한과 소련 양국관계는 1961년 우호조약에 입각하고 있다. 양국 모두 이 조약에 따라 의무를 준수하고 있으며 이 같은 양국관계에 만족하고 있다." 국방부, 『한반도 및 동북아 군사정세자료집(1988.4~1989.3)』(국방부 정책기획관실 국외정책과), p.191에서 재인용. 한·중 수교 이후 중국 국내외적으로 1961년 「조·중 조약」을 수정 또는 폐기해야 한다는 주장이 여러모로 제기되었지만(「産經新聞」, 2003년 7월 15일), 중국은 이를 부인하는 공식적 논평을 낸 바 있다(콩취엔(孔泉) 외교부 대변인 정례 브리핑, 2003년 7월 15일).

7) 동맹(alliance)과 제휴(alignment)는 본질적으로 국제협력과 관련된 유사한 관계현상이다. 양자 모두 구체적 위협에 대한 대항적 성격을 갖는 안보협력 관계를 지칭하고 있다. 그러한 협력 속에는 일정 정도의 안보공약과 혜택의 교환이 포함되어 있으며, 관계가 '방기'되거나 단절될 경우 일정 정도의 비용을 수반한다. 양자를 구분하는 가장 관건적 요소는 조약에 의한 관계의 공식화이다. 동맹은 조약에 의해 상호 의무나 공약을 보다 구체화시키고 정확성을 가미하는 데에 의미가 있다. 그러나 동맹조약을 통한 제휴의 공식화가 반드시 필요한 것은 아니다. 관련국의 이해관계가 너무나 분명하여 조화된 정책과 행위를 요하는 경우 동맹조약은 부연적인 것에 지나지 않을 수도 있다. 또한, 동맹의 공식화를 지양하는 것은 제휴관계에서 정책적 유연성을 유지하는 방법이기도 하다. 따라서 대부분 동맹이론가는 관계의 공식화가 중요한 것이 아니라 관련국 이해관계의 수렴, 즉 안보위협에 대한 공동인식이 중요할 따름이라고 주장한다. 이에 대한 구체적 논의는 Stephen M. Walt, *The Origins of Alliances* (Ithaca: Cornell University Press, 1987), p.1; Glenn Snyder, "Alliances, Balance, and Stability," *International Organization,* Vol.45, No.1(Winter 1991), p.125; Goerge Liska, *Nations in Alliance: The Limits of Interdependence* (Baltimore: Johns Hopkins University Press, 1962), p.3; Hans J. Morgenthau, "Alliances in Theory and Practice," in Arnold Wolfers (ed.), *Alliance Policy in the Cold War* (Westport, CT: Greenwood Press, 1959), p.186. 비공식적 동맹에

된 조약을 통해 안보공약을 명료하게 하지 않으려 한다. 왜냐하면, 약소국이 자신의 힘에 어울리지 않게 동맹 강대국에 대해 큰 영향력을 행사할 수도 있기 때문이다.[8] 따라서 모겐소(Morgenthau)는 동맹을 맺은 약소국이 결정을 강제하지 않도록 절대 허용해서는 안 되며, 강대국 자신의 이익을 약소국의 이익과 완전히 일치시키게 된다면 행동의 자유를 상실하게 될 것이라 경고한 바 있다.[9] 케넌(Kennan)도 현명하고 노련한 지도자는 불확실한 미래의 상황 때문에 "정부의 행위를 제한"할지도 모르는 공약을 될 수 있으면

대한 논의는 중국의 동맹행위를 이해하는 데 매우 중요하다. 중국이 조약을 통해 동맹을 공식화한 사례가 소련·북한과의 동맹 이외에는 존재하지 않기 때문이다. 신중국 성립 이래 중국이 제휴를 형성한 사례는 모두 6개국(소련, 북한, 북베트남, 파키스탄, 캄보디아, 타이)이다. 후자 4개국과는 공식 동맹 조약을 체결하지는 않았지만, 중국은 동맹국에 대한 안보공약을 제공하였으며, 안보협력과 공약의 성격 및 범위에 대해 양자 간 양해에 도달했었다. Michael R. Chambers, *Explaining China's Alliances: Balancing Against Regional and Superpower Threats* (Ph. D. Dissertation, Columbia University, 2000), pp.1-2; Michael R. Chambers, "Dealing with a Truculent Ally: A Comparative Perspective on China's Handing of North Korea," *Journal of East Asian Studies*, No.5 (2005), pp.35-75. 그런데 조약을 체결한다는 자체는 상대적 강대국에는 그만큼 정책적 유연성을 감소시키는 결과를 가져온다는 점도 유의해야 한다. 왜 그것을 감수하면서까지 관계를 공식화시켰느냐 하는 점은 여전히 중요하다. 동맹을 '외적 위협'에 대한 대응이라는 차원에서 보면, 제휴와 동맹 개념의 구별은 그다지 중요하지 않다. 그러나 동맹의 '내적 기능'(이해 갈등 관리의 수단)의 측면에서 보면 제휴의 공식화와 비공식화의 차이는 대단히 중요하다. 동맹의 내적 기능에 대해서는 다음 장에서 자세히 논의할 것이다.

8) 약소국도 일정한 제한적 영향력을 발휘할 수 있다는 주장에 대해서는 Robert L. Rothstein, *Alliances and Small Powers* (New York: Columbia University Press, 1968); Robert O. Keohane, "Big Influence of Small Allies," *Foreign Policy*, No.2(Spring 1971), pp.161-182; Chang Jin Park, "The Influence of Small States on the Superpowers: United States-South Korean Relations as a Case Study," *World Politics*, Vol.28, No.1(Oct. 1975), pp.97-117; Astri Suhrke, "Gratuity or Tyranny: The Korean Alliances," *World Politics*, Vol.25, No.4(Jul. 1973), pp.508-532; William Mark Habeeb, *Power and Tactics in International Negotiation: How Weak Nations Bargain with Strong Nations* (Baltimore: Johns Hopkins University Press, 1988).

9) Morgenthau, *Politics among Nations: The Struggle for Power and Peace* (5th ed.) (New York: Alfred A. Knopf, 1973), pp.545-546.

하지 않는다고 지적하고 있다.[10] 그뿐만 아니라, "성문화된 조약은 준수되어야 한다."(pacta sunt servanda)는 중요한 규범도 있는 것이다. 동맹을 깨는 것이 그렇게 간단하고 비용이 안 드는 것이 아니다. 즉 동맹을 깨는 국가의 신용이 추락할 것이며, 이로 말미암아 장차 다른 동맹에 가입하는 일이 어렵게 될 수도 있다. 그래서 국가들은 단기적 이익에 어긋남에도 동맹조약을 준수해야만 되는 경우도 있는 것이다.[11]

결국, 동맹조약 자체를 체결한다든지, 더구나 조약 규정상 공약 내용이 명료화된다든지 하는 것은 그만큼 정책적 유연성(flexibility)을 상실하게 하는 효과를 유발시킨다. 이러한 이유 때문에 약소국의 보호를 위한 동맹 공약에는 공식적인 군사지원이나 자동 군사개입조항을 명문화하는 규정을 포함시키지 않으며, 될 수 있는 한 공약을 모호하게 남기는 것이 일반적 현상이다.[12]

그런데 「조·중 조약」(61.7.11) 상에는 자동군사개입 조항으로 해석될 만큼 명료한 안보공약이 명시되어 있다. 또한, 같은 시기에 체결된 「조·소 조약」(61.7.6)보다도 강한 공약을 내포하고 있다. 그렇다면, 당시 중국지도부는

---

10) George F. Kennan, *The Fateful Alliance: France, Russia and the Coming of the First World War* (New York: Pantheon, 1984), 김계동, "한미동맹관계의 재조명: 동맹이론을 분석 틀로," 『국제정치논총』, 제41집 2호(2001), p.13에서 재인용.

11) 골드스타인(Joshua S. Goldstein), *International Relations* (4th ed.) (New York: Longman, 2001), 김연각 등 옮김, 『국제관계의 이해』(서울: 인간사랑, 2002), p.121.

12) 한델(Michael Handel), 『약소국생존론』, p.135. 미국은 어떠한 경우에서도 동맹국 조약에 유보 없이 자동 개입하는 공약을 한 적이 없다. 로벨(John Lovell), "미국의 군사동맹조약: 결정구조와 요소," 박동환 편저, 『주한미군의 전략가치』(서울: 국방연구원, 1990), p.5. 한미 동맹도 예외는 아니다. 「한미상호방위조약」으로 한국은 미국의 안보공약을 더욱 확고히 보장받을 수는 있었지만, 전쟁 발발 시 미국의 자동군사개입은 보장받지 못했다. 이승만은 조약에 유사시 미국이 '자동적이고 즉각적으로'(automatically and immediately) 개입한다는 구절을 넣고 싶어 했으나 미국의 반대로 관철시키지 못했다. 김일영·조성렬, 『주한미군: 역사, 쟁점, 전망』, p.71. 「한미상호방위조약」 제2조는 "당사국 중 어느 일국의 정치적 독립 또는 안전이 외부로부터의 무력공격에 의하여 위협을 받고 있다고 어느 당사국이든지 인정할 때에는 언제든지 당사국은 서로 협의한다."라고만 규정하고 있다(「대한민국과 미합중국간의 상호방위조약 제2조」, 외무부 집무자료).

현명하고 노련하지 못했다는 말인가? 왜 중국은 여타 제휴 행위와는 달리 북한과 공식적 동맹 조약을 체결했으며, 조약 내용상에서도 공약을 명료화 시켰는가? 그리고 「조·소 조약」의 경우보다도 강한 공약을 할 수밖에 없었는가? 또한, 「조·중 조약」 상에는 1950년 「중·소 우호동맹 및 상호원조 조약」(이하 「중·소 조약」)(50.2.14)과는 달리 어떤 특정 적대국이 명시되어 있지 않다. 중국은 1950년 2월 소련과 우호동맹조약을 체결하면서 구체적 '외적 위협'을 "일본 제국주의 및 일본 침략행위에 제휴하는 모든 국가"로 명시하였다.[13] 소련도 동유럽 공산국가와 동맹조약을 체결하면서 가상적국을 명시했다.[14] 그런 점에서 볼 때도 「조·중 조약」과 「조·소 조약」은 중국과 소련이 체결한 동맹조약 중에서도 매우 특이한 사례이다.

일반적으로 「조·중 조약」에 내재한 외적 위협대상은 "소련의 수정주의, 미 제국주의, 일본 군국주의, 남한의 파시스트" 모두를 포함하는 것으로 상정되어 왔다.[15] 그런데 여기서 주의 깊게 봐야 할 것은 중국과 북한이 각각 상정한 위협대상에는 우선순위의 차이가 드러날 수 있다는 점이다. 다시 말해 공동의 외적 위협에 대한 평가(threat assessment)가 서로 다를 수 있다는 말이다.

조약이 체결될 당시 중국이 우선하여 상정한 공동 위협의 대상은 '소련의 수정주의'일 가능성이 크다. 중국은 6·25전쟁 이전 동맹조약 체결을 원하는 북한의 요구를 거부했었다. 그런데 1960년 3월이 되면 종전의 입장에서 선회하여 북한과의 조약 체결을 내부적으로 검토하기 시작한다.[16] 통상적으로 분단국가의 어느 일방과는 동맹조약 체결을 꺼리는 것이 일반적이다. 이는 다른 일방의 동맹국을 불필요하게 자극하기 때문이다. 그런데 왜 1960년 3

13) 「중·소 조약」에 대해서는 唐灝, 『毛澤東中蘇結盟之行』(北京: 中國工人出版社, 2005), pp.199-200.

14) 국가안전기획부, 『소련의 「불가침·상호원조·우호협력」 조약집』(1981.2) 참조.

15) Chae-Jin Lee, *China and Korea: Dynamic Relations* (Hoover Press Publication, 1996), pp.59-64.

16) 中共中央文獻硏究室 編, 『周恩來年譜 一九四九~一九七六(中)』(北京: 中央文獻出版社, 1997), p.295.

월에 가면 기존의 태도를 바꾸게 되는가? 중국은 주변의 상대적 약소국과 '공식적' 군사동맹 관계를 체결하는 데에는 소극적 입장을 견지해 왔다. 북한이 유일한 케이스다. 사실 마오쩌둥(毛澤東)에게는 신중국 성립 이전부터 아시아 주변국과의 군사동맹 체결이 미국을 자극할 수 있다는 우려감이 있었다.[17] 따라서 중국은 과거 북베트남, 파키스탄, 캄보디아, 타이 등과 안보협력 관계를 유지하고 일정한 공약을 제공한 바 있으나, 이는 공식적 동맹조약에 의해서가 아니라 비공식적 제휴 형태로 진행되었다.[18]

한편, 북한이 소련을 공동의 위협대상으로 삼아 중국과 동맹조약을 체결할 수 있을 만큼 소련으로부터의 독자적 자율성을 확보하고 있었는지는 의문이다.[19] 북한은 「조·중 조약」에 앞서 그것과 거의 동일한 내용을 담은 「조·소 조약」을 체결하였다. 따라서 북한의 처지에서는 소련을 공동위협으로 간주하여 중국과 동맹조약을 체결할 수는 없었을 것이다. 북한이 중국과 동맹을 형성하고자 했던 가장 중요한 이유는 역시 "미 제국주의와 일본 군국주의, 남한 파시스트"에 대한 대응차원에서의 '대적(對敵) 균형'에 있었다고 볼 수밖에 없다.[20] 이는 김일성이 이미 1949년부터 소련에 대해 동유럽 공산정권과 유사한 우호협력조약 체결을 줄곧 요구해 왔으며,[21] 중국에 대

---

17) 1940년대 말 중국은 유럽의 코민포름에 필적하는 '동방정보국', 즉 당 관계 연락기구 창출을 시도하였으나, 이것이 미국으로 하여금 군사동맹으로 여겨질 것을 극히 우려하였다. 시모토마이 노부오(下斗米伸夫), 『북한정권 탄생의 진실』, pp.62-63.

18) Michael R. Chambers, *Explaining China's Alliances.*

19) 사실 중국과 소련으로부터 자율성을 가질 만큼 북한의 상대적 입지가 견고한 것은 결코 아니었다. 중·소 대결구도가 북한에 끼친 구조적 제약은 지금까지 일반적으로 생각해 왔던 것보다 훨씬 심각한 것이었다. Woodrow Wilson International Center for Scholars: Cold War International History Project (CWIHP), "New Evidence on North Korea," *CWIHP Bulletin,* Issue 14/15 (Winter 2003/Spring 2004).

20) 김일성은 중·북 양국 간에 「조·중 조약」 비준서가 정식 교환된 직후 개최된 1961년 9월 11일 조선로동당 제4차 대회 중앙위원회 사업총화 보고를 통해 「조·소, 조·중 조약」을 방위적이며 억지적 성격을 띤 것으로 규정하고 있다. 즉 외적 위협에 대항하는 '균형' 동맹으로서 정의하고 있다. 김일성, "조선로동당 제4차 대회에서 한 중앙위원회 사업총화 보고"(1961년 9월 11일), 서대숙 편, 『북한문헌연구: 문헌과 해제 I(조선로동당)』(서울: 극동문제연구소, 2004), pp.309-310.

해서도 이와 유사한 요구를 해 온 사실에 잘 반영되고 있다.[22)]

이러한 외적 위협 평가의 차이는 상대방의 행보에 대해 확신할 수 없게 만들어 상대방의 포지션 변화에 대한 불확실성을 증가시키게 마련이다. 다시 말해 안보상의 잠재적 위협이 제3의 대상으로부터만이 아니라, 상대방 자체의 행보에서도 비롯될 수 있다는 것이다. 이 책은 '외적 위협'에 대한 대응 차원에서만이 아니라, 상대방의 미래 행보에 대한 불확실성을 최소화시킬 수 있는 '관리규범'으로서의 북·중 동맹관계를 고찰하고자 한다. 필자는 「조·중 조약」은 적어도 중국의 관점에서 볼 때 북한의 행로변화와 그로 말미암아 야기될 수 있는 한반도 상황의 불확실성을 '관리'하기 위한 대응조치일 수 있다고 주장한다. 그리고 동맹형성 이후, 그 동맹관계의 유지도 바로 동맹형성의 목적, 즉 상대방의 불확실한 미래 행보에 대한 관리라는 측면에서 지속된 것으로 본다.

로스타인(Rothstein)은 동맹의 효과를 군사적 측면과 정치적 측면으로 구분하면서, 전자는 대적 억제라는 전통적인 '능력결집'의 모델로 설명하고, 후자는 "모험주의적" 동맹국에 대한 영향력 행사 및 행위 제한의 목적으로 동맹국 상호 간 마찰을 방지하기 위한 '내적 기능'(internal function)의 시각에서 설명한 바 있다. 그리고 양자가 명확히 구분되는 것이 아니며 상호 복합적으로 작용하는 것이지만, 분명히 목적의 우선순위는 있는 것이라 강조하고 있다.[23)] 로스타인의 관점으로 본다면, 중국의 대북 동맹정책의 주요한 초점은 후자에 맞추어졌던 것으로 판단된다. 이는 중국이 조약상 자동군사개입 조항으로 해석될 수 있는 제2조보다 상호협의 및 통보제를 규정한 제4조("체약 쌍방은 양국의 공동 이익과 관련되는 일체의 중요한 국제문제들에 대하여 계속 협의한다.")에 주안점을 두고 「조·중 조약」을 해석해 온 데에

---

21) 소련은 이러한 북한의 요구를 거부하고 「경제문화협조 조약」(1949.3.17)만을 체결하였다. 「주평양 소련대사 슈티코프의 조선대표단 방소에 관한 전보」(1949.1.19), 沈志華, 『毛澤東·斯大林與朝鮮戰爭』(廣州: 廣東人民出版社, 2003), p.48.

22) 시모토마이 노부오(下斗米伸夫), 『북한정권 탄생의 진실』, pp.62-63.

23) Robert L. Rothstein, *Alliances and Small Powers,* pp.49-52.

서도 잘 반영되고 있다.[24)]

상기와 같은 문제의식은 전통적 동맹이론을 재고찰할 것을 요구하고 있다. 동맹행위에 대한 보다 포괄적 이해를 위해서는 동맹을 외적 위협에 대한 공동의 안보협력만으로 이해하는 전통적 동맹관에서 벗어나, 동맹의 '외적 기능'(external function) 이외의 '내적 기능'도 아울러 파악할 필요가 있다. 다음 장에서 상술하겠지만, 동맹이 형성되는 데에는 '외적 위협'에 대한 공동 안보협력이라는 동기뿐만 아니라 여타 다양한 동인이 작용할 수 있다. 또한, 동맹 구성원들 상호 간에도 동맹형성의 동인이 서로 다를 수 있고, 그러한 동인의 상이성은 동맹에 대해 구성원들이 가지는 '기대치'(expectations)에 편차가 생기게 하며, 이것으로 말미암아 동맹유지의 정치적 동학이 드러나는 것이다.[25)]

따라서 이 책에서 우선하여 선행한 작업은 동맹형성 시 중국과 북한은 각기 어떤 동인을 가지고 있었는가 하는 점이다. 그런데 이에 대한 물음은 동맹조약이 왜 1961년에 가서야 체결되었느냐 하는 점을 먼저 파악하도록 요구했다. 조약 체결이 지연된 원인이 파악되어야 각기 어떤 목적으로 조약을 체결했는지를 말할 수 있기 때문이다. 이 책에서는 이러한 작업을 바탕으로 중·북 동맹의 '외적 기능'뿐만 아니라, '내적인' 동맹게임의 역동성을 그려내 보고자 했다.

사실 중·북 관계를 조망할 때 가장 커다란 '역사의 수수께끼'로 다가오는 점은, '혈맹 관계'임에도 양국 관계는 끊임없는 긴장과 갈등을 지속하였으며 긴밀한 유대의 시기는 오히려 예외적 현상이었다는 점이다.[26)] 그리고 현재

---

24) 전직 중국외교관과의 인터뷰.

25) 동인의 상이성이 반드시 상호 적대적 정책으로 구체화하는 것은 아니다. 서로 잠재적 위협으로 인식하더라도, 그러한 위협을 관리할 수 있는 기제를 마련하고 위협인식의 격차를 최소화하려는 노력이 전제된다면 긍정적 결과를 가져올 수도 있다. 이 점은 제2장 부분에서 상술할 것이다.

26) Chen Jian, "Limits of the 'Lips and Teeth' Alliance: A Historical Review of Chinese-North Korean Relations," Woodrow Wilson International Center for Scholars: *Asia Program Special Report,* No.115(September 2003), pp.4-10.

우리의 상식으로 다소 이해하기 어려운 점은 왜 북한이 한반도 문제 해결과정에서 줄곧 중국을 핵심적 당사자로 인정하기를 거부하며 배제시키려 했는가 하는 것이다.[27] 중국은 한반도 문제의 당사자해결 원칙을 강조하는 표면적 수사와는 달리, 한반도 문제 해결 과정에서 배제되는 것을 극히 꺼려왔다는 점을 고려할 때 그 궁금증은 배가된다.

결국, 우리가 동북아 세력균형론적인 관점으로 동맹의 '외적 기능'에만 주안점을 둘 경우, 중·북 양국관계에서 보인 긴장과 갈등의 역사는 그 의미를 상실할 것이다. 또한, 실제 정책적 측면에서도 동북아 국제정치의 고착된 구조의 강조와 그에 따른 공고한 중·북 동맹관계를 하나의 '상수'로 간주한다면 한반도 문제 해결에서의 중국 '역할'이 잘못 설정될 수도 있다. 중·북 관계의 긴장과 갈등의 역사를 이해하지 못한다면, 현재형으로 진행되고 있는 북한 문제 해법에 대한 중국의 역할 논의에는 하나의 '실종 고리'(missing link)가 생기는 것이다. 따라서 중·북 동맹관계의 내적인 정치적 과정에 대한 이해가 필수적으로 요구되고 있다. 이를 위해 이 책에서는 다음과 같은 물음에 초보적으로나마 답을 구해보고자 한다.

첫째, 「조·중 조약」 체결이 1961년까지 지연된 원인은 어디에 있었는가? 즉 조약이 성립될 수 있었던 맥락(context)은 무엇이었는가?

둘째, 조약은 어떤 동인(動因)들에 의해 성립되었는가? 그리고 중·북 양국은 각기 어떤 동인에 우선순위를 부여했으며, 그것은 어떤 내용(contents)으로 구체화되었는가?

셋째, 동인의 우선순위 차이는 양국 간 안보적 상호작용에 어떤 영향을 미치며 전개되었는가? 그리고 그 결과는 구체적으로 어떤 모습으로 나타났는가?

넷째, 그러한 동맹 내의 정치적 동학이 현재에는 어떠한 함의를 내포하고 있는가?

---

27) 북한의 '중국 배제론'은 본문에서 비교적 상세히 설명할 것이다.

제2절 기존 논의 방식의 문제점

국제정치 체제에서 중국은 중요한 행위자임이 틀림없고 또한 동맹이 국제관계의 가장 기본적인 현상 중의 하나라는 사실을 고려할 때, 중국의 동맹 행위를 설명하는 연구 작업이 극소수인 것은 매우 흥미로운 현상이 아닐 수 없다.[28]

중국의 제휴행위 패턴은 주로 미·중·소 간 '전략적 삼각관계'(strategic triangle)라는 분석 틀로 설명됐다.[29] 이는 국제정치 체제의 양극 구조에 의존한 설명 방식으로, 중국의 타국과의 제휴형성 및 유지는 주적(主敵)으로부터 오는 안보위협에 대처하기 위한 균형전략이라는 것이다. 그러나 미·중·소 '전략적 삼각관계'는 엄격한 의미에서 보면 중국의 제휴 행위를 설명한다고는 할 수 없다. 왜냐하면, 중국의 제휴행위는 소련과의 공식 동맹관계를 제외하고는 대부분이 주변국들과 전개되어 왔기 때문이다. 그럼에도, 중국과 주변국의 제휴관계와 관련한 학계의 대체적인 컨센서스가 형성된 것도 사실이다.[30] 그것은 '주적 균형'이라는 설명방식이 중국과 주변국의 관계에도 그대

---

28) Michael R. Chambers, *Explaining China's Alliances,* pp.1-2.

29) 전략적 삼각관계에 대한 논의는 Kenneth G. Lieberthal, *Sino-Soviet Conflict in the 1970s: Its Evolution and Implications for the Strategic Triangle* (Santa Monica: Rand Corporation, 1978); Lowell Dittmer, "The Strategic Triangle: An Elementary Game-Theoretical Analysis," *World Politics,* Vol.33, No.4(July 1981), pp.485-515; Herbert J. Ellison (ed.), *The Sino-Soviet Conflict: A Global Perspective* (Seattle: University of Washington Press, 1982); Gerald Segal, *The Great Power Triangle* (London: Macmillan Press, 1982); Ilpyong Kim (ed.), *The Strategic Triangle: China, the United States, and the Soviet Union* (New York: Paragon House, 1987); Philp Ming Chen, "The Triangle Relations: Communist China's Policies Toward the United States and the Soviet Union," in Peter Kien-hong & Philp M. Chen (eds.), *Models & Case Studies on Washington-Moscow-Peking* (Taipei: Asia and World Institute, 1987), pp.51-62 등 참조. 양안관계를 전략적 삼각관계의 틀을 이용하여 설명한 문헌은 吳玉山, 『抗衡或扈從: 兩岸關係新詮』(臺北: 正中, 1997).

30) Robert S. Ross and Paul H. B. Godwin, "New Direction in Chinese Security Studies," in David Shambaugh (ed.), *American Studies of Contemporary China* (New York:

로 적용된 것이다. 즉 중국과 주변국 제휴관계는 중국과 미·소 관계의 종속변수로 설명되어진 것이다. 다시 말해 중국의 주변국에 대한 제휴행위는 '전략적 삼각관계' 분석 틀의 하부 설명체계로 간주되었다.31) 이처럼 중국의 제휴행위를 설명함에 있어 기존 문헌은 주로 강대국 간 세력균형 시각에서 논의를 전개했다. 이 경우 지역 주변국은 강대국의 대리인(proxy)으로 간주되었다. 즉 주변국이 중국의 주적인 소련이나 미국과 어떤 관계를 형성하느냐에 따라 중국과 주변국 관계의 친소(親疎)가 결정되었다는 것이다.

중·북 동맹관계에 대한 논의도 동북아 세력균형적 시각을 바탕으로 전개됐다.32) 일반적으로 이러한 시각이 주류 견해를 형성하였다.33) 이러한 논리

Woodrow Wilson Center Press, 1993), pp.147-148.

31) Steven I. Levine, "China in Asia: The PRC as a Regional Power," in Harding (ed.), *China's Foreign Relations in the 1980s* (New Haven: Yale University Press, 1984) pp.107-145; Robert S. Ross, *The Indochina Tangle: China's Vietnam Policy, 1975-1979* (New York: Columbia University Press, 1988); Harold Hinton, "China as an Asian Power," in Thomas W. Robinson and David Shambaugh (eds.), *Chinese Foreign Policy: Theory and Practice* (New York: Oxford University Press, 1994), pp.348-372.

32) 중·북 관계를 혈맹이나 역사적 유대라는 역사적 시각으로 접근한 경우도 물론 있다. 이러한 주장의 요지는 중국과 북한은 역사적으로 '공동' 항일 투쟁을 전개하였고, 이를 바탕으로 형성된 군사관계가 양자관계를 소위 '혈연적 동맹관계'로 유지시켜 왔다는 것이다. 물론 특수한 역사적 경험이 양자관계를 결속시키는 요인으로 작용하였다는 데에는 반론의 여지가 없다. 그러나 중국과 북한이 외면적으로 표현하는 수사와는 달리, 그러한 역사적 경험이 오히려 양자 갈등의 근원으로 작용한 측면이 있음도 주목해야 한다. 결론부터 말하면, 동 시각은 '동맹관계'를 설명할 수 있는 '이론적 틀'을 제시하지 못한다. '역사' 요인은 중·북 간 안보적 상호작용에 있어 중요한 순기능으로 작용한 면도 있을 수 있으나, 오히려 갈등의 원인으로 작용한 측면이 있음을 간과해서는 안 된다. 다시 말해 '역사' 요인을 양국 '동맹' 관계의 지속성 및 동학을 설명하는 독립변수로 설정할 수는 없다는 것이다. 다음 장에서 상술하겠지만, 동맹이란 본질적으로 '위협'에 관련된 것이고, 그러한 '위협'은 각자가 상정한 안보적 이익에 따라 다르게 해석되며, 이로 말미암아 동맹관계의 정치적 동학이 발생하는 것이다.
역사적 요인이나 인적 유대를 강조한 논문으로는 이종석, "탈냉전기의 북한·중국관계," 장달중·이즈미 하지메 공편, 『김정일 체제의 북한: 정치·외교·경제·사상』(서울: 아연출판부, 2004), pp.80-116; 신상진, 『중·북관계 전망(연구보고서 97-04)』(서울: 민족통일연구원, 1997), pp.25-28. 이에 대한 반론은 You Ji, "China and North

에 따라 중·북 관계를 고찰할 경우, 북한이 중국의 주적—소련이든 미국이든 간에—이 직·간접적으로 중국의 안보에 위협을 가하는 통로나 대리인 역할을 하느냐의 여부에 따라 중·북 양자관계의 친소가 결정될 것이라고 쉽게 유추될 수 있다. 냉전기 중·북 관계는 소위 북·중·소 '북방 삼각관계'의 시각에서 주로 소련의 동북아에 대한 세력팽창에 대한 균형이라는 관점에서 논의되었고, 탈냉전기에는 미국의 동북아 정책에 대한 대응의 시각에서 논의되었다. 다시 말해 중·북 관계는 소련이나 미국의 세력 확장에 대한 반응(reaction)의 결과에 따라 협력과 갈등이 드러났다는 것이다.

이러한 관점에서 보면, 냉전기에는 한반도에 대한 소련의 영향력 증대가 감지되면 중국은 북한에 대한 안보공약이나 지원을 강화하였다는 것이다. 즉 중·소의 대북한 영향력 경쟁의 시각에서 중·북한 관계를 조명하였다. 이러한 설명방식은 중국의 외교정책이 주로 아시아를 무대로 추진되었음에도 일반적으로 세계적 관점에서 형성되었다고 강조하고 있다. 즉 중국의 주변 공산주의 국가(몽골, 북한, 베트남)들에 대한 관계는 이들 국가가 소련의 대중국 봉쇄에 공헌한다고 인식될 경우 적대적·갈등적 관계를 유지해 왔다는 것이다.[34)]

Korea: a fragile relationship of strategic convenience," *Journal of Contemporary China*, Vol.10, No.28(2001), pp.387-398; International Crisis Group, "China and North Korea: Comrades Forever?" *International Crisis Group Asia Report*, No.112, pp.1-30; Alexander Y. Mansourov, "Giving Lip Service with an Attitude: North Korea's China Debate," Asia-Pacific Center for Security Studies, *Special Assessment* (December 2003).

33) 이 점은 한반도가 강대국 세력균형 경쟁의 각축장으로서의 역할을 해 왔다는 점에서 어쩌면 당연한 논리적 귀결처럼 보인다. 모겐소(Morgenthau)는 한국의 지정학적 위치를 예로 들어 자신의 세력균형이론을 설명하면서 "2천여 년 동안 한국의 운명은 한반도를 통제하는 우세한 일국이나 한반도 통제를 위해 경쟁하는 두 국가 간에 이루어지는 힘의 균형에 의해 결정되었다."라고 말하고 있다. Hans J. Morgenthau, *Politics Among Nations*, p.184.

34) Harold Hinton, "China as an Asian Power," p.348, 358. 소위 '북방 삼각관계'의 시각에서 중·북 관계를 논한 문헌으로는 박두복·김부기, 『最新中蘇關係論』(서울: 경영문화원, 1991), pp.245-277; Hakjoon Kim, *The Sino-North Korean Relations, 1945-1984* (Seoul: the Korean Research Center, 1985); 정진위, 『北方三角關係: 北韓의 對中·蘇關

이러한 강대국 지향 접근법의 가장 심각한 문제는 인도차이나에서의 중국·베트남 관계, 동북아에서의 중국·북한 관계의 독립적 동학(independent dynamics)을 무시하는 결과를 가져 온다는 점이다. 이는 아시아에서 중국의 대외정책을 설명함에 있어 국제체제의 구조적 제약만이 가장 중요한 결정요인으로 간주되도록 결과한다. 다시 말해 중국은 "동아시아 지역국가이면서도 독자적인 지역정책이 부재해 왔다."라는 결론으로 귀결되고 만다.[35)]

챔버스(Chambers)도 이러한 강대국 지향적 설명방식의 문제점으로 지역적 동학이 무시된다는 점을 지적하고 있다. 즉, 중국의 안보위협은 주요 강대국으로부터 온 것만은 아니었다는 것이다. 그는 지역적 동학이 중국 안보위협 형성에 주요 동인으로 작용했음을 지적하고 있다. 이는 지역국가의 위협형성 자체가 중국의 대외 제휴행위를 촉발시킨 면이 분명히 존재하였다는 것이고, 강대국으로부터의 위협이 중국의 안보적 고려에 있어 최우선 순위로 작용한 것은 분명한 사실이기는 하나, 그렇다고 이것이 지역 경쟁국가로부터의 위협이 전혀 독립변수로 작용하지 않았음을 의미하지는 않는다고 강

係를 中心으로』(서울: 법문사, 1987) 등 참조.

한편, 탈냉전기의 중·북 관계 연구 경향 속에는 과거 '소련 요인'이 '미국 요인'으로 대체된 측면이 강하다. 다시 말하면 중국은 미국의 동북아 정책이 대중국 '봉쇄'로 연결되는 것을 우려할 경우 또는 한반도에서의 미국의 영향력 확대를 경계한 나머지 북한과의 동맹관계를 유지하고 있다는 것이다. 신상진, 『中·北關係 전망』, pp.3-5; Xiaoxiong Yi, "China's Korea Policy: From 'One Korea' to 'Two Koreas'," *Asian Affairs: An American Review,* Vol.22, No.2(Summer 1995), pp.119-140; Samuel S. Kim and Tai Hwan Lee, "Chinese-North Korean Relations: Managing Asymmetrical Interdependence," in Samuel S. Kim and Tai Hwan Lee (eds.), *North Korea and Northeast Asia* (New York: Rowman & Littlefield Publishers, Ins., 2002), pp.109-137; Samuel S. Kim, "China and North Korea in a Changing World," Woodrow Wilson International Center for Scholars: *Asia Program Special Report,* No.115(September 2003), pp.11-17; Chae-Jin Lee, *China and Korea: Dynamic Relations* (Hoover Press Publication, 1996).

35) Michael Ng-Quinn, "International Systemic Constraints on Chinese Foreign Policy," in Samuel S. Kim (ed.), *China and the World: Chinese Foreign Policy in the Post-Mao Era* (Boulder, CO: Westview Press, 1984), p.102; Steven I. Levine, "China in Asia: The PRC as a Regional Power," p.123.

조하고 있다. 그는 중국과 캄보디아, 중국과 타이의 제휴 유지 및 종결 시점을 통해 볼 때, 동맹형성은 지역적 동학이 원인이지 '전략적 삼각관계'의 부산물이 아니었음을 입증하고 있다. 즉 베트남 자체로부터의 위협이 강대국으로부터의 위협과는 별개로 중국과 캄보디아, 중국과 타이의 제휴 형성과 유지에 '독립적으로' 영향을 미쳤다는 것이다. 따라서 중국의 동맹행위에 관한 일반적 설명을 도출시키려면 '전략적 삼각관계'뿐만 아니라 지역적 안보 동학을 아울러 고려해야 함을 지적하고, 그 대안으로 '위협균형 이론'(balance of threat theory)의 적실성을 강조하고 있다.[36)]

지금까지 중국의 대외 동맹행위는 '주적 균형'이라는 전통적 세력균형(balance of power) 이론으로 설명됐다. 그러나 동맹은 힘(power)에 대한 균형이라기보다는, 위협에 대한 균형을 위해 형성되는 것이다.[37)] 챔버스의 연구는 국가안보에 대한 위협에 초점을 맞추는 '위협균형 이론'을 바탕으로 중국의 동맹행위가 단순히 '전략적 삼각관계'의 부산물로서가 아니라 지역적 동학이 아울러 작용한 결과임을 보여줌으로써, 기존의 강대국 지향 접근법의 한계를 극복하였다고 평가된다.

그러나 챔버스의 설명 방식을 중국과 북한의 동맹관계에 그대로 적용시키기는 곤란하다. 챔버스는 지역적 동학을 강조함으로써, 기존의 강대국 지향적 접근법을 상당 부분 극복한 측면은 있으나, 동맹을 "외적 위협"에만 관계된다고 하는 전통적 동맹관에서 벗어나지 못하고 있다. 다음 장에서 더 상세히 논의를 진행하겠지만, 동맹형성은 제3의 공동위협 — 그것이 강대국이든 지역 경쟁 국가이든 — 에 대한 안보협력의 차원만이 아니라, 동맹 구성원들 간 이해갈등을 조정·관리하기 위한 규범 마련의 필요성에 의해서도 발생하는 것이다. 다시 말해 잠재적 또는 현실적 위협이 제3의 대상에서뿐만 아니라, 바로 동맹 파트너로부터도 올 수 있다는 말이다.

---

36) Michael R. Chambers, *Explaining China's Alliances,* pp.15-18.

37) Stephen M. Walt, *The Origins of Alliances* (Ithaca. NY: Cornell University Press, 1987). 동맹형성의 동인에 대해서는 제2장에서 보다 자세히 논의할 것이다.

중국·캄보디아, 중국·타이, 중국·파키스탄 간 동맹관계의 유지 및 종결은 베트남이나 인도의 위협에 대한 공동인식과 안보협력에 의해 결정되었다고 설명될 수는 있을 것이다. 챔버스는 동맹의 외적 기능—즉, 공동의 안보위협에 대항하기 위한 안보협력—에만 초점을 맞춘 나머지, 중국과 북한의 동맹관계 속에는 안보협력이라는 관점만으로는 설명할 수 없는 측면이 있다는 점을 간과하고 있다.[38] 지금까지 중국과 북한 간에 공동의 안보위협 인식이 존재했느냐의 논란은 차치하고라도, 중국은 북한의 '모험주의적' 돌출행동이 자국의 안보이해에 분명한 위협이 됨에도, 베트남과의 경우와는 달리 동맹 이탈을 선택하지 않고 동맹관계를 여전히 유지해 오고 있다.

동맹행위는 힘에 대한 균형이라기보다는 위협에 대한 반응이라는 점은 중·북 동맹관계를 논의할 때에도 대단히 중요하다. 중·북 동맹관계의 역사를 회고해 보면, 양자 간에는 강대국에 대한 위협인식이 대단히 중요하게 작용한 것이 사실이다. 그러나 중국의 안보이해에 대한 북한 자체의 위협조장능력도 중요한 고려사항으로 작용했다. 따라서 중국은 중·소의 대 한반도 영향력 확대 경쟁이라는 시각에서 북한과의 관계설정을 조정해 왔다기보다는 북한의 행위를 선제적(preemptive)으로 '통제'시킴으로써 북한 행위를 예측 가능한 범주로 '제한'하고자 하는 의도에서 대북 관계를 조정해 온 측면이 강하다.[39] 다시 말해 중국은 소련의 대북한 영향력 확장 시도와 관계없

---

38) 과거 인도차이나 지역에 대한 중국의 제휴행위 패턴을 통해 최근의 중·북 동맹관계를 분석한 챔버스의 논문은 Michael R. Chambers, "Dealing with a Truculent Ally: A Comparative Perspective on China's Handing of North Korea," *Journal of East Asian Studies,* No.5(2005), pp.35-75. 냉전기 중·북 관계를 동맹이론에 근거해 분석한 유일한 연구는 김용호에 의해 진행되었다. 그는 스나이더의 '후기 동맹딜레마'(secondary alliance dilemma) 개념을 사용하여 중·북 동맹관계를 설명하고 있다. 김용호, 『현대북한외교론』(서울: 오름, 1996). '후기 동맹딜레마' 개념에 대해서는 Glenn H. Snyder, "The Security Dilemma in Alliance Politics," *World Politics,* Vol.36, No.4(July 1984), pp.466-472.

39) 물론 그러한 중국의 의도가 성공했느냐 하는 것은 또 다른 문제이다. 중국의 대북통제 의도에 대한 북한 특유의 대응—이 책에서는 이를 '계산된 모험주의'라 칭하고 있다—으로 인해, 중국은 소기의 성과를 달성하지 못한 측면이 강하다. 이로 말미암

이 일관되게 동맹정책을 유지해 왔다는 것이다. 이 점은 중국의 대북 안보공약이 소련과 경쟁적으로 취해지지 않았다는 점에 잘 반영되고 있다. 특히 중국은 지난 1970년대 이후 대남한 정책을 보다 유연하게 전환하도록 북한을 설득해 왔다. 이는 북한의 호전성이 중국의 현대화 정책에 미칠 수 있는 영향을 우려했기 때문이다.

기존의 논의에서 가장 문제시되는 점은 동맹의 '외적 기능'만을 강조하고 있다는 것이다. 동맹에는 '외적 기능' 이외에도 '내적 기능'이 아울러 존재한다.[40] 그러한 '내적 기능'은 조약 내용이나 맥락에 따라 그 공고성이 다르기도 하지만, 동맹 조약 속에는 '외적 기능'과 '내적 기능'이 함께 포함될 수 있다는 점이 중요하다. 동맹은 분명히 위협과 관계된 것이다. 그러나 그 위협이란 것도 동맹 체결 쌍방의 공동의 외적 위협과 동맹 상대국 자체의 위협조장 능력으로 분절(disaggregation)시킬 필요가 있는 것이다.

그리고 그러한 동맹의 기능들은 대내적 국가목표 및 전략 환경의 변화, 동맹 상대국의 위협 조장능력 등에 따라 그 우선성이 달라진다. 그러한 우선성의 변화는 동맹 상대국에 대한 안보공약의 강약(强弱)이나 동맹 조약상 협의 의무 강조 등을 통해 나타난다. 다시 말해 대내적 국가목표 및 전략 환경의 변화로 동맹의 '외적 기능'이 약화되는 기대구도(expectation structure)가 되면, 동맹 상대국으로 말미암아 발생할 수 있는 불필요한 분쟁에 '연루'되는 것을 우려하게 되고, 이는 상대국에 대한 안보공약을 모호하게 유지함과 동시에 조약상에 나타나는 양자 협의의 의무를 강조하여 동맹의 '내적 기능'을 강화하게 되는 것이다. 특히 동맹 상대국 자체가 자국의 안보이해에 위협을 가하는 상황하에서는 더욱이 동맹 조약의 '내적 기능'이 강조될 것이다.

아 양국관계는 '전통적 우호관계'라는 레토릭에도 불구하고, 그 이면에는 갈등과 대립이 항시 잠재되어 있었던 것이다.

40) 앞에서 언급한 로스타인(Rothstein)의 지적처럼, 전자는 공동의 외적 위협에 대항하기 위한 안보협력이라는 차원에서 설명될 수 있으며, 후자는 '모험주의적' 동맹 파트너를 '제한'하려는 목적으로 마련된 관계규범의 시각에서 설명될 수 있다. 이 점에 대해서는 제2장 동맹이론의 재고찰 부분에서 상술할 것이다.

제3절 자료 및 책의 구성

이 책은 주로 냉전기 중·북 동맹관계의 내적인 정치적 동학을 그려보고자 쓰였다. 따라서 양자가 각기 어떤 동인으로 동맹을 형성했으며, 동맹 형성 이후 동맹의 기능에 대해 서로 어떤 '기대감'을 가지고 있었는지에 대한 작업이 수행되었다. 그리고 서로 간에 그러한 '기대감'이 어떻게 변화하고, 그로 말미암아 협력과 갈등이 교차하는 모습을 그려내려 하였다. 따라서 필자는 종적 검증(longitudinal testing)을 통해 과정을 추적하는 방법(process tracing)을 사용할 수밖에 없었다. 만약 중·북 동맹관계를 정치·외교·경제 등으로 구분하여 분야별로 검증하려 한다면, 이는 상당한 역사적 부정확성의 위험을 감수해야 한다. 특히 그러한 방법은 동맹관계의 역동성을 설명하기 어려울 것이다.[41] 왜냐하면, 동맹이란 본질적으로 위협 — 그것이 외적 위협이든, 동맹 내적인 위협이든 간에 — 에 관련된 것이기 때문이다. 위협 인식의 변화를 종적인 과정을 통해 추적해야만 동맹행위가 제3의 공동 안보 위협에 대한 대응인지, 아니면 동맹 파트너의 위협 조장에 대한 대응 차원인지를 구분할 수 있을 것이다.

그런데 이러한 과정 추적의 방법은 사실 방대한 역사적 자료를 필요로 한다. 그러나 현재로선 중·북 동맹관계와 관련된 1차 자료에 접근하기란 쉬운 일이 아님을 우선 고백해야 할 것 같다. 그러나 자료의 부족이 중·북 관계 연구에 있어 가장 기초가 되어야 할 주제를 미개척 분야로 남겨두어야 할 이유는 되지 못한다고 본다. 필자는 최대한 정황적 증거를 기반으로 해서 소량의 1차 자료들을 초보적으로나마 원용하고자 노력했다. 다행히 구소련과 동구 공산권이 붕괴하면서 해제된 관련 외교문서들이 우드로 윌슨 센터 '냉전사 프로젝트'(Cold War International History Project)에 의해 상당량 발굴·번역되었다. 필자는 우선 이들 외교문서상에 기재된 북한지도부나 중국

---

41) Victor D. Cha, *Alignment Despite Antagonism: The United State-Korea-Japan Security Triangle* (Stanford, California: Stanford University Press, 1999), pp.57-58.

지도부의 각종 발언들을 적극 활용했다.[42] 그리고 2001년 4월 미 정부 국립문서보관소(National Archive)가 비밀해제한 1971~72년 미·중 화해 관련 회담 기록도 당시 중·북 동맹관계를 설명하는 데 중요한 기초 자료가 되었다.

무엇보다 중·북 지도자들의 각종 공식 문선(文選), 문집(文集), 연보(年譜), 저작집 등도 귀중한 자료가 아닐 수 없었다.[43] 그러나 중국과 북한 모두 양자관계의 구체적 내막에 관한 정보 접근을 금기 구역처럼 간주하고 있다. 특히 양자 간 갈등적 사안에 대해서는 관련 사실을 교묘히 가리고 있다. 동일 사안도 각종 연보에 일률적으로 함께 수록하지 않고, 여러 문헌에 걸쳐 흩어 놓았다. 따라서 필자는 중·북 양자관계에 관한 부분을 시계열적으로 조각 맞추는 식으로 자료를 탐독할 수밖에 없었다. 이를 통해 중·북한 안보적 상호작용—그것이 협력적이든, 갈등적이든 간에—이 제3의 위협 요인에 대한 공동행동의 결과인지, 아니면 동맹 파트너 자체에 대한 상호 의구심에 관한 반응인지를 구분하여 과정을 추적하고자 했다.

한편, 냉전시기 중·북 관계에 대한 정보접근이 어려웠음에도 그 기간 한국정부 기관들의 관련 정보수집 노력이 없었던 것이 아니다. 당시 외무부, 국방부, 국가안전기획부 등이 내부적으로 제작한 각종 업무자료들도 최대한 활용하려 했다.[44] 이미 공개적으로 알려졌거나 기정사실로 된 역사적 사실

42) 우드로 윌슨센터 '냉전사 프로젝트'(http://www.wilsoncenter.org)는 *Cold War International History Bulletin (CWIHB)*과 각종 *Working Paper*들을 발간하고 있다. 이들 자료는 웹사이트를 통해 모두 접근이 가능하다. 이들 자료 내에는 여러 외교문서가 영어로 번역되어 있다. 특히 이 프로젝트는 한국 국제교류재단(Korea Foundation)으로부터 일정 지원을 받아「코리아 이니셔티브 페이지」(Korea Initiative Page) 및「북한 국제문서 프로젝트」(North Korea International Document Project)를 개설하였다. 여기에는 구소련 및 중·동유럽 사회주의 국가의 평양 공관이 작성한 각종 보고서를 발굴·번역하여 제공하고 있다. 여기에서 빠져 있는 부분은 '부다페스트 회의'(Conference on "New Evidence from Central and East European Archives on the Cold War in Asia" in Budapest, October 30 to November 1, 2003) 자료집을 참조하였다. 필자에게 귀중한 자료를 제공해 준 국제교류재단의 관계자 분께 지면을 빌어 깊은 감사의 말씀을 전한다.

43) 구체적 문헌은 <참고문헌> 참조.

44) 외무부,『중국관계자료집』(집무자료 88-1, 1998); 외무부,『한·중국, 북한·중국관계

에 대해서는 여러 2차 자료들을 활용했다. 특히 그중에서도 중국의 한반도 정책을 이해하는 데 매우 중요한 문헌적 가치들이 있는 자료들을 발굴한 오진용의 저서가 대단히 유익했음을 밝힌다.45)

그리고 한 가지 더 지적하고 싶은 것은, 중국사회과학출판사가 펴낸『중국의 대북한 및 한국정책 문건 모음집』(中國對朝鮮和韓國政策文件匯編)이 상당히 귀중한 자료가 되었다는 점이다.46) 이 모음집은 중국 측의 각종 언론·연설문 등을 한데 모아 놓은 자료집이다. 2천6백 페이지에 달하는 방대한 양이지만 중·북 관계를 역사적으로 고찰하는 데는 더없이 좋은 자료로 보인다. 사실 여기에는 외교적 수사만이 가득하다. 그러나 그 과정을 추적해 보면 선택된 용어라든지 뉘앙스의 차이를 발견할 수 있다. 필자는 그 차이를 최대한 상황적 맥락하에 놓고 전후 문구들을 대조해 가면서 행간을 읽어보고자 노력했다. 끝으로 북한 관련 업무를 담당한 전직 중국외교관과의 인터뷰를 수차례에 걸쳐 시도했다. 다만, 관련사실의 민감성을 고려하여 인명이나 시기 등은 밝히지 않기로 한다.

이 책의 논리적 상호관계를 명확히 한다는 의미에서 책의 구성과 내용을 미리 간략하게나마 소개하고자 한다. 우선 제2장에서는 다양한 동맹이론을 재고찰해 보았다. 이는 동맹을 공동위협에 대한 안보협력으로 간주하는 전통적 동맹관으로는 중·북 동맹관계의 내적 동학을 설명하지 못하기 때문이다. 동맹이란 공동의 안보협력이라는 '외적 기능' 이외에도 상호 반목과 이

주요자료집』(집무자료 90-54); 국방부,『미행정부지도자 및 의원 발언 요지(한반도 안보정세를 중심으로)』(국방부, 1985.4); 국방부,『미 정부 주요인사 발언 및 언론보도 요지(한반도 안보정세를 중심으로)』(국방부정책기획관실, 1986.3); 국방부,『주변국 주요인사 발언 및 군사동향(한반도 및 동북아 안보정세를 중심으로)』(국방부정책기획관실, 1987); 국방부,『한반도 및 동북아 군사정세 자료집』(국방부정책기획관실, 1988); 국가안전기획부,『소련의「불가침·상호원조·우호협력」조약집』(1981.2); 국가안전기획부,『한반도문제 관련 관계국 회담 자료집』(1985.2).

45) 오진용,『김일성시대의 중소와 남북한』(서울: 나남, 2004).

46) 劉金質·楊淮生 主編,『中國對朝鮮和韓國政策文件彙編 1~5』(北京: 中國社會科學出版社, 1994).

해 갈등을 '관리'하기 위한 '규범' 마련 필요성에 의해서도 형성됨을 지적했으며, 그러한 동인 중 어떤 것에 우선순위를 두느냐에 따라 동맹유지의 정치적 동학이 발생한다는 교훈을 발견할 수 있었다. 그리고 사회주의 국제관계의 '내장된 불안정성'(embedded instability)을 간략하게나마 정리하였다. 상대적 강대 사회주의 국가와 약소 사회주의 국가 간의 '당제관계'(黨際關係)는 기본적으로 위계적 질서를 전제로 한 권력관계의 양태를 보였다.[47] 이는 북한과 같은 약소 사회주의 국가의 정권안보(regime security)에 분명한 위협요인으로 작용할 수 있다는 점을 보여주려 하였다. 이러한 논의를 바탕으로 이 책의 작업가설과 분석 틀을 제시했다.

제3장에서는 중·북 동맹조약이 왜 1961년이라는 특정 시점에 체결되었는가를 염두에 두고, 조약 성립의 상황적 맥락(contexts)을 살펴보았다. 특히 이 부분에서는 조약 성립의 조건을 대내적, 체계적, 개인적 수준에서 조망해 보았다. 기존의 학계 논의는 중·소 분쟁만을 「조·중 조약」 체결의 상황적 맥락으로 간주하는 경향이 있었다. 그러나 필자는 조약이 성립될 수 있었던 것은 북한 내부의 정치적 역학 관계 변화라는 대내적 요인(domestic factor), 중·소 분쟁이라는 체계적 요인(systemic factor), 김일성의 외교적 능력이라는 개인적 요인(individual factor)이 복합적으로 작용한 결과라고 보고 있다.

우선 제3장의 1절에서는 중국과 북한 모두 기본적으로 한·미·일 남방 삼각동맹이라는 공동의 외적 위협 인식을 공유했음에도, 초기 중·북한 군사적 연계가 왜 협력적 상호작용을 보여주지 못했는가 하는 점에 주안점을 두고 동맹조약 체결의 전사(前史)를 서술하였다. 여기에서는 중·북 관계에

47) 사실 '당제관계'란 용어가 다소 생소하게 들릴 것으로 보인다. 그러나 본 연구에서 '당 대 당 관계'라는 용어 대신 당제관계라 말한 것은, 전자가 대등성과 자율성을 전제한 듯한 인상을 주기 때문이다. 2차 대전 이후 전개된 사회주의 국가 간 당제관계는 '국제 공산주의' 운동의 연속선상에서 이해되는 측면이 많았으며, 그것은 기본적으로 위계적 질서를 상당부분 상정하고 있었다. '당제관계'라는 용어는 중국문헌에서는 보편적으로 쓰이는 것이다. 杜康傳·李景治 主編, 『國際共産主義運動概論』(北京: 中國人民大學出版社, 2002); 吳興唐, 『政黨外交和國際關係』(北京: 當代世界出版社, 2004).

도 사회주의 국제관계의 '내장된 불안정성'을 경험하였고, 이로 말미암아 김일성은 중국과의 안보연계를 오히려 차단하고자 했음을 밝혔다. 필자는 이것을 이승만 정권의 예에서 보는 바와 달리, 당시 김일성에게는 중국과의 동맹형성이 자신의 정권안보를 강화시키는 것이 아니라 오히려 대내 정치적 경쟁에 불리하게 작용할 개연성이 높았기 때문이라고 보았다. 그리고 그러한 초기 중·북한 군사적 연계의 성격이 동맹조약 체결 동인에 그대로 투영되는 실마리를 제공했음을 시사했다.

제3장의 2절과 3절에서는 중국은 소련과의 이념적 분열상이 자국의 국가안보에 영향을 미치는 상황하에서 북한과의 동맹조약 체결 필요성을 인식하기 시작했으며, 북한은 대내적으로 김일성의 '일원적 지도체제'가 형성되자 6·25전쟁 이전부터 가장 긴요한 안보적 과제로 상정한 중·소와의 공식적 동맹조약 체결을 재시도했음을 보여 주었다. 이러한 논의를 바탕으로 제3장 4절에서는 중·북 양자 간 전략적 이해의 수렴과 과거 양자관계의 불안전성을 관리하기 위한 규범으로서의 「조·중 조약」의 동인(動因) 및 내용을 구체적으로 분석했다. 그러나 중·북 동맹조약은 서로 다른 위협평가로부터 출발했으며, 이는 동맹형성 동인에 있어 양국의 우선순위를 서로 다르게 만들었다는 점과, 이로 말미암아 이후 전개되는 동맹관계의 긴장과 갈등을 예고했다.

제4장과 제5장은 조약 체결 이후 전개되는 동맹유지의 정치적 과정에 대해 상술했다. 물론 이들 장에서는 중·북 양자관계를 단순히 개괄한 것이 아니라, "동맹은 힘에 관계된 것이라기보다 위협과 관련된다."라는 명제를 염두에 두고 그 과정을 추적하였다. 제4장에서는 중·북한 모두 서로를 사회주의 동맹 파트너로 인정하였음에도 중국의 '자의적' 위협 평가는 계속되었으며, 이에 대해 북한은 '모험주의'라는 방식으로 대응해가는 과정을 분석하였다.

그리고 제5장에서는 중국이 자국의 대외 안보위협 인식의 변화에 따라 북한에 대한 공세적 안보공약을 철회하는 과정과, 중·북의 '동상이몽'의 동맹외교를 고찰했다. 결과적으로 중국은 「조·중 조약」을 대북한 관리 규범으로 활용했으며, 북한은 '진영 외교'의 부활이라는 관점에서 북·중 동맹이

'대적 균형'의 기능으로 회복되기를 '기대'했다는 사실을 지적했다.

끝으로 결론 부분에서는 이 책의 논의를 정리하고, 중·북 동맹의 내적인 정치적 동학의 역사가 현재에는 어떤 함의를 내포하고 있는지를 간략하게나마 기술했다.

제2장 동맹기능의 양면성과 정치적 동학

'동맹'과 국제정치는 동의어라 해도 지나치지 않을 만큼,[1] 국제정치 이론에서 동맹이 점하는 중요성은 지대하다. 동맹 형성에 관한 전통적 이론은 외적 위협의 존재와 '능력 결집'(capability aggregation)의 가정을 전제하고 있다. 즉 동맹은 어떤 특정 상황에서 적대적 대외행위자에 대항하고자 참여국 간 상호 능력을 결집하는 행위로 설명됐다.[2] 따라서 일반적으로, 동맹은 공동의 외적 위협에 대응하고자 형성되며 외적 위협이 존재하는 동안 동맹

---

1) Gorge Liska, *Nations in Alliance: The Limits of Interdependence* (Baltimore: Johns Hopkins University Press, 1962), p.3. 이 책에서 리스카는 "동맹에 대한 언급 없이 국제관계를 논하는 것은 불가능하다. 이 둘은 흔히 명칭을 제외한 거의 모든 면에서 합치된다. 이런 이유 때문에 일반화된 언어로 동맹의 특징적인 것을 말하기는 항상 어려운 일이다."라고 언급하며 자신의 논의를 시작하고 있다.

2) Gorge Liska, *Nations in Alliance,* p.12; Robert E. Osgood, *Alliance and American Foreign Policy* (Baltimore: Johns Hopkins University Press, 1968), p.19; Stephen M. Walt, *The Origins of Alliances* (Ithaca: Cornell University Press, 1987), p.1, 12, 82; Glenn H. Snyder, "Alliance Theory: A Neorealist First Cut," *Journal of International Affairs,* Vol.44, No.1 (Spring/Summer 1990), p.104.

은 유지될 것이고 그 위협이 소멸하면 동맹도 자동으로 해체되는 것으로 이해됐다.[3] 그러나 이러한 전통적 관점은 왜 동맹국 간에 서로 신뢰할 수 없는 상황이 흔히 목도되고 심지어 전쟁으로까지 비화하는지에 대해,[4] 설득력 있는 설명을 제시하지 못했다. 따라서 동맹행위에 대한 보다 포괄적 이해를 위해서는 '능력결집 가정'에서 벗어나 동맹의 '외적 기능' 이외의 '내적 기능'을 아울러 파악하는 작업이 요청됐다.[5]

그렇다면, 왜 이러한 이론적 재고찰이 특히나 중국과 북한의 동맹관계를 논함에 있어 필요한 것인가? 무엇보다 그것은 위와 같은 전통적 동맹관은 중·북 동맹형성과 동맹유지의 정치적 과정을 설명하는 데에 많은 한계성을 드러내 보이기 때문이다. 그리고 여러 동맹이론 문헌에 등장하는 다양한 개념과 은유들, 즉 위협균형, 이익균형, 편승, 결박, '자칼처럼 편승하기', '제한의 협정', 방기·연루 우려, 모험주의, 공약의 모호성, 처벌과 보상 등은 중·북 동맹관계의 형성과 유지 과정을 설명하는 데에도 여전히 유용하게 활용될 수 있는 것들이다. 그런 의미에서 이 장에서는 이러한 개념과 은유들을 비교적 자세히 설명하고자 한다.

이 장에서는 동맹 관련 문헌들이 어떠한 통찰력을 제공할 수 있을지를 염두에 두고, 동맹형성과 유지에 관한 주요한 핵심적 논지를 정리해 보기로 한다. 또한, 사회주의 국제관계의 '내장된 불안정성'이 동맹형성에 어떠한 작용을 할 것인지에 대한 논의를 함께 생각해 볼 것이다. 이를 통해 이 책의 서술을 위한 작업가설과 분석 틀을 도출해 보고자 한다.

---

3) Gorge Liska, Nations in Alliance, p.13; Stephen M. Walt, *The Origins of Alliances*; Glenn H. Snyder, *Alliance Politics* (Ithaca: Cornell University Press, 1997), pp.3-4; 골드스타인(Joshua S. Goldstein), 『국제관계의 이해』, p.120.

4) Bruce Bueno de Mesquita, *The War Trap* (New Haven, Conn: Yale University Press, 1981). 이점은 동맹연구에서 핵심 '퍼즐'이 되고 있다. Patricia A. Weitsman, *Dangerous Alliances: Proponents of Peace, Weapons of War* (Stanford: Stanford University Press, 2004), p.13에서 재인용.

5) Patricia A. Weitsman, *Dangerous Alliances,* p.2, 13.

제1절 동맹기능의 양면성

1. 외적 '균형'(external balancing)

동맹이 형성되는 주요한 동인이 '균형'에 있다는 주장은 일반적으로 받아들여지는 주류 견해이다. 다만, 학자에 따라 그 '균형'의 대상이 다를 뿐이다. 전통적 '세력균형' 이론가들에게 있어서 그 대상은 역시 '힘'(power)이다. 반면, 월트(Walt)는 전통적 세력균형 이론가들과는 달리 국가는 세력에만 균형을 취한다기보다는 외적 '위협'에 대해서 균형을 취한다는 '위협균형' 이론을 제시했다. 그리고 슈웰러(Schweller)는 국가는 이익 수취 기회에 대한 대응이라는 차원에서 더 강한 국가와 동맹을 맺을 수 있다는 '이익균형' 이론을 제시했다. 한편, 이러한 현실주의적 시각과는 달리 분석의 수준을 대내적 정권 수준으로 낮추어 '전방위 균형'(omni-balancing) 이론을 제시하는 학자도 있다.

1) 세력균형(balance of power)으로서의 동맹

동맹은 전통적으로 '세력균형' 이론을 통해 설명됐다. 모겐소(Morgenthau)는 "동맹은 여러 국가로 구성된 다국적 국제체제 안에서 작용하는 세력균형의 필수 불가결한 기능"이라 주장한다.[6] 현실주의자들은 개개 국가의 차원에서 지속적으로 반복되는 국제정치의 패턴은 권력 혹은 안보의 추구이며, 국가와 국가 차원에서 보편적으로 반복되고 있는 패턴은 '세력균형'이라고 보았다.[7] 그들에게 있어 동맹이란 세력균형의 전형으로서 아나키적 국제체

---

6) Hans J. Morgenthau, *Politics among Nations: The Struggle for Power and Peace* (New York: Knopf, 1973), p.201.

7) 월츠(Waltz)는 모겐소와는 달리 국가의 첫 번째 관심사는 권력의 극대화가 아니라 체제 내 자국의 지위(position)를 유지하는 것이라 보았다. 즉 월츠는 국가 간 문제는 국가 본성(권력추구의 극대화)에 기인한다는 모겐소의 입장을 넘어, 국제환경적 여건(아나키적 국제체제)에 기인한다고 보았다. 따라서 월츠는 국가를 상대적 이익(relative gains)을 추구하는 방어적 존재로 보았던 것이다. 그에게 있어 국가는 절대적 이익

제하에서 자신의 생존과 안전을 보전하기 위한 가장 보편적인 방법이다. 즉 동맹이란 '안보 극대화의 도구'로서 기능할 수 있기 때문에 형성된다는 것이다. 다시 말해 국가는 국제체계 내 세력분포의 절대적 또는 상대적 지위를 향상시키려고 동맹을 체결하는 것이 된다.

2) 위협균형(balance of threat)으로서의 동맹

월트(Walt)는 전통적 세력균형 이론가들과는 달리, 국가는 세력에만 균형을 취한다기보다는 외적 '위협'에 대해서 균형을 취한다는 '위협균형' 이론을 제시한다. 즉 세력분포가 대단히 중요한 요소이기는 하지만 위협의 정도는 물리적 능력(인구, 경제적·산업적·군사적 자원 등)에 의해서만 결정되는 것이 아니라, 지리적 근접성, 공격능력, 인지된 상대방의 의도에 의해 영향을 받는다는 것이다. 따라서 '위협균형' 이론이 세력균형 이론보다 더욱 적실성이 있다고 주장한다.[8)]

그러나 월트도 월츠(Waltz)와 마찬가지로 대부분 상황에서 국가의 동맹행위는 '균형'이 '편승'(bandwagoning)보다 훨씬 더 일반적인 현상이라고 주장했다.[9)] 국제적 동맹 행위를 묘사함에 있어 '편승'이라는 용어를 최초로 사용

(absolute gains)을 추구하는 원자적 행위자(atomic actor)가 아니라 상대적 이익을 추구하는 기계적 존재(mechanical actor)이다. 이에 대해 미어샤이머는 모겐소의 입장을 '인간본성 현실주의'(human nature realism)라 하여 '공격적 현실주의'(offensive realism)로, 월츠의 입장을 '방어적 현실주의'(defensive realism)로 구분하면서, 자신은 양자를 합성한 '공격적 현실주의'라고 주장한다. Hans J. Morgenthau, *Politics among Nations*; Kenneth N. Waltz, *Theory of International Politics,* pp.126-128. 특히 p.126; John J. Mearsheimer, "The False Promise of International Institutions," *International Security,* Vol.19, No.3(Winter 1994/95), pp.9-12; John J. Mearsheimer, *The Tragedy of Great Powers* (New York: W.W. Norton & Company, 2001), Chapter 1.

8) Stephen M. Walt, *The Origins of Alliances,* pp.1-5. 22-26.

9) 이들 외에도, '편승'은 역사적 규칙이라기보다 예외적인 "매우 드문 현상"이며, '균형'이 훨씬 일반적이었다는 주장에 대해서는 Stephen Van Evera, "Primed for Peace: Europe After the Cold War," *International Security,* Vol.15, No.3(Winter 1990/91), pp. 36-37; Eric J. Labs, "Do Weak States Bandwagon," *Security Studies,* Vol.1, No.3(Spring 1992), pp.383-416.

한 학자는 월츠였다. 그는 '편승'을 '균형'의 정반대 개념으로 사용했다. 이때의 '편승'은 강자 연합에 참여하는 것을, '균형'은 약자 쪽에 참여하는 것을 의미했다. 월츠에 따르면, 국내적 차원에서는 '강자에의 편승'이 현명하지만, 국제적 차원에서는 '균형을 이루는 행위'가 현명하다고 주장했다. 이는 "한 연합이 다른 연합을 누르고 승리했을 경우 이 연합의 약자들은 같은 연합의 강자들에게 복속 될 수 있기 때문"이라고 설명했다.[10)]

월트도 월츠와 같이 '균형'과 '편승'을 이분법적으로 사용하고 있다. 하지만, 그는 '편승'을 "위험의 근원이 되는 세력과의 제휴 행위"로 재정의했다.[11)] 그의 위협균형 이론에 따르면, '편승'은 우세한 세력이나 급부상하는 세력과 동맹을 맺음으로써 우세한 세력으로부터의 잠재적 위협을 유화(appeasement)시키거나, 우세한 세력의 승리에 편승하여 전리품을 획득하고자 하거나, 혹은 양자 모두의 원인에서 취해지는 행위이다.[12)] 그러나 월트는 경험적으로 볼 때 외적 위협에 대해 국가들이 취하는 대체적이고 선호적인 반응은 '균형'이며, '편승'은 대부분이 약소국이나 고립국가에 국한되는 행위라고 주장했다.[13)]

이상의 논의를 종합해 볼 때, 동맹과 관련된 현실주의자들의 논점은 기본적으로 두 가지로 요약 가능하다. 첫째, 국가들의 보편적 행위양태를 '균형'으로 보고 있다는 것이다. 그 대상이 외적 위협이 되었건 우세한 세력(또는 패권국가)이 되었건, 국가는 세력균형이 안정을 가져다줄 것이라는 신념하에 균형점을 찾아 움직인다고 보는 것이다. 둘째, 현실주의는 보편적 동맹행위가 '균형'이라는 인식하에 본질적으로 '능력결집'의 가정에 기초하고 있다. 즉 동맹은 공동의 외적 위협에 대해서건, 혹은 우세한 세력(혹은 패권세

---

10) Kenneth N. Waltz, *Theory of International Politics,* p.126.

11) Stephen M. Walt, *The Origins of Alliances,* p.17.

12) 월트는 이를 방어적 편승과 공격적 편승으로 구분하고 있다. Stephen M. Walt, *The Origins of Alliances,* pp.28-33.

13) Stephen M. Walt, *The Origins of Alliances,* pp.29-30, 148; Stephen M. Walt, "Testing Theories of Alliance Formation: the Case of Southwest Asia," *International Organization,* Vol.42, No.2(Spring 1988), pp.308-310.

력)에 대해서건 간에 이에 독자적으로 대응할 수 없을 때 동맹 상대국 상호 간에 군사적 원조를 약속함으로써 능력을 결집하고자 형성되는 것으로 본다. 그러나 국제체계 내에서는 '균형' 행위 못지않게 '편승' 행위도 예외적 현상이 아니라 일반적으로 일어나고 있다.[14] 결국, 동맹 행위를 설명할 때 기존 현실주의자들의 주장이 성공할 수 있느냐의 여부는 국가의 '편승' 행위를 어떻게 설명하느냐에 달렸다고 해도 과언이 아니었으며, 이를 위해 현실주의자의 논리 속에 기본적으로 내포된 '능력결집 가정' 이외의 개념적 혁신(conceptual innovation)이 요구되었던 것이다.[15]

3) 이익균형(balance of interest)으로서의 동맹

기존 현실주의자들은 국가 간 동맹행위의 보편적 규칙을 '균형'이라고 보았다. 그들에 있어 '편승'은 강대국 위협에 대한 약소국의 소심한 대응을 의미했다. 그러나 '편승'을 강대국의 위협에 대한 굴복 정도로 이해한 것은 지나치게 협소한 개념화였다.[16] 또 하나의 문제점은 동맹행위를 주로 '방어적'인 것으로 규정해 왔다는 점이다. 물론 월트는 공격적 편승에 대해 논하고 있지만, 이는 극히 예외적인 행위로 보았다. 국제 동맹행위를 설명함에 있어 이러한 주류 현실주의 이론 속에는 체제안정화 또는 현상유지를 신봉하는 일종의 편견이 내재해 있었다.[17]

이에 대해 슈웰러(Schweller)는 "일반적으로 현상타파 세력이 동맹 행위의 주요 담당자인 반면, 현상유지 국가는 (수동적) 반응자"라고 주장했다.[18]

---

14) 여러 역사적 사례를 바탕으로 '균형'보다 '편승'이 오히려 일반적 현상이라는 주장에 대해서는 Robert G. Kaufman, "To Balance or to Bandwagon: Alignment Decisions in the 1930s Europe," *Security Studies,* Vol.1, No.3(Spring 1992), pp.417-447; Paul Schroeder, "Historical Reality vs. Neo-realist Theory," *International Security,* Vol.19, No.1(Summer 1994), pp.108-148.

15) Patricia A. Weitsman, *Dangerous Alliances,* p.15.

16) Randall Schweller, "Bandwagoning for Profit: Bringing the Revisionist State Back In," *International Security,* Vol.19, No.1(Summer 1994), pp.72-107.

17) Randall Schweller, "Bandwagoning for Profit," pp.85-88.

그에게 있어 동맹이란 "위협에 대한 반응일 뿐 아니라 기회(opportunities)에 대한 반응"이다. 따라서 슈웰러는 '편승'이 잠재적 위협국가와의 제휴로만 해석되어서는 안 되며 "더 강한 국가와의 제휴"로도 해석되어야 한다고 지적했다. 더욱이 처벌의 위험보다는 보상에 대한 약속이 '편승'의 주요 동인임을 강조한다. 국가는 '이익'(profits) 수취 기회에 대한 대응이라는 차원에서 더 강한 국가와 동맹을 맺을 수 있다는 것이다. 따라서 슈웰러는 자신의 이론을 '이익균형' 이론이라 말하고 있다.[19] 즉 "제휴의 가장 중요한 결정요인은 세력 혹은 위협의 불균형이 아니라 정치적 목표의 양립가능성인" 것이다. 따라서 한 국가가 현상유지에 만족한다면 체제유지를 방어하려는 연합 — 그것이 강한 연합이라 할지라도 — 에 참여할 것이라 보고 있다. 한편, 안보보다 '이익'을 목적으로 하는 현상타파적 국가는 부상하는 대외팽창적 국가나 현상유지를 전복하고자 하는 연합과 제휴할 것이다. 슈웰러에 따르면 국가의 동맹행위는 외적 위협의 존재에 의해서만이 아니라 이익수취를 위한 기회에 의해 결정되는 것이다.[20] 이러한 주장은 국가의 동맹선택이 그와 관련된 비용과 효과의 계산 결과라고 보는 합리주의(rationalism)에 기반을 둔 것이다.[21]

그런데 여기서 주의 깊게 봐야 할 것은, '이익균형'의 개념에도 불구하고 슈웰러의 논의 속에는 기존 현실주의적 사고가 내포되어 있음을 알 수 있다. 슈웰러는 은유를 통해 네 종류의 국가를 구분하고 있다.[22] 현상유지에 만족하는 '사자'(lions)와 같은 국가는 자신의 소유물을 방어하는데 높은 비용을 치르려고 한다. 현 상황을 수용할 수 없는 현상타파적 '늑대'(wolves)와 같은 국가는 현상유지를 전복하는데 기꺼이 높은 비용을 치르려 할 것이다. 한편,

18) 현상타파적 세력과 현상유지적 국가의 일반적 특징에 관한 그의 논지는 Randall Schweller, "Bandwagoning for Profit," pp.104-105.
19) Randall Schweller, "Bandwagoning for Profit," p.99.
20) Randall Schweller, "Bandwagoning for Profit," p.88, 93.
21) Patricia A. Weitsman, *Dangerous Alliances,* pp.15-16.
22) Randall Schweller, "Bandwagoning for Profit," pp.93, 101-104.

'자칼'(jackals)은 늑대(현상타파 세력)의 뒤를 따라다니기도 하지만 승리를 눈앞에 둔 사자(현상유지 세력)의 뒤도 따르는 '불만족한 무임승차자'의 모습을 보인다. 마지막으로 '어린 양'(lambs)의 모습은 자신의 가치를 보호하거나 확대하는데 오직 낮은 비용만을 치르려는 현상유지적 국가이다.[23)]

그런데 '자칼처럼 편승'하는 것과 '어린 양떼처럼 편승'하는 데에는 각각 두 가지 복합적 동인이 모두 포함되어 있음을 알 수 있다. '자칼'은 추가적 이익을 확보하려는 의도에서뿐만 아니라 "사자 자체로부터의 안전" 확보를 위해 '편승'을 선택할 수도 있다는 것이다. 또한, '어린 양'도 미래의 물결이나 도미노에 자발적으로 '편승'하기도 하지만, 종종 두려움(fear) 때문에 '편승'하는 것으로 의심받기도 하고, 더 억압적인 위험들로부터 보호받고자 더욱 강한 편과 제휴할 수도 있다는 것이다.[24)] 이는 슈웰러 자신도 기존 현실주의적 사고에 내포된 '외적 위협'의 중요성을 간과했거나 '균형'의 가정을 부정한 것은 결코 아님을 알 수 있다. 다만, 그의 주장은 '편승'을 강대국 위협에 대한 약소국의 소심한 대응 정도로만 이해해서는 안 되며 종종 자기 확장(self-extension)을 위해 자발적으로 선택되어 질 수 있다는 통찰력을 제공할 뿐이다.[25)]

4) 전방위 균형(omni-balancing)으로서의 동맹

기존의 대부분 동맹이론은 주로 강대국의 시각에서 논술된 것이다. 제3세

---

23) 일찍이 로스타인(Rothstein)은 전통적으로 자칼의 정책(traditional jackal policy)이 이탈리아와 같은 기회주의적인 현상타파적 약소국(revisionist Small Powers) 외교에 전형적으로 나타난 바 있다고 지적했다. Robert Rothstein, *Alliance and Small Powers,* pp.226-227. 한국의 대미 '편승' 외교를 어린 양의 비유를 통해 설명한 논문으로는 강성학, "한국외교정책의 특성: 편승에서 쿠오바디스로?,"『IRI 리뷰』, Vol.2, No.2 (1997년 여름), pp.5-42. 본론에서 다시 설명할 것이지만, 북한의 대중 동맹관계에는 결코 '어린 양'의 모습을 찾아 볼 수 없다.

24) Randall Schweller, "Bandwagoning for Profit," pp.93-98.

25) Randall Schweller, "New Realist Research on Alliance: Refining, Not Refuting, Walt's Balancing Proposition," *American Political Science Review,* Vol.91, No.4(December 1997), pp.927-930.

계 약소국의 입장에서 동맹이 어떻게 형성되고 유지되었는가에 대한 연구는 상대적으로 많지 않은 것이 사실이다. 데이비드(David)는 분석의 수준을 체계 수준이 아닌 대내적 정권 수준으로 낮추어 제3세계 엘리트의 대내적 취약성과 동맹선택의 연관성을 이론화시켰다.[26]

그에 따르면 제3세계 국가 지도자들은 자신들의 대내 정치적 지위를 공고화하려는 필요성 때문에 외적 위협에 유화적 자세를 취하는 경향이 있다고 지적한다. 특히 전복적 성격을 가진 국내 정치그룹을 지지하는 국가에 대해 더욱 그러하다는 것이다. 하지만, 이는 더욱 즉각적이고 위험한 대내 정치경쟁 세력의 위협에 대응할 힘을 보유하고자 하는 목적에 기인한다고 본다. 흔히 제3세계 국가 지도자들은 1차적 위협을 국내정치적 반대세력으로 간주하며, 외적 위협을 2차적 위협으로 인식한다는 것이다. 따라서 2차적 외적 위협에 대한 수용은 1차적 내적 위협에 대항하기 위한 힘을 보유하는 데 있어 수단적 조치가 되는 것이다. 그러므로 제3세계의 권위주의적 지도자들에 의한 제휴 결정은 국가안보 이익 차원보다는, 즉 국가능력을 제고시키려는 목적보다는 주로 자신들의 권력을 유지하려는 목적에서 추동된다는 것이다. 다시 말해 제3세계 지도자들은 국력증강을 보증할 수 있는 국가보다는 자신들의 세력유지를 확보할 수 있는 국가와 제휴하려는 선호를 보인다는 것이다. 따라서 표면적으로는 '편승'과 같이 보일지 모르지만 실제로는 '균형' 행위라는 것이다. 그는 이를 '전방위 균형'이라 칭하면서, "(제3세계) 지도자들이 2차적 적대세력을 유화시킬 필요성과 정권의 생존을 위해 국내적 위협과 대외적 위협에 '균형'을 취할 필요성을 합성시킨 것이다."라고 설명하고 있다.[27]

---

26) Steven R. David, "Explaining Third World Alignment," *World Politics,* Vol.43, No.2 (January 1991), pp.233-256; Steven R. David, *Choosing Sides: Alignment and Realignment in the Third World* (Baltimore: Johns Hopkins University Press, 1991).

27) Steven R. David, "Explaining Third World Alignment," p.236. 앞으로 논의가 계속되겠지만, 북한의 동맹행위를 설명하는 데 있어 '전방위 균형' 개념은 적용되지 못한다. 김일성은 대내 정치적 경쟁 과정에서 오히려 외적 안보연계를 철저히 차단했다.

2. 내적 '결박'(internal tethering)

현실적으로 동맹이 외적 위협에 대한 '균형' 현상으로만 나타난다면 비교적 쉽게 동맹행위를 이해할 수 있을 것이다. 그러나 문제는 위협을 주는 국가(threatening state)와 동맹을 형성하는 현상이 나타난다는 점이다. 월트는 이를 '편승'으로 개념화하면서 "위험의 근원이 되는 세력과의 제휴"(약소국의 굴복 혹은 유화)로 설명하였고, 슈웰러도 이를 '편승'이라는 용어를 사용하여 이익 수취를 위한 자발적 선택 등으로 개념화하였다.

지금까지 동맹행위에 대한 설명은 이처럼 '균형'이냐 '편승'이냐의 이분법적 논의에 지배되어 온 것이 사실이다. 그러나 이러한 양극단의 스펙트럼 내에는 다양한 대안적 선택지(일종의 "회색지대")들이 존재하며, 그에 따라 국가들의 제휴행위 속에는 다양한 기능과 목적이 내포될 수 있다.[28] 리스카(Liska)는 동맹이 이중적 기능을 담당할 수 있다고 일찍이 지적한 바 있다. 물론 리스카 또한 동맹이란 기본적으로 국가들이 의도적으로 어떤 상대의 위협에 '대항'하기 위해 형성되며, 또한 의도적으로 그것을 위해 존재하는 것으로 보고 있다. 하지만, 다른 한편으로 그는 동맹체결—강대국과 약소국의 구분 없이—은 안정을 저해할 만큼 열정적인(exuberant) 국가를 '제한'함으로써 국제적 균형을 유지시키거나, 동맹형성을 통해 자국의 국제적 승인을 확보하여 레짐을 정당화시키고자 하는 목적을 내포할 수 있다고 지적했다.[29]

로스타인(Rothstein)은 동맹의 효과를 군사적 측면과 정치적 측면으로 구분하여, 전자는 대적 억제라는 '능력결집'의 모델로 설명하고, 후자는 '모험주의적' 동맹국에 대한 영향력 행사 및 행위 제한의 목적으로 동맹국 상호

---

28) Glenn H. Snyder, *Alliance Politics,* p.116; Paul W. Shroeder, "Alliance, 1815-1945: Weapons of Power and Tools of Management," in *Historical Dimensions of National Security Problems,* Klaus Knorr ed. (Lawrence: The University Press of Kansas, 1976), pp.227-257.

29) Gorge Liska, *Nations in Alliance,* pp.12, 26-41.

간 마찰을 방지하기 위한 '내적 기능'의 시각에서 설명하고 있다. 그리고 양자가 명확히 구분되는 것이 아니며 상호 복합적으로 작용하는 것이지만, 분명히 목적의 우선순위는 있다고 보고 있다. 또한 "군사적 동맹은 독자적인 자원만으로 대처할 수 없는 위협 인식에서 비롯되지만, 정치적 동맹은 그러한 동맹에 의해 무언가를 얻어낼 수 있다는 어떤 상황 인식에서 비롯된다."라고 보았다.30)

쉬레더(Schroeder)는 1815~1945년 동안 유럽의 주요 동맹들에 대한 사례연구를 통해 동맹을 안보 극대화 수단만으로 보는 보편적 시각을 비판하면서, 동맹이 동맹국 간 상호관계에 관리의 수단(tool of management)으로 기능함을 밝히고 있다. 그는 동맹이 상호 안보적 행위에 대한 '제한의 협정'(pacts of restraint)으로 기능할 수 있음을 다음과 같이 요약하고 있다.

> "외부 위협에 대항하기 위한 능력결집에 대한 욕구가 언제나 동맹의 형성에 필수적인 역할을 해온 것은 아니다. 경우에 따라 국가들은 일방 또는 상대방(때때로 쌍방 모두)이 능력결집에 대해 필요성 또는 욕구를 느끼지 못함에도 동맹을 결성하기도 한다. 특정한 경우에는 동맹 형성이란 것이 어떤 세력의 군사적 지위를 강화시키는 것이 아니라 오히려 약화시키는 작용을 하기도 한다.
>
> 일부 동맹들은, 명목상이나 부분적으로 특정 위협 또는 적대세력에 대항토록 조약에 적시되어 있음에도, 조약에 명시된 것과는 완전 별개의 주요 목표나 표적을 갖는다.
>
> 모든 동맹들은 어떤 조치에 의거, 동맹 자체 내에서 동맹 파트너들의 행동을 억제 또는 통제하는 제한의 협정으로 기능한다. 흔히 동맹국 정책에 대해 통제를 행사하기 위한 욕구가 동맹 체제에 편입하는 주요한 이유이다. 모든 경우에 있어, 동맹이 제한의 협정으로 기능하는 방식은 동맹의 성공과 영속성, 그리고 일반 체제에 대해 큰 영향을 미친다. (중략)
>
> 국가는 다른 세력으로부터의 위협인식에 기반을 두어 그 세력에 대항(*against*)할 목적으로 동맹을 형성하기도 한다. 이는 위협에 대처하기 위한 능력결집의 목적 차원이다. 또한 (위협을 주는 세력)과(*with*) 동맹을 형성하기도 한다. 이 경

30) Robert L. Rothstein, *Alliances and Small Powers,* pp.49-52.

우는 제한의 협정을 통해 위협을 관리할 목적에 기인하는 것이다."[31]

와이스만(Weitsman)은 이를 '결박'(tethering)이라는 용어로 개념화하였다. 그는 국가는 상호 간에 발생할지도 모를 위협을 봉쇄하려고 위협국가와 동맹형성을 선택할 수 있다고 말하고 있다. 그가 말하는 '결박'은 우호적 국가 간에 발생하는 것이 아니라 위협을 주는 국가와 체결된다는 점에서 기존 현실주의자들의 '편승' 개념과 유사하나, 굴복이나 유화가 아니라 힘(strength)의 지위를 고려한 타협에서 비롯되었다는 점과, 비대칭적 위협이 아니라 상호 위협(reciprocal threat)을 수반한다는 점에서 기존 논의와 차이점을 보인다.[32]

'결박' 동맹의 가장 큰 특징은 무엇보다 상호 반목의 '관리'가 동맹형성의 주요 동인이라는 점이다. '결박'은 동맹의 '내적 기능'을 말하는 것이다. 상호 반목을 보이는 국가 간 '결박'의 합의는 최소한 상호 간 무력갈등의 가능성을 회피할 수 있으며, 또한 최대의 경우 투명성과 신뢰증진을 통해 협력을 촉진할 수도 있다. 그들은 장기적인 화해에는 이르지 못할지 모르지만 이해갈등의 통제에 대한 상호 양해를 추구한다. 다시 말해 '결박'은 '상호 제한의 합의'(agreement of mutual restraint)로서 기능할 수 있다. 이는 경우에 따라 다양한 결과를 노정 시킬 수 있는데, 지속적 협력을 담보할 수도 있고 종국에는 전쟁에 이를 수도 있다. '결박' 동맹은 이처럼 상호 적대감의 통제 내지 봉쇄라는 본질적 목적 이외에도 중요한 전술적 부수효과를 수반한다. 즉 동맹 파트너가 또 다른 동맹을 형성하는 것을 선제적으로 예방할 수 있으며, 보다 진일보한 제휴의 가능성과 협력을 증진시킬 수도 있고, 자국의 부담을

---

31) Paul W. Schroeder, "Alliance, 1815-1945: Weapons of Power and Tools of Management," pp.230-231.

32) Patrica A. Weitsman, "Intimate Enemies: The Politics of Peacetime Alliances," *Security Studies,* Vol.7, No.1(Autumn 1997), pp.162-164. 그는 '결박' 개념을 쉬레더의 이론적 공헌에 의존했다고 밝혔다(footnote 1). '결박' 동맹의 다양한 구체적 사례는 Patricia A. Weitsman, *Dangerous Alliances* 참조.

경감시킬 수도 있다. 또한, 잠재적 적대국의 능력이 자국으로 시현되지 않도록 보증할 수도 있다.33)

제2절 동맹 유지의 정치적 동학

1. 동맹정치의 본질

일단 동맹이 형성되고 나면 동맹 구성원들 간에는 다양한 이슈를 둘러싼 정치적 과정(동맹정치)이 진행되게 마련이다. 일반적으로 이와 관련하여 세 가지 측면이 지적되고 있다. 즉 동맹이 지속되면서 동맹국 간 세력격차(대칭적 또는 비대칭적)에 따라 정치적 자율성이 희생되는 문제, 동맹국과의 안보 결속력에 따라 나타날 수 있는 방기-연루의 딜레마, 동맹유지와 안보력 증진과 관계된 분담을 어떻게 분배하는가의 문제 등이 제기될 수 있다는 것이다.34)

하지만, 이러한 세 가지 측면은 더 단순하게 설명될 필요가 있다. 왜냐하면, 이러한 세 가지 쟁점은 동맹정치의 본질적 측면보다는 사안에 따라 편의적으로 구분한 단편적 설명 방식이기 때문이다. 따라서 동맹유지와 관련된 정치적 동학을 설명하려면 위에서 제기된 세 가지 측면 모두에 아울러 연관

---

33) Patricia A. Weitsman, *Dangerous Alliances,* pp.16-17, 21-23. 와이스만은 자신의 이론은 제도주의(institutionalism)의 통찰력에 기반을 둔 것이라 말하고 있다. 그는 동맹을 일종의 '제도'로서 조망하고 있다. 즉 제도를 "지속적으로 행위자의 역할을 규정하고, 그들의 행동을 제약하며, 선호를 형성시키는 공식적 또는 비공식적 규칙들이 연계된 하나의 총체"로 정의한다면, 위협을 주는 국가와 동맹을 맺는다는 것은 바로 이러한 '제도' 형성을 의미한다는 것이다. 국제제도의 유용성과 효용성에 대한 논쟁은 John J. Mearsheimer, "The False Promise of International Institutions," pp.5-49; Robert O. Keohane and Lisa L. Martin, "The Promise of Institutionalist Theory," *International Security,* Vol.20, No.1(Summer 1995), pp.39-51 참조.

34) 이에 대한 다양한 관련 문헌 소개는 전재성, "동맹이론과 한국의 동맹정책,"『국방연구』, 제47권 제2호(2004년 12월), pp.76-84 참조.

되는 본질적 측면을 고려해봐야 할 것이다.

기본적으로 동맹관계의 핵심에는 타국으로부터의 지원 가능성 및 정도와 관련하여 동맹 구성원들 상호 간에 갖는 '기대감'(expectations)이 자리하고 있다.[35] 앞에서 제기된 세 가지 문제들도 바로 이러한 '기대감'에 따라 나타나는 문제라고 할 수 있다. 즉 동맹국 상호 간 세력격차의 대칭성/비대칭성과 관련하여 나타나는 '정치적 자율성과 안보의 교환'(autonomy-security trade-off) 문제나 방위 분담과 관련된 정치적 과정, 그리고 동맹에 얼마나 의존해야 할 것인가의 고민에서 도출되는 방기-연루의 우려(abandonment-entrapment fear) 문제 등은 기본적으로 동맹 구성원들이 상대 파트너에 대해 가지는 '기대감'의 편차에서부터 연유하는 것이다.

쉬레더는 동맹은 그 성격과 형식에 관계없이 서로에 대한 "일정 수준의 공약(commitment)이 반드시 포함되어 있어야 한다."라고 동맹정치의 본질적 출발점을 지적하고 있다.[36] 따라서 동맹정치란 바로 동맹 파트너 상호 간에 '공약'을 둘러싸고 진행되는 정치적 동학으로 이해해야 한다. 즉 공약에 대한 '상호 기대치의 편차'로 말미암아 동맹관계에는 일정한 파동과 굴절이 드러나는 것이다. 쉽게 말해 동맹이 형성되고 난 후 동맹구성원 간에는 그 동맹에 대해 가지는 기대감이 서로 다를 수 있다는 것이다. 상대방이 어떤 공약을 표명해 주기를 기대하느냐가 서로 다를 수 있다는 말이다. 바로 그 기대감의 상호 수렴과 편차의 정도에 따라 동맹관계는 협력과 갈등이라는 정치적 과정을 수반한다.

2. 동맹게임의 역동성

1) 동맹형성 동인에 따른 기대공약

공약에 대한 상호 기대치의 편차는 어디에서부터 연유하는 것인가? 위에

35) Victor D. Cha, *Alignment Despite Antagonism,* pp.39-40.

36) Paul W. Schroeder, "Alliances, 1815-1945," p.227.

서 살펴본 동맹형성에 관한 다양한 이론들은 동맹이 기본적으로 '위협'에 관련된 것으로 본다. 바로 그 위협의 주 원천(main source)을 어디에 두느냐에 따라, 그 동맹이 어떤 기능을 해야 하는지에 대한 기대감이 만들어지는 것이다. 다시 말해 동맹을 선택한 동인의 상이성이 상호 기대감의 편차를 만들어 낸다는 것이다.

위협의 원천을 주로 제3자라는 공동의 적에서 찾는다면, 대적 '균형'이 주요한 동인으로 작용할 것이다. 이 경우 상호 간에는 실질적 대외 안보공약 수준이 높아질 것이다. 왜냐하면, 제3의 명확한 공동의 적에 대해 '균형'을 유지하면서 그에 대한 억지력을 가지려면 쌍방 간의 실질적 안보공약이 전제되어야 하기 때문일 것이다. 그러한 안보공약에는 실질적 군사·경제적 지원, 개별 사안에 대한 정치·외교적 지지(동맹외교), 안보공약의 지속적 확인을 통한 후기 동맹딜레마의 극복 등이 있을 수 있다. 물론 대적 '균형' 동맹도 그 효용성이 언제나 가용한 것은 아니며, 새로운 위협의 근원을 함께 창출하고 이러한 위협에 대한 인식의 격차를 최소화시켜 합의를 찾기 위한 노력이 전제되어야 한다.37) 어쨌든 '균형' 동인은 동맹의 '외적 기능'을 강화시켜 줄 것이다.

그런데 위협의 원천을 주로 동맹 파트너 자체에서 찾을 경우, 즉 상호 '결박'을 목적으로 동맹이 형성될 경우 안보공약 수준은 그만큼 낮아질 수밖에 없다. 왜냐하면, 이 경우는 공동의 위협에 대처하기 위한 안보협력에 자국의 힘을 사용할 것이라는 의무감이 그만큼 약화되기 때문이다. '결박' 동맹은 위협의 상호성을 전제로, 다시 말해 상대방의 미래 행보 자체가 자국의 안보적 이해관계에 위협을 가할 수 있다는 개연성을 기반으로 하여 이해갈등의 관리를 동맹 형성 및 유지의 주요 목적으로 상정한다. 따라서 이 경우는 실질적 군사·경제적 지원보다는 군사계획과 관련한 상호 투명성 및 협

37) Stephen M. Walt, *The Origins of Alliances*; Stephen M. Walt, "Why Alliances Endure or Collapse," *Survival,* Vol.39, No.1(Spring 1997), pp.156-179; Glenn H. Snyder, *Alliance Politics,* pp.33-34.

의 빈도의 증대와 의사소통 채널의 제도화에 관계설정의 주요 업무가 할당된다. 하지만, 이해갈등이 증폭되는 상황하에서는 응집력(cohesion)이 매우 약하며, 이는 동맹유지 시, 상대국에 대한 매우 낮은 저강도의 안보공약이 노정된다는 특징을 보여주게 된다.[38)]

2) 공약 준수의사 표명 전략, 그리고 '약소국의 힘'(power of the weak)

동맹 파트너 간에 동맹 형성 동인이 서로 다를 경우 나타날 수 있는 상호 기대치의 편차와 그로 말미암은 정치적 과정은 어떤 개념으로 설명될 수 있는가? 공약내용에 대한 상호 기대치의 편차에서 오는 정치적 과정은 공약 준수에 대한 상호 의구심을 유발시킨다. 동맹정치의 본질적 측면이 상호 공약에 대한 '기대감'에서 비롯된다고 보면, 동맹 구성원들은 동맹의 형식에 관계없이 — 대칭적 동맹이든 비대칭적 동맹이든, 또는 대적 균형 동맹이든 결박 동맹이든 간에 — '방기'와 '연루'의 우려를 경험하게 마련이다. 즉 동맹 공약 준수 미이행에 대한 우려 또는 동맹 이탈에 대한 고민 등을 느끼게 된다는 것이다. 결국 동맹의 정치적 과정이란, 상대방이 동맹공약을 지키지 않을 가능성에서 연유하는 '방기' 우려와, 자국의 이해관계와는 관계없으나 동맹조약에 의해 분쟁에 휘말릴 가능성에서 연유하는 '연루' 우려가 만들어 내는 동학의 결과인 셈이다.

원래 '방기'와 '연루'의 개념은 "동맹(혹은 제휴) 관련국들의 상호작용을 지탱하는 상호 지지에 대해 느끼는 기대감과 불안감을 포착하고자 개발"된 것이다.[39)] 스나이더(Snyder)에 따르면, 일반적으로 '방기'와 '연루'는 다음 같은 경우에 발생한다.

> "동맹국이 자국의 명백한 공약을 이행하지 않거나 지원이 기대되는 위급상황에서 지원을 하지 않을 때 방기가 발생한다. 두 가지 경우 모두에서 동맹은 그대

---

38) Patricia A. Weitsman, *Dangerous Alliances,* pp.21-23.

39) Glenn H. Snyder, *Alliance Politics,* pp.180-199; Victor D. Cha, *Alignment Despite Antagonism,* p.37.

로 남아 있지만, 동맹의 바탕을 이루는 지원에 대한 기대는 약화된다. 동맹국의 이해관계를 둘러싸고 갈등이 벌어지고 있는데, 자국은 이에 대해 전혀 이해관계를 공유하지 않거나 부분적으로만 공유할 뿐이다. 그런데도 자국이 이러한 갈등에 끌려 들어가는 것을 연루라고 한다. 일반적으로 동맹국 간에 이해관계가 같을 수는 없다. 따라서 동맹국 간의 이해관계는 공유되는 정도에 따라 그 가치가 다르게 평가될 수 있다."[40]

결국 '방기'란 동맹의무 준수 의사가 취약하여 동맹국이 동맹을 이탈할지 모른다는 불안을 말하는 것이며, '연루'는 대개 동맹공약이 자국의 이익에 해롭게 작용될 경우 발생한다는 것이다. 따라서 동맹국 간 정치적 과정에서 어떤 국가가 협력하거나 이탈하는 정도는 그 국가가 방기와 연루의 우려를 어떻게 평가하느냐에 달린 것이다. 특히 이러한 불안감은 "특정한 위급상황에서 자국의 안보적 이해관계를 위해 동맹 공약 준수 의사를 강하게 표명하는 것과 약하게 표명하는 것 중 어느 것이 더 나은가에 따라 좌우"된다. 따라서 방기-연루 우려는 엄격한 의미에서 볼 때 동맹딜레마라기보다는 일종의 교환의 성격을 갖는 것이며, 그러므로 일정한 전략 설정이 가능할 것이다.[41]

공약 준수의사의 표명 전략에는 두 가지 경우를 먼저 생각해 볼 수 있을 것이다. 우선 A국가가 B라는 동맹국에 의해 불필요한 분쟁에 '연루'될 우려가 있는 경우, A국가는 공약 준수의지 표명을 그만큼 보류할 것이다. 한편, 상대국에 의해 '방기'될 우려가 증가할 경우, 공약준수 의지를 더욱 명확히 하여 상대국이 동맹에서 이탈하는 것을 방지할 수도 있을 것이며, 상대방의 공약준수 의지에 상응하여 공약준수 의지수준을 낮출 수도 있을 것이다.

그런데 방기-연루 우려는 안보재화(security goods)를 주로 누가 제공하느냐에 따라 동맹 구성원들 간에 비대칭적으로 느낄 수 있다. 다시 말해, 동맹

---

40) Glenn H. Snyder, "The Security Dilemma in Alliance Politics," *World Politics,* Vol.36, No.4(July 1984), p.467.

41) Victor D. Cha, *Alignment Despite Antagonism,* pp.37-38.

을 구성하는 상대적 강대국과 상대적 약소국의 방기-연루 우려가 다르게 나타난다는 것이다. 따라서 스나이더가 지적하듯이, 방기-연루 우려는 기본적으로 동맹에 대한 "의존균형"(balance of dependence)의 문제인 것이다. 동맹에 더욱 의존적인 국가, 즉 안보재화의 수혜자의 경우는 방기의 우려를 강하게 느끼는 반면 동맹에 덜 의존적인 국가, 즉 안보재화의 주요 공급자는 방기 우려보다는 불필요한 분쟁에 '연루'될 우려를 강하게 느낀다는 점이다.[42)]

그렇다면, 강대국은 약소국의 '모험주의적 행위'에 대한 연루 우려를 어떻게 해소할 것인가의 문제가 제기된다. 동맹 구성원 중 상대적 힘의 우위를 보이는 국가는 파트너 국가가 국내정치적 이유에 기인하든 혹은 자국과 공유되지 않은 위협 인식에 기인하든, 자국과 경쟁하는 국가나 적대국에 대해 긴장을 유발하거나 무력 충돌을 일으킬 경우, 파트너 동맹국의 행위를 '제한'(restraint)하고자 하게 마련이다. 그러한 약소국의 '모험주의적 행위'에 대해 강대국은 동맹국 스스로 유발시킨 위기 국면 시에는 약속된 군사지원을 철회할 것이라든지, 도발행위를 중단하지 않을 경우 탈제휴(dealingment)나 재제휴(realignment)할 것이라고 위협할 수 있다. 또한, 특정한 분쟁 시 외교적 지지를 유보하거나 그렇게 할 것이라고 위협할 수도 있다. 그리고 협의 채널 등을 통해 문제의 행동을 중단하도록 설득하기도 한다. 그러한 설득의 방법에는 안보공약에 대한 재보장(reassurance)이 포함될 수 있다. 또한, 긴장 완화를 위해 동맹국이 '양보'할 것을 요구할 수도 있다. 그리고 동맹국의 행위 변경 시 인센티브를 제공한다고 약속할 수도 있다. 흔히 강대국은 이러한 여러 가지 수단들을 복합적으로 사용한다. 즉 처벌(punishments) 위협과 보상(rewards) 약속을 적절히 배합하는 것이다.[43)]

그러나 '특정한 상황,' 즉 일반적 통념과는 다르게 역설적이게도 '약소국의 힘'(power of the weak)이 드러나는 상황에서는 약소국에 대한 강대국의

---

42) Glenn H. Snyder, *Alliance Politics,* p.188. 그러나 이러한 설명은 동맹의 외적 기능에만 초점을 맞춘 것이다. 계속 논의할 것이지만, 동맹의 내적 기능이라는 차원에서 보면 상대적 강대국도 일정 정도 방기 우려를 느낀다고 볼 수 있다.

43) Glenn H. Snyder, *Alliance Politics,* pp.320-328.

'제한' 행위는 그 효과성을 담보하기 어렵다.[44] 즉 약소국이 지정학적으로 중요한 전략적 위치를 점하고 있을 경우, 강대국의 다양한 정책수단들이 곧바로 상대국에 대한 영향력으로 전환되는 것은 아니라는 것이다.[45] 월츠는 동맹이 형성되고 난 후 동맹 지도국의 동맹 관리를 논하면서 다음과 같이 말하고 있다.

> "위기의 순간에는 상대적으로 힘이 약한 국가나 더 모험적인 국가가 자신의 진영의 정책을 결정하는 경우가 많다. 그의 파트너들은 그 약한 국가가 궁지에 빠지도록 내버려둘 여유도 없으며, 모험을 원하지 않으면서도 한 국가의 모험을 지원하지 않음으로써 나타나게 될 동맹의 와해를 외부에 알릴 여유 또한 없기 때문이다."[46]

월트는 "편승은 불평등한(unequal) 교환을 수반한다."라고 지적한 바 있다. 즉 "취약한 국가는 우세한 국가에 비대칭적(asymmetrical) 양보를 하고 복종적인 역할을 수용한다."라는 것이다.[47] 그러나 약소국의 취약성이 평화지향성이나 비호전성, 고분고분함을 의미하는 것은 결코 아니다. 약소국은 어떤

---

44) '약소국의 힘'이라는 표현은 울퍼스가 처음 사용했다. 그는 쿠바나 알바니아를 사례로 들면서, 약소국의 힘은 경쟁하는 강대국 관계 자체에서 연유하는 것이라 기술하고 있다. 즉 중요한 지정학적 위치를 점하는 약소국은 복종의 대상을 바꿀 수 있다고 위협함으로써, 그 힘에 어울리지 않게 강제력(coercive power)을 확보할 수 있다는 것이다. Arnold Wolfers, *Discord and Collaboration: Essays on International Politics* (Baltimore: The Johns Hopkins Press, 1962), pp.110-112.

45) 사실 정책수단(resource) 자체가 곧바로 영향력으로 연결될 수 있는 것은 아니다. 이는 그 정책수단들이 실제로 영향력 행사로 전환될 수 있는 맥락(context)이 중요함을 의미한다. 전환될 수 있는 수단들(conversible resources)만이 영향력 행사의 지표가 될 수 있다는 주장에 대해서는 David A. Baldwin, "Power Analysis and World Politics," *World Politics,* Vol.31, No.2(January 1979), pp.161-194; Joseph S. Nye. Jr., "The Changing Nature of World Power," *Political Science Quarterly,* Vol.105, No.2(Summer 1990), pp.117-192; William Habeeb, *Power and Tactics in International Negotiation,* pp.8-9.

46) Kenneth N. Waltz, *Theory of International Politics,* p.167.

47) Stepen M. Walt, "Testing Theories of Alliance Formation," p.282.

주어진 국제체제의 본질로부터 발생하는 기회를 적절히 이용하고자 민첩하게 움직이기도 하며, 자국의 목적을 위하여 강대국 간 경쟁을 조절하는 것을 배우기도 함으로써, 심각하게는 아닐지 모르지만 체제 그 자체에 대해서까지도 영향력을 발휘하기도 한다.[48] 특히 약소 동맹국의 '불가 예측성' 또는 '모험주의' 자체는 강대국에 심각한 좌절감과 초조함을 가져다주기도 한다.[49] 약소국 지도자들의 사고방식은 지엽적(provincial)이고 편협적(parochial)이다. 약소국은 국제정치의 거시적 패턴보다는 좁은 범위의 자국의 사활적 이익(vital interests)에 관심을 집중시킨다. 그 외의 다른 것들은 무시해 버리는 경향이 있다. 즉 그들의 행동이 전반적인 국제정치의 안정성에 어떤 영향을 미칠지는 관심의 대상이 아니다. 그러나 상대적 강대국은 체제의 불안정성에 대한 우려를 우선 고려하지 않을 수 없다. 이러한 강대국의 우려감이 약소국에 하나의 레버리지와 협상력을 제공하게 되는 것이다.[50]

이처럼 '약소국의 힘'이 노정될 수 있는 상황하에서는 약소국에 대한 강대국의 '제한' 노력은 일정한 한계를 보일 수밖에 없다. 따라서 경우에 따라서는 상대방의 미래 행보를 '제한'할 수 있는 공식적 조약의 체결이 매우 긴요한 문제로 제기될 수 있다. 조약체결과 같이 상호 공약의 성격과 범위를 정교하게 다듬는 일은, "기존 이해 공동체와 그들에게 부합하는 일반정책 및 구체적 조치들에 대해서 특히 제한을 가하는 형태로 (제휴 관계를) 공식화"함으로써 상호 책임과 의무에 대해 더욱 높은 정확성을 가미시키는 것이다.[51] 그렇게 함으로써 상대방의 미래 행보를 예측 가능한 범주 속에 묶어

48) 한델(Michael Handel), 『약소국 생존론』, pp.47, 56-57.

49) Chang Jin Park, "The Influence of Small States Upon the Superpowers," pp.97-117; Astri Suhrke, "Gratuity or Tyranny: The Korean Alliances," pp.508-532; Yong-Pyo Hong, *State Security and Regime Security.*

50) 한델(Michael Handel), 『약소국 생존론』, p.53; Robert O. Keohane, "The Big Influence of Small Allies," pp.162-163; William Habeeb, *Power and Tactics in International Negotiation,* pp.10-26.

51) Hans Morgenthau, "Alliances in Theory and Practice," in Arnold Wolfers (ed.), *Alliance Policy in the Cold War* (Westport, Conn.: Greenwood, 1959), p.186.

둘 수 있는 법적 근거를 마련하는 것이다. 서론 부분에서도 이미 언급했듯이 강대국은 자국의 정책적 유연성을 상실할 수 있는 동맹조약 체결을 일반적으로 꺼림에도, 약소국의 불가 예측성을 관리·통제할 필요성으로 말미암아 조약체결을 마지못해 수용해야 하는 경우도 있는 것이다.

사실 제휴의 '공식화'는 강대국의 동맹행위에 상당한 함의를 내포하고 있다. 다시 말해 일단 조약이 체결되고 나면 강대국도 — 앞서 설명한 스나이더의 일반적 통념과는 다르게 — 일정 정도 '방기' 우려를 느낄 수 있다는 것이다. 즉 강대국도 '약소국의 힘'이 드러나는 상황하에서는 약소 동맹국의 동맹의무 미준수를 우려할 수 있다는 말이다. 따라서 강대국도 약소국이 기대하고 있는 공약을 준수하겠다는 의지를 명확히 하여 약소국이 동맹에서 이탈하는 것을 선제적으로 방지할 필요성을 느낄 수도 있다. 물론 약소국의 강대국에 대한 공약 준수 의지에 상응하여 안보공약 수준을 낮출 수도 있을 것이다.

3) 논의의 요약

로스타인(Rothstein)은 동맹의 군사적 효과(외적 기능)와 정치적 효과(내적 기능)는 상호 복합적으로 작용하는 것이지만 분명히 목적의 우선순위는

〈표 1〉 동맹의 외적 기능과 내적 기능

	외적 기능	내적 기능
주요 가정	능력결집/이익수취/정권안보	이해갈등 관리(제한의 협정)
주요 동맹행태	균형/편승	결박
공약 (commitment)	군사·안보적 지원 정치·외교적 지지 안보공약의 지속적 확인	의사소통 (사전 통보 및 상호 협의)
정치적 과정	방기/연루 우려의 동학	

있다고 했다.[52] 결국, 동맹을 선택할 당시의 상황인식이 어떤 것인가에 따라 <표 1>과 같은 동맹의 '외적 기능'과 '내적 기능' 중 어디에 방점을 둘 것인지가 달라진다는 것이다.

동맹조약 속에는 복합적 목적이 내재되어 있을 수 있다. 대적 균형의 목적이 내포되어 있을 수 있고, 상대방의 미래행보를 '제한'하는 '결박'의 목적이 내포될 수도 있다. 특히 상대방의 미래 행보 변화가 자국의 안보이해에 지대한 영향을 미칠 개연성이 존재하는 상황, 즉 상대국이 현재적 위협은 아닐지라도 미래의 잠재적 위협요인으로 작용할 수도 있는 상황에서는 '결박'의 조약이 그만큼 더 필요할 것이다.

따라서 상대적 강대국과 상대적 약소국 간에는 동맹형성 동인에 있어 그 우선순위가 다를 수 있다는 점이 중요하다. 바로 그 우선순위의 상이성이 서로에게 기대하는 공약내용의 편차를 만들어내는 것이다. 그 때문에 동맹 파트너 간에는 조약상에 나타난 문구 중 어디에 방점을 둘 것인가가 중요한 안보적 상호작용을 유발한다. 예를 들어, 대적 균형동맹을 주요 동인으로 삼고 있는 국가의 경우, 이는 선험적으로 볼 때 약소국의 동인일 가능성이 크다.[53] 따라서 약소국은 능력결집 또는 자동군사개입 조항, 군사·안보적 지원 부분에 강조점을 둘 것이다. 그러나 주요 동인을 잠재적 상호 이해갈등의 관리, 즉 '결박' 동인에 둘 경우에는 상호 협의 또는 사전 통보 등을 강조한 문구에 방점을 둘 것이다. 이러한 기대감의 편차가 점차 커질수록 공약준수에 대한 상호 의구심은 증폭된다. 이는 방기-연루 우려를 통해 동맹게임의 역동성을 만들어 낸다.

상대적 강대국은 일반적으로 방기 우려보다는 연루 우려를 느끼지만, 약소국의 '모험주의적 행위'를 '제한'시킬 수 있는 여러 가지 수단을 보유하고 있다. 그러나 지정학적 이유로 유발되는 '약소국의 힘'이 노정되는 상황에서는 그러한 강대국의 다양한 수단은 한계를 보일 수밖에 없다. 이는 약소국이

---

52) Robert L. Rothstein, *Alliances and Small Powers,* pp.49-52.
53) 한델(Michael Handel), 『약소국 생존론』, p.138.

그러한 강대국의 딜레마를 알고 있으므로 지속적으로 '계산된 모험주의' (calculated adventurism) 전략을 구사하려 할 것이기 때문이다. 약소국은 상대적 힘의 취약함에서 오는 '방기' 우려를 극복하기 위해, 강대국의 '연루' 우려를 자극시키고, 이를 통해 어떤 극한 위기 상황하에서 '자제'(自制)하는 모습을 보임으로써 강대국으로부터의 안보공약을 재보장(reassurance) 받을 수 있다는 계산된 의도를 가지고 있다. 약소국의 목적은 분명하다. 약소국은 강대 동맹국과의 관계를 파탄시키고자 하는 것이 아니다. 약소 동맹국은 강대국의 전략적 이해 구도 속에 함몰되어 '관리의 대상'으로 전락하는 것이 아니라, 강대국의 지지와 지원을 수취하고자 불가 예측성과 모험주의를 수단으로 활용하려는 것이다.

이러한 '약소국의 힘'이 노정되는 상황하에서는 강대국이라고 할지라도 약소국과의 관계를 파탄에 이르게 할 수 없을 것이다. 이는 지정학적 고려와 함께 미래 불확실성을 관리할 만한 자국의 능력에 대해 확신할 수 없을 경우에는 더더욱 그러할 것이다. 따라서 이 경우 강대국은 약소국의 불확실한 미래행보를 선제적으로 예방하고자 약소국이 기대하는 공약을 확약할 수도 있으며, '확장된 억지력'(extended deterrence) 제공을 위한 명확한 조건을 제시한다든가,[54] 약소국의 자제에 따라 공약준수 의지를 수사적으로 재보장(reassurance)한다든가, 또는 안보공약에 대한 부인가능성의 여지를 남겨둔다든가 함으로써, 약소국의 행보에 상응하게 공약준수 의사를 조정하는 '계

---

54) '확장된 억지력'이란, 강한 나라가 약한 피후견국(client state)에 대해 적국의 공격을 억지하고자 위협을 사용하는 것을 말한다. 예를 들어 미국의 우방이나 동맹국에 대한 재래식 또는 핵 공격을 막기 위해 미국의 핵무기가 사용될 수 있다는 공약이다. 또한 미국은 과거 소련이 서유럽을 침공할 경우 소련 본토를 공격하겠다고 위협하였는데, 이런 경우도 '확장된 억지력'의 예에 해당한다. 골든스타인(Joshua. s. Goldstein), 『국제관계의 이해』, p.121. '확장된 억지력'에 관한 자세한 논의를 위해서는 Walter Slocombe, "Extended Deterrence," *Washington Quarterly,* Vol.7, No.4(Autumn 1984), pp.94-96; Erich Weede, "Extended Deterrence by Superpower Alliance," *Journal of Conflict Resolution,* Vol.27, No.2(June 1983), pp.231-238; Patrick M. Morgan, *American Extended Deterrence in Northeast Asia* (Seongnam: The Ilhae institute, 1987) 등 참조.

산된 모호성'(calculated ambiguity) 전략을 구사할 것이다.

제3절 사회주의 국제관계의 '내장된 불안정성'

중·소 분쟁은 국제정치사에서 가장 흥미로운 사건 중의 하나이다. 이는 일반적 국제정치 용어로 설명하기 어려운 잔여 부분, 즉 '특수성'이 내재해 있기 때문이다. 그것은 다름 아닌 국가 간 관계를 규정하는 규범 이외의 특수한 규범이 존재해 왔다는 것이다. 즉 국가 대 국가 관계와 당 대 당 관계의 규범이 상호 교직되면서 양자관계의 복잡성이 드러났기 때문이다. 일반 국가 간 관계(國際關係)는 일종의 조정(coordination)의 관계이다. 이는 아나키적 국제질서하에서 자연스런 결과이다.[55] 그러나 당제관계(黨際關係)는 수직적 하이어라키를 전제로 한 관계였다.[56] 신중국 건립 이전 중국 공산당은 상당기간 소련공산당의 하나의 지부에 불과했었다.[57]

통상적으로 우리가 '특수성'이라고 말할 때는 보편적 언어로 설명할 수 없는 부분이 있음을 의미한다.[58] 그런데 보편적 언어로 국가 간 관계를 설명

---

55) 아나키적 질서에 대해서는 Kenneth N. Waltz, *Theory of International Politics,* Chapter 6.

56) 소련과 동구권 공산국가 간 관계를 하이어라키(hierarchy)관계로 규정한 논문은 David A. Lake, "Anarchy, hierarchy, and the variety of international relations," *International Organization,* Vol.50, No.1(Winter 1996), pp.1-33; Alexander Wendt and Daniel Fredheim, "Hierarchy under anarchy: informal empire and the East German state," *International Organization,* Vol.49, No.4(Autumn 1995), pp.689-721.

57) 물론 조선공산당도 소련공산당의 하나의 지부에 불과했다. 姚金果, "大革命時期共産國際, 聯共(布)與中共三者之間的組織關係,"『黨的文獻』, 第5期(2003), pp.63-70,『復印報刊資料─中國現代史』, 第3期(2004), pp.95-102; Alexander V. Pantsov, "How Stalin Helped Mao Zedong Become the Leader: New Archival Documents on Moscow's Role in the Rise of Mao," *Issues & Studies,* Vol.41, No.3(September 2005), pp.181-207.

58) 일반성과 특수성에 관해서는 Adam Przeworski and Henry Teune, *The Logic of Comparative Social Research* (New York: Wiley, 1970), pp.5-8.

한다면 그것은 주권국가 대 주권국가와의 관계를 의미할 것이다. 그러나 냉전시기 사회주의 진영의 국제관계는 주권국가 간 관계 이상의 원리가 있었다. 그것은 다름 아닌, 하이어라키라는 '배열의 원리'를 내장하고 있었던 것이다. 월츠의 표현대로라면 국내정치와 국제정치를 구분하는 가장 큰 특징은 구성단위 간의 '배열의 원리'이다. 전자가 기능의 분화에 따른 위계적 관계를 그 원리로 삼는다면, 후자는 동등한 위치 — 여기서는 자율적인 결정을 내릴 수 있다는 의미에서 동등성을 말하는 것이다 — 에 있는 단위 간 조정의 관계를 그 원리로 삼고 있다.

냉전시기 사회주의진영의 국제관계는 이념적 유대라든지 또는 세력 균형적 효용계산에서만 그 의미가 도출되었다기보다는, 근본적으로 '권력관계'를 상정한 것이었다. 사회주의 국가 간 관계는 엄격한 의미의 국가 대(對)국가 간 관계는 아니었다. 그것은 국가관계와 당제관계가 교직 되어 있었고, 예상치 못한 정세 변화가 발생할 경우 위협평가 방식이나 결정권은 언제나 당제관계의 위계적 질서에 의해 규정되었다.59)

사회주의 국제관계는 기본적으로 '프롤레타리아 국제주의'라는 규범에 의해 작동되었다. 북한의 사전적 정의로 '프롤레타리아 국제주의'란 "맑스·레닌주의 당의 령도밑에 로동계급이 자본주의 제도를 뒤집어 엎고 사회주의, 공산주의 사회를 건설하는 투쟁에서 국제적으로 단결하고 서로 돕는 사상"을 말한다.60) 또한 "제국주의를 반대하고 공산주의 위업의 승리를 위한 투쟁에서 국제로동계급이 서로 지지성원하고 단결을 도모하는 사상과 원

---

59) 레이크(Lake)는 이를 '잉여통제력'(residual control)이라는 개념을 사용해 설명하고 있다. 그는 동맹을 일종의 '안보계약'이라고 상정했다. 계약은 체결 당시 예상 가능한 모든 상황을 전제로 한 것이지만, 예상이 불완전하게 이루어질 수밖에 없다. 그런데 계약관계가 지속되면서 계약에 명시되지 않은 잉여영역이 생겨나게 된다는 것이다. 바로 그 영역에서 '권력관계'가 생겨난다고 보았다. 그에 따르면 아나키적 상태에서는 계약 당사자가 완벽한 잉여통제력을 유지하나, 하이어라키 상태에서는 일방이 타방에 대해 상당한 잉여통제력과 결정권을 행사한다는 것이다. David A. Lake, "Anarchy, hierarchy, and the variety of international relations," pp.5-10.

60) 사회과학출판사 편, 『정치용어사전』(평양: 사회과학출판사, 1970), p.630.

칙"이다.[61] 다시 말해 사회주의 국가 간 관계는 계급투쟁 이론에 따른 세계 혁명의 차원에서 이해되어 왔다. 따라서 대외관계의 대상 범주가 지역개념이 계급개념에 있었다.

그런데 이러한 '프롤레타리아 국제주의'에 입각한 당제관계는 독립된 주권국가가 성립되기 전에는 상당한 효과를 발휘했다.[62] 그러나 국가 성립 후에는 국가 간 관계를 규정하는 조정의 규범이 우선될 수밖에 없다. 하지만, 당제관계를 완전히 포기할 수도 없었다. 왜냐하면, 사회주의 국가의 외교정책 목표는 세계 혁명에 있었기 때문이다. 즉 혁명국가로서의 대외정책 범주는 어떤 지역에 국한되는 것이 아니라, 세계라는 단일한 대상을 목표로 했기 때문이다. 이것은 소극적으로 말하면 세계 공산혁명에 일조하는 것이며, 보다 적극적으로 말하면 세계 혁명 리더로서의 지위를 확보하는 것이다. 하지만, 그러한 세계적 목표를 달성하는 방식은 각 국가의 이해관계에 따라 다르게 나타날 수밖에 없었고, 그러한 방식의 상이성에 따라 국가 간 마찰이 수반될 개연성이 많았다. 이때 바로 당제관계와 국제관계의 규범이 충돌했다.[63]

역시 '프롤레타리아 국제주의'의 가장 큰 문제점은 그 분석단위가 기본적으로 '계급'이며 '국가'가 아니라는 데에 있었다. 당 대 당의 당제관계가 독

---

61) 사회과학원 철학연구소, 『철학사전』(평양: 사회과학출판사, 1985), p.581.

62) 특히 미국과 국민당군의 전력의 우세 속에서도 중국과 북한지역에서 '혁명'이 성공할 수 있었던 것은, 소련을 정점으로 한 "국제주의"가 당시까지는 유효함을 보여주는 것이었다. 牛軍, "一九四五年至一九四九年的美蘇國共關係," 『歷史研究』, 第2期(2002), pp.84-103, 『復印報刊資料–中國外交』, 第8期(2002), pp.41-56; Chen Jian, "The Myth of America's "Lost Chance" in China: A Chinese Perspective in Light of New Evidence," *Diplomatic History,* Vol.21, No.1(Winter 1997), pp.77-86; Michael Sheng, "The Triumph of Internationalism: CCP-Moscow Relations before 1949," *Diplomatic History,* Vol.21, No.1 (Winter 1997), pp.95-115; Michael M. Sheng, *Battle Western Imperialism: Mao, Stalin, and the United States* (Princeton NJ: Princeton University Press, 1988).

63) '프롤레타리아 국제주의'의 이론과 실제에 대해서는 Lawrence L. Whetten (ed.), *The Present State of Communist Internationalism* (D.C. Heath and Company: Lexington, Massachusetts, 1983).

립된 단위로서의 주권국가 간의 관계보다 우선시되었다. 다시 말해 주권국가의 국부적 이해가 세계혁명이라는 전반적 이해에 늘 침해당할 소지를 안고 출발했다는 것이다. 레닌은 이를 '민주집중제'(民主集中制)로 포장했었다. 그러나 그 방점은 언제나 강대국의 전략적 이해에 두어졌으며, 그로 말미암아 '민주'보다 '집중'의 규범이 우선되었다.[64] 따라서 조직의 원리인 '민주집중제'는 단위의 원리인 '주권'과 태생적으로 합치되지 못하는 한계가 있었다. '프롤레타리아 국제주의'를 규범으로 삼는 사회주의 국제관계는 그 출발부터 이미 불안전성을 '내장'하고 있었던 것이다.

각국 공산당은 국제공산주의 운동에는 반드시 핵심영도세력이 있어야 하며, 일치된 이데올로기를 바탕으로 정통의 마르크스·레닌주의의 지도적 사상을 유지하고 공고히 해야 함을 강조하였으며, 또한 그것을 용인하였다.[65] 따라서 상대적 약소 사회주의 국가의 독자적 지위는 태생적으로 일부 포기돼야 했다. 평상시에는 모두 '형제당'이라는 구호로써 정상적 국가 간 관계로 포장할 수 있었지만, 국내적 정치변동이나 국제정세의 변화에 따라 일단 정치적 관계에 변화가 발생하면, 핵심 지도국에 대한 도전이나 이념상의 대립은 극화되어 갔다. 이러한 '내장된 불안정성'(embedded instability)은 중·소 관계에서 극명하게 표출되었다. 일찍이 마오쩌둥은 흐루시초프와의 불화에 대해 다음과 같이 말했다.

> "우리는 (50년대 말 소련과) 무슨 부자당(父子黨)이니, 지휘봉이니, 초국가조직이니, 코메콘(COMECON)이니 하는 등등의 일로 일련의 사건이 벌어졌다. 흐루시초프는 1960년 부카레스트 회의에서 우리에게 기습공격을 감행했는데, 바로 그것은 우리가 자기 지휘봉을 따르지 않았다는 이유에서였다. 1960년 모스크바 회의에서 우리가 그들과 무엇 때문에 싸웠는가? 중요한 문제는 바로 우리보고 자신의 외교정책 노선에 복종하라고 요구했다는 것이다."[66]

64) 胡喬木, 『回憶毛澤東』(北京: 人民出版社, 2003), pp.645-647.

65) 이 점에 대해서는 1957년 11월 모스크바 회의에서의 마오의 연설을 참조할 만하다. 毛澤東, "在莫斯科共產黨和工人黨代表會議上的講話," 『毛澤東文集(第七卷)』(北京: 人民出版社, 1999), pp.321-333, 특히 329.

그런데 사회주의 국제관계에서 상대적 약소국에 가장 심각한 문제는 당제관계가 국가관계에까지 영향을 미쳤다는 데 있었다. 다시 말해 중·소의 '허구적' 이념논쟁으로 약소 사회주의 국가의 당면한 국가과제인 '민족해방투쟁'에 대한 진영 전체의 통일된 지원이 애당초 어려웠다는 것이다. 중국과 소련이 '제로섬의 심리상태'로 대립하고 있는 상태에서 중·소의 이념논쟁에 쉽사리 개입할 수 없었다. 한편으로의 '편승'은 다른 한편으로부터의 보복을 의미했다. 그러한 악순환이 계속되면 될수록 약소 사회주의국가의 '혁명과업'은 지체될 수밖에 없었다. 보다 간략히 말하면 약소 사회주의 국가들은 당제관계에서의 '연루' 우려와 국가관계에서의 '방기' 우려를 동시에 느끼고 있었다는 것이다.[67)]

따라서 사회주의 국제관계는 항상 '동지'로 포장되어 있었지만 그 내면에는 상호 반목과 갈등이 끊이지 않았다. 그래서 일시적 '밀월'기는 너무도 짧게 끝나 버렸다. 베이징과 모스크바와의 관계도 그러했고, 베이징과 평양, 베이징과 하노이, 프놈펜과 하노이의 관계도 그러했다.[68)]

냉전기 북한정권은 그들의 기본적이고 궁극적인 목표가 이른바 '전국적 범위에서의 민족해방,' 즉 남한 적화에 의한 공산화 통일을 달성하는 것이라고 표명해 왔다. 즉 북한이 추구하는 모든 정책목표는 기본적으로 '조선혁명전략'에 종속됐다. 남한의 공산화 통일을 최대 목표로 설정한 이러한 북한의

---

66) 吳冷西, 『十年論戰, 1956~1966: 中蘇關係回憶錄 (下)』(北京: 中央文獻出版社, 1999), pp. 853-854.

67) 미국과의 동맹관계에 있었던 한국과 일본은 방기 우려와 연루 우려를 동시에 느꼈던 적은 없다. 그러므로 방기와 연루 개념을 통해 한·미·일 간 전략적 제휴 관계를 설명하기란 그만큼 쉬워지는 것이다. 방기와 연루 우려 개념을 통해 한·일 간 협력과 갈등을 설명한 저서에 대해서는 Victor D. Cha, *Alignment Despite Antagonism* 참조.

68) 이 점은 본론에서 자세히 논의할 것이다. 이에 대해서는 우선 沈志華, 『蘇聯專家在中國 (1948-1960)』(北京: 中國國際廣播出版社, 2003); You Ji, "China and North Korea: a fragile relationship of strategic convenience," *Journal of Contemporary China,* Vol.10, No.28(2001); Yang Kuisong, "Changes in Mao Zedong's Attitude toward the Indochina War," *CWIHP Working Paper,* No.34(February 2002); Qiang Zhai, *China & the Vietnam Wars, 1950-1975* (University of North Carolina Press, 2000) 참조.

외교정책은 '국제혁명역량의 강화'를 핵심적 수단으로 삼았다. 이는 기본적으로 '프롤레타리아 국제주의'의 대외 지향성과도 일치했다.[69] 따라서 '프롤레타리아 국제주의'의 '내장된 불안정성'은 중국과 북한 간의 관계에도 예외없이 투영되고 있었던 것이다. 중국의 대표적 냉전 전문가인 선즈화(沈志華)는 사회주의 국제동맹의 태생적 불안정성에 대해 다음과 같이 지적하고 있다.

> "각국 공산당은 그들이 정권을 장악하기 이전에 서로 관계를 맺었던 정치제도의 틀과 준칙을 정권 장악 이후의 국가관계로까지 발전시켰다. 이로 말미암아 사회주의 국가관계는 어떤 의미에서 공산당의 당과 당 사이의 연속된 관계였다. …사회주의 진영 내부의 정권을 장악한 집권당 사이의 관계와 국가 간의 관계가 비록 혼합되어 있었지만, 지도와 복종의 원칙은 여전히 활용되었으며, 바로 이것이 실제적으로 완벽한 의미에서 국가의 주권과 민족의 독립을 더 이상 언급할 수 없게 만들었다.…개별국가의 주권이익과 전체 사회주의 진영의 공동이익이 서로 상충될 때 전자는 후자에 반드시 복종해야 했다.…문제는 사회주의 진영내부의 국가관계라고 하는 정치적 특성이 사회주의 동맹에 내재적인 불안정성을 가지고 왔다는 것이다. 지도적 위치에 있는 어떤 당(과 국가)의 지도적 위치가 일단 도전을 받게 되거나 사회주의 진영 내부의 개별 주권국가들이 그들 사이의 전체적인 이익을 고려하지 않게 되었을 경우 지도와 복종의 원칙 및 하부는 상부의 명령에 따른다고 하는 논리가 별다른 효력을 발휘하지 못하게 되고 그들 사이의 동맹관계도 깨진다고 하는 위험성을 내포하고 있었다. 전후 사회주의 국가간 관계 중에서 이러한 사태는 빈번하게 발생하였다. 중국과 북한의 관계가 그러했고, 중국과 베트남의 관계도 그러했으며, 중국과 소련의 관계도 역시 마찬가지였다."[70]

---

69) 은천기, 『북한의 대중소 외교정책』(서울: 남지, 1994), pp.11-12; 허문영, "북한의 통일정책," 양성철·강성학 공편, 『북한외교정책』(서울: 서울프레스, 1996), pp.131-172.

70) 량전싼(梁鎭三), "전쟁기 중국지도부와 북한지도부 사이의 모순과 갈등," 국방부 군사편찬연구소 편, 『한국전쟁사의 새로운 연구 2』(서울: 정문사문화주식회사, 2002), pp.626-627. 량전싼(梁鎭三)은 선즈화의 필명이다. 이 논문은 Shen Zhihua, "Sino-North Korean Conflict and its Resolution during the Korean War," *Cold War International History Project Bulletin* (이하 *CWIHPB*), Issue 14/15, pp.9-24를 다소 보강하여 전재한 것이다. 그의 논의를 더 자세히 보려면 중·소 분쟁 연구의 역작으로 평가받는 沈志華, 『蘇聯專

제4절 작업가설과 분석 틀

지금까지의 논의를 통해 볼 때, 우리가 중·북한 동맹의 형성과 유지를 논함에 있어 우선하여야 할 작업은 '위협'을 분절해야 한다는 것이다. 앞서 지적한 바와 같이 동맹 형성은 분명히 '위협'과 관련된 것이다. 그러나 그 위협은 제3의 대상을 상정한 '외적 위협'이 될 수도 있고, 동맹 파트너 자체로부터 오는 '내적 위협'이 될 수도 있다. 6·25전쟁 전후의 상황을 통해서 알 수 있듯이 중국과 북한은 한·미·일 남방 삼각동맹이라는 '외적 위협' 인식을 공유하고 있었다.

그러나 다른 한편으로 '프롤레타리아 국제주의'의 '내장된 불안정성'으로 인해 상호 반목과 이해 갈등의 소지를 안고 있었다. 특히 그러한 반목과 이해갈등은 소련위협에 대한 평가의 상이성에 기인했다. 따라서 이러한 이해갈등 '관리'를 위한 '결박'의 규범도 아울러 필요했을 것이다. 이와 같은 가정에서 다음과 같은 가설이 도출될 수 있다.

- 가설 1: 포괄적 위협평가가 완전히 일치하지 않으면, '외적 위협'에 대한 '균형' 동인과 '내적 위협'에 대한 '결박' 동인을 동시에 필요로 한다.

그런데 북한은 상대적 약소국이므로 동맹 동인의 우선순위를 '균형'에 둘 가능성이 컸을 것이다. 반면 상대적 강대국인 중국은 지원에 대한 의무 규정보다 북한의 미래 행보를 관리할 수 있는 '결박'에 우선순위를 부여했을 것이다. 왜냐하면, 이는 약소국과 공식적 동맹 체결 시 정책적 유연성을 확보하고자 강대국이 취하는 일반적 패턴이기 때문이다.[71] 따라서 동맹형성 시 서로에 대해 기대하는 공약 내용이 달랐을 것이다. 이러한 가정은 다음과

家在中國』 참조.

71) 한델(Michael Handel), 『약소국 생존론』, pp.145-146.

같은 가설을 도출시킨다.

• 가설 2: 공약에 대한 기대가 수렴하면 협력적 상호작용이 나타나고, 기대에 편차가 발생하면 갈등적 상호작용이 나타난다.

한편, '위협'에 대한 평가는 대내적 정치변동이나 국제적 환경변화에 따라 변화하게 마련이다. 동맹이 '위협'과 관련된 것이라면 위협인식에 변화가 발생할 경우, 그 동맹의 성격도 변화할 것이다. 결국, 이는 동맹 파트너에 대한 기대구도를 재평가하게 만들 것이다. 또한, 이는 자국이 기대하는 공약을 상대가 준수할 것인지에 대한 의구심을 증폭시킬 것이다. 이는 방기-연루의 동학을 발생시킬 것이다. 통념적으로 생각할 때 약소국인 북한은 '방기' 우려를 상대적으로 더 느낄 것이고, 강대국인 중국은 '연루' 우려를 상대적으로 더 느낄 것이다.

그런데 북한은 대부분 국가와는 다르게 정권 수립 직후부터 한반도 현상타파를 통한 김일성 정권의 지배 확대라는 팽창주의적 정책을 추구해 왔다. 따라서 북한의 군사전략 속에는 전 한반도의 공산화를 목표로 하는 공격적이고 혁명적인 성격이 내장되어 있었다. 그러나 김일성은 6·25전쟁을 통해 그러한 공격적 군사전략을 실행에 옮겼으나 실패하고 말았다. 무엇보다도 실패의 가장 큰 원인 중의 하나는 무장 세력을 이용한 정치권력 장악을 의미하는 혁명전쟁(revolutionary war)에 입각해, 6·25전쟁을 본질적으로 내전으로 상정했다는 점이었다. 따라서 그는 전략적 공격의 타깃을 남한 전역이 아니라 수도 서울로 결정했던 것이다. 김일성은 상대방의 모든 에너지가 집중된 소위 '중력의 중심부'(the center of gravity)인 수도 서울을 장악한다면 남한 전역에서 빨치산들이 주도하는 민중봉기가 동시적으로 발생할 것이고, 이는 미군의 개입 이전에 혁명전쟁을 완수할 수 있다고 믿었다. 그러나 이는 치명적인 전략적 오판이었다. 미군이 개입하는 순간 '중력의 중심부'는 수도 서울이 아니라 미국정부로 이동했던 것이다. 이 새로운 중심부는 북한의 사정권 밖에 있었고, 이에 따라 북한의 군사적 승리 가능성은 사라져버렸다.

따라서 6·25전쟁 이후 북한 안보정책 수립에서 가장 긴요한 과제 중의 하나는 북한 '중력의 중심부'의 외연을 확장하여 전략적 취약성을 극복해 내는 것이었다. 다시 말해 북한은 중국, 소련과의 군사 동맹조약 체결을 통해 한·미·일 남방 삼각동맹 체제에 대칭될 수 있는 북한동맹체제의 강화가 필요했던 것이다. 김일성이 현상타파적이고 팽창주의적인 혁명전쟁관을 포기하지 않은 이상 북한-중국-소련이라는 북한동맹체제의 유지는 관건적 과제일 수밖에 없었다.[72)]

따라서 북한으로서는 자국이 상정한 동맹체제(대미 균형)에서 중국이 점차 이탈해 가는 것을 그대로 두고만 볼 수는 없었을 것이다. 그렇다고 중국에 완전히 '편승'할 수도 없었을 것이다. 왜냐하면, 북한 '중력의 중심부'여야 할 중국과 소련이 적대적 관계에 있었기 때문이다. 북한이 소련을 주적으로 하여 중국에 '편승'한다는 것은 일종의 '전략적 자살'(strategic suicide)과도 같은 것이다. 이는 남방과 북방 양방향으로부터의 '외적 위협'에 직면한다는 것을 의미했기 때문이다. 북한으로서는 자국의 지정학적 위치만이 유일한 대중 레버리지였을 것이다.[73)] 중국의 안보 우려(소련위협과 한반도 상황의 불안정성)를 자극함으로써 북한이 기대한 공약을 수취하는 '계산된 모험주의' 이외에는 대안이 없었을 것으로 보인다.

한편, 중국은 6·25전쟁에 참전함으로써 대만 '해방'의 기회를 상실했다. 6·25전쟁은 마오쩌둥(毛澤東)의 국가통일 대업 완성의 염원을 훼손시켰고,

---

72) 강성학, "북한의 안보정책 및 군사전략," 양성철·강성학 공편, 『북한 외교정책』(서울: 서울프레스, 1996), pp.77-101.

73) 한반도에 대한 중국의 지전략적 이해관계(geo-strategic interests)에 대해서는 Shen Dingli, "North Korea's Strategic Significance to China," *China Security,* Vol.3, No.2 (Autumn 2006), pp.19-34; Toshi Yoshihara and James Holmes, "China, a Unified Korea, and Geopolitics," *Issues & Studies,* Vol.41, No.2(June 2005), pp.119-169; 陸俊元, "中國在朝鮮半島的安全利益與對策," 『東北亞研究』, 第3期(1997), pp.35-40; 陳峰君·王傳劍, 『亞太大國與朝鮮半島』(北京: 北京大學出版社, 2002), pp.1-14, 276-357; 서상문, "지정학적 관점에서 본 마오쩌둥의 6.25 전쟁 개입동기," 『STRATEGY 21』, 제19호(2007 봄·여름), pp.269-305; 조준래, 『중국의 대북한관계 특수성 연구』(한국외국어대학교 박사학위 논문, 2001) 등 참조.

대만 '해방' 계획이 거의 완성단계에서 실패로 돌아가게 하였다.[74] 따라서 6·25전쟁 정전 이후 중국은 자국의 주변에서 또 다른 전쟁이 발발하는 것을 원치 않았다. 전후 중국의 대북정책 목표는 현상변경이 아니라 한반도 정전체제를 공고화하는 것이었으며,[75] 북한이 과도하게 소련에 경사 되는 것을 방지하는 것이었다. 따라서 북한이 기대하는 공약을 확약할 수는 없었을 것이다. 중국은 대북 안보공약의 '모호성'을 유지하면서 북한과의 일정 정도의 우호관계 유지를 통해 북한의 행보를 '관리'해 나갈 수밖에 없는 체제적 제약 속에 놓여 있었다. 이와 같은 논의를 바탕으로 이 책은 다음 <그림 1>과 같은 분석 틀을 사용하기로 한다.

〈그림 1〉 분석 틀

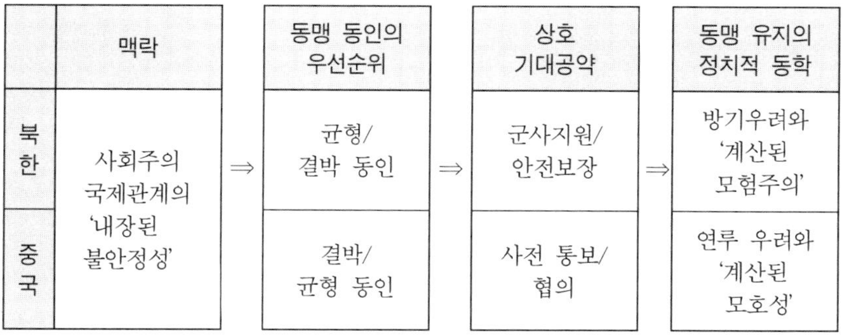

	맥락		동맹 동인의 우선순위		상호 기대공약		동맹 유지의 정치적 동학
북한	사회주의 국제관계의 '내장된 불안정성'	⇒	균형/ 결박 동인	⇒	군사지원/ 안전보장	⇒	방기우려와 '계산된 모험주의'
중국			결박/ 균형 동인		사전 통보/ 협의		연루 우려와 '계산된 모호성'

74) 선즈화(沈志華), "중국의 한국전쟁 참전결정에 대한 평가," 박두복 편저, 『한국전쟁과 중국』(서울: 백산서당, 2001), pp.252-254; 徐焰, 『毛澤東與抗美援朝戰爭』(北京: 解放軍出版社, 2004), pp.43-49; 靑石, "金日成阻止了毛澤東進攻臺灣的計劃," 『明報月刊』, 第7期(1994), p.85. 靑石은 중국의 대표적 냉전 전문가 양쿠이숭(楊奎松)의 필명이다.

75) "朝鮮停戰后的主要任務," 『人民日報』(社論), 1953年 9月 13日; "朝鮮人民的事業勝利萬歲," 『人民日報』(社論), 1953年 8月 15日; "毛澤東主席, 周恩來總理電賀朝鮮解放8周年"(1953年 8月 12日), 劉金質·楊淮生 主編, 『中國對朝鮮和韓國政策文件匯編 2』, pp.520-521.

제3장 동맹조약 성립의 상황적 맥락과 내용

제1절 북한의 대내정치적 역학구도 변화와 대중국 동맹구상

1. 김일성의 대중국 안보연계 차단

1) 중·소의 국제적 분업체계와 초기 중·북 간 군사적 연계의 성격

1949년 무렵 중국혁명의 성공 가능성이 농후해짐에 따라 스탈린은 중국 정세와 동아시아 국제 정치질서 문제를 보다 진지하게 고민하게 된다. 중국 공산당의 권력 장악 가능성이 커지자 스탈린은 미·영과 협조하여 아시아 문제에 개입한다는 기존의 정책구도, 즉 얄타 체제를 포기하고 중국공산당과의 동맹을 기본 축으로 하여 아시아 냉전에 적극적으로 대처해간다는 구상을 하게 되었다.[1] 따라서 1949년 한 해 동안 중국공산당(중공)과 소련공산당은 기존 관계에 대한 근본적 조정 작업에 돌입하게 된 것이다. 1949년

---

1) 얄타 체제와 소련의 소극적 극동정책에 대해서는 沈志華,『毛澤東·斯大林與朝鮮戰爭』(廣州: 廣東人民出版社, 2003), 第一章 참조.

1월 중공의 요구에 따라 소련 최고 지도부는 미코얀(A.I Mikoyan)을 극비리에 파견하였으며, 6월에는 중공 중앙서기처 서기 류사오치(劉少奇)를 대표로 하는 중공대표단이 소련을 방문한다. 이러한 조정 작업을 마무리한 것이 마오쩌둥(毛澤東)의 모스크바 방문(49.12~50.2월)과 「중·소 우호동맹 및 상호원조 조약」(50.2.14일)의 체결이다.[2)]

그런데 이러한 중·소의 관계 조정 작업에서 향후 동아시아 국제정치 질서를 결정하는 큰 틀의 합의는 바로 류사오치가 비밀리에 소련을 방문(49.6.26~8.14일)하였을 때 이미 도출되었다.[3)] 류사오치는 스탈린으로부터 "미·소 관계 등 전략적 문제는 소련공산당이 담당하지만, 아시아 각국 공산당에 대한 지도 및 해방운동의 방향은 중국공산당에게 맡긴다"는 결정을 통보받는다. 즉 소련은 중국에게 아시아 혁명 리더로서의 자격을 인정한 것이다.[4)] 이로써 중국은 북한, 베트남, 인도차이나에서의 공산 혁명 지원뿐 아니라, 일본공산당의 전략과 조직에도 깊이 관여할 수 있는 중심적 자격을 부여받았다.[5)] 마오쩌둥의 통역관 및 고문으로 활동한 스쩌(師哲)는 스탈린이 류사오치를 위한 연회에서 다음과 같이 건의했다고 회고하고 있다.

> "혁명의 중심은 서방에서 동방으로 옮겨 왔고, 지금 다시 중국 및 동아시아로 옮겨가고 있다.… 국제혁명 운동에 있어 중·소 양국 모두가 어느 정도 많은 의무를 져야만 하며, 모종의 분업이 있어야만 한다. 다시 말해 분업 합작해야 한다는 것이다. 향후 중국은 식민지, 반(半) 식민지, 예속국가의 민족민주혁명 운동에

---

2) 시모토마이 노부오(下斗米伸夫), 『북한정권 탄생의 진실』, pp.58-61.
3) 중국의 대표적 냉전 전문가인 선즈화(沈志華)는 자신의 개인 홈페이지를 통해 1949년 류사오치의 소련 방문에 대한 러시아측 자료를 중문으로 번역하여 제공하고 있다. http://www.shezhihua.net/000148.htm 참조.
4) Sergei N. Goncharov, John W. Lewis and Xue Litai, *Uncertain Partners: Stalin, Mao, and the Korean War* (Stanford: Stanford University Press, 1993), p.232. 시모토마이 노부오(下斗米伸夫), 『북한정권 탄생의 진실』, p.60; 謝·岡察洛夫, "劉少奇秘密訪問莫斯科," 李丹慧 編, 『北京與莫斯科: 從聯盟走向對抗』(桂林: 廣西師範大學出版社, 2002), p.150.
5) 중공 지도부의 일본공산당에 대한 '패권주의적' 관여 정책에 대해서는 赤旗編集局 編, 『中国覇権主義とのたたかい』(東京: 新日本出版社, 1992) 참조.

더욱 많은 원조를 하기를 바란다. 중국 혁명(성공)이라는 사실 자체와 혁명 경험이 그들에게 커다란 영향을 미칠 수 있기 때문에 그들로 하여금 참고하고 받아들이게 할 수 있을 것이다. 소련은 그러한 면에 있어 중국이 하는 것과 같은 영향과 역할을 달성할 수 없다. 이는 명백한 사실이다. 마치 중국이 유럽에서 소련이 한 역할을 상상하기 어려운 것과도 같다. 따라서 국제혁명이라는 이익을 위해 우리는 분업해야 한다. 당신들이 동방 및 식민지, 半식민지 국가에 대한 공작을 많이 행하고, 우리는 서방에서 더욱 많은 의무를 지고 보다 많은 업무를 수행한다. 종합적으로 말하면, 이것이 바로 거역할 수 없는 우리의 국제주의이다!"[6)]

또한, 스탈린은 중국공산당이 '아시아공산당 연맹'을 창설해 주도적 역할을 수행할 것을 제안하기도 하였다고 한다.[7)] 이처럼 아시아 혁명운동의 중심이 중국으로 확정됨에 따라 마오쩌둥은 1940년 말부터 유럽의 코민포름에 필적하는 동방정보국, 즉 당 관계 연락기구 창출을 시도했다. 하지만, 이 조직은 6·25전쟁 발발 때문에 설치되지 못한다. 어찌 되었건 당시 극동에서 스탈린의 공산혁명 운동 전략 구상은, 중국과 전략 차원의 동맹 관계를 형성하고, 그러한 중국이 베트남과 북한을 옹호하는 2단계 방식이었다는 것이다.[8)]

이처럼 1949년 중반을 지나면서 아시아 혁명운동의 중심은 중국으로 옮겨지는 계기를 맞았고, 이로써 중국공산당은 아시아 공산당 중에서 특권적 지위를 획득하기 시작한다. 그런데 당시 중·북한 관계를 논함에 있어 중요한 점은 '아시아 혁명 리더'로서의 중국공산당이 북한에 영향력을 행사할 만큼의 채널을 양자 간에 형성하고 있었느냐 하는 것이다. 다시 말해 중국 지도부와 김일성 간에는 어느 정도의 정치·군사적 연계가 있었느냐 하는

6) 師哲 回憶, 李海文 整理, 『在歷史巨人身邊: 師哲回憶錄』(北京: 中央文獻出版社, 1991), p.412.
7) Sergei N. Goncharov, *Uncertain Partners,* p.72.
8) 시모토마이 노부오(下斗米伸夫), 『북한정권 탄생의 진실』, pp.61-63. 1950년 2월 마오쩌둥이 모스크바에 체류하고 있을 때 베트남의 호찌민(Ho Chi Min)이 소련을 방문하여 원조를 요청하자, 스탈린은 "베트민에 대한 원조는 중국의 일"이라고 잘라 말했다. 또한, 스탈린은 호찌민의 「중·소 조약」과 같은 조약 체결 의사를 거부한다. Qiang Zhai, *China & the Vietnam Wars,* p.17.

점이다. 이 점은 해방 직후부터 시작하여 6·25전쟁을 전후한 시기에 나타나는 북한 내 정치적 역학 구도의 변화, 특히 당시 중국공산당의 대북 개입 통로였던 '연안계'와 김일성과의 관계 변화를 통해 추론해 볼 수 있다.

해방 이후 북한 내 정치적 역학 구도는 각 계파 간에 세력균형이 형성되어 있었다고는 할 수 없으나 정치적 다원성을 내재한 분파 간 경쟁 구도의 모습을 보였다는 견해가 지배적이다.[9] 당시 분파에 대해 서동만은 와다 하루키(和田春樹)의 견해에 따르고 있지만, 김일성을 정점으로 한 동북항일유격대 출신자를 '만주파' 내지 '빨치산파,' 연안에서 돌아온 공산주의자들을 정치집단으로서 보스를 가지고 세력 확대를 꾀하는 '파벌'까지는 아니었다는 의미로 '연안계,' 소련군정이 파견해 소련에서 돌아온 조선인들을 같은 취지로 '소련계'로 부르고 있다. 또한, 국내에서 활동한 공산주의자들에 대해서는 박헌영을 중심으로 단결해 있던 남로당 출신자들을 '남로파'(南勞派), 그 밖의 남로당 출신은 '남로계,' 그 외 국내민족주의자 등은 '국내계'로 칭하고 있다.[10] 1946년 8월 북조선로동당 창립대회 당시 각 계파 간 권력분포는 만주파가 5인(김일성, 김책, 안길, 김일, 최용건), 연안계가 8인(김두봉, 최창익, 박일우, 허정숙, 무정, 김창만, 윤공흠, 박훈일), 소련계가 6인(허가이, 박창식, 김재욱, 김열, 김영수, 한일무), 국내계가 16인(주녕하, 김용범, 박정애, 한설야 등)으로 구성되었다. 이러한 권력구조는 김일성을 정점으로 하여 만주파, 소련계, 연안계가 공조해 기존의 국내계에 대항하는 '정파 연합적' 대항 구도를 만들어 냈다. 따라서 당초 연안계와 김일성은 강력한 협

---

9) 서동만, 『북조선 사회주의체제 성립사, 1945~1961』(서울: 선인, 2005); 이종석, 『새로 쓴 현대북한의 이해』(서울: 역사비평사, 2000); 백준기, "정전 후 1950년대 북한의 정치변동과 권력재편," 경남대학교 북한대학원 엮음, 『북한현대사 1』(서울: 한울아카데미, 2004), pp.223-272; 박형중, "1950년대 북한의 정치와 권력: 인전대적 동원체제 형성과 3중의 권력투쟁," 경남대학교 북한대학원, 『북한현대사 1』, pp.273-310; Andrei Lankov, *From Stalin to Kim Il Sung: The Formation of North Korea 1945-1960* (New Jersey: Rutgers University Press, 2002).

10) 서동만, 『북조선 사회주의체제 성립사』, pp.50-51; Andrei Lankov, *From Stalin to Kim Il Sung,* pp.77-109.

력·후원 관계에 있었다. 특히 연안계는 6·25전쟁 시기까지 당 간부부장(무정, 박일우, 허정숙, 이상조, 진반수)이라는 요직을 장악할 수 있었다.[11)]

그런데 이와 같은 김일성과 연안계의 관계는 중국혁명의 진전 상황과 밀접히 연관되어 있었다. 1946년 7월부터 12월 사이 만주지역 군사정세는 전면적인 군사공격을 전개한 국민당군이 공산당이 지배하던 동북의 165개 도시와 17만 4천km²의 해방구 영토를 점령하는 데 성공하였고, 1947년 3월에는 중공과 인민해방군의 중심지인 연안까지 점령하게 된다.[12)] 이에 따라 당시 북한으로서는 만주의 국민당군과 38도선 이남의 미군 사이에 끼인 꼴이 되어 있었다. 이처럼 만주지역 군사정세가 악화되는 위기국면에 봉착한 북한은 1946년 말부터 군 창설 작업을 본격화해 나간다. 이 과정에서 중국공산당 소속 동북조선의용군 지도간부들(박효삼, 박일우, 이상조 등)이 귀국하여 군 창설에 관계하였다.[13)] 당시 '만주파'는 군대에 집중된 반면, 상대적으로 인적 자원이 풍부하였던 연안계는 군대뿐만 아니라 당 사업방식에서도 독자

---

11) 당 간부부장직은 중국공산당으로부터의 전당(轉黨)과 관련하여 당내 역학구도에 있어 중요한 요직이었다. 서동만, 『북조선 사회주의체제 성립사, 1945~1961』, 제2장.

12) 당시의 내전 상황에 대해서는 서진영, 『중국혁명사』(서울: 한울아카데미, 2004), pp. 298-311.

13) 조선의용군은 1942년 연안 조선독립동맹의 군사조직으로 성립하였다. 독립동맹 주석은 김두봉, 부주석은 최창익·한빈, 집행위원은 무정, 허정숙, 박효삼, 박일우(중국식 이름은 王巍), 김창만 등이 맡고 있었다. 1945년 8월 9일, 조선의용군은 독립동맹의 산하부대로서의 성격에서 벗어나 독립된 사령부를 구성하게 되는데, 새로운 사령관에 무정(8로군 포병단장 출신)이 취임하고, 박일우는 부사령 겸 정치위원에, 박효삼은 부사령 겸 참모장에 임명되었다. 김두봉, 무정, 최창익, 한빈, 김창만, 허정숙 등은 해방직후 1945년 12월 13일에 귀국하였다. 1946년 만주지역 군사정세가 악화되어감에 따라 인민군 창설의 시급성이 커졌고, 이 과정에서 박효삼, 박일우, 이상조 등이 귀국하여 인민군 창설에 관여하였다. 하지만 조선의용군 소속의 대부분 인사는 만주에 남아서 중공중앙의 새로운 방침에 따라 1945년 11월 동북조선의용군으로 편성되었고, 중공의 '동북민주연군' 등에 소속되어 1949년까지 국공내전에 참가하였다. 이종석, 『북한-중국관계, 1945-2000』(서울: 중심, 2000), pp.24-27; 서동만, 『북조선 사회주의체제 성립사』, p.259. 연안의 조선의용군의 활동에 관한 더 자세한 내용은 石源華, 『中國共產黨援助朝鮮獨立運動紀事』(北京: 中國社會科學出版社, 2000) 참조.

적인 목소리를 내기 시작하면서 마오쩌둥식 '대중노선'을 북한지역에 적용하려고 하였다.[14)]

이처럼 원래가 중국공산당 당원의 신분으로 활동했던 경험을 가진 '만주파'와 연안계가 초기 지도부를 형성하고 있었기 때문에 북한과 만주지역 사이에 정치·군사적 연계는 자연스런 현상처럼 보였다.[15)] 당시 북한 지역은

---

14) 서동만, 『북조선 사회주의체제 성립사』, pp.202, 255-256.

15) '만주파'의 형성 배경은 다음과 같다. 만주지역에서 공산주의자들이 항일무장투쟁을 전개한 것은 1931년 9월 만주사변 직후이다. 만주사변이 발발하자 중공중앙은 만주성위원회에 항일유격대의 창설을 지시했고, 이를 근거로 만주 전역에 항일유격대 건설이 본격화되었다. 당시 조선 공산주의자들은 일국일당(一國一黨)주의 원칙에 의해 중국공산당에 편입되어 있었다. 그러나 1939년 가을부터 전개된 일본군의 대토벌로 만주 전역의 대부분의 항일유격대는 와해되고, 1940년에 접어들어 만주의 항일유격대 부대들은 만주를 떠나 소련 영내로 이동, '동북항일연군교려도'(일명 88여단)를 결성한다. 88여단 내 조선인들이 바로 해방 후 북한 권력의 핵으로 부상하는 '만주파'이다. 그런데 항일연군을 사실상 지도한 것은 중국공산주의자들이다. 물론 이들도 당시에는 중공중앙과 연락이 두절된 상태에 있었다. 부대의 여장(旅長)은 저우바오중(周保中)이었고, 정치위원은 중국인 리자오린(李兆麟)이었다. 이 부대의 영장급 이상 조선인 고위 간부는 최용건(부참모장), 김일성(제1영 영장), 김책(제3영 정치위원), 안길(제1영 정치위원), 강건(제2영 정치위원) 등이다. 이들은 해방 후 북한에 들어와서도 '만주파'의 최고지도부를 구성하여 군·당·국가기관에서 김일성을 보위한다. 이종석, 『북한-중국관계, 1945-2000』(서울: 중심, 2000), pp.18-24.

그런데 당시 '항일연군'과 중공중앙 간에는 의사소통이 사실상 단절된 상태에 있었다. 따라서 저우바오중은 중공중앙과의 연락 채널 소통을 가장 우선적으로 소련군 극동사령부에 요구하였다. 사실상 연락 채널 소통은 1945년 9월 15일 중국공산당 동북국(東北局)이 성립되어 가능해졌다. 당일 류사오치 주재하 개최된 중앙정치국 회의에서 중공군의 동북 진군을 위해 각 해방구에서 10만 군대 모집이 결정되고, 동북지역에서 이를 총괄할 기관으로서 중공 동북국(펑전(彭眞), 천윈(陳雲) 등 5명의 위원으로 구성)을 설립하였다. 동년 9월 23일 저우바오중과 최용건(중국식 이름: 崔石泉)이 동북국 소재지인 선양(沈陽)으로 가서 펑전에게 그동안의 항일유격대 활동 상황에 대해 보고하게 됨으로써 '항일연군'과 중공중앙과의 대화 채널이 복구되었던 것이다. 바로 이러한 배경하에, 비로소 '조선공작단'이 결성될 수 있었던 것으로 보인다. 조선인 항일유격대원들은 해방 직전인 1945년 7월 말에 중국공산당으로부터 분리해 나와 조선에서 당 건설과 해방 사업을 추진하기 위해 조선공작단을 결성한 것이다. 『中國共産黨大辭典』, p.515; 孫其明, 『中蘇關係始末』(上海: 人民出版社, 2002), pp.96-98; 石源華, 『中國共産黨援助朝鮮獨立運動紀事』(北京: 中國社會科學出版社, 2000), pp.385-393.

국공내전에서 중공군을 위한 '배후지', '해방구'의 역할을 하였으며, 김일성은 전략물자 및 의료지원을 적극적으로 제공하였다.[16)]

1948년에 접어들면서 만주지역의 군사정세는 중공군에게 확연히 유리한 국면으로 전개되었다. 중공군은 국민당군을 괴멸시키고 동북지방을 탈환하여 점차 '해방구'를 확대시켜 갔다.[17)] 이에 따라 만주정세와 관련한 한반도 상황도 급변할 수 있는 개연성이 그만큼 높아지게 된다. 이제 동북아 군사정세는 중공과 북한이 일체화되어 남한을 공격하는 형세가 나타나게 된 것이다. 북한 지도부가 한반도 무력통일을 모색하기 시작한 배경에는 이러한 중국혁명의 진전이 결정적으로 작용했다.[18)] 바로 이러한 과정 속에서 김일성은 소련·중국과 동맹 수준의 군사적 연계를 구상하고 있었다.

우선 김일성은 1949년 3월 모스크바를 방문하기에 앞서 소련과 '우호 및 상호원조 조약' 체결 의사를 타진한다. 1949년 1월 19일 평양주재 슈티코프 소련대사가 김일성의 소련 방문에 관해 본국에 보낸 전문에는 다음과 같은 사실이 언급되어 있다.

> "소련과 우호 및 상호원조 조약을 체결하고 싶다는 김일성의 희망에 대해, 본관(슈티코프)은 김일성과 박헌영에게 국가가 분단된 현재 상황하에서는 그러한 조약이 합당하지 못하다고 설명해 주었다. 남조선 반동파들이 그것을 빌미로 조선민주주의인민공화국을 반대하고 국가 분열 상태를 계속 유지하려고 할 것이다. 본관의 이러한 통보에 김일성과 박헌영은 다소 불안해하였다. 김일성은

---

16) 전쟁기념사업회, 『한국전쟁사 제2권: 전쟁의 기원』(서울: 전쟁기념사업회, 1990), pp.358-416. 당시 중·북한 간에는 국가 대 국가의 정식 외교관계가 수립(49.10.6일)되기 이전이었기 때문에, 중공동북국 북한주재 판사처(東北局駐北朝鮮辦事處, 46.4월~49.2월)와 동북행정위원회 북한주재 상업대표단(駐朝鮮商業代表團, 49.3월~50.8월)이 임시적 외교채널 역할을 담당하였다. 이종석, 『북한-중국관계』, pp.59-77; Chen Jian, *China's Road to the Korean War: The Making of the Sino-American Confrontation* (New York: Columbia University Press, 1994), pp.107-108; Hakjoon Kim, *The Sino-North Korean Relations, 1945-1984* (Seoul: Korean Research Center, 1985), pp.54-55.

17) 서진영, 『중국혁명사』, pp.319-327.

18) 서동만, 『북조선 사회주의체제 성립사』, pp.259-260.

> 우물쭈물하면서 조약 체결 이유를 설명하려고 애썼다. 그는 자신의 생각을 강조하고자 "최고인민회의 주석인 김두봉이 여러 번 자신에게 소련과의 우호 및 상호원조 조약 체결 당위성을 제기했으며 만약 어떤 이유로 해서 그러한 조약 체결이 불가능하다면 소련이 조선을 원조한다는 비밀 협정을 반드시 체결해야 한다고 언급했다."라는 내용을 전했다. (그러나) 본관의 보충 설명이 있은 후 김일성과 박헌영은 현재는 우호 및 상호원조 조약을 체결할 시기가 아니라는 데에 동의하였다."[19)]

이처럼 김일성은 만주지역 군사정세가 급진전되는 1948년 이후 한반도 무력통일을 위해 소련과의 군사동맹을 구상하고 있었다. 그러나 당시까지만 해도 스탈린의 극동정책은 미·영과 협조하여 아시아 문제에 개입한다는 얄타 체제의 유지를 목표로 하고 있었기 때문에 김일성의 동맹조약 체결 제의를 거부했다. 결국, 1949년 3월 17일 북한과 소련 간에는 「경제문화협정」만이 체결되었다.[20)]

한편, 김일성은 1949년 3월 스탈린과의 회담에서 북한과의 군사동맹조약 체결에 대한 소련의 부정적 입장을 고려하여 그것을 대체할 수 있는 중·북 간 군사동맹조약 체결을 도와달라고 요청했을 수도 있다. '중·조 상호방위 비밀협정 설(說)'은 바로 이러한 가능성을 전제로 제기된 것으로 보인다. 그런데 당시 소련의 소극적 극동정책에 비추어 볼 때, 스탈린이 그러한 김일성의 요구를 수용했을 가능성은 희박하다. '중·조 상호방위 비밀협정설'은 당시 상하이(上海)에 있던 국민당 정부 기관지인 『중앙일보』 보도 내용을 근거로 하고 있다. 이러한 보도 내용은 5월 6일자 『뉴욕타임스』와 5월 11일자 『교토통신』이 "중공은 1949년 3월 17일 소련 보호하에 있는 북한 정권과 상호방위조약을 체결했다. 중공은 북한에 대한 여러 침략에 대해 공동으로 방위한다. 당사자의 한쪽이 공격을 받을 때에는 쌍방이 다 같이 대항하며,

---

19) 「슈티코프 평양주재 소련대사의 조선대표단 소련방문에 관한 전보」(1949.1.19), 沈志華, 『毛澤東·斯大林與朝鮮戰爭』(廣州: 廣東人民出版社, 2003), p.48.

20) 沈志華, 『毛澤東·斯大林與朝鮮戰爭』, 第一章 참조.

1949년 7월 1월부터 1950년 8월 30일까지 만주와 중국 북부로부터 무기와 물자 및 군사력을 북한에 보급한다."라고 인용 보도함으로써 서방세계는 이를 사실로써 받아들이게 된다.[21] 그런데 당시 비밀협정의 중국 측 서명자는 중국공산당 동북국(東北局) 위원 중 한 사람인 린펑(林楓)으로 되어 있다. 그러나 린펑이라는 인물이 중공중앙을 대표해 모스크바에 파견되어 북한과 그와 같은 군사조약을 체결할 정도의 권한을 가졌다고 상상하기는 대단히 어렵다. 더욱이 당시에 린펑은 중공중앙의 소재지인 허베이(河北省 平山縣) 시바이포(西柏坡)에서 개최 중인 중국공산당 7대 2중전회(中國共産黨七屆二中全會, 1949년 3월 5~13일)에 참석 중이었고, 회의 종결 후 바로 동북국으로 귀환했다.[22]

정황적으로 볼 때 1949년 3월이라는 시점에서 소련공산당의 주재하에 중국공산당과 북한이 비밀 군사협정을 체결했을 가능성은 대단히 희박하다. 앞에서 언급한 바와 같이 스탈린이 얄타 체제를 포기하고 중국공산당과의 동맹을 통해 아시아 냉전에 대응하기로 한 구상은 동년 7월 류사오치의 모스크바 방문을 계기로 형성되었다. 다시 말해 중국공산당이 아시아에서의 혁명 리더로서의 자격을 부여받은 것이 7월 이후라는 것이다.

무엇보다 당시에는 마오쩌둥 자신도 북한과의 군사적 연계에 소극적이었다. 1949년 5월 국공내전이 마무리 단계에 접어들자 김일성은 중국인민해방군 내 조선족 병사들의 북한으로의 입국 문제를 논의하고자 당시 조선인민군 문화부 사령관인 김일(金一)을 중국에 파견하여, 마오(毛)에게 국공내전에 참가한 조선인 부대의 북한 인도를 '요청'하였다.[23] 이때 마오는 김일에

---

21) 朴斗福, 『中共參戰韓戰原因之硏究』(臺北: 黎明文化事業股份有限公司, 1975), pp.59-62; 전쟁기념사업회, 『한국전쟁사 제1권: 요약통사』(서울: 전쟁기념사업회, 1990), pp.95-97; 전쟁기념사업회, 『한국전쟁사 제2권: 전쟁의 기원』, pp.398-399.

22) David Tsui, "Did the CCP Sign a Secret Document on Mutual Defense with the DPRK in 1949?" *Journal of Contemporary China,* Vol.8, No.20(1999), pp.170-171. 린펑과 중국공산당 7대 2중전회(中全會)에 대해서는 『中國共産黨大辭典』(北京: 中國國際廣播出版社, 1991) pp.527, 669 참조.

23) 徐焰, 『毛澤東與抗美援朝戰爭』, pp.44-45; 이종석, 『북한-중국관계』, p.112; 서동만, 『북

게 "중국공산당은 아시아 공산당과 연계가 깊지 않고, 또 (연계가) 군사동맹으로 여겨질 경우 미국을 자극하기 때문에 (연계 강화에는) 소극적"이라고 언급하면서 군사동맹 수용 거부 의사를 밝혔다.24) 또한, 김일성이 1950년 5월 13일 베이징에서 마오에게 다시 한번 이러한 '미해결 이슈'를 제기했으나, 결국 양측은 "한반도 통일까지는 그러한 조약을 체결하지 않기로 합의"하였다.25) 이러한 마오의 언급은 1949년 1월 슈티코프 대사가 스탈린을 대신해 "분단국가의 한 편에 관여할 수 없다."라는 의향을 김일성에게 설명했을 때와 같은 정황으로 보인다.

물론 마오쩌둥은 한반도 전체를 '해방'시키려는 북한의 염원을 적극적으로 지지했다. 또한, 대북 원조 제공의사도 여러 차례 밝혔다. 마오는 스탈린이 아시아에 대한 중국공산당의 주도적 역할을 맡긴 1949년 7월 이후 국공내전에 참가한 조선인 부대가 북한으로 이관되는 것을 승인하였다.26) 난징(南京) 해방 후 1949년 7월과 1950년 1~4월 두 차례에 걸쳐 조선인 부대가 김일성의 '요청'에 따라 중국에서 북한으로 인도되어 인민군의 주력을 형성하였다.27)

그러나 1949년 중반 당시의 중국 군사력이 동남 연근해에 집중되어 '대만해방'을 준비하고 있었으므로,28) 마오쩌둥은 중국 북방 인근 국가에서 미국의 간섭을 유도하는 전쟁이 발발하는 것을 원치 않았다.29) 그리고 마오는

조선 사회주의체제 성립사』, p.260.

24) 시모토마이 노부오(下斗米伸夫), 『북한정권 탄생의 진실』, p.63. 그런데 이러한 논의가 당시 중국이 북한의 안전보장을 포기하고 있었다는 말은 결코 아님을 밝혀둔다. 이 점은 다시 논의할 것이다.

25) David Tsui, "Did the CCP Sign a Secret Document on Mutual Defense with the DPRK in 1949?" p.171.

26) Chen Jian, *China's Road to the Korean War,* pp.109-110.

27) 조선족 부대의 입북 과정에 대해서는 이종석, 『북한-중국관계』, pp.106-109; 서동만, 『북조선 사회주의체제 성립사』, pp.260-261; 金東吉, "中國人民解放軍中的朝鮮師回朝鮮問題新探," 『歷史研究』, 第6期(2006), pp.103-114; 徐焰, 『毛澤東與抗美援朝戰爭』, pp.43-49.

28) 徐焰, 『毛澤東與抗美援朝戰爭』, pp.49-50.

29) 당시 마오가 중국인민해방군 내 조선족 부대의 귀국을 승인한 것은 김일성의 무력남

북한의 한반도 '해방' 염원을 적극적으로 지지하기는 하나 중국혁명의 성공이 완성되면 군사적 지원을 아끼지 않고 북한을 돕겠다는 생각을 하고 있었다.[30] 그런데 1950년 5월 13일 김일성이 비밀리에 베이징을 방문하여 그가 준비하고 있는 남한 침공 계획을 마오에게 통보하게 된다.[31] 이미 스탈린의

침을 지원하기 위함은 아니었다. 이와 관련한 당시의 중국 결정은 중·조 우호관계, 중국 국내경제적 곤경, 조선인들의 귀향 요구 등이 작용한 결과였을 뿐이다. 金東吉, "中國人民解放軍中的朝鮮師回朝鮮問題新探," pp.103-114.

30) Chen Jian, *China's Road to the Korean War,* pp.106-112.

31) 이는 김일성의 일방적 통보이지 전쟁의 구체적 계획에 대한 사전 협의 차원이 아니었다. 당시 김일성은 이미 1950년 4월 10~25일 소련지도부와 3차례의 회담을 진행해 남한에 대한 군사적 행동에 대해 승인을 받아낸다. 다만, 스탈린은 북한의 군사적 행동의 선결조건으로, 미국이 개입하지 않아야 하고 중국지도부의 지지를 확보해야 하다는 점을 분명히 밝혔을 뿐이다. 스탈린도 5월 14일 마오(毛)에게 "조선인들의 통일제의에 동의했으며 최종결정은 중국과 조선동지들이 공동으로 내려야 한다는 데도 합의했음"을 통보해 왔다. 따라서 김일성은 자신이 베이징에 온 것은 단지 스탈린의 명령에 따라 전쟁 개시 전에 마오(毛)에게 알리는 것으로 충분하다고 판단했던 것이다. Shen Zhihua, "Sino-North Korean Conflict," p.9.

그런데 6·25전쟁 기원과 관련하여 학계에 새로운 논의가 진행 중이다. 스탈린이 미국의 개입을 우려하여 김일성의 남침에 소극적이었다는 기존 학설을 뒤집을 만한 스탈린의 비밀 전문이 최근 발굴되었다. 스탈린이 전쟁 발발 두 달 후 고트발트(Klement Gottwald) 체코슬라비아 대통령에게 보낸 극비 전문에는, 한반도에서 전쟁이 발발하면 미국이 개입할 것이란 점을 스탈린은 사전에 충분히 예상하고 있었으며, 미국이 한반도에 발목이 묶이게 됨으로써 유럽에서 사회주의를 강화시킬 수 있다는 의도가 있었다고 해석할만한 대목이 포함되어 있다. 이 전문만을 보면 스탈린은 오히려 미국의 참전을 유도했다고 볼 수 있다. 그러나 이후 전개된 역사적 사실은 유럽에 대한 미국의 영향력 차단이라는 스탈린의 '의도'와는 상반되었다는 반론이 제기되고 있다. 어쨌든 이 문서의 발굴로 스탈린의 의도에 대한 학계 논란은 계속 될 것으로 보인다. 이에 대해서는 Donggil Kim and William Stueck, "Did Stalin lure the United States into the Korean War? New Evidence on the Origins of the Korean War," *NKIDP e-Dossier 1,* http://www.wilsoncenter.org/index.cfm?topic_id=230972&fuseaction=topics.item&news_id=449318.

기존의 학계 논의에 관해서는 Evgueni Bajanov, "Assessing the Politics of the Korean War, 1949-1951," *CWIHPB,* Issue 6/7(Winter 1995/1996); Kathryn Weathersby, "New Russian Documents on the Korean War," *CWIHPB,* Issue 6/7(Winter 1995/1996); Kathryn Weathersby, "'Should We Fear This?' Stalin and the Danger of War with

승인을 받고 찾아온 김일성에게 마오는 북한이 중국혁명 전에 당장 전쟁을 하고자 한다면 이 또한 중·북 양국의 공동 혁명임무이기 때문에, 이에 '동의'하며 아울러 필요한 협조와 군사적 지원을 제공하겠다고 약속했다. 이미 1949년 류사오치의 방소를 계기로 스탈린으로부터 아시아 혁명에 대한 국제적 역할을 부여받은 이상, 이제 마오는 동아시아 혁명 사업의 '책임자'로서 자국의 전략적 이해의 충족('대만 해방') 이전에 한반도 통일을 선결한다는 데 '동의'할 수밖에 없었다. 물론 마오쩌둥은 스탈린이 중국으로 하여금 소련을 위해 행동하라고 요구한다는 것을 모르는 바 아니었으나, 모스크바의 압력은 국제주의적 분업의 관점에서 볼 때 비난할 수만은 없었다. 마오쩌둥은 중국이 조선로동당 정권의 존망에 대해 수수방관한다면 사회주의 진영에서 자국의 지위 및 마르크스·레닌주의 정당으로서의 중국공산당의 체면이 손상될 것으로 보았던 것이다. 이는 마오쩌둥이 이미 유엔군이 38선을 넘기 이전에 중국군의 북한 파병을 신속히 고려한 데에도 잘 반영되고 있다.[32)]

이러한 사실들은 6·25전쟁 이전과 초기, 북한에 대한 중국의 군사적 지원 의사가 양국의 전략적 이해에 기초한 합리적 계산에 근거했다기보다는 아시아 사회주의 진영의 공동이익이라는 '국제주의적 집단주의 원칙'을 기반으로 했던 측면이 더욱 강하다는 점을 시사하는 것이다. 또한, 이는 당시 중·북한 관계를 국가 대 국가 관계의 틀만으로는 이해하기 어렵다는 점을 말해주고 있다.

2) 김일성의 친중(親中) 인사 배제 작업

북한의 대중 동맹관계 형성 과정은 연안계의 몰락 과정과 깊은 관련성을 맺고 있다. 연안에서 함께 활동한 월남독립연맹 위원장 호찌민(Ho Chi Min)과 일본 반제동맹(反帝同盟) 위원장 노사까 산죠는 자국의 공산당 위원장이

America," *CWIHP Working Paper,* No.39(July 2002); Shen Zhihua, "Sino-Soviet Relations and the Origins of the Korean War: Stalins Strategic Goals in the Far East," *Journal of Cold War Studies,* Vol.2, No.2(Spring 2000), pp.44-68.

32) 선즈화(沈志華), "중국의 한국전쟁 참전결정에 대한 평가," pp.255-258.

되었다. 그러나 조선독립동맹의 김두봉, 무정, 최창익, 박일우 등은 북한 최고 의사결정 과정에서 배제되었다. 김광운은 이러한 현상의 원인을 '연안계' 자체의 분파성과 취약성에서 찾고 있다. 즉 같은 연안 출신 내에서 어느 한 사람을 자기 지도자로 추대하려는 움직임이 없었으며, 상호 불신과 반목으로 일관했다는 것이다.[33] 물론 김일성을 정점으로 한 '만주파'의 응집력과 비교해 볼 때 김광운의 견해가 타당한 면이 있을 수도 있다. 그러나 중·북 관계형성의 기원과 관련하여 반드시 주목해 봐야 할 사실은, 왜 김일성이 그동안 정치적 협력관계를 유지해 오던 연안계열 인사들을 '의도적으로' 최고 의사결정 과정에서 배제하려 하였는가 하는 점이다.

1949년 7월 이후 북한지역으로 들어온 만주지역 조선인 부대는 인민군의 주력을 형성하게 된다. 그런데 문제는 바로 국공내전에 참가한 조선인부대가 대거 입국하면서 국내 정치 역학구도에 또 다른 형세가 조성되었다는 점이다. 사실상 당시까지 당내 세력관계와 인민군 내 세력관계는 서로 불균형 상태에 있었다. 왜냐하면, 인민군 창설이 1946년 말 연안계의 도움으로 본격화되었다고는 하지만, 군 창설의 주도권은 소련의 군사원조와 소련 군사고문단의 지원을 배경으로 항일유격대 출신인 만주파가 장악하고 있었기 때문이다. 더욱이 당시까지는 김일성과 연안계는 국내계에 대항하고자 협력관계를 형성하고 있었다. 앞에서 이미 언급했듯이, 김일성이 1949년 3월 소련 방문에 앞서 '조·소 군사동맹 조약' 체결의 필요성을 강조하려고 김두봉의 이름을 거론한 사실은 당과 군내에서 연안계가 김일성과 협력관계에 있었음을 간접적으로 사사해 주는 것이다. 서동만은 인민군에 대한 통제는 김일성을 정점으로 하면서 민족보위성을 통하여 만주파를 중심으로 거의 자기 완결적으로 이루어졌다고 평가하고 있다. 그런데 1949년부터 국공내전에 참가하고 있던 조선인 부대가 들어옴에 따라 그동안 만주파와 소련계의 견제를 받아 무정, 박효삼 등 일부만이 군의 고위직에 진출하고 있던 연안계가 군의 요직, 특히 정치 간부직에 대거 진출하게 되었다.[34]

---

33) 김광운, 『북한정치사 연구 I』(서울: 선인, 2003), pp.182-183.

김일성의 처지에서 볼 때 '연안계'와의 공조는 '국내파'와의 경쟁, 군 창설, 국가건설 등에서 협력자로 성립한다. 그러나 국공내전 참가 조선인부대의 대거 입북 이후 연안계는 당시 정권 물리력의 중요한 구성 성분으로서의 역할을 담당하게 되고, 이는 김일성 자신에게 경계의 대상으로 부상한다. 중국혁명의 성공은 김일성에게 '국토 완정'의 열망을 가열시켰다는 측면도 있지만, 중국혁명을 정치적 배경으로 한 '연안계'의 정당성을 강화시켜주는 측면도 아울러 존재하는 것이다. 즉 국토 통일을 통해 국가 안보(state security)를 강화시킬 수 있는 기반이 되는 측면과 동시에, 정치적 경쟁자의 등장 가능성으로 말미암아 정권 안보(regime security)가 약화된다는 측면도 아울러 내포하는 딜레마적 상황이 조성된 것으로 봐야 한다.[35]

그렇다면, 김일성은 어떤 식으로 이러한 딜레마 상황을 해결했는가? 그는 연안계 인사들을 '의도적으로' 최고 의사결정 과정에서 철저히 배제시키는 방식을 택했다. 김일성은 6·25전쟁 개시에 관한 의사결정 과정을 철저히 '비공식화' 시킨다. 서동만은 "선제공격 명령을 내각과 당의 공식적인 의사결정 과정과는 동떨어진 별도의 의사결정 과정에 의해, 군내에서도 일부 비공식적인 명령 계통에 의해 내렸다."라고 밝힌다.[36] 즉 50년 6월 내각 비상회의는 이미 기습 선제공격이 이루어진 후 사후 정당화를 위한 절차였기 때문에, 이전부터 계획적으로 준비되어 온 선제공격 준비는 내각의 공식 의사결정 과정과는 별도로 비공식적인 내부그룹에 의해 비밀리에 진행되었다. 또한, 당의 최고 의사결정 기구인 중앙정치위원회도 49년 12월 한 차례밖에 열리지 않았다.[37] 그뿐만 아니라, 군내에서도 정식 의사결정 과정과는 별도의 명령계통이 존재하고 있었다. 즉 전투계획의 입안, 작성, 운용 등 각 단계

34) 서동만, 『북조선 사회주의체제 성립사』, pp.274-275, 399.

35) 이 점은 이후 김일성이 국가안보 차원에서는 중국과의 관계를 매우 중시하면서도 정권안보 차원에서는 중국을 불신과 경계의 대상으로 간주하는 배경이 된다. 현성일, 『북한의 국가전략과 파워엘리트: 간부정책을 중심으로』(서울: 선인, 2007), pp.342-351.

36) 서동만, 『북조선사회주의체제 성립사』, p.386.

37) 서동만, 『북조선사회주의체제 성립사』, p.384.

가 철저히 분리되어 진행된 것이다. 구체적인 전투계획 입안 과정에서 '연안계'는 대부분 배제된다. 대체로 소련군사고문단에 의해 작성되었고, 군의 요직에 진출한 '연안계' 인물들은 제외되었다.38)

그런데 최고 의사결정 과정에서의 '연안계' 배제는 '연안계'와 중국 간 의사소통 채널을 철저히 분리해야 가능한 것이었다. 즉 '연안계'가 정치적 영향력을 제고시킬 수도 있는 국제적 연계를 차단하는 작업이 동시에 진행되어야 했다.39)

이러한 '연안계' 배제 의도는 김일성이 1950년 5월 13일 베이징에서 마오와 회담할 때까지도 6·25전쟁 개시의 구체적 계획에 대해 중국과 어떠한 협의도 없었다는 사실과도 연결된다.40) 마오쩌둥의 러시아어 통역관이며 고

---

38) 한국일보 편, 『證言 金日成을 말한다: 兪成哲 李相朝가 밝힌 北韓政權의 實體』(서울: 한국일보사 출판국, 1991), pp.76, 175; 서동만, 『북조선사회주의체제 성립사』, p.385.

39) 이러한 사실은 데이비드(Steven R. David)의 '전방위 균형'(omnibalancing) 개념이 북한의 동맹형성 동기를 설명해주지 못함을 말해 주는 것이다. 제2장에서 이미 언급한 바와 같이, 스티븐 데이비드는 제3세계 국가의 동맹형성을 설명하면서 외부의 위협뿐만 아니라 국내의 위협에 대항하는 동맹을 의미하는 '전방위 균형' 개념을 도입한 바 있다. 김일성 또한 정권수립 이후 줄곧 외적 위협에 대한 대응뿐만 아니라, 대내 정치적 경쟁을 지속해 왔다. 그러나 북한의 경우는 대내 정치적 경쟁 극복을 위해 대외적 동맹형성이라는 수단을 선택한 것이 아니라, 김일성의 '일원적 지도' 체제의 공고화라는 방식을 먼저 취했다. 이는 이승만 정권의 예에서 보는 바와는 달리, 동맹형성이 정권안보를 강화시키는 것이 아니라 오히려 정치적 경쟁에 불리하게 작용할 개연성이 높았기 때문이다. 따라서 북한은 공식적 동맹조약의 필요성에도 불구하고 1949년 이후 12년이라는 시간을 경과시켰다. 이것이 바로 김일성의 '일원적 지도' 체제 형성과 중·북 동맹 형성이 시기적으로 일치하는 핵심적 이유이다. '전방위 균형'이라는 개념을 원용한 것은 아니지만, 데이비드의 주장과 동일한 맥락에서 정권안보와 국가안보를 구분하여 한·미 동맹형성을 설명한 저서로는 Yong-Pyo Hong, *State Security and Regime Security* 참조.

40) 6·25전쟁 기원과 관련해 지금까지 발굴된 자료가 말해주는 결론은 사전 전쟁계획에서 마오쩌둥은 '완전한 국외자(局外者)'였다는 것이다. 다시 말해 북·중·소 '3국 공모론'은 역사적 사실과 맞지 않다는 점이다. 金東吉, "'三國同謀論' 分析: 朝鮮戰爭起源的再思考," 『當代中國史 硏究』, 第2期(2006), pp.112-121; 徐焰, 『毛澤東與抗美援朝戰爭』, pp.38-55.

문으로 활동한 스쩌는 "전쟁이 발발한 후에야 우리는 비로소 (전쟁개시에 대한) 소식을 접할 수 있었다."라고 회고했다.[41] 그뿐 아니라, 북한지도부는 유엔군이 38선을 넘기 직전까지도 중국 측의 원조 제공 제의와 출병 자체를 거부해 왔다.[42] 전쟁 개시 시간마저 사전 통보받지 못한 중국지도부는 이른 시일 내에 북한에 대표를 파견하여 북한지도부와의 연계를 강화할 필요성을 느꼈다.[43] 이에 저우언라이(周恩來)는 1950년 6월 30일 원래 동독으로 파견하려고 했던 차이쥔우(柴軍武, 후에 柴成文으로 개명)를 정무참사로 북한에 파견하면서 "현재 조선인민은 투쟁의 최전선에 처해 있다. 조선동지들에게 지지를 보내야 하며, 우리가 도울 일이 있으면 그 즉시 돕고 그들이 도와달라고 하면 모든 힘을 다해 도와야 한다. 중국과 북한의 양당(兩黨)과 양군(兩軍) 사이에 연계를 유지하고 전쟁 상황의 변화를 시급히 이해하는 것이 현 (북한주재 중국)대사관의 중요한 임무"라고 강조한다.[44]

---

41) 師哲, 『在歷史巨人身邊』, p.492.

42) 량전싼(梁鎮三), "전쟁기 중국지도부와 북한지도부 사이의 모순과 갈등," pp.577-587.

43) 북한은 전쟁 개시 3일 이후에야 관련 사실을 중국에 정식으로 통보했으며, 이에 대해 마오쩌둥은 대단한 불만을 표시했다고 전해진다. 宋成有 等, 『中韓關係史(現代卷)』(北京: 社會科學文獻出版社, 1997), p.43; Hao Yufan and Zhai Zhihai, "China's Decision to Enter the Korean War: History Revisited," *China Quarterly,* No.121(March 1990), p.100.

44) 中共中央文獻研究室 編, 『周恩來年譜 (上)』(北京: 中央文獻出版社, 1997), p.51. 중국은 건국 이후 소련(49.10.3일), 불가리아(10.4일), 루마니아(10.5일), 헝가리(10.6일)에 이어 5번째로 북한(10.6일)과 정식으로 국교를 수립하였으나, 초대 중국 대사 니즈량(倪志亮)이 당시 병환으로 우한(武漢)에 체류하고 있었기 때문에 차이쥔우를 정무참사 겸 임시대리대사로 임명하여 북한에 파견하였다. 차이쥔우가 북한에 정식으로 중국대사관을 개설한 시점은 중·북 양국이 수교한지 9개월이 경과한 1950년 7월 3일이다. 이 점은 6·25전쟁 개시 이전까지 중국의 전략적 관심이 '대만해방'에 집중되어 있었음을 단적으로 말해주는 것으로 해석할 수 있다. 中華人民共和國外交部 政策研究室 編, 『中國外交』(北京: 世界知識出版社, 2004), p.434; 蕭冬連, 『五十年國事紀要(外交卷)』(長沙: 湖南人民出版社, 1999), p.87.

마오쩌둥은 니즈량(倪志亮)을 1950년 8월 6일 특명전권대사로 정식 임명하고, 북한에 신임장(國書)을 8월 13일에 제출하나 곧 북한을 떠난다. 이후 북한주재 중국 대사는 김자도(53.8), 판쯔리(潘自力, 55.1.21), 차오샤오광(喬曉光, 56.4.16), 하오더칭(郝德

그러나 북한지도부는 북한주재 중국공관에 어떤 군사정보도 제공하지 않았다. 북한주재 중국공관 무관(武官)의 회고에 따르면, 전쟁 상황을 파악할 수 있는 유일한 통로는 화교 혹은 원래 중국인민해방군에 소속되어 있던 조선인 군사들뿐이었다. 6·25전쟁 동안 김일성과 직접 접촉할 수 있었던 차이쥔우(柴軍武)와 같은 인물에게도 전쟁과 관련된 군사정보는 중국인이 접근할 수 없는 금지구역처럼 느껴졌다. 중국의 군 참모진 파견 제의도 북한은 거부하였으며, 충분한 예비부대를 구축하고 적의 후방 공격 가능성에 대비해야 한다는 중국 측의 건의도 묵살한다. 9월 18일 저우언라이는 소련 대사를 접견하는 자리에서 "중국지도부는 신문에 공포된 소식과 평양 방송국의 보도자료 이외에 전쟁과 관련된 그 어떤 형태의 정보도 파악하고 있지 못하며 주재 공관조차 군사 작전 명령을 입수하지 못하는 실정"이라고 불평하였다.[45] 북한 주재 중국공관 및 중국지도부와 북한의 의사소통 채널은 주로 연안 출신인 서휘, 박일우, 이상조 등이 담당하였다. 선즈화(沈志華)는 이들 또한 북한의 엄격한 기율에 구속되었기 때문에 내부의 군사적 상황에 대해 말하려 하지 않았다고 분석하고 있지만,[46] 사실은 '연안계'는 6·25전쟁 개시 이전부터 의사결정 과정에서 철저히 배제되어 있었기 때문에 전쟁 상황에 대한 정보가 부재했을 것이다.

북한 조선로동당 중앙정치국이 중국 지원군 요청을 결정한 시점은 유엔군의 인천상륙 성공으로 북한 체제가 거의 존망의 위기에 달하고 있던 1950년 9월 28일에 가서이다. 10월 2일 유엔군이 38선을 넘음과 동시에 중국은

淸, 61.7.25), 자오뤄위(焦若愚, 65.12.3) 등으로 이어진다. Hakjoon Kim, *The Sino-North Korean Relations, 1945-1984* (Seoul: Korean Research Center, 1985), pp.53-54; 劉金質·楊淮生 主編, 『中國對朝鮮和韓國政策文件匯編 1』(北京: 中國社會科學出版社, 1994), pp.1, 25-26; 劉金質·楊淮生 主編, 『中國對朝鮮和韓國政策文件匯編 2』, p.818; 外務部, 『韓·中國, 北韓·中國關係 主要資料集』(執務資料 90-54).

45) 량전싼(梁鎭三), "전쟁기 중국지도부와 북한지도부 사이의 모순과 갈등," pp.581-585; David Tsui, "Did the CCP Sign a Secret Document on Mutual Defense with the DPRK in 1949?" p.171; Sergei Goncharov, *Uncertain Partners,* p.163.

46) 량전싼(梁鎭三), "전쟁기 중국지도부와 북한지도부 사이의 모순과 갈등," pp.581-583.

10월 8일 참전을 '공식적으로' 결정하고, 19일에는 4개 군, 12개 사단이 압록강을 넘었다. 그런데 10월 21일 중국인민지원군 사령원 겸 정치위원인 펑더화이(彭德懷)는 김일성과의 직접 회견을 통해 인민지원군 사령부에 "조선인 동지가 있으면 좋겠다"는 의견을 제시하고 김일성으로부터 박일우를 부사령원 겸 정치위원으로 두는 데 대해 '동의'를 얻어냈다. 25일에는 중공중앙에 의해 지원군의 인사가 통지되어, 박일우는 전체 4명의 부사령원 중 1명, 2명의 부정치위원 중 1명, 2명의 당부서기 중 1명으로 임명되었다.[47] 이러한 박일우의 직책은 중국인민지원군 내 제3인자의 대우였으며, 더욱이 박일우는 당시 현직 내무상으로 보안계통에서만 일했고 군사에는 관계하지 않았기 때문에, 이러한 인사는 조선인민군을 무시하는 조치였다.

하지만, 당시 조선인민군은 완전히 괴멸상태에 있었으므로 실질적으로 이미 참전 시점에서 펑더화이가 전권을 쥐고 있었다. 김일성의 처지에서 더욱 심각한 문제는 중공군의 참전으로 군사지휘권이 중국인민지원군으로 이관되었다는 점이다. 중공군의 참전은 전쟁이 내전에서 미·중 전쟁으로 확대되었음을 의미하였고, 이는 한국군의 작전지휘권이 유엔군으로 이관된 것과 마찬가지로 조·중 연합사령부의 창설을 통해 인민군의 작전지휘권도 연합사로 넘어가게 될 상황을 맞은 것이다. 작전지휘권의 이양은 국가주권에 대한 가장 핵심적인 도전이란 점에서 볼 때, 김일성은 조선인민군 최고사령관으로의 권위뿐 아니라 조선로동당 위원장으로서의 위상에도 큰 타격을 입을 수밖에 없었다. 다시 말해 김일성의 군에 대한 정치적 통제권이 상실된다는 의미였다. 김일성은 중국 측의 조·중 연합사령부 설치 제의를 한 달 반 동안이나 수용하지 않다가, 결국 스탈린 개입이 있은 후에야 겨우 설치에 합의

47) 박일우(朴一禹)는 1930년 중국공산당에 입당하여, 왕웨이(王巍)라는 중국식 이름으로 항일전쟁 시기 팔로군(八路軍) 덩화(鄧華) 부대에 소속되어 활동한 인물이다. 1944년 연안조선혁명군정학교 부교장직을 맡은 바 있으며, 해방 후 조선의용군 정치위원으로 만주에서 일제 패잔병을 숙청하다가 1946년 4월에 입북하였다. 입북 후 북조선간부부장, 북조선보안국장, 내무상 등을 역임한다. 石源華, 『中國共産黨援助朝鮮獨立運動紀事』(北京: 中國社會科學出版社, 2000); 김광운, 『북한정치사 연구 I』, p.77.

하게 된다.[48]

그러나 역설적이게도 중공군의 참전은 오히려 김일성의 권력공고화에 기여하게 된다. 김일성은 작전지휘권을 중국에 이양한 이후 전선에서의 자신의 역할이 축소되자 여유 역량을 당에 집중시킨 것이다. 김일성은 전쟁 기간 중 당원 확대정책을 시행하여 군내의 당원 수를 급증시킴으로써 자신의 위신을 회복해 나갔다. 그 결과 무정, 허가이, 박헌영 등 정치적 라이벌을 숙청하고 박일우 등 친중국 연안계열 인사들을 권력핵심에서 배제한다.[49] 다시 말해 '연안계'와 중국지도부가 연계되자 당원 확대정책이라는 우회 전략을 통해 국내 역학구도에서 '연안계'를 압박, 중국의 영향력 행사를 축소시키려 했던 것이다.[50]

김일성은 조·중 연합사 구성 직후인 1950년 12월 21일, 강계에서 열린 당 중앙위원회 제3차 전원회의를 통해 6개월간의 전쟁을 '총화'하면서 출신계열과 관계없이 군 지휘관이나 당 간부의 군사적 결함을 비판하였다. 그러나 당시 비판의 표적은 중국의 신임이 높고, 특히 펑더화이와 절친한 사이였던 무정이었다. 김일성은 무정을 "봉건시대의 제왕과도 같은 무법천지의 군벌주의적 만행을 저질렀다."라고 격렬하게 비판한다. 당시 무정은 제2군단장을 지내다 이미 중징계당한 상태에 있었는데, 그런 그를 다시 강하게 비판한 것은 그와 펑더화이 간의 특별한 관계에 기인한 것이다. 펑더화이가 작전지휘권을 가지고 있는 동안 무정에 대해 회복 불능의 책벌 조치를 가했던 것이다.[51]

---

48) 량전싼(梁鎭三), "전쟁기 중국지도부와 북한지도부 사이의 모순과 갈등," pp.587-595; 서동만, 『북조선 사회주의체제 성립사』, pp.410-415; 이종석, 『새로 쓴 현대북한의 이해』(서울: 역사비평사, 2000), pp.414-415.

49) 이종석, 『북한-중국관계』, pp.193-195.

50) 1950년 12월 당 중앙위원회 제3차 전원회의, 1952년 12월 당 중앙위원회 제5차 전원회의 및 조선인민군 고급군관 회의 소집 등 전쟁기간 중 김일성의 정치권력 확대시도에 관해서는, 조선로동당 중앙위원회 당력사연구소, 『조선로동당략사』(평양: 조선로동당출판사, 1979), pp.353-357, 376-384 참조.

51) 이종석, 『북한-중국관계』, pp.193-196.

특히 박일우는 연합사령부 내 북한 측 최고정치책임자로서 조선로동당 내 역학 관계 변화에 중요한 변수로 작용할 수 있는 지위에 있었다. 따라서 그에 대한 김일성의 견제는 더욱 두드러졌다. 해방 후 소련군이 선발해 북한에 파견된 박영빈[52]은 6·25전쟁을 통해 강화된 중국의 영향력을 등에 업고 당권을 장악하려 한 일부 연안계들에 관해 "당시 박일우는 마오쩌둥, 펑더화이와 아주 가까운 사이였다. 자기네 불편한 것은 펑더화이를 통해 마오에게 직접 전달해 해결했다. 그들은 중국공산당 고위층이나 전쟁 후 북한에 남아 있던 중국군 간부들과 긴밀한 관계를 맺으면서 나를 밀어내고 자신들이 당권을 잡으려고 공작했다."라고 증언하고 있다.[53]

이에 대해 김일성은 1951년 3월 사회안정성을 별도로 설치하여 그동안 내무성의 핵심 업무였던 '사회안전과 질서보장' 업무를 담당케 함으로써 내무상 박일우의 내정에 대한 영향력을 약화시킨다. 52년 10월에는 박일우를 내무상에서 파면함과 동시에 사회안전성이 다시 내무성에 편입된다. 이는 김일성의 박일우에 대한 견제 정도를 극명하게 보여주는 것이다. 전쟁기간 내내 박일우는 김일성으로부터 친중국 정치세력을 심으려 한다고 비판받았다. 결국, 박일우는 1953년 2월 조·중 연합사령부 부정치위원에서 소환되었고, 1955년 12월 반당 종파행위를 한 혐의로 당에서 축출되었다.[54]

---

52) 박영빈은 1950년대 북한에서 노동당 조직부장, 정치위원, 무역성 부상 등 당과 정부의 고위직을 역임하였다. 그는 허가이, 박창옥 등과 함께 '소련계'의 가장 대표적인 인물이다. 1951년 허가이가 당내 비판을 받고 노동당 조직부장직에서 물러나자 박영빈이 후임 조직부장으로 임명되었다. 그러나 전후 김일성과 일부 연안계들의 협공으로 55년 12월 당 조직부장직에서 물러났다. 그러다가 56년 3월 무역성 부상으로 임명되었으나, '8월 종파사건'으로 소련계에 대한 공격이 거세지면서 61년 다시 소련으로 돌아갔다. 이에 대한 자세한 논의는 정창현, 『인물로 본 북한현대사』(서울: 민연, 2002), pp.194-212.

53) 정창현, 『인물로 본 북한현대사』, p.209.

54) 이종석, 『북한-중국관계』, pp.198-199; 서동만, 『북조선 사회주의체제 성립사』, pp. 421-427.

3) 중국의 내정간섭, 그리고 김일성의 인민지원군 철수 요구

전후(戰後)에도 김일성에게는 중국과의 안보적 연계 문제가 일종의 딜레마일 수밖에 없었다. 왜냐하면, 한편으로는 전후 복구를 위한 원조획득에 외교정책의 초점을 맞출 필요성이 있으면서도, 다른 한편으로는 연안계를 통한 중국인민지원군의 내정간섭은 지속되었기 때문이다.

6·25전쟁 정전 이후 중국의 대북정책 목표는 북한과의 대미 공동위협 인식과 지정학적 이해를 바탕으로, 정전체제의 공고화를 통해 전쟁재발을 방지하고 북한의 전후 복구를 지원하는 것이었다.[55] 김일성 또한 "정전협정 체결은 조선 문제의 평화적 해결의 첫 걸음이며 긴장된 국제정세 완화에 기여한 첫 모범"이라고 평가하고, 전후 복구를 위한 원조 획득에 외교정책의 초점을 맞추었다.[56] 이러한 양국의 전략적 필요성에 따라 1953년 11월 23일 「조·중 경제문화협력협정」이 체결되었다.[57]

---

55) 이 점은 1953년 9월 중국인민지원군 사령원 펑더화이가 중앙인민정부위원회 제24차 회의에서 "현재의 임무는 정전(체제)을 공고히 하는 것이다. 정전협정을 엄격히 준수할 것을 보증함으로써 침략전쟁의 재발을 방지하는 것이다."라고 보고한 내용에 잘 반영되고 있다. 이점은 마오쩌둥·저우언라이가 김두봉·김일성에게 보낸 '조선해방' 8주년 축하 전문이나, 1954년 제네바 회의 시 저우언라이의 언급 속에서도 발견할 수 있다. "朝鮮停戰后的主要任務," 『人民日報』(社論), 1953年 9月 13日; "朝鮮人民的事業勝利萬歲," 『人民日報』(社論), 1953年 8月 15日; "毛澤東主席, 周恩來總理電賀朝鮮解放8周年"(1953年 8月 12日), 劉金質·楊淮生 主編, 『中國對朝鮮和韓國政策文件匯編 2』, pp. 520-521.

56) Byung Chul Koh, *The Foreign Policy of North Korea* (New York: Frederick A. Praeger, 1969), p.14.

57) 동 협정에 대한 11월 24일자 『人民日報』 사설의 주요 내용은 다음과 같다. "중국인민은 항미원조(抗美援朝)의 위대한 투쟁 중에 중·조 양국이 순치상의(脣齒相依)의 관계임을 더욱 깊이 인식하게 되었다. 우리 인민의 항미원조는 곧 보가위국(保家衛國)이다. 조선인민이 미국의 침략을 타파하여 그들 조국안전을 보위했으며 동시에 우리나라의 안전을 보장하였던 것이다. 우리 양국인민의 위대한 전투 우의는 바로 숭고한 상호협조의 우의이다. 따라서 우리는 조선인민과 같이 조선 문제의 평화적 해결에 관심을 가질 뿐만 아니라 전후 국민경제의 회복과 발전에도 관심을 가지고 있다. 정전 실현 후 조선인민민주주의공화국의 전쟁의 상처를 치유하고 국민경제의 회복과 발전을 위한 모든 노력에 대해 우리정부와 인민 모두 전력을 다해 지원하고자 한다. 우리는

그런데 한·미는 정전협정이 조인된 지 채 일주일도 되지 않은 시점인 1953년 8월 4일 미 국무장관 덜레스(J. F. Dulles)가 방한해 이승만과 회담을 하고, 8월 8일 「한·미 상호방위조약」에 가조인했다는 공동성명을 발표했다.[58] 이 조약은 안보와 자율성을 교환하는 국가 대 국가 간 안보이해의 조정 과정을 통해 성립된 것이다.[59] 그러나 중·북한 간에는 군사동맹적 성격이 가미되지 않은 「조·중 경제문화협력협정」(1953년 11월 23일) 만이 체결되었을 뿐이다.[60]

조선의 모든 도시와 농촌의 경제복구와 조선인민의 힘의 성장이 중국인민의 안전에 대한 또 하나의 안보적 보장이라고 생각한다." "中朝兩國互助合作的事業勝利萬歲," 『人民日報』(社論), 1953年 11月 24日.

58) 「한·미 상호방위조약」 체결과정에 대해서는 김일영·조성렬, 『주한미군: 역사, 쟁점, 전망』 참조.

59) Michael F. Altfeld, "The Decision to Ally: A Theory and Test," *Western Political Quarterly,* Vol.37, No.4(December 1984), pp.523-544; James D. Morrow, "Alliance and Asymmetry: An Alternative to the Capability Aggregation Model of Alliances," *American Journal of Political Science,* Vol.35, No.4(November 1991), pp.904-933; 김우상, "한·미 동맹의 이론적 재고," 『한국과 국제정치』, 제20권 1호(2004 봄), pp.1-28.

60) 동 협정은 중·북한 간 최초의 협정으로, 군사동맹적 성격을 띠지 않는다. 협정의 주요 내용은 1950년 6월부터 53년 12월까지의 대중공 전채 상황 면제; 1954~57년 4년간 80억 위안(약 3억 2천만 달러) 무상원조 제공; 일상용품 구매를 위한 현금 무상원조; 기타 전후 복구사업 협력 등이다. 조약체결 시 참가자 명단을 보면, 북한 측에서는 내각 수상 김일성, 조선로동당중앙위원회 부위원장 박정애, 내각 부수상 홍명희, 외무상 남일, 국가계획위원회 위원장 정준택, 재정상 윤공흠, 철도상 김회일, 도시경영상 주황섭, 내각서기장 최철환, 주중 북한임시대리대사 서철이 참석하였다. 중국 측에서는 중앙인민정부주석 마오쩌둥, 부주석 주더(朱德), 류사오치, 리치선(李濟深), 국가계획위원회 주석 까오강(高崗), 정무원 총리 겸 외교부장 저우언라이, 부총리 동삐우(董必武), 천윈, 궈뭐뤄(郭沫若), 황옌베이(黃炎培), 덩샤오핑, 정무원 재정경제위원회 부주석 겸 대외무역부 부장 예지쫭(葉季壯), 외교부 부부장 리커농(李克農), 장한푸(章漢夫), 철도부 부부장 뤼정차오(呂正操), 외교부판공청 주임 왕빙난(王炳南), 아주사 사장 천쟈캉(陳家康), 중국주재 소련 임시대리대사가 참석하였다. 당시 회담에 중국주재 소련 임시대리대사가 참석했다는 것은 북한의 전후 복구사업에 중국과 소련이 긴밀히 협력했음을 보여주고 있다. 소련은 이미 김일성의 방소(53년 9월) 시 10억 루블의 무상지원을 약속하였고, 이를 인민일보(9월 25일)가 적극적으로 지지하는 논설을 게재하였다. 저우언라이는 동 협정에 대해 "우리의 협정은 평화적 민주진영 국가 간에 평화우

9월 13일『人民日報』사설은 "전쟁이 다시 재발한다면, 전쟁범위가 북한 이외의 지역으로 확대될 것이다."라는 덜레스 국무장관의 발언을 소개하며, 이를 강도 높게 비난하고 있다.[61] 또한, 11월 13일 김일성을 단장으로 한 조선대표단에 대한 저우언라이 총리의 환영사도「한·미 상호방위조약」에 대한 경각심을 고취시키는 내용이 대부분이다.[62]

이처럼 중·북 양국은 미국이라는 공동의 위협인식을 공유하고 있었고, 더욱이 한·미 간 군사적 연계가 법적으로 보장되고 있는 상황하에서도, 한·미와 대칭되는 안보적 상호작용을 보여주지 못했다. 그것은 이미 지적한 바와 같이, 중·소의 대북정책이 위계적 질서를 전제로 한 '레닌적 프롤레타리아 국제주의'에 입각해 있었고, 이는 6·25전쟁 시기와 정전 직후까지도 지속되었기 때문이다. 이것은 기본적으로 양국 관계가 국가 간 안보적 상호작용이 아니라 '당제관계'에 기반을 두고 있었다는 의미이다. 당내 경쟁적 정치적 역학 구도하에 있는 김일성의 처지에서는 이러한 '레닌적 프롤레타리아 국제주의'의 적용은 자신의 정권안보에 위협으로 작용할 수 있었다. '레닌적 프롤레타리아 국제주의' 방식의 대북 원조는 영도적(領導的) 지위에 있는 중국이 '형제적 지원'의 이름으로 일방적으로 지원하는 형태였고, 이는 중국군 주둔이라는 상황하에서 중국의 대북 내정간섭으로 이어질 수 있었다. 그러므로 김일성은 오히려 안보적 외부연계를 차단하고자 했다.

중국인민지원군은 1954년 9월 평더화이의 인민지원군사령원 사임으로부

호정책을 견지하기 위해 새로운 협력관계를 표현한 것이다. 우리들의 협정은 평화의 협정으로서, 극동과 세계평화의 이익에 부합하는 것이다. 이는 미국정부와 이승만 집단이 체결한 소위 공동방위조약과는 본질에 있어 완전히 다른 것이다."라고 언급했다. 또한, 동년 9월「조·소 경제문화협력협정」도 이와 같은 취지임을 강조하였다. "中華人民共和國和朝鮮民主主義人民共和國政府代表團談判公報," 劉金質·楊淮生 主編,『中國對朝鮮和韓國政策文件匯編 2』, pp.615-617; "中朝簽訂經濟及文化合作協定的公報," 劉金質·楊淮生 主編,『中國對朝鮮和韓國政策文件匯編 2』, pp.618-619; "周恩來總理在中朝經濟及文化合作協定签字儀式上的講話," 劉金質·楊淮生 主編,『中國對朝鮮和韓國政策文件匯編 2』, pp.619-621.

61) "朝鮮停戰后的主要任務,"『人民日報』(社論), 1953年 9月 13日.

62) 劉金質·楊淮生 主編,『中國對朝鮮和韓國政策文件匯編 2』, pp.612-614.

터 시작하여,63) 1955년 10월까지 19개사가 철수했지만 기본 병력 15개사, 기타 특종병과 부대, 인민지원군 총부, 후근보장부 등 약 25만 명은 남아 있는 상태에 있었다.64) 김일성은 1956년 4월 23일 조선로동당 제3차 당 대회에서 한반도에서의 외국 군대 철수와 관련하여 다음과 언급하고 있다.

> "남북 조선의 어느 한부분도 외국과의 군사 동맹에 인입되지 말아야 하며 남조선 정부와 미국 정부간에 체결된 단독 군사 조약을 반드시 폐기하여야 할 것입니다. 조선 문제를 조선 사람들끼리 해결하기 위해서는 미국 군대와 중국 인민지원군을 포함한 외국 군대를 철퇴시키며 우리나라 내정에 대한 외국의 일체 간섭이 없도록 하여야 할 것입니다.65)

물론 당시에 김일성이 중국군의 철수를 주장한 의도는 "북반부에서의 중국 인민지원군 주둔은 (미국)의 침략군대와 추종국가 군대를 남조선에 영구 주둔시키려는 미 제국주의자들에게 좋은 구실을 줄 수 있고, 외국 군대가 있는 한 외세의 침략과 간섭이 근절될 수 없고 전쟁의 위험이 항시적으로 존재했기" 때문일 수 있다.66) 그러나 56년의 상황적 맥락에서 볼 때 김일성은 외국 군대의 주둔이 '내정간섭'으로 연결되는 것을 더욱 우려하고 있었던 것으로 보인다.67) 적어도 국가 간 상호관계가 하이어라키한 구도 속에서 진

---

63) 劉金質·楊淮生 主編, 『中國對朝鮮和韓國政策文件匯編 2』, p.793.

64) "美國侵略軍必須從南朝鮮撤退," 『人民日報』(社論), 1958年 6月 25日; "中國人民志願軍摠部撤軍公報"(1958年 10月 26日), 劉金質·楊淮生 主編, 『中國對朝鮮和韓國政策文件匯編 3』, p.1022. 중국 자체의 계획에 따른 인민지원군 철수 과정은 劉金質·楊淮生 主編, 『中國對朝鮮和韓國政策文件匯編 2』, pp.827, 837, 850, 851, 854, 866 참조.

65) 김일성, "조선로동당 제3차 대회에서 한 중앙위원회 사업총결 보고"(1956년 4월 23일), 서대숙 편, 『북한문헌연구: 문헌과 해제 제1권(조선로동당)』(서울: 경남대학교 극동문제연구소, 2004), p.149. 당시 당 대회에는 니에룽전(聶榮臻)이 중공중앙 대표단 단장의 자격으로 참석하고 있었다. 劉金質·楊淮生 主編, 『中國對朝鮮和韓國政策文件匯編 2』, p.866.

66) 이는 김일성종합대학 박철 교수가 대학학보(2005년 2월)에 기고한 논문에서 자신의 견해를 밝힌 것이다. "北, 50년대 중국군-주한미군 철수 연계," 『연합뉴스』, 2005년 5월 27일에서 재인용.

행되는 상황하에서는 외국 군대 주둔 문제는 국가안보에 대한 순기능적 효용성 차원보다는 정권안보에 대한 위협 가능성 차원에서 고려될 수밖에 없는 것이다.[68] 정권안보의 보존이라는 전제 없이 국가안보 정책 및 군사전략의 수립이란 애당초 불가능한 것이기 때문이다.[69]

김일성은 1954년 9월 28일 신중국 건립 5주년 기념식 참석차 중국을 방문한 이래 무려 4년 동안이나 발길을 끊었다. 그리고 1955년 12월 중국지도부와 가장 연계가 깊었던 연안계 박일우를 반당 종파행위의 혐의로 당에서 축출했다.[70] 결국, 김일성의 위와 같은 연안계 배제 작업이 배경이 되어 1956년 '8월 종파사건'이 발생하게 된다.

기존의 연구는 '8월 종파사건' 추진 세력을 소련계·연안계의 '반(反) 김일성 연합'으로 묘사되고 있으나, 사실상 박창옥을 제외한 대부분의 소련계는 이에 가담하지 않았고, 주로 연안계가 중심이 되었다. '8월 종파사건'은 1956년 8월 30일 조선로동당 전원회의에서 당·정·군 고위직에 있던 일부

---

67) 1957년 11월 28일 북한주재 소련대사관의 피메노프 1등서기관이 작성한 박길연(외무성 부상)과의 대담록에 따르면, 펑더화이는 "중국인민지원군들 사이에서 조선 돈을 찍어 내고, 여러 종류의 정보를 수집하려는 시도가 있었다고 말했다. 또 작년(1956년) 9월에는 조선로동당 내부문제에 간섭이 있었다는 점을 인정했다."라고 언급하였다. 정창현, 『인물로 본 북한현대사』, p.233. 또한, 김일성은 1986년 5월 31일 김일성 고급당학교 창립 40주년에 즈음하여 집필한 강의록 "조선로동당 건설의 력사적 경험"에서 "사대주의·교조주의의 해독성은 전쟁시기 더욱 심하게 나타났으며, 전후시기 사회주의 혁명과 사회주의 건설이 본격적으로 추진됨에 따라 더는 참을 수 없는 것으로 되였습니다."라고 언급하였다. 김일성, "조선로동당 건설의 력사적 경험"(김일성고급당학교 창립 40돐에 즈음한 강의록, 1986년 5월 31일), 서대숙 편, 『북한문헌연구: 문헌과 해제 제1권(조선로동당)』(서울: 경남대학교 극동문제연구소, 2004), p.582.

68) 이 점은 동구 공산국가가 소련군 주둔에 대해 가졌던 우려와도 같다. 1964년 3월 중국지도부와 루마니아 당·정 대표단의 대화 내용을 참고하라. 吳冷西, 『十年論戰(下)』, pp.688-689.

69) 물론 6·25전쟁 이후 김일성 군사전략의 제1차적 목표는 주한미군의 완전철수와 한미동맹의 균열이었다. 그러나 1956년의 상황적 맥락에서 볼 때 중국군 철수 문제가 그러한 1차적 전략목표와 연계되었다고 보기는 어렵다. 6·25전쟁 이후 김일성의 "전략적 반성"에 관해서는 강성학, "북한의 안보정책 및 군사전략," pp.87-90 참조.

70) 이종석, 『북한-중국관계』, pp.198-199.

'연안계'(최창익, 윤공흠, 서휘, 이필규, 김강 등)들이 "소련공산당 제20차 당대회에서 제기된 개인숭배사상 배격이 조선로동당에 반영되지 않고 개인독재가 계속 유지되고 있다."라고 비판하면서 시작되었다.[71)]

'연안계'의 거사는 북한 경제상황의 악화와 김일성 개인숭배가 주요한 원인으로 작용하였다. 특히 김일성 중심 지도부에 대한 불만이 결정적 요인이었다. 당시 연안계의 시각에서 볼 때, 김일성 지도부는 제20차 소련 공산당 당 대회 이후 개인숭배 비판이 국제공산주의 운동의 사조였음에도, 북한에는 여전히 개선의 조짐이 나타나지 않았다. 이에 연안계는 소련과 중국공산당이 직접 개입해 줄 것을 요청한다. 연안계열에 속하면서 당시 소련주재 북한대사였던 이상조는 6월 16일 소련 외교부 극동국장 쿠르듀코프를 만나 "흐루시초프 동지나 모택동 동지의 비판적 지적이 김일성과 그의 측근들뿐만 아니라 조선로동당의 광범위한 일꾼들에게까지 알려질 수 있도록 하는 것이 바람직하다."고 지적하면서 중국과 소련의 영향력 행사를 주문한다.[72)] 그리고 그는 8월 9일 쿠르듀코프를 다시 만나, 집단지도체제의 여건 조성을 위해 김일성이 차지하고 있는 직책들을 여러 동지에게 재분배해야 한다고 주장한다.

그러나 이상조가 기대했던 일은 일어나지 않았다. 사전에 반대파의 움직임을 숙지하고 있었던 김일성 파의 대응으로, 8월 전원회의에서 윤공흠의 개인숭배 반대 발언에 대해 최창익, 박창옥 등은 지지 발언조차 하지 못하고, 대부분의 공모자가 출당당하는 결과를 맞았다.[73)] 사태가 이렇게 전개되자 이상조는 9월 3일 흐루시초프에게 긴급 서한을 보내, "조선에 소련공산당의 책임 있는 지도원을 파견해 달라."라고 요청하기에 이른다. 이상조는 9월 5일, 소련 외교부 차관 페도렌코(N.T. Federenko)를 만나 "소련공산당과 중국공산당 중앙위원회가 조선로동당을 도와주기 바란다."라고 요청하면서

---

71) 정창현, 『인물로 본 북한현대사』, pp.208, 209, 214-255.

72) 이상조 이력에 대해서는 김광운, 『북한정치사 연구 I』, pp.180-185.

73) 연안계의 중심인물들인 윤공흠, 이필규, 서휘, 김강 등 4명은 신변에 위협을 느끼고 그날 밤에 단둥(丹東)을 거쳐 중국으로 망명하였다. 안성규, "중국 망명한 연안파 거물들의 한과 충격증언," 『월간중앙』(1994년 5월호), pp.560-561.

이 서한을 전달했다. 이 서한은 소련지도부에 전달되었고 즉시 효과를 발휘하였다. 소련과 중국공산당은 조선로동당의 당내 정세에 대해 토의한 후 당시 중공 제8차 대회(8全大會, 56년 9월 15~27일)에 참석 중이던 소련 제1부수상 미코얀과 중국 국방부장 펑더화이를 북한에 급파한다.[74] 두 사람은 9월 23일 다시 전원회의를 소집하고 윤공흠 등에 대한 출당·철직 처분을 철회하도록 요구했다. 사실 펑더화이는 더욱 노골적으로 북한 내부문제에 개입하려고 하였다. 그는 김일성에게 이미 숙청당해 1955년부터 수감 중이던 박일우를 석방하여 중국으로 돌려보내 달라고 요구할 정도였다. 또한, 펑더화이는 평양 도착 후 연안계의 거두 김두봉의 집에 머물며 장시간 사태수습을 강구하였다. 결국, 김일성은 소련과 중국의 압력에 '굴복'해 반대파를 '복권' 시켰다.[75]

중·북한 동맹관계 형성 과정이라는 측면에서 볼 때 '8월 종파사건'은 다음의 두 가지 점에서 중요한 의의를 찾을 수 있을 것으로 보인다. 첫째는, 56년 2월 제20차 소련 공산당대회에서 흐루시초프의 '개인숭배 비판'을 계기로 중국과 북한 간에 심리적 공감대가 형성되고 양국이 밀착될 수 있었다는 설(說)은,[76] 그 근거가 희박하다는 점이다. 그러한 주장은 당시 중·소 관계를 잘 못 이해하고 있는 데 따른 것으로 보인다. 두 번째는, 56년 '반(反)김일성 운동'은 오히려 김일성의 '일원적 지도'(一元的 指導) 체제를 강화시켜 주는 결과만을 가져왔으며, 이는 결국 중국의 대북 영향력 행사를 위한

74) James F. Person, ""We Need Help from Outside": The North Korean Opposition Movement of 1956," *CWIHP Working Papers,* No.52(August 2006), p.44.

75) James F. Person, ""We Need Help from Outside"," pp.2, 46; 정창현, 『인물로 본 북한 현대사』, pp.222-228, 243. 1963년 8월 김일성은 북한주재 루마니아 대사와의 담화 시, 56년 9월의 미코얀-펑더화이의 공동 개입은 조선로동당 중앙위원회에 대한 '모독'이었다고 회고하고 있다. 「Memorandum of Conversation between Soviet Ambassador to North Korea Vasily Moskovsky and Romanian Ambassador to North Korea [M] Bodnaras」(22 August 1963), Appendix Document, *CWIHP Working Paper,* No.47, pp.40-41.

76) Robert A. Scalapino and Lee Chong-sik, *Communism in Korea* (Part II) (Berkeley: University of California Press, 1972), pp.546-558; 이종석, 『북한-중국관계』, pp.215-216.

인적 채널이 대부분 소멸하는 계기가 되었다는 점이다.

'8월 종파사건'에 대한 중·소의 공동개입은 마오쩌둥이 주도적으로 제기했다. 중국은 '8월 종파사건'을 "중국과 북한 관계와 관련하여 대단히 심각한 사건이 발생한 것"으로 간주했다. 사건 발생 직후 북한 외무성 부상 이동건은 중국으로 망명한 4명의 '연안계열' 인사의 즉각 송환을 요구했으나, 중국 정부는 "그들이 단순한 월경자들이 아니므로 강제 송환은 불가능하다."라고 거부하였다.[77] 소련 측 증언에 따르면, 마오는 당시 중공 8전대회에 참석 중이던 소련 정치국원 미코얀과 상의하여 평양에서 발생한 사건을 조사하고 필요하다면 김일성을 보다 적당한 인물로 바꾸기 위해 공동대표단을 파견하고자 제안했다. 당시 흐루시초프도 김일성 축출을 생각하고 있었다고 한다.[78]

이처럼 중·소의 공동 개입이 가능하였던 것은 당시 양국의 대내외 정책이 분열된 것이 아니라, 오히려 합치되어 긴밀한 협력관계를 유지하고 있었기 때문이다. 흔히 중·소 분쟁은 1956년 2월 소련공산당 제20차 대회에서 행한 흐루시초프의 '비밀연설'(개인숭배 비판 및 평화공존)에서 비롯된 것으로 보고 있다. 심지어 소련공산당 제20차 당 대회를 "중·소 관계사에 있어 첫 번째 역사적 전환점"이라 평가하는 주장도 있다.[79] 그러나 이러한 견해는 1963년 9월 6일 『人民日報』 사설 내용을 근거로, 중·소 간 공개적 이념 논쟁을 1956년까지 소급 적용한 결과로 보인다.[80] 사실 1957년 11월 모스크

---

77) 「Memorandum of Conversation with ambassador of the People's Republic of China to the DPRK, Qiao Xiao Guang, 4 September 1956」, Appendix Document, *CWIHP Working Paper,* No.52, pp.69-72.

78) 서동만, 『북조선 사회주의 체제 성립사』, p.564.

79) 孫其明, 『中蘇關係始末』, pp.239-240; 모리 카즈꼬(毛里和子), 김하림 역, 『중국과 소련』 (서울: 사민서각, 1989), pp.58-60. 1956년 흐루시초프의 '비밀연설'의 영향을 강조한 문헌들은 이외에도 많이 있다. William E. Griffith, *The Sino-Soviet Rift* (Cambridge, M.A.: The MIT Press, 1964); Donald S. Zagoria, *The Sino-Soviet Conflict, 1956-1961* (New York: Atheneum, 1969); Chen Jian, *Mao's China & The Cold War* (Chapel Hill: University of North Carolina Press, 2001).

80) "蘇共領導同我們分岐的由來和發展," 『人民日報』(社論), 1963年 9月 6日. 중·소 간 공개적 이념 논쟁에 관한 자세한 내용은 吳冷西, 『十年論戰 1956~1966: 中蘇關係回憶錄』(北

바 회의(10월 혁명 40주년 경축행사와 각국 공산당 및 노동당 대표회의) 이전까지 중국과 소련은 양국 동맹관계 역사상 최고 밀월의 시기를 보냈다. 실제로 소련 공산당 제20차 대회에서 제기된 새로운 방침과 56년 9월의 중국공산당 8전대회에서 제시된 기본 노선은 근본적인 견해 차이가 전혀 드러나지 아니하였다.

물론 소련공산당 제20차 대회에서 제기된 '3화(三和) 노선'(평화적 공존, 평화적 과도기, 평화적 경쟁)에 대해 마오쩌둥은 중국공산당의 '무력정권탈취' 경험을 부정한다는 점에서 심리적인 불만을 가졌을 수도 있다. 그러나 당시 마오와 중공 중앙은 정식으로 이 문제를 제기하지 아니하였다. 이는 '3화 노선'이 53년 6·25전쟁 종전, 54년 제네바 극동평화회담, 56년 중공 8전대회에 이르기까지 중공의 대외정책 노선과 사실상 같은 이론과 방침이었기 때문이다. 그리고 농업·경공업·중공업 투자 비율 조정이라든가 인민생활 수준 제고 조치 등 대내 경제정책 노선에서도 중·소는 거의 유사한 견해를 보이고 있었다. 당시 중국주재 소련 대사관은 "마오가 제기한 10대 방침(「論十大關係」) 중 가장 중요한 몇 가지 항목은 소련공산당 20차 대회의 결의와 긴밀히 연관되어 있으며, 특히 마오는 인민 복지 향상과 민주 발양 문제에 대한 관심을 강조하였다."라고 보고하고 있다.[81] 소련 공산당 20차 대회에서 제기된 기본 방침을 적극적으로 실행하려고 했던 중국지도부의 유연성은 베트남 공산당에 대한 중국의 권고에서 극명하게 나타난다. 1956년 4월 천윈(陳雲) 부총리는 하노이를 방문하여, "경공업과 농업을 희생하면서까지 중공업의 발전을 도모하지 말아야 한다고 설득"했다.[82]

또한, 개인숭배 비판 문제에서도 중공 중앙은 일종의 양해하는 태도를 보

京: 中央文獻出版社, 1999), pp.631-655.

81) 沈志華, "試論中蘇同盟破裂的內在原因," 『國際觀察』, 第5期(2005年), 沈志華·李丹慧 개인 홈페이지 전재(http://www.shenzhihua.net/zsgx/000167-4.htm). 이 논문은 沈志華, 『蘇聯專家在中國』, 결론(結論) 부분을 보충하여 발표한 것이다.

82) Balazs Szalontai, "1956: A Challenge to Kim Il-sung," Paper presented at the conference on "New Evidence from Central and East European Archives on the Cold War in Asia," in Budapest (October 30 to November 1, 2003), p.11.

였다. 20차 대회 기간 중 흐루시초프는 회의 종결 후 중공 대표단과 이 문제를 논의할 것임을 주도적으로 표시하였고, 이에 중공 대표단은 "스탈린 공과(功過) 문제에 대해 의견을 표시하지 않기로" 방침을 정했으나 "집단지도 제창 및 개인숭배 반대의 중요한 의의"에 동의했다.[83] 20차 대회 종료 이틀 후 소련공산당은 흐루시초프의 '비밀연설' 문건을 중공 대표단에 교부하였다. 사실상 중국공산당은 조선로동당이나 베트남 공산당과는 달리 '비밀연설' 문건의 당내 전파를 통제하지 않았으며 오히려 각종 채널을 통해 소련공산당의 스탈린 비판의 구체적 내용을 이해시키려 하였다.[84]

무엇보다 흐루시초프의 스탈린 개인숭배 비판 연설로 야기된 동유럽 공산당 내 정치적 소요 사태의 해결 과정에서, 모스크바는 정치적 능력에 한계를 보였다. 1956년 4월 알바니아에서도 북한판 '8월 종파사건'이 발생하여, 1인 철권통치자인 호자(Hoxha)의 개인숭배를 비판하던 당내 지도 인사들이 숙청되었다. 이에 소련지도부는 포스페로프(Pospelov)와 수슬로프(Suslov)를 파견했으나 호자(Hoxha)를 설득시킬 수 없었다. 알바니아의 스탈린주의자였던 호자(Hoxha)의 회고에 따르면, 1956년 9월 마오(毛)가 자신에게 중국공산당과 유고슬라비아에 대한 스탈린의 과오를 오히려 적극적으로 제기했다고 한다.[85]

북한의 '8월 종파사건'에 모스크바가 중국과 공동으로 개입하지 않았다면 거사를 주동한 인사들을 일시적으로나마 복권시키는 데 실패했을 것이다. 적어도 1956년 맥락에서 볼 때 마오는 김일성이나 호자와는 달리 소련의 탈(脫) 스탈린화를 '위협'(threat)으로 인식하지 않았다. 사실 중국은 62년 이후 소련과 공개적 이념논쟁을 벌이기 이전까지는 개인숭배비판 문제에 대해 그다지 민감하지 않았다.[86]

---

83) 중국공산당 8전대회에서는 "毛澤東思想"을 당 규약에서 삭제할 정도였다.

84) 沈志華, "試論中蘇同盟破裂的內在原因"; 吳冷西, 『十年論戰 (上)』, pp.3-24.

85) Balazs Szalontai, "1956: A Challenge to Kim Il-sung," p.10.

86) 이 점은 60년 11월 모스크바 회의에 참석한 류사오치(劉少奇)와 폴란드 공산당 제1서기 고물카(Gomulka)와의 대화에서도 확인할 수 있다. 류사오치는 "개인숭배 문제는

오히려 중·소 관계는 더욱 긴밀해졌다. 1956년 10월 폴란드·헝가리 사태 해결 과정에서 흐루시초프는 마오에게 동유럽 공산당과 모스크바의 관계 악화를 완화 시켜 달라고 요청하기까지 했다.87) 그리고 1957년 6월 마오는 흐루시초프가 자신의 경쟁자인 말렌코프와 카가노비치(Kaganovich), 몰로토프(Molotov)를 '반당 분자'로 몰아 당 지도부로부터 추방했을 때, 누구보다도 더 적극적인 지지 의사를 밝혔다. 결국, 이러한 중·소 양당의 긴밀한 정치적 협력이 바탕이 되어 57년 10월 15일 중국과 소련은 핵 기술 제공을 주요 내용으로 하는 「국방 신기술협정」(國防新技術協定)을 체결하게 된 것이다. 이처럼 1956~57년 기간 중·소 동맹 관계는 최고 밀월의 시기를 보내고 있었다.88)

무엇보다 북한 문제와 관련하여, 북한의 내부정치에 중·소가 공동 개입하여 일시적으로나마 '반(反) 김일성 세력'을 복권시킬 수 있었던 것은 중국의 역할이 지대했기 때문이다. 그러나 1956년 상황하에서 김일성은 당시 중국지도부의 대내외 정책을 결코 흔쾌히 받아들일 수 없었다.89) 더욱이 조선

우리에게는 문제가 되지 않는다. 그러나 북한에는 매우 민감한 문제이다."라고 언급했었다. 「Record of Conversation between Polish Delegation and Chinese communist politburo member Liu Shaoqi, Moscow, 29 November 1960」, Source: Sygnatura XI A15, AAN, KC PZPR, Warsaw; obtained by Douglas Selvage; translated by Malgorzata Gnoinska. "Polish Documents on Polish-Chinese Relations, 1957-1964," Compiled by James G. Hershberg (GWU) for the GWCW Conference on New East-Central European Evidence on the Cold War in Asia, Budapest (October 30 to November 1, 2003).

87) Chen Jian, *Mao's China and the Cold War* (Chapel Hill & London: University of North Carolina, 2001), Chapter 6; 沈志華, "1956年10月危機: 中國的角色和影響," 『歷史研究』, 第2期(2005年), 이 논문은 홍콩 中文大學「中國研究服務中心」 웹 페이지에 전재되었다. http://www.usc.cuhk.edu.hk/webmanager/wkfiles/4108_1_paper.doc

88) 沈志華, "試論中蘇同盟破裂的內在原因"; 沈志華, 『蘇聯專家在中國』, pp.271-276. 선즈화의 이 저서는 구소련과 중국의 외교문서(Archive)를 바탕으로 중·소 동맹의 실질적 내용에 관해 매우 상세히 분석한, 이 분야 최고의 역작으로 평가된다.

89) 1956년 9월 7일, 평양을 방문한 호자(Hoxha)는 당시 중국과 북한의 관계에 상당한 긴장감이 조성되어 있다는 것을 쉽게 느낄 수 있었다고 회고했다. Balazs Szalontai, "1956: A Challenge to Kim Il-sung," p.10.

로동당 내 역학구도에서 김일성 세력은 압도적으로 강하여 당 중앙위원회를 완전 장악하고 있었다. 따라서 마오쩌둥이나 흐루시초프가 '기대'했던 일은 일어나지 않았다. 펑더화이와 미코얀은 김일성 축출 계획을 단념하고, 8월 전원회의에서 처벌당한 인사들의 '복권' 문제만을 다루는 선으로 후퇴했던 것이다.[90] 김일성파는 56년 12월부터 약 5개월 동안 당증 교환사업을 진행해 반대파 300여 명을 출당시켰다. 57년 반대파들은 '종파분자'로 낙인찍히고, 김두봉·박창옥은 직위해제 되었다. 또한, 반대파들이 김일성을 제거하고 당 중앙위원회 위원장으로 추대하려 했던 최창익은 체포됐다.[91]

이 사건을 계기로 북한 정치 무대에서 연안계는 사실상 거의 제거된다. 1948년 이후 9년 만에 최고인민회의 선거가 실시되어, 명목상 국가원수에 해당하는 상임위원장이 김두봉에서 최용건으로 교체되었다. 이는 무엇보다도 최창익 등 연안계 숙청에 기인한 것이었다. 이로써 북조선임시인민위원회 수립 당시 위원장(김일성)-부위원장(김두봉), 북조선로동당 창립 당시 위원장(김두봉)-부위원장(김일성)이라는 '분담 체제'가 붕괴한다. 이후 북한 정치의 역학구도는 1972년 헌법 개정과 동시에 김일성이 국가주석과 당 총비서를 겸임할 때까지 실력자(김일성)-명목상 대표(최용건) 체제가 유지되기는 하였으나, 이는 어디까지나 '만주파' 체제였다.[92] 중·북 양자 관계의 측면에서 볼 때 '8월 종파사건'은 중국의 대북 인적 채널이 소멸되는 결과만을 가져왔던 것이다.

'8월 종파사건'에 대한 중국의 개입이 실패했다는 사실은 동아시아 '혁명 리더'로서의 중국의 '지도'(指導)(49년 중·소의 합의)가 실효성이 없음을 말해 주는 것이기도 하다. 결국, 1957년 11월 모스크바 회의에 참석한 마오는 김일성에게 '8월 종파사건' 개입에 대해 '유감'(북한 측 표현은 '사과')을 표명했다. 그러면서도 마오는 '반대파'들에 대한 관용을 제안하였다.[93] 그러나

---

90) 서동만, 『북조선 사회주의 체제 성립사』, p.565.

91) 정창현, 『인물로 본 북한현대사』, pp.222-228; 조선로동당 중앙위원회 당력사연구소, 『조선로동당략사』, pp.439-450.

92) 서동만, 『북조선 사회주의 체제 성립사』, pp.586-588.

김일성은 중국으로 망명한 연안계 인사의 북한으로의 송환 요구와 동시에, 북한에 주둔하는 중국인민지원군의 철수 문제를 '돌연' 제기했다.[94] 당시 마오는 김일성의 중국인민지원군 철수 요구를 즉각 수용했다. 그러나 귀국 후 김일성에 대한 극도의 불만을 표시하였다. 모스크바 회의에서 귀국한 직후 11월 30일 마오는 중국주재 소련대사에게 김일성이 임레 나지(1956년 헝가리 사태 시 반소노선을 걸었던 헝가리의 수상)의 길로 들어설 수 있으며, 김은 '배신자'이며 이승만과 공모할 수 있다고까지 말했다.[95]

한편, 모스크바 회의에서 돌아온 김일성은 1957년 12월 5~6일 조선로동당 중앙위원회 확대 전원회의를 통해 "정치에서의 자주"를 천명하였다. 또한, 종파투쟁에 대한 관용을 제의한 중국 측 입장에 대해 김일성은 "그들은 긴 투쟁과정을 거치면서 이 단계를 이미 지났기 때문에 쉽게 '관용'을 말할 수 있지만 우리는 그렇게 장기간 투쟁을 할 수 없으며, '결정적으로' 행동해야 한다."라고 비판하고 당 노선이 정당했음을 '그들'(중·소)이 과오를 인정한 점을 들어 강조하였다. 더 나아가 '필요하다면' 종파와의 투쟁을 '1년 더' 진행하게 할 것을 주장했다.[96]

1957년 11월 모스크바 회의에서 인민지원군 철수에 관해 마오쩌둥과 담

---

93) 1956년 9월 전원회의에 직접 개입한 당사자인 펑더화이도 김일성을 찾아가 6·25전쟁 기간과 56년 9월에 있었던 자신의 행위에 대해 유감을 표명하였다. 정창현, 『인물로 본 북한현대사』, pp.231-233; 백준기, "정전 후 1950년대 북한의 정치변동과 권력재편," p.257.

94) Chen Jian, "Limits of the 'Lips and Teeth' Alliance: An Historical Review of Chinese-North Korean Relations," Woodrow Wilson International Center for Scholars: *Asia Program Special Report,* No.115(September 2003), p.6.

95) 이러한 마오의 발언 내용은 1960년 6월 16일 당시 북한주재 소련대사 푸자노프가 흐루시초프의 지시로 김일성을 만나 '57년 11월 30일 마오가 중국주재 소련대사에게 한 발언'에 대해 알려주면서 드러나게 된다. 푸자노프는 자신의 비망록을 통해 이러한 사실을 공개하였다. 정창현은 소련이 4년이 지난 시점에서 김일성에게 마오의 발언 내용을 흘린 것은 당시 급속도로 밀착되던 중·북 사이를 이간시키려는 소련의 의도가 작용했을 가능성이 큰 것으로 보고 있다. 정창현, 『인물로 본 북한현대사』, p.233.

96) 백준기, "정전 후 1950년대 북한의 정치변동과 권력재편," p.262.

판을 벌이고 돌아온 김일성은 두 차례(12월 16일과 25일)에 걸쳐 마오에게 서신을 보내 인민지원군 철수 문제를 공식화시킨다. 이에 마오는 1958년 1월 24일 김일성에게 「중국인민지원군 철수 문제」에 관한 서신을 보내 대외적으로 어떻게 공포할 것인지에 대한 구체적 방법을 건의한다.[97] 이 건의에 따라 1958년 2월 김일성은 중국과 인민지원군 완전철수 문제를 진지하게 협의할 것을 지시하면서 지원군 철수를 반드시 정전협정의 요구대로 진행하며 이와 관련한 시찰과 감독을 중립국 감독위원회를 통해 진행해야 한다는 원칙을 강조했다.[98] 1958년 2월 5일 북한은 모든 외국군대의 철수 및 평화통일을 제안하고, 2월 7일 중국과 북한은 공동성명을 통해 북한정부와 인민지원군 철수에 관해 협상을 진행할 것임을 공포하였다.[99]

그러나 마오와 김일성 양자 모두 이러한 상호 불신이 지속되는 것을 원치 않았다. 마오의 처지에서는 당시 이미 서서히 내연하고 있었던 중·소 분쟁에 대한 대응이 필요했고, 그러한 사회주의 국제체제의 급격한 변동과정에서 북한의 전략적 가치가 새롭게 부각될 수 있는 상황이었다. 한편, 김일성으로서는 6·25전쟁 이후 북한 군사안보 정책 수립에서 가장 긴요한 과제 중의 하나인 북한 '중력의 중심부'(the center of gravity)의 외연을 확장하여 전략적 취약성을 극복해 나가야 했다.[100] 다시 말해 북한은 중국, 소련과의 군사동맹조약을 통해 한·미·일 3각 동맹체제에 대칭될 수 있는 북한동맹체제의 형성이 무엇보다 필요한 관건적 과제일 수밖에 없었다. 다만, 이제까지는 그것을 추진할만한 국내정치적 기반이 마련되지 않았을 뿐이었다.

---

97) 毛澤東, "關於中國人民志願軍撤出朝鮮問題," 中共中央文獻研究室 編, 『毛澤東文集(第七卷)』(北京: 人民出版社, 1999), pp.340-341.

98) 이는 김일성종합대학 박철 교수가 언급한 내용이다. "北, 50년대 중국군-주한미군 철수 연계," 『연합뉴스』, 2005년 5월 27일.

99) "中國政府同朝鮮政府磋商撤出志願軍的聲明," 劉金質·楊淮生 主編, 『中國對朝鮮和韓國政策文件匯編 3』, p.921.

100) 강성학, "북한의 안보정책 및 군사전략," pp.77-101.

2. 의사소통 채널의 복구와 관계 재조정

1) 「중·조 수뇌 방문 협정」

김일성의 입장에 볼 때, 중국인민지원군 철수는 이제 중국과의 사이에 대등한 관계의 토대가 마련되었다는 의미가 있었다. 중국군의 철수는 6·25전쟁 중 만들어진 조·중 연합군 체제에 종지부를 찍음과 동시에, 군내에 남아 있던 연안계 군인들의 숙청을 둘러싸고 중국 측 반응을 의식하지 않아도 되는 조건을 만들어 냈다. 실제로 김일성은 58년 초부터 인민군 총정치국에 대한 중앙당 집중지도에 착수하고, '반혁명적 무장폭동 사건'을 꾸며 장평산, 김웅, 최인 등 연안계 군인을 체포하였다. 또한, 김일성을 중심으로 한 항일무장투쟁 이외에 여타 계열의 민족해방투쟁 경험이 정치적 역학관계에 반영되는 것을 근본적으로 차단했다.[101] 이러한 군내 숙청 작업은 59년 말 사실상 종료되었다. 이제 북한 당·정·군 내에서 김일성에 대항하거나 견제할 만한 정치 세력은 일소되었고, 권력 분배나 교체를 위한 '당내 경쟁' 가능성마저 사려져 북한 정치에서의 정치적 역동성은 소실된다. 명실상부한 김일성의 '일원적 지도' 체제가 견고히 형성된 것이다.[102]

이로써 지금까지 중·북한 관계를 규정해 왔던 '프롤레타리아 국제주의'(사실상의 지도-피지도 관계)가 한계성을 노정시킴과 동시에, 국가 대 국가 관계의 새로운 관계 규범의 정립 필요성이 더욱 커지게 된다. 이는 물론 북한 내부의 정치적 역학 구도에서 김일성의 '일원적 지도' 체제가 사실상 확립되었다는 사실이 가장 크게 작용한 것이다. 이제 중국은 김일성 '개인'을 통제함으로써 북한의 행보를 유인해야 하는 과제를 안게 된 것이다. 여기에서 가장 시급한 문제 중의 하나가 김일성과의 외교적 의사소통 채널의 복구였다.

중국은 1958년 2월 14~21일 저우언라이 총리의 방북을 통해 이를 시도한

101) 서동만, 『북조선 사회주의체제 성립사』, pp.767-820; 김용현, "1960년대 북한체제의 위기와 군사화의 대두," 경남대학교 북한대학원 엮음, 『북한현대사 1』, pp.433-439.
102) 백준기, "정전 후 1950년대 북한의 정치변동과 권력재편," p.265.

다.[103] 마오쩌둥은 2월 14일 중공중앙 상무위원들과 북한 방문 방침을 협의하고 중국정부 대표단을 구성하였다.[104] 저우(周) 방북의 주된 목적은 인민지원군 철수에 따라 기존의 조·중 연합체계를 종식하고 새로운 양국 외교관계의 규범을 정립하는 것이었다. 이는 우선 중국정부대표단의 구성에 잘 반영되고 있다. 중국 대표단 내에 인민지원군 철수 문제를 협의할 목적으로 인민해방군 총참모장 쑤위(粟裕)가 포함되어 있지만, 주요 구성원은 주로 외교담당 인사였다.[105] 이는 북한과 외교관계를 수립한 이후 저우언라이 총리의 최초 북한 방문이며, 중국 정부대표단이 외교담당 인사로 구성되어 북한에 파견된 것도 유례가 없는 일이었다.

저우(周)는 방북을 통해 1958년 말까지 인민지원군 완전 철수에 합의하고,[106] 양국 간 외교적 의사소통 채널을 복구시켰다. 이것이 「중·조 간 수뇌방문에 관한 협정」이다. 동 협정의 핵심은 양국의 공동 관심사를 '상호 협의·통보'하는 것으로 알려져 있다.[107] 동 협정의 존재 가능성을 처음으로 제기한 학자는 오진용이다. 그에 따르면, "중국과 북한 양국 수뇌(정상)들은 연 1회 정기 수뇌회담과, 필요시에는 수시로 갖는 수뇌회담을 통해서 양국이 직면한 문제를 협의·결정하며, 공동 대응해 나간다."라는 것이다. 또한, 이 협정을 근거로 마오쩌둥·저우언라이와 김일성은 '양국이 직면한 크고 작은 문제'들을 서로 긴밀하게 협의해서 결정하는 체제를 만들어 나갔다는 것이다.[108] 중·북 양국 지도부는 이러한 '상호 통보' 제도를 바탕으로 아주 작은

---

103) 劉金質·楊淮生 主編, 『中國對朝鮮和韓國政策文件匯編 3』, pp.927-948.

104) 中共中央文獻研究室 編, 『周恩來年譜 (中)』, p.127.

105) 대표단 주요 구성원은 국무원 총리 저우언라이, 국무원 부총리 겸 외교부장 천이(陳毅), 외교부 부부장 장원텐(張聞天), 북한주재 중국 대사 챠오샤오광(喬曉光)이었다. 劉金質·楊淮生 主編, 『中國對朝鮮和韓國政策文件匯編 3』, p.943.

106) "中華人民共和國政府和朝鮮民主主義人民共和國政府聯合聲明(2月19日)," 劉金質·楊淮生 主編, 『中國對朝鮮和韓國政策文件匯編 3』, pp.942-948.

107) 전직 중국외교관과의 인터뷰.

108) 오진용, 『김일성시대의 중소와 남북한』(서울: 나남, 2004), pp.26-27. 다만, 오진용은 동 협정이 1956년에 체결되었다고 보고 있다. 또한, 마오쩌둥과 김일성 사이에 직접 체결되었다고 주장한다. 그러나 북한 관련 업무를 주로 담당해 왔던 전직 중국외교

세세한 일까지 서로 협의하고자 빈번한 상호 왕래가 있었다.[109] 사실상 중국은 이러한 사전협의 과정을 통해 김일성의 북한을 '관리'할 수 있는 기반을 조성하였고, 북한으로서도 번거로운 절차 없이 마오(毛)와 저우(周)에 직접 접근해서 필요한 문제를 해결할 수 있었다. 따라서 중국에서 북한 문제는 아무리 작은 일이라도 마오와 저우가 직접 처리했고, 그 후에는 덩샤오핑(鄧小平)이 직접 주관하였다.[110] 북한도 중국과 관련된 사안은 거의 모두 김일성이 직접 처리했다.[111]

이와 같은 「중·조 수뇌방문 협정」의 존재는 1982년 4월 북한을 방문한 덩샤오핑(鄧小平)과 후야오방(胡耀邦)을 위해 마련한 환영 만찬에서 양국 지도자가 발언한 내용을 통해서도 확인할 수 있다.

> 김일성: 양국의 지도자는 무엇인가 협의해야 할 문제가 있을 때에는 정식 또는 내부적 형식에 의해 상호 왕래하고, 항상 접촉, 협의하여 공동의 행동을 취해 왔다. 이는 매우 좋은 전통으로 금후로도 계속 행해 가겠다.
> 후야오방: 과거에 등소평은 우리 양국의 지도자는 항상 회담해야 하며 협의해야 할 여하한 문제에 대해서도 김일성 동지를 만나지 않으면 안 된다고 말했다.[112]

북한 관련 업무를 주로 담당한 바 있는 전직 중국외교관은 중·북한 지도부가 말하는 "과거 지도자들이 만든 정치적 전통"이란, 다름 아닌 고위급

관에 의하면, 1956년 중·북 양국 간에 상당한 긴장감이 조성되어 있었던 정황적 근거로 보아 당시 동 협정이 체결되었을 가능성은 희박하다고 보고 있다. 또한, 그는 그와 같은 협정은 정부 간의 공식적 외교 사안인 만큼 마오쩌둥이 직접 협정 당사자일 가능성도 없다고 언급하였다. 실제 마오는 평생 단 한 번도 북한을 방문한 적이 없다. 또한, 1956년 김일성이 중국을 방문한 흔적은 발견되지 않고 있다.

109) Wang Jingde, "North Korean Leader Pays 39th China Visit," *Beijing Review,* Vol.34, No.41(October 1991), p.7.

110) 오진용, 『김일성시대의 중소와 남북한』, p.28.

111) 허문영, 『북한외교정책 결정구도와 과정: 김일성 시대와 김정일 시대의 비교』(서울: 민족통일연구원, 1998).

112) 외무부, 『韓·中國, 北韓·中國關係 主要 資料集』(執務資料 90-54, 1990.4), p.242.

정치지도자의 상호 방문을 통한 '상호 협의 및 통보제도'를 가리켜 말한다고 했다.[113] 결국 '상호 협의 및 통보제'는 서로의 행위를 상호 '제한'하는 동맹의 '관리 수단'(tool of management)을 규정한 것으로 볼 수 있다. 다시 논의하겠지만, '상호 협의 및 통보제'는 61년 7월「조·중 조약」에 규정되어 법적으로 보장된다.

한편, 북한은 이러한「중·조 수뇌방문 협정」에 대한 대가로 내정불간섭을 요구했을 것이다. 이는 1971년 7월 미·중 화해를 위해 비밀 방중한 키신저 미 국가안보보좌관에게 저우언라이 총리가 한 발언 속에서도 확인할 수 있다. 저우(周)는 "우리는 1958년에 조선반도에서 군대를 자발적으로 철수시켰다. 그에 대해 당신들은 '중국군대가 압록강 바로 너머에 있으며, 언제든지 쉽게 되돌아올 수 있다'고 말하고 있다. 그러나 우리는 압록강을 쉽게 넘을 수 없다. 그렇게 하는 것은 내정간섭이다. 우리와 북조선 사이에는 이에 관한 협정이 체결돼 있으며, 우리는 그 협정에서 그 점을 인정하고 있다. 그 협정에는 두 가지 내용이 포함돼 있으며, 하나는 모든 외국군대는 다른 나라에서 철수해야 하며, 모든 인민들은 외부의 간섭을 받지 않고 자신들의 문제를 결정할 권리가 있다는 것이다."라고 언급했다.[114]

이상의 논의를 통해 볼 때, 중국인민지원군 철수에 대해 중국은「중·조 수뇌방문 협정」 체결을 통해 '상호 협의 및 통보'의 의무를 북한에 요구했고, 북한은 중국의 내정불간섭을 요구했을 것이다. 그런데 이는 중국의 대북관계 설정이 과거의 하이어라키한 질서로부터 탈피한다는 의미가 있는 것이

---

113) 전직 중국외교관과의 인터뷰. 1982년 9월 김일성의 방중 연설에서도 이 점을 발견할 수 있다. 그는 "조중(朝中) 두 나라 당과 전부 지도자들이 자주 래왕하면서 서로 의견을 나누며 단결을 강화하여 공동으로 투쟁해 나가는 것은 일찍이 모택동 동지와 주은래 동지가 생존해 있을 때부터 우리들 사이에 이루어진 훌륭한 전통입니다."라고 언급했다. 김일성, "김일성의 답사"(김일성 방중 관련 연설문, 1982년 9월 16일), 외무부,『중국·북한 관계 주요 자료집(성명문, 연설문, 축전, 신문사설 등)』(외무부 집무자료, 1990.2), p.246.

114)「Memorandum of Conversation(Memcon), Kissinger and Zhou, 9 July 1971」, http://www.gwu.edu/~nsarchiv/NSAEBB/NSAEBB66/ch-34.pdf, p.35.

다. 그러나 그렇다고 해서 '프롤레타리아 국제주의'의 원칙을 포기할 수도 없었다. '프롤레타리아 국제주의'는 사회주의 국제관계를 규정하는 기본 원칙이었기 때문이다. 그렇다면, 중국은 이러한 딜레마를 어떻게 해결하려 했을까? 결론부터 말하면, 중국은 '국제주의'의 개념을 재정의함으로써 양자관계를 조정했다.

2) '평화공존 5원칙' 을 통한 관계 재조정

방북 기간 중 저우언라이의 각종 언급 내용이나 중·북 공동성명에 종전과는 다른 특이한 점이 있다면, "소련을 정점으로 하는 사회주의 진영의 단결"을 반복적으로 강조하였다는 점과 '평화공존 5원칙'이 중·북 외교문서상에 최초로 언급되었다는 것이다. 1958년 2월 15일 김일성 주최 연회석상에서의 저우언라이 연설과, 2월 19일 중화인민공화국 국무원 총리(周恩來)와 조선민주주의인민공화국 내각수상(김일성)의 명의로 정식 서명한 양국정부 공동성명에 다음과 같은 문구가 포함되어 있다.

> "중국과 북한 간에는 위대한 우의가 존재한다. 이는 양국이 순치상의(脣齒相依)의 인접국이기 때문만이 아니라, 더욱 중요한 것은 우리 모두 공산주의의 숭고한 이상이 있기 때문이며 소련을 정점으로 한 사회주의 대가정의 성원이기 때문이다. 이러한 위대한 국제주의 우의가 바로 모든 사회주의 국가 간 상호관계의 공통된 특징이다.…중·조 양국은 여러 형제 국가와의 밀접한 협력과 상호방문을 통해 소련을 정점으로 하는 사회주의 진영의 단결을 부단히 강화해 왔다. 이러한 단결은 작년 11월 모스크바 세계 공산당 및 노동당 대회와 그곳에서 발표된 2개의 중요한 선언을 통해 새로운 단계로 발전하였다."[115]

> "국제사무에서 양국은 또한 긴밀히 협력하며 상호 지지한다. 양국 간에 이러한 우호협력 관계는 평화공존 5원칙에 부합하는 것일 뿐 아니라, 마르크스·레닌주의의 민족 평등과 프롤레타리아 국제주의 원칙에 기초한다."[116]

---

115) "周恩來總理在金日成首相爲歡迎中國政府代表團擧行的國宴上的講話," 劉金質·楊淮生 主編, 『中國對朝鮮和韓國政策文件匯編 3』, p.933.

그렇다면, 왜 당시 시점에서 저우언라이는 이러한 언급을 한 것인가? 57년 11월 모스크바 회의의 의미는 무엇이고, 중국과 북한 간 외교문서상에 최초로 등장한 '평화공존 5원칙'이라는 용어에 내포된 전략적 의미는 무엇인가? 이러한 물음에 대한 해답은 1954년 제네바 극동평화회담에서부터 시작되는 중국 외교의 전체적 '맥락' 속에서 유추해 볼 수 있다.

6·25전쟁 이후 동아시아에 있어 중국 대외정책의 가장 시급한 당면과제는 한반도와 관련해서는 정전 협정을 공고화하는 것이었으며, 인도차이나와 관련해서는 중국으로부터 군사적 지원을 받는 월맹과 프랑스 간 전쟁을 평화적으로 해결함으로써 동남아로부터의 '안보 위협'을 차단하는 것이었다. 중국은 이러한 기본적인 전략적 이해를 바탕으로 1954년 4월 26일~7월 21일까지의 제네바 극동평화회담에 임했다. 저우언라이는 애초 한반도 문제에 대해서는 어떤 합의도 이루어지지 않을 것으로 확신하고 있었다. 이것이 바로 회담에 임하는 저우의 자세였으며, 중국을 떠나기에 앞서 중국공산당 중앙위원회에 미리 제출한 비망록에서 이와 같은 견해를 밝힌 바 있었다.[117] 따라서 저우가 성과를 기대했던 부분은 5월 8일부터 시작된 인도차이나 반도 문제였다. 인도차이나에 대한 중국의 가장 중요한 전략 목표는 물러나는 프랑스를 대신해 미국이 군사적으로 이 지역에 개입하는 것을 저지하는 데 있었다. 특히 프랑스가 패배한 뒤 라오스와 캄보디아에서 활동하고 있는 월맹 무장 세력을 빌미로 미국이 남베트남을 지원할지 모른다는 우려가 커졌

---

116) "中華人民共和國政府和朝鮮民主主義人民共和國政府聯合聲明(2月19日)," 劉金質·楊淮生 主編, 『中國對朝鮮和韓國政策文件匯編 3』, p.943.

117) 바라바라 바르누앙·위창건, 유상철 옮김, 『저우언라이 평전』(서울: 베리타스북스, 2007), p.183. 제네바 한국평화회담(1954.4.26~6.15)에 임하는 중국의 입장이 '휴전체제'라는 '현상'(status quo)을 변경하려 했던 것이 아니라 회담 결렬을 통해 현상을 유지하고자 했으며, 이를 통해 아시아 문제에서 미국과 경쟁하는 세력균형의 한 축으로서의 자국의 역할을 국제사회에 인식시키려 했다는 주장에 대해서는 권오중, "제네바 한국평화회담(1954)의 진행, 결과 그리고 의미," 『통일정책연구』, 14권 2호(2005), pp.153-180. 권오중은 자신의 주장에 대한 근거로 공산진영이 "자유진영 내에서 논란이 되었던 총선의 지역적인 문제나 외국군 철수문제가 아닌 한국문제에서 UN의 역할에 대한 시비에 매달렸던" 사실을 제시하고 있다.

다. 이러한 전략 목표 달성을 위해 저우언라이는 베트남 공산주의자들과의 불화에도 불구하고, 라오스·캄보디아에서의 월맹 무장 세력 철수와 양국가의 독립('중립화')에 동의하였으며, 북베트남으로 하여금 북위 17도 선에 의한 베트남 분할 제안을 받아들이도록 만들었다.[118]

그러나 제네바 회담에서 추구하고자 했던 중국의 의도는 궁극적으로는 실현되지 못했다. 공산주의 국가를 에워싸고 있는 국가들과의 동맹 강화를 통해 중국을 봉쇄하려는 미국의 행보를 저지할 수 없었던 것이다. 중국의 웨이궈칭(韋國清) 장군의 지휘하에 중국 포병의 지원을 받은 월맹 군대가 1954년 5월 디엔비엔푸(Dien Bien Phu) 도시를 점령하자,[119] 이에 자극을 받은 미국은 아시아 집단안보체제 구축에 박차를 가해 9월 8일 마닐라에서 동남아시아조약기구(SEATO)를 발족시켰으며, 12월 2일에는 대만과 상호방위조약을 체결함으로써 반공(反共) 포위망을 더욱 공고히 했다.[120]

이러한 미국의 대중 봉쇄망 구축에 대해 중국은 주변 비동맹 국가와의 우호관계 강화로 대응해 나간다. 다시 말해 주변 제3세계 비동맹 국가에 대한 접근을 통해 중국과 '제국주의' 간에 소위 '평화 중립지대'(和平中立地區)라는 전략적 완충지대를 만들어 가고자 했던 것이다.[121] 그런데 주변 제3세계 비동맹 국가와의 우호관계 강화를 위해서는 사회체제가 서로 다른 국가 간 관계를 규율하는 규범이 필요하였고, 이를 위해 바로 '평화공존 5원칙'에 의존한 것이다.[122] 이처럼 '평화공존 5원칙'은 기본적으로 이데올로기보다

---

118) Michael R. Chambers, *Explaining China's Alliances*, pp.65-78. 북베트남 총리이자 제네바 회담 베트남 수석대표였던 팜 반둥은 "저우언라이가 우리를 기만해 왔다."라고 중국에 대한 불만을 토로하였다고 한다.

119) Qiang Zhai, *China & the Vietnam Wars*, pp.43-64.

120) 전후 미국의 중국정책에 대해서는 A. Doak Barnett, *A New US Policy toward China* (Washington, D.C.: Brookings Institute, 1972), pp.4-14.

121) Michael R. Chambers, *Explaining China's Alliances*, pp.69-70; 中華人民共和國外交部·中共中央文獻研究室, 『周恩來外交文選』(北京: 中央文獻出版社, 1990), pp.163-167.

122) 원래 '평화공존 5원칙'(영토주권의 상호존중, 상호 불가침, 상호 내정불간섭, 평등호혜, 평화공존)은 1953년 12월 31일 티베트와 인도와의 관계를 토의하고자 방중한 인도정부대표단 접견 시 저우언라이 총리가 최초로 언급한 용어이다. 그런데 이 용

는 지정학적인 전략적 고려에 근거해 있었다.

1954년 5월 말 제네바 회의가 라오스·캄보디아 문제로 교착 상태에 빠져 회담은 6월 말부터 3주 동안 휴회에 들어갔다. 이 기회를 이용해 저우언라이는 인도(6.25~28일)와 미얀마(6.28~29일)를 방문하여 네루(Nehru) 인도총리, 유 누(U Nu) 미얀마 총리와 인도차이나 문제 및 국제정세를 주제로 의견을 교환했다. 여기에서 저우언라이는 "중국은 평화공존 5원칙에 따라 주변국과의 관계를 유지할 것이며, 아시아와 세계 여타 국가와의 관계에서도 이 원칙이 적용되어야 함"을 강조하였고, 양국과의 공동성명에 '평화공존 5원칙'이 포함되었다.[123)]

이러한 저우언라이의 대주변국 '포용' 노력이 절정에 달한 것은 1955년 4월 18~24일 인도네시아 반둥에서 개최된 제1차 아시아·아프리카 회의(29개 비동맹 수뇌회의)를 통해서이다. 저우는 중국대표단이 반둥에 온 것은 '구동존이'(求同存異)를 위해서라고 선언했다. 이는 '평화공존 5원칙'의 기초가 되는 전략이다. 저우는 이와 같은 '평화공존 5원칙'에 대한 공약(commitment)을 재확인함과 더불어 주변국과 국경협상을 진행할 용의도 있음을 천명하였다. 특히 그는 타국의 내부 사안에 간섭하거나 그들의 정부를 전복할 의도가 없음을 재보장(reassurance)하였다.[124)]

이처럼 애초 중국은 '평화공존 5원칙'을 지정학적인 전략적 고려에 따라 사회제도가 서로 다른 주변 비동맹 국가에 대한 '포용' 수단으로 활용했다. 그러나 중국은 점차 이 원칙을 사회주의 국가 간 관계에도 확대·적용시키고자 한다. 여기에는 1956년 흐루시초프의 스탈린 비판으로 야기된 동유럽 소요사태가 결정적인 작용을 하였다.[125)]

어는 1954년 4월 29일 중국과 인도 간에 체결된 「중국 티베트 지역과 인도 간의 통상 및 교통에 관한 협정」을 통해 외교문서상에 최초로 등장한다. 中華人民共和國外交部·中共中央文獻硏究室, 『周恩來外交文選』, p.63; 宋恩繁·黎家松 主編, 『中華人民共和國外交大事記 (第1卷)』(北京: 世界知識出版社, 1997), p.131, 135.

123) 宋恩繁·黎家松 主編, 『中華人民共和國外交大事記 (第1卷)』, pp.148-149, 328, 330.

124) 바라바라 바르누앙·위창건, 『저우언라이 평전』, p.190; Michael R. Chambers, *Explaining China's Alliances,* pp.71-72.

1956년 10월 폴란드·헝가리 '위기'는 소련을 외교적으로 곤혹한 상황에 빠지게 하였다. 사회주의 진영의 동요는 소련의 국가안보에 대한 위협으로 작용할 수 있었다. 더욱이 흐루시초프를 중심으로 한 혁신세력과 몰로토프를 중심으로 한 보수 세력 간의 노선상의 견해 차이로 야기된 당내 분열은 사태처리를 더욱 어렵게 만들었다. 결국, 모스크바는 베이징의 정치적 지지와 지원이 필요하였다.[126] 일반적으로 이 '10월 위기'의 해결 과정에서 중·소의 의견대립이 부각된 것처럼 보고 있지만,[127] 당시 소련지도부와 중국지도부는 문제해결 과정에서 긴밀히 협의하였고, 실질적 상호 협조와 정치적 지지가 있었다. 이는 '동맹외교'의 가장 기본적인 상호 의무였다. 비록 중국공산당은 소련공산당의 대응 방식에 대해 다른 견해를 가지고 있었고 소련공산당도 중국의 '권고'를 흔쾌히는 수용할 수 없었다고 하더라도, 그러한 양당의 견해차이가 국가관계에 영향을 미치지는 않았다. 의견대립이 내연(內燃)하고 있었다는 점과, 그것이 국가 간 갈등으로 드러났다는 것은 구분할 필요가 있다. 당제관계가 국가 관계에 영향을 주지 않는 이상, 동맹은 유지될 수 있었던 것이었다. 앞에서도 언급한 바와 같이, 중국은 1954년 제네바 회담 이래 소련의 대외정책과 유사한 평화공존 노선을 추구하고 있었다. 흐루시초프가 동유럽 사태의 사후 수습을 위해 저우언라이를 초청한 것도 당시 양국 관계가 최고 밀월의 시기였기 때문에 가능한 것이었다.

스탈린 비판에 대해 마오쩌둥과 흐루시초프는 기본 노선에는 정합성을 보였다. 실제로 당시 마오쩌둥이 강조했던 것은 그동안의 스탈린 개인숭배 풍조는 각국 공산당에 일종의 '덮개'(蓋子)를 씌워놓은 것과도 같은 것이었으며, 흐루시초프가 스탈린의 그러한 잘못을 폭로한 덕분에 "우리는 모든

---

125) 葉自成, 『新中國外交思想: 毛澤東·周恩來·鄧小平外交思想比較硏究』(北京: 北京大學出版社, 2001), pp.119-121.

126) 沈志華, "1956年10月危機: 中國的角色和影響," pp.3-8; 드미트리 안토노비치 볼코고노프, 김일환 외 옮김, 『크렘린의 수령들(상)』(서울: 한송, 1996), pp.451-465.

127) Chen Jian, *Mao's China and the Cold War* (Chapel Hill & London: University of North Carolina, 2001), Chapter 6; 바라바라 바르누앙·위창건, 『저우언라이 평전』, pp.239-242.

문제를 철저히 토론할 수 있게 되었다."라는 것이었다. 다만, 중국지도부가 소련 측에 문제를 제기한 것은 스탈린 비판 '방식'이었다. 즉 흐루시초프의 스탈린 비판이 편파적이며, 비타협적인 '대국 쇼비니즘'의 방식으로 진행된다는 것이었다. 이는 스탈린 비판이 정당한 것이기는 하나, 비판의 방식이 잘못될 경우 사회주의 진영의 단결을 약화시킬 수 있다는 것이었다. 스탈린의 잘못을 "한 권의 책으로도 쓸 수 있으나," 스탈린을 완전히 부정하는 데서 오는 파장은 사회주의 진영의 단결을 저해할 수 있다는 것이었다.[128]

이러한 배경하에 중국지도부는 기본적으로 2가지 원칙을 가지고 동유럽 소요사태 수습에 임했다. 하나는 사회주의 국가 간 관계 규범은 독립 평등의 원칙이라는 점을 강조하여 소련공산당의 '대국주의적' 행위방식을 일소시킨다는 것이었으며, 다른 하나는 소련과 동유럽 관계를 회복시킴으로써 사회주의 진영의 단결을 공고히 하고 사회주의 동맹을 이탈하려는 일체의 행위를 배격한다는 것이었다. 이러한 2가지 원칙은 폴란드 사태와 헝가리 위기에 대한 중국의 대응 방식에 잘 반영되고 있다. 중국은 폴란드에 대한 소련의 군사적 개입에 반대하였으나, 헝가리 위기에 대해서는 평화적 해결을 모색한 소련의 초기 대응을 '투항주의자'의 태도라 비난하면서 단호한 무력개입을 주장하였다. 왜냐하면, 폴란드가 반대한 것은 소련의 '대국주의'였지만, 헝가리가 반대한 것은 '사회주의' 자체였기 때문이다.[129]

흐루시초프의 요청으로 저우언라이 총리는 1957년 1월 7일~2월 5일 중국공산당 군사위원회 부주석 허룽(賀龍) 장군과 외교부 부부장 왕자샹(王稼祥), 소련주재 중국 대사 류샤오(劉曉) 등과 함께 모스크바를 방문하여 소련지도

---

128) 이는 1957년 5월 2일, 10월 29일 마오쩌둥이 중국주재 소련대사 유딘에게 언급한 내용이다. 沈志華, "1956年10月危機: 中國的角色和影響," p.8.

129) 沈志華, "1956年10月危機: 中國的角色和影響," p.28. 이러한 중국지도부의 상황인식은 프랑스 대혁명에 대한 정벌을 주장한 에드먼드 버크의 '보수주의'를 연상시킨다. Jennifer M. Welsh, *Edmund Burke and International Relations: The Commonwealth of Europe and the Crusade against the French Revolution* (London: St. Marin's Press, 1995).

부와 세 차례의 회담을 갖고 폴란드·헝가리 사태 처리 문제를 논의하였다.[130] 모스크바에서 저우언라이는 폴란드에 대해 군사적 압력을 행사한 소련의 태도를 비판하면서, 사회주의 국가 간의 관계에서 얻을 수 있는 교훈은 국가 평등의 원칙이라고 강조했다. 또한, 그는 '진정한 토론과 우호적 협상'의 필요성과 함께 사회주의 국가 간의 관계를 규율하는 원칙으로서 '평화공존 5원칙'을 채택할 것을 주장했다. 그러면서도 저우는 "소련을 정점으로 하는 사회주의 진영의 단결"이 중요함을 역설하였다. 중국대표단은 1월 11~16일 폴란드 방문을 통해, "공산주의라는 대의를 위해 소련이 기울인 공헌을 강조하였으며, 소련과 일부 국가 간 불평등 문제는 2차적인 것이고 우선은 사회주의 국가 간 단결을 도모하는 것이 중요"하다고 역설한다.

특히 '적'들로 하여금 공산주의 운동에서 발생한 잘못을 이용하게 해서는 안 된다고 강조한다. 또한, 저우언라이는 "우리는 대외적으로 평화공존을 쟁취하고자 한다. 그렇다고 약하게 보일 수는 없는 것"이고 천명하였다.[131] 그리고 "사회주의 국가 간 상호 관계는 프롤레타리아 국제주의와, 주권 존중, 상호 내정불간섭, 평등호혜의 원칙에 기초해야 한다"는 공동성명을 발표한다.[132] 1월 16~17일 헝가리 방문을 통해서도 저우언라이는 헝가리 신정부가 사회주의 진영의 단결과 바르샤바 조약의 응집력을 손상시키지 않는 한 중국은 지원을 아끼지 않을 것을 약속한다고 말하고, 사회주의 국가들은 평등의 정신 아래 협상을 토대로 문제를 해결해야 한다고 설명했다.[133]

이는 기존의 '프롤레타리아 국제주의' 개념에 실질적 변화를 도모해야 한다는 의미였다. 다시 말해 기존의 사회주의 국가 간에 있었던 잘못(지도와 피지도, 영도와 피영도)을 수정하여, 평등과 협상을 토대로 "형제적 상호 원조와 협력"을 통해 사회주의 진영의 단결을 도모한다는 것이다.[134] 기존의

130) 中共中央文獻硏究室 編, 『周恩來年譜 (中)』, pp.4-15.
131) 中共中央文獻硏究室 編, 『周恩來年譜 (中)』, p.8.
132) 中共中央文獻硏究室 編, 『周恩來年譜 (中)』, p.10.
133) 바라바라 바르누앙·위창건, 『저우언라이 평전』, p.190; 中共中央文獻硏究室 編, 『周恩來年譜 (中)』, p.11.

사회주의 국가 간 관계에서는 소련(스탈린)이 국제정세를 일방적으로 정의(definition)하고, 소련의 '지도'하에 '형제적 협조'라는 이름으로 여타 공산국가가 '복종'하는—혹은 '묵인'하는—사실상의 '위계적 구도'(hierarchy structure)가 작동한 측면이 있었던 것이다. '평화공존 5원칙'을 사회주의 국가 간에도 적용한다는 저우언라이의 구상은 바로 그러한 위계적 구도를 '아나키적 구도'(anarchic structure)로 변화시킨다는 것으로, 이는 사회주의 국가 간 관계도 강대국의 일방주의('대국 쇼비니즘')에 의해서가 아니라 국가안보 이익의 조정(coordination)에 의한 상호작용이 작동되어야 한다는 것을 의미하는 것이었다.

저우언라이의 대외관계의 기본적 구상은 사회체제가 상이한 국가 간 관계(주로 제3세계 국가 관계)의 원칙으로 '평화공존 5원칙'을 적용하고, 사회주의 국가 간 관계는 이러한 '평화공존 5원칙'과 더불어 '형제적 상호 원조'를 첨가시킨다는 것이다. 이는 당제관계가 국가 관계에 영향을 미치지 않으면서 진영의 단결을 도모한다는 것이었다.[135] 1월 10일 흐루시초프와의 회담에서 저우언라이는 "당내(黨內)의 시비(是非) 문제와 당외(黨外)의 적아(敵我) 문제는 분리해야만 한다. 당내에서는 다수가 단결하여 소수의 잘못된 경향을 반대하는 것이다. 당내 문제의 해결은 주로 형제당 자신들에게 맡겨야 한다"고 언급하고 있다.[136] 이는 당제관계에서 오는 견해차이가 국가관계에 영향을 미치지 않도록 하여 사회주의 진영의 단결을 통해 공동의 안보위협에 대응해야 한다는 점을 강조한 것이다.

결과적으로 보면, 동유럽 소요 사태 해결 과정에서 애초 중국지도부가 의도한 2가지 목표는 실제로 실현되었다. 이로써 부인할 수 없는 하나의 객관적 사실이 조성된다. 그것은 국제공산주의 운동에서 중국의 정치력이 이제

---

134) 中共中央文獻硏究室 編, 『周恩來年譜 (中)』, p.11.

135) 물론 사회주의 국가 간 관계가 평등을 기초로 대화와 타협을 통한 조정(coordination)의 과정으로 실제 작동될 수 있는가 하는 점은 또 다른 문제이다. 이 점은 다시 후술할 것이다.

136) 中共中央文獻硏究室 編, 『周恩來年譜 (中)』, p.6.

는 유럽으로까지 확대되었다는 점이다.137) 1949년 중국은 '아시아혁명 리더'로서의 지위를 소련으로부터 '부여' 받았지만, 이제는 '세계혁명 리더'로서의 역할을 소련과 공유할 수 있는 환경을 조성해 나가는 계기를 마련한 것이다. 채 10여 년의 세월이 지나기도 전에 중국의 국제적 지위가 그만큼 높아진 것이다.

마오쩌둥은 56년 10월 '폴란드·헝가리 위기'와 그 사태 수습 해결과정에서 보여준 중국의 영향력을 기반으로 하여 '아시아 혁명리더'로서가 아니라, 소련과 함께 '세계 혁명리더'로서의 정치적 위상을 높여 나갔다. 이것의 결정판이 1957년 11월 모스크바 회의이다.138) 그러나 이 회의를 통해 마오가 보여주려고 한 것은 베이징은 이미 세계혁명 과업 수행에서 모스크바와 대등한 지도국의 반열에 올라 있다는 '객관적 사실'이지, 양국 간의 이견이나 분열을 시현시키고자 했던 것은 결코 아니었다.139) 마오는 57년 11월 18일 대표자 연설을 통해 현 국제정세는 "동풍이 서풍을 제압"(東風壓制西風)하여

---

137) Chen Jian, *Mao's China and the Cold War,* pp.161-162.

138) 마오는 이 방문을 마지막으로 소련을 더는 방문하지 않았다.

139) 吳冷西, 『十年論戰 (上)』, pp.135-138. 당시 중국은 '평화공존 및 평화적 이행' 문제에 관해 소련과는 다른 견해를 가지고 있었던 것이 사실이다. 소련의 입장은 제20차 소련공산당 대회 보고에서 천명한 바와 같이, '평화적 이행' 가능성이 점차 증가하고 있으며 프롤레타리아 계급은 무장 투쟁 없이도 의회 투쟁을 통해 정권을 탈취할 수 있다는 것이었다. 이에 대해 중국은 자산계급이 무력을 사용하는 경우에 무력으로 자위(武裝自衛)함으로써 정권을 탈취해야 한다는 입장이었다. 그러나 이 문제를 가지고 흐루시초프와 논쟁을 벌이지는 않았다. 왜냐하면, 당시 국제공산주의 운동은 반소·반공(反蘇·反共)이라는 세계적 분위기에 직면해 있었고, 어떻게 공산주의와 소련의 위신을 유지·보호하는가의 문제가 더욱 중요한 문제였기 때문이다. 당시 중공대표단은 '평화공존' 문제에 대해 공개적 논평을 하지 않았다. 당시 분위기는 영국·프랑스·이탈리아·폴란드 공산당 모두 소련공산당 20차 대회의 노선을 지지하고 있었다. 이에 중공대표단은 중·소 양당의 명의로 제출된 「모스크바선언」 초안이 최종적으로 통과되게 하는 것이 중요함으로 20차 당대회의 원칙을 포함시키기로 한다. 이에 흐루시초프는 흔쾌히 동의하였다. 마오쩌둥은 다만 중국 측의 의견을 「평화적 이행 문제에 관한 의견 제강(關於和平過渡問題的意見提綱)」이라는 비망록 형태로 소련에 전달함으로써, 중국 측의 유보적 태도를 표시하였다.

사회주의 세력에게 우세한 국제형세가 조성되었음을 역설한다. 특히 마오는 국제공산주의 운동에는 "하나의 중심만이 있어야 한다는 점을 다 같이 인정해야 한다. 그 중심은 바로 소련, 즉 소련공산당 중앙이다."라고 언급하고 있다. 그는 공산주의 운동은 반드시 하나의 중심 아래 모여야 하고, 사회주의 진영에는 하나의 우두머리가 있어야 한다는 것은 공산당이 따르는 원칙이라는 점을 들어 동유럽 각국 공산당 지도자를 설득함으로써, 소련을 정점으로 하는 사회주의 국가 간 단결의 중요성을 부단히 강조했다.[140] 그러면서도 마오는 '단결'을 위해서는 사회주의 국제관계를 규율하는 새로운 '규범'의 필요성을 동시에 강조했다.

11월 19일 마오는 흐루시초프에게 이번 회의에서 소련이 평등한 자세로 임하는 데 대해 기쁨을 표시하면서, "과거에 형제당(兄弟黨)이라고 했는데, 그것은 말에 지나지 않았다. 실제로는 부자(父子) 관계였고 고양이와 쥐(猫鼠)의 관계였다… 이번 모스크바 회의에서는 귀측이 과거 형제당에 대해 행했던 그러한 불평등한 태도를 바꾸어 평등한 자세로 공동 협의하니 좋은 일이다. 앞으로도 이런 관계가 유지될 수 있기를 바란다."라고 언급했다. 흐루시초프도 과거 소련공산당과 여타 '형제당'의 관계에 정상적이지 못한 부분이 많았음을 인정하였다.[141] 마오는 폴란드 공산당 제1서기 고물카(Gomulka)와의 회담에서도, "형제당 간에 협의하여 의견 일치를 보고, 모든 당의 의견이 일치되면 비로소 결의를 할 수 있는 것이지, 소수가 다수에 복종하는 방법을 채택할 수는 없다."라고 말했다. 이에 고물카가 "너무 민주적이지 않는가"라고 묻자, 마오는 "바로 민주(民主)가 필요한 것이다."라고 응대하고, "공동선언이 도출되었다고 하더라도 거기에서 확정된 원칙을 어떻게 실현하는가 하는 문제는 각국의 당이 완전히 독립 자주적으로 자기 민족의 특성과 상황에 따라 서로 다른 정책을 추진할 수 있다."고 강조한다.[142]

---

140) 毛澤東, "在莫斯科共産黨和工人黨代表會議上的講話," 中共中央文獻研究室 編, 『毛澤東文集(第七卷)』, pp.321-333. 이는 저우언라이가 1957년 1월 폴란드를 방문하여 당 지도부를 설득했던 논리와도 같다. 바라바라 바르누앙·위창건, pp.242-243.

141) 吳冷西, 『十年論戰 (上)』, pp.100-101.

이러한 중국대표단의 이니셔티브에 의해 1957년 모스크바 회의는 사회주의 국가 간 상호 관계를 규율하는 새로운 '규범'에 대해 각국 공산당이 완전한 의견 일치를 보인 최초의 세계 공산당회의가 되었다. 이는 국제공산주의 운동 역사에서 유례가 없는 일이었다.[143] 그 규범이란 다름 아닌 사회주의 국제관계에도 '평화공존 5원칙'이 적용되며, 그를 통해 '민주적 협상'의 원칙으로 진영의 '단결'을 도모하자는 것이다. 이는 기존의 '프롤레타리아 국제주의'의 규범이 '민주'와 '집중' 중에서 후자에 방점을 두었다면, 새로운 '국제주의'는 '민주'와 '집중'이 서로 결합할 수 있어야 함을 의미하는 것이었다.[144]

이처럼 중국은 1956년 말로부터 시작하여 1957년 말에 이르는 시점에 사회주의 국제관계를 규율하는 새로운 중국적 '규범'을 세계에 적용시키려 하고 있었던 것이다. 그 '규범'의 핵심은 — 저우가 57년 1월 헝가리를 방문하여 강조하였던 것처럼 — 사회주의 국가들도 '평화공존 5원칙'에 기초하여 평등의 정신 아래 협상을 토대로 문제를 해결해야 하고, 사회주의 자체를 반대하여 진영의 단결과 응집력을 손상시키는 행위를 하지 않는 한 '형제적' 지원을 아끼지 말아야 한다는 새로운 '프롤레타리아 국제주의'였던 것이다. 바로 저우언라이의 58월 2월의 방북도 이러한 중국식 '규범'의 확대·적용 과정 중의 일환이었던 것이다.[145] 중국지도부는 북한의 정치적 노선을 이해

142) 吳冷西, 『十年論戰 (上)』, p.104.

143) 북한은 이러한 의의를 가진 57년 모스크바 회의를 예로 들면서, 문화대혁명 당시 스스로의 모순에 빠진 중국의 행위를 비난한다.

144) 吳冷西, 『十年論戰 (上)』, p.141. 이 내용은 인민일보 편집장이자 신화사 사장을 역임한 우렁시(吳冷西)가 중·소관계를 회고하면서 내린 평가이다. 우렁시는 마오쩌둥의 고문 역할을 하였으며, 정치국 회의에도 수시로 참석하였다. 우렁시에 대해서는 Dong Wang, "The Quarrelling Brothers: New Chinese Archives and a Reappraisal of the Sino-Soviet Split, 1959-1962," *CWIHP Working Paper,* No.49, p.11.

145) 1958년 2월 19일 저우는 북한 제2기 최고인민회의 2차회의에서의 연설을 통해 "세계 사회주의 국가는 헝가리 사태에서 유익한 교훈을 도출하여 내부를 공고히 하고 상호 간의 단결을 더욱 진일보하게 강화시켰다."라고 언급하고 있다. "周恩來總理在朝鮮第二屆最高人民會議第二次會議上的講話(2月19日)," 劉金質·楊淮生 主編, 『中國對

하고 그동안의 정치적 갈등관계를 청산하여 새로운 외교적 규범을 중·북 관계에도 적용할 필요성을 인식하고 있었던 것으로 보인다.[146)]

제2절 중·소 분쟁과 마오쩌둥의 대북한 동맹구상

1. 중·소 양국관계의 분열상과 마오쩌둥의 '전략적 사고'

1) 마오의 대미 '내적 균형'에 대한 집착과 제2차 '대만해협 위기'

1957년 11월 모스크바 회의 이후, 마오쩌둥의 대미 전략은 '내적 균형'(internal balancing)과 '외적 균형'(external balancing)을 동시에 추구하는 것이었다.[147)] 즉 마오는 '미 제국주의'에 대항하려면 자체 국가역량의 취약성을 급진적 속도로 극복해 나가야 하며, 이와 동시에 사회주의 진영의 '단결'을 도모함으로써 미국으로부터의 위협을 억지해야 궁극적으로 세계 공산혁명을 확장시켜 나갈 수 있다는 것이었다.

1957년 11월 모스크바 회의를 통해 마오는 국제공산주의 운동에서 중국은 이미 소련과 '대등한' 정치적 지위를 확보했음을 실감하였다. 회의 기간

朝鮮和韓國政策文件匯編 3』, p.936.

146) 앞에서 이미 지적한 바와 같이, 마오쩌둥은 모스크바 회의에서 귀국한 직후 중국주재 소련대사 유딘에게 김일성이 임레 나지의 길로 들어설 수 있으며, 김은 '배신자'이며 이승만과 공모할 수 있다고까지 말했다. 정창현, 『인물로 본 북한현대사』, p.233. 저우언라이는 방북 이후 2월 23일 중난하이(中南海) 이녠당(頤年堂)에서 중공중앙위원 및 후보위원 70여 명이 참석한 가운데 방북 결과를 보고 하였다. 이 자리에서 저우는 "이번에 방북한 것은 주로 북측의 성과를 보려는 것이었으며, 2월 19일 최고인민회의에서 자신이 조선은 제국주의에 반대하며 사회주의와 국제주의 방침을 신봉하고, 수정주의에 반대하는 국가라고 언급했다."라고 보고하였다. 中共中央文獻研究室 編, 『周恩來年譜 (中)』, p.130; 劉樹發 主編, 『陳毅年譜 (下)』(北京: 人民出版社, 1995), p.735.

147) '내적 균형'과 '외적 균형'의 개념에 관해서는 Kenneth N. Waltz, *Theory of International Politics,* pp.163-170.

중 마오는 1957년 8월 소련의 대륙간 탄도미사일의 성공적 실험과 10월 인공위성(Sputnik)의 성공적 발사를 예로 들며, 현 국제정세가 "동풍이 서풍을 제압"하는 형세가 조성되었음을 강조하였으며, 이와 더불어 15년 내 미국을 따라잡겠다는 소련의 계획에 대해 중국은 동 기간 내에 영국을 따라잡겠다고 선언한다.[148] 이러한 마오의 구호는 1958년 5월 중국공산당 제8차 대회 2차 회의에서 7년 내 영국을 따라잡고 8년 내 미국을 따라잡는다는 목표로 더욱 급진적으로 변화한다.[149] 마오로서는 이미 사회주의 진영에 유리한 국제정세가 형성되었고 중국이 세계혁명 과업의 일임을 담당하고 있는 이상, 사회주의 건설의 속도를 보다 제고시킬 수 있는 '중국적' 경제건설 모델을 시현시켜 보일 필요가 있었던 것이다. 마오는 이미 1950년대 초·중반 시기부터 미국에 대한 중국의 낙후성을 언급해 왔으며, 그것의 주요한 원인으로 공업화의 취약성을 지적하며 철강 생산에서 미국과의 격차를 축소시킬 필요성을 부단히 강조해 왔다. 결국, 마오의 이러한 대미 '내적 균형'에 대한 절박감이 '대약진 운동'을 본격적으로 추동시킨 원인으로 작용한다.[150]

그런데 문제는 경제 건설 속도를 높이려면 그에 상응하는 대중 동원이 필요했다는 것이다. 이러한 마오의 동기가 바로 제2차 '대만해협 위기'를 촉발시킨 것이다. 1958년 8월 23일 중국인민해방군(PLA)은 진먼·마쭈(金門·馬祖)에 대한 폭격을 개시한다. 냉전전문가인 재미 중국학자 천젠(陳兼)은 제2차 대만해협 위기를 '조장'한 마오쩌둥의 동기는 "대만이 중국 영토의 일부분임을 국제사회에 각인시키려 했다는 측면도 있지만, 더욱 중요한 것은 대약진에 상응하는 전국적 군중 동원의 분위기를 조성하기 위한 것"이라고 평가하고 있다.[151]

---

148) 毛澤東, "在莫斯科共産黨和工人黨代表會議上的講話," 中共中央文獻研究室 編, 『毛澤東文集(第七卷)』, pp.321-333.

149) 陳兼, "革命與危機的年代," 楊奎松 主編, 『冷戰時期的中國對外關係』(北京: 北京大學出版社, 2006), p.92.

150) Yang Kuisong, "Changes in Mao Zedong's Attitude toward the Indochina War, 1949-1973," *CWIHP Working Paper,* No.34(February 2002), p.11.

151) Chen Jian, *Mao's China & the Cold War,* pp.72-78; 陳兼, "革命與危機的年代," p.97.

그러나 '대만해협 위기'는 소련지도부의 대중국 신뢰성을 급격히 저하시켰다. 물론 중국의 대만해협 폭격 사실은 소련지도부에게는 그리 놀랄 일은 아니었다. 소련도 중국의 통일야망에 대해 알고 있었기 때문이다. 제1차 대만해협 위기(1954년 9월) 시 소련지도부는 중·소 동맹에 따라 전폭적인 중국 지지의사를 표출하였었다. 그러나 크렘린 지도부를 놀라게 한 것은 폭격의 시기, 과정, 목적에 대해 중국지도부의 사전 설명이 전혀 없었다는 사실이었다. 그것도 1958년 7월 31일로 예정된 흐루시초프의 중국 방문 이전에 이미 대만 폭격에 대한 준비가 완료된 상태에서도 사전 통보가 없었던 것이다. 1958년 8월 흐루시초프와의 회담에서 마오는 "대만공격 여부는 중국의 국내 문제이며, 소련이 간여할 사항이 아니다."라고 말했다. 그러나 흐루시초프는 중국의 '국제적' 긴장조성으로 말미암은 소련의 '연루'(entrapment) 가능성을 심각하게 우려하고 있었다. 무엇보다 소련지도부는 마오의 행위가 사회주의 진영의 행동 규범 — 그것도 마오 스스로 강조한 — 을 위반했다는 점에서 소연방에 대한 하나의 도전으로 인식하였다.[152)]

한편, 마오의 대만해협 위기 '조장'은 대내 군중동원의 목적 이외에도 소련의 '연루'우려를 자극하여 중·소 동맹조약의 유효성과 소련의 대중 공약을 확인하려는 목적도 아울러 내재하고 있었다. 1958년 8월 흐루시초프와의 회담 직후 마오의 발언("나는 그에게 대만공격 여부는 중국의 국내문제라고

이는 위기 발발 2주 후인 9월 5일 저우언라이가 소련측에 대만해협 위기와 관련한 중국의 목표를 열거한 데에서도 잘 반영되고 있다. 저우언라이는 소련 외교부장 그로미코(Gromyko)가 사태 파악을 위해 베이징에 파견되기 전날 소련 외교관 수다리코프(Sudarikov)를 만나 중국은 대미 외교의 교착, 장제스(蔣介石)와 덜레스의 분열 조장, 미국의 동맹국들에 대한 경고를 염두에 두고 있었다고 말한다. 동시에 저우는 인민의 전투정신 제고, 전쟁에 대한 두려움 해소, 미 제국주의와 그들의 오만한 외교에 대한 경각심 증대를 목표로 하였다고 밝힌다. 또한, 저우는 중국은 진먼·마쭈, 특히 대만에 상륙할 의도가 없다고 말했다. Vladislav Zubok and Cnstantine Pleshakov, *Inside the Kremlin's Cold War: From Stalin to Khrushchev* (Cambridge, M.A.: Harvard University Press, 1996), pp.224-225.

152) 沈志華, "試論中蘇同盟破裂的內在原因"; Vladislav Zubok and Cnstantine Pleshakov, *Inside the Kremlin's Cold War,* pp.221-222.

말했다. 그가 간여할 사항이 아니라고 말했다… 그들은 미국과 관계개선을 원하고 있다. 좋다. 그러면 우리는 그것을 총으로 축하해 줄 것이다… 또한 미국이 개입하게 만들자… 아마 우리는 미국이 복건성에 핵을 투하하도록 할 수도 있다… 그때 흐루시초프가 무어라 말하는지 보자.") 속에서 대만해협 위기의 성격을 이해할 수 있을 것이다.[153)]

그런데 흐루시초프는 58년 9월 27일 중국지도부에 급전을 보내, "중국이 공격받을 시 소련이 방관자로 남아있을 것이라는 환상을 적대국들에 심어주어서는 안 되며, 이는 사회주의 전체진영에 심각한 재난을 초래할 것"이라고 말했다. 또한, 소련은 중국에 대한 핵개발 지원도 계속하였다.[154)] 이는 마치 월츠(Waltz)가 지적한 바와 같이 "위기의 순간에는 상대적으로 힘이 약한 국가나 더 모험적인 국가가 자기진영의 정책을 결정하는 경우가 많으며, 자신은 모험을 원치는 않지만 진영의 상대적 약소국의 모험을 지원하지 않음으로써 나타나게 될 동맹의 와해를 외부에 알릴 여유조차 없기" 때문이었다.[155)]

2) 중·소 내홍(內訌) 속 마오의 '전략적 사고'

중·소 분쟁과 관련하여 흥미로운 하나의 사실은 일반적으로 인식됐던 것과는 달리, 중·소 양당 간 이념논쟁이 1959년 10월 국가 관계에 영향을 미치고 60년 4월 공개 논쟁으로 발전되어 급기야 61년 11월 소련공산당 제22차 대회를 통해 '돌아올 수 없는 지점'(turning point of no return)을 지날 때까지도, 마오쩌둥은 사회주의 진영에서의 소련의 리더십(領導權)을 유지

---

153) Vladislav Zubok and Cnstantine Pleshakov, *Inside the Kremlin's Cold War,* p.221.

154) *Ibid.* 중·소 양국은 1957년 10월 15일「신식무기 생산과 군사기술 장비 및 중국 원자력 공업 건설에 관한 협정(關於生産新式武器和軍事技術裝備以及在中國建立綜合性原子能工業的協定)」(약칭 新國防技術協定)을 체결한 데 이어, 1958년 9월 29일「중국 원자력 공업을 위한 소련의 기술원조 제공에 관한 보충 협정」(關於蘇聯爲中國原子能工業方面提供技術援助的補充協定, 약칭 核協定)을 체결하였다. 沈志華,『蘇聯專家在中國』, p.327.

155) Kenneth N. Waltz, *Theory of International Politics,* p.167.

시키고자 부단히 노력했다는 점이다. 이것은 마오가 중·소 양국은 적어도 미국이 '주적'(主敵)이라는 점에서는 인식을 함께 한다고 판단했기 때문이다. 즉 미국이 주적인 이상 "소련을 정점으로 한(以蘇聯爲首) 사회주의 진영의 단결"이 긴요하다는 것이었다. 사회주의 진영의 분열은 전략적으로 미국만을 유리하게 만드는 것이라 인식하고 있었다. 진영의 단결은 하나의 공공재(public goods)였던 것이다. 다시 말해, 이러한 인식은 중국과 소련 모두 '미 제국주의'라는 공동의 안보위협에 직면해 있는 이상, 양당 관계(黨際關係)의 견해 차이가 국가 관계의 안보적 상호협력에까지 영향을 미치게 해서는 안 된다는 '전략적 사고'에 기반을 둔 것이었다. 최근 새롭게 발굴된 중국 외교문서에 의하면, 실제 중국지도부는 50년대 말부터 미국의 중·소 간 '웨지 전략'(wedge strategy) 조장 가능성을 심각하게 우려하고 있었다.156)

그러나 문제는 흐루시초프의 대중 불신은 이미 1958년 8월 '대만해협 위기'를 계기로 완전히 고착되어 버렸다는 것이었고,157) 흐루시초프의 "(수정주의적 경향을) 올바른 방향으로 회귀시키려는" 마오의 전략적 '교육법'은 결국 무위로 돌아갔다는 것이다.158) 이러한 중·소 양당 간 내홍(內訌) 속에서 마오가 추구한 '전략적 접근법'은 향후 중·북 동맹관계를 설명하는 데 있어 상당한 함의를 내포하고 있다는 점에서, 그 과정을 비교적 자세히 개괄해 보기로 한다.

1959년 1월 초 흐루시초프는 동월 말로 예정된 소련공산당 제21차 대회에서 "사회주의 진영은 소련을 정점으로 하고 있고(以蘇聯爲首) 국제공산주의 운동은 소련공산당을 중심으로 하고(以蘇共爲中心) 있다."라는 공식(提法)을 취소할 것이라고 중공중앙에 통보한다. 이에 마오는 1월 24일 새벽 중공중앙 상무위원회 확대회의를 소집하고 저우언라이를 단장으로 하는 중공대표단을 소련에 파견한다. 다음날 수슬로프와의 회담에서 저우는 현재와 같

---

156) Dong Wang, "The Quarrelling Brothers," pp.1-81. 특히 p.5.
157) Vladislav Zubok and Cnstantine Pleshakov, *Inside the Kremlin's Cold War,* pp.217-229.
158) 여기에 직접 인용된 용어들은 다시 구체적으로 설명할 것이다.

은 강대한 사회주의 진영이 구축된 정세하에서 "소련을 정점으로 하고 소련공산당을 중심으로 한다"(以蘇聯爲首, 以蘇共爲中心)는 공식은 절대 취소되어서는 안 된다고 강조한다. 또한, 1957년 모스크바 선언은 합당한 것이며 응당 지속 유지되어야 한다고 역설하였다. 저우의 논리는 사회주의 진영의 단결만이 '제국주의'의 전쟁 음모를 억지할 수 있다는 것이었다. 모스크바에서 저우언라이는 소련공산당 제21차 당 대회 참석차 방문한 김일성, 호찌민과도 이 문제를 협의하고 의견의 일치를 보았다.159)

이러한 중국지도부의 노력에도 불구하고, 1959년 6월 20일 소련공산당은 "소련·미국·영국 간 핵무기 실험 금지를 위한 제네바 회담에 영향을 주지 않도록 국제적 긴장 국면을 완화시킬 (필요가 있으며), 이를 위해 핵무기 샘플 및 관련 기술 데이터를 중국에 제공하지 않기로" 결정했다는 서한을 중공중앙에 전달한다.160) 또한, 흐루시초프는 마오의 인민공사운동을 비판하기 시작한다. 1959년 7월 흐루시초프가 폴란드 집단농장 군중집회에서 발언한 인민공사 비판 내용이 7월 21일 『프라우다』에 전제되었다. 7월 28일 이러한 흐루시초프의 발언 내용이 마침 루산(廬山) 회의에서 대약진운동의 부작용으로 곤혹스런 상황에 처해 있던 마오에게 전해진다. 이것이 바로 마오가 국내적으로 '반우파 투쟁'을 전개한 국제적 배경이 된다. 1959년 8월 마오쩌둥은 「펑더화이 동지를 정점으로 한 반당집단의 과오에 대한 중국공산당 8기 8중전회 결의」와 「당의 총노선을 보위하고 우경 기회주의를 반대하기 위한 투쟁」이라는 결의를 통해 대약진운동을 비판한 펑더화이를 실각시켰다.161)

이러한 중·소 양당 간 불신은 1959년 8월 중·인도 국경 분쟁에 그대로 투영되었다. 9월 6일 중국외교부는 중국주재 소련대사에게 "중·인 국경분쟁은 인도가 도발한 것이며 중국은 이러한 충돌이 악화되지 않도록 진력할

---

159) 中共中央文獻硏究室 編, 『周恩來年譜 (中)』, pp.203-205.

160) 沈志華, 『蘇聯專家在中國』, p.338; 吳冷西, 『十年論戰 (上)』, p.206; Vladislav Zubok and Cnstantine Pleshakov, *Inside the Kremlin's Cold War,* p.228.

161) 沈志華, 『蘇聯專家在中國』, pp.352-353; 景杉 主編, 『中國共産黨大辭典』, p.114.

것"이라고 통보한다. 그러나 소련지도부는 9월 9일 중·인도 충돌에 대한 '유감' 의사를 타스 통신사를 통해 발표해 버린다. 당시 소련은 중국이 의도적으로 국제적 긴장을 조성하여 9월 예정된 흐루시초프와 아이젠하워의 회담을 더욱 복잡하게 만들려는 것으로 해석한 것이다.[162] 이에 저우언라이는 흐루시초프가 두 공산당 사이의 이념 분쟁을 국가와 국가 간 관계에까지 끌어들이고 있다고 강하게 비판한다.[163]

1959년 9월 30일 흐루시초프는 아이젠하워와 '캠프 데이비드'(Camp David) 회담을 마친 후 중국건국 10주년 기념행사 참석차 베이징을 방문한다. 그러나 10월 2일 마오와의 회담에서 흐루시초프는 1958년 대만해협 위기에 대해 '모험주의적 과오'를 범했다고 비판한다.[164] 또한, 중국과 인도 간 긴장고조 문제에 대해서도 흐루시초프는 중국군이 비동맹 운동의 리더이며 소련의 새로운.지정학적 동맹자로 부상하고 있는 네루를 패배시키는 것을 원치 않는다고 말했다. 소련은 중·인도 간에 '중재자' 역할을 시도했던 것이다. 그러나 중국은 이를 배신으로 받아들였다.[165] 흐루시초프가 서방과의 데탕트를 위해 중국을 "팔아버리고 있다"고 생각했던 것이다. 1960년 7월 14일 중·소 관계를 토의하기 위해 소집된 베이다이허(北戴河) 중공중앙공작회의에서 저우언라이는 "(59년 10월) 흐루시초프의 엉덩이는 이미 미국 쪽에 앉아 있었다. (그는) 미국을 가장 위험한 최대의 적으로 간주하지 않았다."라고 평가하였다.[166] 저우의 이런 발언은 중·소 간에는 이미 대외 위협인식에서 심각한 갭이 존재하고 있음을 강조한 것이었다.

그럼에도 불구하고 중국지도부는 여전히 진영의 분열은 원치 않았다. 소련지도부는 중국의 '모험주의적 행동'의 근본적 원인이 마오쩌둥의 개인숭

---

162) Chen Jian, *Mao's China & the Cold War,* pp.79-81; 陳兼, "革命與危機的年代," p.112.
163) 바르바라 바르누앙·위창건, 『저우언라이 평전』, p.244.
164) Chen Jian, *Mao's China & the Cold War,* pp.79-81.
165) Vladislav Zubok and Cnstantine Pleshakov, *Inside the Kremlin's Cold War,* pp.225-226; 드미트리 안토노비치 볼코고노프, 김일환 외 옮김, 『크렘린의 수령들(상)』, pp. 506-510.
166) 吳冷西, 『十年論戰 (上)』, p.332.

배에 기인한다고 판단하였다.[167] 따라서 마오가 이상(理想)으로 삼고 있는 인민공사운동에 대해 더욱 공개적 비판을 가하게 된다. 인민공사에 대한 부정은 마오에 대한 부정과 동의어였다. 흐루시초프는 1959년 12월 1일 헝가리 공산당대회에서 중공의 인민공사와 대약진운동을 공개적으로 비난한다. 그러나 마오는 12월 4~6일 항저우(杭州)에서 정치국 상무위원 회의를 소집하고, 중·소 관계는 '원칙상의 견고성을 유지하되, 책략 상의 융통성'을 가지고 처리한다는 방침을 정한다. 이는 당제관계에서는 이념적 순결성과 독립·자주성을 견지하면서 '수정주의'에 대한 비판을 통해 흐루시초프가 "올바른 방향으로" 회귀하도록 '교육' 시켜야 하지만, 그렇다고 이것이 국가관계에까지 영향을 주게 해서는 안 된다는 '신중한' 접근을 강조한 것이다.[168]

마오는 흐루시초프가 비록 "순수한 마르크스주의자는 아닐지라도, 그를 완전한 수정주의자라고 규정해서는 안 된다."라는 결론을 내린다. 다시 말해 "흐루시초프가 국제적으로 볼 때 여전히 사회주의 진영에 남아 있고, 중국의 (경제·군사적) 건설을 지원"하고 있는 이상 동맹관계는 유지되어야 한다는 점을 역설한 것이다. 따라서 소련을 정점으로 한 사회주의 진영의 단결을 지속적으로 강조할 필요가 있다는 것이다.[169] 중국의 자체 국가역량의 취약성을 고려할 때도 이러한 현실적(realistic) 접근은 필요한 것이었다. 실제로 중국지도부는 1959년 6월 소련으로부터 '핵 기술 관련 군사원조 불(不) 제공 의사'를 통보받았음에도, 1959년 9월 23일과 12월 29일, 1960년 1월 4일 관련 협정에 따라 원조를 제공할 것을 지속적으로 소련지도부에 요청하였다.[170]

3) 마오의 대소 '교육법'과 그 한계

1959년 12월의 마오 방침에 따라, 이제 중국공산당의 최대의 과제는 '수

---

167) 이는 1959년 12월 소련공산당 중앙서기처 서기 수슬로프가 소련공산당 중앙주석단에 제출한 보고서의 핵심내용이다. 沈志華, 『蘇聯專家在中國』, pp.375-377.

168) 여기에 인용된 부분은 마오가 직접 선택한 용어들이다.

169) 吳冷西, 『十年論戰 (上)』, pp.229-235.

170) 沈志華, 『蘇聯專家在中國』, p.340.

정주의'에 대한 비판을 통해 흐루시초프가 '올바른 방향으로 회귀'하도록 '교육'하는 것이었다. 물론 그를 직접적으로 거명하지 않는 '신중한' 방식으로 말이다. 1960년 4월 레닌 탄생 90주년을 즈음하여 중공중앙 상무위원회가 주관하는 당 이론 기관지인 『紅旗』와 중공중앙 기관지인 『人民日報』는 유고슬라비아의 '현대 수정주의'를 비판하는 3편의 논문을 게재한다.[171] 그런데 공교롭게도 동 논문들이 출간된 지 8일 만인 5월 1일, 미국의 U-2 정찰기가 소련영공에서 격추되는 사건이 발생한다. 이 사건 때문에 파리에게 개최 예정이었던 미·소·영·프 4개국 정상회의가 유산(流産)되었다.

매우 흥미로운 사실은, 바로 이 U-2 정찰기 사건에 대한 중국 측의 평가 대목이다. 중공지도부는 이 사건이 미국의 침략 본성이 변하지 않았음을 보여주는 것이라 평가하면서도, 무엇보다 흐루시초프가 미국의 소련영공 '침해'에 대해 강경하게 대응한 것은 바로 '수정주의'를 비판한 3편의 논문이 영향력을 발휘한 것으로 본 것이다. 다시 말해 중국공산당의 '교육'이 제대로 되고 있다고 생각한 것이다. 그런데 더욱 흥미로운 것은 마오쩌둥의 최종 평가이다. 5월 22일[172] 소집된 정치국 상무위원 회의에서 마오는 다음과 같이 언급하고 있다.

---

171) "列寧主義萬歲," 『紅旗』, 第8期(1960年), pp.1-29; "沿着偉大的列寧指導的道路前進", "在列寧的 革命旗幟下團結起來," 『人民日報』, 1960年 4月 22日. 이후 이 세 편의 논문은 "레닌주의 만세"라는 제하로 소책자로 편집되어 중국어, 영어, 러시아어, 독일어, 일본어, 프랑스어로 번역돼 공개 출판된다. 물론 소련지도부에게는 중국의 비판 타깃이 누구를 지목하는지 분명해 보였다. 결국 이러한 대소 '공개' 비판은 흐루시초프가 60년 7월 중국주재 소련전문가를 완전 철수시키는 데 결정적으로 작용한다. 7월 13일 소련공산당 중앙서기처 서기 수슬로프가 중앙전원회의에서 "(1960년 4월) 중공은 쌍방의 의견대립을 공개화시키지 않는다는 소련과의 약정을 위반"했다고 보고했다. 吳冷西, 『十年論戰 (上)』, pp.263-265; 沈志華, 『蘇聯專家在中國』, pp.377-380.

172) U-2 정찰기 사건 발생 직후 5월 4일 덩샤오핑(鄧小平)이 동 사건을 토의하기 위해 중앙서기처 회의를 주재하였다. 당시 마오쩌둥은 항저우(杭州)에 체류하고 있었고, 류샤오치는 서북·서남 시찰 중이었으며, 저우언라이는 동남아를 방문하고 있었기 때문에 정치국 회의를 소집할 수 없었다. 22일 이들 모두 항저우로 소집되어 정치국 상무위원 회의가 개최되었는데, 그 계기를 만든 것이 19일 김일성의 방중이었다. 이 점은 다시 후술할 것이다. 吳冷西, 『十年論戰 (上)』, p.266.

"우리들의 논문이 영향력을 미치고 있다. 그러나 흐루시초프와 같은 그런 사람에게 그 영향이 얼마나 큰지는 말하기 어렵다… 정면교육(正面教育)이 일정 정도 작용을 할 수 있으나, 한계가 있다… 그에게 비교적 크게 작용할 수 있는 것은 아이젠하워(Eisenhower)나 아데나워(Adenauer)와 같은 반면교사(反面教員)이다… 지난 2년간 상황으로 볼 때 흐루시초프는 중대한 문제에서 수정주의 경향을 보였다. 그렇지만, 모든 문제에서 철두철미한 수정주의자라고는 말할 수 없다. 그의 수정주의가 완전히 형성되었다고 말하기 쉽지 않다. 종합적으로 볼 때 그는 반(半) 수정주의자라고 말할 수는 있을 것이다."173)

결국 마오는 흐루시초프가 '진정한 마르크스·레닌주의자와 완전한 수정주의자' 사이에 놓인 과도기적 상황에 있다고 보고, 그를 '올바른 방향으로 회귀' 시키기 위해서는 '수정주의' 비판을 통한 '교육'도 필요하지만, 그에 못지않게 '미 제국주의 침략 본성'을 드러내게 할 수 있는 국제적 '긴장' 조성이 긴요함을 강조하고 있는 것이다.174) U-2기 사건 발생 이후 5월 말까지 중국 각지에서 5,300만 이상이 동원된 군중집회가 열렸다. 중국지도부는 "소련에 대한 침략과 도발은 중국에 대한 침략과 도발이며, 사회주의 진영 전체에 대한 도발"이라고 선언했다.175) 또한 마오는 7월 9일 흐루시초프에게 미국의 군산복합체에 대한 자체 평가보고서와 함께 "소련이 의존해야 하는 것은 미국이 아니라 바로 중국임"을 상기시키는 친필 서한을 보낸다.176)

그러나 마오가 기대했던 일은 일어나지 않았다. 소련지도부는 중국의 '지지'를 전혀 다르게 해석한 것이다. 흐루시초프는 마오가 막후에서 무언가 '문제'(trouble)를 조장하고 있다고 보았다. 6월 초 중국주재 소련대사관은 "마오가 자신의 반미주의는 절대적으로 옳은 것이며 소련의 대미 데탕트는 심대한 실수라고 말했다."라고 보고한다. 또한 "군중집회는 당과 인민들에

---

173) 吳冷西, 『十年論戰 (上)』, p.272. 우렁시(吳冷西)는 이때 처음으로 마오가 흐루시초프를 반(半) 수정주의자라고 명확히 말했다고 회고하고 있다.

174) 이는 향후 북한의 '모험주의적 행위'를 설명하는 데 있어 대단히 중요한 함의를 갖는다. 이 점은 다시 후술할 것이다.

175) Vladislav Zubok and Cnstantine Pleshakov, *Inside the Kremlin's Cold War,* p.233.

176) Dong Wang, "The Quarrelling Brothers," p.36.

게 국제적 사태발전이 중국지도부의 정세분석 평가와 일치한다는 것을 선전하기 위한 것이다. 중국지도부는 파리 정상회담이 유산(流産)된 이후 조성된 국제정세 악화를 이용해 소련의 외교정책을 직접적이고 공개적으로 반대하고 있다."라고 전한다.[177] 이로써 1960년 7월 16일 소련정부는 중국으로부터 모든 소비에트 전문가를 철수시키겠다고 통보해 버린다.[178] 소련정부의 서한이 도착한 것은 바로 중국공산당이 소련과의 관계를 재평가하고자 베이다이허(北戴河)에서 중앙공작회의(7.5~8.10일)를 개최하고 있던 시점이다. 중·소 양당 간 이념분쟁은 이처럼 결국에는 양국의 국가관계에 직접적 영향을 미치게 되었고, 중·소 동맹관계는 사실상 실질적 외적 기능이 소실되는 파경을 맞게 되었다. 8월 10일 회의를 종결하면서 마오는 다음과 같이 중국의 극도의 '방기' 우려를 여실히 드러내는 푸념 섞인 언급을 하고 있다.

> "중·소 관계 문제는 큰 것도 아니고 작은 것도 아니다. 하늘이 무너내리지는 않을 것이다. 또한, 걱정만 한없이 할 필요도 없다. (소련이 전문가를 철수시킨 것은) 설비를 주지 않고, 중국공산당을 교문(教門, 필자주: 사회주의 진영) 밖으로 쫓아내고, 중·소 우호 및 상호원조 동맹 조약이 바람에 날리고, 중국에 대해 군사적 위협을 가하고, 심지어 미국과 함께 우리를 공격하는, 극단적으로 말하면 뭐 그런 것일 뿐이다."[179]

마오는 이러한 극도의 방기 우려 속에서 한편으로는 여전히 "소련을 정점으로 한 사회주의 진영의 단결"을 지속적으로 강조하면서도, 다른 한편으로는 동아시아 사회주의 연대를 독자적으로 모색하기 위한 준비에 돌입했다.

---

177) Vladislav Zubok and Cnstantine Pleshakov, *Inside the Kremlin's Cold War,* p.233.
178) 沈志華, 『蘇聯專家在中國』, pp.381-384.
179) 吳冷西, 『十年論戰 (上)』, p.339.

2. 마오의 '독자노선' 준비, 그리고 김일성의 대중국 동맹형성 재시도

1) 마오의 베이징-평양-하노이 동맹 구상

마오(毛)가 뒤에서 무언가를 꾸미고 있을 것이라는 흐루시초프의 판단은 부분적으로는 정확한 것이었다. 당시 마오는 흐루시초프를 '반(半) 수정주의자'라고 평가했다. 그가 계급투쟁과 혁명 지원을 통해 진정한 마르크스·레닌주의자로 회귀할지, 아니면 서방과의 데탕트를 위해 진영의 이익을 '팔아넘기는' 완전한 수정주의자의 길로 접어들 것인지는 알 수 없는 상태였던 것이다. 따라서 상황 변화에 대한 대비책이 강구되어야 했다. 이를 위해 마오는 인도차이나 반도에 대한 혁명 지원 재개와 북한 및 베트남과의 군사적 연대를 통해 독자적인 '대미 균형' 전략을 준비했다. 즉 '평화공존'에 대한 '환상'을 버리고, '냉전공존'이라는 현실을 직시한 미국 위협에 대한 '균형'을 독자적으로 모색했던 것이다. 마오쩌둥은 1959년 10월 26일 오스트리아 공산당 총비서 샤키(Lance Louise Sharkey)와의 담화를 통해 평화공존은 이제 존재하지 않는다고 역설한다. 그는 "사회주의와 자본주의 간에 존재하는 것은 '냉전공존'이지 '평화공존'이 아니다."라고 선언한다. 물론 거기에는 세계(더 좁게는 동아시아, 특히 인도차이나와 한반도) 혁명과업의 중심이 이제는 중국에 있다는 점을 전제하고 있었다.[180]

1959년 이후 중·소 간에는 공동 위협인식의 갭이 두드러지게 나타났고, 이는 중국의 안보 우려를 더욱 가속화시켰다. 이러한 상황 인식은 마오쩌둥으로 하여금 1954년부터 '평화공존 5원칙'을 통해 추진한 주변 3세계 국가에 대한 '포용' 정책을 국경조약과 우호조약의 형태로 더욱 적극적으로 추진하게 만들었다.[181] 중국의 주변 3세계 비동맹 국가와의 우호관계 구축 노력

---

180) Yang Kuisong, "Changes in Mao Zedong's Attitude toward the Indochina War," p.19; 沈志華, "試論中蘇同盟破裂的內在原因."

181) 여기에는 중·미얀마 상호우호불가침조약(60.1), 중·네팔 평화우호조약(60.4), 중·아프카니스탄 상호우호불가침조약(60.8), 중·미얀마 국경조약(60.10), 중·캄보디아 상호우호불가침조약(60.12), 중·인니 우호조약(61.4), 중·네팔 국경조약(61.10), 중·몽

은 미국으로부터의 위협과, 언제라도 있을 줄 모르는 소련으로부터의 위협에 대비한 일종의 '울타리' 정비와도 같은 것이었다. 다시 말해 불리해지는 국제정세에 대비해 기존에 추진해 왔던 '평화중립지대'(和平中立地區)를 조약의 형태로 공고히 관리해 나간다는 복안이었다.[182)]

한편, 마오쩌둥은 1959년 말부터 인도차이나 반도에 대한 무력투쟁 지원을 '신중하게' 다시 시작하였다. 1959년 2월의 중국은 미국이 라오스에 군사고문단을 설치하겠다는 의사를 공포했었음도 이를 관망하고 있었다. 그런데 흐루시초프가 중국지도부와 설전을 벌이고 귀국하는 당일(10월 4일), 마오쩌둥은 라오스 인민당(Lao People's Party, LPP) 당수 카이손(Phomvihane Kaysone)을 비밀리에 만나 라오스 좌파연합 세력인 파테트라오(Pathet Lao) 군(軍)의 무력투쟁 재개 의사에 지지를 표명하고 장기 투쟁을 '조심스럽게' 추진하라고 충고한다. 마오는 흐루시초프에 대한 기대를 완전히 저버리지는 않은 상태였고, 또한 미국이 라오스에 조사단을 파견하여 중국과 베트남의 지원 물증을 찾고 있었던 터라 무력투쟁의 방식과 규모에 보다 신중을 기할 것을 주문했던 것이다.[183)]

특히, 마오쩌둥은 동아시아에 있어 미국의 직접적 위협에 노출되어 있는 베트남, 북한과는 군사동맹 조약 체결을 모색한다. 마오는 1960년 3월 20일 저우언라이에게 "만약 조선과 베트남이··· 군사원조 조항이 포함된 우호동맹 및 상호원조 조약을 체결하기를 원한다면, (그렇게) 할 수도 있다."라고 언급하면서, "나의 의견이 타당한지를 중앙회의에 상정하여 결정하라."라고

골 국경조약(62.12), 중·북한 국경협상(62.10~64.3), 중·파키스탄 국경협상(62.12) 중·파키스탄 국경조약(63.3), 중·아프카니스탄 국경조약(63.11) 등이 있다. Michael R. Chambers, *Explaining China's Alliances,* pp.71-72; 王泰平 主編, 『中華人民共和國外交史 1957-1969(第二卷)』(北京: 世界知識出版社, 1998), pp.94-105; 劉樹發 主編, 『陳毅年譜 (下)』, p.938; 中共中央文獻研究室 編, 『周恩來年譜 (中)』, pp.468, 481.

182) 저우언라이의 60년 4월 13일~5월 14일, 인도 및 동남아 4개국 순방 시 각종 언급 참조. 中共中央文獻研究室 編, 『周恩來年譜 (中)』, pp.303-319, 특히 317.

183) Yang Kuisong, "Changes in Mao Zedong's Attitude toward the Indochina War," pp.17-18; 中共中央文獻研究室 編, 『周恩來年譜 (中)』, pp.258-259.

지시했다. 이에 저우는 즉각 마오의 지시를 류사오치, 덩샤오핑, 펑전, 리부춘(李富春), 리센넨(李先念)에게 회람시키고, 그날 저녁 류사오치의 주재로 회의를 소집하여 이 문제를 토의하였다.[184)]

그런데 이와 같은 중국의 독자적인 '냉전공존' 구상에 호찌민과 김일성의 초기 반응에 차이가 드러났다는 점은 매우 흥미로운 사실이다. 호찌민과 김일성 모두 '사회주의 진영의 단결'을 강조하였지만, 두 사람의 대중(對中) 접근법은 분명히 달랐다. 호찌민은 중·소 이념대립에 있어 객관적 '중재자' 역할을 자임했다. 그러나 김일성의 반응은 이념적 대중 '편승'의 자세를 견지하면서 중국의 리더십을 옹호해 가면서도, 중·소 양국 간에 전략적 균형을 추구해간다.

2) 호찌민의 중립 포지션과 마오의 불만

당시 호찌민과 중국의 관계는 '고요 속의 긴장' 상태를 보이고 있었다. 앞서 지적한 바와 같이 1954년 제네바 회의에서 팜 반둥(Pam Van Dong)은 승리가 아니라 패배라고 해야 어울린 만한 협상 결과를 가지고 돌아왔다. 당시부터 중국은 인도차이나 반도의 분절화(fragmentation, Balkanization)를 통해 베트남의 지역 패권 추구를 선제적으로 방지하려는 의도를 가지고 있었다. 그러나 호찌민은 미국의 위협이 더욱 가시화되는 상황하에서는 중국의 지원이 절대적으로 필요하였다. 따라서 55~56년까지 마오쩌둥의 사회주의 개조 운동에 부응하여, 토지개혁을 통한 농업집단화를 추진하였으며 중국식 '백화제방, 백가쟁명'을 통해 지식인들의 자유를 보장하였다. 그러나 베트남에서 '마오 주의'의 실험은 참담한 결과만을 가져왔다. 농업집단화에 반발한 소농의 폭동으로 2,000명 정도가 살해되거나 추방되었고, 새로운 자유의 보장은 '지식인들의 반항'으로 나타났다. 따라서 하노이는 1957년부터 친소련적 경향을 보이기 시작했으며, 중국과 소련 양국의 경험을 똑같이 평

---

184) 中共中央文獻研究室 編, 『周恩來年譜 (中)』, p.295. 당시 마오는 항저우에 체류하고 있었다.

가했다. 1958년 마오가 대약진운동을 본격화했을 때, 호찌민은 즉시 자신은 중국지도자를 본보기로 삼을 생각이 없다는 사실을 전 세계 언론에 공표했다. 호찌민에게 있어서 더욱 큰 문제는 대내적 통치구조에서 오는 제약이었다. 즉 권력구조가 북한과는 달리 8~10명의 수뇌로 구성된 집단지도체제의 형태를 띠고 있었기 때문에, 중·소 어느 일방에 '편승'할 수가 없는 구조적 제약을 안고 있었던 것이다.[185)]

1960년 4월 중국지도부가 '현대 수정주의'를 비판하는 3편의 논문이 발표되어 중·소 이념논쟁이 공개적으로 시현된 이후 호찌민은 중립적 포지션을 견지하면서 중·소 양당 간 '중재' 역할을 자임하였다. 중국지도부의 '현대 수정주의' 비판에 대해 소련지도부는 2가지 '기습공격'을 단행했다. 하나는 6월 루마니아 공산당 3차 대회(Bucharest 회의)를 이용하여 알바니아를 제외한 대다수 동유럽 공산국가를 규합, 중국을 대대적으로 성토한 것이다. 다른 하나는 앞서 지적한 바와 같이 7월에 있은 중국주재 소련전문가의 완전 철수를 전격 통보해 버린 것이다.[186)] 부카레스트에서 흐루시초프와 펑전(彭眞)의 격렬한 설전과, 연이은 소련전문가의 중국 철수로 중·소 양당 간 이념 분쟁이 국가관계로까지 확전되는 상황을 지켜본 호찌민은 일종의 딜레마 상황에 봉착한다. 즉 그는 이러한 중·소 관계의 파열이 국제공산주의 운동을 약화시켜 베트남 통일을 위한 국제적 지원이 축소된다면 베트남에 대한 미국의 군사적 공격이 더욱 용이해지는 상황을 크게 우려한 것이다. 아마도 당시 세계 공산국가 중에서 중·소 간 이념분쟁이 완전한 국가관계의 파열로 연결되지 않도록 하는 데 있어 베트남만큼 큰 이해(stake)를 가지고 있었던 국가는 없었을 것이다. 부카레스트 회의 도중 호찌민은 흐루시초프에게 서한을 보내 제국주의자들이 사회주의 진영의 분열을 이용하는 빌미를 주어서는 안 되며, 현재 상황은 공산주의 대의(大義)에도 맞지 않는다고 주장한다.[187)]

---

185) Michael R. Chambers, *Explaining China's Alliances,* pp.65-78; 찰스 펜(Charles Fenn), 김기태 옮김, 『호치민 평전』(서울: 자인, 2001), pp.269-277; Qiang Zhai, *China & The Vietnam Wars,* pp.63-86.

186) Dong Wang, "The Quarrelling Brothers," pp.37-40.

그리고 그는 8월 7일 직접 베이다이허(北戴河)로 향한다. 앞에서 이미 설명한 바와 같이, 당시 중국지도부는 부카레스트 회의 이후 중·소 관계를 재점검하고자 7월 5일부터 베이다이허에서 중앙공작회의를 개최하고 있었고, 소련은 바로 이 회의 기간에 소련전문가의 완전 철수 서한을 중국에 기습적으로 전달했다. 호찌민은 이처럼 중·소 간 당제관계가 국가관계에까지 영향을 미치게 되는 사태의 심각성을 보고, 베이다이허로 행한 것이다. 회의 마지막 날인 8월 10일 호찌민은 마오를 접견했다. 그는 중·소 모두 '많은 편견과 상호 오해'가 있다고 평가하고 국제공산당 대회를 개최하여 타협할 것을 제안한다. 이에 대해 마오는 "당신의 의견은 대체로 좋다. (그러나) 완전히 좋다는 말은 아니다. 대체로 좋다는 것을 말한 것뿐이다. 당신들이 단결을 강화해야 한다고 말한 것은 맞다… 그러나 도대체 누가 친구이고 누가 적인가? 이 문제를 분명히 밝혀야 한다. 현재 흐루시초프는 수정주의자의 대표로, 마르크스·레닌주의를 공격하고 사회주의 진영과 국제공산주의 운동을 공격하고 있다. 그는 제국주의와 각국의 반동파들에 대해 열정을 표시하고 그들과 같은 편에 서 있다"고 열변하였다. 또한, 마오는 "각자에게 반반(半半)의 잘못이 있다(各打五十大板)는 (당신들의 평가 방식에) 동의하지 않는다."라고 밝혔다. 마오의 이런 언급에 호찌민은 긴장한 모습이 역력했다.[188]

하지만, 마오는 "중·소 불화의 후과(後果)는 매우 엄중한 것이니 당신들이 평화를 권유하고 평화의 메신저 역할을 맡겠다는 데에는 찬성"한다고 말한다. 대미 균형을 위해 사회주의 진영의 단결이 긴요하다는 마오의 대소 '전략적 접근'은 아직도 유효한 것이었다. 결국, 호찌민의 '중재'로 모스크바 회의가 개최될 수 있었다. 10월 27일 정치국 회의에서 중국지도부는 11월로 예정된 모스크바 회의 참석의 목적은 합의 도출이지 공개적 분열이 아니라는 방침을 정했다. 그리고 회의가 타협을 도출할 경우, 류사오치를 단장으로 한 중국대표단이 소련을 공식방문(國事訪問)한다는 계획도 미리 정해 두었

187) Qiang Zhai, *China & The Vietnam Wars,* pp.63-86.

188) 吳冷西, 『十年論戰 (上)』, p.346; Dong Wang, "The Quarrelling Brothers," pp.37-40.

다. 결국, 호찌민의 '중재' 역할로 개최된 11월 모스크바 81개국 공산당·노동당 대회는 「모스크바 선언」을 도출했다. 이 선언은 여전히 사회주의 진영의 단결을 강조하였고, 평화공존의 문구도 삽입시켰다. 그리고 중국대표단은 10일간 소련을 정식 방문하였다.[189] 그런데 사회주의 진영에서 최고지도자로서 유일하게 회의에 불참한 인사는 마오쩌둥과 김일성뿐이었다. 호찌민은 자신이 직접 회의에 참석하였고, 중·소 양당 간 '중재' 역할을 지속하였다. 그는 일본, 북한, 인도네시아 공산당 대표와 회합을 갖고 중·소 간 이념적 간극을 축소시킬 방안을 공동 모색했다.[190]

그러나 소련공산당은 1961년 10월 17~13일 제22차 당 대회를 통해 중국공산당이 한 방식과 마찬가지로 중국을 직접적으로 거명하지 않으면서 중국의 철저한 동맹국이었던 알바니아를 공격함으로써 사회주의 진영에서 중국을 축출시키고자 했다. 이 또한 중국지도부에게는 소련의 비판 타깃이 누구를 의미하는지 분명했다. 중국 대표로 참석한 저우언라이는 회의도 종결되기 전에 조기 귀국해 버렸다. 결국, 소련공산당 22차 당 대회를 계기로 마오쩌둥은 흐루시초프에 대한 기대를 완전히 접었다. 이제 마오의 눈에 비친 흐루시초프는 완전한 수정주의자였다.[191] 물론 당 대회에 레주언(Le Duan)과 함께 참석한 호찌민은 공개적 견해를 밝히지 못하고 사태의 추이를 지켜볼 뿐이었다.

호찌민의 중립 포지션 견지 의도는 1962년 3월 20일 중·베트남 우호협회와 소·베트남 우호협회 모두를 동시에 확장시킨 데에도 잘 반영되고 있다. 그러나 미 케네디 정부가 남베트남에 대한 군사개입을 증강시키고, 흐루시초프가 61년 5월 라오스 문제를 토의하기 위한 제네바 회담과 62년 쿠바 미사일 위기 시 미국과의 직접 충돌을 원치 않는 모습을 지속적으로 보여주게 되자, 하노이 지도부 내에서는 결국 모스크바의 평화공존 노선에서 이탈

---

189) 吳冷西, 『十年論戰 (上)』, pp.346-357.

190) Qiang Zhai, *China & The Vietnam Wars,* p.90.

191) Dong Wang, "The Quarrelling Brothers," pp.59-68.

해야 한다는 목소리가 제기되기 시작했다.[192)]

중국지도자들은 중·소 이념논쟁에 있어 호찌민이 중국을 지지해 주길 바랐다. 하지만, 호찌민은 마오와 흐루시초프 간 이념적 간극의 깊이를 과소평가하였고, 중·소 양국의 정책에 영향력을 행사할 수 있을 것이라는 자신의 능력을 과대평가했다.[193)] 마오는 지전략적 고려에 의해 1969년까지 베트남민주공화국(DRV)의 '반미 전쟁'을 지속적으로 지원하였지만, 하노이의 '중재'는 마오에게 일종의 배신의 앙금으로 남았다. 마치 중국과 인도와의 분쟁에서 흐루시초프가 '중재' 역할을 말할 때 느꼈던 배신감과도 같은 것이었을 게다. 그것도 대약진운동으로 말미암아 피폐해진 경제상황에서도 막대한 지원을 하는 상태에서는 더욱 그러했을 것이다.[194)]

3) 김일성의 이념적 대중 '편승'과 중·북 간 협력적 상호작용

호찌민의 중립적 포지션 견지의 모습과는 달리, 김일성은 중·소 이념논쟁에 있어서는 철저히 중국의 리더십을 '은밀히' 옹호하는 수완을 발휘하였다. 지금까지 잘 알려지지 않은 사실이지만, 1960년 4월 '현대 수정주의'를 비판한 중국지도부의 3편의 논문이 발표되고, 연이어 5월 1일 U-2 미(美) 정찰기 사건이 발생하고, 17일에는 아이젠하워가 미·소·영·불 4개국 수뇌회담을 '유산'(流産)시키는 성명을 발표하자, 5월 19일 김일성은 바로 베이징을 비공식 방문하여 저우언라이, 덩샤오핑과 회담을 했다. 그리고 당시 마오쩌둥이 항저우에 체류하고 있었기 때문에 5월 21일 김일성은 저우·덩

192) Qiang Zhai, *China & The Vietnam Wars,* p.91.

193) Qiang Zhai, *China & The Vietnam Wars,* p.88.

194) 1960년 한 해에만 중국은 67억 달러(무상지원 25억 달러, 차관 제공 32억 달러)의 대외 원조를 단행했다. 그 중 1/3인 19억 달러가 베트남민주공화국(DRV)에 제공되었다. 또한, 1960년 말에 마오쩌둥은 호찌민에게 베트남민주공화국을 경유하여 라오스와 남베트남에 식량과 무기를 제공할 것을 약속한다. 그리고 1962년 1월 미국이 사이공에 '남베트남 군사원조사령부'를 설치하자, 중국공산당은 230개 대대를 무장시킬 수 있는 무기를 무상 제공하기로 결정하였다. Yang Kuisong, "Changes in Mao Zedong's Attitude toward the Indochina War," pp.17-18.

과 함께 항저우로 가서 마오와 직접 회담을 했다. 마오가 22일 정치국 상무위원 회의를 소집한 것도 김일성과의 회담이 계기가 된 것이다. 1960년 5월 김일성과 마오의 회담은 중·북 양당의 최고지도자가 중·조 양당과 소련공산당의 관계를 주제로 의견을 교환한 최초의 회동이었다.[195)]

이 자리에서 마오쩌둥은 김일성에게 1959년 10월 자신이 오스트리아 공산당 총비서 란스 루이스 샤키(Lance Louise Sharkey)에게 "사회주의와 자본주의 간에 존재하는 것은 '냉전공존'이지 '평화공존'이 아니다."라고 언급한 내용을 다시 한번 반복하여 강조했다. 한편, 저우언라이는 호찌민에 대한 비판을 제기했다. 저우는 "베트남노동당은 '반제'(反帝) 정책에는 노선이 분명하지만, 소련에 대한 태도는 애매하다."라고 지적한다. 또한, 그는 하노이가 혁명과업 수행이나 계급투쟁에서 중국 모델을 따르기를 꺼리고 있다고 비판했다.[196)] 당시 중국지도부 내의 분위기는 '현대 수정주의'를 비판한 3편의 논문을 통해 흐루시초프에 대한 '교육'이 제대로 되고 있다고 자평하고 있을 때이다.

김일성은 "잘못이 양측 모두에 있다."라는 호찌민의 평가 방식과는 다르게, 3편의 논문에 대한 찬사를 아끼지 않았다.[197)] 이것은 흐루시초프를 '올바른 방향으로 회귀' 시키고자 고안한 마오 특유의 '교육법'에 대한 찬사였다. 즉 김일성은 수정주의 비판을 통한 '정면교육'과 더불어, 국제적 긴장 조성을 통해 '미 제국주의 침략 본성'을 드러내게 할 수 있는 '반면교육'도 아울러 긴요하다는,[198)] 마오 특유의 '계산된 모험주의'(calculated adventurism)에 찬사를 보낸 것이다. 이는 향후 북한의 '모험주의적 행위'를 설명하는 데 중요한 함의를 내포하고 있는 대목이다.

김일성은 이미 1960년 5월 중국, 북한, 소련 간 당제관계에 있어 중국공산

---

195) 吳冷西, 『十年論戰 (上)』, pp.269-270; 中共中央文獻研究室 編, 『周恩來年譜 (中)』, p.320.
196) Yang Kuisong, "Changes in Mao Zedong's Attitude toward the Indochina War," p.19.
197) 吳冷西, 『十年論戰 (上)』, pp.269-270. 앞에서 이미 지적한 바와 같이 이 3편의 논문은 소련정부가 중국으로부터 소련전문가를 완전 철수시키는 데에 결정적 작용을 하였다.
198) 吳冷西, 『十年論戰 (上)』, p.272.

당의 노선에 기본적으로 '편승'(bandwagoning)하기 시작한 것이다.[199] 이러한 김일성의 모습은 호찌민의 행동과는 매우 대조적이다. 호찌민은 1960년 4월 중국지도부의 3편의 논문이 발표되자, 자신도 "레닌주의의 길"이라는 논문을 집필한다. 그러나 그는 이 논문에서 마오쩌둥에 대해서는 한마디도 하지 않고, 오로지 소련지도자의 중요성만 강조하고 또 강조하였다.[200] 그리고 중·소 양당 이념대립이 국가관계로까지 확전되는 상황에서 뒤늦게 마오를 찾았고, 그것도 중국에 대한 일방적 지지가 아니라 '중재' 역할을 자임하였다. 이러한 호찌민의 중립적 포지션은 중국지도부의 불만을 사기에 충분했다.

그렇다면, 왜 이 시점에서 중·조 양당 관계에는 과거의 불편했던 긴장상태가 완전히 해소되고 긴밀한 정치적 상호작용이 나타났는가? 이 대목에서 신중국 건립 이후 중국과 북한의 안보적 상호작용의 굴곡 과정을 다시 한번 살펴보자.

김일성은 1949년 초 '연안계'와의 정치적 협력 관계를 유지하고 있을 당시에는 중국과의 안보적 연계를 모색하였다. 그러나 '연안계'의 대거 입북 이후 '연안계' 배제 작업 과정 중에는 김일성 자신의 정권안보(regime security)를 위협할 수 있는 안보적 외부연계를 오히려 차단하고자 해왔다. 그러므로 인해 중·북한 간에는 국가 대 국가 간 협력적 상호작용이 작동되지 못했다. 물론 중국과 북한은 동일한 외적 위협 인식을 공유하고 있었다. 양국은 다 같이 "아시아에 대한 미 제국주의 침략과 일본 군국주의 재생" 가능성을

199) 정진위는 1960년 11월 모스크바 회의를 전후한 기간 동안 북한 언론의 논조를 근거로 북한이 중·소 이념분쟁에 대해 균형 잡힌 태도를 유지하였다고 평가한다(정진위, 『북방삼각관계』, pp.63-64). 이런 주장은 일견 타당한 것으로 보인다. 그러나 당시 김일성의 행위를 설명하는 데는 당제관계와 국가관계를 구분할 필요가 있다. 김일성은 당제관계에 있어서는 분명히 중국에 '편승'하는 모습을 보였다. 다만, 북한 자체 역량의 취약성에서 오는 현실적 제약(national resources constraints)과 미국위협에 대한 공동대응의 필요성(Anti-American balancing)에 기인하여, 당제관계가 국가관계에 영향을 미치게 해서는 안 되는 절박성도 있었던 것이다. 이것은 왜 당시까지도 북한측과 중국 측의 공식적 문헌 모두에 "소련을 정점으로 한(以蘇聯爲首) 사회주의 진영의 단결"이라는 문구가 동시에 등장하고 있는지를 잘 설명해 주는 것이다.

200) 찰스 펜(Charles Fenn), 『호치민 평전』, p.277.

우려했다. 이러한 공동 위협인식을 바탕으로 중국은 6·25전쟁과 전후(戰後) 북한 경제재건을 적극적으로 지원했던 것이다. 그러나 이는 어디까지나 '프롤레타리아 국제주의' 원칙에 기반을 둔 것이었다. 즉 영도적(領導的) 지위에 있는 중국이 '형제적 원조'라는 명목으로 일방적으로 지원하는 형태였다. 한국과 미국은, 정전협정 체결 이후 10일 만에 「한미상호방위조약」을 가조인하고 국가안보의 틀을 마련하였다. 그러나 중·북한 간에는 군사동맹적 성격이 가미되지 않은 「조·중 경제문화협력협정」(1953년 11월 23일) 만이 체결되었을 뿐이다.

그런데 북한 내부의 정치적 역학 구도가 김일성의 '일원적 지도' 체제로 변화하고, 중국이 이를 인정하고 저우언라이의 방북을 통해 '평화공존 5원칙'에 기반을 둔 새로운 '프롤레타리아 국제주의' 규범을 적용하게 되자 김일성은 이제 중국공산당과의 협력적 상호작용을 우려할 필요가 없었다. 즉 그동안 국가 관계의 안보적 상호작용을 가로막아 왔던 당제관계의 '불안정성'이 새로운 규범 마련으로 일단은 정리되면서, 이제 북·중 양국은 외교·안보 관계에 있어 국가 대 국가 관계의 협력적 상호작용이 드러날 수 있는 계기를 맞게 된 것이다. 그러나 북한으로서는 중국의 의도에 대한 일정 정도의 검증 작업 시간이 필요했다.

김일성은 소련의 평화공존 정책에 따라 북한의 대미정책을 수정하자는 내부의 일부 논리를 처음부터 받아들이지 않았었다.[201] 국제적으로 상이한

---

201) 일찍이 김일성은 1955년 12월 28일 당 선전선동 일군들 앞에서 행한 연설을 통해 "박영빈 동무는 쏘련에 갔다 와서 하는 말이 쏘련에서는 국제 긴장 상태를 완화하는 방향이니 우리도 미 제국주의를 반대하는 구호를 집어 치워야 하겠다고 하였습니다. 이러한 주장은… 우리 인민의 혁명적 경각성을 마비시키는 것입니다… 미 제국주의자들은… 지금도 계속 우리 조국 남반부를 강점하고 있는 천추에 잊을 수 없는 우리의 원쑤가 아닌가?… 미 제국주의자들을 반대하는 우리 인민의 투쟁이 국제 긴장 상태를 완화하기 위한 쏘련 인민의 노력과 모순된다고 생각하는 것은 어리석기 짝이 없습니다"라고 언급함으로써, 소련의 노선변화에·따라 대미 정책을 수정하자는 논리를 철저히 비판하였다. 김일성, "사상사업에서 교조주의와 형식주의를 퇴치하고 주체를 확립할 데 대하여"(당 선전선동부 간부들에게 한 연설, 1955년 12월 28일), 서대숙 편, 『북한문헌 연구: 문헌과 해제 제III권(사상·통일)』(경남대학교 극동문제연

사회경제체제의 평화공존이 가능하고 전쟁이 불가피하지는 않다는 소련공산당 20차 대회에서 확인된 일반적 가능성을 인정하고는 있었지만, 그것이 아시아와 한반도에 그대로 적용될 수는 없다는 것이었다.[202)]

그러나 1957년 11월까지 소련과 중국 모두 '평화공존'에 대해 거의 동일한 노선을 견지하고 있었기 때문에 공개적인 소련 비판을 제기할 수 없었다. 오히려 김일성은 1957년 9월 20일 최고인민회의 제2기 제1차 회의에서 행한 연설을 통해 "평화적 공존에 대한 레닌적 원칙"을 견지해 나갈 것이라 표명함으로써, 국가 외교정책 노선을 소련과 일치시켰다.[203)]

북한이 중국과의 대외노선 일치화를 시도한 시점은 중국인민지원군이 본격 철수하는 1958년 중반부터이다.[204)] 북한은 1958년 9월의 보고문부터 "평

구소, 2004), p.27.

202) 이는 김일성이 1956년 4월 23일 조선로동당 제3차 대회에서 "상이한 제도를 가진 나라들의 평화적 공존에 대한 레닌적 원칙을 견지하며 자주권의 호상 존중과 평등권에 립각하여 세계의 모든 평화 애호 국가들과의 정치적 및 실무적 련계를 맺기 위하여 노력하겠습니다"라고 언급하면서도 연이어, "특히 아세아에 대한 미 제국주의의 침략과 일본 군국주의의 재생을 견결히 반대하여 투쟁할 것이며… 기타 아세아 인민들의 식민지 민족 해방 투쟁을 적극 지지 성원하여야 하겠습니다"라고 강조하고 있는 데에 잘 반영되고 있다. 김일성, "조선로동당 제3차 대회에서 한 보고," 서대숙 편, 『북한문헌 연구: 문헌과 해제 제I권(조선로동당)』, p.87.

203) 정규섭, 『북한외교의 어제와 오늘』(서울: 일신사), p.66.

204) 대내 경제정책상의 노선 일치화도 이 시기에 추진된다. 중국지도부는 1958년 2월 2일 『人民日報』 사설("鼓起干勁, 力爭上游")을 통해 모든 경제부문에서 '대약진'을 쟁취하기 위하여 대대적인 대중운동을 전개할 것을 강조한다. 마침내 58년 7월 16일 『紅旗』를 통해 마오쩌둥은 인민공사 제도와 대약진운동을 통해 중국과 아시아 제국들이 사회주의 및 공산주의를 신속히 달성할 수 있는 독자적인 방법을 발견했다고 역설한다. 이에 김일성은 1958년 8월 지방행정 담당자들에게 한 연설을 통해 "우리는 왜 소련식 생산방법에만 집착해야 합니까?"라고 하여 소련의 경험만을 모방하는 것으로부터 벗어나야 함을 강조한다. 북한은 1958년 9월 조선로동당 중앙위원회 전원회의를 통해 중국의 대약진운동을 모방한 천리마운동과 농업집단화 정책 추진을 결정하였다. 북한의 천리마운동은 이미 1956년 12월 조선로동당 중앙위원회에서 논의된 적이 있었다. 그러나 경제정책상 북한과 중국공산당의 노선 일치화는 중국 인민지원군이 철수하고 있었던 시기부터 시작되었다. 정진위, 『북방삼각관계』, pp. 39-41; 서진영, 『현대중국정치론: 변화와 개혁의 중국정치』(서울: 나남, 1997), pp.36-42.

화적 공존에 대한 레닌적 원칙"에서 '레닌적'이라는 문구를 삭제하고 '평화적 공존원칙'으로 표기했다.[205] '레닌적' 원칙이란 바로 하이어라키적 질서(集中)를 말하는 것이다. 따라서 '레닌적' 원칙의 삭제란 기존의 위계적 '지도'(指導)를 거부한다는 의미이다. 당시의 시점은 중국이 저우언라이의 방북을 통해 '평화공존 5원칙'에 입각한 새로운 '프롤레타리아 국제주의'를 적용하고 인민지원군 철수가 마무리 단계로 진입하고 있던 때였다.[206)]

그런데 상기와 같이 중국인민지원군 철수와 더불어 중·북 양국 간에는 대내외적 정책노선의 일치화 현상이 나타났으나, 그럼에도 북한은 중국과 협력적 대외 연대를 구축하지는 아니하였다. 김일성은 여전히 중국에 대한 의구심을 완전히 없애지 못했던 것으로 보인다. 오히려 김일성은 1958년 소련에 대해 관계개선을 '간절히 요청'하였다.[207] 더구나 1958년 8월 23일 시작된 대만해협 위기에 대해 북한은 공식적인 논평조차 내지 않다가,[208] 9월

1958년 8월 3일, 북한 내각 부수상 이주연을 단장으로 한 북한 정부대표단이 중국을 방문한다. 중국은 8월 3일『人民日報』사설(歡迎來自平壤的貴賓)을 통해 "현재 조선은 이미 농업합작사를 순리적으로 완성하였다. 이미 98.6%의 농호가 농업합작사에 가입하였다… 현재 조선인민은 이미 천리마에 올라 사회주의 목표를 향해 비약적으로 전진하고 있다… 최근 시기 중·조 양국의 당은 마르크스·레닌주의를 보위하고 현대수정주의를 반대하기 위해 견결한 투쟁을 진행"하였다고 강조하면서, 중·조 양국은「59-62년 중·조 장기무역협정」및「중국의 대북 차관협정」을 체결(9.27일)한다. 특히 사회주의 목표를 위한 대약진이라는 시대적 배경이 동일한 상황에서 양국 경제협력의 의의는 매우 크다는 점을 강조하고 있다. "中朝經濟合作的新階段,"『人民日報』(社論), 1958年 9月 28日, 劉金質·楊淮生 主編,『中國對朝鮮和韓國政策文件匯編 3』, p.993.

205) 정규섭,『북한외교의 어제와 오늘』, p.67.

206) 북·중이 1958년 2월 인민지원군 완전 철수에 정식 합의한 이후, 중국 인민지원군은 3단계에 걸쳐 완전히 철수한다. 1958년 4월 25일 6개사 8만 명 철수를 시작으로, 7월 11일~8월 20일 6개사 및 기타 특종병 부대 10만 명, 9월 25일~10월 26일 인민지원군 총부, 3개사, 후근보장부 등 7만 명이 철수하였다. "美國侵略軍必須從南朝鮮撤退,"『人民日報』(社論), 1958年 6月 25日. 劉金質·楊淮生 主編,『中國對朝鮮和韓國政策文件匯編 3』, p.1022.

207) 시모토마이 노부오(下斗米伸夫),『북한정권 탄생의 진실』, p.144.

208) 1958년 2월 김일성과 저우언라이가 서명한 양국 공동성명 내에는 "쌍방은 미국이

7일 저우언라이가 미국과 협상할 용의가 있음을 밝히는 성명을 발표하고, 이러한 중공의 성명에 대한 소련의 지지성명이 있은 후에야 비로소 공식 견해를 밝혔다. 그것도 저우언라이와 소련의 성명을 반복한 것에 지나지 않았다.[209] 북한이 소련의 '평화공존' 노선에 대한 '불만'을 표출함으로써 중국과 외교적 연대를 취하기 시작한 것은 저우언라이가 제기한 '평화공존 5원칙'(특히 주권의 상호존중과 내정불간섭)이 실제로 작동하고 있음을 확인한 이후이다.

저우언라이 방북 이후 중국인민지원군은 중국정부의 지시에 따라 북한에서 병력을 철수하기 시작하여 1958년 3월 15일부터 10월 26일까지 기간에 3단계에 걸쳐 신의주를 통해 완전히 철수했고, 군사정전위원회 내에 인민지원군 대표만이 잔류하게 된다.[210] 그런데 인민지원군 철수가 완료되자마자 중국정부는 김일성을 중국으로 정식 초청했다. 김일성을 단장으로 하는 북한 정부대표단이 11월 21~28일, 12월 2~10일 중국을 공식 방문하고, 11월 28일~12월 2일 베트남을 방문하였다. 특히 중국방문에는 김광협을 단장으로 하는 군사대표단이 동행하였다. 김일성은 54년 9월 28일 신중국 건립 5주년 기념식 참석 차 방중한 지 4년 만에 다시 중국을 찾은 것이다.[211] 당시

계속해서 중국의 영토인 대만을 점령하고 '두 개의 중국'을 적극 획책하려는 음모가 있음을 특별히 비난하였다."라는 문구가 포함되어 있었음에도 말이다. "中華人民共和國政府和朝鮮民主主義人民共和國政府聯合聲明(2月19日)," 劉金質·楊淮生 主編, 『中國對朝鮮和韓國政策文件匯編 3』, p.945.

209) 정진위, 『북방삼각관계』, p.51. 앞에서도 이미 지적한 바와 같이 58년 8월의 대만해협 위기는 중·소 관계를 분열시키는 결정적 사건으로 작용하였다.

210) "中華人民共和國政府和朝鮮民主主義人民共和國政府聯合聲明(2月19日)," 劉金質·楊淮生 主編, 『中國對朝鮮和韓國政策文件匯編 3』, pp.942-948, 1022; 『연합뉴스』, 2005년 5월 27일.

211) 劉金質·楊淮生 主編, 『中國對朝鮮和韓國政策文件匯編 2』, p.807. 중국 측의 김일성에 대한 배려는 극진했다. 당시 김일성을 수행하여 함께 중국과 베트남을 방문한 황장엽의 회고에 따르면, 중국 측에서는 김일성을 마중하기 위해 간부들이 단둥(丹東)까지 나와 있었고, 김일성의 특별열차가 베이징역에 도착하자 저우언라이 총리를 비롯해 당과 국가 간부들이 마중을 나와 있었다고 한다. 사실 이때부터 이러한 의전(protocol)은 중·북 최고지도자의 상호 방문의 관례가 되었다. 황장엽, 『나는 역사의

마오쩌둥이 우한(武漢)에 체류 중이어서 11월 26일 김일성이 우한으로 가서 마오를 접견하였다. 그리고 김일성은 베트남 방문을 마치고,[212] 12월 6일 다시 우한에 들러 마오쩌둥과 "국제정세 및 사회주의 진영의 단결과 양국의 우호협력 관계의 증진" 등을 주제로 회담하였다.[213] 12월 8일 중·북 양국정부는 국무원 총리 저우언라이(周恩來)와 내각수상 김일성의 명의로 서명된 공동성명을 베이징에서 발표하였다. 공동성명 내에는 "쌍방은 토론한 모든 문제에 대해 완전한 의견 일치를 보았으며… 마르크스·레닌주의를 배반하고 제국주의를 위해 봉사하는 '현대 수정주의'와의 비타협적인 투쟁을 반드시 계속 진행해야 한다."라는 문구를 포함시켰다.[214] 서동만은 김일성의 방중 의의를 다음과 같이 기술하고 있다.

> "중국군이 철수한 후에도 양국 간에 군사적 관계는 변함이 없음을 확인하는 방문이었지만 (당시는) 연안계 군인에 대한 숙청이 군사 쿠데타를 구실로 확대되고 있었던 만큼 이러한 북조선군내 사태가 양국의 군사적 우호관계에 영향을 미치지 않음을 확인하는 방문이기도 했다."[215]

진리를 보았다』(서울: 한울, 1999), pp.123-124.

212) 당시 호찌민과 중국은 '고요 속의 긴장' 관계를 유지하고 있었음을 감안할 때, 호찌민이 김일성에게 무엇을 말했을까를 상상해볼 수도 있을 것이다. 더구나 호찌민은 집단지도체제라는 권력구조적 제약 아래 있었다. 하지만, 김일성은 대내적으로 자신의 '일원적 지도' 체제 형성이 거의 마무리되어가고 있었고, 저우언라이의 방북을 통해 중국과의 새로운 외교관계의 규범을 재정립하고 있었다. 따라서 호찌민의 대중국관에 동의를 표시하지는 않았을 것으로 추정된다. 이후의 상황전개 과정을 보면 더욱 그러하다.

213) 11월 26일 회담에 참석해 배석한 중국 측 대표는 류사오치(전인대 상무위원장, 중공중앙 부주석), 저우언라이(국무원 총리, 중공중앙부주석), 주더(중화인민공화국 부주석, 중공중앙 부주석), 덩샤오핑(중공중앙총서기), 펑전(중공중앙정치국위원)이었고, 12월 6일 배석자는 류사오치, 저우언라이, 천윈이였다. 中共中央文獻硏究室 編, 『周恩來年譜 (中)』, pp.191-194; 劉金質·楊淮生 主編, 『中國對朝鮮和韓國政策文件匯編 3』, pp.1097, 1101.

214) "中華人民共和國政府和朝鮮民主主義人民共和國政府聯合聲明(58年12月8日)," 劉金質·楊淮生 主編, 『中國對朝鮮和韓國政策文件匯編 3』, pp.1104-1107.

215) 서동만, 『북조선 사회주의 체제 성립사』, p.778.

황장엽의 회고록에 따르면, 1959년부터 김일성은 당 이론가들에게 '수정주의'를 반대하는 방향으로 사업을 하라는 지시를 내렸다.[216] 사실 1959년부터 중·북 양국 고위관료들의 상호 방문이 빈번히 이루어진다. 1959년 한 해 동안만 중·북 양국은 8차례나 주요 대표단을 상호 파견하였다.[217]

김일성은 중국 방문 직후 1959년 1월 27일~2월 5일 기간 개최된 소련공산당 제21차 대회에 참석차 모스크바로 행했다.[218] 2월 6일 김일성은 흐루시초프와 회담을 했다. 회의 기간 김일성은 소련공산당과 소련인민들이 축적한 "풍부한 경험"은 "우리의 과업수행에 항상 하나의 지침이 되고 있다." 라고 말했다. 그러나 귀국 직후 김일성은 "소련을 중심으로 한 단결은 항상 필요하다. 그러나 이것은 어떤 사람이 다른 사람을 지배한다는 것을 의미하는 것이 아니며, 또 우리가 모스크바에 복종해야 한다는 것을 의미하는 것도 아니다."라고 밝혔다.[219]

1950년대 중반의 상황과 비교해 볼 때는 역설적이지만, 이제 마오쩌둥은 김일성을 적극 '포용'하려고 했다. 59년 8월 루산(廬山) 회의에서 마오쩌둥은 「펑더화이 동지를 정점으로 한 반당집단의 과오에 대한 중국공산당 8기 8중전회 결의」와 「당의 총노선을 보위하고 우경 기회주의를 반대하기 위한 투쟁」이라는 결의를 통해 대약진운동을 비판한 펑더화이를 실각시켰다.[220] 펑더화이의 실각 이후 마오는 북한에 "펑더화이의 실각은 양국 관계개선을 위한 시그널"이라고 설명했다.[221] 또한, 이러한 중국의 대북 '포용' 노력은 56년 '8월 종파사건'으로 중국에 망명한 연안계열 인사들에 대한 중국 측의

216) 황장엽, 『나는 역사의 진리를 보았다』, p.127.

217) 『조선중앙년감 1960』, pp.39, 301.

218) 중국 측에서는 동 회의에 저우언라이가 파견되었다. 당시 저우언라이는 사회주의 진영에서의 소련의 리더십('以蘇聯爲首')을 유지시키고자 부단히 노력하였다. 이 과정에서 저우는 김일성·호찌민과도 긴밀히 협의한다. 中共中央文獻研究室 編, 『周恩來年譜 中卷』, pp.203-204.

219) 정진위, 『북방삼각관계』, p.46.

220) 景杉 主編, 『中國共産黨大辭典』, p.114.

221) 시모토마이 노부오(下斗米伸夫), 『북한정권 탄생의 진실』, p.144.

처우 변화에 간접적으로 반영되고 있다. 당시 망명한 서휘, 윤공흠, 김강 등은 2년 동안 중앙당학교에서 사상교육을 받았다. 그런데 1958년부터 다른 장소로 분산 수용되고, 외부접촉 통제 등 이들에 대한 철저한 감시에 들어갔다. 중국정부는 이들을 부담스러운 짐으로 간주했던 것이다. 이들은 중국마저 탈출하려고 시도해야 할 정도로 어려운 지경에 처했다. 이후 북한은 연안계 인물의 북한 강제 송환을 요구하지 않았다.[222)]

1959년 9월 25일 김일성을 단장으로 하는 북한 정부대표단이 신중국 건립 10주년 기념식에 참석하였다. 특히 이번 방중에도 58년 11월~12월 방중 때와 같이 김광협을 단장으로 하는 북한 군사대표단이 다시 동행하였다.[223)] 이 또한 당시 북한에서 진행되고 있는 군내 연안계 숙청과 관련이 있었을 것으로 보인다. 이 시기는 김일성의 일원적 지도 체제가 사실상 마무리되는 시점이다. 이 시기 중·조 양당 관계는 9월 26일 김일성이 『人民日報』에 "사회주의동방 초소 수호에 공동 투쟁"할 것을 맹세하는 내용의 논설을 발표할 정도로 유착되어 가던 때였다.[224)] 또한, 이 시점은 흐루시초프가 아이젠하워와의 '캠프 데이비드' 회의를 마치고 9월 30일~10월 4일 베이징을 방문해 중국지도부와 격론을 벌인 시점이다. 이를 계기로 중국지도부는 소련의 대미 위협인식에 심각한 변화가 있을 것으로 우려하였지만, 국제공산주의 운동에서 소련의 리더십만은 적극적으로 옹호하려 하였다. 따라서 중·북한 언론 논조에는 60년 말까지도 "소련을 정점으로 한(以蘇聯爲首) 사회주의 진영의 단결"이라는 문구가 등장한다. 앞에서도 지적한 바와 같이, 이것은 미국이라는 공동의 위협에 대응하기 위한 다분히 현실적이고 '전략적 사고'에 기반을 둔 것이었다. 이는 당시 마오쩌둥, 호찌민, 김일성 모두가 염원하고

---

222) 실제로 후야오방 등과 함께 좌익청년단 활동을 하기도 해 중국 측으로부터 혁명투쟁 연배가 높은 인물로 평가받았던 서휘조차 1962년 베이징(北京)의 소련대사관에 망명을 시도하다가 체포·수감된 적도 있었다. 안성규, "중국 망명한 연안파 거물들의 恨과 충격증언," pp.556-569.

223) 劉金質·楊淮生 主編, 『中國對朝鮮和韓國政策文件匯編 3』, p.1212; 外務部, 『韓·中國, 北韓·中國關係 主要資料集』, p.159.

224) "中朝兩國人民的戰鬪的友誼," 『人民日報』, 1959年 9月 26日.

있었던 것이다.

그러나 김일성은 당제관계에서는 이미 60년 5월 방중을 통해 철저한 대중 '편승'의 입장을 확고히 하고 있었다. 1960년 10월 모스크바 회의에 조선로동당 대표로 참석한 김일이 국제전화로 김일성에게 회의과정 중에 있었던 중·소의 설전 내용을 보고하자, 김일성은 "우리가 백두산에 다시 들어가 감자를 캐먹으면서 유격투쟁을 할지언정 소련의 대국주의적 압력에는 절대로 굴하지 마라."라고 지시하였다.[225)]

1960년 6월 12일 북한주재 소련대사관은 "중국이 북한에 대한 영향력을 강화하기 위한 사업에 적극성을 보이고 있다."라고 보고하고 있다.[226)] 마오쩌둥의 김일성과의 관계 복원 시도를 당시 북한주재 소련대사관은 중국공산당의 대북 영향력 확대 의도로 해석한 것이다. 이러한 현상에 대해 북한주재 동독 대사관은 "중국의 대약진운동에 상응하여, 북한 지도부들도 천리마운동을 통해 사회주의의 비약적 발전을 시도하고 있다… 중국의 인민공사와 동일한 조직을 일부 지역에 실험적으로 만들었다… 군내에서도 중국군의 경영방식을 적용하고 있다. 중국방식은 대대적으로 적용되고 있다… 소련과 소련 공산당의 역할은 여전히 심각히 저평가되고 있으며 중국공산당의 역할은 과대평가되고 있다."라고 본국에 보고했다.[227)]

이에 대해 흐루시초프는 1960년 6월 16일 북한주재 소련대사 푸자노프에게 지시하여 1957년 11월 30일 마오쩌둥이 중국주재 소련대사에게 한 발언("김일성이 반소 수정주의 노선을 걷고 있다")을 김일성에게 알려 주도록 지시했다. 1960년 6월 17일 김일성은 모스크바를 방문해 흐루시초프와 다섯 시간 반 동안 회담을 하고 다음날 귀국한 후, "중국이 조선을 식민지로 전변시키려 하고 있다."라며 중국을 비난했다고 한다. 더욱이 「푸자노프 비망록」

225) 황장엽, 『나는 역사의 진리를 보았다』, p.130.

226) 정창현, 『인물로 본 북한현대사』, p.233.

227) 「Report, Embassy of the GDR in the DPRK to the Foreign Policy and International Department of the Socialist Unity Party, GDR, 14 March 1961」. SAPMO-BA, Dy 30, IV 2/20/137. *CWIHP Bulletin,* Issue 14/15, pp.39-40.

6월 21일자에 기록돼 있는 내무상 방학세의 발언에 따르면, "김일성은 현재 중국인들을 신뢰하고 있지 않으며, 다시는 중국에 가지 않을 거라고" 말했다. 정창현은 흐루시초프가 4년이 지난 시점에서 마오의 발언을 김일성에게 흘린 것은 북한과 중국이 가까워지는 것을 견제하려는 의도에 기인하고, 이후 임해(무역상) 등 북한 내 친중국 인사의 숙청 사실을 들어 상황이 소련의 의도대로 진행되었다고 평가한다.[228)]

그러나 전후의 상황 전개 과정을 살펴볼 때, 소련의 의도는 전혀 먹히지 못했다. 흐루시초프가 4년이 지난 시점에서 마오쩌둥의 발언을 김일성에 전달한 직접적 이유는, 1960년 4월 말 발표된 중공지도부의 '3편의 논문'에 대해 '기습공격'을 준비하기 위해서였다. 앞서 언급한 바와 같이 흐루시초프는 5월 발생한 U-2기 사건에 대한 중공의 '지지'를 전혀 다르게 해석했고, 이를 위해 국제공산당 회의를 개최하여 중공을 비난하려고 계획하고 있었다. 이에 따라 소련공산당 중앙은 중공에 대해 6월 2일 12개국 공산당 국제회의(루마니아 부카레스트 회의, 6.20~25일)를 개최하자는 제의 서한을 보냈다. 아시아에서는 중공 외에 조선로동당과 베트남노동당에게 서한이 보내졌다.[229)] 김일성은 바로 이 회의에 참석하고자 6월 17일 모스크바를 거쳐 루마니아로 갈 계획을 하고 있었던 것으로 보인다.[230)] 따라서 흐루시초프는 57년 11월 마오의 김일성 비난 발언을 미리 알려줘 중·북을 이간시킴으로써, 부카레스트 회의에서 북한의 지지를 확보하려고 했던 것으로 보인다.

그러나 흐루시초프가 기대했던 일은 일어나지 않았다. 김일성에게 가장 중요한 것은 '미 제국주의'라는 공동 위협에 대항하기 위한 '단결'이었다. 이것은 1958년 대만해협 위기로 흐루시초프와 불화를 빚고 낸 후에도 마오쩌둥이 진영의 '단결'을 강조했던 것과도 같은 것이며, 호찌민이 부카레스트 회의에서 드러난 중·소의 이념대립을 보고 진영의 분열이 '적'에게 이용당

228) 이상 내용은 정창현, 『인물로 본 북한현대사』, pp.230-235.
229) 부카레스트 회의 개최 경과 및 내용에 대해서는 吳冷西, 『十年論戰 (上)』, pp.273-288.
230) 중공대표단장 펑전(彭眞)도 16일 모스크바에 도착하였다. 吳冷西, 『十年論戰 (上)』, p.279.

할 수 있는 상황을 우려했던 것과도 같은 맥락이다. 다시 말해 당제관계가 국가 관계에까지 영향을 미치도록 해서는 안 된다는 '전략적 사고'의 산물인 것이다.

김일성은 6월 17일 흐루시초프의 '이간'에도 불구하고 바로 귀국해 버렸다. 대신 김창만을 단장으로 하여 조선로동당 대표단을 회의에 참가시켰다. 김창만은 "미 제국주의자들이 한반도에서 실제로 전쟁준비를 하고 있다."라는 중공대표단장 펑전의 주장을 그대로 반복하면서, 미국과 남한을 비난하는데 연설의 2/3를 할애하였다. 그러면서도 소련을 정점으로 한 사회주의 진영의 단결을 촉구하면서 연설을 마무리하였다.[231]

이후 호찌민의 중·소 양당 간 '중재' 노력으로 성사된 60년 11월 모스크바 회의에도 김일성은 마오쩌둥과 함께 참석하지 않았다. 집권 공산당 국가 중 당 최고지도자가 참석하지 않은 유일한 국가가 중국과 북한이었다. 회의 종결 후 북한의 『민주조선』은 "이 세상의 어떠한 세력도 조선과 알바니아 인민들 간의 절대적인 우의와 결속을 깨뜨릴 수 없다."라는 기사를 게재한다.[232] 당시 알바니아는 중국의 또 다른 이름이었던 것이다.

김일성의 처지에서 볼 때 대내 정치적 역학 구도는 이미 1959년 말을 전후하여 '일원적 지도' 체제가 거의 형성되어 있었기 때문에, 마오쩌둥과의 관계도 이제 당제관계의 측면이 아니라 국가 대 국가 관계, 즉 국가 간 안보적 상호작용의 측면에서 접근했던 것으로 보인다. 다시 말해 당제관계에서 오는 불만과 의구심을 국가관계에까지 확대 적용시키는 않았던 것이다. 이는 마오쩌둥이 1957년 11월 모스크바에서 '연안계' 숙청과 중국인민지원군 철수 문제로 김일성과 대립하고, 귀국 후에는 유딘 주중 소련대사에게 김일성을 비난했음에도 불구하고, 1958년 2월 저우언라이를 북한에 보내 '평화공존 5원칙'에 입각한 새로운 외교관계 수립을 시도했던 것과도 같은 맥락이다. 1957년 11월의 마오쩌둥과 1960년 6월의 김일성 모두 '미 제국주의'라

231) 정진위, 『북방삼각관계』, p.58.
232) 『민주조선』, 1960년 11월 29일. 정진위, 『북방삼각관계』, p.77에서 재인용.

는 공동의 안보위협 인식을 바탕으로 당제관계가 국가 관계에 영향을 미치지 않도록 '자제'하는 모습을 보였던 것이다.

1957년 11월 이후 마오는 기존의 중·조(朝鮮) 양당 간 불화를 신속히 없애고 김일성을 적극 '포용'하였으며, 더욱이 1960년 3월 군사동맹 조약의 형태로 북한과의 안보적 연계를 법적으로 보장하려고 했다. 김일성 또한 국제공산주의 운동의 분열상을 일찍이 간파하고,[233] 이념적 대중 '편승'의 입장을 견지하면서, 당제관계에서 오는 불안과 의구심을 '자제' 시켰다.[234] 이제 김일성에게 가장 중요한 것은 '미 제국주의'라는 공동 위협에 대항하기 위한 중국과의 '단결'이었다. 다시 말해 당시 점차 가시화되고 있는 한·미·일 남방 삼각동맹체제에 '균형'을 맞출 수 있는 북한동맹체제의 형성이 무엇보다도 긴요한 과제로 부상하고 있었다는 말이다.[235]

제3절 김일성의 외교적 능력과 북한동맹체제의 형성

1. 인도차이나 정세와 중국의 또 다른 망설임

1958년 이후 마오쩌둥과 김일성 모두 '레닌적' 국제주의 한계를 인식하고, 주권존중과 내정불간섭 원칙에 입각한 '새로운' 프롤레타리아 국제주의

---

233) 황장엽, 『나는 역사의 진리를 보았다』, pp.128-129.

234) 이 점은 호찌민이 중·소의 이념적 간극을 과소평가하고 자신의 '중재' 능력을 과신했던 것과는 현저히 대비되는 대목이다. 결국, 중국은 애초 베트남과 북한 양국 모두와 군사동맹 조약을 체결할 의사가 있었으나, 북한하고만 조약을 체결하게 된다. 그것도 중국이 상대적 약소국과 동맹조약을 체결한 것은 북한이 유일한 사례였다.

235) 당시 미·일의 안보조약 개정(1960), 주한미군의 현대화 및 핵 무장화, 케네디 정부의 공세적 반공정책, 남한 정국의 불안정성 등에 대해서는 다나카 아키히코, 『전후 일본의 안보정책』, 제6~7장; 김일영 외, 『주한미군』, pp.79-80; Chae-Jin Lee, *China and Korea,* pp.59-60; 정진위, 『북방삼각관계』, pp.66-67 등 참조. 이 점에 대해서는 다시 후술할 것이다.

를 양국 관계에 적용했다. 즉 기존의 위계적 질서에서 탈피하여 아나키적 구조 속에서 국가 간 안보이익을 '조정'(coordination)할 수 있는 환경을 조성할 수 있었다. 그러므로 1959년 이후 양국의 대외정책 노선의 일치화가 나타났다. 그것은 '평화공존'이 아니라 '냉전공존'이라는 엄연한 현실 상황 속에서 공동의 위협인식을 바탕으로 안보이익의 조정이 이루어져 가는 과정이었다. 이로써 1960년 3월부터 중국지도부는 북한과의 군사조약 체결을 내부적으로 고민하기 시작했던 것이다.

그런데 왜 중국지도부는 이미 1960년 3월에 베트남·북한과 군사동맹 조약 체결 의사가 있었음에도 61년 7월에 가서야 조약이 체결되었는가? 그것도 베트남과는 조약이 체결되지 않았다. 이러한 의문을 풀려면 당시 인도차이나반도 정세의 긴장 국면을 되짚어 봐야 한다. 당시 동남아시아가 또다시 대혁명의 시대로 진입하고 있었던 것이다. 다음은 당시의 인도차이나반도 정세변화를 간략하게나마 개관해본 것이다.

1961년 초반을 전후하여 국제정세와 관련한 세계의 이목은 라오스(Laos) 내전문제에 집중되어 있었다. 라오스는 캄보디아와 함께 1954년 제네바 극동평화회담에서 저우언라이의 이니셔티브로 중립화되었다. 따라서 라오스 좌파연합세력인 파테트라오(Pathet Lao)군(軍)은 중립세력인 수반나 푸마(Souvanna Phouma)공(公)을 수반으로 하는 왕가정부(Royal government)에 참여하여 연합정부를 구성했다. 그러나 1959년 2월 미국의 군사고문단 설치 발표 이후 붕 움(Boun Oum)공(公)과 푸미 노사반(Phoumi Nosavan) 장군을 수반으로 한 우파세력의 영향력이 급격히 증대되어 좌파세력에 대한 탄압이 시작된다.[236] 이에 마오쩌둥은 10월 4일 라오스인민당 카이손에게 파테트라오군(軍)의 무력투쟁 재개 지지 의사를 밝혔다.[237] 1961년 초를 전후한 라오스 정국은 3파 세력 간 극심한 내전상황에 돌입한다. 결국, 61년 1월 캄보디

236) Qiang Zhai, *China & Vietnam Wars,* pp.92-95.

237) 앞에서 이미 지적했지만, 이날은 흐루시초프가 마오와 격렬한 설전을 벌이고 돌아가는 날이다.

아의 시아누크公의 제안으로 동년 5월 16일 라오스 위기 해결을 위한 동·서 진영 간 국제회의가 제네바에서 또다시 개최된다. 중국으로서는 미국과 태국, 남베트남의 지원을 받아 전개되고 있는 라오스 우파세력의 내전 확장을 동남아, 베트남, 중국의 안전에 대한 심각한 위협으로 인식하고 있었다. 더욱이 중국은 미국의 라오스 내전 지원 의도를 라오스를 동남아조약기구(SEATO)에 편입시키려는 것으로 해석하고 있었다.[238] 따라서 1960년 12월 이후 일 년 동안 중국은 파테트라오군(軍)에게 2만 명을 무장시킬 수 있는 무기와 장비를 비밀리에 지원하였던 것이다.[239]

그런데 중국에 더욱 심각한 문제는 1961년 초반을 전후하여 남베트남으로부터 오는 안보불안이 더욱 가중되었다는 점이다. 미 아이젠하워 정부는 하노이가 중국의 동남아 진출의 관문이 될 것으로 예상했었다. 즉 중국의 지원을 받는 호찌민이 남북 베트남을 장악한다면 결국 동남아는 공산화 도미노 현상에 봉착할 것으로 판단한 것이다. 따라서 54년 제네바 회담 직후부터 미국은 고 딘 디엠(Ngo Dinh Diem) 남베트남 정부에 대해 직접적 군사원조를 확대해갔다. 이에 북베트남은 57~58년부터 남부의 조직망을 재가동시켜 게릴라 활동을 본격 전개하고, 60년 12월 베트남민족해방전선(National Liberation Front: NLF)을 결성한다. 61년 후반에 이르면 게릴라 병력의 90%가 현지에서 충원되어 1만 7,000명에 달했다.[240] 이는 2년 전보다 300%나 증가한 것이었다. 이에 미군은 6·25전쟁을 상기하면서, 베트남에 긴장이 고조될수록 북베트남의 공세에 대비하기 위한 군비를 보강해야 한다는 판단을 하고 있었다. 1961년 1월 케네디 신정부가 등장할 당시 남베트남의 미 군사고문단의 수는 이미 685명에 이르고 있었다. "만약 미국이 남베트남 함락을

---

238) 저우언라이가 1961년 1월 31일 베트남민주공화국(DRV) 부총리 응구엔 두이 트린(Nguyen Duy Trinh)과 1960년 10월 3일 호찌민과 나눈 대화 내용 참조. 中共中央文獻研究室 編, 『周恩來年譜 (中)』, pp.388, 258-259.

239) Qiang Zhai, *China & Vietnam Wars,* p.96.

240) 매클리어(Michael Maclear), 유경찬 옮김, 『베트남: 10,000일의 전쟁』(서울: 을유문화사, 2002), pp.122-123.

방치한다면, 그 다음의 도미노는 라오스, 캄보디아, 미얀마가 될 것이며, 이어서 주변의 섬나라들로까지 확산되어 갈 것"이라는 아이젠하워 대통령의 도미노 이론은 케네디의 사고에도 큰 영향을 미치고 있었다. 케네디는 대(對)게릴라 활동을 위해 미 군사고문을 100명 더 증원시키고, 400명의 특수부대(그린베레)를 보내 남베트남정규군(ARVN)을 훈련시키기 시작한다. 5월 5일 케네디는 "필요하다면 미국은 남베트남이 공산주의와 싸우는 데 도움을 주기 위해 미군의 파견을 고려하겠다."라고 발표한다.[241]

그러면 이러한 라오스와 베트남 정국에 대한 중국과 소련지도부의 반응은 어떠했을까? 케네디 정부는 라오스의 긴장국면이 고조되어 가자 이 지역에 대한 직접 개입의사를 공개적으로 밝히고, 1961년 3~4월에는 아시아에서 수천 명의 군대를 동원하는 등의 군사적 조치를 통해 개입의사가 단순한 레토릭이 아님을 보여주려고 하였다. 또한, 남베트남에 대한 직접적 군사원조를 확대해 갔다. 사태가 이렇게 전개되자, 흐루시초프는 전세(戰勢)가 공산주의세력에 분명히 유리하게 전개되고 있었음에도 파테트라오군(軍)과 북베트남 지도부에 각각 종전(終戰)과 무력투쟁 중단을 받아 드리도록 압박하기 시작했다. 결국, 5월 2일 하노이 라디오 방송에서 파테트라오군(軍)의 종전 뉴스가 흘러나왔다. 그리고 5월 16일 제네바에서는 라오스 문제를 토론하기 위한 14개국 회의가 개최되었다. 연이어 6월 흐루시초프는 비엔나에서 케네디와 만나 '라오스 중립화 문제'를 확인하기 위한 단독회담을 개최했다. 그러나 이러한 소련의 행보에 대해 제네바 회담 중국 측 수석대표인 천이(陳毅) 외교부장은,[242] "두 강대국(미·소)이 라오스 문제를 협상의 지렛대로 사

241) Qiang Zhai, *China & Vietnam Wars,* p.112. 당시 상황에 대한 생생한 증언에 관해서는, 매클리어(Michael Maclear), 『베트남: 10,000일의 전쟁』, pp.99-121.

242) 천이(陳毅)는 1954년 외교부장직을 겸직하고 있었던 저우언라이 총리의 외교업무를 보좌하기 위해 외교담당 부총리에 임명되었다. 1955년 반둥회의 이후 저우언라이의 외교부장직을 승계하려고 하였으나 건강상의 이유로 미뤄지다가 1958년 2월 11일 정식 외교부장직을 수임한다. 1958년에는 중국공산당중앙위원회 외사소조(中央外事小組)가 성립되고, 조장을 천이가 맡았다. 따라서 61년 제네바회의에서는 저우언라이 대신 천이가 수석대표가 된 것이다. Qiang Zhai, *China & Vietnam Wars,* p.98; Dong

용하고 있다."라고 비난하였다. 당시 중국지도부는 미국과의 담판을 통해 지역문제를 해결하고자 하는 소련지도부의 접근법에 강한 불만이 있었던 것이다.[243)]

사실 중국은 1961년 5월 제네바 회담을 54년 제네바 회담 때와 마찬가지로 다시 한번 중국의 국제적 위상을 제고시킬 기회로 간주하고 있었다. 물론 54년 제네바 회담에 대한 중국의 목표와 당시의 정책 목표는 확연히 다른 것이다. 54년 경우는 미국의 직접적 개입을 저지하고자 라오스를 '중립화' 시키는 것이 목표였다면,[244)] 61년 상황은 회담을 통해 파테트라오(Pathet Lao)군(軍)의 향후 세력 확장과 지위 공고화를 위한 시간 벌기가 주목적이었다.[245)] 아무튼, 당시 중국지도부는 1월 시아누크공(公)의 제안이 있은 이래 라오스 문제해결을 위한 제네바 회담 준비에 거의 모든 주의력을 집중시키고 있었다.

그런데 미국의 케네디는 인도차이나 반도 문제의 핵심은 라오스가 아니라 남베트남이라고 생각했다. 케네디는 라오스 문제는 흐루시초프와의 타협을 통해 해결하려고 했다. 그리고 소련도 이에 적극적으로 호응하고 있었다. 급기야 5월 5일 케네디는 남베트남에 대한 미군의 직접 개입을 사시하는 발언을 하게 된다. 물론 이러한 미국의 '위협'을 가장 직접적으로 느끼고 있었던 측은 북베트남 지도부였다. 이에 팜 반둥 총리는 중국의 지원을 요청하고자 6월 12~16일 베이징을 방문했다. 이때 하노이 지도부가 중국에 군사동맹조약 체결을 요청하였는지는 현재로선 알 수 없다.[246)] 그러나 만약 요

Wang, "The Quarrelling Brothers," p.6; 劉樹發 主編, 『陳毅年譜 (下)』, p.732.

243) Qiang Zhai, *China & Vietnam Wars,* pp.100, 106; 매클리어, 『베트남: 10,000일의 전쟁』, pp.120-121.

244) Michael R. Chambers, *Explaining China's Alliances,* pp.65-78.

245) Qiang Zhai, *China & Vietnam Wars,* pp.91-111.

246) 국가안보적 위기 상황하에서 국가역량의 취약성을 가진 약소국이 안보를 추구하는 가장 간결하고 일반적 방법의 하나는 강대국과의 안전보장조약을 체결하여 외적 위협에 대한 '균형'을 모색하는 것이다. 한델(Michael Handel), 『약소국 생존론』, p.138. 실제 1961년 후반 남베트남 내 공산주의자들에 의한 게릴라 활동이 극에 달하자,

청했다면, 당시의 시기적 정황으로 볼 때 중국이 수용했을 가능성은 없어 보인다. 왜냐하면, 베이징-하노이 동맹조약 체결은 제네바에서의 중국의 정치적 위상을 그만큼 손상시킬 것이었기 때문이다.

팜 반둥과의 회담에서 마오는 남베트남 인민들의 무력투쟁을 지지한다는 일반적인 언급을 하는 데 그쳤다. 그리고 저우언라이는 "미국과 고 딘 디엠 집단이 전쟁 모험 계획을 준비하고 있다."라고 비난하고, "중국정부와 인민은 날로 악화되는 남베트남 정세에 관심을 두지 않을 수 없다."라고 말한다. 15일 양국은 공동성명을 발표하고, "미국의 '실력행사'와 신식민주의 정책이 세계평화의 주요한 위협이며 국제적 긴장조성의 주요한 근원"임을 지적하고, 평화적 담판을 통한 문제해결을 촉구하였다.[247] 하지만, 저우언라이는 전술에서의 유연성을 가지고, "합법적 투쟁과 불법적 투쟁, 정치적 접근과 군사적 접근"을 혼용하는 것이 중요함을 지속적으로 강조하였다. 당시 중국 지도부는 제네바 회담이 진행 중임을 고려하여 남베트남에서의 대규모 무력투쟁의 확산에 대해 불편한 심기를 감추지 않았던 것이다.[248] 이는 남베트남에서의 대규모 게릴라 무력투쟁이 제네바에서의 중국의 외교적 입지를 약화시킬 수 있다는 고려와 함께, 파테트라오군(軍)의 지위 강화를 위한 시간 벌기에도 차질이 있었기 때문이다.

중국의 이러한 소극적 입장을 확인한 이후 팜 반둥은 6월 27일 바로 모스크바로 행했다. 그러나 흐루시초프가 인도차이나 문제를 대(對)서방 데탕트

남베트남의 고 딘 디엠(Ngo Dinh Diem)도 국가비상상태를 선포하고 개인적으로 케네디에게 양국 간 안전보장조약을 요청하는 서신을 보낸 바 있다. 매클리어, 『베트남: 10,000일의 전쟁』, p.123.

247) 中共中央文獻研究室 編, 『周恩來年譜 (中)』, p.417.

248) Qiang Zhai, *China & Vietnam Wars,* pp.112-113. 이는 중국의 북베트남에 대한 지원이 없었다는 것을 의미하지는 않는다. 미국이 특수부대를 통해 남베트남에 대한 게릴라 작전을 수행하자, 중국지도부는 230개 대대를 무장시킬 수 있는 무기를 무상으로 하노이에 제공했다. Yang Kuisong, "Changes in Mao Zedong's Attitude toward the Indochina war," p.22. 다만, 중국지도부는 당시 제네바 회담이나 미국 조사단의 활동 등을 감안하여 신중하고 은밀하게 지원하였던 것이다.

를 위한 협상의 지렛대로 사용하고 있었음을 고려한다면, 팜 반둥이 소련지도부로부터 무슨 말을 들었는지는 쉽게 예측할 수 있을 것이다.[249)]

결국, 당시 중국은 중국대로 소련은 소련대로 서로 다른 목적과 접근법으로 사태의 추이를 지켜보았지만, 서방세계를 자극할 만한 행위는 될 수 있는 한 '자제'하려는 모습을 보이고 있었다. 당시 중·소 양국은 인도차이나 문제와 관련해 제네바 회담장에서는 서로 협력하는 듯한 모습을 보였지만 서로 다른 셈법으로 사태 전개에 대응하는 '동상이몽'의 관계였다. 결과적으로 보면 하노이 지도부는 이러한 중·소 간 내홍을 '기회주의적으로' 적절히 이용하지 못한 것처럼 보인다. 심지어 호찌민은 중·소 대립이 '제로섬의 관계'로 치닫는 와중에도 '중재'하는 모습을 보이고 있었다. 하노이가 자신의 국가통일 목표 실현을 위해 중국으로 경사되기 시작한 것은 1962년 쿠바 미사일 위기 이후 흐루시초프에 대한 기대를 완전히 접고 나서이다.

2. 공세적 반공 포위망의 등장과 김일성의 조급함

김일성의 중·소와의 군사조약 체결 과정을 보면, 하노이 지도부와는 확연히 다른 모습을 보였다. 김일성은 그야말로 중·소 대립을 '기회주의적으로' 최대한 활용하는 수완을 발휘한 것으로 평가된다. 김일성은 '순한 양'처럼 '편승'할 수만은 없는 것이었다. 국가역량의 취약성에 따른 비대칭적 구조하에서는 '재칼'과 같은 기회주의적 적응력이 필요했을 것이다.[250)] 적어도 김일성으로서는 당시 미국을 중심으로 전개되는 동북아 집단방위체제에 상응하는 안전보장의 틀을 마련해야 했을 것이다. 그것은 소련·중국과 동시에 군사조약을 체결함으로써 동북아 사회주의 진영의 단결을 보여주어야 하

249) 실제 소련은 1962년 7월 '라오스 중립화'를 주 내용으로 하는 '제네바 합의'가 조인된 이후, 서방세계에 대한 자국의 국제적 공약의 신뢰도를 제고시키려고 적극적이었다. 라오스 내 파테트라오군(軍)과 중립세력에 대한 공중보급(airlift)을 중단해 버렸다. Qiang Zhai, *China & Vietnam Wars,* p.110.

250) 이러한 은유에 대해서는 Randall Schweller, "Bandwagoning for Profit," pp.93-95.

는 것이었다.[251)]

1960년 3월 마오의 지시로 중국지도부는 북한과 군사동맹 조약 체결을 위한 내부적 협의가 시작되었다. 이러한 중국의 의도를 북한이 어떤 경로를 통해 어떻게 알 수 있었는지는 현재로서는 알 수 없다. 그리고 실제로 중국지도부가 동맹체결 의사를 북한에 전달했는지도 확인할 수 없다. 그런데 1963년 9월 북한주재 소련대사 모스코브스키는 김일성이 1961년 초를 전후하여 중국, 소련과의 '안보적 연계'(조약 체결)를 위해 "동(중국)과 서(소련)를 찾아다니고 있었다."라고 회고하고 있다.[252)]

당시 김일성이 중·소 최고지도부와 접촉한 것은 1960년 5월 21일 마오쩌둥과의 회담과 연이은 6월 17일 흐루시초프와의 회담뿐이다. 추측건대, 중국이 북한과 군사동맹 조약을 체결할 의사가 있음을 전달한 시점은 60년 5월인 것으로 보인다. 당시 김일성이 이념적으로 중국공산당에 완전히 '편승'하는 모습을 보인 것도 마오쩌둥의 조약체결 의사를 전해 들었기 때문일 수 있다. 이 시점은 60년 4월 '수정주의'를 비판하는 중국지도부의 3편의 논문이 발표되면서 중·소 이념 분쟁이 공개화되는 시기이다. 김일성은 바로 이러한 중·소 간 대립을 적절히 이용한 것으로 보인다. 또한, 60년 6월 김일성은 중·북 양당 관계를 소원하게 하기 위한 흐루시초프의 이간책을 오히려 소련에 역이용한 것처럼 보인다. 즉 김일성은 북한과 군사조약 체결 의사가 있다는 마오쩌둥의 발언을 흐루시초프에게 전달하면서, 이에 상응하게 흐루시초프가 직접 북한을 방문해 조약을 체결할 것을 건의했을 가능성이 농후하다. 실제로 동년 8월 11일자 『북한라디오 방송』과 8월 12일자 『로동신문』은 흐루시초프가 10월에 북한을 방문할 계획이 있다고 보도하고 있다.[253)]

만약 김일성이 흐루시초프의 방북을 요청했다면, 그 주요 목적은 군사조약 체결에 있었을 가능성이 매우 크다. 마오쩌둥이 그러했던 것처럼, 당시까

---

251) 당시의 동북아 정세에 관해서는 다시 후술할 것이다.

252) 「From the Diary of Soviet Ambassador to North Korea Vasily Moskovsky, 26 September 1963」, Appendix Document, *CWIHP Working Paper,* No.47, pp.42-43.

253) 흐루시초프 방북 계획에 대해서는 정진위, 『북방삼각관계』, p.60을 참조하였다.

지 소련의 최고지도자가 북한을 방문한 적은 없다. 일반적으로 약소국과 강대국 간 군사조약은 위협에 직면한 약소국의 수도에서 체결되는 것이 보편적 현상이다. 이는 심리적인 억지 효과가 더욱 커지기 때문이다. 소련과 동구권 공산국가와의 「우호협조 및 상호원조 조약」은 거의 예외 없이 상대적 약소국의 수도에서 체결되었다. 그리고 조약체결의 전권대표도 예외 없이 소련의 최고지도자가 직접 수행하였다.[254] 이러한 사실은 김일성이 흐루시초프를 평양으로 초청한 목적이 군사조약의 체결일 가능성이 크다는 것을 간접적으로 시사해 준다. 김일성은 중국뿐 아니라, 소련과도 동시에 조약을 체결함으로써 동북아 사회주의 진영의 단결을 과시하려고 했던 것으로 보인다.

그러나 사태는 김일성의 의도대로 전개되지 않고 있었다. 바로 인도차이나 문제가 중·소와의 동시 조약체결을 지연시키고 있었다. 이미 언급한 바와 같이, 동 문제와 관련해 중국과 소련 모두 서로 다른 목표와 접근법을 보이고는 있었으나, 양국 모두 나름의 이유로 인도차이나 사태가 대규모의 전쟁으로 확대되는 것을 꺼리고 있었다. 소련은 대미 데탕트를 위해 인도차이나 문제를 협상의 카드로 활용하려는 의도가 있었으며, 중국은 '은밀하고 신중하게' 동남아 혁명을 지원함으로써, 미국의 직접적 군사개입을 저지하면서도 이 지역의 혁명역량을 강화해 나갈 수 있는 시간을 벌고자 하였다. 따라서 중국과 소련 모두 미국의 인도차이나에 대한 직접적 개입을 더욱 정당화시켜 줄 수 있는 행위를 될 수 있는 한 '자제'하려고 한 것이다. 60년 10월 흐루시초프의 방북 취소도 이러한 결과에 기인한 것으로 보인다.[255]

김일성은 조급해 할 수밖에 없었을 것이다. 1960년 1월 미국과 일본은 53년 9월 체결된 「미·일 안전보장 조약」(구조약)을 개정한 「미·일 상호협력 및 안정보장 조약」(신조약)에 가조인하고, 이 조약은 동년 6월 20일 정식

254) 국가안전기획부, 『소련의 「불가침·상호원조·우호협력」 조약집』(1981.2) 참조. 1961년 7월 6일 체결된 「조·소 우호협력 및 상호원조 조약」의 쌍방 전권대표도 흐루시초프와 김일성이다. 5일 뒤 체결된 「조·중 조약」의 중국 측 전권대표는 저우언라이이다.

255) 흐루시초프의 방북 취소에 관해서는 「북한리디오 방송」, 1960년 10월 11일. 정진위, 『북방삼각관계』, p.61에서 재인용.

성립하게 되었다. 이로써 동북아는 미국을 중심으로 한 집단방위체제의 구축을 통해 반공 포위망의 큰 틀을 갖추게 되었다. 즉 미국은 1953년 8월에 성립한 「한미상호방위조약」, 1954년 12월에 조인한 「미·대만 상호방위 조약」과 1960년 6월 개정된 미·일 신(新)조약으로 외부의 가상적국(중·북·소)의 침략에 대처하기 위한 동맹의 법적 틀을 더욱 구체적으로 마련하게 된 것이다.[256] 이러한 정세변화와는 대조적으로 당시 중국과 소련은 보다 조심스럽고 소극적인 자세를 견지하고 있었던 것이다. 더욱이 예정되어 있던 흐루시초프의 방북이 전격 취소되어 버렸다. 또한, 61년 1월 새롭게 출범한 케네디 행정부는 남베트남에 대한 직접적 군사지원을 대폭 증강시켰다. 그리고 61년 4월 미 정부는 쿠바 카스트로 정권을 전복하려는 등 공세적 반공정책을 더욱 가속화시키고 있었다. 그뿐 아니라 남한에서는 5·16 군사쿠데타로 반공적 군사정권이 등장했다.[257]

3. 김일성의 이니셔티브와 조약 체결

위와 같이 흐루시초프의 방북과 조약 체결이 계속 연기되고 한반도 주변 정세가 매우 긴박하게 전개되자, 급기야 김일성은 자신이 직접 모스크바를 찾았다. 그리고 소련과 북한은 7월 6일 사전에 전혀 알려지지 않았던 「우호협조 및 상호원조」 조약의 체결을 공표하였다. 또한, 김일성은 닷새 후인 11일 베이징에서 「조·중 조약」 체결을 연이어 성사시킨다. 김일성의 소련·중국 방문 시기는 팜 반동 북베트남 총리가 중·소를 잇달아 방문하고 난 직후였다.

그런데 김일성이 중·소와 동시에 조약을 체결한 시점은 바로 중·소 양국 관계가 악화일로로 치닫는 와중이었다. 김일성은 이러한 상황적 맥락을 적

---

256) 1960년 1월 미·일 간 안보개정에 관해서는 다나카 아키히코(田中明彦), 이원덕 옮김, 『戰後 일본의 안보정책』(서울: 중심, 2002), pp.159-189.

257) Chae-Jin Lee, *China and Korea: Dynamic Relations* (Stanford: Hoover Institute, 1996), pp.59-60.

절히 이용한 것이다. 즉 김일성은 소련을 먼저 방문하여 중국과 동맹조약을 체결할 의사를 소련지도부에게 밝혔고, 이에 소련지도부는 중·소 대립이라는 맥락하에서 김일성의 중·소와의 동시 조약체결 의사를 수용하지 않을 수 없었을 것으로 보인다. 그리고 이러한 사태발전에 대해 중국지도부도 북한과 소련이 이미 조약을 체결한 이상 그것보다 더 강화된 공약을 담은 조약 문구를 만들어 낼 수밖에 없었을 것으로 짐작된다.

그러면 「조·중 조약」보다 닷새 먼저 체결된 「조·소 조약」에 대해 소련지도부는 과연 어떤 평가를 내리고 있었을까? 앞에서도 이미 지적한 바와 같이, 당시 소련지도부는 대미 데탕트를 적극적으로 추구하고자 하고 있었기 때문에 미국을 자극할 수 있는 행위를 자제하고 있었다. 무엇보다 상대적 약소국에 조약의 형태로 일방적 지원을 약속하는 것은 강대국의 전반적인 외교적 융통성을 상실하는 것일 수 있다. 따라서 흐루시초프는 김일성에게 "미국과 평화공존이 달성되면, 소련과 북한의 동맹조약은 무효가 된다."라고 말했다고 한다. 또한, 자신이 스탈린보다는 동맹관계를 중시한다고 말하고 나서, "스탈린이나 몰로토프 모두 북한이 소련의 동맹국이 되는지에 대해서는 자신이 없었다."라고 밝혔다.[258] 결국, 이러한 흐루시초프의 발언은 공동의 위협인식에 기반을 둔 실질적 '대적 균형' 동맹이라기보다는 신뢰관계가 없는 동맹조약 교섭이었음을 사사하는 발언이다.[259] 이는 한국주재 러시아 대사를 역임한 게오르기 쿠나제의 다음과 같은 발언에서도 명확히 확인할 수 있다.

> "이 동맹조약에서 때와 장소 및 조건에 관계없이 한반도 긴급 상황이 발생 시 소련의 자동군사개입이 보장된 것처럼 보이나, 조약 내용을 자세히 보면 소

---

258) 시모토마이 노부오, 『북한 정권 탄생의 진실』, p.145.

259) 김일성은 1961년 10월 제22차 소련공산당 대회 참석 차 소련을 공식 방문한 이래 1984년 5월까지, 비공식적으로 1967년 5월 블라디보스토크에서 브레즈네프와 비밀회담을 가진 것을 제외하고는 22년 7개월 동안 소련을 공식적으로 단 한 번도 방문하지 아니하였다.

련의 해석에 따라 좌우되게 돼 있는 소련 외무부 관리들의 고도의 전문성에 따라 작성됐다. 이에 따라 조약의 효력에 대해 북한은 소련의 자동군사개입을 믿어왔지만, 소련은 오히려 자동개입을 생각하지 않았다. 소련과 북한은 해방 직후 매우 밀접한 협력과 동맹관계로 시작했으나 한국전쟁 이후 양국 간의 특별한 관계는 매우 어려운 상황에 빠지게 됐으며 '아이러니컬하게도' 이러한 과정에서 동맹조약이 체결된 것이다."[260]

쿠나제 대사의 언급내용 중에서 조약이 소련의 해석에 따라 좌우될 수 있도록 고도의 전문성을 가지고 작성되었다는 말은, 자동군사개입 조항으로 해석될 수 있는 제1조에 대한 전제 조건으로써 북한이 취해야 할 의무 규정을 제2조와 제3조에 분명하게 명확히 명시해 둠으로써 어느 정도의 외교적 유연성을 확보하고자 했다는 의미이다. 즉 소련은 중국에 일방적으로 '편승'하는 북한의 행위를 용인하지 않겠다는 것과,[261] 소련의 안보이해에 직접적 영향을 미칠 수 있는 북한의 대외행위에 있어서는 반드시 사전 협의해야 한다는 것으로 해석될 수 있는 의무 규정을 명시해 두었던 것이다.[262]

그렇다면, 7월 6일 모스크바에서 「조·소 조약」 체결이 공표된 이후부터 중국 측의 대응 조치 과정을 살펴보자. 북한대표단의 일정을 정리하면 다음과 같다.[263]

---

260) 쿠나제 전(前) 대사의 이 발언은 1995년 5월 20일 코리아 포럼 주최로 개최된 한 모임에서 언급된 내용이다. 『연합뉴스』, 1995년 9월 25일.

261) 조약 제2조는 "체약국 쌍방은 체약 상대국을 반대하는 어떠한 동맹도 체결하지 않으며 어떠한 연합이나 행동 또는 조치에도 참여하지 않을 의무를 진다."라고 규정하고 있다. 일부에서는 이러한 문구는 국제 조약에서 통상적으로 규정하는 조항이라는 주장도 있으나(여인곤, "「조·소 우호협조 및 상호원조 조약」 폐기의 의미와 평가," 「정세분석 95-07」(민족통일연구원, 1995), p.5), 이 문구는 소련이 여타 동구 공산국가와 동맹조약을 체결할 때는 들어가지 않았다. 이 문구는 북한과의 동맹조약에만 유일하게 발견된다. 국가안전기획부, 『소련의 「불가침·상호협조·우호협력」 조약집』 (1981.2) 참조.

262) 조약 제4조는 "체약 쌍방은 평화와 전반적인 안전의 공고화를 촉진시킬 것을 염원하면서 양국의 이해관계와 관련되는 모든 중요한 국제문제들에 대하여 상호 협의한다."라고 규정하고 있다.

- 6일, 「조·소 조약」 공표(모스크바)
- 9일, 저우언라이 국무원 제111차 회의 주최, 「조·중 조약」 의제 설명
  - 전국인대 상무위원회 제40차 회의, 저우언라이를 「조·중 조약」 체결 전권대표로 위임
- 10일, 김일성을 단장으로 한 북한 당정대표단 수도공항 도착, 저우언라이 영접
  - 북한 당정대표단 구성: 김일성(조선로동당중앙위원회위원장, 조선민주주의인민공화국 내각수상), 김창만(조선로동당중앙위원회 부위원장), 김광협(조선로동당중앙위원회 상무위원회 위원, 내각 부수상 겸 민족보위상), 이종옥(조선로동당중앙위원회 상무위원회 후보위원, 내각 부수상 겸 중공업위원회위원장), 박성철(외무상) (중국주재 북한 임시대리대사 마동산은 모든 일정 수행)
  - 오후, 중국 당정대표단과 북한당정대표단 회담. 회담 후 연회
  - 중국대표단 구성: 류사오치(중공중앙부주석, 중화인민공화국주석)가 단장을 담당. 저우언라이(중공중앙부주석, 국무원총리), 덩샤오핑(중공중앙총서기), 펑전(중앙정치국위원), 천이(중앙정치국위원, 외교부장), 리푸춘(중앙정치국위원), 허룽(賀龍, 중앙정치국위원), 뤄루이칭(羅瑞卿, 국무원부총리), 그 외에 중공중앙위원 우슈첸(伍修權), 외교부부부장 지펑페이(姬鵬飛), 주북한 중국대사 챠오샤오광(喬曉光) 등 배석
- 11일, 오전 저우언라이·김일성 회담(김일성 숙소), 회담 후 오찬
  - 중국 측 참석자: 천이, 리푸춘, 뤄루이칭, 예지좡(葉季壯, 대외무역부 부장), 팡이(方毅, 국가계획위원회 부주임), 지펑페이, 챠오샤오광
  - 오후, 「조·중 우호협조 및 상호원조 조약」 체결
- 12일, 중국주재 북한대사관 주최 연회
- 13일 오전, 북한 대표단 항저우(杭州)로 향발, 마오쩌둥 접견
  - 중국측 참석자: 저우언라이, 천이, 쟝화(江華, 절강성 제1서기), 챠오샤오광
- 14일, 마오쩌둥 저언라이·천이와 함께 북한대표단 답방
- 15일, 중·북 공동성명 발표, 북한대표단 귀국

이러한 일련의 과정을 보면, 중·북 양측은 3번의 회담 과정을 거치고 있

---

263) 中共中央文獻研究室 編, 『周恩來年譜 (中)』, pp.423-424; 劉樹發 主編, 『陳毅年譜 (下)』, pp.880-881; 劉金質·楊淮生 主編, 『中國對朝鮮和韓國政策文件匯編 3』, pp.1271-1295.

다. 첫 번째 회담(10일)은 「조·소 조약」의 구체적 내용을 파악하고 조약 문안 작성의 사전 준비 작업이었을 것으로 추측되며, 두 번째 회담(11일)은 당제관계에 구애받지 않고 국가 대 국가 관계의 차원에서 조약에 조인하기 위한 회담으로 보인다. 그리고 세 번째 회담(14일)은 조선로동당에 대한 정치적 인정과 주권 존중의지를 중국의 최고지도자가 다시 한번 확인해 줌으로써 양국의 국가관계를 더욱 공고히 하고자 했던 회담으로 보인다.

중국 측은 사전에 「조·소 조약」의 구체적 내용을 숙지하지는 못한 것으로 보인다. 「조·소 조약」이 공표되고 3일이 지나서야 「조·중 조약」 체결을 위한 전권대표(저우언라이)가 임명되었다. 그리고 북한 당정대표단을 환영하려고 쓰인 10일 『人民日報』 사설에는 「조·소 조약」에 대한 언급이 없다. 또한, 대표단 영접을 위한 저우언라이의 환영 연설에도 그러한 언급이 없다. 그러한 내용은 12일 『人民日報』 사설과 중국주재 북한대사관이 주최한 연회석상에서 저우언라이가 한 연설에서부터 시작된다.[264)]

중국 측은 「조·소 조약」의 구체적 내용을 10일 류사오치를 단장으로 한 중국 당정대표단과 북한대표단의 회담에서 통보받고, 그 후 조약의 구체적 문안 작성에 들어갔을 것으로 추측된다. 따라서 11일 회담에서는 조약체결 전권대표인 저우언라이가 단장의 신분으로 김일성과 조약에 서명했던 것으로 보인다. 그런데 흥미로운 사실은 『저우언라이 연보』(周恩來年譜)에 11일 오전 김일성과의 회담에서 저우가 사회주의 건설 문제에 대해 말하면서 "(중국은) 경제회복 시기에 중공업 우선 발전도 필요한 것이었다. 그러한 기초가 없었다면 농업을 지원할 수 없었을 것이다."라고 언급했다는 내용이 기록되어 있다.[265)] 그리고 동일 오후 「조·중 조약」이 체결된다. 이는 조선로동당이 내부적으로 어떠한 경제발전 방식을 채택하건 이를 문제삼지 않겠다는 것을 의미한다. 당시 중국은 대약진운동의 부작용 때문에 류사오치·천윈·저우언라이·덩샤오핑을 중심으로 경제 「조정」(調整)을 위한 내부논의

---

264) 劉金質·楊淮生 主編, 『中國對朝鮮和韓國政策文件匯編 3』, pp.1281-1289.
265) 中共中央文獻研究室 編, 『周恩來年譜 (中)』, p.424.

가 활발히 진행되고 있던 중이었다.[266]

결국, 저우의 이러한 언급은 북한과 같은 중공업 우선 노선이 중국 내부적으로 현재 많은 부작용을 노정시키고 있지만, 그럼에도 현재 북한이 추진하고 있는 중공업 우선 노선에 대해서는 존중을 표한다는 말로 받아들일 수 있다.[267] 다시 말해 당의 노선상의 견해 차이를 국가 관계에까지 확대 적용시키지 않겠다는 의미로 해석할 수 있다.[268] 13일 김일성이 마오를 접견했음에도 14일 마오쩌둥이 직접 김일성을 찾아가 회담한 것은 당시까지의 양국 외교사에서 유일무이한 경우다. 그만큼 "조선인민의 영수이자 중국인민이 경애하는 친구 김일성 동지의 조선로동당"을 정치적으로 다시 한번 인정해 주었다는 의미이다.[269]

사실 북한이 조선로동당의 명의로 당정대표단을 구성하여 방중한 것은 이번이 처음이었다. 이전에는 조선정부대표단, 경제대표단, 군사대표단, 인민대표단의 이름으로 방문한 적은 있었지만, 당대표단의 명의로 방문한 적은 없었다. 김일성이 중국을 공식 방문한 것은 53년, 54년, 58년, 59년 네 차례였지만,[270] 그때는 정부대표단의 명의로 방문한 것이었다. 1961년 7월 방문부터 중국의 언론매체나 중국지도부의 각종 연설에는 "김일성을 정점으로 하는 조선로동당"의 '업적'이나 '공헌'을 찬양하는 각종 언술들이 눈에 띄게 많이 등장하기 시작했다.[271]

---

266) 바르바라 바르누앙·위창건, 『저우언라이 평전』, pp.220-232.

267) 북한 경제노선 변화과정에 대해서는 서동만, 『북조선사회주의 체제 성립사』, pp. 833-842.

268) 그러나 중국은 당시 북한에 소련과 같은 추가 경제원조를 제공하지는 않았다. 당시 북한은 9월 제4차 당대회에 7개년 계획을 상정하기로 되어 있었기 때문에, 김일성의 소련과 중국 방문도 새로운 경제계획 추진에 필요한 원조를 요청할 목적도 있었을 것으로 보인다. 그런데 소련방문을 통해서는 「기술제공 협정 및 1962~65년간 북한의 화학공업 발전을 위한 일련의 상품추가 납입 협정」을 체결하였으나, 중국으로부터는 소련에서와 같은 추가 경제원조를 얻어내지 못했다. 정진위, 『북방삼각관계』, p.67; 이종석, 『북한-중국관계』, pp.221.

269) 劉金質·楊淮生 主編, 『中國對朝鮮和韓國政策文件匯編 3』, p.1283.

270) 1960년 5월 방중은 비밀 방문이었다.

그런데 한 가지 특이한 점이 있다면, 1961년 7월 10~15일 김일성의 중국 방문 이후부터 중·북 양국지도부의 각종 연회 및 환영연설에는 “소련을 정점으로 한(以蘇聯爲首) 사회주의 진영의 단결”이라는 구호가 사라지고, 단순히 “사회주의 진영의 위대한 단결”만을 강조하고 있다는 점이다.[272] 이는 북한이 ‘미 제국주의’라는 공동의 위협에 대해서는 진정한 국가 대 국가 간 협력적 안보 상호작용이 실현될 수 있도록 중국의 리더십을 인정하는 단계로까지 중·북 관계가 발전했음을 의미하는 것이다.

---

271) 『人民日報』 7월 10일자 사설은 “조선로동당은 사회주의의 길을 따라 전진하고 조국평화통일을 쟁취하는 데 있어 조선인민들을 인도하는 등대이다. 조선인민은 조선로동당의 영도하에 하나의 승리에서 또 하나의 승리로 달려가고 있다. 마르크스·레닌주의의 기치를 높이 들고 프롤레타리아 국제주의 원칙에 충실한 조선로동당은 사회주의진영의 단결과 국제공산주의운동의 단결을 부단히 강화하기 위하여 탁월한 공헌을 하였다.”라고 기술하고 있다. 그리고 7월 10일 류사오치는 환영 만찬에서 “조선로동당은 마르크스·레닌주의의 기치를 높이 들고 프롤레타리아 국제주의에 충실한 당이다. (조선로동당은) 군중과 밀접히 연계되고 군중노선을 견지하며 혁명의 이론과 실천을 서로 잘 조합하고 있다. 김일성 동지를 수반으로 하는 조선로동당과 조선정부의 영도하에 영웅적 조선인민들은… 고도의 혁명역량과 애국주의 정신을 발휘하여 천리마의 속도로 사회주의건설의 각각의 전선에서 역사상 전례가 없는 성취를 획득하였다.”라고 언급한다. 또한 「中朝聯合公報」(7월 15일)에서도 “회담 중에 중국 측은 조선로동당에 대해서 마르크스·레닌주의를 보위하고 사회주의진영의 단결을 강화하는 데 있어 탁월한 공헌을 하였다고 고도의 찬양을 표시하였다… 북한 측은 위대한 중국인민이 마오쩌둥을 수반으로 한 중국공산당 주위에 단결하고 중국공산당의 영명한 지도하에 사회주의건설에서 이룩한 위대한 성취를 극구 찬양하였다.”라는 문구를 삽입시켰다. 이전에는 그저 “조선로동당의 영도하에”라는 다분히 형식적인 수사 외에는, 이러한 문구를 찾아 볼 수 없었다.

272) 劉金質·楊淮生 主編, 『中國對朝鮮和韓國政策文件匯編 3』, pp.1271-1295. 1960년 10월 23일~11월 10일 허룽 중국국방위원회 부주석 겸 국무원 부총리를 단장으로 한 중국 군사우호대표단이 중국인민지원군 참전 10주년 기념행사 참석 차 평양을 방문하였을 때에도 “소련을 정점으로 한 사회주의 진영”의 단결은 어떤 장소에서도 강조되었다. 劉金質·楊淮生 主編, 『中國對朝鮮和韓國政策文件匯編 3』, pp.1212, 1215, 1220.

제4절 동맹형성 동인 및 내용

1. 동인

1) 대미 균형(Anti-American Balancing)

당시 북한이 중국과 대외 안보위협을 공유하고 있었음은 주지의 사실이다. 따라서 북한의 가장 우선적 동인은 주한미군의 현대화 및 핵 무장화에 대응하고, 당시 더욱 구체화되고 있었던 미국을 중심으로 하는 동북아 집단 방위체제에 '균형'(balancing)을 맞추기 위한 것이었다. 「조·중 조약」 체결 의의에 대해 『人民日報』는 다음과 같이 기술하고 있다.

> "(중·조 간 조약체결은) 양국 인민의 정치생활과 양국 우호관계 역사에 있어 중대한 사건이다. 이러한 역사적 조약체결은 중·조 양국 인민의 근본이익에 맞으며 아시아와 세계 각국 인민의 이익에 부합된다… 오늘 우리는 부단히 발전하는 중·조 양국 인민의 형제적 우의를 조약의 형식으로 고정하여 놓았다. 이는 우리 양국 사회주의 건설 사업이 함께 고양되는 것을 더욱 촉진할 것이며, 제국주의 침략에 반대하고 세계평화를 보위하려는 양국 인민의 공동투쟁을 진일보하게 강화시킬 것이다… 조선의 평화통일을 촉진하고자 중국인민지원군은 일찍이 58년에 이미 조선에서 완전히 철수하였다. 그러나 미 제국주의는 조선분열 정책, 남조선의 전쟁기지화라는 침략 정책을 계속 견지하고 있다… 또한 대량의 핵무기를 남조선에 반입시키고 있다. 최근에는 남조선에 군사정변을 책동하여 파시스트 공포정치를 강화시켰다… 이뿐만 아니라 미국의 케네디 정부는 집권 이후 일본 군국주의 부활을 더욱 재촉하여 일본을 핵심으로 하는 동북아군사동맹 건립을 가속화시키고 있으며 일본 군국주의를 아시아 침략과 노역화를 위한 주요한 흉악한 공범자로 삼고 있다. 미 제국주의는 일본 군국주의 부활을 재촉하고 조선의 평화통일을 방해하여 일본과 남조선을 미국의 침략기지화하려는 죄악 행위를 적극적으로 추진함으로써, 날로 조선과 중국 그리고 전체 극동지역의 안보를 엄중히 위협하고 있다."
>
> "소·조 우호협력 및 상호원조 조약과 중·조 우호협력 및 상호원조 조약이 잇달아 체결된 것은 중국, 조선, 소련 3국의 위대한 단결을 보여주는 것이며, 사회주의진영의 단결을 보여주는 것이다… 중·조 우호협력 및 상호원조 조약과

소·조 우호협력 및 상호원조조약은 모두 평화조약이며, 아시아와 세계평화의 중요한 보장이다."[273]

이상의 『人民日報』 사설 내용을 통해 볼 때, 「조·중 조약」 체결의 직접적 동인은 크게 세 가지로 요약 가능하다. 첫째는, 중국인민지원군 철수에 따른 안보 공백의 불안감과 이에 대비되는 주한미군의 현대화 및 핵 무장화에 대한 위협 인식이다. 1957년부터 미국은 한국군의 규모 감축을 요구하는 대신 주한미군의 현대화와 핵 무장화를 진행시키고 있었다. 1957년 6월 21일 군사정전위위회 제75차 본회의에서 유엔 측은 정전협정 13조 D항(한반도로의 무기반입 금지 조항)의 폐기를 선언하고, "앞으로 남한에 있는 노후무기를 대체하기 위해 적절한 조치를 취하겠다."라고 통고하였다. 이후 주한미군의 현대화가 착수됨과 동시에 원자전에 대비한 '현대적 부대편성' 방침에 따라 한국에는 재래식 탄두와 핵탄두를 동시에 장착할 수 있는 280mm 핵대포와 지대지 미사일인 어니스트 존(Honest John)이 도입되었다. 이 무기들은 58년 2월에 한국에서 처음으로 공개되었다.[274] 바로 이러한 주한미군의 현대화와 핵 무장화 추세로 말미암아 김일성은 중·소와 동시에 군사조약을 체결하고자 했을지도 모를 일이다. 왜냐하면, 당시 북한에 핵우산을 제공해 줄 수 있는 국가는 소련이 유일했기 때문이다.

둘째, 남한에서 4·19 혁명이나 5·16 군사쿠데타 등 불안정한 정국이 지속적으로 출현함으로써 한반도 상황의 불안정성과 불확실성이 점차로 증가하였다는 점이 북·중 양국지도부의 안보적 우려를 자극했던 것이다.[275] 특히 북한은 남한의 군사정권의 강력한 반공 노선 때문에 중·소로부터 북한 안보에 대한 확고한 보장을 얻어내고자 했던 것으로 보인다. 「조·소 조약」은 박정희가 군사혁명위원회의 전권을 장악한지 불과 이틀 후에 체결되었다.[276]

---

273) "亞洲和世界平和的保障," 『人民日報』(社論), 1961年 7月 12日.

274) 김일영·조성렬, 『주한미군』, pp.79-80.

275) Chae-Jin Lee, *China and Korea,* pp.59-60.

셋째, 미국을 중심으로 한 '동북아 군사동맹'이 가속화하고 있다는 점과 케네디 정부의 공세적 반공정책이 중·북 지도부에게는 심각한 위협요인으로 작용했을 것이다. 이는 1960년 미·일이 안보조약 개정을 통해 아태지역에서의 군사적 반공 봉쇄체제를 더욱 공고히해 나간 현상을 가리킨다. 바로 "중국, 조선, 소련 3국 간 위대한 단결"을 강조한 것은 이에 대한 '균형'을 맞추기 위한 포석이다.277) 또한, 1961년 4월 케네디 정부가 쿠바 카스트로 정권전복을 시도했다는 점도 중·북한 양국지도부의 안보적 우려를 가속화시켰을 것이다.278)

2) 상호 결박(Mutual Tethering)

1958년 2월 저우언라이의 방북을 통해 중국은 '새로운' 프롤레타리아 국

---

276) 정진위, 『북방삼각관계』, pp.66-67.

277) 그런데 이 대목에서 조심스럽게 받아들여야 하는 점은, 실제 마오쩌둥은 일본의 '군국주의' 부활 가능성을 크게 우려했던 것은 아니라는 점이다. 1950~60년대까지만 하더라도 마오는 일본이 대만의 국민당 정부대신 중화인민공화국(PRC)을 승인하도록 종용하였고, 거기에 어느 정도의 희망을 버리지 않았다. 그는 양자관계라는 차원보다는 미국의 대중 적대정책과 세계적 전략 환경(global strategic situation)이라는 관점에서 일본을 바라보았다. 따라서 1969년 이후 미국과의 관계 개선의 방향으로 자국의 전략적 위치를 재조정할 때, 마오에게 있어 일본은 대소 견제를 위한 잠재적 후보 국가로서의 전략적 가치가 있었던 것이다. Greg Austin, Stuart Harris, *Japan and Greater China: Political Economy and Military Power in the Asian Century* (Honolulu: University of Hawaii Press, 2001), pp.13-14.

278) Chae-Jin Lee, *China and Korea,* p.60. 조·중 조약은 1961년 8월 30일 중화인민공화국주석의 비준과, 8월 23일 북한 최고인민회의상임위원회 비준을 거친 후, 9월 10일 평양에서 비준서가 교환되었다. 조약 제7조에 근거 동조약은 비준서가 교환된 일자인 9월 10부터 효력이 발생하였다. 劉金質·楊淮生 主編, 『中國對朝鮮和韓國政策文件匯編 3』, p.1280. 김일성은 중·북 양국 간에 「조·중 조약」 비준서가 정식 교환된 직후 개최된 1961년 9월 11일 조선로동당 제4차대회 중앙위원회 사업총화 보고를 통해 「조·소, 조·중 조약」을 방위적이며 억지적 성격을 띤 것으로 규정하고 있다. 즉 외적 위협에 대항하는 '균형' 동맹으로써 정의하고 있다. 김일성, "조선로동당 제4차 대회에서 한 중앙위원회 사업총화보고"(1961년 9월 11일), 서대숙 편, 『북한문헌연구: 문헌과 해제』(서울: 극동문제연구소, 2004), pp.309-310.

제주의를 북한에 적용하려고 하였다. 그리고 이후 중국의 대북 '포용' 노력은 양국의 협력적 상호작용을 유발시켰다. 그러나 사회주의 국제관계에 내연(內燃) 되고 있었던 '내장된 불안정성'은 언제라도 다시 표출될 가능성을 안고 있었다. 당시 저우언라이는 국제정세 판단에 대한 마오쩌둥의 독자적 견해를 강조하는 것을 잊지 않았다.279)

전반적 국제정세에 대한 '포괄적 위협평가'를 누가 '정의'(definition)하는가 하는 문제, 즉 정의의 주체 문제는 국가 간 역학구도의 변화를 의미하는 것이다. 북한의 시각에서 볼 때, 동유럽 소요 사태의 수습 과정을 통해 마오는 국제공산주의 운동에서 중국이 마치 소련과 대등한 국제적 지위에 있음을 웅변하는 것처럼 보였다.280) 이러한 마오의 세계혁명 리더로서의 역할에 대한 집착은 언제라도 소련과의 정치적 갈등으로 비화할 가능성을 내장하고 있었다. 이는 포괄적 위협 평가의 상이성이 구체적 대외정책의 편차로 나타날 경우 결국 '사회주의 진영의 단결'은 공허한 구호가 될 것이기 때문이다. 북한에 있어 더욱 큰 문제는 세계혁명의 중심 역할을 '자임' 하려는 중국이,

---

279) "현재, 우리는 유례없는 유리한 국제환경을 맡고 있다. 제국주의에 대한 사회주의 역량과 전쟁(세력)역량에 대한 평화(세력)역량이 우세한 현상은 일찍이 이미 존재했던 것이지만, 지금 또다시 하나의 새롭고 결정적인 변화가 발생하여 세계정세가 새로운 전환점을 맡고 있은 것이다. 마치 마오쩌둥 주석이 언급한 것처럼, 현재 국제정세는 서풍이 동풍을 제압한 것이 아니라 동풍이 서풍을 제압하고 있는 것이다.… 1957년 하반기 국제적으로 2가지의 역사적 의의를 가진 사건이 발생하였다. 소련이 2기의 인공위성을 성공적으로 발사하였으며, 세계 공산당 및 노동당 대표들이 모스크바에서 회의를 개최하고 2개의 중요한 선언을 발표하였다. 이 두 가지 중대한 사건은 한편으로는 사회주의제도의 우월성과 소련을 정점으로 하는 사회주의 진영의 강대함을 증명하는 것이고, 다른 한편으로는 국제공산주의 운동의 융성과 번영 및 단결 일치를 설명하는 것이다." "周恩來總理在朝鮮第二屆最高人民會議第二次會議上的講話(2月19日)," 劉金質 · 楊淮生 主編, 『中國對朝鮮和韓國政策文件匯編 3』, pp.935-937.

280) 황장엽은 당시를 회고하며, "국제공산주의 운동의 영도권(領導權)이 소련에서 중국으로 넘어가는 것 같은 인상을 주었다."라고 언급하고 있다(황장엽, 『나는 역사의 진리를 보았다』, p.128). 그러나 실제로 중국지도부는 앞에서 언급한 바와 같이, 61년 10월 소련공산당 제22차 당 대회 이전까지는 대미 전략적 사고에 따라 공개적 장소에서는 소련의 리더십을 인정하려고 했다.

소련과의 갈등으로 말미암아 자신의 '주관적' 정세판단을 북한에 강제할 수 있다는 점이다.[281] 이는 '새로운' 프롤레타리아 국제주의가 또다시 위계적 질서를 강제하는 수단으로 전환될 수 있음을 의미하는 것이다. 이러한 '내장된 불안정성'은 국가이익의 충돌 시 언제라도 재연될 수 있었다.[282]

따라서 김일성은 중·북 양국 간에 「조·중 조약」 비준서가 정식 교환된 직후 개최된 1961년 9월 11일 조선로동당 제4차 대회 중앙위원회 사업총화 보고에서,[283] 국제정세와 관련하여 1957년 11월 모스크바에서의 마오쩌둥 연설을 대독하는 듯한 발언을 하면서도, 사회주의 국제관계의 '불안정성'을 암시하는 대중국 메시지를 빠뜨리지 아니하였다. 김일성은 당시 당 대회에 참석 중인 중공중앙위원회 총서기 덩샤오핑과 소련 당 정치국원 코즐로프

---

281) 실제 중국은 1960년대 문화대혁명 기간 베트남·북한과의 관계에서 이러한 스스로의 모순에 빠져 있었다. 이 점은 다시 후술할 것이다.

282) 그러한 '내장된 불안정성'은 1960년 5월 김일성의 이념적 대중 '편승'이 있은 연후 중·북한 간의 정치적 연대가 공고한 상태에서도 확인할 수 있었다. 황장엽의 회고록에 따르면, 1960년 10월 81개국 공산당·노동당 대회(모스크바)에서 김일성의 지시에 따라 북한대표단(단장: 김창만)은 "소련의 대국주의적 압력에 절대로 굴하지 않는다."라는 자세로 중국과 공조를 취하고 있었고, 회의가 결렬될 경우를 대비해 북한의 입장을 밝히기 위한 성명서를 작성하고 있었다고 한다. 그런데 그 와중에 중·소 간 화해가 성립되었다는 소식을 접하게 되었다고 한다. 조선로동당 국제부장은 "개인숭배를 반대하는 조항을 철회하도록 소련공산당에 요구하도록 한 북한·중국 양국 간 약속을 중국대표단이 저버린 채 일방적으로 소련과 화해해 버렸다고 불만을 털어놓았다"(황장엽, 『나는 역사의 진리를 보았다』, pp.130-131). 당시 중국은 개인숭배 문제가 아니라, '대미 위협' 균형을 위한 사회주의 진영의 단결된 모습을 보여주는 것이 더욱 중요했던 것이다.

283) 「조·중 조약」 비준서는 1961년 9월 10일 평양에서 북한주재 중국 대사 하오떠칭(郝德青)과 북한 외무상 박성철 간에 교환되었다. 당시 중국 측 참석자는 중공중앙위원회 총서기 덩샤오핑, 중공중앙정치국후보위원 캉셩(康生), 중공중앙위원 우슈첸(伍修權), 북한주재 중국대사관 참사관 류샹룬(劉祥綸), 상무참사 리반루(李范如), 무관 장위에팅(張樂亭) 등이었으며, 북한 측 참석자는 내각 제1부수상 김일, 내각부수상 겸 민족보위상 김광협, 외무성부상 류장식, 외무성 조약법률국 국장 김치원, 의례국장 박인근, 출판보고국 국장 이규을, 제2국부국장 신현욱 등이다. 「비준서 교환 공보」 상에 특히 「조·중 조약」 제2조(군사원조)를 다시 한번 강조하고 있다. 劉金質·楊淮生 主編, 『中國對朝鮮和韓國政策文件匯編 3』, p.1303.

(Kozlov)가 지켜보는 가운데 다음과 같은 연설을 하고 있다.

> “국제무대에서의 력량 관계의 근본적 변화는 새로운 세계 대전을 방지하며 평화를 유지 공고화할 수 있는 현실적 가능성을 조성하여 주고 있습니다… 제국주의가 함부로 전쟁을 도발할 수 있는 시기는 지나갔습니다. 그러나 이것이 결코 전쟁의 위험이 더는 존재하지 않는다는 것을 의미하지 않습니다. 제국주의가 남아 있는 한 전쟁의 근원은 사라질 수 없습니다. 미국을 괴수로 하는 제국주의자들은 국제 긴장상태의 격화와 군비경쟁의 강화 그리고 새로운 전쟁의 도발에서 멸망하여 가는 자기들의 처지로부터의 출로를 찾으려 하고 있습니다… 부르죠아 사상의 반영으로서의 수정주의는 여전히 국제 공산주의 운동의 주되는 위험으로 남아 있습니다. 유고슬라비아 수정주의자들을 대표자로 하는 현대 수정주의자들은… 제국주의와 그 반동 정책을 비호하여 나서고 있습니다… (그러나) 수정주의와 함께 교조주의도 역시 혁명사업에 해로운 것이며 개별적 당들의 이러저러한 발전 단계에서는 주되는 위험으로 될 수 있습니다… 수정주의와 교조주의를 반대하는 견결한 투쟁이 없이는 개별적인 공산당 및 로동당들과 전체 국제 공산주의 운동의 발전, 그리고 이 대렬의 통일과 단결을 보장할 수 없으며… 우리 당은 앞으로도 수정주의와 교조주의를 반대하는 두 전선에서의 투쟁을 강력히 전개할 것입니다.”[284)]

물론 이러한 김일성의 발언은 내부적으로 이미 여러 차례 언급된 내용의 반복이었다. 그러나 사회주의 국가 및 기타 중립국을 포함한 32개 국가가 참석한 당 대회에서 김일성 자신이 직접 이러한 발언을 한다는 것은 예전 같으면 상상하기 어려웠을 것이다.[285)]

그리고 연설을 마감하면서 김일성은 “국제 공산주의 운동의 불패의 힘의

---

284) 김일성, “조선로동당 제4차 대회에서 한 중앙위원회 사업총화 보고”(1961년 9월 11일), 서대숙 편, 『북한문헌연구 제I권(조선로동당)』, pp.304-315.

285) 이러한 내용의 연설은 1960년 6월 부카레스트 회의에서 김창만이 행한 적이 있다. 국제정세와 관련하여 김일성이 1956년 4월 23일 조선로동당 3차 대회에서 한 보고 내용과 61년 9월 4차 당대회에서 행한 보고내용을 비교해 보면, 그야말로 격세지감을 느낄 수 있다. 김일성, “조선로동당 제3차 대회에서 한 중앙위원회 사업총결 보고,” 서대숙 편, 『북한문헌연구 제1권(조선로동당)』, pp.80-88.

원천은 무엇보다도 먼저 이 대렬의 통일에 있습니다…우리 당은 모든 형제 당들과의 호상관계에 있어 항상 맑스-레닌주의와 프로레타리아 국제주의 원칙을 확고히 견지하여 왔습니다…(우리는) 모든 것은 이 위대한 통일과 단결의 리익에 복종되어야 한다고 인정하고 있습니다."라고 강조하였다.[286)]

결국, 김일성은 반목하는 강대국 사이에 끼인 상대적 약소국의 자리매김(positioning)의 곤혹스러움을 말하고 있는 것이다. 북한과 같은 상대적 약소국에 가장 중요한 것은 당제관계에서 오는 이념 논쟁이 아니라, 약소국이 직면한 '위협'에 대응하도록 얼마나 공동으로 지원을 받느냐 하는 문제이다. 바로 '프롤레타리아 국제주의'의 기준은 위협에 직면한 진영의 동맹국에게 얼마나 '지원'하느냐인 것이다. 약소국은 자국에 대한 지원의 여부와 대소를 강대국 정책의 출발점으로 삼고 있음을 말하는 것이다. 그것이 바로 사회주의 동맹에 대한 평가의 기준이고, 그것이 바로 진정한 '프롤레타리아 국제주의'의 기준이라는 것이다.[287)] 따라서 김일성이 하는 발언은 당제관계에서 오는 '연루' 우려와, 거기에 '연루'되었을 경우에 나타날 수 있는 국가 관계에서 오는 '방기' 우려를 동시에 드러내고 있는 것이다.[288)] 그러나 강대국의 국내정치 시스템이 '당=국가 체제'인 이상, 그리고 외교정책과 관련해 당의 역할과 기능이 바뀌지 않은 이상, 기존의 위계적 질서에 대한 요구는 언제라도 다시 나타날 수밖에 없는 '불안정성'을 내장하고 있는 것이었다.

한편, 중국의 입장에서 볼 때도 중·소와 군사동맹을 체결하려는 김일성의 모습은 결코 '순한 양'의 모습은 아니었을 것이다. 비록 김일성은 중국공산당에 이념적으로 '편승'하는 모습을 보였으나, 그것은 현상유지 세력과 현상변경 세력 모두를 추수할 수 있는 '기회주의적 재칼'의 모습으로 나타날

---

286) 김일성, "조선로동당 제4차 대회에서 한 중앙위원회 사업총화 보고," 서대숙 편, 『북한문헌연구 제I권(조선로동당)』, pp.313-315.

287) 이것은 하노이 지도부가 중국지도부에게 지속적으로 제기한 문제의 핵심이었다. 牛軍, "中國外交的革命化進程," 楊奎松 主編, 『冷戰時期的中國對外關係』(北京: 北京大學出版社, 2006), pp.143-147; 李丹慧, "中國聯美反蘇的戰略出臺," pp.153-178; Qiang Zhai, *China & Vietnam Wars.*

288) 이후에 이러한 우려는 실제로 나타난다. 이 점은 다시 후술할 것이다.

수도 있는 것이었다.[289]

특히 중국지도부는 중·소 간 내홍(內訌) 속에서 경제적·군사적 실리를 챙겨가는 김일성의 수완에 놀라워했을 것으로 짐작된다. 1960년 7월 소련정부가 중국주재 소련전문가를 완전 철수시키겠다는 통보를 중국정부에 보내자, 8월 호찌민은 중·소 간 '중재'에 나섰다. 그러나 북한은 관망하며 적절할 타이밍을 기다렸다. 흐루시초프가 제15차 유엔총회에 참석하여 서방과의 데탕트를 말하고 있을 때,[290] 북한은 10월 5일 이주연 내각 부수상을 단장으로 하는 경제대표단을 중국에 파견시켰다. 그리고 경제원조를 요청한다. 당시 중국은 대약진운동의 부작용과 더불어 설상가상으로 중국주재 소련전문가의 완전 철수로 경제적 곤경에 처해 있었던 시기이다.[291] 그럼에도, 10월 5일 저우언라이는 1961~64년 4.2억 루블(약 1.5억 달러)의 차관을 제공해 달라는 북한의 요구에 동의하였다. 그리고 상환 시기도 만기가 되어 갚을 수 있으면 갚고, 불가능하다면 10년이든 20년이든 얼마든지 연장할 수 있다고 약속한다.[292] 다시 말해 무상원조를 제공한 것이다.[293]

---

289) 당시 소련의 입장에서는 김일성의 그러한 행위가 더욱 우려스러웠을 것으로 짐작된다. 앞에서 언급한 흐루시초프의 발언과 쿠나제 전(前) 대사의 발언을 참조.

290) 9월 23일 유엔총회에서 흐루시초프는 8월 14일 김일성이 제기한 '남북연방제' 제의를 지지하는 연설을 하였다. 물론 중국도 냉전시기 내내 김일성의 '남북연방제' 제의를 지지하는 입장에 있었다. 이는 劉金質·楊淮生 主編, 『中國對朝鮮和韓國政策文件匯編』에 수록된 중국지도부의 각종 연설, 축하전문 등등에서 쉽게 확인할 수 있다. 이는 당시 중국의 전략적 초점이 인도차이나 반도에 집중되어 있었기 때문이다. 따라서 중국지도부의 입장에서는 한반도문제가 군사적 방법이 아니라, 정치적 방법에 의해 해결되는 것을 원했던 것이다. 즉 '정전체제'를 공고히 유지해 가는 가운데 정치회담을 통해 문제를 해결한다는 복안이었다. 이것이 1954년 제네바 극동평화회의 이후 지속된 중국의 대한반도 정책의 핵심이다(앞의 권오중의 논문 참조). 하지만, 중국지도부가 반감을 품었던 것은 제15차 유엔총회에서 '남북연방제'를 지지하는 흐루시초프의 발언이 아니라, '무원칙한' 소련의 대미 데탕트 추구였다. 10월 7일 마오쩌둥은 흐루시초프의 유엔 연설 문제를 토의하기 위한 중공중앙 정치국 상무위원 확대회의를 소집하였다. 中共中央文獻研究室 編, 『周恩來年譜 (中)』, p.356.

291) 이는 10월 5일 이주연과의 회담 시, 저우언라이가 스스로 언급한 내용이다. 中共中央文獻研究室 編, 『周恩來年譜 (中)』, p.355.

김일성의 수완은 여기에 그치지 않고, 군사동맹 조약 체결을 성사시키는 데에도 그대로 발휘되었다. 앞에서도 언급한 바와 같이, 흐루시초프의 방북이 계속 연기되고 이에 따라 조약 체결이 지연되자, 남베트남 정세변화를 둘러싸고 갈등하는 중·소 지도부의 내홍과, 남한에서의 군사정권 등장으로 인한 한반도 상황의 불확실성이 증대되는 타이밍을 이용해 김일성이 직접 이니셔티브를 취한 것이다. 김일성이 이미 소련과 조약을 체결한 이상, 중국 지도부로서도 그에 상응하는, 오히려 공약의 강도가 높은 조약을 체결하지 않을 수 없었을 것이다. 그것도 당시 중국지도부는 라오스문제를 해결하기 위한 제네바 회담에 전략적 관심을 집중시키고 있었고, 미국을 자극하지 않으려고 보다 '은밀하고, 신중한' 혁명지원을 하고 있는 상태에서 말이다. 아이러니컬하게도 「조·중 조약」은 이러한 상황적 맥락 속에서 도출된 것이다.

7월 15일에 작성된 양국 공동성명의 내용을 자세히 살펴보면 위에서 언급한 '역설적 상황'과 관련된 간접적인 시사점을 찾아 볼 수 있다. 7월 12일

---

292) 中共中央文獻硏究室 編, 『周恩來年譜 (中)』, p.356.

293) 정식 차관협정은 10월 13일 체결된다. 그런데 같은 날, 소련도 7.6억 루블(약 1.9억 달러)에 달하는 차관상환을 면제해 주었고, 1.4억 루블(약 3,500만 달러)의 상환은 1967년부터 10년간에 걸쳐 갚기로 상환기간을 연기해 주었다. 정진위, 『북방삼각관계』, pp.64-65; 이종석, 『북한-중국관계』, pp.220-221. 그런데 이러한 중·소의 대북지원을 정진위와 이종석의 연구는 '북한에 대한 중·소 간 경쟁'이라는 시각에서 보고 있다. 물론 결과적으로 보면 그러한 측면으로 이해할 수도 있으나, 보다 중요한 것은 김일성이 그러한 경쟁을 유도해 갔다는 점이다. 이는 향후 중국의 대북정책 조정을 논할 때 중요한 함의를 가진다. 따라서 중·소의 영향력 경쟁과 김일성의 이니셔티브 간의 '순서'(sequence) 문제는 중요한 논의 대상이다.

1958년 9월 중·북한 간에는 「장기 무역협정과 중국의 대북 차관협정」이 체결되었지만, 이는 중·소 경쟁과는 전혀 관계가 없는 것이다. 당시는 중·소가 이념적으로 격하게 대립하고 있었던 시기가 아니다. 또한, 이후에도 중국은 소련과 같이 경쟁적으로 북한에 추가 경제원조를 제공하지 않았다. 북한은 9월 제4차 당대회에 7개년 계획을 상정하기로 되어 있었기 때문에, 1961년 7월 김일성의 소련과 중국 방문은 군사조약 체결 목적 이외에도, 새로운 경제계획 추진에 필요한 추가 원조를 제공받는 것이었다. 이에 대해 소련은 「기술제공 협정 및 1962~65년간 북한의 화학공업 발전을 위한 일련의 상품추가 납입 협정」을 체결하였으나, 중국은 이를 수용하지 않았다.

발표된『人民日報』상에 나타나는「조·중 조약」의 동인은 '대미 균형'이었다. 그런데 7월 15일에 작성된 양국 공동성명(「中朝聯合公報」)을 보면,294) '미국 위협에 대한 균형'을 강조하는 부분은 간략히 처리되고, 대부분이 중·북·소 간 당제관계에 관한 내용이다. 다시 말해 중·북 양국 회담이 '외적 안보 위협'에 대한 우려보다는,295) 사회주의국가 간의 내적 관계에 많은 부분을 할애했다는 것이다.296) 이는「조·중 조약」체결에는 중·소 양당 갈등이라는 맥락이 가장 중요하게 작용하였음을 시사하고 있는 것이다. 중국은 이 조약을 통해 미국의 반공 봉쇄 정책에 대항하려는 의도 못지 않게, 중국과 소련 사이에서 북한이 취할 행보를 조약이라는 형식을 통해 예방적으로 '결박'(tethering)시키고자 하는 의도가 있었던 것이다.

다음에서 논의하겠지만 조약의 내용을 자세히 살펴보면, '외적 안보위협'에 대한 '균형'의 목적도 포함되어 있지만, 상대국의 불확실한 미래 행보를 예방적으로 '관리'하기 위해 법적 구속력을 강제하는 의무조항이 포함되어 있음을 알 수 있다. 따라서 조약 내용은 바람직한 양자관계의 '규범'이나, 행위의 '결박'을 규정하는 내용이 많으며, 전통적 동맹에서 일반적으로 보이는 '능력결집'의 가정이 전제된 내용은 최대한 모호하게 처리하고 있다. 또

294) "中朝聯合公報," 劉金質·楊淮生 主編,『中國對朝鮮和韓國政策文件匯編 3』, pp.1292-1295.

295) "쌍방은 미 제국주의가 남조선과 대만을 점령하는 범죄행위에 대해 강력히 규탄하고 견결히 반대한다." 중국정부는 조선정부의 평화통일주장을 완전 지지하며, 북한정부는 미국의 '두 개의 중국' 음모를 견결히 반대하고 대만해방을 일관되게 지지한다."

296) "1957년 모스크바 회의 선언, 1960년 모스크바 회의성명에 시종 충실할 것을 쌍방이 다시 한번 확인하였고, 유고슬라비아로 대표되는 '현대수정주의'가 국제공산주의운동의 주요한 위험이며 반드시 이에 대한 견결한 투쟁을 진행시켜야만 한다는 데에 양측이 견해를 같이하였다." "쌍방은 보편적 군축, 핵무기 금지, 대독평화조약 체결에 관한 소련의 건의를 적극 지지한다." 회담 중에 중국 측은 조선로동당에 대해서 마르크스·레닌주의를 보위하고 사회주의진영의 단결을 강화하는 데 있어 탁월한 공헌을 하였다고 고도의 찬양을 표시하였다." "북한 측은 위대한 중국인민이 마오쩌둥을 수반으로 한 중국공산당 주위에 단결하고 중국공산당의 영명한 지도하에 사회주의건설에서 이룩한 위대한 성취를 극구 찬양하였다."

한, 보편적으로 약소국과 강대국 간에 체결되는 '비대칭적 자율성-안보 교환 동맹'을 시사하는 내용은 어디에서도 찾아볼 수 없다.297)

2. 조약의 구체적 내용

중국이 상대적 약소국과 체결한 유일한 군사동맹 조약인 「조·중 조약」의 구체적 내용을 살펴보자. 조약은 전문(前文)과 7개 조항으로 구성되어 있다.298) 「조·소 조약」보다 하나의 조항이 더 많다. 이는 「조·소 조약」 중 제1조를 둘로 나누어 놓았기 때문이다. 그런데 두 조약은 국제관계의 계급적 성격에 대한 강조라든지, 안보공약과 조약의 유효성에 있어 차이를 보이고 있다. 「조·중 조약」이 5일 뒤에 체결되었기 때문에 강도 면에서 다소 보강된 듯하다. 그리고 무엇보다 중요한 것은 「조·중 조약」은 1958년 2월 저우언라이의 방북을 통해 '평화공존 5원칙'에 입각해 새롭게 정립된 양자관계의 '규범'을 법적으로 보장했다는 점이다. 특히 중국은 소련과 달리 북한 내정에 대한 불간섭을 확고히 보장해 주었다. 어쨌든, 소련 외교부 관리들이 고도의 전문성을 가지고 작성한 「조·소 조약」이 중국 측에게는 하나의 모범답안이었을 것이다.

조약을 순서에 따라 살펴보면, 전문(前文)에서 특히 사회주의 국제관계의 규범을 명시해 놓고, 1조와 2조는 북한의 요구사항을, 3조와 4조는 북한 요

297) 한·미 상호방위조약 제4조는 "상호적 합의에 의하여 미합중국의 육군 해군과 공군을 대한민국의 영토 내와 그 부근에 배비하는 권리를 대한민국은 이를 허여하고 미합중국은 이를 수락한다."라고 규정하고 있다. 「대한민국과 미합중국간의 상호방위조약」(외교통상부 업무참고 자료).

298) 「조·중 조약」의 中國語 本은 劉金質·楊淮生 主編, 『中國對朝鮮和韓國政策文件匯編 3』, pp.1279-1280을 참조하였고, 朝鮮語 本은 「조선민주주의인민공화국과 쏘베트 사회주의공화국 련맹 간의 우호, 협조 및 호상 원조에 관한 조약」 및 「조선민주주의인민공화국과 중화인민공화국 간의 우호, 협조 및 호상 원조에 관한 조약」, 『조선중앙년감 1962』, pp.157-162를 참조하였다. 그리고 「조·소 조약」의 러시아어 번역본은 국가안전기획부, 『소련의 「불가침·상호원조·우호협력」 조약집』, pp.33-34를 참조하였다.

구사항에 대한 중국의 제한 규정을, 5조는 다시 북한의 요구사항을 규정하고 이에 대한 중국의 제한 규정을 6조에 다시 명기하는 방식으로 문안 작업이 진행되었음을 알 수 있다. 그야말로 당시 중·북한 관계의 복잡성과 긴장감이 조약 문구 속에 그대로 녹아들어가 있다. 다음은 「조·소 조약」과 비교하면서 분석한 「조·중 조약」의 구체적 내용이다.

1) 전문(前文): 양자관계의 규범

우선 전문을 보면, 양자관계의 바람직한 발전 지향성에 대해 「조·소 조약」은 "*사회주의적 국제주의 원칙에 기초한*… 우호관계를 강화 발전시킬 것을 지향하면서"라고만 규정하고 있다.[299] 반면 「조·중 조약」은 "맑스-레닌주의와 *프롤레타리아 국제주의의 원칙에 립각하여* 또한 국가 주권과 령토 완정에 대한 호상 존중, 호상 불가침, 내정에 대한 호상 불간섭, 평등과 호혜, 호상 원조 및 지지의 기초 우에서… *형제적* 우호, 협조 및 호상 원조 관계를 가일층 강화 발전시키며"라고 보다 자세히 규정하고 있다. 중·북 양국이 소련과 달리 "사회주의적 국제주의 원칙"이라는 문구 대신 "맑스-레닌주의와 프롤레타리아 국제주의의 원칙"이라는 문구를 택한 것은 국제관계의 계급적 성격을 강조하고, 그만큼 이념적 유대를 과시하고자 했음을 말해 주는 것이다. 하지만, 연이어 '평화공존 5원칙'의 내용을 부연함으로써, '프롤레타리아 국제주의'가 위계적 질서를 상정하는 것이 아님을 확인하는 절차를 거쳤다. 이는 1958년 2월 저우언라이의 방북을 통해 확인된 양자관계의 규범('평화공존 5원칙'에 입각한 '프롤레타리아 국제주의')을 법적으로 명문화한 것이다. 그리고 마지막으로 "형제적… 원조"라는 문구를 삽입시킨 것은,[300] 저우언라이가 1957년 1월 헝가리를 방문하여 강조하였던 것처럼,

---

299) 이하 강조는 필자.

300) 「조·소 조약」에는 이 문구가 보이지 않는다. 그러나 소련은 동구 공산국가와의 조약에서는 이 문구를 삽입시켰다. 물론 소련이 말하는 '형제적 지원'은 위계적 질서를 내포하고 있었다는 점에서 중국과는 실제적인 차이를 보이는 것이다. 국가안전기획부, 『소련의 「불가침·상호원조·우호협력」 조약집』 참조. 소련의 동구 공산국가 동

사회주의 국가들도 '평화공존 5원칙'에 기초하여 평등의 정신 아래 협상을 토대로 문제를 해결해야 하지만, 사회주의 자체를 반대하여 진영의 단결과 응집력을 손상시키는 행위를 하지 않는다고 보장되어야 '형제적' 지원을 아끼지 않는다는 점을 강조하고 있는 것이다.[301]

한편, 「조·소 조약」 전문은 양자관계 발전 규범을 간략히 언급하고, 바로 연이어 "국제연합의 목적과 원칙에 입각하여 극동과 전세계에서의 평화와 안전의 유지, 공고화를 촉진시킬 것을 희망하면서 어떠한 국가 또는 국가군으로부터 조약 일방에 대한 무력침공이 감행되는 경우에는 원조와 지지를 상호 제공할 결의에 충만하며"라고 규정하고 있다. 그리고 제1조에 이러한 내용과 함께 "체약국은 앞으로도… 평화와 안전의 보장을 목적으로… 전쟁상태에 처하게 되었을 경우, 체약 상대방은 지체 없이 자기가 보유하고 있는 온갖 수단을 다하여 군사적 및 기타의 원조를 제공한다."라고 구체화시키고 있다. 이처럼 「조·소 조약」에는 자동군사개입 조항이라고 해석될 수 있는 내용을 전문과 제1조에 반복하여 강조하였다. 하지만, 거기에는 '평화와 안전의 보장'을 목적으로 한다는 규정을 함께 삽입시킴으로써 자동군사개입의 의미를 축소시키고 있다.

2) 제1조와 제2조: 지원의 자동성과 즉응성

「조·중 조약」은 「조·소 조약」의 제1조의 내용을 제1조와 제2조로 나누고, 제2조의 앞부분에 "체약 쌍방은 어느 일방에 대해 어떠한 국가로부터의 침략이라도 이를 방지하기 위하여 모든 조치를 공동으로 취할 의무를 지닌다."라는 문구를 삽입시킴으로써,[302] 대북 안보공약의 강도를 높이고 있

맹국에 대한 지원이 위계적 질서를 상정하고 있었다는 주장에 대해서는 David A. Lake, "Anarchy, hierarchy, and the variety of international relations," pp.1-33; Alexander Wendt and Daniel Friedheim, "Hierarchy under anarchy: informal empire and the East German State," pp.689-721.

301) 「조·소 조약」은 제4조에 '평화공존 5원칙'의 내용을 따로 떼어내어 규정하고 있다. 이는 국제관계 규범의 일반적 언급일 뿐으로써, 계급투쟁이나 무력혁명의 성격을 그만큼 희석시키기 위한 문안 작업으로 보인다.

다.[303] 즉 소련은 '평화와 안전'이라는 문구와 군사지원을 함께 배치했다면, 중국은 '공동 방위 의무'와 군사지원을 연결시키고 있는 것이다. 그만큼 공약의 강도가 높아진 것이다. 또한, 강대국은 일반적으로 동맹 조약 체결 시 자동군사개입 조항을 명문화하지 않음에도,[304] "모든 힘을 다하여 지체 없이 군사적 및 기타 원조를 제공한다"는 문구를 삽입시킴으로써 군사지원의 자동성과 즉응성을 높였다.

하지만, 중국과 소련 모두 '대적 균형'의 타깃을 명시하지 않음으로써 자동군사개입의 의미를 축소시키고자 한 흔적이 보인다. 소련은 동구 공산국가와의 동맹조약에 '히틀러주의의 침략자'라고 가상 적을 명시하고 있다. 그리고 중국과 소련과의 동맹 조약(50.2월) 내에도 "일본국 또는 직접 아니면 간접으로 일본과 침략행위에 있어서 연합하는 다른 국가"(제1조)라고 조약의 타깃을 명문화하고 있다.[305] 나중에 다시 논의할 것이지만, 어쨌든 중국은 "모든 힘을 다하여 지체 없이··· 제공"한다는 규정을 삽입시킴으로써 북한과의 동맹관계에서 그만큼 정책적 유연성을 상실하는 계기를 맞았으며, 이후 북한은 이 조항을 근거 삼아 '계산된 모험주의'를 통한 '약소국의 힘'을 보여줄 수 있었다.

---

302) 이는 북한 측 번역이다. 중문 본에는 "모든 조치를 공동으로 취할 것을 보증한다."로 되어 있다.

303) 대북 안보공약과 관련하여 「조·소 조약」이나 「조·중 조약」은 문구상 별반 차이가 없다. 다만, 어떤 내용과 배치시켰는가에만 차이가 보일 뿐이다.

304) 한·미 동맹의 경우도 예외는 아니다. 「한·미 상호방위조약」으로 한국은 미국의 안보공약을 더욱 확고히 보장받을 수는 있었지만, 전쟁 발발 시 미국의 자동군사개입은 보장받지 못했다. 한·미 양국은 "어느 한쪽이 외부로부터의 무력공격에 의해 위협을 받을 경우 상호협의하에 단독이든 공동이든 그것을 저지하기 위한 적절한 조치를 취할 것"(조약 2조)에 합의했다. 그러나 양국은 이러한 위험이 있을 경우 적절한 조치를 취하는 구체적인 방안으로 "각자의 헌법상의 수속에 따라 행동할 것"(조약 3조)라고 규정함으로써 미국의 자동개입을 보장받지는 못했다. 이승만은 조약에 유사시 미국이 '자동적이고 즉각적으로'(automatically and immediately) 개입한다는 구절을 넣고 싶어 했으나 미국의 반대로 관철시키지 못했다. 김일영·조성렬, 『주한미군』, p.71.

305) 국가안전기획부, 『소련의 「불가침·상호원조·우호협력」 조약집』 참조.

3) 제3조와 제4조: '제한의 협정'

「조·중 조약」은 「조·소 조약」과 마찬가지로 대북 군사지원을 위한 북한의 의무규정을 제3조와 제4조에 연이어 명문화하였다.[306] 제3조는 "체약 쌍방은 체약 상대방을 반대하는 어떠한 동맹도 체결하지 않으며 체약 상대방을 반대하는 어떠한 집단과 어떠한 행동 또는 조직에도 참가하지 않는다." 라고 규정하였고, 제4조는 "체약 쌍방은 양국의 공동 이익과 관련되는 *일체 중요한 국제 문제*들에 대하여 *계속 협의한다*."라고 명문화하였다. 이는 중국과 소련 모두 북한의 미래 행보에 대한 불확실성을 염두에 두고 있었음을 잘 말해주는 것이다. 그러므로 '상호 결박'(mutual tethering)을 위한 '제한의 협정'이 필요했던 것이다.

제3조는 중·소 관계를 고려한 것이란 점은 쉽게 예측할 수 있을 것이다. 앞에서도 이미 지적한 바와 같이, 소련은 동구 공산국가와의 조약 체결 시, 이와 유사한 조항을 삽입시킨 예가 없다.[307] 그만큼 중·소 대립 국면에서 북한의 미래 행보가 신경이 쓰였던 것이다. 그리고 제4조의 내용은 자동군사개입 조항으로 해석될 수 있는 제2조의 의미를 대폭 삭감시키고 있다. 사실 제4조는 저우언라이의 1958년 2월 방북으로 체결된 「중·조 수뇌방문 협정」(상호 통보 및 협의제)을 법적으로 명문화한 것에 다름 아니다. 하지만, 이 조항은 동북아 냉전구도라는 더욱 거시적이고 전략적 환경을 고려하여 삽입된 것으로 보인다. 자국의 전략적 이해에 관계될 수 있는 *일체*의 문제에 대해 협의해야 한다는 의무 규정은 상대적 약소국의 행보를 철저히 통제·관리(control and management)하겠다는 의미와도 같다. 제2조의 규정으로 '정책적 유연성'이 크게 제약을 받았다면, 제4조의 규정은 이후 중국이 김일성의 북한을 '관리'해 가는 수단의 근거가 된다.[308]

306) 「조·소 조약」은 제2조와 제3조이다.
307) 국가안전기획부, 『소련의 「불가침·상호원조·우호협력」 조약집』(1981) 참조.
308) 동맹의 통제 효과에 대해서는 Paul W. Schroeder, "Alliance, 1815-1945: Weapons of Power and Tools of Management," pp.230-231.

4) 第5조: 내정불간섭 재확인

앞의 조항들 못지않게 제5조의 내용도 중·북 양자관계에 상당한 함의를 내포하고 있다. 제5조는 "체약 쌍방은 주권에 대한 상호 존중, 상호 내정불간섭, 평등과 호혜의 원칙 및 우호 협조의 정신에 계속 입각하여 *양국의 사회주의 건설 사업*에서 상호 가능한 모든 경제적 및 기술적 원조를 제공하며 양국의 경제, 문화 및 *과학기술적 협조*를 계속 공고히 하며 발전시킨다."라고 규정하고 있다. 그런데 이와 관련된 「조·소 조약」 제4조는 "체약국은 평등과 국가주권의 상호존중, 영토안정, 상호 내정불간섭의 원칙에 입각하여 우호와 협조의 정신으로 *양국의 경제적 및 문화적 연계를 강화 발전시키며,* 경제 및 문화 분야에서 가능한 모든 협조를 상호 제공하며 필요한 원조를 실현할 데 대한 의무를 진다."로 규정하고 있다.

표면적으로 보면 이 둘은 거의 같은 내용처럼 보이지만, 실제는 엄청난 차이를 내포하고 있다. 소련은 내정불간섭을 강조한 것이 아니라 '경제·문화적 연계'를 강조하는 것이다. 이는 당시 소련이 공산권 국제경제 구도를 여전히 '위계적 분업체계'의 시각에서 바라보고 있음을 의미하는 것이다. 심지어 소련은 동구권 공산주의 국가와의 동맹조약 내에 "사회주의적 국제 분업의 제(諸)원칙에 입각하여… 상호경제원조회의(코메콘)의 범주 속에서 경제적 협력관계를 가일층 발전 촉진한다."라는 문구를 삽입시킬 정도였다.[309] 사실 이러한 소련의 경제적 위계질서 강요는 이후 북한과 소련과의 관계 악화에 중요한 요인으로 작용하였다.[310]

반면 「조·중 조약」의 경우는 '연계'라는 용어 대신 '양국의 사회주의 건설 사업에서의 상호 협력'이라는 문구를 채택하였다. 이는 상대방의 경제건설 방식에 대해서는 앞으로 문제 삼지 않을 것임을 약속하는 내용이다. 따라서 조약 체결 시기 중국지도부는 자국의 중공업 우선 발전노선을 「조정」하

309) 소련과 폴란드, 불가리아, 헝가리, 체코슬로바키아, 루마니아, 동독 간 「우호협력 및 상호원조 조약」을 보라. 국가안전기획부, 『소련의 「불가침·상호원조·우호협력」 조약집』, pp.35-51.

310) 이 점은 다시 후술할 것이다.

는 과정에 있었음에도,[311] 조선로동당에 대한 '찬양'을 아끼지 않았던 것이다. 앞서도 언급했지만, 하노이 지도부의 대한 태도와는 대조적으로 58년 2월 저우언라이의 방북 이래 중국지도부는 북한의 경제건설 방식에 대한 일체의 간섭을 배제해 왔다. 심지어 저우언라이는 대약진운동의 부작용이 심각해지자, 61년 6월 20일 김일성에게 전문을 보내 북한의 비닐론과 제철공업의 설계, 설비제조, 생산의 선진 경험을 학습하기 위해 중국의 유관공업부문에서 2개의 기술조사소조(小組)를 조직해 북한에 파견시키는 문제를 제기할 정도였다.[312] 따라서 「조·중 조약」 제5조에는 '과학기술적 협조 제공'이라는 문구가 들어갔으나 「조·소 조약」에는 그러한 문구가 없었던 것이다.

1961년 9월 10일 중·북 간 「조·중 조약」 비준서가 교환된 직후 개최된 조선로동당 4차 대회에서 덩샤오핑은 축하 연설을 통해 북한의 경제발전 노선을 강력하게 지지하였으며, "우리 양국 인민은 사회주의를 건설하는 과정에서 서로 원조하고 긴밀히 합력하고 상호 학습하고 있습니다."라고 언급한다. 당 대회 폐막 이후 덩샤오핑은 자강도 희천시의 선반 공장을 참관하고, 방명록에 "우리는 조선로동당의 창조성의 영도를 목격하였다. 조선의 강대한 공업기초를 보았고, 우수한 산품을 보았다. 우리는 김일성 동지와 노동당의 영도하에, 새로운 7개년 계획에서 커다란 성과를 이룩하기를 기원한다."라고 썼다.[313] 그러나 소련은 전체 공산진영의 경제통합계획을 주장하고 있었기 때문에 북한의 새로운 7개년 경제계획을 적극적으로 지지하지 않았을 뿐 아니라, 더욱이 새로운 경제계획을 포기하지 않는 한 대북 경제원조를 중단할 것이라 경고했다.[314] 결국, 소련이 사회주의적 국제분업 원칙을 통해 경제적 위계질서를 강조했다면, 중국은 진정한 내정불간섭을 강조한 것이다.

311) 이 점은 다음 장에서 상세히 설명할 것이다.

312) 中共中央文獻硏究室 編, 『周恩來年譜 (中)』, p.418.

313) 潘敬國 主編, 『共和國外交風雲中的鄧小平』(哈爾濱: 黑龍江人民出版社, 2004), pp.375-377.

314) 정진위, 『북방삼각관계』, p.71.

5) 제6조: 한반도 통일방식에 대한 '제한'

중국은 조약 5조를 통해 북한 내정에 대한 불간섭을 재차 확인해 주었다. 그러나 이는 중국에 또 다른 전략적 고민을 안겨 주는 것이다. 특히 북한이 김일성의 한반도 '혁명전략' 수행을 북한의 내정으로 규정한다면, 이는 중국에게 심각한 안보 우려 사항일 수밖에 없었다. 따라서 중국은 적어도 한반도 통일방식에 대해서 만큼은 일정한 '제한'을 가하는 조치가 필요했을 것으로 보인다.[315]

「조·중 조약」 제6조는 "체약 쌍방은 조선의 통일이 *반드시* 평화적이며 민주주의적 기초 위에서 실현되어야 하며 그리고 이와 같은 해결이 곧 조선 인민의 민족적 이익과 극동에서의 평화 유지에 부합된다고 인정한다."라고 규정하였다. 조약 내에 '반드시'라는 제한 어법을 사용한 것은, 조약이 '평화적이며 방어적 성격'임을 대외적으로 보여주려는 조치일 수도 있고, 불필요한 분쟁에 '연루'되지 않겠다는 전략적 사고일 수도 있다.

중국지도부는 6·25전쟁에 참전함으로써 대만 '해방'의 기회를 상실했던 역사적 경험을 상기했을 수도 있고,[316] 당시 전략적 초점이 인도차이나 반도에 집중되어 있어 한반도 문제는 군사적 방법이 아니라 정전체제의 공고화를 통해 정치적 방법으로 접근해야 한다는 전후 중국의 대한반도 정책을 강조했을 수도 있다. 어쨌든, 조약 6조는 외교적 레토릭일 수도 있고, 중국의 '연루 우려'를 반영하는 것일 수도 있다.

6) 제7조: 동맹 응집력의 과시

마지막으로 조약의 유효기간과 수정·폐기 절차에 관한 규정이다. 「조·소 조약」과 「조·중 조약」은 이와 관련하여 현격한 차이를 보여주고 있다.

---

315) 사실 이러한 중국의 우려 사항은 이후 실제로 등장한다. 이 점은 다음 장에서 비교적 상세히 기술할 것이다.

316) 6·25전쟁은 마오쩌둥의 국가통일대업 완성의 염원을 훼손시켰고, 대만 '해방'계획이 거의 완성단계에서 실패로 돌아가게 했다. 沈志華, "중국의 한국전쟁 참전결정에 대한 평가," pp.252-254; 青石, "金日成阻止了毛澤東進攻臺灣的計劃," p.85.

「조·소 조약」 제6조는 "조약은 10년간 효력을 가진다. 체약 일방이 기한 만료 1년 전에 조약을 폐기할 데 대한 희망을 표시하지 않는다면 조약은 다음 5년간 계속하여 효력을 가지며 이와 같은 절차에 의하여 앞으로 유효기간이 연장된다."라고 규정하고 있다. 그러나 「조·중 조약」 제7조는 조약의 유효기간이나 수정·폐기에 대한 구체적 절차를 명시하지 않고, "본 조약은 수정 또는 폐기할 데 대한 쌍방 간의 합의가 없는 이상 계속 효력을 가진다."라고만 규정하고 있다. 이는 동맹 응집력(cohesion)을 과시하려는 조치로 보이나, 그만큼 정책적 유연성이 상실되는 부작용이 수반될 수 있는 조항이다. 소련은 대외 동맹조약 체결 시 조약의 유효기간이나 수정·폐기 절차를 구체적으로 명시해 두었다.317)

7) '동상이몽'의 메타포?318)

"소련을 정점으로 한 사회주의 진영"과 미국을 중심으로 한 자본주의 진영 간의 양극 구조 속에서는 북한의 대외행위는 그만큼 단순해지고 선택이 용이했을 것이다. 그러나 중·소 관계가 분열상을 보임에 따라 북한은 파열 구조를 보이는 사회주의 진영 내에서의 위치 조정(positioning)과 미국 위협

---

317) 중국과는 30년, 폴란드·불가리아·헝가리·체코슬로바키아·루마니아와는 20년, 동독과는 25년의 유효기간을 설정하고, 수정·폐기 절차는 「조·소 조약」과 동일하게 명시하고 있다. 유효기간에서 보면, 소련이 동맹조약을 체결한 국가 중 북한이 가장 짧다. 이는 그만큼 북한과의 동맹조약에 신뢰를 부여하지 않았다는 점을 반증하는 것일 수도 있다. 국가안전기획부, 『소련의 「불가침·상호원조·우호협력」 조약집』 참조. 한편, 미국은 한국과의 방위조약에 "본 조약은 무기한으로 유효하다. 어느 당사국이든지 타 당사국에 통고한 후 1년 후에 본 조약을 종지시킬 수 있다."라고 규정하고 있다. 「대한민국과 미합중국간의 상호방위조약」 제6조.

318) 이 표현은 대표적 일본 국제관계 전문가인 다카시 이노구치(Takashi Inoguchi)에게서 빌려 온 것이다. 그는 "국가는 친구(friends)를 갖지 않는다. 오직 이익(interest)만을 취할 뿐이다."라는 드골(de Gaulle)의 경구를 통해 국가 간 동맹관계를 설명하고 있다. 다시 말해 동맹관계를 형성하였다고 하더라도 국가 특유의 계산된 이해(distinct and calculated interest)로 인해 갈등과 관계파열의 소지는 항시 잠재하고 있다는 것이다. 동맹은 수단이지 목적이 아니라는 말과도 같다. Takashi Inoguchi, *Japan's International Relations* (London: Pinter Publishers, 1991), p.45.

에 대한 균형 조정(balancing)을 동시에 해야 하는 이중적 과제를 안게 되었다.[319)]

그렇다고 김일성은 호찌민과 같이 중·소 간 '중재'를 자임할 수는 없는 일이었다. 경쟁하는 두 강대국이 적어도 타협할 수 있는 여지가 남아 있을 때는 '중재'가 효과를 발휘할 수도 있겠지만, 강대국 양자관계가 '제로섬의 관계'로 치닫는 와중에는 '중재'란 오히려 배신으로 받아들여질 수밖에 없다. 즉 양자 모두로부터 신뢰를 잃을 것이라 점이다. 따라서 어느 한쪽에 '편승'하면서도 양자 모두와 관계를 유지해야 하는 어려운 과제를 안게 되었던 것이다. 아이러니컬하게도 조·중, 조·소 동맹조약은 바로 이러한 상황적 맥락하에서 도출되어 나온 것이었다.[320)]

---

319) 스나이더(Snyder)는 동맹에 관계된 다양한 문제들이 양극체제나 패권체제보다 다극체제에서 전형적으로 발생한다고 강조한다. 왜냐하면, 양극체제에서는 체제의 구조적 요인 자체가 동맹상태를 결정해 주기 때문이다. 즉 양대 초강대국은 자국의 이익에 유리한 다른 약소국들을 취하면 되는 것이다. 여기에는 동맹 체결의 방법이 있을 수도 있고, 일방적 안전보장의 방법이 있을 수 있다. 반면, 다극체제에서는 동맹 형성의 여부, 동맹 상태의 결정, 동맹국 간 다양한 정치적 과정의 관리, 방기와 연루의 동맹딜레마 등 다양한 동맹문제가 복잡하게 얽혀 있는 것이다. Glenn H. Snyder, "Alliance Theory," pp.103-23. 물론 60년대 당시의 상황이 중국이 하나의 극을 이루는 다극체제였다는 것은 아니다. 본 논문에서는 다만 50년대와는 달리 국제공산주의 운동이 다중심적으로 전개됨에 따라 북한이 취할 수 있는 선택지는 그만큼 복잡해지고 난해해졌다는 점을 지적하는 것이다.

320) 이 점은 동맹에 관한 구성주의적 접근방법이 중·북 동맹형성 과정을 설명하는 데는 한계가 있음을 말해 주는 것이다. 동맹에 관한 구성주의적 분석은 월트의 '위협 균형 이론'과 마찬가지로 객관적으로 존재하는 세력(power)에 균형을 맞추는 것이 아니라 자국에게 위협을 구성하는 타국의 군사력에 대해서만 균형을 취한다고 주장한다. 다만, 그러한 위협에 대한 인식은 고정된 것이 아니라 끊임없는 관계의 과정 속에서 재해석된다는 것이다. 따라서 위협의 성격에 대해 공유된 인식 또는 정체성을 가진 국가들이 서로를 가장 적절한 동맹상대국으로 여기는 경향이 강하다고 주장한다. 하지만, 조·소, 조·중 동맹조약은 사회주의진영의 '단결'이 와해되는 과정, 즉 사회주의 공동체(社會主義大家庭)의 일원이라는 공유된 인식이 변화하는 과정 중에 형성되었다. 동맹을 구성주의적 시각으로 분석한 사례는 Michael Bernett, "Identity and Alliances in the Middle East," in Peter Katzenstein (ed.), *The Culture of National Security: Norms and Identity in World Politics* (New York: Columbia University Press,

1961년을 전후한 시기 김일성이 미국을 중심으로 형성되고 있었던 동북아 집단방위체제에 '균형'을 맞추기 위해서는 소련·중국과 동시에 동맹조약을 체결함으로써 동북아 사회주의 진영의 단결을 과시해 보여야 했다. 그리고 적절한 타이밍과 중·소 대립 국면을 기회주의적으로 활용하여 그가 바라는 그림을 그려내는 수완을 보였다. 반면 중국과 소련은 조약이라는 법적 테두리 안에 구속됨으로써 대북한 정책에서 그만큼 외교적 융통성을 상실하는 계기를 맞게 된다. 그러나 중국과 소련은 일방적 지원과 보호를 약속하는 문구를 포함시키면서도, 북한의 행위를 통제할 수 있는 조항을 삽입시키는 고도의 외교적 전문성을 발휘하였다. 상호 결박이라는 측면에서 보면, 동맹이란 '동상이몽'의 메타포일 수도 있는 것이다.[321)]

하지만, 당시 중국과 소련의 대북 접근은 본질적 차이를 노정시켰다. 소련은 여전히 위계적 질서를 상정하고 있었던 반면, 중국은 북한을 완전한 주권국가로 인정해 주었다. 이는 1958년 2월 저우언라이의 방북을 통해 중국은 이미 북한과의 새로운 관계규범을 창출해 낼 수 있었기 때문에 가능했던 것으로 보인다. 즉 중·북은 이미 58월 2월을 기점으로 하여 기존의 하이어라키적 관계 구도가 아나키적 관계 구도로 변화함에 따라 국가 대 국가 간 안보이해의 조정이 이루어졌고, 「조·중 조약」은 그것을 명문화한 것일 뿐이다.

그리고 여기서 한 가지 분명하게 지적할 사항은 '결박' 동인은 중국과 북

1996), pp.400-447; Risse-Kappen Thomas, "A Liberal Interpretation of the Transatlantic Security Community," in Peter Katzenstein (ed.), *The Culture of National Security: Norms and Identity in World Politics,* pp.357-399.

321) 사실 동맹의 '결박적 기능'은 중·북 동맹에만 국한되는 특수한 현상은 아니다. 한·미 동맹의 경우도, 「상호 방위조약」을 통해 북한의 남침을 막는 '균형적 기능'을 포함하면서도, 「합의의사록」을 통해 한국군에 대한 작전통제권을 유엔군 산하에 둠으로써 이승만 정권의 불가예측성을 관리·통제하였다. 또한, 미·일 동맹에도 균형적 기능과 함께, '사전협의제'를 통한 상호 결박적 기능을 동시에 내포하고 있다. 다만, 「조·중 조약」 속에는 그러한 이중적 기능이 하나의 조약문 속에 동시에 포함되어 있다는 점에서 차이가 난다. 한·미 동맹과 미·일 동맹에 대해서는 김일영·조성렬, 『주한미군』, pp.70-74; Takashi Inoguchi, *Japan's International Relations,* pp.45-47; 다나카 아키히코, 『전후 일본의 안보정책』, pp.182-189.

한 모두에게 적용되는 상호적 성격을 지니고 있다는 점이다. 중국으로서는 대소 견제에 있어 미래 북한의 행보를 예방적으로 '관리'해 나갈 필요가 있었다. 바로 이를 위해서도 자국의 외교정책 변화를 북한에 상세히 설명해야 하는 의무를 동시에 가지게 된 것이다. 이점은 미·중 관계 정상화 과정에서 중국이 보여준 대북 선제외교에 그대로 반영되고 있다.

「조·중 조약」은 동맹의 '이중 기능'(dual function)을 조약의 형태로 명문화한 것이다. 이 조약은 단순한 상호방위조약의 성격을 넘어서고 있다. 즉 '대적 균형'이라는 '외적 기능'과 '제한의 협정'으로서의 '내적 기능' 모두를 내포하고 있다는 말이다. 하지만, 어느 한 국가의 대내 정치적 변화 또는 국제적 환경의 변화는 위협인식의 변화를 수반하고, 이는 결국 *상대국에 대한 '기대 구조'*에 변화를 발생시킨다. 바로 그러한 상황 인식은 동맹의 '외적 기능'과 '내적 기능' 중 어디에 방점을 둘 것인지를 결정할 것이다. 본래 동맹조약은 능력결집의 무기도 될 수 있지만, 상대의 행위를 제한하는 관리의 도구도 될 수 있는 '양날의 칼'과도 같은 것이다.[322)]

322) Paul W. Shroeder, "Alliance, 1815-1945: Weapons of Power and Tools of Management."

북한의 대중 안보 우려와 '계산된 모험주의'

「조·중, 조·소 조약」 체결을 계기로 북한은 1950년 2월 중국과 소련이 맺은 동맹조약과 함께 북한, 중국 및 소련의 삼국동맹체제를 외형적으로나마 수립했다. 그러나 삼국동맹체제 수립 자체가 북한에는 전략적 딜레마로 다가왔다. 왜냐하면, 북한 '중력의 중심부'여야 할 중국과 소련 자체가 '제로섬의 심리상태'에 빠져 있었기 때문이다. 중국과 소련은 상대방의 어떠한 움직임도 음모론적 시각으로 바라보았다.

이러한 중·소 간 '제로섬의 심리상태'는 김일성에게 동맹 체결 이전의 외교적 수완을 허락하지 않았다. 그는 호찌민의 중립적 포지션 견지 노력이 마오쩌둥에게 어떻게 비추어졌는지 잘 알고 있었다. 이제 김일성은 당면한 상황 인식을 바탕으로 양자택일을 각오해야만 했다. 그리고 그러한 선택에 있어 김일성은 한반도 공산화 통일이라는 정치적 목표 달성을 위한 수단으로 활용될 수 있는 자국의 국력 증강과 국제적 여건 향상에 얼마나 기여할 수 있느냐를 척도로 삼아 안보협력의 동반관계를 형성할 수밖에 없었다. 다시 말해 양자택일의 가장 중요한 기준은 '미 제국주의'와의 투쟁에 얼마나 공헌할 수 있느냐 하는 것이었다. 즉 '반제'(反帝) 투쟁에 대한 공헌도가 바로 진정한 '프롤레타리아 국제주의'를 판단하는 기준이 되었다.

1960년대 북한의 대중·소 관계사를 시대 구분할 때 시기별 용어 선택에서 다소의 차이를 보이고는 있으나 대체로 의견이 일치하고 있다. 즉 1961년 이전까지를 대중·소 균형적 의존기, 1962~64년을 대중 편향기 또는 밀월기, 1965~69년을 대소 편향기 또는 대중 소원기, 1970년대 이후를 대 중·소 '자주' 외교 정착기로 묘사하고 있다.[1] 그런데 이러한 시대구분은 표면적으로 보아 일견 타당할지 모르나, 역사적 부정확성을 내포하고 있기도 하다. 다시 논의를 진행하겠지만, 밀월 시기에조차 양자관계는 불안정성을 보였으며, 소원 시기라고 해서 관계 복원의 노력이 없었던 것이 아니다. 그리고 북한이 '자주'를 말했다고 해서 그것이 탈진영을 의미했던 것은 더더욱 아니었다.

1960년대 북한은 반목하는 강대국 사이에 끼인 상대적 약소국의 자리매김(positioning)의 곤혹스러움 속에 빠져 있었다. 이러한 딜레마적 상황하에서 북한 외교는 자국 대외전략의 거의 모든 옵션을 동원했다. 1960년대 북한의 대중 외교에는 편승, 자력갱생, 기회주의, 모험주의 등의 전략적 선택지가 있었다. 그리고 그중에서 모험주의라는 극단적 선택만이 유효했다. 즉 북한은 중국의 안보 우려(소련 위협과 한반도 상황의 불안정성)를 자극하여 자국의 지정학적 위상을 부각시키는 방식을 통해 중국과의 동맹관계를 복원시켰다는 것이다. 이 장에서는 중·소 이념분쟁이라는 딜레마적 상황에 직면한 북한이 '의도적으로' 중국의 외적 위협을 자극해 당제관계(黨際關係)에서의 '연루' 우려와 국가 관계에서의 '방기' 우려를 동시에 해소해보고자 했던 인고의 기다림의 시련을 그려보고자 한다.

---

1) Hakjoon Kim, *The Sino-North Korean Relations*; Donald S. Zagoria, "North Korea: Between Moscow and Beijing," in Robert A. Scalapino and Jun-Yop Kim (eds.), *North Korea Today* (Berkeley: University of California Press, 1983), pp.351-371; 정진위, 『북방삼각관계』; 은천기, 『북한의 대중소 외교정책』; 이종석, 『북한-중국관계』 등.

제1절 밀월 속의 불안정성

1. 대소 사회주의 연대 투쟁과 '동맹외교'의 불안정성

동맹조약 체결 직후 김일성이 선택한 안보 협력 파트너는 중국이었다. 이는 중·북 양국이 '미 제국주의'라는 공동의 위협 인식에 바탕을 둔 안보 파트너십을 구축하고자 했기 때문이다. 그리고 무엇보다도 마오와 김일성 모두 자본주의 사회의 계급이 존재하는 한 결코 안전할 수 없다고 믿고 있었기 때문이다. 이는 상대방에 대한 기대구도(expectation structure)를 동일화시켰다. 다시 말해 '계속혁명'(不斷革命) 의식의 고취를 통해 대내적 동원을 지속적으로 유지하고, 아울러 제3세계 '민족해방전쟁' 지원을 통한 사회주의 연대투쟁을 강화함으로써 혁명전쟁의 국제적 여건을 조성해 나간다는 것이었다.2)

1960년대 소련과 중국 사회는 현저한 '시간적 불일치성'(total asynchronism)

---

2) 마오의 '계속혁명론'과 '전쟁불가피론'의 핵심적 내용은 김일성의 '3대혁명강화'(북조선혁명역량 강화, 남조선혁명역량 강화, 국제혁명역량강화) 노선에 기본적으로 동일하게 전제되어 있었다. 中共中央文獻研究室, 『建國以來重要文獻選編』(北京: 中央文獻出版社, 1997), pp.450-481; 葉自成, 『新中國外交思想: 從毛澤東到鄧小平』(北京: 北京大學出版社, 2001), pp.78-90; 김일성, "조국통일위업을 실현하기 위하여 혁명력량을 백방으로 강화하자"(조선로동당 중앙위원회 제4기 제8차 전원회의에서 한 결론, 1964년 2월 27일), 『김일성 저작선집 4』(평양: 조선로동당출판사, 1968), pp.77-96.

흥미로운 사실은 60년대에는 중국과 북한 모두 한반도 문제 해결의 구체적 방도(manner)에 관해서는 별다른 반응이 없었다는 것이다. 왜냐하면, 중·북 양국 모두 '미 제국주의'와의 투쟁을 통한 사회주의 혁명전략을 국가 대전략(national grand strategy)로 설정함으로써, 국가통일을 미완의 혁명전쟁이라는 관점으로 조망했기 때문이다. 『김일성 저작선집 4』에 수록된 '3대 혁명역량 강화' 부분(pp.77-96)에는 "조국통일의 구체적인 방도에 대하여"라는 항목이 있는데, 막상 본문에는 "(내용은 생략함)"으로 되어 있다. 김일성은 탈냉전 이후 '공존통일' 방식을 현실적으로 인정하기 이전까지 평생 '혁명지향적 통일관'을 포기한 적이 없다. 반면, 중국은 1970년대 초반 미국과의 화해를 모색하면서부터 한반도 문제해결의 구체적 방도에 관해 고민하기 시작했다. 이 점은 다시 후술할 것이다.

이 존재했다. 모스크바는 후기혁명사회(post revolutionary society)였다. 그러한 사회의 정치 엘리트들은 '혁명적 열정주의'가 아니라 정치적 안정을 가장 우선시하게 마련이다. 이미 1950년대 말 모스크바는 혁명보다는 국가이익을 위한 국제관계 관리에 주력하게 된다. 그러나 베이징과 평양의 지도자에게는 자체 국가 역량의 취약성을 고려할 때 '속도'의 중요성이 무엇보다 긴요한 문제였고, 그러므로 '계속혁명'의 기치를 내릴 수 없었다. '미 제국주의'가 국가안보에 직접적으로 위협을 가하는 상황하에서는 더더욱 그러하였다. 따라서 마오와 김일성은 대내적으로 체제의 해빙이 아니라 통제를 강화해 나가야 했으며, 통제기반 약화를 의미할 수도 있는 서방과의 화해는 생각할 수 없는 선택이었다.[3] 중국과 북한은 1961년 11월 소련공산당 제22차 대회를 계기로 흐루시초프에 대한 '기대'를 완전히 접었다. 그 후 소련의 후기혁명 엘리트와 중국과 북한의 혁명적 엘리트 간에는 '동지'로 포장된 '편의적 결합'(convenient marriage)만이 유지되었다.

1) 마오의 국제적 '반(反) 수정주의' 투쟁의 국내정치화

1961년 11월 소련공산당 제22차 대회 이후 중국공산당은 대약진으로 피폐해진 국민경제의 회복을 위한 「조정」을 시도한다. 대약진의 혹독한 현실을 깨달았기 때문이다. 1962년 2월 21~23일 중난하이 시러우(西樓)에서 열린 정치국 상무회의에서는 62년 예산과 경제부흥 문제 등이 집중적으로 토론되었다. 그런데 재정부가 지난 5년 동안 커다란 예산 적자가 있었으며, 앞으로 높은 인플레이션이 발생할 가능성이 있다고 보고함으로써, 마오의 대약진의 '낙관주의'가 도전에 직면하게 된다.[4] 천윈·류샤오치·덩샤오핑

3) 중·소 양국사회의 '시간적 불일치성'이 양국 관계파탄의 원인(遠因)으로 작용하였다는 주장에 대해서는, Vadislave Zubok and Constantine Pleshakov, *Inside the Kremlin's Cold War: From Stalin and Khrushchev.*

4) 1961년 말 중국경제는 다소 회복의 기미를 보였었다. 농업생산량은 회생의 조짐을 보였었고, 공업 분야에서의 추락도 멈췄다. 사실 1961년 말 경제의 일시적 회복은 마오로 하여금 혁명적 낙관주의를 재점화하는 계기로 작동한다. Roderick MacFarquhar, *The Origins of the Cultural Revolution 3: The Coming of the Cataclysm 1961-1966* (New

등은 국가 경제의 주요 부문에 걸쳐 '조정과 회복'의 시기가 필요하며, 중공업과 자본집약적 산업의 목표를 낮추고 농업부문에 정책적 우선순위를 두어야 한다고 제안하였다. 당시 우한(武漢)에 체류 중이던 마오는 62년 예산삭감안을 승인할 수밖에 없었다. 결국, 3월 28일 저우언라이는 전국인민대표대회 정부공작보고를 통해 "불균형을 바로 잡고, 우리의 성취를 공고히 하며, 더 힘찬 발전의 길을 닦기 위해" 당은 「조정·공고·충실·제고」(調整·鞏固·充實·提高) 정책을 시행한다고 천명하였다. 또한, 2월 중앙위원회는 인민공사의 회계 기본 단위로 생산대를 조직하라는 지시를 내려, 보다 작은 단위에 책임을 지울 수 있도록 했다.[5)]

한편, 이러한 대내 경제적 「조정」 국면과 연계하여 대외정책상의 조정 필요성이 아울러 제기되었다. 1962년 2월 27일 중공중앙 대외연락부장 왕자상(王稼祥)은 대외업무를 담당하는 저우언라이 총리와 천이(陳毅) 외교부장에게 서한을 보내 '평화공존' 원칙에 따라 대외적 긴장완화 정책을 채택할 것을 주장하였다. 이를 위해 베트남전에 대한 지원 축소, 대소련 관계 및 대인도 관계의 완화를 주문했다. 특히 왕자샹은 인도차이나 반도에 있어 6·25전쟁 식의 개입을 회피해야 한다고 주장했다.[6)] 이는 국내 경제사정의 악화에 따라 대외원조의 급격한 증가의 위험성을 우려했기 때문이다. 다시 말해 '혁명전략'이 아니라 '안보전략'이라는 관점에서 당시의 정세를 분석한 것이다. 그러나 왕(王)의 이러한 국내적 '속도' 감소와 대외적 '긴장완화' 주장은 '속도'와 '긴장고조'를 통한 '계속혁명' 추진을 주장하는 마오의 견해와는 배치되는 것이었다.

그런데 문제는 외부 안보상황이 점차 악화돼 갔다는 점이다. 소련지도부는 1962년 4~5월 신장 카잔(塔城伊犁) 지역에 대규모 '전복' 활동을 전개하

York: Columbia University Press, 1997), p.3.

5) 바르바라 바르누앙·위창건, 『저우언라이 평전』, pp.220-232.

6) Niu Jin, "1962: The Eve of the Left Turn in China's Foreign Policy," *CWIHP Working Paper,* No.48(October 2005), pp.28-34; Qiang Zhai, *China & the Vietnam Wars,* p.114; Yang Kuisong, "Changes in Mao's Attitude," p.22.

여 5만여 명이 소련 영내로 월경하는 사태가 벌어졌다. 마오는 이를 중국의 경제적 곤란을 틈탄 소련의 '음모' 조장으로 받아들인다. 또한, 7월 말부터 인도 변경부대가 중국 영내를 '침범,' 대규모 부대가 중국 접경 지역에 집결하기 시작했다.[7] 이러한 와중에 국내적으로 일부 지역에서 인민공사의 토지를 나누고 이를 개별 경작함으로써 노동과 생산, 수입을 연계시키는 이른바 '포산도호'(包産到戶) 체제가 농민들 사이에 크게 유행하였다. 62년 7월에는 전국 농가의 20~30% 정도가 이 체제를 채택한 것으로 평가되었다.[8] 이는 혁명적 '열정주의'의 후퇴였으며, 마오의 정치적 정당성에 대한 도전이었다. 이로써 마오는 국제적 '반(反)수정주의 투쟁'과 국내적 정치투쟁을 연계하여, 그의 혁명적 '낙관주의'의 급진성을 재점화시키는 작업에 돌입한다.

1962년 7월 25일부터 8월 24일까지 베이다이허에서 개최된 중앙공작회의 기조연설을 통해 마오는 흑암풍(黑暗風: 어두운 사회와 부패한 정치풍조에 대한 지나친 비관주의), 단간풍(單干風: 농촌 지역에서의 개별경작 풍조 바람), 번안풍(飜案風: 우익과 반혁명 분자에 내려졌던 올바른 판단을 뒤집는 바람)의 정치·사회적 분위기를 공격하였다. '포산도호'(包産到戶)는 수정주의라고 규정해 버린다. 무엇보다 마오는 국제적 긴장완화를 주장했던 왕자샹을 혹독하게 비판했다. 마오는 왕(王)의 제안을 '세 개의 화해와 한 개의 감소'(三和一少)라고 비웃었다. 즉 왕의 제안은 제국주의자, 수정주의자, 인도 집권당과 같은 세 개의 반동분자들과 화해하라(三和)는 것이며, 세계 혁명이 상승기를 맞고 있음에도 '세계혁명의 중심'으로서의 중국이 혁명지원을 줄여야 한다(一少)는 것은 반혁명적 발상이라고 비판했던 것이다.[9]

베이다이허 회의에 이어 1962년 9월 24~27일 개최된 중공 8기 제10차 전체회의(8기 10中全會)에서 마오는 개막연설을 통해 계급과 계급투쟁에 대

7) 吳冷西, 『十年論戰 (下)』, pp.494-498.
8) 바르바라 바르누앙·위창건, 『저우언라이 평전』, pp.233-234.
9) Niu Jin, "1962: The Eve of the Left Turn in China's Foreign Policy," p.33; Qiang Zhai, *China & the Vietnam Wars,* p.115; Chen Jian, *Mao's China,* pp.210-212; 牛軍, "中國外交的革命化進程," 楊奎松 主編, 『冷戰時期的中國對外關係』, pp.136-137.

한 토론을 제기하면서 "마르크스 · 레닌주의의 진리와 세계 혁명의 중심이 모스크바에서 베이징으로 옮겨왔다. 우리는 우리의 (국제적) 책무에서 후퇴해서는 안 된다."라고 역설한다.[10] 이는 세계혁명의 리더십(領導權)이 중국에 부여되었다는 공식적 선언과도 같은 것이었다. 당시 마오를 제외한 대부분 중국지도부는, 소련공산당 22차 대회를 계기로 흐루시초프에 대한 '기대'를 완전히 접었음에도,[11] 중국의 자체 국가역량의 취약성을 고려할 때 중국 스스로 세계혁명의 리더십을 주장하는 것은 위험하다는 인식을 하고 있었다. 그러나 마오는 국내적으로 혁명적 열정주의가 식어가는 분위기를 급반전시키고자 대내외적으로 엄청난 비용을 수반할 수도 있는 사회주의 진영의 리더십을 '자임'하고 나선 것이다.[12]

마오는 중국에서의 흐루시초프 식(式) 수정주의의 위험성을 경고하면서 국제 수정주의에 반대(反修)하고 또 이를 국내에서 예방(防修)해야 하는 중요성을 강조하였다. 9월 26일 저우언라이는 "수정주의 반대 투쟁이 새로운 단계에 진입하였으며… 계급투쟁은 형제당과의 관계에 있어 근본적 문제가 되었다."라고 하면서 마오에 대한 지지 발언을 아끼지 않았다.[13] 이렇게 '반제'(反帝) 구호는 "반수 · 방수"(反修 · 防修) 구호와 긴밀히 연계됨으로써 중국사회는 더욱 교조화되어 갔으며, 이는 문화대혁명의 서막이 되었다. 1966년 문화대혁명의 광기가 중국 전역을 휩쓸었을 때 류사오치 · 덩샤오핑 · 왕자샹은 가장 먼저 정치적 희생자가 되었다. 어쨌든 마오는 대외정책과 대내정치를 연계시킴으로써, 그의 '계속혁명' 프로그램 추진의 국내적 걸림돌을 극복하려 했던 것이다.

---

10) Yang Kuisong, "Changes in Mao's Attitude," p.23.

11) 1961년 10월 흐루시초프는 소련공산당 제22차 대회 연설을 통해 소련공산당은 전 인민을 대표하는 정당(全民黨)이라 규정하였다. 중국 측은 이러한 흐루시초프의 발언을 소련공산당은 무산계급의 정당임을 포기하는 선언으로 받아들였다. 이후 중국지도부는 흐루시초프를 계급투쟁을 포기한 완전한 수정주의자로 인식하게 되었다. 吳冷西, 『十年論戰 (上)』, pp.467-490.

12) Roderick MacFarquhar, *The Origins of the Cultural Revolution 3,* pp.21-22, 334-339.

13) 바르바라 바르누앙 · 위창건, 『저우언라이 평전』, p.236.

2) 중·인 국경분쟁과 쿠바 미사일 위기, 그리고 김일성의 기회주의와 그 한계

공교롭게도, 이후 전개된 국제정세는 마오의 판단이 맞았음을 입증해 주는 것이었다. 미국은 1962년 1월 사이공에 '남베트남 군사원조사령부'를 설치한 이후 하반기부터 12,000명의 군사고문단을 파견하는 등 남베트남에 대한 군사개입의 강도를 더욱 높여갔다.[14] 또한, 무엇보다도 중·인 국경분쟁과 쿠바 미사일 위기는 적어도 중국지도부의 입장에서 볼 때 '소련 수정주의'의 '음모'를 깊이 각인하는 계기가 되었다. 중·소 이념분쟁과 관련해 볼 때 두 사건은 밀접히 연관되어 있었으며, 이를 계기로 중·소 양당은 상대방을 직접 거명한 공개 비난을 시작하게 된다.[15]

1962년 10월경 인도는 대규모 병력을 중국과의 접경지역에 배치하기 시작했다. 이에 중국지도부는 1959년 경험에 비추어 주중 소련대사관에 "소련이 인도에 대한 영향력을 이용해 네루를 설득해 달라고 요청"했다. 이에 10월 13일 흐루시초프는 소련주재 중국 대사 류샤오(劉曉)에게 중국을 지지한다는 뜻을 전달했다. 10월 20일 인도부대의 중국 영내로의 진격이 있은 이후 중국은 대규모 반격을 감행하여 인도 라다크(Ladakh) 지방까지 침투하게 된다. 10월 24일 중국정부는 성명을 통해 "59년 11월 7일 현재의 국경선 존중, 쌍방 군대의 철수, 양국 간 수뇌회담 개최를 통한 사태의 평화적 해결"을 제의하였다. 이에 10월 25일 『프라우다』지는 중국을 지지한다는 견해를 재차 피력했다. 인도정부가 중국의 제의를 거절하자, 11월 22일 중국정부는 정전(停戰)을 일방적으로 선포하고, 12월 1일 군대를 철수시키기 시작했다.[16]

그런데 12월 12일 흐루시초프는 최고소비에트회의 석상에서 기존의 중국지지 입장에서 선회하여 "중국군대는 현재 후방으로 철수하였는데, 왜 애초

---

14) 매클리어, 『베트남: 10,000일의 전쟁』, pp.124-126.

15) 적어도 1963년 이전까지는 중·소 양당은 상대방을 직접적으로 거명하지 않는 간접화법으로 서로를 비난했다. 북한의 대소 직접 비난도 1963년부터 시작된다. 이 점은 다시 후술할 것이다.

16) 1962년 중·인간 군사적 충돌 과정에 대해서는 Allen S. Whiting, *The Chinese Calculus of Deterrence: India and Indochina* (Ann Arbor: The University of Michigan Press, 1975), pp.107-153; 『周恩來年譜 (中)』, pp.504-515.

원래 있던 지점에서 진격해 들어갔는가?"라고 반문하면서 중국을 공개적으로 비난하였다. 중국지도부의 처지에서 볼 때 이러한 흐루시초프의 언급은 10월 13일 류샤오 대사에게 한 발언이나 25일『프라우다』사설내용과 완전히 상반되는 것으로써, 중·인 국경분쟁은 중국이 먼저 도발한 것이지 인도가 중국 영토를 침범한 것이 아니라는 선언과도 같은 것이었다. 중국지도부는 이러한 흐루시초프의 '급작스런' 태도 변화를 동년 10월 16~28일 13일간의 쿠바 미사일 위기와 연관된 것으로 파악했다.[17]

중국지도부는 쿠바 미사일 위기 사태에서 보여준 흐루시초프의 행태를 "모험주의와 투항주의의 과오를 동시에 범했다."라고 내부적으로 평가하였다. 하지만, 대외적으로 중국정부는 10월 25일과 30일 두 차례에 걸쳐 "미국 무력침공에 대항하는 쿠바와 소련의 입장을 지지"하지만, "쿠바의 주권을 보호하는 것을 포기해서는 안 된다."라는 성명을 발표했다. 이러한 중국정부의 성명 발표 이후 소련지도부는 중·인 분쟁에 있어 중국 지지 입장을 철회하게 된 것이다. 1962년 11월 5일부터 63년 1월 21일 기간 동안 소련지도부는 5개 동구국가의 공산당 대회를 계기로 반중국 캠페인을 대대적으로 펼치기 시작한다. 특히 동독 공산당 대회에는 흐루시초프가 직접 참가하여 중국을 공개적으로 지명하며 비난하기 시작했다.[18]

그렇다면, 북한은 1962년 중·인 국경분쟁과 쿠바 미사일 위기를 둘러싸고 전개되고 있던 중·소 간 논쟁에 어떤 식으로 대응했을까? 기존의 연구 성과물들은 북한이 중국의 모든 주장을 즉각 지지하였고, 소련의 노선을 비난하였다고 주장한다.[19] 물론 결과론적으로 보면 일견 타당할지 모르나, 그러한 주장들은「조·중, 조·소 조약」이 체결된 이후 전개된 국제정세하에서

17) 吳冷西,『十年論戰(下)』, p.499.

18) 동구 5개공산당 대회는 1962년 11월 5~14일 불가리아 공산당 8차 대표대회, 11월 20~24일 헝가리 사회주의노동당 8차 대표대회, 12월 4~8일 체코슬로바키아 공산당 12차 대표대회, 12월 2~8일 이탈리아 공산당 10차 대표대회, 1963년 1월 15~21일 동독 사회당 6차 대표대회를 말한다. William E. Griffith, *Sino-Soviet Rift,* pp.67-84, 97-103; 吳冷西,『十年論戰(下)』, pp.505-520.

19) 정진위,『북방삼각관계』, pp.79-89; 이종석,『북한-중국관계』, pp.222-227.

김일성에게 부과된 체제적 '제약'을 놓친 듯하다. 1962년의 김일성은 중·소와의 동맹규범의 제약 속에서 대단히 '기회주의적으로' 행동했으며, 그러한 행위가 실제적 효용성을 발휘하지 못하게 되자 대중국 편향의 입장으로 선회했을 뿐이다. 다음은 공개된 중국 문헌과 구소련 외교문서 등을 토대로 1962년 상황을 시계열적으로 재구성해본 것이다.

1961년 7월 김일성은 소련과 중국을 동시 방문하여 동맹조약을 체결하는 성과를 거양했다. 그리고 동년 10월 14일부터 11월 2일 조선노동당 대표단 단장의 신분으로 소련공산당 제22차 대회에 참석하게 된다. 이를 기점으로 1963년 5월 중국을 비공식 방문하기 전까지 중국과 소련 중 어느 국가도 방문하지 않았다. 이는 1958년 2월 저우언라이의 방북을 통해 「중·조 수뇌 방문 협정」을 체결한 이후 58년 11~12월, 59년 9월, 60년 5월, 61년 7월 등 매년 연례행사처럼 중국을 방문했던 사실을 생각할 때 매우 이례적인 경우다. 그것도 앞장에서 이미 지적한 바와 같이 60년 5월 중공에 대한 이념적 '편승'을 분명히 밝혔고, 중국이 직면한 62년 상황은 소련의 대대적 반중국 캠페인이 전개됨에 따라 어느 시기보다도 북한의 외교적 지지가 필요한 시점에서 말이다.

1962년 김일성이 중국을 방문하지 않은 것은 「조·중 조약」 제3조와 「조·소 조약」 제2조에 규정된 동맹 규범("체약 쌍방은 체약 상대방을 반대하는 어떠한 동맹도 체결하지 않으며 체약 상대방을 반대하는 어떠한 집단과 어떠한 행동 또는 조직에도 참가하지 않는다.")의 '제약' 때문으로 보인다. 동맹이 체결되기 전의 자율성이 그만큼 감소한 것이다. 중·소 이념분쟁이 격화되는 와중에서, 적어도 김일성으로서는 자신에게 부과된 동맹 의무 규정을 준수해야만, 기대하고 있는 안보공약(군사·경제적 지원)을 수취할 수 있다는 계산을 했을 것이다.

김일성이 소련공산당 제22차 대회에 참석(1961.10.14~11.2)한 주된 목적은 '인민경제발전 7개년 계획'에 대한 지원을 이끌어내는 데 있었다. 그러나 소련방문을 통해 김일성은 어떤 원조도 얻을 수 없었다.[20) 『저우언라이 연보』(周恩來年譜)에는 소련공산당 22차 대회에 참석한 저우언라이가 호찌민·김일성과 당제관계의 규범을 주제로 의견을 교환했다고 기록하고 있다. 저우가 강조한 3가지 원칙은 "첫째, 대적 투쟁에서 일치된 행동으로 상호 지지해야 한다; 둘째, 형제당 내부 문제에 간섭할 수 없다; 셋째, 내부 단결을 유지하고 형제당 간 내부문제를 적에게 노출해서는 안 된다"라는 것이었다.[21] 이러한 3가지 원칙은 김일성의 방소 결과 보고(당중앙위원회 제4기 제2차 확대회의)를 통해 그대로 반복되었고, 김일성의 보고문은 당 기관지에 게재되었다. 그리고 『人民日報』는 김일성 보고문의 전문(全文)을 전제했다.[22]

1961년 7월 「조·소 조약」 체결을 계기로 소련은 북한 건국 이후 가장 큰 규모인 2,500만 루블의 차관을 제공했다. 그러나 소련은 반중국 캠페인에서 북한의 지지를 얻어내지 못하자, 북한에 대한 차관 제공을 중단해 버렸다.[23] 김일성은 방소 결과에 대해 보고하면서 국제공산주의 내부에 조성된 정세가 복잡하다고 주의를 환기시키면서, '자력갱생'이란 말을 처음으로 사용했다.[24] 사실 '자력갱생'이란 '방기 우려'의 또 다른 표현일 뿐이다. 북한은 중·소 분쟁으로 야기될 '방기 우려'를 이미 느끼고 있었다. 1962년 8월

---

20) 서동만, 『북조선사회주의 체제 성립사』, p.842.

21) 『周恩來年譜 (中)』, pp.440-441.

22) 김일성, "소련공산당 제22차 대회에 참가하였던 조선로동당 대표단의 사업에 대하여," 『로동신문』, 1961년 11월 28일; 서동만, 『북조선사회주의 체제 성립사』, p.843; 『人民日報』, 1961年 12月 1日.

23) 김기수, "북한의 대외경제정책," 양성철·강성학 공편, 『북한외교정책』, pp.108, 113.

24) 이태섭, 『김일성 리더십 연구』(서울: 들녘, 2001), p.298; 서동만, 『북조선사회주의 체제 성립사』, p.843. 사실 김일성의 '자력갱생'의 아이디어는 중국의 혁명경험(연안공산주의)에서 결정적인 영향을 받은 것이다. 중국의 대약진운동도 농민대중의 무한한 혁명적 잠재역량에 대한 믿음에 기초한 연안공산주의의 전통을 원용하여 '자력갱생'에 의한 공업과 농업의 동시적 발전을 추진하려는 마오쩌둥의 대실험에 다름 아니었다. 61년 11월 김일성이 '자력갱생'을 말한 맥락과 1960년 7월 소련정부가 중국주재 소련전문가의 완전 철수를 통보해 왔을 때 마오가 연안공산주의 정신(자력갱생, 집단주의 정신, 대중의 자기희생과 근고분투의 혁명정신)을 재차 강조한 맥락은 동일한 것이었다. 서진영, 『현대중국정치론』, pp.38-39; 서진영, 『중국혁명사』, pp.293-297; 吳冷西, 『十年論戰 (上)』, pp.335-343. 연안의 경험이 중국공산당 대외정책에 미친 영향과 관련해서는 Michael H. Hunt, *The Genesis of Chinese Communist Foreign Policy* (New York: Columbia University Press, 1996), pp.125-158을 참고할 만하다.

외무상 박성철은 북한주재 소련대사에게 북한이 '자주' 노선을 채택한 배경을 설명하면서 다음과 같이 언급한다.

> "현재 우리 당은 '자주'에 기초해 사회주의를 건설한다는 공식 견해를 채택하고 있다. 우리는 일부 사람들이 우리를 민족주의로 비난하고 심지어 노동의 국제적 분업마저 반대한다고 비난하고 있다는 사실을 알고 있다. 그러나 그것은 틀린 견해이다. 왜냐하면, 우리는 각계각층의 우리 인민들에게 우리가 공산주의를 건설할 때까지 소련이나 중국이 우리를 도울 것이며 우리에게 필요한 모든 것을 제공할 것이라고 말할 수 없기 때문이다. 우리나라에는 이미 기생하는 듯한 태도를 보인 사람들이 많다. 그들은 작업량을 줄이고 목표치를 낮추어 소련 동지들에게 더 많은 기술을 요청해야 한다고 말한다. 다시 말해 소련이나 중국에 더욱 무거운 책임을 지워야 한다는 것이다. 이 또한 틀린 견해이다. 바로 그러하기 때문에 우리는 '자주'를 공식견해로 정한 것이다."[25]

이러한 박성철의 언급은 중·소 분쟁으로 말미암은 북한의 '방기 우려'를 표현한 것이며, 그러한 우려 때문에 '자주' 노선을 통해 동맹에 대한 의존성을 낮추어 가야 한다는 논리였다. 어쨌든 북한은 이념적 대중 '편승'으로 인해 치러야 할 '비용'을 실감하기 시작했고, 당제관계에서의 견해 차이가 국가관계에 영향을 미치는 상황하에서 더욱 신중한 행보를 보일 수밖에 없었을 것이다.

1962년 중국과 북한 간 고위 정치지도자 상호 방문은 이전과 비교해 볼 때 현격히 줄어들었다. 4월 23일~5월 3일 북한 최고인민회의 초청으로 펑전(彭眞) 베이징 시장을 단장으로 하는 전국인민대표대회 대표단이 북한을 방문하였고,[26] 이에 대한 답방 형식으로 6월 15~30일 최고인민회의 부위원장

---

25) 「Memorandum of Conversation between Soviet Ambassador to North Korea Vasily Moskovsky and North Korean Foreing Minister Pak Song Ch'ol, 26 August 1962」, AVPRF(Archive of the Foreign Policy of the Russian Federation), fond 0102, opis 18, papka 93, delo 5, listy 28-29. Appendix Document, *CWIHP Working Paper,* No.47, pp.23-24.

26) 劉金質·楊淮生 主編, 『中國對朝鮮和韓國政策文件匯編 3』, pp.1337-1353.

박금철을 단장으로 한 북한최고인민회의 대표단이 중국을 방문했을 뿐이다.[27] 그런데 당시는 오히려 중국이 북한을 포섭하려고 더욱 적극적이었다. 사실 평전의 북한 방문은 북한 최고인민회의 초청으로 이루어진 우호방문의 성격이었으나, 김일성의 항일유격대 창건 30주년(4월 25일)을 기념하기 위한 것이다. 평전의 방북을 통해 중국은 "(30년 전)··· 김일성 동지를 정점으로 하여 조직된 항일유격대는 인민군대와 인민정권의 골간이 되었으며··· 조선혁명의 견강한 공산주의 영도의 핵심을 형성하였다."고 평가함으로써,[28] 김일성의 항일유격 혁명전통의 정통성을 완전히 인정해 주었다. 이는 당시 조선인민군의 창건 이념을 김일성의 항일무장투쟁으로 단일화시키고, 만주파의 군 장악과 당·군 일체화를 통해 '일원적 지도' 체제를 확립하려는 김일성의 정치적 노력을 적극 지지해 주었다는 의미로 받아들일 수 있다.[29]

또한, 평전은 북한 경제를 자주적 경제 기초를 갖춘 사회주의 공·농업국가로 규정하고, 천리마운동과 청산리 정신이 마르크스·레닌주의의 보편적 진리를 북한실정에 맞게 창조적으로 적용한 김일성과 조선로동당의 위대한 창조물이라 칭송했다.[30] 당시 중국은 대약진운동의 재난적 결과를 깊이 인식하고 국민경제의 「조정」 국면에 있었고, 특히 평전은 류샤오치·덩샤오핑 라인에 있었던 인물임을 상기할 때, 그의 북한 경제방식의 찬양은 다분히 외교적 수사의 성격이 강한 것이었다.

1962년 중국의 북한 포섭 노력은 중·북 국경선 확정문제를 적극적으로 해결하려 했다는 사실에서도 극명하게 드러나고 있다. 저우언라이는 3월부터 중·북 국경문제(邊界問題)를 내부적으로 논의하기 시작하였고, 6월에는

27) 劉金質·楊淮生 主編, 『中國對朝鮮和韓國政策文件匯編 3』, pp.1371-1405.

28) "朝鮮人民光榮的革命節日," 『人民日報』, 1962年 4月 25日; "彭眞團長在平壤紀念朝鮮抗日遊擊隊創建30周年群衆大會上的講話(4月25日)," 劉金質·楊淮生 主編, 『中國對朝鮮和韓國政策文件匯編 3』, pp.1344-1346.

29) 당시 북한의 군사부문에서의 민족주의 강조 성향과 만주파의 군 장악 과정에 대해서는 서동만, 『북조선사회주의 체제 성립사』, pp.811-825; 김용현, "1960년대 북한체제의 위기와 군사화의 대두," pp.433-439.

30) 劉金質·楊淮生 主編, 『中國對朝鮮和韓國政策文件匯編 3』, pp.1347-1348.

중국을 방문 중인 박금철에게 정식으로 이 문제를 제기하였다. 이후 양국은 외교채널을 통해 사전교섭을 시작하여, 10월 저우언라이는 천이 외교부장과 함께 직접 평양을 비밀리에 방문하여 '국경조약'을 체결하였다.[31] 북·중 국경조약 체결 과정에 참석한 바 있는 전직 중국외교관은, "중·조 국경조약은 중·소 분쟁이라는 배경 속에서 체결되었으며, 역사적으로 볼 때 명·청 이래 중국정부가 진행한 국경교섭 중 타국에 가장 유리하게 일방적으로 양보한 사례"였다고 평가하고 있다.[32]

한편, 이와 같은 중국의 적극적 대북 포섭 노력에도 불구하고, 펑전과 박금철의 상호 방문의 행적과 각종 발언 및 언론 논조 등을 상세하게 모아놓은 『중국의 대북한 및 한국정책 문건 모음집 3』(中國對朝鮮和韓國政策文件匯編 3) 속에서 대소 비판의 암호명인 '현대수정주의'에 대한 언급은 찾아보기 어렵다. 이는 당시 북한은 중국과 달리 소련을 그만큼 의식하고 있었음을 간접적으로 시사해 주는 것이다.

북한이 흐루시초프의 '평화공존' 노선을 지지할 수 없는 처지에 있었던 것은 분명하다.[33] 그럼에도, 북한은 소련과의 우호적 관계 유지가 긴요했다.

---

31) 이는 앞장("마오의 '독자노선' 준비" 부분)에서 이미 설명한 바와 같이 1959년 이후 소련과의 위협인식의 갭이 점차 커짐에 따라 대주변국 우호관계 구축 노력의 일환으로 해석할 수 있다. 저우언라이는 1962년 3월 30일 관련 책임자들을 불러 중국과 북한, 중국과 몽골 국경선 문제를 논의했으며, 6월 3일에는 중국공산당 동북국 책임자와 북·중 국경선 문제를 숙의했다. 그리고 6월 28일에는 중국을 방문하고 있던 박금철과 주중 북한대사 한익수 등에게 이 문제를 제기했다. 10월 3일 양국 외교부 차관(姬鵬飛-유장식) 간 국경문제에 관한 회담 기요(紀要)가 작성되었고, 이어 저우언라이 총리와 천이 외교부장이 10월 11일 비밀리에 평양을 방문하여 '조·중 국경협정'을 체결(10.12일)했다. 중국은 북한과 국경조약을 맺던 10월 12일에 몽골과 파키스탄에도 각각 외교부 대표단을 파견하여 국경문제 협상을 시작했다. 중·북 국경문제 교섭 과정에 관한 가장 선구적인 연구는 이종석, 『북한-중국관계』, pp.227-236 참조.

32) 전직 중국외교관과의 인터뷰.

33) 이는 1962년 5월 3일 북한주재 동독대사관이 조선노동당의 통일정책에 관해 본국에 보고한 내용 속에 잘 반영되고 있다. 이 보고서는 "1962년 2월 15일 조국통일전선 회의 이래 조선로동당의 통일정책에 새로운 추세가 두드러지고 있고, 그후 평화적 통일에 대한 언급이 없으며, 평화적 통일은 자주통일의 논의로 대체되고 있다. 그들은

이는 무엇보다 모스크바가 북한의 안전보장을 제공할 수 있기 때문이었다. 아무리 북한이 자주적 노력을 취한다고 하더라도 북한의 자체 힘만으로는 당시 형성되고 있던 남방 삼각동맹 체제에 대항할 수 없었다.34) 당시 국제적 역량 대비로 볼 때 미국에 '균형'을 맞출 수 있는 국가는 소련뿐이었다.

1962년 8월 14일 새로 부임해 온 북한주재 소련대사에게 김일성은 "우리의 우호관계는 역사적·전통적으로 형성되었다. 소련은 우리의 해방자이며 가장 좋은 친구이다.… 소련공산당은 국제공산주의와 노동운동의 전위대로, 조선로동당의 큰 형과도 같다. 소련공산당은 항상 우리 당을 도왔으며 유용한 충고를 제공하였다. 조선로동당은 소련공산당의 형제라고 생각한다. 따라서 우리는 모든 문제에서 소련의 당과 정부를 언제나 전적으로 지지해 왔으며 앞으로도 그러할 것이다. 우리는 소련인민들과의 국제주의적 우호관

평화공존이 사회주의국가의 외교정책 기조라는 사실에 더 이상 동의하지 않는다. 이러한 조선로동당의 정책은 중국이나 알바니아의 강경한 해석을 반영하고 있다."라고 지적하고 있다. 「Report, First Extra-European Department, 3 May 1962」, SAPMO-BA, DY 30, IV2/20/136. *CWIHP Bulletin,* Issue 14/15, pp.41-42.

34) Sergey S. Radchenko, "The Soviet Union and the North Korean Seizure of the USS Pueblo: Evidence from Russian Archives," *CWIHP Working Paper,* No.47(2006), p.6. 당시 북한은 '한·일 회담'의 진전에 대해 대단히 민감한 반응을 보이기 시작했다. 1960년 10월 25일 5차 한·일 회담에 대해 북한은 "동북아세아동맹 조작 기도"로 규정하면서, 이때부터 '한·일 회담'을 대북 압박용으로 인식하기 시작한다. 앞장에서도 설명한 바와 같이, 이러한 북한의 위협인식은 「조·중 조약」과 「조·소 조약」 체결의 배경 요인 중의 하나로 작용한 것이다. 1962년 3월 12~17일 동경에서 개최된 제6차 '한·일 회담'에 대해서도 "일본 군국주의 세력의 남한 침투를 통해 미·일 군사동맹을 강화하기 위한 미국의 음모"로 해석하였다. 미국은 한·일의 밀착을 유도하여 궁극적으로 '동북아군사동맹'을 공고히 하고자 한다는 것이었다. 1962년 12월 13일 북한은 정부성명을 통해 "미 제국주의자들이 일본 군국주의 세력을 아세아 대륙 침략의 돌격대로 내세워 동북아세아동맹을 하루 속히 결성하기 위하여 '한일회담'을 발악적으로 추진"하고 있다고 강하게 비난하였다. 이상의 내용은 『조선중앙년감 1961』, p.268; 『로동신문』, 1961년 2월 11일; 『로동신문』, 1962년 12월 13일 등 참조. 중국 측도 북한의 논리를 그대로 『人民日報』에 게재하였다. "堅決反對"韓日會談"的陰謀," 『人民日報』, 1962年 2月 26日. 한일회담에 대한 중국 측의 종합적 논평은 劉金質·楊淮生 主編, 『中國對朝鮮和韓國政策文件匯編 3』, pp.1365-1370.

계의 정신으로 우리 인민들을 교육할 것이다.⋯ 이것은 공산주의자로서의 우리의 의무이다.⋯ 우리나라에서 일어나는 모든 변화에 대한 정보를 당신에게 제공할 것이다. 우리는 진정한 친구로서 서로 간에 비밀이 있지 않다." 라고 강조하였다.[35] 다시 말해 김일성은 동맹조약상의 의무 규정을 충실히 이행하겠다는 것이다.

중·인 국경분쟁과 쿠바 미사일 위기 사태는 이처럼 김일성이 중·소 양국 모두에 대해 신중한 접근을 하자고 했던 와중에 발생한 것이다. 그런데 중·인 국경분쟁에 대한 견해 표명은 별로 문제될 것이 없었다. 왜냐하면, 앞에서 이미 지적한 바와 같이 적어도 12월 이전까지는 소련정부도 공식적으로 중국을 지지하는 의사표명을 하고 있었기 때문이다. 오히려 초기 소련의 중국 지지 입장으로 북한은 대중국 동맹외교에서 자국의 신뢰성을 높일 기회를 잡았다. 인도가 7월 중국 접경지역에 변경부대를 집결시키기 시작한 이래 9월 말이 되면 중·인 변경지역 긴장이 고조되기 시작했다. 이때 북한은 "인도의 반동세력이 미국의 사주를 받고 중국에 대해 도발을 일으켰다."라고 원론적 수준의 논평을 냈을 뿐이다.[36] 그런데 10월 24일 3개 항의 중국정부 성명이 발표되고, 10월 25일 『프라우다』가 중국 지지 의사를 표명하자, 북한은 중국정부 성명을 전폭적으로 지지하는 사설을 게재한다.[37] 그리고 11월 초부터는 인도에 대한 비난의 강도를 높여, 네루 정부를 매도하는 반인도 운동을 강력히 전개했다.[38]

이러한 북한의 대중 동맹외교는 상당한 효과를 발휘했다. 10월 저우언라

---

35) 「Memorandum of Conversation between Soviet Ambassador to North Korea Vasily Moskovsky and Kim Il Sung, 14 August 1962」, AVPRF fond 0102, opis 18, papka 93, delo 5, listy 3-9. *CWIHP Working Paper,* No.47(2006), pp.22-23.

36) 『로동신문』, 1962년 9월 26일. 아이러니컬하게도 북한은 그해 3월 1일 평양에서 인도와 「영사관계 설정 및 영사대표 교환에 관한 코뮤니케」를 발표한 바 있으며, 7월에는 양국 간 무역협정을 1963년 말까지 연장한다고 발표했었다. 『조선중앙년감 1963』, p.354.

37) 『로동신문』, 1962년 10월 26일.

38) 『조선중앙년감 1963』, pp.193-194.

이는 대북 무역 및 원조에 대해 관련 책임자와 논의하면서, "원칙적으로 우리 측에서 주도적인 태도를 보여야 한다. 실사구시적으로 모든 수단을 마련하여 가능하고 필요한 원조를 북한 측에 제공하라."라고 지시했다.[39] 또한, 양국 정부 간 공식적 외교채널을 통해 국경협상 교섭도 신속하게 진행되었다.

대중·소 동맹외교에 있어 김일성을 곤혹스럽게 했던 것은 중·인 국경분쟁이 아니라 바로 쿠바 미사일 위기였다. 왜냐하면, 중·인 국경분쟁은 중국과 소련의 애초 입장이 비교적 일치함으로써 오히려 북한의 대중 신뢰도를 제고시킬 수 있었으나, 쿠바 미사일 위기는 중·소 간 대립의 원인으로 작용함으로써 김일성의 외교적 입지가 그만큼 줄어들 수밖에 없었기 때문이다.

이러한 딜레마적 상황하에서 김일성은 '기회주의적 접근법'을 선택했다. 외교적 레토릭은 중국의 입장을 반복하면서도, 실제로는 소련의 정책을 적극적으로 옹호하는 방법이었다. 이를 통해 김일성이 기대했던 것은 중국으로부터는 경제적 원조를, 소련으로부터는 군사적 원조를 획득하는 것이었다. 당시 중국은 인도차이나 반도에 대한 미국의 군사적 개입이 확대되자 거의 모든 군사적 지원을 베트남에 집중하고 있었기 때문에, 중국으로부터는 군사적 원조보다 경제적 원조를 기대했다.[40] 그리고 북한 자체의 군사역량의 취약성, 특히 해·공군력의 낙후성을 극복하려면 소련의 군사적 지원이 무엇보다도 필요했다.[41] 소련도 북한의 해·공군력의 취약성을 잘 알고 있

---

39) 『周恩來年譜 (中)』, p.500. 당일 마오쩌둥과 저우언라이는 방문 중인 북베트남 군사대표단에게도 "중·베트남 간 상호지원은 전면적인 것이다. 단순히 군사적 측면만이 아니라 정치, 경제 측면도 포함된다."라고 언급하고 있다. 『周恩來年譜 (中)』, p.501.

40) 1962년 1월 미국이 사이공에 '남베트남 군사원조사령부'를 설치하여 남베트남에서의 '특수전쟁'을 도입하자, 8월 27일 저우언라이는 광저우(廣州)에서 팜 반둥 총리를 만나 230개 대대를 무장시킬 수 있는 무기를 무상으로 제공하기로 약속한다. 『周恩來年譜 (中)』, p.496. 당시 중국의 구체적인 대베트남 군사원조 내역에 대해서는 Qiang Zhai, *China & the Vietnam Wars,* pp.116-117; Chen Jian, *Mao's China,* pp.206-207.

41) 6·25전쟁을 통해 북한이 얻은 가장 중요한 전략적 교훈 중의 하나는 해·공군의 중요성이었다. 미국의 참전으로 내전의 혁명전쟁이 국제전의 재래식 전쟁으로 전환된 이후 해·공군의 중요성은 너무나도 중요한 전략구성요소가 되었다. 결국, 북한군의 해·공군력의 취약성은 전쟁 실패의 주요한 원인 중의 하나가 되었다. 강성학, "북한의

었다. 따라서 「조·소 조약」 체결 이후 일정 정도의 지원을 지속하고 있었다. 특히 대공(對空) 무기는 군사기술상 소련만이 제공할 수 있었다.[42)]

쿠바 미사일 위기에 대해 김일성은 표면적으로 중국 입장을 지지하고 나선다. 10월 25일 중국정부가 소련을 간접적으로 비난하는 성명을 발표하자, 북한은 26일 쿠바에 대한 미국의 무력침공을 반대하는 평양시 반미 군중집회를 개최했다.[43)] 그리고는 10월 27일 이주연 내각 부수상을 단장으로 한 북한정부 무역대표단을 중국에 파견시킨다. 리셴녠(李先念) 중국 부총리는 북한대표단을 위해 마련한 연회 석상에서 "조선로동당은 맑스·레닌주의의 순결성을 위해 현대수정주의를 반대하는 투쟁에서 거대한 공헌을 하였으며, 사회주의 진영의 단결을 유지 강화하는 데 부단히 노력하였다."라고 치하하고 있다.[44)] 29일 북한 『로동신문』은 "평화를 사랑하는 사회주의 진영의 모든 동지들은 확고한 자세를 취하여 미 제국주의자들이 쿠바에서 즉시 손을 떼도록 만들 것"을 촉구한다. 이는 베이징에 있는 이주연의 협상 능력을 높여 주었을 것이다. 이주연 부수상은 중국 체류기간 동안 저우언라이 국무원 총리를 비롯하여 허룽(賀龍)·리셴녠·뤄루이칭(羅瑞卿) 등 3명의 부총리와

안보정책 및 군사전략," p.89.

42) 김일성도 62년 8월 새로 부임한 북한주재 소련대사에게 이 점에 대해 사의를 표명하고 있다. 「Memorandum of Conversation between Soviet Ambassador to North Korea Vasily Moskovsky and Kim Il Sung, 14 August 1962」, AVPRF fond 0102, opis 18, papka 93, delo 5, listy 3-9. *CWIHP Working Paper,* No.47(2006), p.23. 그런데 북한은 그러한 소련의 해·공군력 지원 제공 사실을 중국 측이 알지 못하도록 철저한 보안 속에서 관련 업무를 진행시켰다. 북한주재 소련대사관 무관에 따르면, "(북한군은) 소련의 항공기나 잠수함의 존재 사실이 중국 동지들에게 알려져서는 안 된다는 지시하에 모든 일을 진행시켰다." 북한은 중·소 분쟁이라는 맥락 속에서 중국 측의 의혹을 야기시킬 수 있는 조치들에 대해 그만큼 민감하게 반응하였던 것이다. 「Menorandum of Conversation between Soviet Ambassador to North Korea Vasily Moskovsky and acting Soviet Military Attache Ustinov」, AVPRF, fond 0102, opis 18, papka 93, delo 5, list 48. *CWIHP Working Paper,* No.47(2006), p.25.

43) 『로동신문』, 1962년 10월 26일.

44) "李先念副總理在宴請朝鮮政府貿易代表團時的講話," 劉金質·楊淮生 主編, 『中國對朝鮮和韓國政策文件匯編 3』, pp.1427-1428.

각각 회담을 진행했으며, 11월 5일 중국과 「63~67년 주요물자 상호 공급 협정」을 체결하였다. 이 협정에 따라 중국은 동 기간에 북한의 '인민경제발전 7개년 계획'에 필요한 일체의 주요 물자를 제공하기로 했다.45) 결국, 북한은 소련으로부터의 경제원조 축소를 대중국 동맹외교를 통해 일정 부분 보전(補塡)할 수 있게 된 것이다.46)

이러한 중국의 대북 경제지원에 대해 북한은 일정한 '화답'을 준비하고 있었다. 소련이 쿠바 미사일 위기 시 중국이 보여준 반소 입장에 대한 보복으로 11월 5~14일 불가리아 공산당 8차 대표대회를 기점으로 대대적인 반중국 캠페인을 전개하기 시작하자,47) 북한은 11월 17일 "맑스-레닌의 혁명적 기치를 한층 높이 들자"라는 제하의 『로동신문』 사설을 통해 '현대수정주의'에 대한 위험성을 다시 한번 강조했다.48)

그러면서도 김일성은 모스코브스키 소련대사를 만나 쿠바 미사일 위기 시 흐루시초프가 보여준 '현명한' 전략적 결단에 대한 '찬사'를 아끼지 않았다. 11월 1일 김일성은 소련대사에게 다음과 같이 언급하고 있다.

> "미국의 케네디가 쿠바 문제로 소란을 일으켰을 때, 우리 조선로동당 군사위원회는 주요한 회합을 가졌다. 그 회의에서 해상 및 육상 경계선의 방어 상태 문제가 토의되었다… 우리는 38선 경계선의 방어 상태는 확고하다.… (그러나) 해안선과 대공 방어는 매우 취약한 상태이다. 원산과 청진에 이르는 해안선이 취약한 곳 중의 하나이다. (그리고) 주요 도시, 예를 들어 청진, 원산, 함흥, 평양 등은 공습에 노출되어 있다. 군사위원회가 우리의 방어능력 제고와 전투대비 태

---

45) "中華人民共和國政府貿易代表團和朝鮮民主主義人民共和國政府貿易代表團會談的新聞公報," 劉金質·楊淮生 主編, 『中國對朝鮮和韓國政策文件匯編 3』, pp.1430-1432.

46) 소련으로부터의 차관이 단절된 1961년부터 65년까지 북한과 소련 간의 교역은 연간 약 1억 6~7천만 달러 수준을 유지하면서 답보 상태를 면치 못한 반면, 중국과의 교역은 급속히 활성화되어 1964~66년에 이르면 양국 간 교역은 북·소 간 교역량을 앞질러 북한 전체교역량의 약 40%를 점하게 됨으로써, 중국은 북한의 가장 중요한 교역 상대국으로 부상하게 된다. 김기수, "북한의 대외경제정책," p.111.

47) 吳冷西, 『十年論戰 (下)』, pp.507-508.

48) 『로동신문』, 1962년 11월 17일.

세 향상과 관련하여 적절한 결정을 하고는 있지만, 남조선에 제공되는 미국의 새로운 군사 장비를 고려할 때 아마도 우리의 조치는 충분치 못할 것이다… 소련정부가 개의치 않는다면 소련의 군사원조 제공 문제를 협의하고자 군사대표단을 파견하려고 한다… (쿠바 문제와 관련하여) 우리가 해야 할 일의 핵심은 모든 수단으로 혁명을 지원해야 한다는 것이다. 그러나 그 지원도 현명하게 해야 한다. 문제를 극단적으로 받아들여서는 안 된다. 어떤 서클에서는 흐루시초프 동지의 선제적 행동을 미국에 대한 양보로 간주하고 있다는 것을 알고 있다.[49] 그러나 나는 개인적으로 이러한 복잡한 정세 속에서 소련정부와 흐루시초프 동지가 유일하고도 정확한 결정을 하였다고 믿는다. 그러한 결정은 소련의 나약함을 말하는 것이 아니라, 소련정부의 강대함과 현명함을 말해주는 것이다. 사회주의 진영은 지금 당장 전쟁을 필요로 하고 있지 않다."[50]

김일성의 이러한 언급은 북한 해·공군력의 취약성을 고려할 때 남한에 대한 미국의 군사원조에 균형을 맞출 수 있는 소련의 군사적 지원이 필요함을 역설하고 있는 것이다. 물론 그러한 요청에 상응하게 소련에 대한 외교적 지지 발언을 아끼지 않았던 것이다. 11월 14일 모스코프스키 소련대사는 소련정부가 김일성의 군사대표단 파견 의사를 수락한다는 메시지를 전달한다. 이 자리에서 김일성은 소련대사에게 구체적 원조 리스트를 제시하였다. 김일성은 해안선 방어를 위해 추가적인 잠수함 지원 요청과 함께 대공 방어를 위한 MIG-21 제공을 요청한다. 김일성은 "우리는 2개 대대의 '지대공 미사일' 부대만을 보유하고 있다. 이를 14개 대대로 증강해야 한다."라고 언급하면서, 그에 소요되는 비용이 약 1억 루블이 소요될 것이라고 말한다. 그러나 현재 북한은 그러한 자금이 없기 때문에 무상으로 지원해 달라고 요청한다. 그러면서 김일성은 "흐루시초프 동지나 코즐로프 동지도 (북한과 같은) 동방 최전선의 방어 문제에 적잖은 관심이 있음을 알고 있다."라고 말하면서,

49) 여기서 어떤 서클이란 중국을 가리킨다. 10월 30일 중국정부는 소련을 비난하는 성명을 발표하였다.

50) 「Memorandum of Conversation between Soviet Ambassador to North Korea Vasily Moskovsky and Kim Il Sung, 1 November 1962」, AVPRF, fond 0102, opis 18, papka 93, delo 5, listy 135-138. *CWIHP Working Paper,* No.47(2006), pp.25-27.

"(앞으로) 우리는 소련공산당을 전폭적으로 지지할 것이며, 소련공산당의 대내외 정책의 정확성에 대해 전혀 의심하고 있지 않다."라는 수사를 잊지 않았다.[51]

소련지도부가 동구공산국가를 동원하여 대대적인 반중 캠페인을 개시하고 있던 11월 28일 김광협을 단장으로 하는 북한군사대표단이 비밀리에 모스크바를 방문한다. 그러나 김일성이 '기대'했던 일은 일어나지 않았다. 김일성은 흐루시초프에 대한 이해 부족으로 전략적 실수를 하였던 것이다. 앞에서 이미 지적한 바와 같이 흐루시초프는 1962년부터 북한뿐만 아니라 인도차이나 반도에 대한 군사적 개입마저 자제하는 소극적 행보(disengagement policy)를 보이고 있었다. 김일성의 기회주의적 행동은 오히려 소련의 대북 신뢰감을 급격히 저하시켰을 뿐이다. 결국, 12월 5일 북한 군사대표단은 아무런 성과도 거두지 못한 채 '빈손으로' 귀국했다.[52]

소련으로부터 경제적 지원뿐만 아니라, 군사적 지원도 거부되자 이제 김일성에게 남은 선택지는 중국과의 정치적 제휴관계를 더욱 확고히 하는 한편, '자력'에 의해 군사력을 증강하는 길뿐이었다. 12월 5일 김광협이 빈손으로 귀국한 직후, 북한은 소련공산당을 공개적으로 비난하기 시작하면서, 중국공산당에 다시 한번 완전히 '편승'하는 모습을 보이기 시작한다. 12월 4~8일, 체코슬로바키아 공산당 12차 대표대회에 참석한 이주연 부수상은 12월 7일 "만약 소련공산당에 대한 태도가 국제주의를 가늠하는 것이라면, 동일하게 중국공산당에 대한 태도도 국제주의를 판가름하는 기준이 되어야 한다."라고 발언한 것이다.[53] 각국 공산당 대회에서 기존의 북한대표단 발언은 중국 측에 동정적이었다고는 하지만 주로 진영의 '단결'을 강조하는 수준에 그쳤었다. 그러나 이번에는 중국공산당을 소련과 같은 반열에 올려놓고 일

---

51) 「Memorandum of Conversation between Soviet Ambassador to North Korea Vasily Moskovsky and Kim Il Sung, 14 November 1962」, AVPRF, fond 0102, opis 18, papka 93, delo 5, listy 152-154. *CWIHP Working Paper,* No.47(2006), pp.29-30.

52) 북한의 외교일지는 <http://nk.joins.com>을 참조하였다.

53) 吳冷西, 『十年論戰 (下)』, p.511.

방적으로 지지하고 나선 것이다.[54] 연이어 김일성은 12월 8일 저우언라이에게 직접 서한을 보내 중·인 국경분쟁의 '평화적' 해결을 위한 '중국의 부단한 노력'을 적극적으로 지지한다는 입장을 재차 강조했다.[55]

한편, 북한은 1962년 12월 10~14일 북한의 국가발전 노선에 '근본적 전환'을 가져온 중요한 회의를 개최한다. 당중앙위원회 제4기 5차 전원회의에서 북한은 "경제발전에서 일부 제약을 받더라도 우선 국방력을 강화하여야 한다."라는 방침을 결정한 것이다. 소위 '4대 군사노선'(전 인민의 무장화, 전 국토의 요새화, 전 군의 간부화, 무기의 현대화)이 제시되어 경제발전과 군사력 강화의 병진정책이 채택된 것이다. 1961년 11월 소련공산당 22차 대회에 참석하고 귀국한 직후 김일성이 처음으로 제기한 '자력갱생'이란, 6·25전쟁 이후 지속하여 온 경제우선 정책의 연속선상에 있었다. 그러나 제4기 5차 전원회의에서 '자력갱생'이 갖는 의미에는 군사적 성격이 추가되었다.[56]

이는 북한의 동맹체제가 중·소와의 통일된 지휘체계(Unity of Command)를 애당초 갖출 수 없는 국제적 여건하에서 출발했음을 의미하는 것이기도 했으며, 한국을 비롯한 미국의 아시아 동맹국들이 '닉슨 독트린'(69년 7월) 발표로 '방기 우려'를 느끼고 군사정책의 변화를 모색한 경험을 북한은 이미 62년부터 겪기 시작했음을 의미하는 것이기도 하다.[57]

---

54) 1963년 1월 15~21일 흐루시초프가 직접 참가한 동독 사회당 6차 대표대회에서는 북한대표단에 발언의 기회조차 주어지지 않는다. 吳冷西, 『十年論戰(下)』, p.521. 이를 계기로 북한은 기존의 '현대수정주의'라는 대소 암호명의 사용을 거부하고, 소련을 직접 지목한 직접화법으로 소련을 비난하기 시작한다. 특히 "사회주의진영의 통일을 수호하며 국제공산주의운동의 단결을 강화하자"라는 제하의 『로동신문』 사설(1963년 1월 30일) 참조.

55) 『조선중앙년감 1963』, pp.193-194.

56) 서동만, 『북조선사회주의체제 성립사』, pp.810, 845; 이태섭, 『김일성 리더십 연구』, p.302.

57) '닉슨 독트린'과 한국과 일본의 방기 우려에 대해서는 Victor D. Cha, *Alignment Despite Antagonism,* pp.59-73.

3) 사회주의 연대투쟁과 중·북 '밀월' 외교, 그리고 '내장된 불안정성'

김일성은 '기회주의적' 행동으로 북한동맹체제의 단일한 통합체를 그려보려 했으나, 그러한 노력이 실효성이 없음을 실감하였다. '대안'(alternatives)의 부재 속에서 그는 중국이라는 밴드왜건에 올라탈 수밖에 없었다. 그리고 이제 그는 '미 제국주의'와 '소련(흐루시초프)의 수정주의' 반대라는 용어로 중국이라는 '후원자'와 함께 사회주의 연대 투쟁에 적극적으로 이바지해야만 하는 과제를 안고 다시 출발해야만 했다.

중국공산당 지도부는 1962년 12월부터 1963년 3월까지 동구 5개 공산당의 반중(反華) 언론문에 대한 논평을 『인민일보』를 통해 게재함으로써 소련과의 공개논쟁을 더욱 본격적으로 전개하였다.[58] 그리고 이러한 일련의 논쟁을 내부적으로 중간점검하고자 1963년 2월 11~28일 베이징에서 중앙공작회의를 개최하였다. 이 회의에서 중국지도부는 좌파 정당 중에서 조선로동당을 가장 적극적인 중국의 지지자로 평가했다. 그만큼 북한의 직접적 대소비난은 중국의 대북 신뢰성을 가일층 강화시키는 요인이 되었던 것이다. 덩샤오핑은 조선로동당이 중국의 입장을 가장 적극적으로 옹호하였다고 평가한다.[59] 류사오치도 "조선로동당만이 진정한 맑스·레닌주의를 고수했다."라고 언급한다. 이와는 대조적으로 류사오치는 흐루시초프 비판에 미온적 태도를 보인 호찌민에 대해, "그는 수정주의 반대투쟁에 머뭇거렸으며, 과거에도 항상 우파적이었다."라고 비난했다. 앞서 지적했지만 하노이는 전쟁 중이었다. 그래서 더욱 진영의 분열을 원치 않았다.

따라서 베트남노동당(VWP)은 체코슬로바키아 공산당과 함께 사회주의 진영의 단결을 촉구하는 공동선언을 발표했다. 이에 마오쩌둥은 더욱 격노하였고, 1963년 3월 12일 중·소 분쟁에 있어 중립적 자세를 견지할 것을 촉구하는 베트남노동당의 문건을 논평 없이 『인민일보』에 게재함으로써, 하노이 지도부에 대한 불만을 표시하였다.[60] 어찌 되었건, 1963년 2월 중앙

58) 吳冷西, 『十年論戰 (下)』, pp.510-531.

59) 吳冷西, 『十年論戰 (下)』, pp.532-533.

60) Yang Kuisong, "Changes in Mao's Attitude," pp.23-24.

공작회의에서 중국지도부는 앞으로도 좌파 정당에 대한 대외적 선전활동을 더욱 강화하여야겠지만 중국이 주도적으로 국제회의를 개최할 필요는 없으며, 현재로서 가장 중요한 당의 임무는 국내 수정주의의 예방(防修)에 있다는 마오의 정치적 모토를 다시 한번 확인했다.[61]

이러한 와중에 소련공산당은 공개논쟁을 중단하고 세계 공산당 국제회의를 개최할 것을 촉구해 왔다.[62] 그리고 그 준비회담을 위해 중·소 양당회의를 제의하였다. 3월 30일 소련공산당은 중·소 양당 회의에서 '국제공산주의운동의 총노선'에 관해 논의할 것을 제안하면서 그에 대한 소련공산당의 견해를 서한의 형식으로 보내왔다. 이에 대해 당시 우한(武漢)에 체류 중이던 마오쩌둥은 소련공산당에 대한 회신안(「국제공산주의운동의 총노선에 관한 건의(關於國際共産主義運動總路線的建議)」)을 최종적으로 마련하기 전에 '형제당'의 의견을 규합할 것을 지시한다. 이에 중국지도부는 우선 비집권 공산주의정당에 의견을 구한 다음 집권정당인 조선로동당과 베트남노동당에 당 대표단을 중국으로 파견해줄 것을 요청하게 된다.[63]

이에 김일성은 5월 28~31일 직접 자신이 조선로동당 대표단 단장의 신분으로 박금철, 김창만, 박용국 등을 대동하고 중국을 방문하였다. 5월 28일 김일성은 우선 베이징에서 류사오치·저우언라이·덩샤오핑으로 구성된 중국공산당 대표단과 회담하고,[64] 29일 중국대표단과 함께 우한으로 가서 마오와 회담을 진행했다. 이 날 회담에서 김일성은 자신의 의견을 제시하기보다 주로 마오의 베트남노동당에 대한 비판을 들었을 뿐이다. 이 자리에서 류사오치가 동년 5월 6~16일 하노이를 공식 방문했을 때 호찌민이 중·소 간 분열을 우려했다는 발언을 하자,[65] 마오는 3월 하노이와 체코 간 공동성

61) 吳冷西, 『十年論戰 (下)』, pp.539-540.

62) 소련이 중국에 대해 공개적 논쟁을 중단하고 국제회의를 개최하자고 제의했던 것은 동년 7월에 있을 미·영·소 3국 간 모스크바 정상회담을 통해 '부분적 핵실험 금지 협정'을 준비하고 있었기 때문이다. 이를 위해 먼저 사회주의 진영의 단결을 보여줌으로써 서방세계에 대한 협상력을 높이고자 했던 것이다.

63) 吳冷西, 『十年論戰 (下)』, pp.542, 558, 568, 569.

64) 『周恩來年譜 (中)』, p.556.

명은 중국을 겨냥한 메시지라고 불평했다. 그러면서 마오는 호찌민이 중국에 "소련을 다룸에 있어 '후추'보다는 '설탕'을 더 많이 사용해야 한다."라고 제의했던 사실을 김일성에게 전한다.[66] 이튿날 회담에서 김일성은 마오가 '기대'했던 발언을 강한 어조로 말하고 있다. 그는 "(중국 측)이 마련한 문건을 여러 번 보았다. 모든 면에서 좋은 느낌을 받았다. (문건의) 주요한 정신은 혁명을 철저히 끝까지 진행해야 한다는 것이다. 이러한 문건은 (좌파와 우파 사이에 놓인) 중간파를 포섭하는 데 매우 좋은 것이다…문건의 원칙에는 아무 문제도 없다. (다만) 문제는 발표 후에 얼마나 자극이 있을 것인가를 고려해야 한다."라고 언급했다. 이에 마오가 "이 문건에는 후추가 많고 설탕은 적다."라고 발언하자, 김일성은 "설탕이 많고 후추가 적은 것도 좋지 않다. 두 가지 다 그들에게 먹여야 한다."라고 화답했다.[67]

이러한 마오와 김일성의 베트남노동당 비판이 있은 직후 6월 2일 하노이 지도부는 레 주언(Le Duan) 베트남노동당 총서기를 단장으로 한 베트남 당·정 대표단을 우한에 파견하였다. 당시 하노이는 기존의 중·소 간 중립적 입장

65) 吳冷西, 『十年論戰 (下)』, pp.569-571.

66) Yang Kuisong, "Changes in Mao's Attitude," p.24. 이 대목에서 우리는 마오의 발언을 조심스럽게 받아들여야 한다. 마오의 발언 속에는 두 가지 목적이 동시에 내포된 것으로 보인다. 그는 류사오치 국가주석의 베트남 방문 성과를 애써 폄하시킴과 동시에, 김일성의 내심을 시험하고 있는 것이다. 사실 5월 류사오치의 하노이 방문은 성공적이었다. 하노이 지도부는 쿠바 미사일 위기 사태 이후 지속적으로 대미 유화적 제스처를 취하고 베트남 정세에 관망자로 남아 있으면서, 심지어 차관 상환까지 요구하는 소련지도부에 강한 의구심을 품고 있었다. 류사오치는 베트남 방문을 통해 중국 노선과 소련 노선 사이에서 표류하는 하노이 지도부를 설득시키는 데 성공했다. 그는 호찌민에게 "우리는 언제나 당신들 편에 있으며, 전쟁이 발발한다면 중국을 배후지로 간주해도 좋다"라고 확약(reassurance)하였다. 결국, 양국은 공동성명을 통해 소련의 평화공존 노선을 강하게 비판할 수 있었다. 하노이에서 소련의 수정주의를 비판한 류사오치가 얼마 후 '중국의 흐루시초프'로 낙인찍혀 마오에게 숙청당한 것은 역사의 아이러니가 아닐 수 없다. 어쨌든 마오의 의도는 일단은 성공적이었다. 1963년 5월 류사오치 국가주석의 하노이 방문에 관해서는 Qiang Zhai, *China & the Vietnam War*, pp.117, 122-124.

67) 吳冷西, 『十年論戰 (下)』, pp.572-573.

에서 선회하여 중국 노선 수용을 내부적으로 정리한 상태였기 때문에 중국 측이 마련한 초안에 대해 적극적으로 지지한다는 의사를 표명할 수 있었다. 이에 대해 마오는 북베트남에 대한 '무조건적인' 지원 의사를 분명히 밝혔다.[68] 결국, 이러한 중국과 평양, 하노이 지도부의 합의로 소련공산당에게 전해질 회신안이 6월 14일 최종 결정되어, 다음날 소련주재 신임 중국 대사 판쯔리(潘自力)를 통해 소련공산당에 전달될 수 있었다.[69]

한편, 북한은 중국과의 고위지도층 상호교환 방문의 격을 1962년에 비해 한 단계 높였다. 그리고 그 시점도 중국지도부가 6월 6일 우한에서 베이징으로 돌아와 소련공산당에 전달할 회신안을 최종적으로 마무리하려는 시기였다. 즉 북한 최고인민회의 위원장 최용건이 김일성의 귀국 직후 6월 5~23일 기간 다시 베이징을 방문함으로써, 중국 측 회신안에 대한 북한의 신뢰도를 그만큼 더 드러나게 할 수 있었던 것이다. 이는 6월 23일 발표된 양국의 공동성명 내에 중국 측 회신안의 주요 내용이 고스란히 담겨 있다는 사실에

---

68) 吳冷西, 『十年論戰 (下)』, pp.569-571. 6월 4일 마오는 북베트남과 소련의 관계를 '이간' 시키는 발언을 잊지 않았다. 63년부터 북베트남에 대해 소련이 차관 상환을 요구하는 사실을 들어 마오는 "당신들이 소련으로부터 차관을 제공받으면 그들은 곧 상환을 요구할 것이다. 그러면 당신들은 매우 곤경에 처할 것이다. (그러나) 우리의 차관은 걱정할 필요가 없다. 중국의 차관에 대해서는 당신들이 준비되어 있을 때 갚으면 된다. 그렇지 못할 때도 상관없다. 그러나 (소련의) 차관은 반드시 갚아야만 할 것이다." 라고 언급하고 있다. 덩샤오핑도 북베트남 대표단에게 "소련은 항미원조(抗美援朝) 시기 제공한 무기조차도 차관의 형식으로 우리에게 팔아먹었다. 이것이 대소 차관의 60%를 점했다.… 우리가 미국과 프랑스에 대항하는 베트남을 지원하는 것은 우리의 (국제주의적) 책임이다. 우리가 당신들에게 지원하는 무기에 대해서는 전혀 대가를 요구하지 않는다."라고 강조하고 있다. 吳冷西, 『十年論戰 (下)』, pp.575-576; Qiang Zhai, *China & the Vietnam Wars,* p.124.

69) 회신안의 주요 내용이 1957년과 60년 모스크바 선언의 혁명원칙과 계급모순을 강조하고 있음은 쉽게 짐작할 수 있을 것이다. 그리고 그 속에는 사회주의 국제관계의 규범으로 평화공존 5원칙의 주요내용을 전제한 프롤레타리아 국제주의의 상호지지와 원조를 강조하고 있다. 또한, 소련의 코메콘 체계에 대해 국제분업 및 전문화를 빌미로 자국의 의견을 '형제국가'에 강제하는 것을 '대국 쇼비니즘'으로 비판하였다. 吳冷西, 『十年論戰 (下)』, pp.577-592.

서도 잘 반영되고 있다.[70]

그러나 이러한 중·북 양당 간의 밀월에도 불구하고, 사회주의 국제관계에 내장된 '불안전성'이 예외 없이 드러나는 단초를 발견할 수 있다. 중·소 간 모스크바 양당 회의가 실패로 끝난 이후, 김일성은 평양주재 루마니아 대사를 접견하는 자리에서 "나는 중국의 행동이나 소련지도부의 중국 공격 모두에 화가 나고 모욕을 느낀다. 중국인들은 너무나 극단적인 조치를 취하고 있다. 모든 관계를 단절하는 지경에 이르고 있는 것이다. 중국이 냉정함을 유지하고 인내를 보였다면 극단적 행동을 피할 수도 있었을 것이다.…동시에 중국공산당에 대해 악의적 공격을 가하는 소련지도부의 관점에도 동의할 수 없다."라고 감추었던 속내를 떨어 놓으며, 1958년 미코얀과 펑더화이가 공동으로 북한의 내정에 간섭했었던 역사적 사실을 또다시 언급했다.[71]

중·북 간 '내장된 불안정성'은 최용건의 6월 방중에 대한 답방 형식으로 9월 15~27일 류사오치 중국 국가주석이 평양을 방문했을 때 서서히 수면 위로 드러나기 시작했다. 류(劉)의 방북 행적을 자세히 살펴보면, 그는 각종 연회석상이나 환영대회석상에서 북한의 '자력갱생'과 '현대 수정주의'와의 투쟁에서 북한이 보여준 각고의 '노력'을 치하하는 발언을 주로 하고 있다.[72] 또한, 9월 15일과 18일 평양발 신화사 통신은 중국대표단이 김일성과 최용건을 접견하고 회담을 했다고 전하면서, "회담이 친절하고 우호적 분위기에서 진행"되었다고만 전하고 있다.[73] 기존 같으면, 국내외 모든 문제에 대해 "완전한 의견일치를 보았다."라는 문구가 등장해야만 한다. 그리고 무

70) 최용건은 중국 방문 기간 중 마오를 비롯하여 거의 대부분의 중국의 주요 정치지도자를 접견하였다. 그의 행적과 양국 공동성명 등은 劉金質·楊淮生 主編, 『中國對朝鮮和韓國政策文件匯編 4』, pp.1456-1488.

71) 「Memorandum of Conversation between Soviet Ambassador to North Korea Vasily Moskovsky and Romanian Ambassador to North Korea [M.] Bodnaras, 22 August 1963」, AVPRF, fond 0102, opis 19, delo 5, listy 81-83, *CWIHP Working Paper,* No.47(2006) pp.40-41.

72) 劉金質·楊淮生 主編, 『中國對朝鮮和韓國政策文件匯編 4』, pp.1551-1574.

73) 劉金質·楊淮生 主編, 『中國對朝鮮和韓國政策文件匯編 4』, pp.1554-1556.

엇보다도 양국 간에는 공동성명이 발표되지 않았다. 이는 중국 최고지도부의 공식적 북한 방문 역사에 있어 처음 있는 일이다. 다만, 중·북 양국은 각자 신문공보(新聞公報)만을 발표했을 뿐이다.[74] 중국은 27일 신문공보를 통해 양국은 "(6월 최용건 방중 시 발표된 공동성명이) 전적으로 정확한 것이었으며, 중요한 의의를 지니고" 있음을 재확인하였다고 보도한다. 그리고 "회담 중 쌍방은 (6월) 공동성명 발표 후에 (전개된) 국제정세와 국제공산주의 운동에서 발생한 중대 문제" 등에 관해 "진지한 토론을 하였으며, 완전히 일치된 의견을 도출하였다."라고 덧붙였다.[75] 하루 뒤 『로동신문』은 중국 측 발표내용을 그대로 반복했다.[76]

그렇다면, 왜 양국은 공동성명을 발표하지 못했을까? 신문공보에 나타난 6월 공동성명 발표 이후 국제정세와 국제공산주의 운동에서 발생한 중대 문제는 무엇인가? 그리고 왜 그 시점에 류사오치 국가주석이 북한을 방문한 것인가? 다음은 최용건이 방중을 마치고 귀국한 6월 23일 이후 전개된 중국의 대내외적 상황을 재구성해본 것이다.

1963년 6월 중국공산당 지도부가 마련한 회신안이 소련에 전달되고 난 후, 마침내 7월 6~20일까지 중·소 양당회의가 모스크바에서 개최되었다. 그런데 회의 기간 중인 7월 13일 미·영·소 3국 간 '부분적 핵실험 금지' 협상을 위한 모스크바 회담이 개최된다는 사실이 서방언론을 통해 발표되었다. 그리고 14일 중국 측이 중·소 양당회의를 위해 작성한 회신안이 모스크바 방송을 통해 방영되어 버린다.[77] 『프라우다』도 이를 게재하면서 마오와 중

74) 중국 전국인민대표대회 상임위원회에 대한 류사오치의 방북 결과보고는 11월 8일에 가서야 이루어진다. 劉金質·楊淮生 主編, 『中國對朝鮮和韓國政策文件匯編 4』, pp.1583-1586. 그런데 여기에는 보고문 전체가 수록되어 있지 않고 많은 부분이 삭제되어 있는 듯하다.

75) "關於劉少奇主席訪問朝鮮的新聞公報," 劉金質·楊淮生 主編, 『中國對朝鮮和韓國政策文件匯編 4』, pp.1576-1577.

76) 『로동신문』, 1963년 9월 28일.

77) 앞에서도 언급한 바와 같이, 그 회신안의 주요 내용은 혁명 투쟁의 강조와 흐루시초프의 '三和노선'(평화적 공존, 평화적 과도기, 평화적 경쟁)에 대한 비판이 대부분이었다.

국지도부를 직접 거명하며 비판했다. 안드로포프는 심지어 '3무(三無) 세계'(무기, 군대, 전쟁이 없는 세계) 추구가 국제공산주의 운동의 가장 중요한 임무라고까지 언급하였다. 7월 15일 미·영·소 3국은 '부분적 핵실험 금지' 협상을 개시했다.[78] 중·소 양당회의가 개최되고 있는 와중에 말이다. 이는 중국지도부에게 1959년 미·소 간 '캠프 데이비드' 회담 개최 직전의 상황을 연상시켰다. 즉 흐루시초프가 미국을 방문하기에 앞서 핵무기 샘플 및 관련 기술 데이터를 중국에 제공하지 않기로 통보한 사실, 그리고 중·인 국경분쟁에 있어 중국을 비난한 사실 등과 같이 이번에도 '중국을 팔아' 대미 데탕트를 추구하고자 하는 '음모'를 꾸미는 것으로 인식했던 것이다. 다시 말해 중국지도부는 이제 소련이 "미국과 연합하여 중국을 봉쇄"(聯美反華)하는 전략으로 급선회하였다고 받아들였다. 중국의 대소 위협인식이 그만큼 더욱 고조된 것이다.[79]

바로 이러한 위협인식을 바탕으로 마오는 동아시아 지역전략(regional strategy)을 재점검하고, 중국을 중심으로 한 사회주의 연대투쟁을 구상했다. 다시 말해 베이징 지도부는 '미 제국주의' 위협과 '소련 수정주의' 위협에 동시에 대처하고자 동아시아 '혁명전쟁' 상황을 전체적으로 조망하고 각 단위 국가와의 긴밀한 '협의'를 진행할 필요성을 느낀 것이다. 그런데 마오는 그러한 '협의' 과정에 앞서 전체적인 지역전략을 담아낼 수 있는 이론적 틀을 만들어 내야 했다. 이를 위해 마오가 고안해 낸 개념이 '두 개의 중간지대론'(兩個中間地帶)이다. 이러한 마오의 이론적 틀을 바탕으로 각 단위 행위자들과의 '협의'를 시도한 실무 인사가 바로 류사오치와 저우언라이였던 것이다. 1963년 9월 류는 평양을 방문했고, 저우는 베트남·라오스·인도네시아 공산당 지도부를 창사(長沙)로 불러 중국혁명 경험을 '강의'했다.[80] 그러면

78) '부분적 핵실험 금지 조약'은 8월 5일 모스크바에서 정식 조인되었다.

79) 이 사건을 기점으로 하여 중국은 1963년 9월부터 1964년 7월까지 모두 9편의 대소 비난 논평을 『인민일보』를 통해 발표하여 소련공산당과 대대적인 공개논쟁에 몰입하게 된다. 9편의 이 논문을 ≪九評≫이라 불렀다. 吳冷西, 『十年論戰 (下) 1956~1966』, pp.610-630, 640; 바르바라 바르누앙·위창건, 『저우언라이 평전』, p.250.

‘두 개의 중간지대론’에 관해 간략하게나마 살펴보자.

원래 마오가 ‘중간지대론’을 처음 제기한 것은 1946년 8월 안나 루이스 스트롱(Anna Louise Strong) 미국 기자와의 대화를 통해서이다. 당시 중국은 내전이 정식 발발한 상황이었다. 그는 미국과 소련은 유럽, 아시아, 아프리카의 수많은 자본주의 국가, 식민·반식민 국가를 포함하는 방대한 지대에 의해 분리되어 있다고 주장하면서, “미 반동분자들이 그러한 국가들을 복속시키기 전에는 소련을 공격하기 어려울 것”이라고 주장했던 것이다. 물론 이때 중국은 반(半)식민국가로서 중간지대에 포함되는 것이었다. 그리고 신중국 건립 이후 중국은 ‘소련일변도’ 정책을 통해 대미 균형을 추구하였다. 따라서 이때의 ‘중간지대론’의 전략적 타깃은 ‘미 제국주의’였다.

그러나 1950년대 말부터 소련과의 관계에 균열이 생기기 시작하자, 마오는 국제정치 구도의 특징을 재정의하기 시작하였다. 특히 1962년이 되면 그는 미국과 소련을 동일한 위협 요인으로 간주하게 된다. 따라서 마오는 남과 북, 양 방향으로부터의 주적(dual primary enemy)에 대항하고, 중국의 고립을 탈피하기 위해서 미·소와 우호적 관계를 유지하고 있지 않은 국가들과의 국제적 통일전선 구축이 필요했던 것이다. 이를 위해 기존의 ‘중단지대론’을 ‘두 개의 중간지대론’ 개념으로 바꾼 것이다.[81)] 즉 ‘두 개의 중간지대론’을 통해 중국의 대외 전략적 타깃이 ‘미 제국주의’와 ‘소련 수정주의’로 이원화된 것이다.

마오는 1962년 1월 3일 일본 국빈과의 대화에서 “중간지대 국가들의 성

---

80) Qiang Zhai, *China & the Vietnam Wars,* pp.115-119. 강대국이 말하는 ‘협의’란 외교적 수사에 지나지 않은 경우가 많다. 이후 전개되는 인도차이나 반도 정세변화에 관해 중국지도부와 동남아 공산주의 지도자 간의 대화 내용도 대부분이 중국의 전략적 이해에 대해 ‘강의’하는 수준이다. Odd Arne Westad, Chen Jian, Stein Tonneson, Nguyen Vu Tungand and James G. Hershberg, “77 Conversations: Between Chinese and Foreign Leaders on the Wars in Indochina, 1964-1977,” *CWIHP Working Paper,* No.22(May 1998) 참조.

81) 葉自成, 『新中國外交思想』, p.128; 李捷, 『毛澤東與新中國的內政外交』(北京: 中國青年出版社, 2003), pp.41-42.

격이 서로 다르다."라고 언급한다. 그는 "서독(과 같은) 독점자본주의 국가는 미국과 연계를 원하면서도 미국에 대항하고자 한다. 이 점은 일본도 마찬가지다. 우리는 이들 지역 모두를 중간지대라고 할 수 있다. 사회주의 진영을 한편으로 하고, 미국을 또 다른 한편으로 한다면, 이를 제외한 모든 지역이 중간지대이다."라는 언술을 전개하였다.[82] 그런데 1963년 7월 미·영·소 간 '부분적 핵실험 금지'에 관한 모스크바 협상을 소련의 '연미반중'(聯美反華) 전략으로 인식한 이후부터 '중간지대론' 개념은 더 정교하게 마련돼 갔다. 9월 마오는 중공중앙공작회의를 통해 "나는 중간지대가 두 개라고 생각한다."라고 언급하면서, 제1지대를 유럽, 캐나다, 일본, 호주, 뉴질랜드 등 발전 자본주의국가들로 분류하고, 제2지대를 아시아, 아프리카, 남미 등의 저개발 국가들로 분류하였다. 그리고 이 두 개의 중간지대는 미국과 소련이라는 강대국 사이에 놓여 있다는 것이었다. 마오에 따르면, 이들 두 개의 중간지대 국가들은 미·소와 갈등 관계에 놓여 있으며, 중국은 바로 두 개의 중간지대에 속한 국가들과 국제적 통일전선을 구축하여 미국과 소련의 위협에 동시에 대응해야 한다는 것이었다.[83] 1963년 9월 류사오치의 평양방문은 이러한 마오의 '위협평가'를 북한에 전달하기 위한 것으로 보인다.

그렇다면, 마오의 이러한 논리를 북한은 어떻게 받아들였을까? 김일성은 1968년 4월 동독 당·정 대표단과의 회담에서 마오의 '중간지대론'에 대해 다음과 같이 언급하고 있다.

> "이전에 중국인들이 '중간지대론'을 선전했을 때 그들과 의견 차이가 있었던 적이 있다. 확실히 신생 민족국가를 중간지대로 정의할 수 있을 것이다. 그러나 중국인들이 미국을 제외한 모든 자본주의 국가를, 심지어 서독마저도 중간지대의 일부로 선언했을 때 우리는 동의할 수 없다. 그 점에 대해 중국은 우리와 직접적 의사소통을 하지 않았다. 다만 축음기(Grippa)를 보냈다.[84] 우리는 이러

---

82) 李捷, 『毛澤東與新中國的內政外交』, p.43.

83) 葉自成, 『新中國外交思想』, p.130; 李捷, 『毛澤東與新中國的內政外交』, p.44; Qiang Zhai, *China & the Vietnam Wars,* p.146.

한 중국의 입장을 이해할 수 없다. 그리고 그들이 어떤 맑스·레닌주의 원칙에 따라 그러한 입장에 이르렀는지도 모르겠다."[85]

적어도 김일성의 처지에서 볼 때 '두 개의 중간지대론'은 마오가 지금까지 그토록 강조해 온 사회주의 혁명전쟁, 반(反)제국주의·민족해방·계급해방 투쟁을 위한 국제통일전선의 논리와는 분명히 배치되는 것이었다.[86] 무엇보다 1963년 6월 베이징-평양-하노이 지도부가 함께 '협의'하여 소련공산당에 전달한 회신안의 핵심적 내용과도 배치되는 것이다. 그리고 한반도 통일을 '혁명전쟁'의 관점에서 선전·교육하고 있는 북한의 처지에서 볼 때는 더더욱 수용하기 어려웠을 것이다.[87]

한편, 북한은 미·영·소 간 '부분적 핵실험 금지 조약'에 대해 외교적 비난을 하면서도,[88] 중국만큼 민감하게 반응할 수 없었다는 사실도 눈여겨 볼

84) 여기에서 축음기란 류사오치를 가리키는 것으로 보인다.

85) 「Memorandum on the Visit of the Party and Government Delegation of the GDR, led by Comrade Prof. Dr. Kurt Hager, with the General Secretary of the KWP and Prime Minister of the DPRK, Comrade Kim Il Sung, on 16 April 1968, 5:00 p.m. to 6:50 p.m.」, MfAA, C 159/75, *CWIHP Working Paper,* No.44, pp.62-69.

86) 실제로 마오가 계급의 강조와 계급투쟁을 위한 국제통일전선 구축의 이념을 포기한 것은 결코 아니다. 마오가 '혁명전쟁'을 위한 국제통일전선 구축에서 선회하여 '세력균형적 관점'에서 국제권력구도를 재정의하기 시작한 것은 1969년 소련과의 무력충돌 전후의 일이다.

87) 북한은 '혁명전쟁'의 관점에서 한반도 통일 방식을 간부들에게 교육하고 있었다. 1962년 5월 평양주재 동독대사관의 보고서에 기록된 외무성 1국장 박준혁의 언급내용("미제국주의자들을 남한에서 몰아내는 것이 현재의 목적이다. 이는 한반도 문제 해결과 북한 사회주의 건설을 증진시킬 것이다. 사회주의 진영은 매우 강하며, 민족해방운동은 더욱 강화되고 있다. 따라서 제국주의자들에게 무엇을 요구할 필요가 없다. 제국주의자들에 대한 전쟁은 다른 방식이 없다. 전쟁과 계급투쟁은 상호 필수 불가결한 요소이다. 미국은 평화적으로 철수하지 않을 것이다. 이는 전쟁을 의미한다. 그런데 전쟁은 계급투쟁과 분리될 수 없다. 사회주의에 도달하는 유일한 길은 계급투쟁이며 사회주의적 혁명이다. 평화공존은 반드시 사회주의혁명, 反식민주의·민족해방·계급해방투쟁에 봉사해야만 한다. 평화를 위한 투쟁만으로는 어렵다.")을 참조하라. 「Report, First Extra-European Department, 3 May 1962」. SAPMO-BA, DY 30, IV2/20/136. *CWIHP Bulletin,* Issue 14/15, pp.41-42.

만한 대목이다. 남한의 박정희 정권이 미국으로부터의 '방기 우려'로 1970년대 핵개발을 시도했던 것처럼,[89] 북한도 동일한 맥락에서 이미 1962년부터 핵 보유의 야망을 품고 있었다.[90] 6·25전쟁 후 동북아 미·소 양극 구도의 맥락에 따라, 소련은 미국의 대만과 남한에 대한 원자력 기술 제공에 '균형'을 맞추고자 중국과 북한에 원자력 기술을 제공하였다.[91] 1959년 9월 소련은 북한의 대내외 정책에 대한 불만에도 불구하고, '조·소 원자력협력협정'을 체결하였다. 그러나 북한 원자력연구소 건립을 위한 소련의 기술제공은 계속 지연되고 있었다. 소련과의 관계가 악화된 유고슬라비아조차 연구용 원자로 건립이 59년 말이면 완료 단계에 접어들고 있었다. 한·미 간 원자력 협력이나 주한미군의 핵무장 등을 고려할 때 북한은 조급해 할 수밖에 없었다.[92] 당시 북한의 대내외적 정책성향이 중국에 경사되어 있었음을 상기한다면 소련이 왜 북한에 원자력 관련 기술 제공을 꺼렸는지 쉽게 이해할 수 있는 일이었다.

그런데 소련은 1962~63년 북한과의 원자력 협력을 재개한다. 이는 두 가지 이유에 기인한 것으로 알려지고 있다. 우선은 중국과의 대립적 상황하에

---

88) 『로동신문』, 1963년 8월 4일.

89) Victor D. Cha, *Alignment Despite Antagonism,* pp.113-115.

90) Balazs Szalontai and Sergey Radchenko, "North Korea's Efforts to Acquire Nuclear Technology and Nuclera Weapons: Evidence from Russian and Hungarian Archives," *CWIHP Working Paper,* No.53(August 2006). 이와 관련한 러시아와 헝가리 외교문서는 *CWIHP e-Dossier,* No.14(17 May 2005)에서도 찾아볼 수 있다. 북한 핵개발의 역사적 기원을 중·소 분쟁의 맥락에서 조망하는 작업은 매우 흥미로운 연구과제가 아닐 수 없다. 그런데 이러한 작업은 또 다른 방대한 사료의 탐색을 요구하고 있다. 그러나 이 주제와 관련한 중국 측 문헌에 대한 접근은 현재로서는 전혀 불가능하기 때문에 향후 연구과제로 남길 수밖에 없다. 이후 필요하다면 관련 사실을 간략하게나마 언급하는 정도로 처리할까 한다.

91) 소련과 중국의 원자력 협력에 대해서는 앞장의 해당 부분을 참조하라.

92) Balazs Szalontai, "The International Context of the North Korean Nuclear Program, 1953-1988," in Balazs Szalontai and Sergey Radchenko, *CWIHP Working Paper,* No.53, pp.3-4; 미국의 한반도 핵 정책에 대해서는 피터 헤이즈(Peter Hayes), 고대승·고경은 옮김, 『핵 딜레마: 미국의 한반도 핵정책의 뿌리와 전개과정』(서울: 한울, 1993) 참조.

서 소련이 비교우위를 점할 수 있는 확실한 수단이 핵 기술이었다. 다른 한 가지 이유는 흐루시초프가 중국주재 소련전문가를 철수시킴으로써 나타난 부작용을 일찍이 경험했기 때문이다. 따라서 북한에 있는 우라늄 채광 소련 전문가를 철수시키지 않고 계속 잔류시켰던 것이다.[93)]

이와 같은 내용을 통해 볼 때 1963년 9월 류사오치의 방북에서 중·북 양국 공동성명이 누락된 것은 마오의 '자의적' 정세 평가에 대한 김일성의 불만과 북·소 간 원자력협력이라는 '특수한' 상황이 그 원인으로 작용한 것으로 보인다.

그러나 당시 김일성으로서는 중·북 양당 간에 '내장된 불안정성'을 감지하면서도 소련을 움직여볼 수 있는 여지가 없었다.[94)] 다시 말해 대안(alternatives)이 부재했다는 것이다.[95)] 따라서 그는 이념적 대중 '편승'이라는 외양을 벗어던질 수가 없었으며, 중국을 중심으로 한 동아시아 사회주의 연대투쟁에 동참할 수박에 없었다. 북한은 이의 일환으로 1963년 12월 13일 '북한·남부월남투쟁위원회'를 결성하였다.

그뿐 아니라, 북한은 내부적으로 '혁명전쟁'의 관점에서 한반도 통일전략을 정리해가고 있었기 때문에, 이를 위한 국제적 여건 조성이 어느 때보다도 긴요한 과제로 떠오르고 있었다. 1964년 2월 25~27일 당 중앙위원회 제4기 제8차 전원회의에서 북한은 '미 제국주의'를 몰아내고 민족해방 혁명을 완수하기 위해서는 세 가지 혁명역량, 즉 '북조선 혁명역량, 남조선 혁명역량, 국제적 혁명역량'을 강화해야 한다는 방침을 결정했다.[96)] 북한의 이러한 주

---

93) 당시 북한주재 소련대사관은 중국과 북한의 밀월관계를 고려해 북한에 제공되는 소련기술이 오히려 중국을 도울 수도 있다는 점을 매우 우려했음에도, 소련전문가를 철수시키지 않았다. Sergey Radchenko, "Nuclear Cooperation between the Soviet Union and North Korea, 1962-63: Evidence from Russian Archives," *CWIHP Working Paper*, No.53, pp.24-30.

94) 앞에서도 언급한 바와 같이 흐루시초프는 1962~64년 한반도와 인도차이나 반도에 대해 '불개입'(disengagement)에 가까운 '의도적' 무관심을 보이고 있었다.

95) 유일한 대안은 '자력갱생'이었지만, 그것의 결과가 어떠했는지는 다음에 다시 기술할 것이다.

장은 한반도 현상타파를 통한 정권의 지배확대라는 혁명지향적 통일관을 집약한 것이며, 이의 실현을 위한 국제적 여건 조성을 강조하고 있는 것이다.

김일성이 박금철, 김창만, 박용국 등을 대동하고 비밀리에 베이징을 방문한 시점이 바로 2월 27일이다. 우렁시(吳冷西)의 회고록에 의하면, 이번의 조선로동당 대표단 방중은 소련의 국제회의 개최 제안(63.11.29일)에 대한 회신안 작성에 있어 '형제당' 간 '협의'를 위한 것이었다.[97] 원래 중공중앙은 하노이에는 덩샤오핑을, 평양에는 펑전을 파견하려고 계획하고 있었다. 그런데 이에 대해 김일성은 '사안의 중대함'을 이유로 자신이 직접 중국을 방문할 것이라고 통보했던 것이다.[98] 김일성은 마오와 3차례의 회담(2월 27일, 29일, 3월 5일)을 가졌다. 29일 마오는 덩샤오핑의 베트남 방문 결과를 전하면서, "레 주언(Lu Duan) 총서기도 반수정주의 투쟁을 끝까지 철저히 진행해야 한다는 의견을 피력했다고" 언급하였다. 이에 대해 김일성은 중국측 회신안에 대해 어떠한 이견도 없음을 분명히 밝혔다. 회담 기간이 길어진 것은, 중국 측이 3월 3일 중·소 분쟁을 '조정'하기 위해 방문하는 루마니아 공산당대표단을 설득하는 데 있어 김일성의 도움을 요청했기 때문이다.[99]

그런데 루마니아 당에 대한 북·중의 평가에 다소 차이가 드러난 점이 흥미롭다. 김일성은 소련의 루마니아에 대한 내정간섭으로 루마니아와 소련의 관계에 "모순이 발견되고, 현재 루마니아 대표단은 중재자의 신분으로 중국에 온 것이며, 그들은 중·소 양당 논쟁에 있어 불편부당한 태도를 견지하고

96) 김일성, "조국통일위업을 실현하기 위하여 혁명력량을 백방으로 강화하자(조선로동당 중앙위원회 제4기 제8차회의에서 한 결론, 1964년 2월 27일)," pp.77-96.

97) 소련지도부는 중국과의 공개적 논쟁이 더욱 악화되는 양상을 보이자, '형제당' 간 국제회의 개최를 다시 제안해 왔다.

98) 하노이에는 원래 계획대로 덩샤오핑이 파견되었다. 덩은 북베트남의 '자력갱생'의 경제기초를 마련하다는 명목으로 20억 위안(元)을 제공하였다.

99) 흐루시초프는 공개논쟁이 격화되자, 중·소 간에 비교적 중립적 노선을 취하고 있었던 루마니아를 이용해 중국이 먼저 공개논쟁을 중단하도록 설득시키고자 했다. 이를 위해 루마니아 대표단이 소련을 방문한 다음 중국을 찾은 것이다. 북한대표단 중 박금철, 김창만은 먼저 귀국하고 김일성은 3월 5일까지 중국에 체류한다. 루마니아 대표단은 방중 이후 12일부터 북한과 베트남을 연속 방문하였다.

자 한다."라고 평가했지만, 마오는 루마니아가 소련과 불편한 관계에 있는 것은 사실이지만 그들은 흐루시초프의 '대리인'에 불과하다는 견해를 피력했다. 이는 마오가 중·소 분쟁에 대한 어떠한 '중재' 시도도 수용할 수 없다는 점을 다시 한번 분명히 밝힌 것이다.[100)]

마오의 이러한 완고함은 어쩌면 당연하였는지도 모른다. 마오는 흐루시초프가 중국의 군사, 외교를 소련의 전략 범주에 집어넣고자 한다고 생각했다. 이로써 소련에 대한 극도의 불심감과 경계심을 가지게 되었으며, 중국 당내와 국내에서 출현하고 있는 의견 분기와 소위 '흑암풍'(黑暗風), '단간풍'(單干風), '번안풍'(飜案風) 등을 '흐루시초프식 수정주의'와 연계시키기 시작한 것이다. 이처럼 마오는 이미 '국제 수정주의 투쟁'과 '국내 수정주의 투쟁'을 연계시키고 있었기 때문에 소련과의 공개논쟁을 중단할 수 없는 국내정치적인 상황에 있었다. 2월 29일 마오는 김일성에게 이러한 자신의 처지를 강하게 피력하면서, "만약 펑더화이와 같은 사람이 흐루시초프처럼 당과 군대, 정권을 장악한다면, 현재 우리는 몰로토프(Vyacheslav Molotov)나 말렌코프(Georgii Malenkov), 카가노비치(Lazar Kaganovich)와 같은 처지가 될 것이며, 죽음을 당하게 될지도 모른다."라고 언급했다. 그러면서 "(국내의) 일부 사람들은 아무 목소리를 내지 않고 있다. 그러나 시기를 기다리고 있는 것이다. 그러므로 경계심을 고취시켜야만 한다."라고 특별히 강조했다.[101)]

이는 1963년 9월 소련을 주적으로 상정한 마오의 '중간지대론'과 마찬가지로 김일성에게는 또 다른 '이해할 수 없는' 논리였다. 그동안 마오 스스로 강조해 온 사회주의 동맹의 규범은 국내 문제와 국제 문제의 분리였다. 다시

---

100) 이상의 내용은 吳冷西, 『十年論戰 (下) 1956~1966』, pp.666-723을 근거로 재구성한 것이다.

101) 李丹慧, "1964年: 中蘇關係與毛澤東外患內憂思路的轉變," http://www.coldwarchina.com/zgyj/wjjc/001641.html이나 沈志華·李丹慧 개인 홈페이지 http://www.shenzhihua.net/zwuone.htm 등에서 마오의 이러한 발언 내용을 찾아볼 수 있다. 그러나 여기서 직접 인용된 마오의 발언은 李丹慧, "中蘇分裂與文革時期中國外交," 『世界歷史』, 第1期(1994年), pp.3-12에 삭제된 채로 발표되었다.

말해 당내 문제는 내부 문제이며, '미 제국주의'라는 공동의 위협에 대한 진영의 단결을 도모하는 것이 진정한 '프롤레타리아 국제주의'라는 것이 마오 스스로 주장해 온 동맹의 규범이었던 것이다.

김일성은 흐루시초프 실각 이후 정세변화를 논의하고자 1964년 11월 하노이를 방문하고 귀국 길에 베이징에 잠시 들러 마오를 만난 것을 제외하고는 1970년 10월까지 무려 6년 동안 중국을 방문하지 않았다. 1959년 이후 흐루시초프가 대외적 행보를 내디딜 때마다 자신의 등 뒤에서 불어오는 마오의 '혁명적 열정주의'의 싸늘한 기운을 느껴야 했던 것처럼 김일성도 또 다른 이유에서 그러한 느낌을 받았을 것이다.

그러나 김일성에게는 여전히 '대안'이 부재했다. 1964년 2월 레 주언 총서기가 모스크바를 방문하였으나, 공동성명도 발표하지 못하고 빈손으로 하노이로 돌아갔던 것이다.[102] 그리고 무엇보다도 동년 8월 2일 '통킹 만(Gulf of Tonkin) 사건'이 발생하게 되자, 미국은 3일 후 아무런 선전포고도 없이 베트남전에 참전하게 되고, 이에 대해 북한은 8월 5일 전군에 '전군준비강화령'을 하달할 정도로 정세가 긴박하게 돌아가고 있었음에도, 흐루시초프는 여전히 '관망자'의 역할을 '충실히' 하고 있었던 것이다.[103]

'통킹 만 사건'을 계기로 하노이와 평양 지도부는 중국이라는 밴드왜건의 '불안정성'을 일시적으로나마 해소하는 계기를 맞았다. 각기 다른 목적이 있었다고는 하지만, 어찌 되었건 평양-하노이-베이징은 '미 제국주의'와 '소련의 수정주의'에 대항하기 위한 '편의적 연대'를 모색해 갔다.[104] 이는 3국의

---

102) Qiang Zhai, *China & the Vietnam Wars,* pp.127-128.

103) 통킹 만 사건을 계기로 "미국은 9년간의 전쟁 속으로 스스로 걸어 들어갔다." 통킹 만 사건에 관해서는 매클리어, 『베트남: 10,000일의 전쟁』, pp.202-206 참조.

104) 마오가 베트남전을 지원한 것은 남방으로부터의 미국의 군사적 위협에 대한 대응의 측면보다는 '미 제국주의'와 투쟁하고 있는 하노이 지도부를 지원함으로써 '소련의 수정주의' 반대투쟁에 있어 국제적 리더십을 확보하고, 이를 통해 당내 '수정주의자'의 출현을 방지하는 데 더 큰 목적이 있었다. 한편, 하노이 지도부와 김일성은 '대안'의 부재라는 제약 속에서 중국과 연대를 모색할 수밖에 없는 실정이었다. 하노이와 평양이 친중적이었기 때문에 중국으로 경사된 것은 결코 아니었다. 베이징-하노이-

외적 위협인식이 당제관계의 '불안정성'을 일시적으로나마 억지하였다는 의미가 있는 것이었다.

이제 베이징은 베트남전을 작전 지휘할 헤드쿼터가 되었다. '통킹 만 사건' 직후 중국은 하노이 지도부와의 긴밀한 협의를 바탕으로 곤명과 광주 군구 해·공군 부대를 전투준비태세에 돌입하게 하였으며, MIG-15, MIG-17 전투기 15기를 하노이에 파견했다. 그리고 중국 지원군 파견을 준비하고자 북베트남에 대한 현장 조사가 시작되었다.[105)]

이러한 중국의 커미트먼트에 대해 하노이와 평양 지도부는 무언가 '답례'를 해야 했다. 이를 위해 레 주언이 평양을 방문한다. 그리고 8월 13일 그는 베이다이허(北戴河)에서 마오와 회동했다. 레 주언은 마오에게 "조선당도 소련공산당의 서한을 받았다.[106)] 그들은 (소련이 제안한 국제회의 개최를 위한) 예비회담 참가를 거절한다는 성명을 준비 중이다. 우리 당도 내부 토론을 하였다. 조선당이 성명을 발표한 이후 베트남노동당도…(동일한) 성명을 발표할 것이다."라고 언급했다. 이에 마오도 "당신들 두 당이 성명을 발표하면 그 후에 (당신들 두 당의 성명내용을) 지지하는 성명을 (우리도) 발표할 것이다."라고 말했다.[107)] 1964년 8월 31일 『로동신문』은 '소련공산당'의 이름을 직접 거명하며 그들의 '음모'를 폭로하는 사설을 게재하였고, 이후 하노이 언론도 같은 내용의 논평을 실었다. 이는 중국공산당의 대소 비난에 대한 일종의 '지원사격'과도 같은 것이었다.[108)]

평양의 각각의 셈법에 관해서는 Chen Jian, *Mao's China & the Cold War*; Qiang Zhai, *China & the Vietnam Wars*; Lorenz M. Luthi, "The Collapse of Sino-Soviet Party Relations and Its Influence on the Early Vietnam War, 1963-1966," *Conference Paper* (Budapest, October 30-November 2, 2003).

105) Qiang Zhai, *China & the Vietnam Wars,* pp.132-133.

106) 소련공산당은 중공이 공개논쟁을 더욱 격화시켜나가자, 5월 서한을 보내 형제당 간 국제회의 개최를 위한 예비회담을 개최할 것을 제안해 왔다. 흐루시초프는 이를 통해 중공을 집단적으로 비난하고 고립시키려고 계획하고 있었다. 중국에 보낸 서한은 하노이와 평양에도 각각 전달되었던 것이다.

107) 吳冷西, 『十年論戰(下) 1956~1966』, p.812.

108) "분렬을 가져올 각국 당들의 회의는 저지시켜야 한다," 『로동신문』, 1964년 8월 31

그런데 여기서 다시 한 번 강조하지만 평양이나 하노이가 문제삼은 것은 소련공산당의 '수정주의적' 태도이지, 소련과의 국가관계 파탄을 원했던 것은 결코 아니었다는 점이다. 그리고 그들 모두 소련을 주적으로 상정할 수는 없었다. 특히 평양은 남방으로부터의 위협이 '실제로' 가시화되고 있는 상황하에서 소련을 주적으로 삼는다는 것은 일종의 '자살행위'와도 같은 것이었다.[109]

그러나 마오는 미국의 위협보다도 소련의 위협을 더욱 현실적인 것으로 받아들이고 있었다.[110] 최용건이 10월 다시 베이징을 찾았을 때, 마오는 '미제국주의자'와의 공동 투쟁이 아니라 소련의 위협만을 강조하였다. 10월 7일 마오는 북한 당·정 대표단에 "흐루시초프가 우리를 칠 것인가? 군대를 파견하여 신장, 흑룡강을 점령하고 심지어 내몽고까지도 진격해 들어올 것인가? 그러할 가능성이 있다고 생각하는가?"라고 물었다. 10월 9일 알바니아 대표단에도 마오는 "우리는 (소련의 위협에) 준비를 해야만 한다."라고

일. 그런데 중국공산당에 대한 이러한 평양의 '지원사격'은 이번이 처음이 아니라는 사실을 상기할 필요가 있다. 다시 말해 '대안'의 부재라는 제약과 중국의 안보공약 이행의 '제스처'에 대한 일종의 립 서비스인 것이다. "사회주의 진영을 옹호하자," 『로동신문』, 1963년 10월 28일; "민족해방의 기치를 높이 들자," 『로동신문』, 1964년 1월 27일; "국제공산주의 운동을 분렬하려는 책동을 저지시켜자," 『로동신문』, 1964년 4월 19일; "국제공산주의 운동의 단결을 강화하고 반제 혁명 투쟁을 더욱 강력히 전개하자," 『로동신문』, 1964년 12월 3일 등 참조.

109) 미국이 '통킨 만 사건' 직후 64대의 해군 전폭기를 이용해 17도선 위에 자리 잡은 빈(Vinh)의 항구 시설과 유류 저장 시설을 폭파하기 시작하자, 북한은 9월 15일 납북 억류하였던 한국어민 219명(33척)을 송환하는 조치를 취했다. 미국의 북폭에 대해서는 매클리어, 『베트남: 10,000일의 전쟁』, pp.205-206.

110) 중공 중앙정치국상무위원회는 1964년 5~6월 중앙공작회의를 개최하여 농업과 경공업 발전에 우선권을 두는 제3차 5개년 계획(1966~70년)안을 논의하려 했다. 그런데 5월 27일 갑자기 마오가 회의를 직접 주재하면서 '3선 지역건설'(三線建設) 추진을 결정해버린다. 이 '3선 지역건설' 프로젝트는 중국이 직면한 가장 큰 위협은 미국에서 나오는 것이 아니라 소련에서 나오는 것이라는 위협평가에 기반을 둔 것이다. 1964년 8월 중앙위원회는 이러한 마오의 제안을 공식 채택했다. 이는 제3차 5개년 계획에 대한 대대적 수정을 의미하는 것이었다. 吳冷西, 『十年論戰(下)』, pp.776-780; 바르바라 바르누앙·위창건, 『저우언라이 평전』, p.248.

강조했다.[111] 그러나 이는 북한이 결코 듣고 싶어 하는 발언이 아니었다. 마오의 '자의적' 위협 평가는 북한을 더욱 곤혹스럽게 했을 것이다. 최용건은 류사오치, 마오쩌둥과 각각 회담을 진행했다. 그러나 신화사는 회담 참석자 명단만을 간략히 전했을 뿐이며, 양국 간 공동성명도 발표되지 않았다.[112] 이것이 당시 중국과 북한 간 '밀월'의 모습이다.

2. 마오의 '의도된' 오인(誤認), 그리고 김일성의 전략적 반성

1) 흐루시초프의 실각과 마오의 오인

1964년 10월 14일 심야에 주중 소련대사 체르넨코는 중공중앙 대외연락부 부부장 우슈치엔(伍修權)에게 소련공산당 중앙으로부터 받은 놀랄 만한 지시를 전했다. 그것은 소련당 중앙이 흐루시초프를 실각시키기로 했다는 내용이었다. 소련공산당은 15일 심야(베이징 시간으로 16일 새벽)에 관련 사실을 신문 공보를 통해 발표했다. 공교롭게도 베이징 지도부는 16일 오후 3시 중국 서부의 뤄푸포(羅布泊) 기지에서 최초의 원자폭탄 시험을 성공시켰다. 17일 『인민일보』 헤드라인은 이 소식으로 채워졌다. 물론 하단에 흐루시초프 실각 사실을 알리는 기사를 병기했다. 중국의 원자폭탄이 흐루시초프를 실각시켰다는 인상을 심어 주기에 적절한 편집이었던 것이다.[113]

그런데 아이러니컬하게도 '수정주의자'였던 흐루시초프가 실각했다는 소식은 마오에게는 오히려 일종의 정치적 딜레마의 상황을 안겨주었다. 과연 마오는 흐루시초프의 실각을 좋은 소식(good news)으로 받아들였을까 나쁜 소식(bad news)으로 받아들였을까? 그는 과거에 여러 차례에 걸쳐 흐루시초프가 실각할 것이라 주장해 왔다. 마오가 이렇게 예견했던 이유는 흐루시초프가 계속 '수정주의'의 길을 걷는다면, 소련에서 흐루시초프의 정치적 시장

111) 李丹慧, "1964年: 中蘇關係與毛澤東外患內憂思路的轉變," 각주 29, 30.
112) 劉金質·楊淮生 主編, 『中國對朝鮮和韓國政策文件匯編 4』, pp.1625-1626.
113) 바르바라 바르누앙·위창건, 『저우언라이 평전』, p.247; 吳冷西, 『十年論戰 (下)』, pp. 829-833.

은 없어질 것으로 생각했기 때문이다. 따라서 흐루시초프의 실각이 마오가 예견한 대로 정말 '수정주의'의 길을 걸었기 때문이라면 마오의 국내 정치적 입지는 그만큼 공고해지는 것이 된다. 왜냐하면, 그것은 흐루시초프에 대한 그의 '교육법'이 맞았음을 입증하는 것이기 때문이다. 그런데 소련공산당 내부의 어떤 다른 이유 때문에 실각했다면 이는 마오에게는 그리 반가운 소식이 될 수가 없었다.

따라서 마오는 아주 교묘한 잠정적 결론을 내린다. 소련 신지도부의 향후 행보 전망에 있어 그는 3가지 가능성을 제기했다. 첫째는 '수정주의' 노선에서 완전히 회귀하여 마르크스·레닌주의의 길로 돌아올 가능성이었다. 둘째는 흐루시초프보다 더욱 나빠질 가능성이었다. 셋째는 '수정주의' 노선을 걷겠지만 스타일 상의 변화를 추구하는 '중간상태'에 놓일 가능성이었다. 역시 마오는 세 번째 가능성이 제일 크다고 말했다.[114] 왜냐하면, 그것이 자신의 국내 정치적 입지를 강화시켜줄 것이기 때문이었다. 첫 번째 상황은 중·소 관계의 화해를 의미한다. 이는 소련 수정주의 반대투쟁(反修)을 통한 국내 수정주의 예방(防修)이라는 자신의 정치적 프로그램 추진에 방해가 될 것이다. 두 번째 상황은 자신의 소련 '교육법'이 틀렸음을 말해 주는 것이다.[115] 반면, 세 번째 상황은 자신의 정치적 목적 실현에 가장 들어맞는 경우다. 마오에게는 소련 신지도부가 완전히 변해도 문제였고, 전혀 변하지 않아도 문제였다. 그에게는 여전히 흐루시초프의 '유령'이 대내 정치적으로 필요했다.

그러나 당시 중국은 소련과의 관계 악화 때문에 소련 내부사정에 대해 소련공산당과 실질적 의사소통을 제대로 진행해 오지 못했다. 따라서 사실 파악부터 해야 했다. 다시 말해 '현장조사'가 필요했던 것이다. 이를 위해 마오는 러시아 '10월 혁명' 47주년 기념식에 중국 당·정대표단을 파견하기로 스스로 결정했다.[116]

---

114) 吳冷西, 『十年論戰(下)』, p.838.
115) 마오는 일체의 대소 비난 논설을 자신이 직접 수정·보완하여 발표하게 하였다.

중·북 동맹관계와 관련하여 이 대목에서 흥미로운 사실은 마오가 중국 당·정대표단의 모스크바 파견 문제에 대해 김일성과 직접 협의해야 하느냐를 고민했다는 점이다. 결국, 마오는 10월 30~31일 덩샤오핑과 펑전을 직접 비밀리에 파견해 김일성과 협의하는 과정을 거친다. 반면 하노이 지도부에게는 중국주재 대사를 통해 통보했다.[117] 그만큼 마오는 상호 통보 및 협의라는 동맹 의무 규범을 의식하고 있었다.

회의는 매우 간단하게 두 차례 진행되었다. 30일 덩샤오핑은 김일성에게 중국대표단의 모스크바 파견 사실에 대해 말했다. 김일성도 흔쾌히 동의했으나, 그가 직접 모스크바에 가지는 않겠다고 말했다. 31일 회담에서는 마오가 분석한 3가지 가능성이 전달되었다. 그러나 김일성의 소련 신지도부에 대한 '기대감'은 마오와 차이가 남을 발견할 수 있다. 김일성도 마오의 세 번째 가능성에 일단 동의했다. 그러나 김일성은 향후 "소련 신지도부가 전혀 변하지 않고 흐루시초프의 노선을 그대로 걸을 것이라면, 왜 그들이 흐루시초프를 실각시켰겠는가"라고 언급하고 있다. 그러면서 김일성은 중국 측 견해에 '대체적으로' 동의한다는 의견을 피력하면서, 상호 통보 및 협의라는 동맹 규범을 준수하는 중국 측 노력에 사의를 표명했다.[118] 우렁시(吳冷西)의 회고록은 당시 김일성의 독자적 정세판단의 내용을 교묘히 숨기고 있지만, 그 내용을 면밀히 살펴보면, 김일성의 소련 신지도부(브레즈네프 당 제1서기와 코시긴 각료회의의장)에 대한 '기대감'을 읽어낼 수 있다.

베이징-평양-하노이 모두 '현장조사'에 나섰다. 중국에서는 저우언라이와 허룽(賀龍)이, 북한은 김일(金一)과 김창만이, 북베트남은 팜 반둥이 각각 파견되었다. 그들은 11월 6일 브레즈네프(Leonid Brezhnev)의 연설을 들었다. 그러나 브레즈네프는 소련공산당 20차 대회의 정당성을 재확인했을 뿐이다. 그리고 사회주의진영의 결속과 '단결'을 위해 국제공산당대회를 개최해야

---

116) 吳冷西, 『十年論戰 (下)』, p.841.
117) 吳冷西, 『十年論戰 (下)』, pp.843-844.
118) 吳冷西, 『十年論戰 (下)』, pp.844-846.

한다고 주장했다. 이는 소련의 노선에 전혀 변화가 없다는 것을 의미하는 것이었다.[119] 7일 브레즈네프 연설의 요약문이 타스 통신을 통해 흘러나왔고, 이를 바탕으로 중국지도부는 대책을 논의했다. 의견은 분분했다. 주로 소련 신지도부가 흐루시초프 노선을 지속할 것인지, 국제회의를 개최해야 하는지에 대한 이견들이 쏟아졌다. 마오는 "현재로서 본 것은 요약문이지 전문(全文)이 아니다. 전체 문장을 보고 난 후 최후 판단을 내려야 한다."라고 끼어들었다.[120] 마오는 곤혹스러웠을 것이다. 요약문은 마오의 흐루시초프에 대한 '교육법'이 틀렸음을 말해 주는 것이었기 때문이다.

그런데 7일 저녁 늦게 마오에게는 일종의 희소식이 전해졌다. 그것은 7일 저녁 연회석상에서 소련국방부장 말리노프스키가 한 발언 내용이었다. 그는 허룽 장군에게 "우리가 흐루시초프를 제거하는 데 성공한 것처럼 당신들도 우리를 본받아 마오를 쫓아내면 우리 관계도 좋아질 것이다."라고 농담조의 '실언'을 했던 것이다. 이 같은 발언을 전해들은 저우언라이는 엄중히 항의하였고, 이에 대해 소련지도부는 말리노프스키의 발언이 당중앙의 견해가 아님을 지속적으로 확인해 주면서 여러 차례 사과했다.[121] 이 소식은 베이징에 급전으로 타전되었고, 마오는 이러한 기회를 놓치리 만무했다. 마오는 이를 '정치적 사건'으로 규정했다. 말리노프스키가 때마침 흐루시초프의 유령을 불러왔던 것이다. 10일 정치국 상무위원회의에서 마오는 자신의 '교육법'이 맞았음을 강변했다. 마오는 마치 1960년 4월 흐루시초프에 대한 '교육법'을 말했을 때처럼, "돌이켜 보면, 우리가 강경하게 공개논쟁을 진행한 것이 옳았다. 우리가 강경했기 때문에 그들 내부에서 그를(흐루시초프) 반대하는 사람이 많아졌고 그의 실각도 빨랐다. 우리 내부에서 어느 누구도 그가 그렇게 빨리 실각하리라고 예상한 사람이 없었다… 우리는 단지 9편의 논문(九評)으로 그를 실각시켰지 않았는가!… 현재 우리의 방침은 공개논쟁을 지

119) 『周恩來年譜 (中)』, pp.685-686.

120) 吳冷西, 『十年論戰 (下)』, pp.858-856.

121) 『周恩來年譜 (中)』, p.686; 바르바라 바르누앙·위창건, 『저우언라이 평전』, p.245.

속적으로 추진하는 것이다. 절대 구속 받아서는 안 된다… 계속 논쟁하여 그들 내부에 변화를 일으켜야 한다."라고 역설했다.[122)]

그러나 마오의 '교육법'은 분명히 틀린 것이었다. 흐루시초프의 실각은 그의 '수정주의' 노선 때문이 아니었다. 그가 실각한 것은 외교 및 경제정책상에서의 '모험주의' 및 지속적 당 체제변동 시도와 개인숭배 시도 등이 원인으로 작용했던 것이다. 그리고 중·소 관계를 악화시킨 것도 분명히 하나의 사유가 되었다.[123)] 사실 소련 신지도부는 중국과의 관계개선의 의지가 분명히 있었다. 스탈린 사후 흐루시초프는 그의 전임자와 마찬가지로 외교정책을 거의 독점적으로 결정했다. 그러했기 때문에 그의 후임자들은 외교에 대해 문외한이었다. 브레즈네프는 당 사무를 관장하였고, 코시긴은 경제관료였다. 따라서 이들은 국제사무에 대한 실질적 이해가 부족했고, 주로 계급적 이념의 논리에 따라 국제정세를 조망하고자 했다.[124)] 따라서 미국이 인도차이나에 본격적으로 개입한 1964년 이후 이 지역에 대한 대규모의 경제·군사적 지원을 단행한 것이다.[125)] 그러나 마오는 소련지도부가 어떤 행동을 보이더라도, 그것은 그의 국내정치적 입지 제고에 도움이 되지 않았다. 다시 말해 '소련의 수정주의'가 어느 정도는 남아 있어야만 한다고 상정했기

---

122) 吳冷西, 『十年論戰 (下)』, pp.871-872. 사실 모스크바에 있던 저우언라이는 소련과의 관계개선의 계기를 만들어 보고자 노력하고 있었다. 그는 브레즈네프에게 중·소 양당의 협상의 문은 언제나 열려 있다는 언질을 보냈다. 『周恩來年譜 (中)』, p.687.

123) Lorenz M. Luthi, "The Collapse of Sino-Soviet Party Relations," p.6.

124) Sergey S. Radchenko, "The Soviet Union and the North Korean Seizure," pp.3-4.

125) 물론 소련은 자신의 행동이 미국과의 군사적 대결로 이어지지 않도록 특별히 조심했다. 이는 양극체제의 제약 속에서 어쩌면 당연하였는지도 모른다. 베트남 문제와 관련하여 미국이나 소련 모두 협상을 통한 평화적 해결을 선호하고 있었다. 미국이 1965년 2월 북폭을 개시한 것도, "하노이가 해결책을 모색하기 위해 협상 테이블에 나올 때까지 그들에게 재산상의 손실을 가할 수 있는 집중적인 공습을 가시화해야 했기" 때문이다. 즉 회담으로 끌어들이고자 무력을 사용한 것이다. 소련도 65년부터 하노이에 대규모 군사지원을 단행했지만, 베트남 문제의 평화적 해결을 공동 모색하려는 목적으로 65년 3월 세계 공산당 국제회의를 개최하려고 했던 것이다. 매클리어, 『베트남: 10,000일의 전쟁』, p.213; Qiang Zhai, *China & the Vietnam Wars,* pp.157-167.

때문에 그의 '의도된 오인'(intended misperception)은 지속될 수밖에 없는 것이었다.

이러한 마오의 자가당착은 김일성과의 대화에서도 지속됐다. 김일성은 김일을 모스크바에 파견한 동안 베이징을 거쳐 하노이를 찾았다. 그는 11월 8일 베이징에서 마오와 원론적 의견만을 나누었다. 아직 모스크바의 '현장 조사'가 진행 중이었기 때문이다. 하노이에서 김일성은 팜 반둥의 귀국을 기다렸다. 그리고 그의 '현장 조사' 보고를 청취했다.[126] 팜 반둥은 대체로 소련 신지도부를 여전히 소극적으로 평가했다. 그러나 소련 신지도부가 중·소 관계 개선의 의지가 있다는 점은 분명해 보였다고 말했다. 따라서 김일성과 하노이 지도부는 중국을 위한 '지원사격'을 계속해야 한다는 데에 의견을 모았다.

물론 마오와는 다른 의도에서 그러했다. 김일성과 하노이 지도부는 중국을 위한 '지원사격'을 계속 해야 소련 신지도부가 '반제 투쟁'으로 '회귀'할 것으로 믿었기 때문이다. 호찌민은 김일성에게 공개논쟁 지속, 중·소 양당 회담 개최, 소련 신지도부 문제에 대한 아시아 '형제당' 간 의견 교환을 요망하는 3가지 건의를 마오에게 전달해 달라고 요청했다. 11월 16일 오후 김일성은 이를 마오에게 전달했다. 그러나 마오는 중국을 위한 '지원사격'의 성격을 가진 3가지 건의 모두를 묵살한다.[127] 내부적으로는 공개논쟁을 지속할 것이라는 방침을 세워 놓고도 말이다. 김일성과 호찌민의 '중재' 노력을 또다시 거부한 것이다. 이는 외교적 이니셔티브는 자신의 정치적 이해에 맞게 자신이 추진하겠다는 의미와도 같았다. 마오 스스로 그토록 강변하며 반대해 왔던 '위계적 질서'의 전형을 보여주는 것이었다.

---

126) 모스크바에서 김일과 김창만이 소련지도부와 회견을 한 것은 사실이나, 아직 어떤 내용이 논의되었는지는 알려지지 않고 있다. 그러나 팜 반둥의 귀국 보고를 통해 간접적으로나마 그 내용을 유추해 볼 수 있을 것이다.

127) 吳冷西, 『十年論戰 (下) 1956~1966』, pp.883-887.

2) 김일성의 동맹행위 규범 제시와 마오의 '역할분담론'

결국, 김일성으로서는 그가 상정하고 있는 바람직한 '국제주의'의 기준을 제시해 놓고 때를 기다릴 수밖에 없었다. 다시 말해 그 기준에 부합되는 파트너와 안보협력 관계를 구축할 것이라는 일종의 '광고'가 필요했다. 1964년 12월 3일 『로동신문』은 그와 같은 사설을 게재한다. 북한이 제시한 기준은 2가지, 즉 제국주의 국가 및 그 정책에 대한 투쟁 전개, 민족해방을 위한 혁명투쟁 지원이었다. 그러면서 이 사설은 '사회주의 진영의 단결과 국제공산주의운동의 결속'을 강조하는 것을 잊지 않았다.[128] 다시 말해 이는 인도차이나 반도와 한반도 혁명전쟁에 얼마나 이바지하느냐를 기준으로 동맹관계를 구축하겠다는 의미와도 같은 것이다. 중·소 간 이념분쟁은 상대적 약소 동맹국에는 중요하지 않다는 어쩌면 당연한 논리를 재차 강조하고 있는 것이다. 물론 이 2가지 기준에 대해 중국은 지속적으로 공약을 한 것이 사실이다. 그러나 마오는 진영의 '단결'을 강조하는 논리를 도저히 수용할 수 없는 국내정치적 제약 속에 놓여 있었던 것도 사실이다.

결국, 소련이 주도적으로 '호응'해 왔다. 코시긴 수상을 단장으로 한 소련대표단이 1965년 2월 5~6일 베이징을 거쳐 7~10일 하노이 지도부와 회담을 개최했다. 그리고 11~14일 평양을 방문했다. 물론 중·소의 베이징 회담의 실패는 자명한 일이었다. 공개논쟁을 중단하고 베트남공산주의자들의 '반제투쟁'에 함께 행동하자는 소련 신지도부의 제안에 대해, 마오는 공개논쟁은 앞으로 "9,000년은 더 해야 한다."라고 응대했다.[129] 그러나 하노이와 평양이 코시긴의 방문을 기다렸다는 것도 자명한 일이었다. 코시긴의 하노이 방문 기간 미국은 8~10일 대대적인 '북폭'을 개시하였다. 2월 10일 소련과 하노이는 군사·경제협정을 체결한다.[130] 2월 14일 평양에서는 「조·소 조약」의 유

---

128) "국제공산주의 운동의 단결을 강화하고 반제 혁명 투쟁을 더욱 강력히 전개하자," 『로동신문』, 1964년 12월 3일. 당시 마오쩌둥은 '진영의 단결과 결속'이라는 말을 가장 듣기 싫어했음은 이미 지적한 바 있다.

129) 吳冷西, 『十年論戰 (下)』, pp.913-916.

130) Qiang Zhai, *China & the Vietnam Wars,* p.149.

효성을 재확인하는 공동성명이 발표되었다. 물론 김일성은 코시긴에게 군사원조 리스트를 제시하는 것도 잊지 않았다. 김일성은 "제국주의와의 투쟁으로 대규모 군대를 유지해야 했기 때문에 7개년 경제발전 계획이 실행되지 못했다."라고 불평을 떨어 놓았다. 그리고는 대공(對空) 무기를 포함하여 무상 군사원조를 요구했다. 그리고 그 액수는 자신이 1962년 가을에 요구했던 것보다 50%나 증가한 1억 5천만 루블에 달했다. 물론 62년과는 달리 소련지도부는 대북 원조 제공을 약속한다.[131] 이는 당시 소련이 중국과 '안보 딜레마'적 상황에 봉착하여 주변국에 대한 포용에 적극적이었기 때문이다.[132]

그런데 이러한 소련의 적극적 개입에 대한 중국의 반응이 너무나 흥미롭다. 그것은 중국이 소련과 경쟁적으로 대북 원조에 나서지 않았다는 것이다. 사실 당시 중국과 북한은 '외적 위협' 인식을 공유하고 있었다. 중국은 미국의 '북폭' 개시 이후 북방으로부터의 위협 못지않게 남방으로부터의 위협을 더욱 현실적으로 느껴야 했다. 1965년 4월 9일 마오는 중국공군에게 중국의 하이난다오(海南島)와 대륙 상공을 침범하는 미국 항공기에 대한 발포권을 허가했다.[133] 또한, 중국은 베트남에 대한 직접적 군사개입을 준비할 정도였다. 1965년 4월 레 주언의 중국지원군 파병 요청이 있은 후 중국은 뤄루이칭

131) 이는 3개월 후 모스크바에서 군사협정이 체결되어 실행되었다. 그런데 이때 북한은 값을 더 올렸다. 대도시 방어를 위한 대공포를 추가로 요구한 것이다. 「Record of Conversation between Soviet Deputy Foreign Minister Vasily Kuznetsov and the North Korean Ambassador to the Soviet Union Kim Pyong-chik, 21 May 1965」, AVPRF, fond 0102, opis 21, papka 105, delo 32, list 21, *CWIHP Working Paper,* No.47(2006), p.44.

132) Sergey S. Radchenko, "The Soviet Union and the North Korean Seizure," p.9. 중국측 통계에 따르면, 1960년 8월부터 64년 10월까지 중·소 국경분쟁 건수가 1,000에 달한다. 그리고 마오가 코시긴의 공개논쟁 중단 제안을 거부한 이후 그 수치는 폭발적으로 증가한다. 64년 10월부터 69년 3월까지 중·소 국경분쟁은 무려 4,189차례나 발생했다. Niu Jin, "The Historical Background of the Shift in Chinese Policy toward United States in the Late 1960s, Presented at Conference on "New Evidence on China, Southeast Asia and the Indochina Wars"(Hong Kong, January 11-12, 2000).

133) 毛澤東, "堅決打擊入侵海南島上空的美機," 『毛澤東軍事文集 第六卷』(北京: 軍事科學出版社, 1993), p.403.

(羅瑞卿)이 지휘하는 '중앙위원회 베트남 지원 영도소조'(中央援助領導小組)와 이 영도소조의 실행기관으로서 양청우(楊成武)가 이끄는 '국무원베트남지원공작소조'를 설립했다. 그리고 6월 중국지원군의 베트남 영내 진입이 단행되었다.[134]

한편, 1965년 북한의 안보위기 의식도 최고조에 달해 있었다. 1월 8일 남한의 베트남 파병이 결정되었고, 2월 20일 '한일기본조약'이 서울에서 임시 조인되었다. 그리고 무엇보다 이 무렵 한반도에서 전쟁이 발발할 경우 일본군의 한반도 개입에 대한 연구(소위 '미츠야'(三矢) 연구)가 미 국무부의 요청으로 일본 방위청에 의해 이루어지고 있다는 사실이 공개됐다. 이러한 정세변화를 북한은 "미국을 정점으로 한 동북아군사동맹체제"가 실제로 작동되기 직전이라고 받아들였다.[135]

이처럼 동일한 '외적 위협' 인식에도 불구하고 중·북 당제관계에 '내장된 불안정성'은 오히려 증폭되는 역설적 상황이 전개된다.[136] 마오는 당시 북한으로서는 도저히 받아들일 수 없는 '혹독한' 역할 분담을 제시했다. 미국의 관심을 분산시키기 위해 "남조선 인민이 게릴라 투쟁에 들어갈 수 있도록 지도하라"라는 것이었다. 김일성은 1966년 3월 일본공산당 대표단과의 회담에서 마오가 북한에 '남조선 게릴라 활동'을 '강요'했다는 사실을 공개했다. 일본공산당 대표단 부단장인 오카 마사요시(岡 正芳)가 귀국 후 당에

---

134) 이로써 중국은 1969년까지 32만 명이 참전하였다. 문화대혁명이 최고조에 달했던 67년에는 무려 17만 명이 대거 투입되었다. 자세한 지원 내용 및 규모에 관해서는, Qiang Zhai, *China & the Vietnam Wars,* pp.135-137; Chen Jian, *Mao's China & the Cold War,* pp.227-229.

135) 劉金質·楊淮生 主編, 『中國對朝鮮和韓國政策文件匯編 4』, pp.1631-1655에는 이러한 북한의 안보위기 의식을 그대로 대변해 주는 중국 측의 각종 언론 보도문들이 수록되어 있다. 물론 이러한 외교적 지지 이면에는 그 대가가 수반되어 있었다. 그것은 중·소 분쟁에 있어 중국을 위한 평양의 '지원사격'이었다. '미츠야 연구'에 관해서는 다나카 아키히코, 『전후 일본의 안보정책』, pp.210-211.

136) 다시 말해 '통킹 만 사건' 직후 베이징-하노이-평양 간에 일시적 연대를 보인 경우와는 다른 상황이 벌어진 것이다. 여기에는 물론 마오의 '혁명적 열정주의'가 주요한 배경요인이 된다.

보고한 내용은 다음과 같다.

> "작년(1965년) 3월 중 모택동이 김일성과 상봉을 희망해 왔다. 역시 김일성은 가지 않고 부위원장 최용건이 대신 갔다. 그곳에는 베트남과 인도네시아 당대표가 와 있었으며, 아시아 지역의 혁명에 대해 논의를 하고 있었다. 모택동이 최용건에게 남조선 인민이 게릴라 투쟁을 시작하도록 지도해 주기를 바란다고 말했다. 최용건은 평양으로 돌아와 김일성에게 보고했으며, 조선노동당은 이를 거절했다는 것이다. 남조선에는 해안선이 많고, 산이 벌거벗었고, 교통은 비교적 발달해 있다. 또 거기에는 미군이 주둔하고 있다. 이 남조선에서 곧 게릴라 활동을 시작한다는 것은 어려운 일이다. 곧장 무장봉기를 하는 것이 아니라, 시간을 들여서 대중 속에서 비공연조직(非公然組織)을 만들어, 대중운동을 전개해야 한다. 이러한 투쟁이 아니고서는 소모일 뿐, 승리는 어렵다고 김일성은 말했다."[137]

마오는 김일성에게 스스로 제시한 기준에 부합되게 '역할 분담'을 하자는 것이었다. 북한의 동맹 이탈 조짐에 대한 마오 특유의 대응이다. 1965년 6월 김일성은 북한주재 소련대사에게 '자주' 노선을 추구하는 데 있어 봉착한 어려움을 불평하면서, "중국공산당과 소련공산당 간의 공개논쟁이라는 상황하에서 (자주 노선)을 추구하고 있다. 사회주의 두 강대국과 자본주의 국가인 일본을 (동시에) 고려하면서 말이다."라고 푸념했다. 그리고 "우리는 현 시점에서 공개논쟁을 계속해야 한다는 사람들의 견해에 동조할 수 없다."라고 언급하면서, 1964년 12월 3일 자신이 제시한 '국제주의'의 기준을 반복했다.[138] 그러나 김일성이 말한 '기준'은 상대적 강대동맹국이 약소동맹국의

---

137) 이 자료는 思想運動硏究所, 『日本共産黨事典』(東京: 全貌社, 1978)에 수록된 당시 일·북 양당 회담 기록으로, 전 요르단 한국대사를 역임한 소진철이 『외교』지에 소개한 내용의 일부이다. 소진철, "북한 김일성의 1966 발언록," 『외교』, 제86호(2008년 7월), pp.107-110 참조.

138) 「Excerpts from the Report of the Soviet Embasssy in Pyongyang, "Some New Aspects of Korean-Chinese Relations in the First Half of 1965," 4 June 1965」, AVPRS, fond 0102, opis 21, papka 106, delo 20, listy 14-27. *CWIHP Working Paper,* No.47(2006), pp.47-49.

'혁명전쟁'을 지원하라는 것이었다. 다시 말해 중국과 소련이라는 후원국이 소모적 이념분쟁에 휩싸여 있지 말고 단합하여 평양이나 하노이의 '혁명전략'에 확고한 공약을 제공하라는 의미였던 것이다. 스나이더의 표현을 빌리자면, 마오는 군사행위의 공동개입을 요구하고 있는 것이며, 김일성은 책임전가(buck-passing)를 하는 것이다.[139]

어찌 되었건 마오의 '역할분담론' 제기로 김일성은 자기 스스로 만들어 놓은 '함정'에 빠질 수밖에 없었다. 자신이 만들어 놓은 기준을 어느 정도는 이행하고 있다는 모습을 보여줄 수밖에 없었던 것이다. 1965년 3월 26일 북한은 "월맹의 요청이 있을 경우에 모든 지원군을 파견하는 조치를 취하겠다."라는 성명을 발표했다.[140] 그리고 4월에는 북한 미그 전투기 2대가 동해상에서 미국의 RB-47 정찰기를 공격하여 손상시키는 조치를 취했다.[141] 그러나 김일성은 3월 마오가 '요청'한 남한에서의 게릴라 투쟁 전개 요구만은 거부했다. 사실 김일성의 처지에서 볼 때 게릴라 투쟁은 6·25전쟁 실패의 가장 주요한 원인 중의 하나였다. 6·25전쟁 시 김일성의 '혁명전쟁'은 마오의 군사독트린과 같을 수 없었다. 그것은 무엇보다도 인민봉기에 의한 성공적 무장투쟁의 조건이 달랐기 때문이다. 즉 최용건의 보고를 받고 김일성이 말한 바로 그 이유에 기인하는 것이었다. 김일성의 '혁명전쟁'은 객관적 조건에서 불리했던 것이며, 남한의 병력 수가 보잘 것 없는 시기에서조차 좌절되었다. 따라서 김일성은 게릴라 투쟁에 입각한 전쟁계획에 의존하는 작전을 포기할 수밖에 없었다.[142] 마오는 김일성이 가장 아파하는 곳을 건드리고 있었던 것이다.

---

139) Glenn H. Snyder, *Alliance Politics,* p.34.

140) 다음 절에서 다시 언급하겠지만 북한은 베트남의 급작스런 통일을 원치 않았다. 오히려 베트남전이 서서히 진행되어 인도차이나에 미군을 지속적으로 묶어두는 것이 유리하다고 판단하고 있었다.

141) Dick L. Nanto, "North Korea: Chronology of Provocations, 1950-2003," *CRS Report for Congress* (Order Code RL300004) (March 18, 2003), p.4.

142) 강성학, "북한의 안보정책 및 군사전략," pp.87-90.

3) 김일성의 대중 '편승' 효과의 대차대조표와 전략적 반성으로서의 '자주'

그렇다면, 1962~64년 북한의 대중 '편승'은 어느 정도의 효과성이 있었을까? 이를 판단하는 데는 북·중 동맹형성의 기본적 동인에 얼마나 부합했는지가 중요한 기준이 될 것임은 자명한 이치이다.

우선 결박(tethering) 동인의 측면에서 보면, 어느 정도의 효용성을 찾아볼 수 있었다. 즉 상호 통보 및 협의의 측면에서는 상당한 성과가 있었던 것이다. 최고 지도자 상호 방문이 정례화되어 정치·외교적으로 상호 지지하는 모습을 보여주었다. 그럼에도, 동맹외교에서 가장 핵심적 협의 사항이라고 할 수 있는 '포괄적 위협 평가'의 측면에서는 마오의 '자의성'이 드러났음을 아울러 지적하지 않을 수 없다.143) 이는 김일성의 불만을 사기에 충분했었으며, 이것이 최고 '밀월' 속에서도 '불안정성'이 드러나는 근본적 원인이었다. 마치 하노이와 베이징 간의 '고요 속의 긴장' 국면과도 같은 것이었다. 그러했기 때문에 신혼의 밀월기는 짧을 수밖에 없었다. 마오와 흐루시초프의 관계도 그러하였고, 마오와 호찌민의 관계도 그러하였다.144) 김일성과 마오의 관계도 예외는 아니었던 것이다.

다음은 대적 균형(Anti-American balancing) 동인의 측면에서 살펴보자. 적어도 북한의 시각에서 볼 때 대적 균형 동인의 충족 여부를 판단하는 가장 중요한 지표는 중국의 실질적 대북 군사지원일 것이다. 북한이 중국이라

---

143) 마오는 남방(미국 제국주의)과 북방(소련 수정주의)이라는 '두 개의 주적'을 상정하고 있었다. 그는 '두 개의 중간지대론'으로 이를 합리화하였다. 이는 마오가 그토록 강조해 온 "당제관계가 국가관계에 영향을 미치게 해서는 안 된다."라는 사회주의 동맹규범에 대한 스스로의 위반이었다. 그러나 북한이나 하노이 지도부에게 중요했던 것은 '미 제국주의'에 반대하는 세력의 규합에 있었다. '수정주의' 문제는 당 내부의 문제이며, 이러한 당제관계의 모순이 국가관계에까지 영향을 주지 않아야 한다는 것이 평양이나 하노이가 한결같이 '기대'해 온 논리였다.

144) 중·소 동맹은 1954~57년의 밀월기를 지나 결국은 파열되었고, 중국과 베트남은 1949~53년, 63~64년의 공조기를 제외하면 '고요 속의 긴장 국면'을 지속하였다. 결국, 양국관계는 군사적 충돌로까지 악화되었다. 굴곡의 과정을 간략하게 소개한 논문으로는 沈志華, "試論中蘇同盟破裂的內在原因"; Yang Kuisong, "Changes in Mao Zedong's Attitude toward the Indochina War" 참조.

〈표 2〉 중·소의 대북무기 지원 실태(1945~82년, 대수)

구분	전차/장갑차	항공기	해군함정	대공무기 (소련만 지원)
1945~1957 (소련 지원)	600	400	60	-
1958~1961 (중국 지원)	-	460	30	-
1962~1964 (중국 지원)	-	-	11	-
1965~1972 (소련 지원)	770	170	40	SA-2: 360 SA-7: 200 Frog-5 SSM: 43
1973~1982 (중·소 지원)	T-62: 60(소련) T-59: 520(중국)	113(중국)	9(중국)	Styx: 132 Frog-7: 20

출처: 이한종 외, "북한의 대남전략방향 및 능력판단 – 제1부: 중·소의 대북한 군사지원 전망," 『정책연구보고서』(서울: 국방대학원 안보문제연구소, 1985), pp.99-101; 조준래, "중국의 대북한관계 특수성 연구"(한국외국어대학교 박사학위 논문, 2001), p.100에서 재인용

〈표 3〉 북한의 실질 국방비 비율(1960~64년)

연도	1960	1961	1962	1963	1964
국방비/예산(%)	19.6	20.7	21.6	20.0	24.1

출처: 김용현, "1960년대 북한체제의 위기와 군사화 대두," p.443

는 밴드왜건에 올라탄 가장 근본적 이유는 취약한 자국의 국가역량을 보강할 수 있다는 '기대감' 때문이었을 것이다. 그러나 <표 2>에서 보듯이 이와 관련된 지표치(指標値), 즉 1962~64년 중국의 무기지원은 너무나도 실망스

러운 것이었다. 따라서 북한은 '자력갱생'만을 강조하였고, 이는 <표 3>에서 보듯이 결국 국방예산의 증가만을 가져왔다.

그런데 1965년 코시긴의 방북과 그 이후 소련과의 군사적 협력 강화는 '대안' 부재라는 그동안의 제약을 해소해 줄 수 있는 계기가 될 수도 있었다. 따라서 김일성은 그러한 기회를 적극적으로 포착하는 데 필요한 정치적 담론이 필요했다. 그것이 바로 '자주'의 담론이다. 북한의 '자주'란 그동안의 중·소에 대한 정책적 과실을 인정하고 조정한다는 전략적 반성일 뿐이다.[145]

코시긴 방북 이후 북한이 제기한 '자주'와 이전에 김일성이 강조한 '자주'는 서로 다른 맥락을 가지고 있다. 이전의 '자주' 담론은 대내용(對內用)으로 제기된 측면이 강한 것이다. 다시 말해 김일성의 대내 정치적 정당성 제고의 측면에서 제기되었다고 보는 것이 타당하다.[146] 그러나 코시긴 방북 이후 제기된 '자주'의 의미 속에는 이러한 측면 이외에도 중·소와의 관계설정에 있어 정책적 유연성을 확보하려는 의도가 첨가되었다. 어느 일방에 대한 '편승' 행위의 한계성을 실감했던 것이다.

그러나 '미 제국주의'와의 투쟁에서 소련과의 어떠한 제휴도 꺼리는 마오의 완고함은 그대로 지속되었다. 1966년 2~3월 미야모토 겐지(Miyamoto Kenji)를 단장으로 한 일본공산당 대표단이 하노이와 베이징을 경유하여 평양을 방문한다. 그들의 3국 순방은 당시 격화되고 있는 중·소 간 공개논쟁을 종식하고 베트남전에 대한 '통일전선'을 형성시키기 위한 것이었다. 류사오치와 덩샤오핑이 일본대표단과 회담을 진행하였다. 류와 덩은 하노이가 '통일전선' 구축에 큰 관심을 보이고 있다는 사실을 알고는 '국제통일전선' 형성에

---

145) Sergey S. Radchenko, "The Soviet Union and the North Korean Seizure of the USS Pueble," pp.8, 45.

146) 황장엽도 이 점에 동의하는 증언을 하고 있다. 그는 1959년부터 60년대 초반 "날이 갈수록 중소 간의 이데올로기 논쟁(이) 더욱 격화(되자), 김일성은 우리도 주체를 더욱 튼튼히 세워야 한다고 강조했다.… 김일성은 두 대국 간의 대립을 이용하여 자신의 지위를 더욱 확고히 다지려는 의도를 갖고 있었다. 그래서 천리마운동을 대대적으로 펼치고 선전했으며, 경제·문화건설에도 자주적인 노선이 필요하다고 역설했다."라고 당시를 회고하고 있다. 황장엽, 『나는 역사의 진리를 보았다』, pp.128-129.

동의하는 공동성명 초안을 작성하였다. 그러나 마오는 최후 순간에 류와 덩, 어느 누구도 중국공산당 중앙을 대표할 권한을 갖고 있지 않다고 주장하면서 성명 초안을 거부해 버린다. 그는 소련이 세계인민의 가장 위협한 적임을 강조하면서 '반제'(反帝)투쟁과 '반수'(反修)투쟁의 동시 추진을 재차 확인하였다. 그리고는 공동성명에는 반드시 소련공산당을 직접 거명한 비판이 포함되어야 한다고 주장했다. 결국, 공동성명은 발표되지 못했다. 후에 마오는 이 사건을 1962년 8월 왕자샹에 대한 비난과 결부시키며 류와 덩은 '중국의 수정주의자'라고 비난했다. 그리고 1966년 5월 문화대혁명의 광기가 전국으로 확산되었다.147) 마오의 대소 공개논쟁과 당내 정치투쟁의 연계는, 상황을 그만큼 더욱 악화시켜 나갔던 것이다.

결국, 북한은 이념적으로 중국이라는 밴드왜건에서 내려야 할 때가 되었다. 그런데 1966년 3월까지도 마오는 북한에 대한 '기대감'을 완전히는 버리지 않았다. 중공은 66년 4월 소련공산당 23차 대회 참석을 거부했다. 그리고 마오는 소련의 군사원조가 가장 절박했던 하노이 지도부는 참석할 것으로 예상했지만, 평양은 갈 수도 있고 가지 않을 수도 있는 '중간상태'에 있다고 판단했다.148) 그러나 최용건을 단장으로 한 조선로동당 대표단은 3월 26일부터 4월 13일까지 모스크바를 방문했다.

1966년 8월 12일자 『로동신문』에 "자주성을 옹호하자"는 사설이 등장했다. 그리고 같은 해 10월 김일성은 중·소와의 관계설정과 관련해 근본적 수정을 가하는 연설을 하게 된다.149) 그러나 김일성의 '자주' 천명은 결과적으로는 '반쪽의 성공'뿐이었다. 1965~68년 지속적인 소련의 경제·군사적 원조에도 국방예산은 폭발적으로 증가했다.150) 그 근저에는 "중국의 긴 그림

---

147) Chen Jian, *Mao's China & the Cold War,* pp.233-234; Yang Kuisong, "Changes in Mao Zedong's Attitude," pp.34-35; 李丹慧, "中國聯美反蘇的戰略出台," p.176.

148) 吳冷西, 『十年論戰 (下)』, p.938.

149) 김일성, "현정세와 우리 당의 과업"(조선로동당 대표자회에서 한 보고, 1966년 10월 5일), 『김일성 저작선집 4』, pp.317-403.

150) 1970년 11월 조선로동당 제5차 대회에서 내각 부수상 김일은 "1967~69년 동안 국가예산 지출 총액의 31.1%가 나라의 방위력을 강화하는 데 돌려졌으며 지난 9년 동안

자"가 드리워져 있었다. 1962~64년 북한이 높은 국방예산 비율을 유지해야만 했던 데에는 중국의 '빈 공약'(empty commitment)이 주요한 원인 중의 하나로 작용했다면, 이번에는 역설적이게도 중국의 '실제적 위협'(real threat)이 중요한 배경요인으로 작용한다. 다음 절에서는 중국의 문화대혁명의 '광기'에 대응하는 북한 특유의 인고(忍苦)의 시기를 조망해 보기로 한다.

제2절 북한의 '계산된 모험주의'와 관계 재정상화

1. 문화대혁명과 북한의 동맹딜레마 인식의 고조

정전체제가 성립한 1953년 이후 반세기를 넘는 오랜 기간 동안 한반도에서는 여러 번의 위기 국면에도 장기적인 안정과 평화가 유지되었다. 이는 미국과 소련이라는 두 초강대국이 매우 세밀하게 남북한에 대한 정책과 전략을 조정하고 통제해 왔기 때문이다. 미·소는 세계적 양극체제라는 관점에서 남북한에 대한 상황인식, 상호입장, 미래의 변화 가능성에 대해서 이견을 조율해 왔으며, "휴전체제의 현상유지를 위해 남북한의 재래식 군사력에 대한 배치, 평가, 판매를 조정"함으로써 남북한의 군사력 균형이 어느 정도 유지되도록 하였다.151) 이처럼 한반도 정전체제가 다른 지역에서의 많은 전쟁에 비추어 상대적 안정을 유지할 수 있었던 원인에 대해 강성학은 다음과 같이 기술하고 있다.

> "(지역적) 하위체제 형성을 정당화시키는 기준을 구체적으로 제시하지 않는다 할지라도 두 개의 독립국가로 구성된 한반도는 미·소 두 초강대국의 국제체제 내에서 하나의 한반도 하위체제를 구성한다고 볼 수 있다. 그러나 한반도

에 거의 80억 원이나 되는 막대한 자금이 국방 건설에 지출되었다."라고 발언했다. 이태섭, 『김일성 리더쉽 연구』, p.304.

151) 오진용, 『김일성시대의 중소와 남북한』(서울: 나남, 2004), pp.5, 46.

> 하위체제는 다른 지역(예컨대, 중동)의 하위체제와는 달리 자율적인 하위체제를 수립하지 못했다. 왜냐하면 두 초강대국의 침투체제(intrusive system)가 지배적이었기 때문이다… 한반도 하위체제는 세계체제(global system)와 중복되었을 뿐 아니라 이 상호 중복된 구조 속에서 세계적 양극체제가 지배적이었다. 그것은 하나의 체제가 다른 체제에 완전히 함몰된 조화된(congruent) 체제였다… 이 조화된 체제는 미·소 간의 억제력을 한반도에 효율적으로 적용시켰던 것이다."[152)]

이처럼 세계적 국제체제의 침투구조가 지배적이었던 한반도 상황하에서 한국의 선택은 대미 '편승'(bandwagoning)이었다. "기나 긴 냉전기간의 양극적 국제체제 속에서 행동을 제약하고 형성했던 사회화(socialization) 과정을 통해 한국은 (미국이라는) 밴드왜건에 올라타며 만족해하고 있었다. 한국의 외교정책에 가해진 체제적 제약은 무시하기에는 너무도 무겁고 현실적인 것이었기 때문"이다.[153)]

그러나 북한이 느끼는 체제적 제약은 한국의 그것과 비교할 때 훨씬 혹독한 것이었다. 북한은 소련이라는 후원국에 의존할 수도, 중국이라는 밴드왜건에 올라탈 수도 없는 상황에서 자신에게 가해진 체제적 제약에 쉽사리 적응할 수 없었다. 이러한 북한 외교의 딜레마가 초래된 맥락이 바로 중·소 양당 간 이념분쟁이다. 북한은 한·미·일이라는 남방으로부터의 위협과 중·소라는 북방으로부터의 '위협'에 동시에 적응하지 않으면 안 되었던 것이다. 앞에서 지적한 바와 같이 당제관계에서의 '연루' 우려와 국가관계에서의 '방기' 우려를 동시에 해소해야 하는 '특수한' 상황에 직면하게 된다. 이러한 딜레마적 상황에 봉착하여 김일성은 1966년 10월 5일 조선로동당 제2차 대표자회에서 중·소와의 동맹체제와 관련해 근본적 수정을 가해겠다는 장문의 연설을 하게 된다. 그의 연설은 기본적으로 '자주성'과 진영의 '단결'을 강조함으로써 '연루' 우려와 '방기' 우려를 동시에 극복해 나가겠다는 선

152) 강성학, "냉전시대의 한반도 위기관리," 『아이고와 카산드라』, p.662.
153) 강성학, "한국 외교정책의 특성: 편승에서 쿠오바디스로?" 『IRI 리뷰』, 제2권 제2호 (1997년 여름), p.25.

언에 다름 아니다.

> "우리 당의 자주적립장은 프로레타리아국제주의원칙과 밀접히 결합되여 있습니다. 우리는 국제주의자들이기 때문에 고립주의나 민족주의를 철저히 반대합니다. 우리는 로동계급의 국제적단결을 무한히 귀중히 여기며 형제당, 형제나라들과의 단결과 협조를 귀중히 여깁니다.⋯ 우리는 자주성과 단결을 옳게 결합키는 기초우에서 형제당 및 형제나라들과의 관계를 부단히 발전시켜 나가야 할것입니다. 우리는 사회주의진영과 국제공산주의운동이 맑스-레닌주의와 프로레타리아국제주의원칙, 형제당대표들의 회의선언과 성명에 립각하여 단결하여야 한다고 주장합니다."[154]

여기에서 김일성이 언급한 '자주성'과 '단결'은 상호 모순된 것처럼 보이지만, 실은 당제관계와 국가관계를 분리해서 말하는 것이다. 김일성이 '자주'를 말했다고 해서, 이것이 곧 '탈진영'을 의미하는 것은 결코 아니었다. 북한의 '자주성' 강조는 사회주의 당제관계에서 오는 견해 차이를 극복하여 정책적 유연성을 확보하기 위한 노력의 일환이다. 그리고 김일성에게 무엇보다 중요한 것은 '미 제국주의'라는 공동의 위협에 대응하기 위한 사회주의 국제동맹의 '단결'이었다. 다시 말해 당제관계의 견해 차이는 내부문제로 간주하고 이는 '민주'(民主)의 방식으로 해결될 수 있는 것이며, 더욱 긴요한 사안은 '미제'와의 투쟁에서 '공동의 행동'을 취할 수 있는 '집중'(集中)의 메커니즘이 복원되어야 한다는 것이었다. 이는 반제(反帝) 투쟁을 위한 '국제적 집단주의'를 강조한 것이다.[155] 다시 말해 "자주와 단결을 옳게 결합"시켜야 한다는 김일성의 언급은 '프롤레타리아 국제주의' 규범인 '민주집중

154) 김일성, "현정세와 우리 당의 과업"(조선로동당 대표자회에서 한 보고, 1966년 10월 5일), p.352. 『조선중앙년감 1968』은 "경애하는 수령 김일성 동지께서는 1966년 10월 조선로동당 대표자회에서 하신 보고 <현정세와 우리 당의 과업>에서와 1967년 12월에 있은 조선민주주의 인민공화국 최고인민회의 제4기 제1차회의에서 발표하신 공화국 정부정강에서 우리 당과 공화국정부의 대외정책이 원칙적 문제들에 대하여 전면적으로 재천명하시였다."라고 기술하고 있다. 『조선중앙년감 1968』, p.138.

155) 김일성, "현정세와 우리 당의 과업," pp.323-333, 337-339.

제'를 강대국 입장에서 해석한 것이 아니라, 상대적 약소 동맹국의 입장에서 재정의한 것이다. 결국, 이것은 1956년 동구권 '10월 위기' 시 중국이 스스로 강변한 논리이며, 바로 이러한 종전의 중국식 '규범'을 차용(借用)하여 당시 중국을 비난하고 있는 것이다.

어쨌든, 김일성이 말하는 '자주'는 당제관계에서의 '연루' 우려를 말하는 대명사이며, '단결'은 국가 동맹관계에서의 '방기' 우려를 우회적으로 표현해 주는 용어다. 1968년 4월 김일성은 동독 당·정 대표단과의 대화를 통해 '연루' 우려와 '방기' 우려에 동시에 직면한 자신의 딜레마적 상황에 대해 비교적 상세히 진술하고 있다.

> "우리는 자주에 대해 많이 얘기한다. 그런데 많은 사람이 그것을 잘못 이해하고 있다. 그러나 **우리는 사회주의 진영 밖에서 자주를 요구하는 것이 아니다.** 우리는 사회주의 진영의 단결을 공고화하고자 자주를 요구하고 있다. 우리가 주장하는 **자주는 국제동맹의 이해 내에 놓여 있으며,** 모스크바 선언의 원칙에 부합하고 있다. 우리는 우리 인민의 교육을 위해 자주를 요구하고 있다. 어떤 나라들은 우리가 그들을 맹목적으로 따르기를 원하고 있으나, 우리는 그렇게 할 수가 없다. 자주에 관한 우리 당의 노선은 우리나라의 조건을 반영하고 있지 민족주의나 민족 이기주의와는 상관이 없다. 우리가 조국통일을 달성하려면 남조선의 중간계급을 설득시켜야(win)만 한다. 따라서 우리는 우리 공화국 내 중간계급의 재교육에 특별한 관심을 쏟아야만 한다. 그래서 우리는 다른 나라를 따라 여기에서 어떤 문화적 혁명을 추진할 수 없다. 만약 우리가 통일을 실현하고자 한다면, 우리는 교수와 지식인들과 투쟁할 수 없다. 우리는 그들을 변화시키고 단합시켜 그들이 혁명운동에 참여할 수 있도록 해야 한다. 우리가 자주를 요구할 때, 그것은 다른 나라에 대한 맹목적 추종에 반대한다는 것이지 사회주의 진영의 단결에 반대하는 것이 아니다… 우리는 많은 특수성을 가지고 있다. 따라서 우리는 지식인들을 제거할 수 없다. 남한에서의 많은 지식인이 우리를 지지하고 있다. 만약 우리가 여기의 지식인을 탄압한다면 남한의 지식인들은 우리에게 등을 돌릴 것이다… 그들이 우리를 지지하고 있기 때문에 우리는 어떤 나라의 노선을 따라 문화혁명을 할 수가 없는 것이다. 따라서 자주에 대한 강조는 자기방어적 행위이다. 그것은 상대방을 비방하거나 그들에 반대하여 나온 것이 아니다… 우리의 이웃이 문화혁명을 시작했을 때, 남한의 지식인들이 우리에게

물었다. 통일 후에 우리에게 무슨 일이 일어날 것인가라고 말이다. 우리에게는 단 한 가지 대답뿐이다. 즉 우리는 지식인들과 협력할 것이라는 점이다. 우리는 그들을 혁명화시켜 함께 공산주의를 지향하고자 한다. 우리의 자주는 (중국의) 문화혁명에 대한 반대를 지향하는 것이 아니다. 후자는 우리 이웃의 내부문제인 것이다. 우리는 그것을 추진하지 않을 것이다. 자주는 당과 인민의 교육을 위한 자위적 행위이다. 그래서 "자주성을 옹호하자!"라는 사설을 냈고, 66년 10월 당대표자대회 동안 그것에 관해 토의하였다… 우리는 자주를 옹호한다. 그것은 사회주의진영의 단결을 반대하지 않으며 다른 나라 내부문제에 어떤 간섭도 하지 않음을 의미한다. 우리는 조선의 혁명, 조국의 통일, 인민의 교육을 위해 필요하기 때문에 자주를 옹호한다. 우리는 자주를 다른 나라에 강요하길 원치 않는다. 사회주의진영의 유대와 민족해방운동을 강화시키고자 자주를 옹호하는 것이다. **조선의 혁명은 미 제국주의라는 가장 강력한 적과 대면해 있다. 우리는 모든 혁명역량의 유대를 더욱 진작시키길 원한다. 그것은 조선의 혁명을 위해 매우 중요하다.** 우리의 입장을 잘 이해해 주길 바란다.156)

한편, 김일성은 사회주의 국제동맹의 바람직한 규범에 대해 재차 강조했다. 즉 국제공산주의 운동에는 '세계혁명의 중심'이나 '지도적 당'이란 있을 수 없다고 했다. 다시 말해 세계혁명 운동에는 '위계적 질서'란 있을 수 없으며, 아나키적 국제 질서하에서의 대적 단결만이 진정한 '프롤레타리아 국제주의'라고 강조한 것이다. 김일성은 이러한 규범이 각국 당대표들의 1957년과 1960년 모스크바 회의에서 이미 "그 정당성이 확증"되었다고 역설했다. 다시 말해 중국이 주도적으로 제창해서 마련된 모스크바 회의의 규범을 중국 스스로 위반하고 있다는 비판이었다. 그러면서 김일성은 "미제와 일본 사또 정부와 남조선 괴뢰도당 사이에는 쌍무적 군사협정들을 통하여 사실상 3각 군사동맹이 형성"되고 있음에도, "최근년간에… 현대수정주의와 교조주

156) 「Memorandum on the Visit of the Party and Government Delegation of the GDR, led by Comrade Prof. Dr. Kurt Hager, with the General Secretary of the KWP and Prime Minister of the DPRK, Comrade Kim Il Sung, on 16 April 1968, 5:00 p.m. to 6:50 p.m.」, MfAA, C 159/75, Appendix Document, *CWIHP Working Paper,* No.44, pp.63-64. 강조는 필자.

의는 국제혁명운동의 발전도상에 엄중한 난관을 조성하고 있다."라고 언급함으로써, 사회주의 진영의 "결렬" 상황 때문에 한반도 '혁명전략' 추진에 있어 북한이 '방기'될 수도 있다는 우려감을 표시했다.[157)]

그런데 한 가지 흥미로운 점은 김일성이 하노이 지도부에 대해서도 일정한 함의를 내포한 발언을 하고 있다는 점이다. 그는 "(베트남에서) 미 제국주의자들이… 새로운 전쟁확대 음모를 가리기 위하여 평화협상의 기만극을 벌이고 있다."라고 규탄했다.[158)] 중국지도부도 이러한 김일성의 상황 인식과 사실상 같은 선상에 있었다. 하노이 지도부는 1965년부터 미국·소련을 비롯한 여러 나라의 '평화 이니셔티브'에 대해 적극적인 반응을 보이고 있었고, 이는 하노이와 베이징 사이에 불화를 조성하는 중요한 원인이 되었다.[159)] 이것은 당시 김일성과 중국지도부가 '미 제국주의' 위협에 대해서는 인식을 공유하고 있었음을 말해 주고 있으며, 모든 문제에 대해 이견을 보이고 있었던 것은 아니라는 점을 시사해 주는 것이다. 오히려 김일성은 소련지도부의 국제관계 '관리' 노력에 대해 반감을 품고 있었다. 소련지도부는 베트남전에 대한 대규모 원조를 단행한 이후 미국과의 급속한 관계 악화를 우려하기 시작했다. 그리고 소련이 하노이에 대해 대규모 군사지원을 한 것은 세계적 양극체제하에서 미국과의 국제관계 '관리'에 있어 외교적 주도권을 확보하기 위한 것이었다. 무엇보다 소련은 한반도에서의 미국의 위협을 강조하는 북한의 논리에 결코 동조하지 않았다.[160)]

다만, 김일성이 강조하고자 했던 것은 소련의 진정성이 어디에 있었든지

---

157) 김일성, "현정세와 우리 당의 과업," pp.326, 328-333, 339-340, 346.

158) 김일성, "현정세와 우리 당의 과업," p.328.

159) 당시 베트남 문제의 평화적 해결을 위한 각국의 중재 노력과 평화협상 문제에 대해서는 Qiagn Zhai, *China & the Vietnam Wars,* pp.157-167; Yang Kuisong, "Changes in Mao Zedong's Attitude," pp.32-38.

160) 「Record of Conversation between Soviet Foreign Minister Andrei Gromyko and North Korean Foreign Minister Pak Song Ch'ol, 9 April 1966」, AVPRF, fond 0102, opis 22, papka 107, delo 4, listy 1-5, Appendix Document, *CWIPH Working Paper,* No.47, pp.51-57.

간에 '반제 공동행동'과 '반제 통일전선'을 훼손시켜서는 안 된다는 논리였다. 김일성은 원조의 진정성은 수혜국이 판단할 문제라고 보았다. 1968년 4월 동독 당·정 대표단과의 대화에서 김일성은 "중국인들은 소련의 베트남 지지가 외견상 지지하는 것처럼 보일 뿐이라고 말한다. 그러나 베트남 동지들만이 그것을 평가할 수 있다. 제3자는 판단할 자격이 없다··· 베트남 동지들은 소련과 여타 사회주의 국가의 지지에 매우 감사해 하고 있다."라고 말했다.[161)]

이상의 논의를 통해 볼 때 김일성은 모스크바-베이징-하노이 지도부 모두 당시 사회주의 진영의 '분열'에 있어 일정한 책임을 면하기 어렵다고 판단한 것이다. 따라서 김일성은 자신이 생각하고 있는 '바람직한' 동맹관계의 행동원칙을 제시했다. 즉 하노이 지도부와 같이 미국의 '기만책동'에 말려들어서도 안 되며, 베이징 지도부와 같이 "형제당 사이의 관계를 제국주의와의 관계와 같이 적대적 관계로 보아서도 안 된다."라고 강조했다. 중요한 것은 끊임없는 '반제' 투쟁을 통해 단결을 추구해야 하며, '형제당 사이의 의견상이' 문제는 당 내부의 철저한 '사상 투쟁의 방법'으로 해결하면 되는 것이라 역설했다.[162)] 그러면서 자신의 이러한 주장이 단순한 위험회피 전략인 '헤징'(hedging) 행위가 아니라는 취지의 발언을 잊지 않았다.

> "지금 어떤 사람들은 우리 당을 비롯한 맑스-레닌주의 당들에 대하여 중간주의, 절충주의, 기회주의 등의 딱지를 붙이고 있습니다. 그들은 우리가 무원칙한 타협의 길을 택하고 있으며 두 걸상 사이에 앉아 있다고 말하고 있습니다. 이것은 부질없는 소리입니다. 우리에게도 우리의 걸상이 있습니다. 우리가 무엇 때문에 자기의 걸상을 버리고 남의 걸상 사이에 불편하게 량다리를 걸고 앉아 있겠

---

161) 「Memorandum on the Visit of the Party and Government Delegation of the GDR, led by Comrade Prof. Dr. Kurt Hager, with the General Secretary of the KWP and Prime Minister of the DPRK, Comrade Kim Il Sung, on 16 April 1968, 5:00 p.m. to 6:50 p.m.」, MfAA, C 159/75, Appendix Document, *CWIHP Working Paper,* No.44, pp.62-69.

162) 김일성, "현정세와 우리 당의 과업," p.338

습니까?… 만약 우리가 어느 편인가고 묻는다면 우리는 맑스-레닌주의의 편이며 혁명의 편이라고 대답할 것입니다."[163]

그러나 김일성의 이러한 발언은 중국지도부에 전혀 어필되지 못했다. 이는 마치 중·소 간 '안보 딜레마'와 '제로섬의 심리상태'하에서 호찌민의 중재노력이 마오에게는 오히려 배신으로 비쳤던 상황과도 같다. 중국공산당 중앙 대외연락부는 1966년 10월 5일 김일성이 행한 "현 정세와 우리 당의 과업" 제하의 연설을 조선로동당의 반중(反華) 언론 중 가장 혹독한 중국비판으로 간주했다.[164]

이후 북한은 문화대혁명의 '광기'의 찬 기운이 얼마나 가혹한 것인지 스스로 체험할 수밖에 없었다. 김일성은 1977년 12월 호네커와의 정상회담(평양)시 당시의 상황을 다음과 같이 토로했다.

"사회주의 국가들 사이의 협력이란 측면에서 우리는 중국과 소련관계 때문에 어려움이 많다. 중국과 북한이 우호관계를 유지하고 있지만, 우리는 중국이 하는 모든 일에 찬성하지 않는다… 중국에서 이른바 문화대혁명이 일어났을 때 중국과 북한관계는 악화되었다. 중국은 1,500km에 달하는 국경에 확성기를 설치하고, 우리를 수정주의자라고 비난했다. 비난방송은 새벽 5시부터 자정까지 계속됐기 때문에 주민들이 잠을 잘 수가 없을 정도였다. 그러나 당시 상황에서 우리는 아무것도 할 수 없었다. 무엇을 할 수 있었겠는가. '울며 겨자 먹기'라는 우리의 속담이 있다. 매워서 먹기는 매우 어렵지만, 그래도 삼켜야 했다.[165]

중국과의 동맹관계는 거의 '파산'된 것과도 같았다. 평양주재 중국 대사관은 박성철 외무상과 정준택 내각 부수상 등을 초청하여 "마오 주석은 우리의 붉은 태양이시다."와 "마오쩌둥 사상의 위대한 승리"라는 기록 영상물

163) 김일성, "현정세와 우리 당의 과업," pp.349-350.
164) 中共中央對外聯絡部, 『朝鮮勞動黨反華言論集』(內部資料, 1967年 1月), pp.1-96.
165) 「Report on the official friendship visit to the DPRK by the Party and state delegation of the GDR, led by Com. Erich Honecker, 8-11 December 1977」, SAPMO-BA 30, J IV 2/2A/2123, *CWIHP Bulletin,* Issue 14/15, pp.49-51.

을 방영하면서 「조·중 조약」 체결을 '기념'했다. 이에 대해 베이징주재 북한 대사관은 17년 전 '미제'의 '조선침략'을 규탄하는 영상물을 중국 측 관련자들에게 보여 주는 것으로 대응했다.[166] 결국, 북한은 1967년 11월 중국주재 북한대사 현준극을 소환하는 지경에 이른다.[167]

2. 김일성의 '계산된 모험주의'와 관계 재정상화

마오는 1965년 3월 김일성에게 혹독한 '역할분담'을 주문했다. 김일성은 "남조선 인민이 게릴라 투쟁에 들어가도록 지도하라"는 마오의 '주문'을 당시로써는 분명히 수용할 수 없는 처지에 있었다. 그러나 참으로 아이러니컬하게도 1967~69년 김일성은 마오의 지침을 너무도 '충실히' 따랐다. 그것도 미군에 대해 직접적으로 도발하는 '성의'를 보이면서 말이다. 미 의회조사국(CRS) 보고서에 따르면, 1954~92년까지 대남 침투 무장 게릴라는 약 3,693명이었는데, 대남 무장 게릴라 침투가 최고조에 달했던 시기가 바로 1967~68년이다.[168] 이 기간 북한은 무려 743명(전체 기간의 20%)의 무장 게릴라를 침투시켰다. 당시 북한주재 동독 대사관의 휴전선 분쟁에 관한 분석 보고서를 보면, 대부분 상황 악화의 원인이 북한 측에 있었다.[169] 그뿐만 아니라, 북한

---

166) 劉金質·楊淮生 主編, 『中國對朝鮮和韓國政策文件匯編 4』, p.1761.

167) 외무부, 『한·중국, 북한·중국관계 주요 자료집』, p.163. 현준극은 1970년 2월 7일에 가서야 재부임되었다. 문혁 기간 홍위병의 김일성 비판에 관해서는 이미 많은 연구가 진행되었기 때문에 본 논문에서는 반복하지 않기로 한다. 이에 대해서는 이종석, 『북한-중국관계』, pp.242-245; 정진위, 『북방삼각관계』, pp.146-147; Bernd Schaefer, "North Korean 'Adventurism' and China's Long Shadow, 1966-1972," *CWIHP Working Paper,* No.44 등 참조.

168) 대표적인 사건은 한국해군 초계정 PCE-56호 격침사건(67.1.19), 운수봉지구 작전(67.6.23~24), 정읍 내장산 작전(67.7.18~19), 청와대 기습 사건(68.1.21), 서귀포 간첩선 침투(68.8.20), 울진·삼척지역 무장공비 침투(68.10.20~11.3), KAL 여객기 납치(68.12.11) 등을 꼽을 수 있다. Dick L. Nanto, "North Korea: Chronology of Provocations, 1950-2003," pp.4-5; Chuck Downs, *Over the Line: North Korea's Negotiating Strategy* (Washington, D.C.: The AEI Press, 1999), pp.117-150.

은 미군에 대해 직접적 도발을 가하는 대담함을 보여주었다. 대표적인 사례가 미 해군 정보수집함 푸에블로(Pueblo)호 나포 사건(68.1.23)과 EC-121 미 정찰기 격추 사건(69.4.15)이다.[170] 북한의 이러한 행위는 분명히 항해 자유에 관한 국제협상을 위반한 것이었고, 국제공역(空域)에서 작전을 수행하고 있던 미국의 비무장 항공기에 대해 정당한 이유 없이 '의도적인' 공격을 가한 사건이었다.[171]

사실 푸에블로호 나포 사건과 EC-121 미 정찰기 격추 사건과 관련하여 김일성의 의도가 정확히 무엇인지에 대해서는 여전히 의문점이 많이 남아 있다. 푸에블로호 나포 사건에 대한 현재까지의 연구결과는 경제정책 실패에 대한 북한 주민의 관심을 이탈시키고자 대내 이데올로기를 강화시키려는 조치라는 주장,[172] 청와대 기습사건(68.1.21)으로부터 강대국인 미국의 간첩 행위로 세인의 관심을 돌리려고 조작된 '교활한 전술'이라는 주장,[173] 한반도 긴장조성을 통해 소련으로부터 원조를 수취하기 위한 행동이라는 주장,[174] 북한사회의 교조화에 따른 군부 세력의 군사모험주의라는 주장[175]

---

169) 「Letter of the Extraordinary and Plenipotentiary Ambassador of the GDR in the DPRK, Pyongyang, 8 December 1967」, MfAA, G-A 320, Translated by Karen Riechert. Bernd Schaefer, Appendix Document, *CWIHP Working Paper,* No.44 pp.45-52.

170) Dick L. Nanto, "North Korea: Chronology of Provocations, 1950-2003," pp.4-5.

171) Victor D. Cha, *Alignment Despite Antagonism,* pp.63-64.

172) Mitchell B. Lerner, *The Pueblo Incident: A Spy Ship and the Failure of American Foreign Policy* (Lawrence: University Press of Kansas, 2002), pp.193-214. 대외적 긴장고조를 통한 '혁명적 열정주의'의 재점화라는 측면에서 보면 타당한 논리처럼 보인다. 그러나 이는 푸에블로 나포에만 국한되는 것이 아니다. 김일성이 그러한 시도를 했던 '국제적 맥락'이 중요한 것이다.

173) Chuck Downs, *Over the Line: North Korea's Negotiating Strategy* (Washington, D.C.: The AEI Press, 1999), p.122. 척 다운스의 이러한 논리는 69년 4월 EC-121 미 정찰기 격추 사건을 설명할 수 없다.

174) Sergey S. Radchenko, "The Soviet Union and the North Korean Seizure of the USS Pueble." 사실상 소련은 중국과의 '안보 딜레마적 상황'하에서 하노이와 평양에 대규모 군사지원을 이미 시행하고 있었다. 따라서 굳이 소련의 연루 우려를 자극하여 소련의 대북 동맹 신뢰도를 손상시킬 필요성은 없었던 것처럼 보인다.

175) 이러한 주장은 대부분의 국내 북한전문가들에게 일반적으로 받아드려지는 견해이

등 다양한 의견들이 제기되어 왔다. 이러한 주장들은 나름의 설명력을 가지고 있으나, 부연 설명했듯이 일정 정도 한계성이 있는 것도 사실이다.

그런데 최근 쉐퍼(Schaefer)는 동독 외무성의 외교문서를 통해 당시 북한의 '모험주의'를 중국과 연계시켜 설명함으로써,[176] 학계 호응을 불러 일으킨 바 있다.[177] 그는 북한의 모험주의는 대미 항쟁을 통해 조국통일을 달성하고자 했던 베트남 방식에 고무된 김일성이 문화대혁명이라는 혼돈에 빠진 마오쩌둥을 대신해 아시아 공산주의 운동의 리더로 부상하고자 했던 야망의 결과라고 주장한다.[178] 그러나 그의 논문은 이론적 분석이라기보다는 역사적 서술에 가깝다. 더구나 베트남 문제에 대한 김일성의 인식을 자의적으로 해석했다. 김일성이 아시아 공산주의 운동의 리더로서의 지위를 확보하고자 한 것은 다분히 국내 '교육용'인 측면이 더욱 강하다. 즉 진정으로 "미제의 각을 뜨는"[179] 전략의 결과는 아니었다는 것이다.

사실 북한은 사이공이 급격히 몰락하는 것을 원치 않았다. 북한은 베트남 공산화에 그렇게 고무되지 않았다. 오히려 '우려감 섞인 관전'을 하고 있었다. 김일성은 인도차이나에 미군을 묶어 두는 것이 유리하다고 보았다. 베트남 공산화 이후 베트남에 집중되었던 미군이 남한으로 재배치될 가능성을 우려하고 있었다. 따라서 북한은 파리평화협정이나 사이공 함락에 대해 '차가운 침묵'만을 지켰을 뿐이다.[180]

다. 그러나 이러한 견해는 1969년 1월 '군부 강경파 사건'으로 군 수뇌부가 대거 숙청되었음에도 불구하고, 같은 해 4월 미 정찰기를 격추시키는 모험주의가 다시 재개되는 상황을 설명하지 못한다.

176) Bernd Schaefer, "North Korean 'Adventurism' and China's Long Shadow," pp.1-40.

177) Andrei Lankov, "Balancing Between 2 Communist Powers," *Korea Times,* September 12, 2007.

178) 하지만, 1969년 4월 북한의 EC-121 미 정찰기 격추 사건에 대해서는 쉐퍼 자신도 확신하지 못하고 있다.

179) 『로동신문』, 1968년 9월 8일.

180) Balazs Szalontai and Sergey Radchenko, "North Korea's Efforts to Acquire Nuclear Technology and Nuclear Weapons: Evidence from Russian and Hungarian Archives," *CWIHP Working Paper,* No.53(August 2006), pp.12-13.

특히 쉐퍼의 논문은 북한이 왜 모험주의라는 극단적 전략선택을 할 수밖에 없었는가 하는 점에 대해서는 별다른 해석을 제공하지 못하고 있다.[181] 사실 그 의문을 풀어보려면 1960년대 북한의 대중 외교를 전반적으로 조망해 볼 필요가 있었다. 필자는 이미 앞 절에서 북한의 대중·소 전략옵션들, 즉 대중 편승, 자력갱생, 중·소 간 기회주의 등에 대해 지적한 바 있다. 사실 북한은 이러한 옵션들이 효과를 발휘하지 못함을 이미 경험하였던 것이다. 결국, 북한이 대안적 옵션의 부재 속에서 '모험주의'라는 극단적 선택을 할 수밖에 없었던 역사적 사실에 대한 이해가 쉐퍼의 논문에는 나타나지 않았다. 또한, 쉐퍼의 논문에 당시 중국의 대외 위협인식에 대한 논의가 부족한 점은 아쉬움으로 남는다. 중국의 안보 우려와 북한의 '모험주의'의 상호작용을 그려내야 당시 중·북 동맹관계의 정치적 동학을 이해할 수 있을 것이다.[182]

쉐퍼 논문를 포함하여 위의 다양한 견해들이 한 가지 간과한 사실은, 중·소 이념분쟁이라는 딜레마적 상황에 직면한 북한이 '의도적으로' 중국의 외적 위협을 자극해 중국과의 동맹관계를 복원시키고자 했던 인고의 기다림의 시련을 놓친 듯하다. 김일성의 '모험주의'는 대내외적으로 상당한 효과를 발

---

181) 필자는 쉐퍼 논문의 학술적 가치를 폄하하려는 것은 결코 아니다. 특히 그가 인용하고 있는 동독의 외교문서는 당시 중·북한 관계를 이해하는 데 매우 귀중한 사료가 아닐 수 없다. 다만, 그것을 어떻게 해석하느냐는 필자에 따라 달라질 수 있을 것이다. 쉐퍼가 그의 논문 부록(Appendix)에 수록하고 있는 자료는 우드로 윌슨 센터 '냉전사 프로젝트'의 웨더스비(Kathryn Weathersby)가 주도가 되고 한국 국제교류재단(Korea Foundation)이 일부 자금을 지원하여 개최된 2003년 부다페스트 국제학술회의(Conference on "New Evidence from Central and East European Archives on the Cold War in Asia" in Budapest, October 30 to November 1, 2003)를 통해 발표된 것이다. 관련 자료는 윌슨 센터 웹사이트를 통해 접근이 가능하다.

182) 사실 이러한 작업을 위해서는 방대한 1차 자료가 필요할 것이다. 그러나 자료접근이 쉽지 않다는 점을 미리 밝힌다. 특히 당시 김일성의 중국지도부에 대한 솔직한 인식은 북한문헌에는 사실적으로 등장하지 않는 듯하다. 상당한 유추해석이 필요하다. 따라서 필자는 북한문헌 인용은 가급적 삼가고, 당시 소련 및 동구권 국가의 평양 공관의 보고서를 모아놓은 Schaefer(2004)와 Radchenko(2006) 및 *CWIHP Bulletin* 14/15의 부록(Appendix)을 주로 참고하였다. 그 외에는 다양한 중국의 공식 문헌과 회고록 및 북한 관련 2차 자료를 당시의 국제적 맥락을 고려하면서 원용했다.

휘할 수 있었다. 사실 김일성은 문혁(文革) 기간 내내 아무것도 하지 못하고 그냥 앉아서 기다리지는 않았다. 그는 중국이 처한 안보상황을 보아가며 '기회' 포착을 노리고 있었다. 오히려 문혁의 광풍이 최고조에 달했을 때, 김일성은 마오에게 또 다른 전략적 고민을 안겨 주었다. 그것도 마오 스스로 만들어 놓은 '함정'을 이용해서 말이다. 김일성은 바로 마오가 자신에게 강조했던 '국제적 반수정주의 투쟁의 국내정치화'를 통해 대내 정치적 위기국면을 타개했으며, '긴장고조'를 통해 동맹 파트너를 '회귀'시키는 데 일단은 성공했다. 그는 바로 '모험주의'라는 수단을 이용하여 문혁의 압박에서 벗어나는데 일시적으로나마 성공한 것처럼 보였다.

1) 북한의 대내 정치적 위기국면과 마오 '강의'의 '역설적' 대북 효용성

1960년 5월 마오는 김일성에게 동맹 파트너를 '올바른' 방향으로 회귀시키려면 '정면교육'뿐만 아니라, '반면교사'(외적 위협)도 아울러 필요하다고 말했다. 그리고 64년 2월에는 당내 수정주의 출현의 위험성을 예방하려면 대내정치와 국제정치를 연계하여 '혁명적 열정주의'를 고취시켜야 한다고 말했다. 김일성은 66년 10월 연설을 통해 대외적으로 끊임없는 '반제' 투쟁을 통해 진영의 단결을 추구하고, 당제관계에서 오는 문제는 당 내부의 철저한 '사상 투쟁의 방법'으로 해결해야 한다고 역설했다. 아이러니컬하게도 김의 연설은 분명히 중국을 겨냥한 비판의 내용이었음에도, 사실상 마오의 '강의' 내용을 반복한 것과도 같다. 그리고 김일성은 당시 위기 국면에 대한 구체적` 대응책으로 62년 12월에 이미 제기된 바 있었던 '경제·국방 병진 노선'을 확대 집행한다고 밝혔다. 사실상의 '선군 후경'(先軍後經) 노선이었다. 그러면서도 종래와 같이 계속 높은 경제성장 '속도'를 추구하고자 했다.[183] 이 또한 64년 마오의 '3선 지역건설' 프로젝트 추진으로 농업과 경공업 발전에 우선권을 두는 중국경제건설 제3차 5개년 계획이 대대적으로 수정되는 맥락과 일치하고 있다.[184]

183) 이태섭, 『김일성 리더십 연구』, pp.423-424.

1967년 북한의 국내정치적 상황은 1962년의 중국과 유사한 모습이 연출되었다. 앞에서도 언급한 바와 같이, 62년 왕자상·류사오치·덩샤오핑 등은 자체 국가역량의 취약성과 경제 위기국면을 고려하여 대외적 '긴장완화'와 대내적 경제성장 '속도' 감속을 주장했었다. 이들의 주장은 '혁명전략'의 관점이 아니라, '국가안보전략'의 관점에서 제기된 것이었다. 그러나 이는 '속도'와 '긴장고조'를 통한 '혁명적 열정주의'의 촉발을 기대하고 있었던 마오의 정치적 정당성에 대한 도전이었다. 결국, 이들은 마오에 의해 '중국의 수정주의자'로 낙인찍혀 핍박받았다. 그런데 67년 북한의 정치상황도 이와 매우 유사한 현상이 목도된다. 갑산파의 김일성에 대한 도전이 바로 그것이었다.185)

'중국의 수정주의자'들과 마찬가지로 갑산파는 '혁명전략'이 아닌 '안보전략'의 관점에서 정책노선의 수정을 요구했다.186) 김일성이 '속도'를 강조하였다면, 갑산파는 '균형'을 강조했다. 이러한 갑산파의 주장은 '경제·국방병진 노선'을 반대하는 것이었으며, 이는 사실상 국방 우선 노선을 반대하는 것이었다. 그리고 김일성이 이념적 관점에서 군수 경제를 우선시했다면, 갑산파는 실용주의적 관점에서 민수 경제를 우선시했다.187)

---

184) 吳冷西, 『十年論戰 (下)』, pp.776-780; 바르바라 바르누앙·위창건, 『저우언라이 평전』, p.248.

185) 갑산파란 해방 전 김일성의 항일 빨치산과 연계하여 갑산 지역을 배경으로 국내에서 지하 활동을 전개하던 갑산공작위원회, 한인민족해방동맹 출신 인물들을 가리킨다. 때문에 갑산파는 흔히 범빨치산파로 분류되지만, 엄밀히 말해 김일성의 만주파와는 구별된다. 박금철(당 서열 4위)과 이효순(당 서열 5위) 등이 갑산파의 대표적인 인물들이다. 이태섭, 『김일성 리더십 연구』, p.428. 원래 갑산파는 '8월 종파사건' 이후 김일성과 밀원관계를 유지하며 김일성의 권력공고화에 크게 기여했다. 이승현, "1960년대 북한의 권력구조 재편과 유일사상의 대두: 제한적 다원성에서 유일체제로," 경남대 북한대학원, 『북한현대사 1』, p.347.

186) '혁명전략'이란 필연적으로 공세적이고 현상타파적 성격을 지니는 것이다. 그러나 '안보전략'이란 대내외적인 현재적 또는 잠재적 위협으로부터 국가가 지닌 가치를 보호하는 능력과 관련됨으로 방어적, 수세적인 의미가 내포되어 있다. 북한의 '안보전략'이 '혁명전략'의 하위전략으로 기능했다는 주장에 대해서는 곽승지, "안보전략," 세종연구소 북한연구센터, 『북한의 국가전략』, pp.76-81.

187) 이태섭, 『김일성 리더십 연구』, pp.430-431.

결국, 갑산파는 1967년 5월 조선로동당 제4기 15차 전원회의를 통해 숙청된다. 이들이 제거된 명목은 "당의 유일사상체계를 세우는 것을 방해"하고 "조선로동당을 수정주의의 길로 나가게 하려 했다."라는 것이었다.[188] 김일성은 1970년 조선로동당 제5차 대회에서 당시를 회고하며, "제국주의자들의 침략책동이 강화되고 외부로부터 수정주의적 사상조류가 침습해 들어오게 되자 당안에 숨어있던 수정주의분자들은 양봉음위의 방법으로 당정책을 성실하게 집행하지 않았으며 부르죠아사상과 봉건유교사상을 부활시키려고 양으로 음으로 책동하였습니다."라고 언급했다.[189] 이는 마오의 국내 위기국면 대처법과 마찬가지로, 대외적인 "반제·반수"(反帝·反修) 투쟁과 대내적인 "방수"(防修) 투쟁을 연계시킴으로써 김일성의 '혁명전략' 추진에 걸림돌이 되는 비판세력을 제거했다는 의미이다. 이러한 측면에서 볼 때, 67년 갑산파 사건은 북한판 '소(小)문화혁명'이었다. 갑산파 사건 이후 김일성은 대외적 긴장고조를 통한 '혁명적 열정주의'를 재점화시키자는 마오(毛)식 발언을 잊지 않았다.[190]

2) 중국의 대외 위협인식 고조와 대북 관계개선 의사 피력

마오는 1965년 베트남전에 대한 미군의 개입이 더욱 증강되었을 때에도 사실상 미국과의 직접적 충돌만은 원치 않았다. 마오가 당시 하노이 지도부에게 전격 정규전이 아닌 '인민전쟁'을 통한 지연전(protracted war)을 지속적으로 주문한 것도 바로 이 때문이다. 마오는 미군을 베트남의 수렁에 '적

188) 이승현, "1960년대 북한의 권력구조 재편과 유일사상의 대두," p.346; 조선로동당 중앙위원회 당력사연구소, 『조선로동당략사』, pp.598-610.

189) 김일성, "조선로동당 제5차대회에서 한 중앙위원회사업 총화보고"(1970년 11월 2일), 『김일성 저작선집 5』(평양: 조선로동당출판사, 1972), p.503.

190) 김일성, "반제반미투쟁을 강화하자"(1967년 8월 12일), 『김일성 저작선집 4』, pp. 519-526; 김일성, "국가활동의 모든 분야에서 자주, 자립, 자위의 혁명정신을 더욱 철저히 구현하자"(조선민주주의인민공화국 최고인민회의 제4기 제1차회의에서 발표한 조선민주주의인민공화국 정부정강, 1967년 12월 16일), 『김일성 저작선집 4』, pp. 527-586.

당히' 묶어 두기만을 원했다.[191] 이는 물론 중국공산당 내 '수정주의' 노선 부활을 차단하기 위한 대내적 목적이 주요한 배경요인으로 작용했다. 마치 북방과 관련해서는 흐루시초프의 실각 이후에도 흐루시초프의 '유령'이 필요했던 것처럼, 남방과 관련해서는 베트남 상황이 악화된 이후에도 '미 제국주의' 세력에 의한 긴장감이 여전히 '어느 정도' 필요했던 것이다. 즉 이는 대외적 긴장고조를 통한 대내 '혁명적 열정주의'의 유지와 지속 프로그램의 일환이었다. 그러나 여기에는 반드시 전제되어야 할 조건이 있었다. 그것은 미국과 직접적 군사대결의 상황은 회피되어야 한다는 점이었다. 이는 국가안보 자체에 대한 위협이었기 때문이다. 따라서 6·25전쟁의 과오를 반복해서는 아니 되었다. 당시 마오가 필요했던 것은 '적당한 긴장'이었지, 미국과의 직접충돌을 일으킬 만한 '모험주의'는 아니었다.[192] 또 한 가지 간과되어서는 안 될 사실은 베트남의 '긴장고조'는 하노이로 하여금 소련으로 더욱 경사되게 만들었다는 점이다.[193] 이처럼 중국의 베트남전에 대한 커미트먼

---

191) 그러나 하노이 지도부는 마오의 지연전 전략을 수용할 수가 없었다. 왜냐하면, 그들의 전쟁 목표는 가능한 빠른 시일 내에 미군을 몰아내고 통일을 달성하는 데 있었기 때문이었다. 무엇보다도 하노이 지도부는 혹독한 미군 폭격에 견디어 낼 수가 없었다. 바로 이러한 이유에 기인하여 하노이 지도부는 1968년 2월 구정공세(Lunar Tet Offensive)라는 전격전을 단행한 것이다. 하노이 지도부는 이를 통해 1월 25일부터 시작된 파리평화협상에서 주도권을 잡고자 했다. Qiang Zhai, *China & the Vietnam Wars,* pp.176-192.

192) 중국의 베트남에 대한 지원은 국제공산주의 운동의 리더로서의 위상 제고와 국내적 긴장 조성을 통한 '계속혁명'에 유용한 것이었다. Lorenz M. Luthi, "The Collapse of Sino-Soviet Party Relations," pp.7-8; Chen Jian, *Mao's China,* pp.215-220. 여기서 반드시 지적해야 할 것은 중국의 베트남 지원이 분명히 미국 위협에 대한 '균형'의 의도가 내포된 것이기는 하나, '소련 수정주의'와 '국내 수정주의'에 대한 대응의 측면이 더욱 강했다는 점이다. 저우언라이는 1965년 4월 2일 파키스탄의 아유브 칸(Ayub Khan)이나 8월 20일 잠비아 대표단 등을 통해 미국 측에 직접적 군사충돌로 이어질 수 있는 오해(misunderstanding)를 피하기 위해 노력하자는 메시지를 전달했다. Niu Jin, "The Historical Background of the Shift in Chinese Policy toward United States in the Late 1960s," footnote 17; 『周恩來年譜 (中)』, pp.723, 750.

193) 1966~67년 소련의 사회주의 국가 원조 중 50%가 베트남에 보내졌고, 그 중 약 60%가 군사원조이다. 누계에서는 중국보다 적은 규모였지만, 당시 군사원조 규모는 중

트는 미국위협에 대한 대응 차원보다는 '당내 수정주의'와 '소련 수정주의'에 대한 대응의 목적이 우선하고 있었다.

그런데 마오의 눈에 비친 1967년 전후 국내외적 상황은 그야말로 '천하대란'이었다.[194] 국내적으로는 조반(造反) 세력의 '혁명적 열정주의'가 쉽사리 가라앉지 않았다. 그리고 베트남에 대한 미국의 군사적 개입이 더욱 증강됨에 따라 하노이에 대한 군사지원을 대폭적으로 늘려갈 수밖에 없었다.[195] 이는 미국과의 직접적 군사충돌이라는 6·25전쟁의 '악몽'을 되살리기에 충분했다.[196] 무엇보다도 북방으로부터의 위협은 더욱 현실적으로 나타났다. 소련은 이미 1966년 1월 몽골과 군사동맹적 성격을 가미한 우호조약을 체결해 중국을 압박하고 있었다. 그리고 1964년 10월부터 69년 3월에 이르는 기간에 중·소 간에는 무려 4,189건의 국경분쟁이 발생했다. 이는 1960~64년에 발생한 건수보다 2배나 많은 수치였다. 1968년 8월 소련은 체코슬로바키아를 침공했다. 급기야 1969년 3월에는 우수리강 진보도(珍寶島, Damansky)에서 중·소 간 직접적 무력충돌이 발생했다. 이로써 소련의 '팽창주의'는 가장 현실적인 중국의 안보위협으로 부상했다.[197] 이것이 대내적 '계속혁명'과 대외적 '혁명수출' 프로그램의 결과였다. 이제 마오는 '천하대란'의 상황이 계속되기를 원치 않았다. 왜냐하면, 국가안보 자체에 대한 위협을 우려했기 때문이다.

마오는 1968년 5월 "세계혁명의 중심은 베이징이다."라는 공식(提法)을

국을 훨씬 상회하고 있었다. 그리고 68년이 되면 소련의 대하노이 군사원조는 3.57억 루블(전체 원조 중 2/3에 해당)에 달했으며, 전체 원조액도 중국을 능가하고 있었다. 李丹慧, "中國聯美反蘇的戰略出台," p.175.

194) Chen Jian, *Mao's China,* p.245.

195) 중국의 베트남전 지원이 가장 피크에 올랐던 시기는 1968~69년 초반이다. Qiang Zhai, *China & the Vietnam Wars,* pp.136-137. 여기에는 소련의 대하노이 원조에 대한 균형의 목적이 가장 크게 작용했다.

196) Chen Jian, *Mao's China,* p.240.

197) 서진영, 『21세기 중국외교 정책』(서울: 폴리테이아, 2006), p.206; Chen Jian, *Mao's China,* pp.240, 245; Niu Jin, "The Historical Background," footnote 40; 李丹慧, "中國聯美反蘇的戰略出台," pp.157-159.

"자기중심적인 착오적 사상"이라고 비판하기 시작했다. 중국이 세계혁명의 중심이라 주장하면서 '수정주의'의 길을 걷는 '부르주아 당국'을 겨냥하여 폭동을 부추기는 '혁명수출'이 중국의 국제적 명성에 얼마나 해를 끼치고, 급기야 국가안보 자체까지도 위태롭게 할 수 있다는 점을 이제야 마오가 깨닫기 시작한 것이다.[198)]

이제는 '혁명전략'이 아니라, '안보전략'의 관점으로 정세를 판단할 수밖에 없었다. 따라서 마오는 '긴장'(tension)의 역할에 대해 더는 말하지 않았다. 마오는 1968년 10월 13~31일 개최된 중국공산당 제8기 12차 확대 중앙위원회전체회의(中國共産黨八屆擴大的十二中全會) 개막 연설을 통해 문화대혁명의 '성과'를 '공고히' 하는 것이 중요하다고 강조했다. 이는 '혁명'을 통한 '구세계'(old world)의 급진적 개조를 철회하고 현상의 가치를 보존하겠다는 의지를 피력한 것이다.[199)] 또한, 이것은 현상타파적 '혁명세력'(revolutionary power)로서의 중국이 아니라, 기존 가치의 보존을 추구하는 현상유지 세력(status quo power)으로의 전환을 고민하기 시작한 것으로 볼 수 있다.[200)]

이러한 1967년 전후 마오의 정세관과 김일성의 그것은 시간적인 불일치성을 보여주는 것이었다. 김일성은 마치 1962년 8월 마오가 처해 있던 시점에서 정세를 조망하고 있었다.[201)] 김일성은 '반제 투쟁' 강조를 통해 '혁명적 열정주의'를 더욱 고취시킬 수밖에 없는 대내상황적 맥락에 처해 있었다는 것이다. 그러나 마오는 이미 '혁명외교'의 철회를 준비하고 있었다.

사실 문혁의 시작은 중국이 '세계혁명의 중심'임을 선언하는 것과도 같은

---

198) 葉自成, 『新中國外交思想』, p.88; 李捷, 『毛澤東與新中國的內政外交』, p.214.

199) Chen Jian, *Mao's China,* p.244. 물론 이때의 현상의 가치를 보존한다는 것은 마오 자신의 권위와 정치권력을 유지·공고화시킨다는 의미이다. 이를 위해 동 회의에서는 장칭(江淸) 등이 작성한 「關於叛徒, 內奸, 工賊劉少奇罪行的審査報告」가 통과되었고, 류사오치를 당에서 영구 제명하고 당 내외 일체의 직무를 박탈하는 결정을 내렸다. 景杉 主編, 『中國共産黨大辭典』, p.529.

200) John W. Garver, *Foreign Relations of the People's Republic of China* (NJ: Prentice Hall Inc., 1993), pp.113-177.

201) 1962년 8월 마오의 왕자샹 비판에 관해서는 앞 절 참조.

것이었다. 문혁기의 탈권(奪權) 풍조는 외교부 등 외사영도기구에도 파급되어 외교업무는 사실상 통제력을 잃어 버렸다. 급기야 조반(造反)조직들이 중국주재 외국공관을 공격하는 사태까지 벌어졌으며, 외국주재 중국공관은 소련의 '종이호랑이'를 비난하고 혁명수출의 근거지로 전락했다. 1966~67년 사이 1년여의 기간 동안 중국과 공식·비공식적으로 수교한 약 40개의 국가 중에서 30개 가까운 국가와 외교 분쟁이 발생하는 등 대외 국가관계가 거의 '파탄' 직전에 있었다. 결국, 67년 가을에 접어들면서 마오는 이러한 혼란이 더는 진행되는 것을 원치 않았다. 그리고 저우언라이는 "외교 대권(大權)은 중앙에 귀속되는 것으로 어느 누구도 탈취할 수 없다."라고 주장했다.[202] 다시 말해 '긴장의 역할'이 이제 소용을 다했다는 것이었다.

바로 이와 같은 중국지도부의 인식 변화는 대북 관계에도 투영되었다. 인도차이나 정세의 '긴장'이 하노이를 소련으로 경사시켰던 것처럼, 한반도의 긴장조성도 평양을 소련으로 편향되게 할 가능성이 컸다. 앞서 언급한 바와 같이 북한은 이미 1965년 2월 코시긴의 방북 이후 소련으로부터 대규모 군사원조를 받고 있었다. 무엇보다도 한반도에서의 새로운 전쟁 발발은 또 다른 불필요한 전쟁에 '연루'될 가능성을 높인다는 것을 의미했다.[203] 그렇게 된다면 중국은 북방과 남방으로부터의 위협에 동시에 직면하는 최악의 상황을 맞게 되는 것이다. 바로 이러한 이유 때문에 문혁의 광풍 속에서도 중국지도부는 평양과의 우호관계 개선의 필요성을 느끼고 있었다.

저우언라이는 1967년 10월 20~22일 중국을 방문 중인 모리타니아의 모크타드 울드 다다흐 대통령과 회담 시 "중국은 (혁명수출이 아닌) 평화공존 5원칙에 따라 국제문제를 해결할 것"이란 견해를 밝혔다. 그리고 평양과 프놈펜을 동시 방문하는 그에게 3가지 구두 메시지를 김일성과 시아누크에게 전달해 달라고 요청했다. 그 3가지 메시지란, 첫째 "우리는 화교들에게 주재

202) 金戈, "在外交部'奪權'前後," 『周恩來的最後歲月, 1966-1976』(北京: 中央文獻出版社, 2002), pp.239-277; 李丹慧, "中國聯美反蘇的戰略出台," pp.153-157.

203) 이미 북한은 PCE-56호 격침사건(67.1.19), 운수봉지구 작전(67.6.23~24), 정읍 내장산 작전(67.7.18~19)을 기획·단행하여 한반도 정세는 점차 긴장이 고조되고 있었다.

국의 법률을 준수해야 한다고 항상 교육해 왔지만, 그들의 행동을 통제할 수가 없다. 우리 공관의 활동에도 일부 편향된 면이 있었다. 우리는 이것을 결코 묻어 두고 넘어갈 수 없다. 언제라도 고치겠다"; 둘째, "제국주의가 우리를 모멸하고 있다. 실제로 우리는 북한이나 캄보디아에 대한 정책에 아무런 변화가 없다"; 셋째, "우리는 한결같이 그들의 반제투쟁을 지지하고 있다."라는 것이었다.[204)]

저우의 첫 번째 언급은 앞으로 대북 관계설정에서 중국은 당제관계와 국가관계를 엄격히 구분하겠다는 것이다. 그리고 두 번째와 세 번째는 북한의 '방기' 우려를 해소시켜 주기 위한 레토릭이며, 북한과의 우호관계 유지를 통해 북한의 미래 행보를 예상 가능한 범주 내에서 '관리'하고자 하는 의도를 동시에 내포하고 있는 발언이다.

이에 대해 김일성은 10월 27일 다다흐를 통해 4가지 구두 메시지를 저우에게 전달했다. 김일성은 "첫째, 북한의 대중정책은 변함이 없으며 앞으로도 그러할 것이다. 둘째, 나는 마오 주석과 저우 총리와 깊은 우의를 가지고 있으며, 공동 투쟁 속에서 다져진 이러한 우의를 매우 귀중히 생각하고 있다. 셋째, 쌍방 간에 약간의 의견차이가 존재하나 이는 심각한 것이 아니며, 만나서 토론하면 해결방법을 찾을 수 있다. 넷째, 조선이 침공을 당한다면 중국이 과거 여러 차례 그러했던 것처럼 조선을 도울 것이라 믿고 있다."라는 화답을 저우에게 보냈다.[205)]

김일성의 첫 번째~두 번째 발언은 북한동맹체제의 복원을 기대하고 있다는 말이다. 그리고 세 번째 메시지는 상호이해 갈등 조정을 위해 의사소통 채널의 복구가 시급하다는 것이다. 그리고 김일성이 마지막에 언급한 내용은 북한의 '방기' 우려를 우회적으로 표현한 것으로 볼 수 있다.

결국, 저우와 김일성의 이러한 언급내용은 중·북한 양자 모두 당제관계와 국가관계의 구분을 통해 우호협력관계를 회복해야 한다는 기대감을 표현

204) 『周恩來年譜 (下)』, pp.195-196.
205) 『周恩來年譜 (下)』, p.196.

한 것에 다름 아니다. 그러나 그러한 '기대감'은 서로 다른 의도에서 비롯된 것이다. 중국은 북한의 미래 행보의 불확실성을 '관리'하려는 의도가 강해 보인다. 중국은 북한의 대소 경사를 우려했으며, 또한 한반도에서의 또 다른 전쟁을 유발시킬 수 있는 북한의 '모험주의적 행동'은 원치 않았을 것이다. 그러나 북한은 동맹체제가 순기능을 발휘할 수 있도록 중국이 '회귀'해 오기를 기대하고 있었고 볼 수 있다. 그러기 위해서라도 북한은 '공동'의 '외적 위협'을 부각시킬 수 있는 '돌출행동'이 더욱 필요했을 것이다.

3) 김일성의 '의도적' 위협조장: '푸에블로호 나포 및 EC-121기 격추 사건'

1967~68년은 소련의 중국에 대한 위협이 최고조에 달해 있던 시기이다. 바로 북한은 그러한 시점을 이용해 대대적인 대남 무장 게릴라 활동을 전개한 것이다. 그러나 김일성은 대남 무장 게릴라 활동을 통해 '남조선 혁명'을 기대했거나, 한반도의 새로운 전쟁을 기획한 것은 결코 아니었다. 그것이 불가하다는 것은 이미 6·25전쟁을 통해 입증된 바 있었다.

김일성은 1968년 8월 북한을 방문한 일본공산당 대표단과의 회담에서 "소련, 중국도 걱정하고 있지만, 우리는 주동적으로 전쟁을 시작할 생각은 아니다. 국제적으로 보아도 소련이 수정주의, 중국이 문화대혁명으로 혼란스런 상황에선 전쟁을 주동적으로 시작할 조건이 아니다. 남조선의 혁명운동도 아직 그럴 시기가 아니다. 우리는 남조선 정세가 지금 무장투쟁을 중심으로 할 단계라고도 보고 있지 않으며, 유격대와 대중 활동을 병행시킬 단계라고도 보지 않는다. 남조선에는 유격대 활동을 전개할 조건이 없다. 지금 신문 등에서 우리가 무장유격대라고 해서 보도하고 있는 것은 대부분은 지하활동을 하다 발각된 사람들이 도망치다 총격전을 벌였다거나 하는 것이다. 적이 보도하길래, 우리는 이것을 무장유격대라고 해서 보도"하고 있는 것이라 언급했다.[206] 결국, 이 말은 김일성이 비정규적 대남 게릴라 전술활

---

206) 신윤석, "조선로동당과 일본공산당의 관계변화에 관한 연구," 경남대 북한대학원 석사학위 논문(2001), p.55.

동을 통해 '남조선 혁명'이나 전쟁을 기대했던 것이 결코 아니었다는 것이다.[207] 그렇다면, 김일성은 무엇을 기대하고 있었을까?

드디어 김일성이 기대하고 있었던 신호들(signs)이 감지되기 시작했다. 당시 북한주재 동독 대사관은 루마니아 공관과 중국의 임시대리대사 왕평(王彭)이 1967년 12월에 나누었다는 대화 내용을 본국에 보고했다. 이 보고서에는 다음과 같은 문구들이 포함되어 있다.

> 최근 중·북 간에 확실한 관계개선이 진행 중이라는 조짐이 있다. (중략) 왕평은 "중국은 조선로동당의 자주정책을 존중한다… 경제적 관계가 정상적으로 발전하고 있다… 남한이 북한을 또는 북한이 남한을 공격하지는 않을 것으로 본다. (그러나) 만약 전쟁이 발생하면, 중공은 종전의 견해 차이에 상관없이 조선인민을 도울 것이다."라고 말했다. 그리고 중국 무관이 루마니아 무관에게 "상황이 양호하다. 조선인민은 미국과 싸우기를 원하고, 중국은 무기나 병력 등 북한이 원하는 모든 것을 지원할 것이다. 정치문제에서의 견해 차이에 관심을 두지 않을 것이다."라고 언급했다. (한편) 최근 판문점에서 중국대표가 의전 면에서 우대되고 있다. 많은 경우에 중국어 통역이 먼저 되고 러시아 통역이 나중에 되고 있다. 종전 같으면 반대였다.[208]

왕평과 중국 무관의 이러한 발언은 향후 중국은 당제관계가 국가관계에 영향을 미치지 않도록 할 것이며, 양자 우호관계 유지가 중국의 전략적 이해에 부합됨을 말한 것이다. 하지만, 거기에는 상당한 '복선'이 깔렸다. 중국은 북한의 자주정책을 존중한다고 말했다. 이는 소련을 염두에 둔 발언일 것이다. 그리고 현 상황에서 남침도 북침도 없을 것이라는 발언은 당시 중국은 이미 한반도 현상유지를 원하고 있었다는 것이다. 중국이 전쟁 발생 시 모든

207) 당시 소련 측도 김일성의 '모험주의'를 '공갈'(bluff)로 보았다. Sergey S. Radchenko, "The Soviet and the North Korean Seizure of the USS Pueblo," pp.15-16.

208) 「Excerpt from a Personal Letter of the Acting Ambassador of the GDR in Pyongyang, Comrade Jarck, 23 February 1968」, MfAA C 1093/70, Appendix Document, *CWIHP Working Paper,* No.44, pp.59-62.

지원을 아끼지 않겠다고 한 발언은 '확장된 억지력'을 제공한다는 의미이지, 북한의 남침에 대해 무조건적 지원을 하겠다는 의사를 표명한 것이 결코 아니었다. 다시 말해 중국은 공약에 대한 '모호성'을 유지하면서 북한과의 우호관계 유지를 원하고 있었다.

한편, 김일성이 '자주'를 말했다고 해서 그것이 중국과의 동맹관계를 청산하겠다는 의미는 결코 아니었다. 한·미 동맹의 공고화로 인해 북한의 군사전략적 타깃의 외연이 확장된 상황하에서 중국과의 동맹관계 유지는 북한의 국가 생존의 필수 전제조건이었다. 1968년 4월 동독 당·정 대표단과의 대화를 통해 김일성은 이점을 명확히 말하고 있다. 그는 "소련과 중국과의 동맹이 우리에게 매우 중요하다. 따라서 우리는 견해 차이가 존재함에도 동맹을 파기해서는 안 되는 것이다. 견해 차이가 있지만, 함께 움직여만 한다. 중국과 커다란 견해 차이가 있다. 그러나 우리는 중국과의 동맹을 유지하고자 한다. 그것은 평화를 확보하는 데 중요하기 때문이다."라고 언급했다.209)

그렇다면, 김일성은 어떤 방식으로 중국과의 동맹관계를 복원·유지하려고 했을까? 물론 이때 김일성은 1960년 5월 동맹 파트너를 올바른 방향으로 '회귀' 시키기 위해서는 '정면교육'뿐만 아니라 '반면교사'(공동의 외적 위협)가 필요하다는 마오의 '강의'를 떠올렸을 것이다. 그러나 김일성은 '정면교육' 방식을 택할 수는 없었다. 그것은 자체 국가역량의 한계성 때문이었을 것이다. 이에 대해 김일성은 "백만이 넘는 적군이 우리와 직접 대면하고 있다. 그래서 우리는 중국과의 동맹을 종결하기를 원치 않는다. 그것은 우리 등 뒤에 또 다른 적을 두는 것을 의미하기 때문이다…정치국의 일부 동지들이 우리도 홍위병과 같은 조직을 만들어 중국인들을 모욕하자고…제안했다. 나는 그러한 방법에 반대한다. 그런 것은 아무 소용이 없을 것이다."라고

---

209) 「Memorandum on the Visit of the Party and Government Delegation of the GDR, led by Comrade Prof. Dr. Kurt Hager, with the General Secretary of the KWP and Prime Minister of the DPRK, Comrade Kim Il Sung, on 16 April 1968, 5:00 p.m. to 6:50 p.m.」, MfAA, C 159/75, Appendix Document, *CWIHP Working Paper,* No.44, pp.62-69.

언급했다.[210)]

당시 중국은 '사면초가'와도 같은 상황이었다. 1967년 12월 29일 하노이 라디오는 미국과 공개적 평화협상을 진행할 용의가 있음을 알리는 방송을 내보냈다. 아이러니컬하게도 중국은 하노이의 평화협상 노력에 대해 부정적 입장을 피력하고 있었다. 중국은 평화협상 제의가 소련에 의해 추진된다는 그 자체가 싫었던 것이다. 중국은 베트남전의 평화적 해결을 위한 국제적 협상논의를 애초에는 미·소 간 공모로 보고 있었다.[211)] 소련의 대규모 군사원조가 지속되는 가운데,[212)] 미·소가 주장해 온 평화협상이 순조롭게 진행될 경우 하노이는 완전히 모스크바의 영향권 내로 진입하게 됨을 의미했다. 이는 아시아 사회주의국가의 반제 투쟁에서 스스로 리더임을 자임해 온 마오의 정치적 위상에 치명적이었다. 다시 말해 소련에 모든 공(功)이 돌아갈 수도 있는 형국이었던 것이다.[213)] 이것은 당시 중국이 베트남 전선에서조차 힘들어하고 있었다는 말이다.

그런데 김일성은 한반도 긴장고조의 수준을 한 단계 격상시켜 버렸다. 이제 김일성은 단순한 대남 무장 게릴라 투쟁만이 아니라 미국에 대한 직접적 도발을 단행하는 '모험'을 보여주게 된다. 푸에블로 호를 나포한 것이다. 소

---

210) *Ibid.* 김일성이 1977년 12월 호네커와의 회담에서 문혁(文革)기 북한은 "아무것도 할 수 없었다."라며 '울며 겨자 먹기' 식으로 인고의 세월을 보내야 했다고 푸념한 것은 바로 중국에 대한 '정면교육'을 택할 수 없는 북한의 '한계성'을 말한 것으로 볼 수 있다. 「Report on the official friendship visit to the DPRK by the Party and state delegation of the GDR, led by Com. Erich Honecker, 8-11 December 1977」, SAPMO-BA 30, J IV 2/2A/2123, *CWIHP Bulletin,* Issue 14/15, pp.49-51.

211) 그러나 중국은 1968년 11월 평화협상에 대한 태도를 바꾸었다. 왜냐하면, 소련의 중국에 대한 위협이 점차 고조되었기 때문이다. 이후 중국은 하노이지도부에 과거 평화협상에 반대했던 중국의 입장을 사과하기까지 했다. 그만큼 주변정세가 안정되기를 바라고 있었던 것이다. 소련과의 '당제관계'보다 국가안보가 더욱 중요한 고려사항으로 작용했다고 볼 수 있다. Qiang Zhai, *China & the Vietnam Wars,* pp.171-173; Yang Kuisong, "Changes in Mao Zedong's Attitude."

212) 구체적 수치는 李丹慧, "中國聯美反蘇的戰略出台," p.175.

213) Qiang Zhai, *China & the Vietnam Wars,* pp.157-166, 169.

련은 푸에블로 호 사건 이후 즉각적인 지지 표명을 하였으나, 이는 미국의 대북공격에 대한 억지 차원의 수사적 성격이 강했다. 실제 브레즈네프는 조·소 동맹이 방어적 성격이며, 북한의 도발에 따른 분쟁 발발 시에는 대북 공약을 수행하지 않을 것임을 분명히 밝혔다.[214] 한편, 중국은 사건 발생 5일 후 지지 성명을 발표했다. 이는 당시 중국 사회가 문화대혁명으로 북한을 '수정주의자'로 비난하고 있는 분위기에서 나온 지지 성명이다. 또한, 당시가 양국 대사를 소환할 만큼 의사소통 채널이 제대로 작동되지 않는 상황에서 나온 지지 표명이기도 했다. 김일성은 1968년 4월 동독 당·정 대표단과의 대화에서 다음과 같이 언급했다.

"현재 중국과 큰 견해 차이가 존재한다. 하지만, 여전히 중국은 필요하다고 판단된다면 우리와 함께 미 제국주의자와 투쟁할 것이라고 말하고 있다. 그들은 서로간의 큰 차이점은 전술적인 것이지 전략적 성격의 것은 아니라고 말한다. 그들은 우리를 수정주의자라고 비방하나 우리는 항상 평정을 유지하고 있다. 홍위병들이 우리를 모욕할 때, 중국은 우리에게 중국 당과 정부는 책임이 없다고 말하고 있다. 만일 예를 들어 『인민일보』가 우리를 공격할 때에만 그들은 책임이 있을 것이다… **중국인들과 현격한 견해차이가 있지만, 미 제국주의와의 투쟁에는 단결이 유지되고 있다. 우호조약은 여전히 유효하다.[215] 그리고 의견 차이에도 불구하고 우리는 기다리고 있다. 중화인민공화국은 푸에블로 사건에 대해 정부 성명을 발표하여 우리 입장을 지지하였다. 이는 그들이 제국주의에 대한 통일전선을 지지하고 조약을 어떻게 준수하고 있는지를 잘 보여주고 있다**… 그들은 우리와 전술적으로 견해 차이가 있다고 말한다. 그러나 그들은 우리와 함께 제국주의에 대항하고자 한다. **우리는 우리가 주도적으로 중국과의 동맹을 파기하지 않을 것이다. 중국과 우리, 중국과 베트남의 (동맹)관계는 아시아에서 중요한 문제이다.**[216]

---

214) Sergey S. Radchenko, "The Soviet Union and the North Korean Seizure of the USS Pueblo," *CWIHP Working Paper*, No.47.

215) 이는 마치 마오가 1958년 8월 제2차 대만해협 위기의 조장을 통해 「중·소 조약」의 유효성을 시험해 본 것과도 일맥상통하는 대목이다. 앞장 해당 부분 참조.

216) 「Memorandum on the Visit of the Party and Government Delegation of the GDR,

김일성의 이러한 인식은 북·중 양당 간 관계에 이견이 있는 것은 사실이나 국가관계에는 중국이 북한과 전략적 이해를 공유하고 있다고 판단한 데 따른 것이다. 당시 북한 지도부가 대남 무장 게릴라 활동을 대대적으로 전개한 것이라든지, 미군에 대해 직접적 도발을 가하는 대담함을 보여 주었던 보다 근본적 이유는, 김일성 자신이 제기한 '바람직한' 사회주의 국제동맹의 의무(끊임없는 '반제' 투쟁을 통한 진영의 단결)를 충실히 이행하고 있다는 이미지를 부각시킴과 동시에, 중국의 외적 위협(미·소로부터의 위협)을 끊임없이 부각시켜, 이를 통해 동맹관계를 복원시키고자 하는 '계산된 모험주의'의 일환인 것이다. 김일성은 동맹 파트너를 '올바른' 방향으로 회귀시키려면 '반면교사'(외적 위협)가 필요하다는 1960년 5월 마오의 '강의'를 떠올렸는지도 모를 일이다. 아무튼, 김일성의 '계산된 모험주의'는 '약소국의 힘'을 발휘하여 당제관계에서의 '연루' 우려와 국가 동맹관계에서의 '방기' 우려를 동시에 해소하고자 하는 북한 특유의 대응 방식이었다.

한편, 중국이 당제관계에 있어 북한의 '기회주의, 중간주의, 절충주의'를 용납할 수 없었음에도 북한을 지지하는 성명을 발표한 것은, 북한과의 우호관계가 유지되어야 북한의 미래 행보에 대한 불확실성을 '관리'해 나갈 수 있었기 때문이다. 따라서 중국은 당제관계가 국가관계에 영향을 미쳐서는 안 된다는 결론을 도출한 것이다. 이는 중국의 문화대혁명이 중·북한 관계에 미친 영향을 파악하려면 당제관계와 국가관계를 구분해서 이해할 필요가 있음을 말해준다. 중국은 당시 북한을 지지하는 성명을 발표했으나, 중국의 공약에는 실질(substance)이 없었다. 당시 중국은 북한에 대해 아무런 군사지원도 없었다.217)

---

led by Comrade Prof. Dr. Kurt Hager, with the General Secretary of the KWP and Prime Minister of the DPRK, Comrade Kim Il Sung, on 16 April 1968」, Appendix Document, *CWIHP Working Paper,* No.44, pp.68-69. 강조는 필자.

217) 소련 지도부는 당시 베트남전의 평화적 해결에 적극적 관심을 보이고 있었고, 북한의 '모험주의적 행동'에 대해 상당한 우려감을 표시하고 있었다. 그러나 소련은 중국과의 '안보 딜레마적 상황'에 빠져 있었기 때문에 평양과 하노이에 대한 지원만은

이처럼 중국의 당시 대북외교의 초점은 「조·중 조약」의 내적 기능, 즉 상호 이해갈등을 관리하기 위한 '결박'의 기능에 초점을 맞추고 있었다. 그러나 김일성은 자신의 '모험주의적 행동'에 대한 중국의 지지 표명을 「조·중 조약」의 외적 기능의 유효성을 판단하는 지표로 삼고 있었던 것이다. 김일성은 중국의 국내정치 변동에 관계없이 북·중 동맹의 국가안보적 상호작용이 제대로 작동되고 있다고 판단했던 것이다. 그러한 판단 때문에 북한은 푸에블로 호 사건 처리 과정에서 미국과 대등한 자국의 지위를 유지할 수 있었다.[218]

중국은 사건발생 5일 만에 북한을 지지하는 성명을 발표했다. 그러나 '5일'이란 수치는 중국의 망설임을 말해 주는 것이다. 급기야 김일성은 1968년 9월 북한정권 창건 20주년 기념대회에서 "미 제국주의자들이 강한 것 같이 보이지만 이렇게 여러 나라 인민들이 사면에서 공격을 들이대고 모두 달라붙어 각을 뜨면 그들은 맥을 추지 못할 것이며 결국에 가서는 멸망하고야 말 것입니다."라고 주장하면서 '미제의 각을 뜨는 전략'을 공식적으로 천명하기에 이른다.[219] 그리고 이와 비슷한 시기 1968년 8월 소련의 체코슬로바

지속했다. 「Record of Conversation Between A. A. Gromyko and Deputy Chairman of the Cabinet of Ministers, Minister of Foreign Affairs of the DPRK Comrade Pak Song-ch'ol, 20 November 1967」, Appendix Document, *CWIHP Working Paper,* No.44, pp.42-45.

218) 뒤에서 다시 논의할 것이지만, 1976년 '판문점 도끼살해 사건'의 경우 김일성은 자신의 도발행위에 대해 최초로 사과했다. 그때는 중국이 너무나도 조용했기 때문이다. 미국과의 협상과정에 관해서는 Chuck Downs, *Over the Line: North Korea's Negotiating Strategy* 참조.

219) 김일성, "조선민주주의인민공화국은 우리인민의 자유와 독립의 기치이며 사회주의, 공산주의 건설의 강력한 무기이다"(조선민주주의인민공화국창건 스무돐 기념 경축대회에서 한 보고, 1968년 9월 7일), 『김일성 저작선집 5』, p.188; 『로동신문』, 1968년 9월 8일. 북한은 실제로 64~69년 공군부대와 공병부대를 베트남에 파견했다(신윤석, "조선로동당과 일본공산당의 관계변화에 관한 연구," p.49). 그러나 앞에서도 지적한 바와 같이, 사실 북한은 사이공이 급격히 몰락하는 것을 원치 않았다. 오히려 베트남 공산화 이후 베트남에 집중되었던 미군이 남한으로 재배치될 가능성을 우려하고 있었다. Balazs Szalontai, "The International Context of the North Korea Program,"

키아 침공에 대해 북한은 체코의 '수정주의'만을 비판하고 소련의 무력개입에 대해서는 침묵을 지켰다.[220] 마치 소련의 무력간섭을 지지하는 듯한 인상을 풍겼다. 이는 과거 북한이 타국의 무력개입에 얼마나 민감한 반응을 보였는지를 생각하면 있을 수 없는 일이었다. 그런데 이 또한 김일성의 '속임수'(trick)였다. 김일성은 1968년 8월 일본공산당 대표단과의 회담에서 8월 23일『로동신문』사설은 소련의 군사개입에 대한 지지 표명과는 전혀 관계가 없는 것으로, 소련을 만족시키기 위한 내용이 아니라고 말했다.[221] 김일성의 '호전적' 발언이나 대소 편향적 태도 표명은 중국의 안보우려를 자극하기 위한 것이었다. 그것도 적절한 타이밍을 이용해서 말이다. 당시는 중국의 안보상황이 극도로 악화되는 시점에 있었다.

1968년 8월 소련의 체코 침공 이후 중·소 관계는 극도로 악화되어 갔다. 68년 말부터 69년 초에 이르는 1~2개월간 중·소 간 국경분쟁이 최고조에 달했다. 이 시기 소련군은 8차례 이상 중국 영내를 '침입'하였고, 급기야 69년 3월 2일 진보도(珍寶島) 무력충돌 사건이 발생했다. 그런데 이러한 긴장국면은 중국사회의 극좌적 편향성을 다시 한 번 점화시켰다.[222] 물론 중·북한 관계에도 그 여파가 미쳤다. 중·북 국경지역에서 군사적 충돌이 발생한 것이다.[223] 김일성은 1984년 5월 호네커와의 회담에서 "69년 우수리강 유역에서 중·소 충돌이 있었을 때 우리에게도 여파가 미쳤다. 내가 시골에서 휴식을 취하고 있는데 인민무력부장이 전화로 다급히 중국군대가 두만강을 건너 우리 영토로 진군하고 있다는 소식을 알렸다. 당시 나는 발포명령을

---

pp.12-13. 어쩌면 "미제의 각을 뜨자"는 프롤레타리아 국제주의 의무란, 북한과 같은 약소국에는 일종의 '사치'였을지도 모른다. 김일성은 "미군의 노력을 각지에 분산시켜야" 한다는 1965년 3월의 마오의 '강요'를 거부한 바 있었다. 소진철, "북한 김일성의 1966년 발언록," 참조.

220) 『로동신문』, 1968년 8월 23일.

221) 신윤석, "조선로동당과 일본공산당의 관계변화에 관한 연구," p.54.

222) 李丹慧, "中國聯美反蘇的戰略出台," pp.159-160.

223) 이러한 중국의 대북 위협적 행동은 1968년 8월 소련의 체코 침공에 대해 북한이 대소 비판을 자제한 것도 하나의 원인으로 작용했을 것이다.

내리지 않고 그들에 더 접근토록 해 영내에서 생포하라고 지시했다. 그리고 군대를 그곳으로 출동시켰다. 그러자 중공군은 퇴각했다."라고 당시 상황을 회고하고 있다.[224]

이러한 딜레마 상황하에서 김일성은 다시 한번 '모험주의'를 선택했다. 1969년 4월 EC-121 미 정찰기가 북한군에 의해 격추된 것이다.[225] '모험주의'를 통해 중국의 '연루' 우려를 자극함으로써 당제관계의 '불안정성'을 해소하고 북한이 기대하고 있는 동맹 본연의 기능(대적 균형)을 회복시키고자 하는 김일성의 연출이 다시 한번 재현된 것이다. 그런데 미 정찰기 격추 사건과 관련한 소련과 중국의 견해 표명이 달랐다. 소련의 안보공약은 미약했다. 사건 발생 후 3일이 지난 후에야 지지 성명을 발표한다. 그러나 중국은 즉각 외교적 지지를 표명하고 나선다.[226] 이로써 김일성은 다시 한번 자신의 '계산된 모험주의'의 효용성을 실감했을 것이다. 1969년 7월 북한은 『로동신문』을 통해 "세계 평화 및 안전을 위하여 중국인민들과 하나의 전선에서 싸울 것이다."라고 밝힘으로써 대중국 관계개선 의사를 표시한다.[227]

4) 관계 재정상화

1969년 2월 초 평양 외교가는 박성철 외무상이 중국을 비밀 방문했다는 확인되지 않은 루머로 술렁이고 있었다. 북한이 7월 대중국 관계 개선의지를 공개적으로 표시한 이후 양국 관계정상화를 위한 분위기는 고조되어 갔다.[228] 1969년 9월 10~11일 최용건은 호찌민 장례식에 참가하고 귀국 도중 베이징에서 저우언라이와 양당·양국 관계 개선을 주제로 의견을 교환하고,

224) 「Memorandum of conversation between Erich Honecker and Kim Il Sung, 31 May 1984」. *CWIHP Bulletin* 14/15, p.60.

225) 다음 장에서 다시 언급하겠지만, 중국지도부는 이미 이때 소련의 위협을 견제하고자 미국과의 관계개선을 내부적으로 검토하는 작업에 들어갔다. 그리고 하노이 지도부에게도 평화협상을 권유하고 있었다.

226) 정진위, 『북방삼각관계』, p.155.

227) 『로동신문』, 1969년 7월 1일.

228) Bernd Schaefer, "North Korean 'Adventurism' and China's Long Shadow," pp.28-29.

김일성이 중국과의 관계 개선을 희망하고 있다는 말을 전했다.[229] 또한, 그는 저우에게 소련의 '아시아집단안보체제' 구축 제의를 지지하지 않는다고 말했다.[230] 그리고 북한은 신중국 건립 20주년 기념식에 북한 고위대표단의 파견을 제의했다. 이러한 북한의 제의에 대해 중국지도부는 심각히 고민해야만 했다. 당시 북한은 중국사회에 여전히 '반(半)수정주의자'로 간주되고 있었기 때문이다.[231] 그럼에도, 최종 순간 중공 중앙은 북한의 제의를 수락했다. 중국 측은 9월 30일 오후 3시 20분 북한에 초청서를 발부했다. 이에 북한은 즉각 6시 25분에 회신을 보내와 최용건을 대표로 하는 북한대표단의 파견 결정을 통보해 왔다. 북한 대표단은 당일 11시 30분 베이징에 도착했으며, 저우언라이가 직접 영접했다.[232]

이러한 정황은 중·북한 모두 얼마나 관계 정상화를 원하고 있었는가를 잘 말해주는 하나의 사례이다. 10월 1일 최용건은 중국지도부와 천안문 성루에 나란히 서서 열병을 관전했다.[233] 외견상으로 볼 때, 북한이 다시 '믿을 만한 동맹자'로 재규정되는 순간이었다. 물론 양 지도부는 서로에 대해 서로 다른 '기대감'을 가지고 열병을 지켜보았을 것이다.

10월 1일 최용건은 마오쩌둥과 회담을 했다. 마오는 "현재 미국과 일본은 매우 가까이 다가서고 있으며, 남조선·대만과의 관계도 긴밀히 하려 한다.[234] 그들은 당신들을 치려고 하는데, 이는 단순히 당신들만을 치려는 게

---

229) 『周恩來年譜 (下)』, p.320.

230) 王泰平 主編, 『中華人民共和國外交史(第三卷), 1970-1978』(北京: 世界知識出版社, 1999), p.36.

231) 1969년 4월 중국공산당 9차 당대회까지도 중국은 북한을 반(半)수정주의 국가로 분류하고 있었다. Bernd Schaefer, "North Korean 'Adventurism' and China's Long Shadow," p.28.

232) 王泰平 主編, 『中華人民共和國外交史(第三卷)』, pp.36-37.

233) 『周恩來年譜 (下)』, p.325.

234) 실제로 1969년 11월 닉슨-사토 「미·일 공동성명」이 발표되어, "대만지역에서 평화와 안전을 유지하는 것은 일본의 안보에 관련된 중요한 요소이며, 한국의 안보는 일본의 안보에 직결되어 있다."라고 선언했다. 王泰平 主編, 『中華人民共和國外交史(第三卷)』, p.36.

아니다. 그들의 목표는 중국이다. 그러므로 우리 양국은 밀착되어야 한다. 우리 관계가 부동(不同)하다. 반드시 관계를 좋게 해야 한다. 우리들의 목표는 일치하는 것이다."라고 언급했다.[235] 마오의 이러한 외적 위협에 대한 강조는 북한이 가장 듣고 싶어 했던 내용이었을 것이다. 다음 장에서 다시 언급하겠지만, 마오의 이러한 발언에는 물론 진정성이 담겨 있지 않았다. 어쨌든 중·북 쌍방은 각기 과거 잘못에 대한 자기비판 후 화해하였으며, 1970년 중 저우언라이의 방북에 합의했다.[236]

1970년 2월 7일 중국주재 북한대사 현준극이 재부임했으며, 3월 23에는 북한주재 중국 대사 리윈추안(李雲川)이 부임했다. 4월 5~7일 저우가 12년 만에 다시 평양을 찾았다. 이어 6월 24~28일 중국군 총참모장 황융성(黃永勝)이 6·25전쟁 20주년 기념행사 참석차 북한을 방문했으며, 이에 북한 측에서는 6월 24일 박성철 외무상이 중국을 방문하여 마오쩌둥과 회담하였다. 그리고 7월 25일 오진우를 단장으로 하는 북한군사대표단이 중국군 창건 43주년 기념행사 참석차 중국에 도착했다. 이로써 1967년 이후 단절되었던 당·정·군 의사소통 채널이 완전히 다시 복구되었다. 김일성은 문혁 기간 인고의 세월을 견디어 낸 보람을 느꼈을 것이다. 10월 8일 그는 1964년 이후 발길을 끊었던 중국을 비밀리에 다시 방문했다. 그리고 11월 2일 조선로동당 5차 당 대회에서 김일성은 "조선인민과 중국인민은… 미제의 침략을 반대하는 공동투쟁을 벌이고 있습니다."라고 언급하며 중국과의 단결을 공언(公言)하기에 이른다.[237]

235) 王泰平 主編, 『中華人民共和國外交史(第三卷)』, pp.36-37.

236) 외무부, 『한·중국, 북한·중국관계 주요 자료집』, p.163.

237) 劉金質·楊淮生 主編, 『中國對朝鮮和韓國政策文件匯編 4』, pp.1773-1805; 『周恩來年譜(下)』, pp.399-400; 李捷, 『毛澤東與新中國的內政外交』, p.61; 외무부, 『한·중국, 북한·중국관계 주요 자료집』, pp.163-164; 김일성, "조선로동당 제5차대회에서 한 중앙위원회 사업총화 보고," p.439, 496, 500.

중국의 대북 안보 우려와 '계산된 모호성'

제1절 마오의 '혁명외교' 철회와 '동상이몽'의 북·중 공조외교

1. 마오의 위협평가 '방식'과 북한의 초기 기대감

1969년 3월 진보도(珍寶島) 사건이 발생한 이후 마오는 "현재 우리는 고립되었다. 아무도 우리를 상대해주지 않는다."라고 처음으로 시인했다. 그리고 70년 7월 오진우를 단장으로 한 북한군사대표단에 마오는 "어떤 이들은 기회에 편승하여 소위 말하는 조반(造反)을 시도했다. 북경에 있는 영국대표부를 불사르고, 인도네시아, 인도 대사관도 공격했다. 그러한 사람들이 바로 국민당이다."라고 언급함으로써,[1] '혁명외교'를 철회하겠다는 의지를 분명히 피력했다.

이러한 마오의 인식 변화는 소련으로부터의 위협이 가장 현실적으로 다가

1) 李丹慧, "中國聯美反蘇的戰略出台," p.163.

오는 와중에 발생한 것이다. 따라서 1960년대 말의 '천하대란' 상황은 마오로 하여금 두 개의 주적을 상정한 '이중 접근법'으로부터 탈피할 수밖에 없도록 만들었다. 다시 말해 두 개의 주적을 상정함으로써 전략적 타깃이 이원화될 때의 한계성을 인지한 것이다. 당시 마오에게 비쳐진 가장 현실적이고 위험한 주적은 소련이었다. 그런데 주적을 소련으로 상정하여 전략적 타깃을 일원화하려면 미국과의 전략적 연대 형성이 필수적 선택이었다. 즉 '연미제소'(聯美制蘇)라는 전략적 결단이 필요했다.[2] 마오는 당시 소련이 보이는 대외적 행보(특히 핵 비확산 문제나 베트남전 문제)를 미국과의 '공모'를 통한 중국 봉쇄(聯美反華)로 인식해 오고 있었다. 따라서 '연미제소'는 소련의 '연미반화'에 대한 대응이기도 했다. 그런데 이러한 전략 재조정(strategic readjustment)을 국내외 오디언스(audience)에게 어떻게 정당화시키느냐의 문제는 여전히 남아 있었다.

미국과 화해함에 있어 국내외 청중들에게 혼란을 가져다줄 수 있는 대목은 중국이 '제국주의'와의 투쟁을 포기한 것처럼 보일 수 있다는 점이었다. 반제 노선의 포기는 마오의 정치적 과오를 스스로 인정하는 꼴이 된다. 그런데 마오의 '연미제소' 전략은 주적을 소련으로 단일화해 전략적 타깃을 일원화하는 것이다. 그러나 이러한 마오의 전략적 의도를 국제 오디언스, 특히 하노이와 평양 지도부가 그대로 수용할 수 있었겠는가? 하노이와 평양이 소

2) 1968년 11월 미국이 바르샤바 대사급 대화 재개를 제의해 오자 중국의 반응은 대단히 신속했다. 69년 1월 닉슨 대통령의 취임 연설 전문을 『인민일보』가 전재하게 된다. 물론 중국의 국내정치적 제약(임표 사건)과 국제문제(특히 캄보디아 내전) 등으로 71년 7월에 가서야 키신저의 베이징 비밀 방문이 성사되지만 미·중 화해에 대한 중국의 적극성은 이미 69년부터 시작되었다. 그러나 이 책에서는 미·중 화해 과정에 대해서는 구체적 논의를 하지 않기로 한다. 이에 대해서는 무수한 연구문헌이 존재하나 주로 다음을 참조했다. 서진영, 『21세기 중국 외교정책』, pp.156-165; 해리 하딩(Harry Harding), 안인해 역, 『중국과 미국』(서울: 나남, 1995), pp.73-95; James Mann, *About Face: A History of America's Curious Relationship with China, From Nixon to Clinton* (New York: A Division of Random House, Inc., 2000), pp.13-52; Chen Jian, *Mao's China,* Chapter 9; 姜長斌, 羅伯特·羅斯 主編, 『從對峙走向緩和: 冷戰時期中美關係再探討 I/II』(北京: 世界知識出版社, 2000).

련을 주적으로 상정할 수 없다는 점은 이미 앞장에서 수차례 지적한 바 있다. 평양과 하노이가 소련을 주적으로 상정한다는 것은 일종의 '전략적 자살'과도 같다. 당장 미국과 직접적으로 전쟁을 수행하고 있는 하노이로서는 소련의 군사지원이 하나의 생명줄이었다. 그리고 평양이 소련을 주적으로 삼는다는 것은 남·북방 동시 위협에 대응해야 하는 악몽과도 같은 경우의 수이다. 이는 1966~69년 중국과의 관계에서 익히 경험한 바 있었다. 60년대 초반 중국과 '밀월'을 보내는 동안에도 평양은 소련을 주적으로 상정한 마오의 '두 개의 중간지대론'을 도저히 이해할 수 없다고 불평했었다.

그렇다면, 마오는 이러한 딜레마적 상황을 어떤 식으로 해결하려 했을까? 마오는 '제국주의' 개념을 재정의하고 기존의 '두 개의 중간지대론'을 '제3세계론'으로 발전시킨다. 1968년 8월 21일 소련이 체코를 침공하자 23일자 『人民日報』는 소련을 '사회-제국주의'(socialist imperialism)로 규정했다.[3] 레닌의 용어를 빌리자면, '제국주의'란 원래 자본주의가 최고의 단계에 이르렀을 때 발생하는 것이다. 따라서 제국주의 국가란 본래 자본주의 국가여야 했다. 그러나 중국은 소련이 '부르주아적 특권층을 대변하는' 자본주의 체제를 되살리고 있다고 주장하고 나선 것이다. 이제 세계의 '주요 모순'은 자본주의와 사회주의 간에 발생하는 것이 아니라 제국주의와 '세계의 광대한 저개발 국가' 간의 모순이라고 규정된다. 이로써 '소련의 사회-제국주의'의 위협이 '미 제국주의' 위협을 점차 대체해 가고, 세계 공산혁명에 가장 위협적이고 현실적인 주적이 되었던 것이다. 이러한 이론적 틀 내에서는 '미 제국주의'가 여전히 중국의 적(enemy)으로 남아 있기는 하나 가장 주요한 적(primary enemy)은 아닌 것이었다.[4]

그러나 앞서 지적한 바와 같이 이러한 이론적 틀은 평양지도부에게 그대로 어필될 수 있는 것은 아니었다. 왜냐하면, 북한은 소련을 주적으로 상정할 수 없기 때문이다. 평양의 주적은 여전히 '미제'였다. 따라서 마오는 세계

---

3) Niu Jin, "The Historical Background," footnote 43.

4) 서진영, 『21세기 중국 외교정책』, pp.206-207; Chen Jian, *Mao's China,* pp.242-243.

전략 구도를 3등분하였다. 즉 미국과 소련을 다 같이 제1세계로, 일본을 포함한 서방의 발전국가를 제2세계로, 나머지 세계의 광범위한 저발전 국가를 제3세계로 구분했던 것이다. 이것이 그의 '제3세계론'이다. 그리고 투쟁의 대상은 '제국주의'가 아니라 미·소의 '패권주의'가 되었다.[5] 이는 이념에 의해 세계전략 구도를 그리는 것이 아니라 힘의 역학 관계를 바탕으로 하는 것이다. 마오의 '중간지대론'의 타깃은 '미 제국주의'였다. 그리고 그의 '두 개의 중간지대론'의 타깃은 '미 제국주의와 소련의 수정주의'였다. 그렇다면 '제3세계론'의 전략적 타깃은 논리상으로는 미·소 양국의 '패권주의'처럼 보이지만, 사실상은 소련이었다.

그러나 그 진실성이 어디에 있었든지 간에, 마오의 이러한 포괄적 위협평가 '방식'은 북한에는 나쁠 것이 없었다는 점이 중요하다.[6] 그동안 북한이 중국에 대해 한결같이 주장해 온 것이 바로 당제관계의 '불안전성'을 해소해야 한다는 것이었다. 이념에서 힘의 역학관계로 사고를 전환한다는 것은 당제관계와 국가관계를 엄격히 구분한다는 것이다. 이제 당 대 당 외교는 국가이익 실현을 위한 보조적 역할을 담당함을 의미하는 것이 되었다. 즉 당제관계가 국가관계의 하위 체계가 되었다. 다시 말해 이는 아나키적 질서하에서 상호 전략적 이해의 조정(coordination)에 따라 양자관계가 규정되어 간다는 것을 의미했다. 이제는 문혁기 '지도적 당'으로서의 중국공산당이 아니라는 것이다. 이는 문혁기 중국의 '위계적 질서' 강요가 종결된다는 의미와도 같았다.

바로 이러한 이유로 말미암아 미·중 화해에 대한 하노이와 평양의 반응이 달랐던 것이다. 하노이는 중국의 대미 접근으로 강한 '방기' 우려를 느꼈다.[7] 물론 평양도 일정 정도 '방기' 우려를 느끼고 있었지만, 오히려 미·

5) 葉自成, 『新中國外交思想』, pp.131-135.

6) 그렇다고 중국의 진실성 여부가 중요하지 않다는 의미는 결코 아니다. 향후 이는 양국 동맹관계 유지에 중요한 갈등 요인으로 작용한다. 어쨌든 당시 북한으로서는 문혁기의 아픈 경험에서 벗어날 좋은 기회가 되었던 것만은 사실이었다.

7) 하노이의 '방기' 우려에 대해서는 Qiang Zhai, *China & the Vietnam Wars,* Chapter 9;

중 화해 분위기를 자국에 유리하게 한반도 전략구도를 변경시킬 수 있는 '기회'로 간주했다. 전직 중국외교관은 "당시 북한은 어느 국가보다도 미·중 화해를 지지했다."라고 회고한 바 있다.[8] 북한은 중국과 관계개선을 한 미국의 정책이 한반도에도 연결될 수 있다는 '기대감'을 가지게 되었다. 미국이 더는 세계 경찰국가로서의 역할을 수행하기 힘들다는 현실적 인식에서 발표된 '닉슨 독트린'은 북한이 한·미 방위동맹체제의 붕괴 가능성을 예측하거나 기대토록 하였고, 특히 1971년 주한 미 7사단의 철수는 이러한 북한의 기대감을 크게 부풀렸다.[9]

2. 중국의 대미 데탕트 시도와 대북 선제외교(preemptive diplomacy)

1) '지역적 동학'의 제약과 대만문제 유보

중국이 미국과 화해를 시도한 가장 근본적 동인은 '소련위협 억제'(制蘇)에 있었다. 따라서 중국으로서는 미국과의 사전 교섭 과정이나 협상의 결과가 반드시 '제소'(制蘇)라는 본연의 목적에 들어맞아야만 했다. 그런데 만약 미·중 화해의 결과가 '제소'로 이어지지 않고 모스크바-하노이-평양 간 반중국 아시아동맹체제가 형성된다면, 이는 중국으로서는 상상하기도 싫은 악몽에 가깝다. 왜냐하면, 이것은 미국과 화해를 추구하는 본연의 목적과는 근본적으로 배치되기 때문이다. 따라서 마오쩌둥은 미국과의 화해 시도 과정에서 하노이와 평양의 입장을 그만큼 민감하게 고려하지 않을 수 없었다.[10] 다시 말해 하노이나 평양이 극도의 '방기' 우려를 느끼고 대안적 수단

李丹慧, "中國聯美反蘇的戰略出台," pp.164-174.

8) 전직 중국외교관과의 인터뷰.

9) 김계동, "북한의 대미정책," 양성철·강성학 공편, 『북한 외교정책』, pp.181-182.

10) 반면, 미국은 중국과의 화해를 통해 베트남의 '수렁'에서 "명예롭게" 빠져나오는 것이 가장 중요한 고려사항이었다. 따라서 미국은 한반도 정세를 전혀 고려하지 않았다. 돈 오버도퍼, 『두 개의 한국』, p.36. 닉슨·키신저와 마오쩌둥·저우언라이 사이의 1971~72년 비밀대화록을 중심으로 당시 중·미 간 한반도문제 논의를 분석한 논문으로는 박승준, "한·미 외교의 미·중 외교에 대한 종속성 연구"(고려대학교 정책대학

의 부재 속에서 소련으로 경사된다면 이는 미국과의 화해로도 상쇄될 수 없는 최악의 결과를 가져올 수 있었던 것이다. 미국과 중국의 이해 수렴은 미·중·소 '전략적 삼각관계'의 틀로 이해될 수 있으나, 미·중 관계개선을 위한 구체적 협상과정은 중·북·베트남 간 '지역적 동학'의 제약을 받을 수 밖에 없었다는 말이다.

화이팅(Allen Whiting)은 중국이 대만문제에 대해 미국으로부터 완전한 양보를 받지 않은 상태에서 중·미 관계 개선에 합의한 것은, 소련으로부터의 안보위협이 고조된데 따른 긴박감 때문이었던 것으로 분석하고 있다.11) 그러나 뒤에서 다시 언급하겠지만 이는 사실과 다르다. 소련위협이 고조됨으로써 중국이 미국과 화해를 결정했다는 것은 분명한 사실이나, 협상의 구체적 이슈에 대한 중국의 입장을 미·중·소라는 '전략적 삼각관계'의 틀로써 모두 조망할 수는 없다. 사실 중국이 미국의 대만문제 유보 입장을 수용한 것은 하노이와 평양을 고려하고 있었기 때문이다. 화이팅은 당시 베이징-하노이-평양 간 '지역적 동학'이 미·중 협상과정에 미친 영향을 간과하고 있다.

중국지도부가 애초부터 대만문제 해결에 대해 내부적으로 유보적 태도를 보인 것은 결코 아니다. 미국과의 협상과정에서 마오가 가장 신중을 기한 부분은 중국의 이익(특히 대만문제)을 위해 하노이나 평양을 '팔아 버리는' 인상을 절대로 주어서는 안 된다는 점이었다. 마오가 저우언라이에게 주문한 중국의 협상원칙은 하노이와 평양을 지원하기 위해 중국이 진정한 동맹외교를 수행하고 있다는 이미지를 보여주라는 것이었다. 다시 말해 미·중

원 석사학위 논문, 2004) 참조. 그리고 미·중 화해에 대한 남·북한의 대응을 분석한 훌륭한 논문으로는 Taewan Kim, *The Korean Paradox of the 1972 Sino-American Rapprochement: An East Asian Perspective* (Ph.D. Dissertation, The University of Colorado, 2005); 박건영·박선원·우승지, "제3공화국 시기 국제정치와 남북관계: 7·4 공동성명과 미국의 역할을 중심으로," 『국가전략』, 제9권 4호(2003년 겨울).

11) Allen S. Whiting, "Forecasting Chinese Foreign Policy: IR Theory vs. the Fortune Cookie," in Thomas W. Robinson and David Shambaugh (eds.), *Chinese Foreign Policy: Theory and Practice* (Oxford: Clarendon Press, 1994), pp.506-523.

화해가 하노이나 평양의 안보이익에 유리하게 작용될 수 있는 '기회의 창'이라는 인상을 주도록 하라는 것이었다.[12)]

중국은 이미 1970년 1~2월부터 시작된 바르샤바 미·중 대사급 대화에서 "대만문제 해결(주대만 미군 및 군시설 완전철수와 미·대만 동맹조약 폐기)이 중·미 관계개선에 가장 근본적 전제조건"임을 강조해 왔다. 물론 그러면서도 '양국 간 긴장완화'의 중요성을 강조함으로써 협상의 여지를 남겨 두고 있었다.[13)] 키신저의 비밀 방중을 앞두고 마오는 1971년 5월 26일 저우언라이에게 정치국 회의를 소집하여 협상 가이드라인을 마련하라고 지시했다. 이 회의를 통해 중국지도부는 8개 항의 협상 기본지침을 마련했다. 역시 이 기본지침도 대만문제 해결을 미·중 화해의 가장 중요한 전제조건으로 상정하고 있었다. 1~4항 모두 대만문제와 관련된 것이며, 5~7항은 중·미 양자관계 현안에 관한 것이다. 그리고 마지막 8항만이 "중국정부는 인도차이나, 한반도, 일본, 남아시아로부터 미군철수를 대변해 준다."라고 되어 있다.[14)] 이 기본지침들의 내용을 보면 특히 대만문제에 대해서만은 쉽게 타협하지 않겠다는 중국지도부의 강한 의지를 읽어낼 수 있다. 마오도 5월 29일 일단 이 지침들을 승인했다.

저우는 바로 이 지침들에 따라 1971년 7월 9~11일 키신저와 협상을 진행했다. 첫째 날 저우는 이 지침을 반복했다. 그리고 키신저는 대만문제와 베트남 문제를 연계시키며 하노이에 대한 중국의 영향력 행사를 주문하고, 베

12) 결론부터 말하면, 이를 '기회의 창'으로 받아들인 행위자는 평양뿐이었다. 미·중 화해를 계기로 하노이와 베이징 관계는 복원할 수 없을 정도로 악화되어 버렸다. 왜냐하면, 하노이는 실제로 미국과 전쟁을 하고 있는 당사자였기 때문이다. '리얼 파이터'(real fighter)는 김일성이 아니라 하노이 지도부였던 것이다. 북베트남은 미·중 화해를 1954년 제네바 극동평화회담의 재연으로 받아들였다. 하노이는 베트남 문제를 미·중이 논의하는 것 자체를 거부했다. 중국은 1971년부터 또다시 하노이에 대한 군사지원을 대폭적으로 증가(71년 당해 전체 대외원조액의 48.67%)시켜 북베트남의 '방기' 우려를 해소하려 했으나, 양국 간 분열의 골은 더욱 깊어갔다. 李丹慧, "中國聯美反蘇的戰略出台," pp.164-174; Qiang Zhai, *China & the Vietnam Wars,* Chapter 9.

13) Chen Jian, *Mao's China,* pp.248-257; James Mann, *About face,* pp.23-25.

14) Qiang Zhai, *China & the Vietnam Wars,* p.195; Chen Jian, *Mao's China,* pp.264-265.

트남전에서 미국의 위신을 유지시킬 수 있는 '명예로운' 해결책을 찾기를 희망한다고 말했다. 그러나 키신저는 베트남전 종전과 동시에 2/3의 미군을 대만에서 철수시킬 것이며 이후 미·중 관계개선 진척에 따라 추가적으로 철수할 것이라고 말했다. 그리고 대만이 중국의 일부이며 대만 독립을 지지하지 않는다고 분명히 밝혔다. 하지만, 대만문제는 평화적으로 해결되어야 한다는 단서를 달았다. 이러한 키신저의 언급은 분명히 한 달 전 대만의 현상은 변경되지 않을 것이라는 미 국무부의 성명보다는 진척된 것이었다. 그러나 "일체의 대만문제는 중국의 내정에 속한다."라는 중국의 원칙을 충족시켜 주지는 못했으며, 5월 정치국이 마련한 협상 기본지침과도 어긋났다. 저우는 대만주둔 미군의 완전철수와 미·대만 동맹조약 폐기를 거듭 밀어붙였다.[15)]

첫째 날 회의 결과를 저우는 마오에게 보고했다. 미군의 점진적 철수를 주장한 키신저의 발언에 대해 마오는 "원숭이가 인간으로 변하는 데는 시간이 필요하다."라고 말했다. 대만문제에 대한 마오의 '경직성'이 탈피되는 순간이다. 마오는 "대만문제는 긴급한 사안이 아니다··· 우리가 우리만의 목적 달성을 위해 닉슨을 초대하려는 것이 아니다."라고 말하면서, 더욱 중요한 사안은 실제로 전쟁 중인 베트남 문제라고 강조했다. 그러면서 저우에게 구체적 이슈에 대해 초점을 맞추지 말고, 커다란 '전략적 그림'에 합의하도록 촉구하라고 지시했다.[16)] 마오의 이러한 언급은 미국과의 화해가 '연미제소'라는 본연의 목적에 부합되도록 진행되어야 함을 강조하고 있는 것이다. 그러려면 미·중 화해로 말미암아 하노이나 평양 지도부가 동맹이탈을 선택하는 것을 방지하는 것이 급선무라는 것이다. 그래서 대만문제가 아닌 베트남

---

15) 7월 9일 키신저-저우의 대화록은 「Memorandum of Conversation(Memcon), Kissinger and Zhou, 9 July 1971, 4:35-11:20 PM」, http://www.gwu.edu/~nsarchiv/NSAEBB/NSAEBB66/ch-34.pdf. 이에 대한 정황 설명은 James Mann, *About face,* pp.15-35; Qiang Zhai, *China & the Vietnam Wars,* pp.196-197; Chen Jian, *Mao's China,* p.266 참조.

16) Qiang Zhai, *China & the Vietnam Wars,* p.196; Chen Jian, *Mao's China,* pp.266-267.

문제를 우선순위에 두고 협상을 진행하라는 것이었다. 마오의 뉘앙스는 베트남 문제만을 강조한 것은 아니다. 둘째 날 회담에서는 베트남 문제뿐만 아니라 상당부분이 한반도 문제를 놓고 진행되었다.[17]

2) 중국의 대북 선제외교와 공약

1965년 북한에 대해 혹독한 '역할 분담'을 요구했던 상황과는 대조적으로, 당시 마오는 평양 지도부의 미래 행보에 대해 확신이 없었다. 따라서 동맹조약의 내적 기능이 그만큼 더 중요해진 것이다. 사전 통보 및 협의를 통해 상대방의 불확실한 미래 행보를 선제적(preemptive)으로 '관리'함으로써, 북한의 동맹 이탈을 방지하는 것이 당시 마오에게는 어떠한 조치보다도 국가안보이익에 긴요했다.

북한의 동맹 이탈 방지를 위한 중국의 구체적 조치는 선제외교와 군사지원 재개를 통한 실질적 커미트먼트 제공이었다. 당시 중국에 중요했던 것은 미·중 화해가 북한을 위한 진정한 동맹외교라는 이미지를 평양에 보여 주는 것이었다.[18] 우선 중국은 「조·중 조약」 체결 10주년을 맞아 7월 9~16일까지를 "중·북 우호주간"으로 공표했다. 그리고 이 기간 리셴녠(李先念) 국

---

17) 7월 10일 키신저-저우의 대화록은 「Memcon, Kissinger and Zhou, 10 July 1971, Afternoon(12:10-6:00 p.m.)」, http://www.gwu.edu/~nsarchiv/NSAEBB/NSAEBB66/ch-35.pdf 참조.

18) 베이징의 이러한 노력은 사실 평양보다는 하노이에 대해 더욱 집중되었다. 왜냐하면, 실제 미국과 전쟁을 치르는 하노이의 반발이 더욱 우려되었기 때문이다. 중국은 이미 바르샤바 미·중 대사급 대화 시점부터 하노이에 관련 사실들을 통보하기 시작했다. 1971년 3월 5~8일 저우언라이는 하노이 방문을 통해 베트남에 대한 지원을 재확약했으며, 키신저의 비밀 방중 직전인 7월 4일에 이미 하노이와 군사협정을 체결하여 군사지원액의 대폭적 증액을 약속했다. 그러나 후에 하노이는 이를 "베트남 인민의 분노를 가라앉히고, 그들의 배신을 위장하기 위한" 술수라고 비난했다. Qiang Zhai, *China & the Vietnam Wars,* pp.194-195. 이후 하노이와 베이징은 미·중 화해와 관련된 정책협의가 제대로 작동되지 못했다. 따라서 중국은 남베트남임시혁명정부(PRG)와의 접촉을 강화하고, 그들의 요구사항만이 72년 2월 상하이 공동성명에 언급되었다. 상하이 공동성명 전문은 외무부, 『중국관계자료집』(집무자료 88-1, 1998), pp.33-37.

무원 부총리와 리떠성(李德生) 중공군 총정치국 주임으로 구성된 당·정대표단을 북한에 파견했다. 북한 측에서는 김중린 당비서(남한담당)를 베이징에 파견하여 조약 체결 10주년을 기념했다.[19] 특히 중국은 "제국주의 침략에 반대하는 견강한 동맹"이라는 제하의 사설을 7월 11일 『人民日報』, 『紅旗』, 『解放軍報』에 동시에 실어 「조·중 조약」 10주년을 '경축'하는 모습을 보였다.[20] 이처럼 중·북 양국이 동맹조약 체결 10주년을 성대히 기념하고 있는 바로 그 시점에 키신저가 비밀리에 베이징을 방문(7월 9~11일)한 것이다. 저우언라이는 키신저와의 둘째 날 회담이 마무리되기도 전에 북한대표단 만찬 주최를 위해 회의장을 떠날 정도로 '북한 요인'(factor)에 신경을 쓰는 모습을 보였다.[21] 결국, 닉슨 방중 합의 사실을 알리는 공보(公報) 문안작업은 황화(黃華) 당시 주캐나다 중국 대사가 마무리했다. 공보는 7월 16일 양국에서 동시에 발표하기로 합의했다.[22]

7월 11일 키신저가 베이징을 떠난 직후 저우언라이는 중공중앙정치국회의를 소집하여, 이후 발생할 여파를 논의했다.[23] 역시 가장 중요한 문제는 공보 발표가 중국의 동맹국들에 주는 충격을 완화시켜야 한다는 것이었다. 따라서 저우는 공보 발표 전에 미리 움직여야만 했다. 7월 13~14일 저우는 하노이를 찾아, 레 주언, 팜 반둥과 세 차례에 걸쳐 회담을 진행했다. 저우는 "키신저와의 회담에서 중국의 유엔지위 회복 문제보다 남베트남에서의 미군철수 문제를 분명히 우선하여 회담을 진행했다."라고 강조하면서, 미·중

---

19) 劉金質·楊淮生 主編, 『中國對朝鮮和韓國政策文件匯編 4』, pp.1905-1939; Bernd Schaefer, "North Korean 'Adventurism' and China's Long Shadow," p.32. 아니러니컬하게도 '문혁 4인방'으로 홍위병의 북한비판을 적극 고무했던 장춘챠오(張春橋), 야오원위엔(姚文元) 등이 각종 연회에 등장하여 「조·중 조약」을 축하하는 모습이 잡히고 있다.

20) 劉金質·楊淮生 主編, 『中國對朝鮮和韓國政策文件匯編 4』, pp.1924-1926.

21) 그러나 당시 김중린은 베이징 체류기간 내내 키신저의 방중 사실 자체를 몰랐다. 전직 중국외교관과의 인터뷰. 이는 중국 스스로 사전통보 의무를 위반한 것처럼 보였다. 따라서 중국은 이 문제를 72년 2월 상하이 공동성명 문안을 교묘히 '조작'함으로써 해결하려고 했다. 이 점은 나중에 다시 언급할 것이다.

22) Chen Jian, *Mao's China,* p.268.

23) 『周恩來年譜 (下)』, p.468.

화해가 장기적으로 볼 때 하노이의 '반제 투쟁'에 긍정적으로 작용할 것이라 설명했다.[24]

저우는 14일 오후 베이징으로 돌아왔다. 그리고 15일 새벽 평양으로 행했다. 저우는 김일성에게 키신저 방중 전 미·중 접촉경과, 키신저와의 회담 내용, 닉슨 방중에 동의하기로 '고려'하고 있다는 등의 내용을 통보한다.[25] 이러한 통보내용 중 저우가 특별히 강조한 대목은 "중국의 일체 주장은 원래부터 해온 것이지, 원칙문제(반제 투쟁)를 가지고 흥정을 한 것이 아니다." 라는 점이었다. 그러면서 저우는 "중국은 미국인민에게 희망을 걸고 있다." 라고 말했다. 즉 미·중 화해도 일종의 '반제' 통일전선이라는 것이다. 사실 저우의 이러한 설명은 '눈 가리고 아웅 하는 격'이다. 그럼에도, 김일성은 "중국은 미국인민과 격리된 것이 아니다. 그들의 투쟁을 지지·고무하는 것은 좋은 일이다. 닉슨 방중은 조선인민에게는 새로운 문제이므로 조선로동당은 인민에 대한 교육을 진행시키겠다."라고 화답했다. 저우는 그날 밤 바로 귀국하여, 김일성과 좋은 관계를 유지하고 있었던 캄보디아의 시아누크(Norodom Sihanouk)에게도 관련 사실을 브리핑했다.[26]

---

24) 그러나 이러한 저우의 '노력'에도 불구하고, 하노이의 눈에 비친 중국은 혁명적 유대보다는 대미관계 개선을 우선시하고 있다는 점은 분명해 보였다. 하노이는 닉슨의 공식 방중 직전까지도 미·중 데탕트에 관련된 사실을 국내에 보도조차 하지 않았다. Qiang Zhai, *China & the Vietnam Wars,* pp.196-197.

25) 이러한 사실에 비추어 볼 때 저우(周)는 이때 처음으로 미·중 데탕트 관련 내용을 북한에 통보하는 것임을 알 수 있다. 더욱이 당시 중국은 닉슨 방중을 이미 미국과 합의해 놓고 있었다.

26) 『周恩來年譜 (下)』, p.469; 王泰平 主編, 『中華人民共和國外交史(第三卷)』, p.40. 당시 시아누크는 베이징에 체류하고 있었다. 시아누크와 중공지도부의 관계 형성은 대단히 복잡한 과정을 거친다. 시아누크는 원래 론놀(Lon Nol)·시릭 마탁(Sirik Matak)의 우파세력과 폴포트(Pol Pot)의 좌파세력(크메르루주) 사이에서 중립적 노선을 견지했던 인물이다. 그런데 1969년 말 좌파세력의 대정부 전복활동이 전개되면서 그의 이념성향은 우로 편향되어 미국과의 외교관계를 복원한다. 그러면서도 남베트남 민족해방전선과의 관계도 유지하려 했다. 이는 하노이로 하여금 캄보디아 공산세력을 통제하도록 하기 위함이었다. 저우언라이는 이러한 시아누크를 불규칙적이고 민활한 '이중의 흥정'을 하는 부정적 인물로 평가했다. 그러다가 1970년 1월 시아누크가 신병 치료차

동맹 신뢰성 약화를 방지하려는 중국의 노력은 여기에 그치지 않았다. 저우는 7월 22일~8월 13일 시아누크를 평양에 보내 중국의 공약을 재확인시키는 과정을 거쳤다.[27] 하노이의 '침묵'과는 대조적으로 북한으로부터의 '긍정적' 신호는 너무나 신속하게 전달되었다. *7월 30일* 김일 부수상이 중국을 방문한 것이다. 김일은 닉슨 방중문제에 관한 북한의 입장을 전달하면서, "조선로동당 중앙위원회는 매우 신중한 토론을 진행하였다. 전체 위원들 모두 닉슨 방중 및 저우언라이·키신저 회담에 대해 충분한 이해를 표시하였으며, 이것이 세계혁명 추진에 매우 유리하다고 판단하였다. 중국공산당의 반제 입장이 결코 변화하지 않을 것이며, 조선당도 이에 대해 변함없이 굳게 믿고 있다."라고 말했다.

동시에 그는 미국과 회담 시 전달해 줄 것을 요청하면서 8가지 북측 주장, 즉 "남한으로부터 모든 외국군대의 철수; 미국의 대남 핵무기, 미사일 및 각종 무기 제공 즉각 중지; 미국의 대북 침범 및 각종 정탐·정찰 즉시 중지; 한·미·일 연합 군사훈련 중지 및 한·미 연합군 해체; 일본 군국주의 부활 방지에 대한 보장 및 남한에서 미군·기타 외국군대의 일본군으로의 대체 불가; 유엔한국통일부흥위원단(UNCURK) 해산; 미국의 남·북 직접대화 방

파리를 방문하고 있을 때 론놀은 대대적인 반베트남·반중국 캠페인을 전개했고, 급기야 3월 쿠데타를 일으켰다. 이에 시아누크의 이념성향은 다시 좌로 편향되었다. 그리고 베이징에서 중국의 승인을 받아 망명정부를 선언하고 크메르루주와의 동맹을 선포한다. 그러면서도 하노이와 베이징 어느 일방에 전적으로 의존하지 않는 '균형잡기'(balancing act)를 지속했다. Qiang Zhai, *China & the Vietnam Wars,* pp.182-192.
하노이와 베이징 간 알력으로 말미암아 대외행위에 제약을 느끼고 있었던 시아누크와, 모스크바와 베이징 사이에서 동일한 제약을 받고 있던 김일성이 심리적 공감대를 형성했을 것이란 점은 쉽게 예상할 수 있을 것이다. 론놀의 반중국 캠페인이 전개되자, 3월 16일 저우언라이는 주중 북한대사 현준극에게 캄보디아와 우호관계를 형성하고 있는 주프놈펜 북한대사관이 프놈펜과 베이징 간 의사소통 채널 역할을 해줄 것을 주문할 정도였다. 망명정부 수립 후 시아누크는 6월 15일에도 북한을 방문했다. 전직 중국외교관은 "중국지도부는 김일성을 캄보디아의 시아누크로 보았다."라고 증언한 바 있다.

27) 전직 중국외교관과의 인터뷰.

해 금지 및 조선인민에 의한 조선문제 해결; 유엔의 한국문제 토의 시, 북한 대표의 무조건적 참가 허용 및 조건부 초청 취소"를 제기했다.[28)]

그러나 북한은 중국의 실질적 대북 안보공약 실현 의지를 시험해 봐야 했다. 그런데 그러려면 우선 중국에 대한 강력한 외교적 지지 의사를 천명해야 했다. 김일성은 8월 6일 시아누크 환영 평양군중집회에서 닉슨 방중에 대한 마오쩌둥의 '공식적' 해석을 처음으로 대외적으로 지지하고 나선다.[29)] 김일성은 "닉슨의 중국방문은 승리자의 행진이 아니라 패배자의 행각이며, … 중국인민의 큰 승리이며 세계혁명적 인민들의 승리"라고 규정했다. 그러면서 김일성은 "우리는 남조선의 민주공화당을 포함한 모든 정당, 사회단체 및 개별적 인사들과 아무 때나 접촉할 용의가 있다."라고 천명했다.[30)] 불과 4개월 전만 해도 북한이 여당 축출이야말로 남한과의 협상을 위한 기본 전제조건이라고 반복 주장했음을 생각할 때, 이는 종래의 대남 강경노선의 갑작스런 반전이었다. 김일성의 앞의 발언은 대내 교육용임과 동시에 중·북 유대의 과시를 의도한 것이며, 뒤의 발언은 '긴장 완화'를 추구하는 중국의 노선변경에 부응하겠다는 선언과도 같다.[31)] 실제로 1971년 8월 20일 남북적십자 대표단이 6·25전쟁이 정전된 지 18년 만에 처음으로 판문점에서 회동하는 모습이 잡히고 있다.[32)]

---

28) 『周恩來年譜(下)』, p.471; 王泰平 主編, 『中華人民共和國外交史(第三卷)』, p.40.

29) Bernd Schaefer, "North Korean 'Adventurism' and China's Long Shadow," p.34; Chen Jian, *Mao's China,* pp.243-275.

30) 김일성, "미제를 반대하는 아세아 혁명적 인민들의 공동투쟁은 반드시 승리할 것이다"(캄보쟈 국가원수이며 캄보쟈 민족통일전선 위원장인 노르돔 사하누크 친왕을 환영하는 평양시 군중대회에서 한 연설, 1971년 8월 6일), 『김일성 저작집 26』(평양: 조선로동당 출판사, 1984), p.225.

31) 8월 8일 중국의 리센녠 부총리는 김일성의 제의를 지지한다고 밝혔다. 그리고 미 국무부 문서는 김일성의 '8·6 발언'을 중국의 많은 권고를 받고 나온 것으로 보고 있다. The Bureau of Intelligence and Research(DOS 1972.1.18), "Intelligence Note: North Korea's Peace Offensive," 박건영·박선원·우승지, "제3공화국 시기 국제정치와 남북관계," p.68에서 재인용.

32) 돈 오버도퍼, 『두 개의 한국』, pp.37-40. 물론 김일성이 남북대화에 진정성이 있었느

북한은 이러한 정지작업 이후 1971년 8월 17일~9월 7일 오진우 총참모장을 단장으로 하는 군사대표단을 중국에 파견했다. 중국으로서는 대미 데탕트를 위해 한반도 문제를 미국과 '흥정'하고 있을 수 있다는 북한의 '방기' 우려를 불식시켜 줄 필요가 있었다. 역설적이게도 이러한 점이 미·중 화해가 중·북 군사협력의 강화로 이어질 수밖에 없는 상황적 맥락이었던 것이다. 조선인민군대표단은 3주간이나 장기 체류하면서 중국으로부터 군사장비의 무상지원을 약속받았다. 9월 6일 오진우와 중국군 총참모장 황융성(黃永勝) 간에 '무상군사원조 제공 협정'이 조인되었던 것이다.[33)]

키신저는 10월 22~26일 두 번째로 베이징을 방문했다. 물론 이때는 비밀방문이 아니라 공식 방문이었다. 그리고 이때의 회담에서도 대만문제는 걸림돌이 되지 않았다. 저우는 "극동의 화약고는… 베트남, 대만, 조선반도다. 비교해서 말하자면, 대만문제는 다른 두 가지 문제보다 부차적인 것"이라고 말했다.[34)] 북한의 '대미 8개 요구사항'은 이때 저우언라이에 의해 미국 측에 전달된다. 특히 저우는 주한미군 철수와 일본군사력의 한반도 대체 불가, 남한 군사력의 북한 침공 저지 확약, 유엔한국통일부흥위원단(UNCURK)에서의 남북한 동등 대우 등을 강조했다. 그리고 그는 중·북의 전략적 입장이

나는 또 다른 문제이다. 이는 다시 논의할 것이다. 그러나 적어도 김일성의 발언은 당시 중국지도부가 가장 듣고 싶어 하는 내용이었을 것이다.

33) 외무부, 『한·중국, 북한·중국관계 주요자료집』, pp.164-165, 185. 무상지원 규모가 정확히 얼마인지는 알 수 없다. 이후 중국은 이 협정에 따라 대략 매년 1억 위안(한화 약 150억원) 상당의 군수물자를 무상지원한 것으로 알려지고 있다. 그리고 당시 북한은 군사대표단만을 파견시켰던 것이 아니다. 북한은 정부대표단, 경제대표단, 군사대표단을 동시에 파견했다. 총 단장직은 최용건이 맡았다. 북한은 중국과 군사협정 이외에도 '경제협조에 관한 협정'도 체결했다. 劉金質·楊淮生 主編, 『中國對朝鮮和韓國政策文件匯編 4』, pp.1944-1954. 이런 점에서 볼 때, 북한은 중국과의 관계 재정상화 과정에서 실리외교를 추진한 측면도 아울러 존재한다. 그러나 다시 논의하겠지만, 중국의 이러한 대북 안보공약 제공이 북한이 상정한 '미제'라는 외적 위협에 공동 대응하고자 취해진 조치만은 아니라는 점도 중요하다.

34) 「Memcon, Kissinger and Zhou, "Korea, Japan, South Asia, Soviet Union, Arms Control," 22 October 1971, 4:15-8:28 p.m.」, http://www.gwu.edu/~nsarchiv/NSAEBB/NSAEBB70/doc13.pdf, p.7.

같으며, 중국은 '8개 항'을 미국에 전달할 의무가 있다고 말하면서, 자신이 북한의 요구사항을 키신저에게 분명히 전달했음을 거듭 확인하려고 했다.35)

그렇다면, 왜 저우는 북한의 요구사항 전달에 이처럼 '집착'했던 것인가? 북한의 요구사항이 실제로 중국과 북한 간에 동일한 위협인식의 공유에서 도출된 것이었기 때문인가? 뒤에 다시 언급하겠지만 미·일에 대한 중국과 북한의 인식은 이미 상당한 편차를 보이고 있었다. 당시 중국지도부가 가장 신경을 썼던 부분은 중국이 북한을 위해 진정한 동맹외교를 수행하고 있다는 이미지를 창출하는 데 있었다. 북한의 요구사항 전달을 키신저에게서 확인받아야 추후 북한에 중국행위의 '정당성'을 설명할 수 있는 여지가 생기는 것이다. 바로 이점이 상하이 공동성명이 통상적 관례와 다르게 매우 특이한 서술구조를 보이는 이유였다.

키신저 2차 방중 시 미·중 양국 협상자들을 가장 곤혹스럽게 했던 부분이 공동성명 초안을 작성하는 문제였다. 10월 22일 미국 측은 미·중 양국의 공동 기반을 강조하고 서로 이견이 있는 부분은 모호하게 처리한 초안을 저우언라이에게 건넸다. 이는 대부분 국가 간 공동성명 작성 시 적용되는 통상적인 관례이다. 이러한 방식이 바로 '구동존이'(求同存異)인 것이다. 이에 대한 저우의 반응은 비교적 긍정적이었다. 그런데 24일 키신저를 만난 저우의 태도는 완전히 바뀌어 있었다. 키신저의 초안을 절대 수용할 수 없다는 것이었다. 저우의 이러한 갑작스런 태도변화는 23일 마오의 개입 때문이었다. 마오는 "내가 이미 '천하대란'의 상황이라고 몇 번이나 얘기했다. 따라서 (공동성명은) 각자가 각자의 이야기를 하는 것이 바람직하다."라고 말했다. 즉 '구동존이' 방식이 아닌 '각자각설'(各自各說)의 형식을 따르라는 것이었다.

마오는 미국이 "평화, 안전, 패권 불추구"를 말하면, 중국은 "혁명과 세계

35) 1971년 10월 22일 저우와 키신저와의 대화록은 「Memcon, Kissinger and Zhou, "Korea, Japan, South Asia, Soviet Union, Arms Control," 22 October 1971, 4:15-8:28 p.m.」 참조. 그 외에 王泰平 主編, 『中華人民共和國外交史(第三卷)』, p.40 참조.

민족해방"을 강조하고 "대국이 소국을 협박하거나 모멸할 권리가 없다."라는 점을 말하라고 지시했다. 그러면서 그는 비록 이런 것들이 '공허한 말'에 지나지 않는다고 하더라도 서로 견해차가 "분명히 드러나도록 해야 한다."라고 말했다. 키신저 또한 갑작스런 저우의 태도변화에 당황했지만 점차 그의 뉘앙스 속에서 중국지도부가 무엇을 의도하고 있는지 읽어낼 수 있었다.[36] 마오는 그만큼 국내외 관중을 의식하고 있었던 것이다. 공동 기반을 강조하는 '구동존이'의 형식을 띨 경우 동맹국의 이익을 '팔아 버리는' 인상을 줄 수 있었던 것이다. 비록 실질적으로는 '구동존이'의 정신으로 미국과 화해를 하는 것이었지만,[37] '각자각설'의 형식을 띠어야만 중국의 대미 데탕트 추구가 진정한 동맹외교의 일환이라는 이미지를 창출시킬 수 있었던 것이다. 마오 자신이 그토록 '혐오'한 흐루시초프의 이미지를 평양이나 하노이에 보여줄 수는 없었다. 상하이 공동성명의 특이한 서술구조는 바로 베이징-하노이-평양 간 '지역적 동학'의 제약이 작용한 결과였다.[38]

키신저의 2차 방중 이후 중국지도부는 김일성과 팜 반둥을 비밀리에 초청했다. 김일성은 11월 1~3일 베이징을 찾았고, 팜 반둥을 단장으로 하는 북베트남 당·정대표단은 11월 20~27일 중국을 방문했다.[39] 중국지도부가 김일성에게 구체적으로 무엇을 말했는지는 현재로선 알 수 없다. 아마도 저우·키신저 회담 결과와 북한 요구사항에 대한 미국 측의 반응을 전달했을 것으로 짐작된다. 그리고 중국지도부가 팜 반둥에게 '설득'한 내용을 통해,[40] 향후

36) Chen Jian, *Mao's China,* pp.271-272.

37) 서진영, 『21세기 중국 외교정책』, pp.162-165.

38) 상하이 공동성명(72.2.27) 원문은 외무부, 『중국관계자료집』(집무자료, 88-1), pp.33-37.

39) 『周恩來年譜 (下)』, pp.493, 497; Qiang Zhai, *China & the Vietnam Wars,* p.198.

40) 11월 21일 저우는 팜 반둥에게 파리평화회담의 진전을 촉구했다. 베트남 측 자료에 따르면, 11월 22일 마오는 심지어 남베트남 해방을 연기할 것을 시사하면서, "우리(중국) 빗자루 길이가 너무 짧아 대만에서 미국을 쓸어버릴 수가 없는 것처럼, 남베트남에서 그와 같은 일을 하기에는 당신들 빗자루 길이도 너무 짧다."고까지 언급했다. 그리고 마오는 응우옌티빈(Nguyen Thi Binh) 파리회담 수석대표에게 "응우옌반티유(Nguyen Van Thieu)의 제거가 미국과의 협상 전제조건이라고 더는 주장해서는 안 된다."라고 말하면서 남베트남 정권을 인정할 것을 촉구했다. 다시 말해 적의 '수괴'를

한반도 전략에 관한 중·북 양국지도자의 논의 내용을 간접적으로나마 유추해 볼 수 있을 것이다. 중국지도부로부터 북한 요구사항에 대한 미측 반응을 전해들은 김일성은 상당히 고무되었을 것으로 짐작된다.41) 문제는 향후 주한미군 감축은 "극동의 정치적 관계가 개선되는 한 계속될 것"이라는 미국측의 반응이었을 것이다.42) 중국은 김일성에게 궁극적으로 주한미군을 철수시키려면 남북대화라는 가시적인 긴장완화 조치가 필요하다고 설득했을 것으로 보인다. 키신저와의 회담 도중 저우언라이는 "적십자 회담을 제의한 것은 당신이 아닌가? 훌륭한 방법인 것 같다. 그러나 현재 그들은 결론 없이 질질 끌고 있다. (중략) 만약 끌기만 한다면 문제는 해결되지 않을 것이다." 라고 언급했었다.43)

8월 20일 남북 적십자 대표단의 판문점 회동이 있은 후, 남북 양측은 무의미한 언쟁으로 석 달간의 시간을 허비하고 있었다. 그러나 김일성의 방중

인정해야 미국이 움직일 것이라는 점을 말한 것이다. Qiang Zhai, *China & the Vietnam Wars,* pp.204-205.

41) 키신저는 저우의 한반도 관련 언급에 대해 "중국의 궁극적 목표가 주한미군의 감축이라면 미국의 기본정책은 국제적인 작업이 불가피하다.… 일본 자위대를 주한미군과 대체하는 것은 우리의 목표가 아니며, 미국은 일본의 군사력 팽창에 반대하고 있다. … 미국이 한반도에 영구적인 법적 장치를 만들어 주도록 중국과 협력하는 데는 아무런 문제도 없다. 어떻게 그것을 달성할 것인가가 미묘한 문제이기는 하나 우리는 상호 이해에 도달할 수 있을 것이다.… 나는 총리에게 미군이 남한에 주둔하고 있는 한 남한이 군사분계선을 넘으려는 어떤 기도에 대해서도 협조하지 않을 것이라는 약속을 할 수 있다.… 우리는 조선민주주의인민공화국의 존재가 현실이라는 점을 인정한다." 라고 언급했다. 「Memcon, Kissinger and Zhou, "Korea, Japan, South Asia, Soviet Union, Arms Control," 22 October 1971, 4:15-8:28 p.m.」, pp.10-11.

42) 「Memcon, Kissinger and Zhou, "Korea, Japan, South Asia, Soviet Union, Arms Control," 22 October 1971, 4:15-8:28 p.m.」, p.11. 미국은 이미 닉슨 독트린에 따라 주한미군의 병력을 1969년 1월의 63,000명에서 1971년 12월 43,000명 수준까지 2만을 감축한 상태에 있었다. Victor D. Cha, *Alignment Despite Antagonism,* pp.60-61.

43) 「Memcon, Kissinger and Zhou, "Korea, Japan, South Asia, Soviet Union, Arms Control," 22 October 1971, 4:15-8:28 p.m.」, p.17. 닉슨 방중 후, 중국은 미국이 북한과 민간왕래하는 문제에서 일부 조치를 추동시켜, 장기적인 긴장국면을 보인 북·미 관계가 완화되도록 했다. 王泰平 主編, 『中華人民共和國外交史(第三卷)』, p.42.

직후인 11월 20일 한적(韓赤) 회담사무국 회담운영부장 정홍진(중앙정보부 협의조정국장)과 북적(北赤) 보도부장 김덕현(조선로동당 중앙위원회 직속 책임지도원)간에 최초의 별도 단독회담이 성사된다.[44]

그리고 북한은 1972년 1월 26일 박성철 내각 제2부수상과 외무성 전문가 대표단을 베이징에 파견했다.[45] 물론 이들의 방중 목적은 2월 21~28일 닉슨 방중을 앞두고 중국의 지원을 받아 주한미군 철수를 실행에 옮기는 방안을 모색하기 위한 것이었다. 북한대표단 일부는 닉슨이 중국을 떠난 2월 말까지도 베이징에 잔류하고 있었다. 중국 신화사는 닉슨이 떠난 지 하루 만에 "미국이 남한에 '초고속 전투함'을 판매하는 등 정전협정을 위반했으며, 남한의 파시스트 정책을 고무시키고 있다."라는 북한의 대미 비난 서한을 공개했다. 또한, 1972년 4월 김일성의 60회 생일을 맞아 베이징 거리에는 김일성의 초상화가 걸렸으며,[46] 북한에서는 생일 축하 군사 퍼레이드에 중국제 탱크가 위용을 자랑했다. 그리고 중국 정부가 소련제 MIG-19 초음속 전투기의 중국 모델을 북한에 공급하기 시작한 것도 바로 이때부터였다.[47] 북한에는 중국의 대미 데탕트 추구가 주한미군 철수와 한반도 통일을 위한 새로운 '기회의 창'을 제공하는 것처럼 보였다.

3. 동상이몽의 동맹외교

1) 위협 인식의 상이성

이상의 내용을 통해 볼 때 1971~72년 중·북한 간에는 국제정세 변화에 따른 긴밀한 '공조' 체제가 가동되었음을 알 수 있다. 그리고 그것이 가능했던 이유는 양국 동맹조약의 '내적 기능'이 비교적 원활히 작동되었기 때문이다. 그러나 또 하나의 동맹의 '본질적' 측면, 즉 상호 외적 위협인식에 대한

44) 돈 오버도퍼, 『두 개의 한국』, pp.39-40.
45) 『周恩來年譜 (下)』, p.511.
46) Bernd Schaefer, "North Korean 'Adventurism' and China's Long Shadow," pp.36-37.
47) 돈 오버도퍼, 『두 개의 한국』, p.37.

논의는 없었다.

우리는 이 대목에서 미·중 화해에 따른 중국과 북한의 '공조' 외교는 기본적으로 서로 다른 '포괄적 위협 평가'를 바탕으로 진행된 것임을 잊어서는 안 된다. 다시 말해 '동상이몽의 공조'라는 역설이 전제되어 있었다는 말이다. 엄격히 말하면, 미·중 화해 기간 보여준 중국과 북한의 유대는 공조외교라기보다는 중국의 선제외교였을 뿐이다.

과연 당시 중국지도부는 북한이 주적(主敵)으로 상정한 '미제의 위협'을 어떻게 인식·평가하고 있었을까? 다음은 1969년 10월 최용건의 방중으로 관계가 재정상화된 이후부터 중국의 위협평가를 다시 한번 조망해 본 것이다.

1960년대 말 마오가 북방으로부터의 위협에 긴장하고 있을 때, 미국으로부터 여러 가지 긍정적인 신호들이 들어왔다. 미국은 1968년 11월 바르샤바 중·미 대사급 대화를 재개하자고 제의했다.[48] 중국은 '유례없었던' 신속한 속도로 반응했다. 69년 1월 20일 닉슨의 취임 연설 전문(全文)이 1월 28일자 『人民日報』에 등장했다. 마오는 "미국은 세계 모든 국가와 기꺼이 관계를 발전시키고자 한다."라는 닉슨의 연설 내용에 주목했던 것이다.[49] 마오는 69년 2월 천이(陳毅), 예지엔잉(葉劍英), 쉬향치엔(徐向前), 니에룽전(聂榮臻) 등 4명의 장군에게 국제정세와 중국의 안보문제를 검토하기 위한 연구 모임을 결성하라고 지시했다. 여기서 중요한 것은 이들이 문혁이 시작되면서 정책결정과정에서 배제되었던 인물들이라는 점이다.[50] 마오는 그만큼 '새로

---

48) 6·25전쟁 정전 이후 미국과 중국은 1954년 제네바 회담에서 최초의 양국 정부의 공식적 접촉이 있은 이래 무려 15년간 대사급 대화를 지속했다. 미·중 대사급 대화는 정부 간 공식 접촉을 위한 유일한 의사소통 채널이었다. 미·중 대사급 대화에 대해서는 章百家·賈慶國, "對抗中的方向盤, 緩衝器和測試儀: 從中國的角度看中美大使級會談," pp.169-194; 史蒂文·M·戈德斯坦, "聾子的對話?-1955~1970年中美大使級會談," 姜長斌, 羅伯特·羅斯 主編, 『從對峙走向緩和: 冷戰時期中美關係再探討 I』, pp.195-256.

49) Chen Jian, *Mao's China,* pp.238-239, 245.

50) 실제 이들 중 예지엔잉은 저우언라이와 함께 1971년 7월 키신저와의 비밀회담에 참석한 인물이며, 마오와 저우의 사망이후 소위 문혁 4인방(江靑, 王洪文, 張春橋, 姚文元)을 체포하여 문혁을 종결시킨 인물이다.

운' 견해가 필요했던 것이다. 이들은 9월 17일 최종보고서를 마무리할 때까지 모두 20차례의 전략토론을 했다. 최종보고서의 핵심적 내용은 미·중 모두 소련의 '수정주의'를 적으로 상정하고 있으며, 소련은 미·중과 동시에 양면전을 수행하지 못할 것이므로, 미·소 간 모순을 이용하여 소련의 위협에 대응해야 한다는 것이었다. 다시 말해 '미국 카드'를 활용해야 한다는 것이었다. 결국, 이 보고서는 미·중 관계개선의 지침이 된다.[51]

물론 이러한 보고서 내용의 판단의 근거된 것은 미국으로부터 지속적으로 보내져 오는 긍정적 신호들이었다. 1969년 2월에 발표된 닉슨 행정부의 첫 번째 외교정책 보고서는 "중국인들은 위대하고 생기 넘치는 민족으로 국제사회로부터 고립되어서는 안 된다."라고 언급했다. 또한, 이 보고서는 "우리가 베이징과의 관계를 실질적으로 개선할 수 있는 어떤 조치라도 취할 수 있다면 이는 아시아와 세계의 안정에 도움이 될 것"이라고 말했다. 결국, 이 보고서는 중국으로 하여금 종전과는 다른 대미 접근이 필요하다는 판단을 하게 만들었다.[52] 닉슨 행정부는 중국과의 관계개선을 위한 조치의 일환으로 자국의 군사독트린을 수정 발표했다. 미국의 새로운 전략적 독트린의 핵심에는 중국을 더는 위협으로 간주하지 않는다는 점이 분명하게 전제되어 있었다.[53] 당시 마오 머릿속에는 미국과의 전략적 연대라는 그림이 확실히 그려져 가고 있었다.

바로 이러한 '전략적 그림'을 그리는 와중에 1969년 9월 30일 최용건이 중국을 방문한 것이다. 그런데 마오는 10월 1일 최용건과의 회담에서 "미국과 일본은 매우 가까이 다가서면서…당신들을 치려고 하는데, 이는 단순히 당신들만을 치려는 게 아니라, 그들의 목표는 중국이다."라고 말했다. 과연 중국은 미·일 안보동맹을 자국의 국가안보에 그처럼 위협을 가하는 요인으

---

51) 李丹慧, "中國聯美反蘇的戰略出台," p.161; Chen Jian, *Mao's China,* pp.245-249; Niu Jin, "The Historical Background."

52) 바르바라 바르누앙·위창건, 『저우언라이 평전』, pp.332-333.

53) 1969년 7월 26일 '닉슨 독트린'과 10월 키신저가 제시한 미국이 새로운 전략 독트린에 대해서는 Victor D. Cha, *Alignment Despite Antagonism,* pp.60-61.

로 보았을까?

마오의 이러한 발언은 소련을 주적으로 상정할 수 없는 북한의 입장을 고려한 것으로 보인다. 당시 중국지도부는 소련으로부터의 '위협'이 더욱 가시화되는 상황하에서 하노이, 평양과의 관계를 우호적으로 유지하는 것이 무엇보다도 중요한 과제였다. 따라서 마오는 북한이 중·북 동맹관계의 존재 이유 중 가장 기본적으로 상정하고 있는 남방 삼각안보동맹의 위협을 강조함으로써 북한과의 우호관계 복원을 시도하고 있는 것이다. 실제 마오쩌둥은 일본의 '군국주의' 부활 가능성을 크게 우려하지 않았다. 1950~60년대에조차도 마오는 일본이 대만의 국민당 정부 대신 중화인민공화국(PRC)을 승인하도록 종용하였고, 거기에 어느 정도의 희망을 버리지 않았다. 그는 양자 관계라는 차원보다는 미국의 대중 적대정책과 세계적 전략 환경이라는 관점에서 일본을 바라보았다. 따라서 1969년 이후 미국과의 관계 개선의 방향으로 자국의 전략적 위치를 재조정할 때, 마오에게 있어 일본은 대소 견제를 위한 잠재적 후보 국가로서의 전략적 가치가 있었다.[54)]

1970년 10월 비밀리에 중국을 방문한 김일성에게 마오는 문화대혁명 중에 나타난 '극좌파'의 행태를 강한 어조로 비판하면서, "현재 세계대전이 발생할 가능성은 비교적 적다. 여기에는 나름의 원인이 있는 것처럼 보이는데, 그것은 바로 제국주의(미국)가 세계대전을 일으키려는 의지가 부족하기 때문이다."라고 언급했다.[55)] 이러한 마오의 발언은 '전쟁과 평화' 문제에 대한 그의 종전 논리를 부정하고 있는 것이다. 다시 말해 '전쟁불가피론'을 통한 국제적 '긴장' 조성이 실효성이 없음을 스스로 인정하고 있는 발언이며, 1960년 5월 김일성에게 한 그의 '강의'가 틀렸음을 고백하는 것이기도 했

54) Greg Austin, Stuart Harris, *Japan and Greater China: Political Economy and Military Power in the Asian Century* (Honolulu: University of Hawaii Press, 2001), pp.13-14. 이 점은 중·일 관계개선 과정 중에 언급된 저우언라이의 '미·일 안보동맹 용인' 발언을 통해서도 명확히 확인할 수 있다. 다나카 아키히코, 『전후 일본의 안보정책』, pp. 235-239.

55) 李捷, 『毛澤東與新中國的內政外交』, p.61; 『周恩來年譜 (下)』, pp.399-400.

다.[56] 이러한 마오의 '위협평가'는 분명 김일성의 대남 '혁명전략'의 기반이 되지 못하는 것이다. 그러나 김일성에게 마오의 이러한 발언은 문혁기에 강요된 중국의 '위계적 질서'를 극복할 수 있는 계기는 되었을 것이다. 그리고 이를 한반도 정세변화에 유리하게 작용할 수 있도록 하는 '기회의 창'으로 일단 받아들였을 뿐이다.[57]

사실상 1971~72년 미·중 화해 교섭과정에서 보여준 중·미 양국지도자의 자세는 한반도 문제에 대한 공동의 이해기반을 서로 확인하는 학습의 과정이기도 했다. 남·북한이라는 약소 동맹국의 '호전성'을 미·중이라는 강대 동맹국이 상호 공조를 통해 '관리'해 나가는 기반을 마련한 것으로 볼 수 있다는 것이다. 중국은 당시 중국·북한·베트남 간에 드러나고 있던 '지역적 동학'의 제약 아래 있었기 때문에, 동맹국 '관리'에 있어 미·중 협력을 강조하는 미국 측에 표면적으로는 긍정적 신호를 보내기를 꺼렸다. 그러나 양국 지도부의 대화 내용을 자세히 살펴보면, 중국도 미국 측의 의견에 동정적임을 쉽게 발견할 수 있다. 다음은 1971년 10월과 72년 2월 미·중 양국 지도부의 한반도 관련 언급 내용이다.

---

56) 이러한 중국지도부의 전략적 반성은 하노이 지도부에게도 전해졌다. 중국은 1968년 5월부터 본격 개시된 미국과 북베트남(DRV) 간 파리평화회담에 대해 미국의 기만에 말려드는 것이라고 하노이지도부를 강하게 비판했다. 그러나 1969년 말부터 중국은 파리회담에 대한 일체의 비난을 중지했으며, 심지어 마오는 하노이지도부에 대해 과거 평화회담을 비판했던 점을 사과하기까지 했다. Yang Kuisong, "Changes in Mao's Attitude, pp.39-40; Qiang Zhai, *China & the Vietnam Wars,* pp.173-174.

57) 김일성은 1971년 8월 '긴장 완화'를 추구하는 중국 노선에 부응하고자 남북대화에 임했음에도 여전히 '미제'에 대한 위협평가에는 변화가 없었다. 1971년 9월 일본 아사히 신문과의 회담에서 김일성은 "제국주의의 본성은 변하지 않습니다. 제국주의는 전쟁을 동반합니다. 미제가 약화되기는 하였지만 시간을 얻어 앞으로 다시 침략전쟁을 일으키지 않는다고 단언할수 없습니다."라며 '미제'의 위협을 강조했다. 김일성, "조선로동당과 공화국 정부의 대내외 정책의 몇 가지 문제에 대하여"(일본 아사히신붕 편집국장 및 교도통신사 기자와의 담화, 1971년 9월 25일, 10월 8일), 『김일성 저작선집 6』(평양: 조선로동당출판사, 1974), p.108.

저　우: 조선의 상황에 대해 몇 가지 말하고자 한다. 아마도 귀하는 준비과정에서 이 문제에 별로 주의를 기울이지 않았을 것이다. 그러나 이 문제는 아직 해결되지 않은 문제일 뿐만 아니라 새로운 위기가 발생할 수 있는 문제이기도 하다. 이유는 조선전쟁은 휴전이 이루어졌지만 아직 새로운 조약이나 조치가 마련되지 않았기 때문이다… 평화협정은 아직 체결되지 않았고, 상황은 불안하며 서로 상대방 영토에 대한 침공과 갈등이 때때로 빚어지고 있다. (中略)

키신저: (前略) 만약 우리의 목표가 한반도에 안정을 가져다주고, 전쟁의 위험에서 벗어나게 하며, 다른 세력이 이 지역으로 팽창해 들어오지 못하게 하는 것이라면 중국과 미국은 함께 갈 수 있다는 점이다… 그러므로 우리가 한반도를 위해 보다 영구적인 법적 장치를 만들어 주기 위해 우리가 당신들과 협력하는 데는 아무런 문제도 없다. (中略)

저　우: (前略) 조선은 남조선이 항상 경계선을 확대하려 하기 때문에 남조선 상황에 대해 불만을 갖고 있다.

키신저: 나는 총리에게 미군이 남한에 주둔하고 있는 한 우리는 남한이 군사분계선을 넘으려는 어떤 기도에 대해서도 협조하지 않을 것이라는 약속을 할 수 있다. (中略)

저　우: 우리는 조선의 입장에 대해 당신에게 이야기했다.

키신저: (前略) 나는 우리가 북한문제를 대만문제나 인도차이나 문제와 함께 논의할 수는 없다고 생각한다. (中略)

저　우: 어떻게 평화통일을 이룰 것인가 하는 문제에 대해서도 우리는 의견교환을 하지 않았다. (中略)

키신저: 내 생각은 한반도의 양측은 동등하다는 것이며, 어느 쪽도 통일에 대해 배타적인 권리를 갖고 있지 않다는 것이다.

저　우: 그들의 국가를 통일시킬 권리는 조선인들에만 있다. 그리고 어느 쪽도 자신들이 전 조선인들을 대표한다고 말할 수 없다. (中略)

키신저: (前略) 만약 군사적인 압력이 북쪽으로부터 온다면 결과가 어떻게 되는 것인가?

저　우: 북이 남을 공격한다면 어떻게 되느냐는 말인가?

키신저: 그렇다.

저　우: 그런 일이 실제로 벌어진다면 커다란 부담을 떠안게 될 거다.

키신저: 북한이?

저 우: 북한. 그렇다. 우리는 국외세력을 자극하지도 않겠지만 외부의 힘이 어느 방향에서든 우리를 침략하는 데 대해서도 준비가 돼 있다.

키신저: 우리가 논의한 데 따르면, 북한이 남으로 확장할 계획이 없으며, 남쪽도 북으로 확장할 계획이 없다는 조건하에서 우리는 일본 자위대 군사력이 한반도로 움직이는 데 반대한다는 것이다.

저 우: 모든 조건은 상호적인 것이다.

키신저: 그렇다.[58]

(中略)

마오쩌둥: 우리가 일본이든 남조선이든 위협하는 일은 없을 것이다.

닉 슨: 우리도 어떤 나라도 위협하지 않을 것이다.[59]

(中略)

닉 슨: 여기서 중요한 것은 우리 양국이 우리의 동맹국들을 억지하기 위해 영향력을 발휘하는 것이다. (中略) 한반도를 우리 두 정부가 갈등을 하는 장소로 만드는 것은 어리석을 뿐만 아니라 비이성적인 것이다. 한 번은 일어났지만 다시 일어나서는 안 된다. 나는 총리와 내가 이것을 막을 수 있다고 생각한다.

저 우: 문제는 그들의 접촉을 촉진하는 것이다.[60]

중국과 미국은 한반도 상황이 안보적 불안 요인이라는 데에 인식을 같이 하고 있다. 또한, 중·미 양국은 각자의 동맹국 정책에 대해 서로의 한계선을 분명히 확인하고 있다. 특히 저우언라이도 명확한 표현을 쓰지 않았을 뿐이지 북한에 의해 야기되는 한반도 불안정에 대해 중국의 안보공약 제공의 어려움을 인정하고 있다. 그리고 한반도 문제에 대해 미·중 양국 모두 급격한 현상변경이 아닌, 정치적이고 평화적 방법을 모색하여 장기적으로 접근해야 한다는 점에 동의하고 있다. 특히 중국과 미국 모두 남·북한 간의 직

---

58) 이상의 내용은「Memcon, Kissinger and Zhou, 22 October 1971」, pp.4-5, 10, 16.

59)「Memcon, Nixon and Mao, February 21, 1972」, William Burr, ed., *The Kissinger Transcripts: The Top Secret Talks with Beijing and Moscow* (New York: The New Press, 1998), p.64.

60)「Memcon, Kissinger and Zhou, February 23 1972, 2:00-6:00 p.m.」, http://www.gu.edu/~nsarchiv/nsa/publications/DOC_readers/kissinger/nixzhou, pp.16-17.

접 접촉과 대화를 통한 가시적인 긴장완화 조치가 현 단계에서 가장 긴요한 과제라는 데에 인식을 같이했다는 점이 중요하다.

중국은 미·중 화해 과정에서 주한미군 철수문제를 거듭 주장했다. 그리고 일본군사력의 남한 진출 가능성에 대한 우려감을 표시했다. 그러나 이는 주한미군이나 일본 군사력에 대한 우려에서 표명된 입장이라기보다는 북한 요구사항의 전달에 집착했기 때문이다. 이미 당시 중국은 실제로 주한미군의 즉각적 완전철수를 '기대'하였다기보다는, 남북대화 추진이 더욱 현실성 있음을 간접적으로 시인했다는 점이 중요하다.[61] 이는 남북대화에 관한 김일성의 전술적 계산과는 근본적으로 차이가 있었다.[62]

닉슨 방중의 가장 큰 의의를 찾는다면, 그것은 미·중 관계에서 베트남 문제나 한반도 문제를 분리함으로써 미국과 중국의 직접적인 군사적 대치로 갈등이 악화될 가능성을 감소시켰다는 점이다.[63] 중국은 하노이나 평양에 대한 군사지원을 계속하겠지만, 이는 미국을 축출하기 위함이 아니라 이들 국가에 대한 소련의 영향력을 견제하기 위한 최소한의 지원이라는 점을 분명히 표명했다.[64] 이러한 중국의 입장은 '대미 균형'이라는 중·북 동맹유지의 본연의 목적이 희석되어감을 의미하는 것이었다. 중국은 이미 하노이·평양과의 '혁명적 유대'보다는 대미 관계개선에 우선순위를 부여하고 있었다. 현상유지 세력으로서의 중국의 '역할'이 드러나기 시작했다는 것이다.[65] 중국은 이미 김일성의 한반도 '혁명전략'에 대한 커미트먼트를 암묵적으로 철회해가고 있었다. 키신저와의 2차 회담이 있은 직후 1971년 11월 16일, 챠오

61) 주한미군 철수 주장에 대해 키신저는 "때로는 옳은 일이라도 점진적으로 해야 옳은 것이다."라고 언급했고, 이에 대해 저우는 "이 문제에 대해 계속 주시하겠다."라고 답했다.

62) 돈 오버도퍼, 『두 개의 한국』, pp.36-37.

63) Victor D. Cha, *Alignment Despite Antagonism,* pp.101-102.

64) Qiang Zhai, *China & the Vietnam Wars,* p.199; Victor D. Cha, *Alignment Despite Antagonism,* p.102.

65) 이는 당시 캄보디아에 대한 중국의 정책에서도 쉽게 유추해 볼 수 있다. Qiang Zhai, *China & the Vietnam Wars,* pp.189-190.

관화(喬冠華) 외교부 부부장은 주베이징 폴란드 대사에게 "남한 상황과 남베트남 상황에는 중대한 차이점이 존재하고 있다. 한반도 통일은 평화적 방법에 의해서만 달성되어야 한다."라는 점을 분명히 밝히면서, 중국은 유엔 지위 획득을 이용하여 북한의 이익을 외교적으로만 지지해 줄 것임을 시사했다.[66)]

2) 중국의 이중성과 모호성

1972년 3월 7일 저우언라이는 평양을 찾아 김일성에게 '상하이 공동성명' 협상의 자세한 경과를 통보했다. 한반도 문제와 관련하여 저우는 북한의 요구사항 전달을 충실히 이행했음을 설명하면서, "미국 측은 본래 한·미 조약 문제를 가지고 있다. 중국 측이 미·대만 조약 문제를 공동성명에 적기하는 것을 단연코 반대했기 때문에 미국 측은 한·미, 미·일 동맹도 표기하지 않기로 했으며, 대신 미국은 남한의 한반도 긴장완화 노력을 지지할 것을 강조했다."라고 전했다. 또한, 저우는 "회담 중 닉슨은 일본군을 대만에 진입하지 않도록 할 것이며, 또한 남한 진입도 지지하지 않을 것임을 밝혔다. 이는 일종의 (미·중 간) 묵계와도 같은 것이다."라고 말했다. 그러면서 저우는 공동성명 중에 나타난, "어느 일방이라도 제3국을 대표해서 협상하지 않는다."라는 조항은 미국 측이 주동적으로 제기한 것이라 말했다. 그리고 저우는 이 조항에 관련된 협상에서 중국 측도 이 조항이 한반도에 적용되는 것으로 보았지만, 중국은 "군사정전위원회에서 여전히 북한의 일방이며 이러한 중국의 지위를 잊지 말라고 미국 측에 설명했다."라고 말했다.[67)]

저우의 이러한 발언 속에서 우리는 중국의 대북 정책에 내재한 '이중성'(duality)을 발견할 수 있다. 우선 중국은 북한을 위한 진정한 동맹외교를 수행하고 있음을 강조하고 있다. 즉 대만문제에 대한 어떠한 원칙적 타협도 없었다는 점을 강조함으로써, 중국의 안보이해를 위해 한반도 문제에 '홍정'

---

66) Bernd Schaefer, "North Korean 'Adventurism' and China's Long Shadow," p.34.
67) 王泰平 主編, 『中華人民共和國外交史(第三卷)』, p.41.

하는 일은 없었다고 말하는 것이다. 그러면서도 미국이 남한의 긴장완화 노력을 지지할 것이란 점을 들어 동일한 노력이 북한에게도 필요함을 시사했다. 한편, "어느 일방이라도 제3국을 대표해서 협상하지 않는다."라는 조항에 대해 비록 미국이 주동적으로 제기했다고는 하지만 중국이 이에 이해를 표시했다는 것은 미·중 관계를 한반도 문제에서 분리하겠다는 데에 미·중 양측이 공감대를 형성했다는 의미이다. 그러면서도 중국은 정전협정 체제 내에서는 — 북한의 모든 행위에 대해서가 아니라 — 여전히 북한의 일방임을 강조했다. 이는 중국이 정전체제의 공고화를 통한 한반도 문제의 평화적·정치적 해결을 선호하고 있음을 의미하는 것일 수도 있고, 미·중 화해 과정에서 북한이 느끼는 '방기 우려'를 해소해 주기 위한 발언일 수도 있다. 아무튼, 중국의 '계산된 모호성'(calculated ambiguity)의 시작을 알리는 대목이다.

또 한 가지 지적할 특이한 사항은 '상하이 공동성명'에 7월 30일 김일 부수상이 중국에 전달한 북한의 '대미 8개 요구사항'을 중국이 지지했다는 문구가 포함되지 않았다는 점이다.[68] 공동성명에는 중국 측이 4월 12일 북한이 내부적으로 제기한 '평화통일'을 위한 '8대 강령'을 지지하고, 유엔한국통일부흥위원단(UNCURK) 해체를 주장하는 북한의 입장을 대변했다고만 되어 있다.[69] 중국은 왜 7월 30일 북한의 '대미 8개 요구사항'을 공동성명에 언급하지 않고 4월 12일 북한 내부적으로 제기된 '8대 강령'을[70] 공동성명 문구에 포함시켰을까? 이 점에서도 중국의 대북 공약의 '모호성'과 이중성

68) 그런데 남베트남임시혁명정부(PRG)의 요구사항을 지지한다는 문구는 공동성명에 포함되었다. 「The Shanghai Communique」, 외무부, 『중국관계자료집』(집무자료 88-1, 1998), p.35.

69) 그러나 실제 저우언라이는 4월 12일 북한 내부적으로 제기된 '통일 방안'보다 7월 30일 북한이 요청한 '대미 8개 요구사항'을 키신저에게 전달하는 데에 주력했다.

70) '8대 강령'이란 1971년 4월 12일 북한 최고인민회의 제4기 제5차 회의에서 허담 외무상의 연설에 따른 8개항의 통일 방안을 말한다. 여기에는 미군철수 후 남북한 군대 감축, 남북 총선거를 통한 중앙정부 수립, 과도적 조치로서 남북연방제 실시, 남북한 정치협상회의 집행 등의 내용이 포함되어 있다. 『人民日報』, 1971年 4月 15日. 劉金質·楊淮生 主編, 『中國對朝鮮和韓國政策文件匯編 4』, pp.1890-1892.

을 짐작해 볼 수 있다.

중국이 미 대통령 특사의 중국방문을 기꺼이 수용하겠다는 의사를 미국에 통보한 것은 1971년 4월 21일에 가서이다.[71] 중국은 키신저 비밀 방중에 대해 북한과 사전협의 과정을 거치지 않았다. 키신저가 베이징에 있는 동안 김중린 조선로동당 비서가 체류하고 있었음에도 말이다.[72] 7월 15일 새벽 저우언라이가 평양을 찾은 것은 사실상 사후 통보를 위한 것이다. 중국이 7월 30일이라는 날짜 대신 4월 12일을 공동성명에 명기한 의도는 키신저의 비밀 방중 이전 중국과 북한은 이미 사전협의를 거쳤다는 점을 보여주기 위한 것으로 보인다.

여기에는 두 가지 메시지가 담겨 있을 수 있다. 이를 통해 평양에 대해서는, 중국이 그만큼 북한을 대변해 주는 진정한 동맹외교를 하였으며, 워싱턴에 대해서는 중·북 동맹이 원활히 작동되고 있다는 점을 보여주고 싶었을 것이다. 그러나 가장 중요한 원인은 북한의 대미 '요구사항' 중 가장 핵심적인 내용이라 할 수 있는 주한미군 완전철수 문제에 대해 미·중이 합의할 수 없었기 때문이다. 따라서 중·북의 외적 위협인식에 격차가 있음을 가리고, 그 당시 키신저가 그나마 흔쾌히 수용했던 유엔한국통일부흥위원단(UNCURK) 문제만을 포함시켰다.[73] 어쨌든 공동성명 내에 '4월 12일'을 명기한 것은 북한을 위한 동맹외교의 '한계성'을 가리려는 '의도된 오기'(誤記)처럼 보인다.

---

71) Chen Jian, *Mao's China,* p.263.

72) 전직 중국외교관도 이 점을 명확히 확인해 준 바 있다.

73) 1971년 7월 저우가 '유엔한국통일부흥위원단'(UNCURK) 해산을 요구한 직후 키신저는 이미 내부적으로 이를 검토하고 있었다. 1973년 9월 개최된 제28차 유엔 총회는 11월 28일 중국·알제리 등이 제출한 7·4 남북공동성명 지지와 '유엔한국통일부흥위원단' 즉각 해산 제안을 미국의 '묵인'하에 표결 없이 결정·통과시켰다. 王泰平 主編, 『中華人民共和國外交史(第三卷)』, p.42.

제2절 북한의 호전성 지속과 중국의 연루 우려

1. 1970년대 중·북 간 기대구도의 차이

중국이 대미 데탕트를 추구하는 과정에서 북한에 대해 가장 '기대'했던 부분은 남북대화를 통한 가시적인 긴장완화라 할 수 있다. 중국지도부가 남북 접촉을 통한 한반도 긴장완화를 '기대'했던 — 명확한 '주문'은 아니라 할지라도[74] — 이유는 남북 간 대치국면의 지속은 소련의 대북 군사지원의 필요성을 증대시켜 북한의 친소화를 가속화시킬 것이고, 이는 궁극적으로 대미 데탕트 추구의 근본적 목적인 '소련위협 억제'(制蘇)에 배리되기 때문이었다. 당시 중국지도부가 비록 베이징-모스크바-평양 간 '지역적 동학'의 제약하에 놓여 있었다고는 하지만, 남북대화를 통한 가시적 긴장완화만이 북한이 소련 쪽으로 기우는 것을 방지할 수는 첩경이라고 생각했던 것이다.[75]

그러나 김일성에게는 남북대화에 성의를 보일 이유가 없었다. 그는 처음부터 남북대화를 통한 긴장완화에 관심이 없었다. 그에게는 미국의 대북정책 변화 여부가 가장 중요했다. 김일성은 1971년 9월 일본 아사히 신문과의 회견에서 "우리는 중국과 미국이 어떤 관계를 가지는가, 미제가 아세아의 다른 나라들에 대하여 어떤 정책을 실시하는가에 관계없이 우리 나라에 대한 미국의 정책으로부터 출발하여 독자적인 대미정책을 실시할 것입니다. …조선에 대한 미제의 태도에서 중요한 것은 남조선에서 자기의 침략군대를 철거하는 문제입니다. 미제가 남조선을 계속 강점하고 있는 조건에서는 중국과 미국이 어떤 관계를 맺든지 간에 우리가 미국과 우호적인 관계를 가질 수 없다는 것은 명백합니다."라고 언급했다.[76] 김일성의 전략적 관심은

74) 당시는 북한의 대소 경사 방지를 최우선 순위에 두었기 때문에 김일성의 한반도 '혁명전략'을 부인한다거나 남북대화만을 강조할 수 없는 상황에 있었다. 다만, 남북대화를 통한 긴장완화가 궁극적으로 김일성의 '혁명전략'(주한미군 철수 및 남조선혁명 완수) 추진에 도움이 될 것이란 점을 부각시키려 했다.

75) 오진용, 『김일성 시대의 중소와 남북한』, pp.178-179.

여전히 주한미군 철수와 한미 방위동맹체제의 와해에 있었던 것이다.

이는 "남한의 중력의 중심부(center of gravity)는 한미동맹 체제가 유지되는 한 미국이며, (북한의 사정권 밖에 있는) 미국은 북한의 군사적 공세에 사실상 면제되어" 있었기 때문이다. 북한이 '혁명전략'을 통해 한반도 정세 변화에 있어 주도권을 잡으려면 주한미군의 철수를 통해 남한의 중력의 중심부를 서울로 축소시키는 것이 가장 관건적 전략고려 사항일 수밖에 없었다.[77] 따라서 김일성은 통일이란 "그 구체적 방도가 어떻든지간에 조국통일은 미제침략자들을 우리 강토에서 몰아내고 남조선괴뢰정권을 때려부신 다음에야 비로소 이룩될 수 있습니다."라고 거듭 주장해 왔던 것이다.[78]

더욱이 김일성은 1972년 7월 4일 '남북 공동성명'이 발표된 이후 남북대화와 평화통일에 대한 논의가 고조되어 갔음에도,[79] 그의 전략적 관심은 여전히 주한미군 철수에 있었다. 예컨대 김일성은 9월 17일 일본 마이니치 신문과의 회견에서 "털어놓고 말하여 나라를 자주적으로 통일한다는 것은 미제가 남조선에서 나가도록 하며 그 밖에 다른 세력이 우리 나라의 통일문제에 간섭하지 못하도록 하여야 한다는 뜻입니다."라고 주장했다.[80]

북한이 남북대화를 통해 한반도 긴장완화에 일시적으로나마 성의를 보인 것은 무엇보다 중국을 의식한 것으로 보인다. 다시 말해 당시 북한은 중국지도부의 '기대'에 부응하는 제스처를 보여주고자 했다는 말이다. 북한은 중국

---

76) 김일성, "조선로동당과 공화국정부의 대내외정책의 몇 가지 문제에 대하여," p.109.

77) 강성학, "북한의 안보정책 및 군사전략," pp.94-96.

78) 김일성, "조선민주주의인민공화국은 우리인민의 자유와 독립의 기치이며 사회주의, 공산주의 건설의 강력한 무기이다," p.199.

79) 당시 북한의 대남 평화공세에 대해서는 박건영·박선원·우승지, "제3공화국 시기 국제정치와 남북관계: 7·4 공동성명과 미국의 역할을 중심으로," pp.61-91.

80) 김일성, "우리 당의 주체사상과 공화국 정부의 대내외정책의 몇 가지 문제에 대하여" (일본 마이니찌 신붕 기자들이 제기한 질문에 대한 대답, 1972년 9월 17일), 『김일성 저작선집 6』(평양: 조선로동당출판사, 1974), p.287; 김일성의 주한미군 철수를 통한 혁명지향적 통일관은 김일성, "인민군대의 중대를 강화하자"(조선인민군 중대장, 중대정치지도원대회에서 한 연설, 1973년 10월 11일), 『김일성 저작선집 6』(평양: 조선로동당 출판사, 1974), p.523에서도 확인할 수 있다.

의 중재를 통해 북·미 직접접촉을 이끌어 내고, 이를 통해 아시아에 대한 닉슨 행정부의 불개입 정책이 한반도에도 확대 적용되기를 '기대'하였을 것이다.[81] 당시 북한은 남북대화 자체에 진정성이 있었다기보다는 중국이 미국과의 직접적 담판을 통해 대중 적대정책을 철회시켰던 것처럼, 또는 북베트남이 미국과 파리평화협정 체결을 통해 주월 미군을 철수시키기 시작했던 것처럼, 북한도 미국과의 직접적 접촉을 통해 주한미군을 한반도에서 철수시키는 데에 궁극적 목적이 있었던 것이다.[82] 물론 이 과정에서 중국의 적극적 중재역할을 바라고 있었다. 왜냐하면, 당시 미국은 북한과의 직접 접촉에 응할 의사가 없었기 때문이다. 따라서 북한은 중국의 중재 역할 유도의 '수단'으로 당시 중국이 북한에 대해 가장 '기대'하고 있었던 남북대화를 활용했을 뿐이다.[83]

북한의 대미 직접 접촉채널 확보 노력은 상황변화에 따라 다양한 형태로 진행되었다. 북한은 이미 1971년 1월에 루마니아 부통령을 통해 6·25전쟁 정전 이후 처음으로 미국 측에 북·미 간 직접접촉을 제의했던 적이 있다. 이 사실은 1971년 10월 키신저가 저우언라이에게 알려주면서 밝혀진다. 키신저는 "우리는 이에 대해 매우 은밀하게 대답을 보냈는데, (북한의) 화답은 없었다."라고 말했다. 그리고 이것이 바로 북한의 '본질'이라고 강조하면서, "당신들은 북한을 움직이는 데 일부 영역에서는 보다 현명해야 할 것이라."라고 경고했다.[84] 다시 말해 중국이 그토록 북한의 요구사항 전달에 집착하

81) 김계동, "북한의 대미정책," 양성철·강성학 공편, 『북한 외교정책』, p.182.

82) 윤덕민, "한반도 평화협정에 관한 연구: 평화협정의 쟁점사항을 중심으로," 『정책연구 시리즈』(서울: 외교안보연구원, 1999), pp.6-7.

83) 7·4 남북공동성명 발표 직후 주베를린 북한 대사 이창수의 언급내용은 당시 북한의 대남 평화공세의 본질적 성격을 잘 대변해 주고 있다. 다음을 참조하라. 돈 오버도퍼, 『두 개의 한국』, pp.55-56; 남북 간 군사문제에 관해 1988년까지 북한이 제의한 구체적 내용을 보면, 외군(미군) 철수 94회(30.3%), 병력감축 40회(12.9%), 군비축소 30회(9.6%), 북·미 평화협정체결 26회(8.4%), 비핵평화제의 24회(7.7%), 군사조약 폐지 10회(3.2%) 등 주한미군 철수문제와 한미 방위동맹 와해 문제가 압도적인 수치를 차지하고 있다. 평화연구원, 『북한군사문제 제의 자료집(1948-1988)』(서울: 평화연구원, 1989), pp.25-27.

지만, 북한은 중국을 우회(bypass)하면서까지도 한반도 정세 변화를 추구할 수 있음을 지적한 것이다. 어쨌든 당시 북한은 중국의 진정성을 알 수 없었고, 미국이 북한을 대화상대로 인정하는가를 시험해 봐야 했을 것이다. 그러나 중국이 대미 데탕트 추구를 북한에 사전통보하지 않은 것처럼, 북한이 중국을 우회하면서 미국과의 직접 접촉을 제의한 것은 동맹규범 불이행(defection)에 해당하는 것이다. 따라서 북한은 미국이 은밀하게 보내온 신호에 화답하지 못했을 것이다. 어쨌든 당시로써 북한은 주한미군 철수를 더욱 촉진시키기 위해서는 대미접촉을 위한 중국의 중재가 필수적이었을 것이다.

물론 중국이 미국과의 화해과정에서 주한미군 철수라는 북한의 요구를 미국에 전달한 것은 사실이다.[85] 그러나 그것은 주변정세의 안정을 바라는 차원이었지 주한미군을 철수시켜 '남조선혁명'을 완수하려는 북한의 전략을 지지했기 때문은 아니었다. 앞에서 살펴본 바와 같이, 사실 당시 중국은 주한미군의 즉각적 철수보다는 남북화해에 더욱 많은 관심을 집중시키고 있었다. 키신저가 적절히 지적했듯이 주한미군 철수 문제는 단순히 미·북 간에 해결될 문제가 아니었다. 그것은 "철학적 문제"가 아닌 관련국들의 "국제적인 작업"이 불가피한 "구체적 사안"이었다.[86] 중국은 한반도 상황의 급격한 정세 변동이 수반될 수 있는 주한미군 철수와 같은 문제에는 자국이 당사국으로서 배제될 수 없다는 입장에 있었다.

저우언라이는 닉슨 방중을 준비하고자 1972년 1월 7일 선발대로 베이징을 찾은 키신저의 보좌관인 헤이그(Alexander M. Haig)와의 대화에서 한반도 상황과 베트남 상황은 다르다고 강조했다. 그는 베트남 전쟁은 중국이 "개입하지 않았으므로"[87] 미국의 "결단과 해결책이 있다면 그 상황은 해결될 수

---

84) 「Memcon, Kissinger and Zhou, 22 October 1971」, p.9.

85) 위의 미·중 지도부들의 대화록 외에도 『周恩來年譜 (下)』, pp.468-469, 471, 493, 497, 511; 王泰平 主編, 『中華人民共和國外交史(第三卷)』, pp.39-42을 참조하라.

86) 「Memcon, Kissinger and Zhou, 9 July 1971」, p.37; 「Memcon, Kissinger and Zhou, 22 October, 1971」, p.10.

87) 저우가 베트남전에 개입하지 않았다고 한 발언은 베트남전에서 중국과 미국이 직접적 군사충돌은 없었다는 의미이다.

있지만," 한반도는 다른 문제라고 지적했다. 저우는 "조선의 경우에는 조선이 주대표이고 우리는 부대표이다. 당신네 쪽에는 미국이 주대표이고 (남한이) 부대표이다. 그래서 사실상 4개국 간 회담이며, 그런 상황이므로 의견을 모으기가 쉬울 것이다. 그러니 당신네(미국과 북한)끼리 얼굴을 맞대고 의논해 보라"고 권유했다.[88] 이는 마치 북·미 간 직접 접촉을 권유하고 있는 것처럼 보이지만, 실은 한반도 문제해결 과정에서 중국이 배제될 수 없다는 점을 베트남의 경우와 비교해 가면서 은연중에 강조하고 있는 것이다.[89]

이상의 논의를 통해 볼 때, 한반도 문제해결과 관련하여 중국은 이미 1970년대 초반부터 '2(남북)+2(미중)' 방식의 해법을 '기대'하고 있었음을 알 수 있다. 다시 말해 남·북한 간의 가시적인 긴장완화 조치가 선행되고, 이를 미국과 중국이 추인하는 국제적 작업이 병행되는 방식을 선호하고 있었다고 볼 수 있다. 그러나 이러한 방식이 작동될 때 시간은 북한 편이 될 수가 없었다. 북한에 있어 '2+2' 방식은 강대국에 의한 '관리' 체제일 수밖에 없었으며, 이는 한반도 분단을 고착화하고 김일성의 '혁명전략'을 포기시키겠다는 의미와도 같은 것이다.[90]

---

88) 「Memcon, Haig and Zhou, 7 January 1972」, http://www.gwu.edu/~nsarchiv/NSAEBB/NSAEBB70/doc25.pdf, pp.14-15. 여기에서 저우는 남한을 Sigmund Rhee(이승만)로 대신해 부르고 있다.

89) 이러한 중국의 포맷은 탈냉전 이후까지도 지속되고 있다. 중국은 북한이 주장하는 미·북 평화협정 체결을 통한 한반도 평화체제 전환 주장에서도 미온적 반응을 보여왔다. 한반도 평화체제 구축이라는 새로운 동북아 질서 구축과정에서 중국과 한국이 배제된 채 북한과 미국에 의해 논의될 경우, 중국의 발언권이 축소되고, 새로운 환경변화에 적응하지 못하는 피동적 지위로 전락할 것을 우려했기 때문이다. 중국은 북한의 '2(북미)+0' 안은 "비현실적이며 비합리적이고 불가능하다"는 반응을 보여 왔다. 중국은 그러한 북한의 제안을 한반도의 복합적 안보상황에 있어 중국요인을 한계화시키는 것으로 간주했던 것이다. 중국은 한반도 평화체제 구축을 위한 4자회담에 일방이 될 모든 권리를 가지고 있다고 주장해 왔다. Samuel S. Kim and Tai Hwan Lee, "Chinese-North Korean Relations: Managing Asymmetrical Interdependence," pp.120-121; Samuel S. Kim, "The Making of China's Korea Policy in the Era of Reform," p.395.

90) 중국의 한반도전문가인 중국공산당 중앙당교의 장리엔꾸이(張璉瑰) 교수는 "북한이

1973년 2월 키신저의 방중을 앞두고 허담 북한 외무상이 9~14일 베이징을 찾았다. 그가 베이징을 방문한 목적은 바로 미국에 북·미 접촉 가능성을 타진해 볼 것을 중국에 요청하기 위해서였다. 이에 저우언라이는 북측의 요구를 타진해 볼 것이라고 답변했다. 그리고 저우는 "우리는 키신저와 다음과 같은 원칙적인 문제를 논의할 것"이라고 언급했다. 즉 "조선문제는 남북대화를 통해서만 해결될 수 있고, 어느 국가도 간섭이나 방해를 할 수 없다; 일체의 외국 군대는 철수되어야 한다; 유엔한국통일부흥위원단(UNCURK)은 응당 해산되어야 한다."라는 점을 미측에 강조할 것이라 말하면서, "북·미 접촉 문제는 측면에서 탐색해 볼 수 있을 것"이라 언급한다.

2월 15~19일, 키신저는 한반도 문제와 관련하여 "유엔한국통일부흥위원단(UNCURK)은 금년 하반기 해산할 것이다; 미군은 점차 남한으로부터 철수할 것이며, 내년 철수 계획이 있을 수 있다; 남한의 야당 탄압 및 통일문제에 대해서는 주의하지 않았다; 북·미 접촉 문제는 아직 고려하지 않고 있다."라고 언급했다. 이러한 키신저의 언급내용을 저우언라이는 2월 20일 파키스탄 방문 후 귀국 도중 베이징에 체류 중이던 허담에게 통보했다.[91] 사실 1973년 2월 키신저의 중국 방문 시, 미·중 양국 지도부는 북한문제를 주요 의제로조차 설정하지 않았다.[92] 더욱이 1973년 1월 파리평화협정 조인 이후, 중국지도부는 미·일 안보연계에 대한 비난을 중단하고, 미국이 그리는 세계전략 구도 재편을 적극적으로 수용하는 자세를 분명하게 드러내고 있었다.[93]

1973년에 비공식적으로 '4자회담' 개최를 중국 측에 제안한 것으로 기억한다."라고 필자에게 말한 바 있다. 인터뷰(2003년 10월, 베이징). 그의 기억이 얼마나 정확한 것인지는 알 수 없으나, 당시 '4자회담' 포맷은 분명히 김일성의 '혁명전략' 추진에 촉진요인이 될 수가 없었다.

91) 王泰平 主編, 『中華人民共和國外交史(第三卷)』, p.41. 허담은 방중 기간 중 마오쩌둥을 접견하지 못했다. 허담의 방문은 72년 12월 22~25일 지펑페이(姬鵬飛) 중국외교부장 방북의 답방 형식이었다. 그런데 김일성은 지펑페이 부장을 직접 접견하고 환영오찬을 함께 했었다. 외무부, 『한·중국, 북한·중국관계 주요자료집』, pp.204-208.

92) 73년 2월 키신저와 마오, 저우 간 주요 대화록은 William Burr, ed., *The Kissinger Transcripts: The Top Secret Talks with Beijing and Moscow* (New York: The New Press, 1998), pp.86-111.

2. 긴장완화 주문에 대한 북한의 비토와 대미 평화협정 체결 주장

중국을 통해 주한미군을 철수시키고자 했던 북한의 '기대감'은 서서히 사라지기 시작했다. 이제 북한은 중국이 가장 '기대'하고 있는 '남북대화를 통한 한반도 긴장완화 포맷'이 비효과적이라는 사실을 입증해 보여야 했다. 북한은 1972년 7·4 남북공동성명 이후 1973년 중반까지 개최되었던 세 차례의 남북조절위원회 본회의와 여섯 차례의 적십자 회담 본회의를 결국 중단시켰다. 또한, 북한은 1974년 2월 대남 해상 간첩침투와 한국의 비무장 어선에 대한 공격을 단행했다. 1974년 8월에는 '문세광 사건'이 발생했으며, 같은 해 11월에는 비무장지대에서 유엔군 사령부 당국이 북한의 침투용 땅굴을 최초로 발견했다.[94] 결국, 이러한 사건들은 서방 국가들과의 화해를 달성한 중국정부가 북한에 대한 영향력을 발휘함으로써 한반도 긴장을 완화시켜 갈 것이라는 기대가 애초 명백히 잘못되었음을 입증하는 것이기도 했다.[95]

북한의 이러한 일련의 도발 행위는 남북대화 촉진을 통해 한반도의 긴장완화를 추구하려는 미·중의 접근 방식이 비효과적이라는 점을 보여 주기 위한 일종의 '외교적 행위'(diplomatic maneuver)와도 같다. 이러한 '외교적 행위' 이후 북한은 김일성의 한반도 '혁명전략'을 무력화시키고 분단을 '고착화'시킬 수 있는 남북 직접대화가 아니라, 북·미 직접접촉을 통한 정전협정의 평화협정으로의 대체, 나아가 주한미군의 철수가 한반도문제 해결의 관건임을 미국에 주지시키려 시도한다.

1974년 3월 25일 최고인민회의 제5기 3차 회의에서 채택된 '미 의회에 보내는 편지'를 통해 북한은 한반도의 긴장상태를 해소시키고 평화증진을 위한 방법을 놓고 미국과 직접 협상할 것을 촉구하면서 공식적으로는 최초로 '북·미 평화협정' 체결을 제의한다. 이 북한의 제안은 주한미군 문제와

---

93) William Burr, ed., *The Kissinger Transcripts,* pp.83-84.

94) Dick K. Nanto, "North Korea: Chronology of Provocation," p.6.

95) Victor D. Cha, *Alignment Despite Antagonism,* pp.109-110.

관련해 과거 '남·북 평화협정' 주장이 주한미군 철수를 전제조건으로 했던 것에 비하여 '선 북·미 평화협정 체결, 후 주한미군 철수'라는 구도로 전환되었다는 점에서 특징을 찾을 수 있다. 그리고 주한미군 철수의 시기에 대해서도 종전의 '즉각 철수'로부터 '가장 빠른 기간 내'로 주장했다. 이는 기존보다 상당할 정도의 대미 유화적 태도를 보인 것으로 평가할 수도 있다.[96] 아무튼, 북한이 의도했던 바는 한반도 문제 해결의 직접적 당사자는 북한과 미국이므로, 강대국 관리 체제를 버리고 북한을 진정한 대화의 상대자로 인정하라는 것이었다.[97]

이러한 북한의 '북·미 평화협정' 체결 제의에 대해 3월 25일 미 국무부는 즉각 논평을 내었다. 존 킹 대변인은 한반도 문제는 남·북한 스스로 해결해야 할 일이며 한국의 참여가 없는 한 북한의 제의를 수용할 의사가 없음을 분명히 밝혔다. 그리고 미 행정부는 한반도의 안보 및 통일문제는 "복잡하며, 성급하고 안이한 해결은 어렵다."라는 견해를 밝히면서, 주한미군의 감축을 고려하지 않고 있다고 선언했다. 또한, 남·북한의 직접대화를 강조하면서 미·중의 남·북한 교차승인을 하나의 대안으로 제시했다.[98] 이러한 미 국무부의 논평은 1975년 9월 22일 제30차 유엔총회와 30일 제31차 유엔총회에서 키신저 장관의 4개 당사국회담(4자회담) 개최 및 교차승인 제안으로 이어졌다. 결국, 미국의 이러한 주장은 동맹국인 한국의 입장과 함께 중국의 이해관계를 반영한 의사표시였던 것이다. 북한은 25일 외무성 대변인 담화를 통해 "정전회담의 당사자는 우리와 미국뿐이며, 남조선은 일방 당사자도 아님"을 강조하면서, 4자회담과 교차승인은 "두 개의 조선 조작 음모"라고 비난했다.[99] 그러나 중국은 원론적인 논평 이외에 정전당사국 회담에 대한

---

96) 윤덕민, 『한반도 평화협정에 관한 연구』, p.6; 김계동, "북한의 대미정책," pp.182-183.

97) 물론 중국은 북한의 이러한 제안을 공식적으로 지지하는 논평을 발표했다. 당시까지도 베이징-모스크바-평양 간 '지역적 동학'이 여전히 중국지도부를 제약하고 있었던 것이다. "自主和平統一朝鮮的正義主張," 『人民日報』, 1974年 3月 28日.

98) 김계동, "북한의 대미정책," p.183.

99) 국가안전기획부, 『한반도문제 관련 관계국 회담 자료집』(1985.2), p.38, 43.

입장표명을 유보했다. 1975년 10월 24일 중국 신화통신사는 당사국 회담에 대한 거부의사를 명확히 표명하지 않은 채 "조선문제는 외세의 개입 없이 조선인 스스로에 의해 해결되어야 한다."라는 미국 논평과 다를 바 없는 원론적 입장만을 간단히 표명했을 뿐이다.[100)]

한편, 김일성은 내부적으로 또다시 '혁명적 열정주의'를 고취시키고 있었다. 그는 1975년 2월 17일 조선로동당 중앙위원회 제5기 10차 전원회의에서 다음과 같은 그의 한반도 '혁명전략'을 재차 반복했다.

> "오늘 자본주의세계를 휩쓸고 있는 경제위기로 말미암아 자본주의나라들에서 혁명이 폭발할 수 있습니다. 남조선에서 혁명이 일어나면 우리에게는 그것을 지원하여야 할 의무가 있습니다. 우리는 남조선인민들이 혁명을 일으키고 도와달라고 하면 적극 도와주어야 합니다. 이렇게 되면 적들이 그것을 구실로 우리나라에서 전쟁을 일으킬 수 있습니다. 우리나라에서 전쟁이 일어나면 그것은 곧 혁명적 대사변으로 될 것입니다. 우리는 이러한 판단에 기초하여 우리나라에서 멀지않은 앞날에 혁명적 대사변이 올 수 있다고 보고 있습니다. 그러나 혁명적 대사변은 저절로 오지 않습니다. 우리는 혁명적 대사변을 앞당기기 위하여 적극 노력하여야 합니다."[101)]

3. 김일성의 호전성, 그리고 중국의 비토와 연루 우려

1975년을 전후하여 나타난 강대국 국제정세와 인도차이나 반도 상황의 급반전은 김일성의 '혁명전략'의 정당성을 제고시키는 것처럼 보였다. 1975년부터 동아시아는 닉슨의 방중에 따라 확산되고 있던 데탕트 무드가 퇴행하고 냉전적 긴장이 복원되기 시작했다. 미·중 관계는 국내정치적 문제로

100) 국가안전기획부, 『한반도문제 관련 관계국 회담 자료집』, p.45.
101) 김일성, "당, 정권기관, 인민군대를 더욱 강화하여 사회주의대건설을 더 잘하여 혁명적 대사변을 승리적으로 맞이하자"(조선로동당 중앙위원회 제5기 제10차 전원회의에서 한 결론, 1975년 2월 17일), 『김일성 저작집 30』(평양: 조선로동당출판사, 1985), pp.46-47.

국교정상화를 실현시킬 수 있는 안정적이고 전략적인 비전을 구비한 리더십이 양국 모두에 형성되지 않았기 때문에 교착상태를 지속하고 있었다. 특히 대만문제에 대한 미국의 유보적 입장을 수용했던 중국으로서는 더 이상의 양보를 통한 미국과의 대화 확대는 불가능하다고 인식했다. 한편, 미·소 관계도 앙골라에 대한 소련과 쿠바의 군대 주둔과 제2차 전략무기감축협정(SALT II)[102] 협상에 비협조적인 소련의 태도 등으로 퇴행하고 있었다.[103] 이러한 강대국 간 냉전적 긴장의 복원은 당시 김일성의 전략 구상에 '기회'로 인식되었을 것이다. 데탕트 무드의 확산이 주한미군의 철수나 한미방위동맹의 와해로 이어지지 못했기 때문이다. 김일성은 냉전적 긴장 복원이 중·북 동맹관계를 밀착시키는 요인으로 작용할 수 있을 것이라 판단했을 것이다.

김일성을 더욱 고무시킨 것은 바로 중국이 지원하는 크메르루주 군(軍)이 1975년 4월 17일 캄보디아의 수도 프놈펜을 함락시킨 사실이다. 김일성은 바로 다음날 공개리에 베이징을 방문했다. 그는 당시 강대국 간 냉전적 긴장이 복원되는 와중에서 '기회'를 포착한 것이다. 우선 김일성은 중국이 북한을 전폭적으로 지지해주고 있다는 점을 대외적으로 과시해야 할 필요가 있었다.[104] 그래야, 당시 한·미 연합군의 '공세적 방어전략'에 '균형'을 맞출 수 있었다.[105] 한편, 김일성은 자신의 '호전성'(군사적 모험주의)을 중국지도부

102) 제1차 SALT협정은 닉슨 방중으로 '중국 카드'를 비축한 닉슨·키신저 팀이 1972년 5월 성사시켰다. 이로써 미·소 간 데탕트 시대를 열 수 있었다.

103) 서진영, 『21세기 중국의 외교정책』, pp.166-167; Victor D. Cha, *Alignment Despite Antagonism,* pp.142-144.

104) 1970년대 중반 무렵 미 군사당국의 가장 중요한 군사적 의문은 북한이 무력통일을 재차 시도할 경우 중국과 소련의 지원 여부였다. 미군 사령부 소속 첩보부는 1974년 보고서에서 북한정부는 "공격을 감행할 능력은 있으나 중국과 소련의 지원 없이 단기간 내 그런 모험을 할 가능성은 적다."라고 지적했다. 돈 오버도퍼, 『두 개의 한국』, p.107.

105) 중국은 대미 데탕트 추구 과정에서 북한의 대소 경사를 선제적으로 막아보고자 북한과 군사협력을 강화해 왔다. 1973년 중반 이러한 북한의 군사력 증강을 우려한 미국은 2차 세계대전과 베트남전 참전 경험이 있는 유능한 제임스 홀링스워스(James F. Hollingsworth) 중장을 한·미 연합 제1군 사령부 사령관으로 임명했다. 그는 기존의

에 '의도적으로' 드러내 보임으로써,[106] 중국의 대북 안보공약을 확인할 필요가 있었다. 이는 폴 포트(Pol Pot)의 '호전성'에 아낌없는 지원을 보냈던 중국의 커미트먼트가 김일성 자신에도 동일하게 적용되느냐를 확인하는 과정과도 같았다.[107] 동맹 이론적 관점에서 볼 때, 전자의 의도는 균형(balancing)이라는 동맹 외적 기능 측면에서, 후자의 의도는 결박(tethering)이라는 동맹 내적 기능 측면에서 도출된 것이다.

그러면 중국은 그러한 김일성의 의도에 어떤 식으로 호응했을까? 결론부터 말하면, 중국은 김일성의 두 가지 의도 모두에 '한계성'을 설정해 버렸다. 우선 중국은 대미 균형의 측면에서 북한의 입장을 전폭적으로 지지하고 있는 것처럼 보인다. 그러나 무력을 통한 한반도 상황의 급격한 변화 시도는 용인하지 않겠다는 점을 분명히 밝혔다. 양측은 공동성명 내에 "주한미군 철수, 유엔사 해체, 남조선 각계 인민의 민주화 투쟁 지지" 등의 문구를 포함시킴으로써 중국이 마치 김일성의 한반도 '혁명전략'을 승인하는 듯한 이

유엔군 '방어 전략'을 수정하여, 남한군을 공격부대로 전환시키는 '전진 방어' 전략을 입안했다. 이러한 사실은 합참본부나 워싱턴에 있는 군 당국의 승인을 받기도 전에 다혈질인 홀링스워스에 의해 서울의 기자회견장에서 발표되었다. 돈 오버도퍼, 『두 개의 한국』, pp.105-106.

106) 당시 김일성이 프놈펜 함락에 고무되어 한반도 무력통일을 실제 계획하고 있었는지는 의문이다. 한반도에서의 무력사용 문제는 한미동맹 체제가 공고히 존속하는 한 반드시 중국·소련과의 협의가 전제되어야만 했기 때문이다. 이점은 당시 평양주재 헝가리 대사관의 전문 내용 속에서도 쉽게 확인할 수 있다. 「Report, Embassy of Hungary in North Korea to the Hungarian Foreign Ministry, 22 November 1973」; 「Report, Embassy of Hungary in North Korea to the Hungarian Foreign Ministry, 30 July 1975」, Appendix Document, *CWIHP Working Paper,* No.53(August 2006), pp.51-53.

107) 김일성의 급작스런 방중은 분명히 프놈펜 함락과 연관성이 있다. 한국 외교부는 당시 김일성의 중국방문을 김일성의 급작스러운 요청에 의해 이루어진 것으로 분석하고 있다. 당시 중국은 4월 19~27일 벨기에 수상의 중국 공식방문을 결정한 상태에 있었다. 한편, 4월 18일 김일성의 베이징 기차역 도착 시 영접 인사 중에는 중국 지도요인(덩샤오핑, 장칭, 야오원위엔, 리셴녠, 챠오관화) 외에 시아누크도 포함되어 있었다. 당시 시아누크는 캄보디아 망명정부 수반으로 베이징에 체류 중이었다. 외무부, 『한·중국, 북한·중국 관계 주요자료집』, pp.209, 219.

미지를 부각시켰다. 공동성명은 그야말로 뜨거운 열기로 가득차 있다. 그러나 그 행간을 자세히 읽어보면, 중국의 구체적 커미트먼트를 찾아볼 수 없다. '확장된 억지력' 제공과 같은 북한 동맹체제가 상정한 본질적 내용은 없고, 다만 북한의 자주적 평화통일 정책을 지지함을 재확인하고 있을 뿐이다.[108] 다시 말해 외양은 뜨거웠지만, 내면은 싸늘한 기운으로 점철되었다. 그렇다면, 이처럼 김일성 방중의 '외양'과 '실제'가 불일치했던 이유는 무엇인가?

당시 중국이 4월 19~27일 벨기에 수상의 중국 공식방문 일정이 계획되어 있었음에도 김일성의 급작스런 공식방문 요청을 수락한 의도는 베이징-평양-프놈펜을 축으로 하는 아시아 공산혁명 연대를 과시함으로써 모스크바-하노이 축과의 경쟁에서 정치적 우위를 점하기 위해서였다.[109] 다시 말해 당시

108) "中華人民共和國和朝鮮民主主義人民共和國聯合公報(4月26日)," 劉金質·楊淮生 主編, 『中國對朝鮮和韓國政策文件匯編 5』, pp.2125-2131.

109) 이미 1973~75년 기간 중국과 하노이는 영유권 분쟁을 치르는 등 상당한 긴장관계를 유지하고 있었다. 따라서 중국은 하노이와 반목하고 있던 폴 포트를 이미 73년부터 대폭 지원하고 있었고, 하노이는 이러한 중국의 '이중성'(duality)에 대응하려고 점차 소련에 경사될 수밖에 없었다. 그러므로 크메르루주 군의 프놈펜 함락은 모스크바-하노이 축에 대한 중국의 정치적 승리를 의미했다. Qiang Zhai, *China & the Vietnam Wars,* pp.182-192, 208-215.

그런데 여기서 반드시 지적해야 할 사항은 북한으로서는 프놈펜의 함락과 사이공의 함락이 의미하는 바가 달랐다는 점이다. 앞에서 이미 지적한 바와 같이, 북한이 프놈펜 함락에 고무된 것은 중국과의 동맹을 공고히 할 수 있는 '기회'로 인식했기 때문이다. 그러나 북한은 사이공이 급격히 몰락(4월 30일)하는 것을 원치 않았다. 북한은 베트남 공산화에 그렇게 고무되지 않았다. 오히려 우려감 섞인 관전을 하고 있었다. 김일성은 인도차이나에 미군을 묶어 두는 것이 유리하다고 보았다. 베트남 공산화 이후 베트남에 집중되었던 미군이 남한으로 재배치될 가능성을 우려하고 있었던 것이다. 따라서 북한은 파리평화협정이나 사이공 함락에 대해 '차가운 침묵'만을 지켰다. Balazs Szalontai, "The International Context of the North Korea Program," pp.12-13.

애초 김일성은 중국 방문 이후 소련을 방문할 계획을 세우고 있었다. 그러나 소련은 상황설명조차 듣기를 원치 않았고, 일정 조절조차 거부했다. 소련정부는 김일성에게 "우리는 한반도 문제의 평화적 해결에만 지원해 줄 수 있다."라는 의사만을

중국의 전략적 타깃은 북한과 달리, 주로 모스크바와 하노이였던 것이다. 그야말로 '동상이몽'의 만남이 될 수밖에 없었다.

김일성은 자신의 '호전성'을 드러내 보임으로써, 무력사용 문제를 상호 협의하고자 했다. 4월 18일 오후 김일성은 오진우 인민군 총참모장만을 대동하고 마오쩌둥과 회담을 진행했다.110) 그는 "지금이야말로… 무력통일을 할 수 있는 호기"라고 강조했다. 그러나 마오는 "일부 지역에 민족해방 전쟁이 승리를 거두고 있는 것은 사실이지만, 지금은 무력을 통해서 한반도를 통일할 수 있는 시기는 아니라고" 말했다. 이후 방중 기간 내내 김일성은 남한 해방이 "식은 죽먹기"이며, 1975년 2월 17일 조선로동당 중앙위원회 제5기 10차 전원회의에서 행한 "혁명적 대사변을 앞당겨야 한다."라는 그의 발언을 거듭 반복했다. 그러나 저우언라이·덩샤오핑 등 중국지도부는 김일성의 무력 사용 의사에 분명한 비토를 행사했다.111)

분명히 당시 중·북 동맹관계는 문화대혁명기의 질곡에서 벗어나 있었다. 이는 양국이 아나키적 질서하에서 상호간 전략적 이해를 조정해 나갈 수 있는 여건이 마련되었다는 의미이다. 그러나 그러한 조정과정은 자국에 대한 상대방의 전략적 가치를 평가하는 데에서부터 시작된다. 중국에게 김일성의 호전성과 폴 포트의 호전성은 그 전략적 가치가 확연히 달랐다. 폴 포트의 호전성은 하노이 견제에 유용한 것이었지만, 김일성의 호전성은 원치 않는 분쟁에 '연루'될 우려만을 증가시켰을 뿐이었다. 전자가 자산(asset)이

표했다. 김일성은 베이징 방문에 이어 루마니아, 알제리, 모리타니, 불가리아, 유고 등을 순방했지만 소련에 대한 불편한 심기를 고집스럽게 드러내려는 듯 소련 영공을 통과하는 대신 수백km를 돌아가는 항로를 선택했다.「Report, Embassy of Hungary in North Korea to the Hungarian Foreign Ministry, 30 July 1975」, *CWIHP Working Paper,* No.53(August 2006), p.52; 돈 오버도퍼,『두 개의 한국』, pp.108-109.

110) 김일성 방중의 자세한 일정과 내용에 대해서는 潘敬國 主編,『共和國外交風雲中的鄧小平』(哈爾濱: 黑龍江人民出版社, 2004), pp.377-378; 외무부,『한·중국, 북한·중국 관계 주요자료집』, pp.209-217.

111) 김일성의 각종 호전적 발언의 구체적 내용에 대해서는 오진용,『김일성 시대의 중소와 남북한』, pp.56-58; 돈 오버도퍼,『두 개의 한국』, p.108 등 참조.

었다면,[112] 후자는 부담(liability)이었다는 말이다. 이때부터 중국은 북한의 모험주의에 '연루'될 수 있다는 우려를 표명하기 시작했다. 김일성의 방중에 관한 중국 대사의 발언을 인용해 1975년 7월 평양주재 헝가리 대사관이 본국에 보낸 전문에는 다음과 같이 기술되어 있다.

> "중국은 (확실히) 아시아에서 미국의 지위를 뒤흔들 수 있는 어떠한 무력 투쟁에 대해서도 반대한다. 새로운 한국전쟁은 단순히 남한과 북한만의 전쟁이 아닐 것이다."[113]

한반도 문제에 정통한 전직 중국외교관은 이미 그 당시 중국은 "제2의 항미원조(抗美援朝)는 절대 있을 수 없다."라는 점을 내부적으로 분명히 하고 있었다고 말하면서, 덩샤오핑과 김일성의 회담 내용을 다음과 같이 증언한 바 있다.

> "1975년 김일성은 호전적 발언을 거듭 제기했다. 덩샤오핑과의 회담에서 그는 남한에 대한 무력사용 가능성을 시사하는 발언을 했다. 이에 대해 덩샤오핑은 절대 지지할 수 없다는 입장을 분명히 했다. 벌써 당시에는 내부적으로 제2의 '항미원조'는 절대 불가하다는 정책적 분위기가 팽배해 있었다. 김일성은 인도차이나 반도 상황을 예로 들면서, 남한에 대한 무력사용의 유용성을 타진했으나, 중국 측은 한반도 상황은 다르다는 점을 강조했다. 덩샤오핑은 베트남의 경우는 해방전쟁을 지속적으로 추진해 왔기 때문에 가능했지만, 한반도의 경우는 이미 정전이 된 지 20여 년이 경과한 상태이기 때문에 현상을 유지하는 것이 좋다고 말했다. 당시 중국지도부의 대북 정책기조는 제2의 항미원조는 절대 있어서는

---

112) 폴 포트는 6월 21일 베이징을 방문했다. 그리고 그는 '영웅'이 개선하는 환영을 받았다. Qiang Zhai, *China & the Vietnam Wars,* pp.212-213. 물론 폴 포트의 호전성이 지속적으로 베이징에 자산이 된 것은 아니다. 폴 포트의 유용성은 하노이 견제에 대한 기여도로 판단되었고, 그에 따라 중국의 커미트먼트도 달라졌다. 이에 대해서는 Michael Robert Chambers, *Explaining China's Alliances,* pp.213-289.

113) 「Report, Embassy of Hungary in North Korea to the Hungarian Foreign Ministry, 30 July 1975」, *CWIHP Working Paper,* No.53(August 2006), p.52.

안 된다는 것이었으며, 불가피한 상황이라도 역사를 반복할 수 없다는 입장에 있었다."[114)]

덩샤오핑이 북한에 대해 설정한 '한계선'은 한반도 상황을 급변시킬 수 있는 도발적 행위에 대해서는 지지하지 않겠다는 것이다. 즉 현상의 급격한 변화가 아니라, 점진적인 정치적 해결을 모색하라고 권고한 것이다. 그러나 당시 중국은 김일성의 '혁명전략'에 대해 비토를 행사한 데 따른 '보상'을 잊지 않았다. 당시까지 중국은 여전히 베이징-평양-모스크바 간 '지역적 동학'의 제약 속에 있었기 때문이다. 중국은 1971년 9월 체결된 대북 '무상군사원조 제공 협정'을 계속 이행할 것을 약속했다. 그리고 경제원조협정도 체결한다. 특히 1973년까지 대북 원유공급을 거의 독점하고 있던 소련이 '석유위기' 발생 이후 원유가격을 대폭 인상한 다음에도,[115)] 중국은 연 100만톤의 원유를 안정적으로 공급했다. 1976년 1월에는 '중·조 석유공급 협정'을 체결하여, 양국 합작으로 다칭(大慶)에서 신의주를 거처 봉화(峰化) 화학공장에 이르는 총연장 1천km의 송유관 건설을 시작했다.[116)] 물론 중국의 이러한 '보상'은 중국이 설정한 '한계선'을 북한이 넘을 경우, 언제든 '처벌'의 수단이 될 수도 있었다.

그러나 북한에게 이제 중국은 한반도 '혁명전략'을 지원해줄 '믿을 만한 동맹자'가 아니었다. 중국의 커미트먼트의 불충분성에 대한 불만은 김일성의 방중 직후 5월 2일 김정일이 행한 다음의 연설을 통해서도 간접적으로 유추해 볼 수 있다.

"전쟁이 일어나면 물론 형제나라들이 우리를 물질적으로 도와줄 수 있지만 우리는 물질적으로도 자체의 힘으로 적과 싸워이길 만단의 준비를 갖추어야 합

114) 전직 중국외교관과의 인터뷰(2005년 1월) 기록. 김일성은 덩샤오핑과 모두 4차례에 걸쳐 회담을 진행했다. 潘敬國 主編, 『共和國外交風雲中的鄧小平』, pp.377-378.

115) Balazs Szalontai, "The International Context of the North Korea Program," p.8.

116) 오진용, 『김일성 시대의 중소와 남북한』, p.62.

니다. 위대한 수령님께서 늘 말씀하시는 바와 같이 지난 조국해방전쟁 때 우리가 후퇴한 것은 총이 없었기 때문이었습니다. 설사 총을 남이 대준다 하더라도 그것이 제때에 또 요구되는 것만큼 보장되지 못 할 수 있는 것입니다. 더욱이 미제침략자들이 우리와의 대결에서 물질 기술적 우세를 믿고 있는 것만큼 우리는 물질적 준비를 결코 소홀히 할 수 없습니다."[117]

4. '판문점 도끼살해 사건,' 그리고 중국으로부터의 싸늘한 침묵

김일성은 1975년 4월 방중을 통해 중국의 대북 커미트먼트의 '한계성'을 분명히 인식할 수 있었다. 그럼에도, 북한은 유엔사의 존립기반 침해와 주한미군 철수를 위한 '전술'을 포기할 수는 없었다. 이제까지의 북한의 모험주의적 도발, 특히 미군에 대한 직접적 도발은 중국과의 동맹관계가 '불협화음'을 보인 것이 상황적 맥락으로 작용했다는 점을 상기한다면, 북한은 또다시 도발을 위한 '기회' 포착을 준비하고 있었을 것이다. 1976년 8월 18일 발생한 '판문점 도끼살해 사건'이 북한의 또 다른 '계산된 모험주의'의 결과인지는 확실치 않으나, 그것이 치밀하게 짜인 계획적 도발이었다는 점만은 분명하다.[118]

---

117) 김정일, "현정세의 요구에 맞게 혁명력량을 튼튼히 꾸리며 당사업을 더욱 개선강화할 데 대하여"(조선로동당 중앙위원회 비서, 부장, 부부장협의회에서 한 연설, 1975년 5월 2일), 『주체혁명위업의 완성을 위하여 3』(평양: 조선로동당출판사, 1987), p.309. 북한은 1975년 이후 한반도 '혁명전략' 추진에서 중국에 대한 동맹 의존성을 줄이고 제3세계 외교(비동맹 운동)를 통한 '국제혁명역량'을 강화하고자 했다. 북한에게 1975년의 중국은 믿을 만한 동맹자가 아니었지만, 제3세계 비동맹 국가들은 "사회주의 역량의 믿음직한 동맹군이 되고 있으며 인류력사를 전진시키는 커다란 추동력"이 되었다. 김일성, "조선로동당 창건 30돐에 즈음하여"(조선로동당 창건 30돐 기념대회에서 한 보고, 1975년 10월 9일), 『김일성 저작선집 7』(평양: 조선로동당출판사, 1978), p.231; 김일성, "쁠럭불가담운동은 우리 시대의 위력한 반제혁명력량이다"(아르헨띠나에서 발간되는 잡지 ≪제3세계 편람≫ 창간호에 발표한 론설, 1975년 12월 16일), 『김일성 저작선집 7』, pp.237-241.

118) 이 점은 사건 발생경위를 세밀히 분석한 척 다운스의 결론이다. Chuck Downs, *Over the Line,* p.151.

공동경비 구역 내에서의 벌목작업은 북한 측도 이따금 실시하는 일상적인 작업이었다. 그러한 일상적 작업을 수행하는 유엔사 경비대원들이 북한 측으로부터 무자비한 공격을 받고 살해된 사건이 '판문점 도끼살해 사건'이다. 이는 정전협정이 서명된 이후 최초로 발생한 사건이기도 했다. 미국정부는 8월 19일 북한에 대해 무력시위를 하기로 하였다. 21일 주한미군의 경계태세는 데프콘(DEFCON) 3으로 격상되었고, F-111 및 F-4 전투기가 한국에 임시 배치되었다. B-52 폭격기가 증강되고 미 항공모함 미드웨이 호와 특별호위 함정단이 한반도 수역에 기항했다. 그리고 한국 특수부대와 미군은 북한에 전혀 통보하지 않고 공동경비구역 내 미루나무를 자르는 '폴 버년 작전'(Operation Paul Bunyan)을 수행했다. 그런데 같은 날 정오, '북조선 최고사령관'으로부터 유엔사령관에게 보내진 메시지가 전달되었다. 놀랍게도 김일성이 직접 '유감'을 표명한 것이다. 북한의 도발행위에 김일성이 직접 유감을 표명한 최초의 사례가 바로 '판문점 도끼살해 사건'이다. 1996년 9월 19일 잠수함 사건 때까지 북한이 유감을 표명한 것은 오직 단 한 차례, 이 '도끼살해 사건' 때뿐이다.[119]

1968년 1월의 '푸에블로 호 사건'과 69년 4월 'EC-121 위기' 시에도 미국은 군사적 보복은 아니었으나 대북 무력시위는 행사했었다. 그러나 당시 북한은 미국과 유엔사를 "마음껏 공격하고 조롱"했었다.[120] 북한 최고사령관의 유감은 상상조차 하지 못할 분위기였다. 그런데 왜 이번에는 달랐을까? 앞의 두 사건 때에는 중국이 문화혁명의 와중에서조차 북한을 즉각 지지하는 성명을 발표했었다. 이미 지적했던 적이 있지만, 김일성은 그러한 중국의 지지 표명을 「조·중 조약」의 유효성을 가름하는 지표로 받아들였다. 그러한 중국으로부터의 외교적 지지가 있었기 때문에 북한은 미국과의 협상에서 주도권을 잡을 수 있었던 것이다.

강성학이 적절히 지적한 바와 같이, 냉전시대 한반도 위기 국면이 전쟁으

---

119) 강성학, "냉전시대의 한반도 위기관리," p.657; Chuck Downs, *Over the Line,* p.155.
120) Chuck Downs, *Over the Line,* pp.122-140, 146-148.

로 비화하지 않았던 것은 "미·소 간의 핵 양극체제가 한반도에서의 제2의 전쟁을 구조적으로 제한"했기 때문이다.[121] 그러나 이러한 구조적 제한이 '지역적 동학'까지는 설명하지 못한다. 김일성의 유감 표명은 소련의 침묵과는 크게 상관이 없어 보인다. '푸에블로 호 사건' 동안 소련은 북한 지지를 표명했으나, 실제로는 북한의 모험주의적 행동을 엄중히 경고한 바 있었다. 그리고 'EC-121 위기' 때에는 공개적 지지 표명조차 하지 않았었다.[122] 김일성이 고대하고 있었던 것은 중국으로부터의 지지 표명이었을 것이다. 그러나 사건 발생 3일이 지나고 미국의 무력시위가 고조되는 와중에서도 베이징의 싸늘한 '침묵'은 계속되었다. 오히려 주미 중국 대사는 키신저와의 회담에서 중국의 대북 지원은 없을 것이란 점을 분명히 확인시켜 주었다.[123] 이러한 중국 측 반응은 당시 미·중 관계에 냉전적 긴장감이 또다시 감도는 상태에서 나온 것이었다. '판문점 도끼살해 사건'은 중국지도부가 설정해 놓은 '한계선'을 분명히 넘은 것이었다. 김일성의 '모험주의'는 메아리 없는 외침이었을 뿐이다. 베이징은 너무나도 조용했다.

이미 1972년 닉슨의 방중을 통해 미·중 양국은 한반도를 더는 상호 전략적 이해가 '첨예하게' 대립하는 시험대로 조망하지 않았다. 미국과 중국은 남·북한을 각자의 전략적 이익을 투사하는 장소로서가 아니라, '공동관리' 해 나가야 하는 공조의 장소로 인식하기 시작했다. 이것이 바로 닉슨 방중을 통해 미·중 지도부가 암묵적으로 합의한 '묵계'였다. 이러한 미·중의 인식 수렴은 김일성의 '계산된 모험주의'가 효과성을 발휘하기 어렵다는 점을 시사하는 것이기도 했다. 북한은 '판문점 도끼살해 사건'을 끝으로 미군에 대해서만은 '의도적인' 직접적 도발을 더는 시도하지 않았다.

---

121) 강성학, "냉전시대의 한반도 위기관리," p.663.

122) 앞장 해당 부분 참조.

123) Donald S. Zagoria and Janet D. Zagoria, "Crises on the Korean Peninsula," in Stephan S. Kaplan (ed.), *Diplomacy of Power: Soviet Armed Forces as a Political Instrument* (Washington, D.C.: The Brookings Institution, 1981), p.398, 강석학, "냉전시대의 한반도 위기관리," p.656에서 재인용.

제3절 미·중 간 대북정책 공조와 중국의 '계산된 모호성'

1. 중·미 국교정상화와 중·북 내홍(內訌), 그리고 중국의 보상

1976년 9월 마오의 사망 직후 대미 데탕트의 창을 여는 데 있어 주역 중의 한 사람으로 참여한 예지엔잉(葉劍英) 국방부장이 문혁 4인방을 체포했다. 이로써 중국대륙에는 새로운 개혁개방 시대의 전개가 준비되고 있었다.[124] 그러나 당시 중국의 주변 안보위협은 더욱 악화되고 있었다. 1975년 4월 소련의 지원을 받은 북베트남이 사이공을 함락시킨 이후 중국과 하노이의 관계는 급속도로 악화되었다. 급기야 1978년 7월 베트남은 17만 명의 남부 베트남 화교들을 축출하고, 12월에는 캄보디아를 침공하여 친중국계 폴포트 크메르루주 정권을 전복하였다. 이를 중국지도부는 '인도차이나 대연방' 구축을 통해 지역 패권을 추구하고자 하는 베트남 공산주의자들의 야망이 드러나는 것으로 인식했다. 그리고 그 배후에는 소련의 '패권주의'가 결부되어 있는 것으로 간주했다. 소련의 그러한 팽창주의적 공세성은 1979년 아프가니스탄 침공으로 중국지도부에 더욱 명확하게 각인되었다.[125]

소련은 쿠바와 동독을 앞세워 앙골라, 자이레, 남예멘 등에서 세력 확장에 박차를 가하면서 미국과 중국의 경계심을 자극하였다. 이와 같은 소련의 '팽창주의적' 세력 확장에 대해 미국 내에서는 소련 견제에 대한 보수 세력의 목소리가 강화되었고, 중국으로서도 소련의 대중국 포위 전략에 대해 의구심이 커져 갔다. 특히, 마오쩌둥 이후 등장한 새로운 중국지도부는 소련과의 화해와 협력의 필요성을 인정하면서도 현실적으로 소련의 위협이 실재하고 있다고 판단했기 때문에 미국과의 전략적 협력의 필요성을 재차 절감했다.[126] 1977년 8월 반스(Cyrus Vance) 미 국무장관이 베이징을 방문했다. 그

---

124) 문혁 4인방 체포와 덩샤오핑의 부상에 대해서는 산케이 신문 특별 취재반, 임홍빈 옮김, 『모택동 비록(하)』(서울: 문학사상사, 2001), pp.273-306.

125) 당시 중국의 주변 위협인식은 Michael R. Chambers, *Explaining China's Alliances,* pp.203-279.

리고 미국은 1978년 5월 20일 브레진스키(Zbigniew Brzezinski) NSC 보좌관의 방중을 통해 미·중 관계개선은 일시적 방편이 아니라, 미국의 '은밀한' 군사협력 공약이 포함된 전략적 개념의 제휴(strategic alignment)라는 점을 분명하게 시사했다. 그 결과 미·중 관계뿐만 아니라 중·일 관계 개선도 빠르게 진행되었다. 1978년 8월 12일 베이징에서는 중·일 평화우호조약이 체결되었다. 12월 15일 미·중 양국은 1979년 1월 1일부로 정식 외교관계를 수립한다는 관계 정상화의 일정을 발표했다.[127]

이러한 중국의 대미 관계개선 움직임에 대응하여 북한은 기존의 방식에서 벗어나 '독자적인' 행보를 보인다. 북한은 1971~72년 상황과 달리 중국의 대미 접근을 더는 '기회의 창'으로 인식하지 않았다. 중국에 대한 기대감이 그만큼 약화되어 있었던 것이다.[128] 따라서 북한은 '중국을 통한 대미 접근'의 방식에서 벗어나 카터 행정부에 직접 희망을 걸어 보았다. 사실 북한은 한반도에 대한 미국의 불개입(disengagement)을 내용으로 하는 '카터 계획'(Cater Plan)에 상당히 고무되었을 것이다.[129]

---

126) 서진영, 『21세기 중국의 외교정책』, p.168.

127) 중국과의 국교정상화 협상 과정 중 미 행정부 내의 논쟁과 경쟁에 대해서는 James Mann, *About Face,* pp.78-95; Patrick Tyler, "The (ab)normalization of U.S.-China relations," *Foreign Affairs,* Vol.78, No.5(Sept./Oct. 1999), pp.93-122; 서진영, 『21세기 중국의 외교정책』, pp.169-171 참조. 당시 일본의 안보구상에 대해서는 다나카 아키히코, 『전후 일본의 안보정책』, pp.259-284.

128) Harry Harding, "North Korea and the People's Republic of China," Prepared for the Conference on Northeast Asia in the 1980s: Issues and Opportunities, Sponsored by IFANS and the Pacific Forum (Seoul, November 1983), p.7.

129) 카터는 1975년 대통령 후보 시절부터 한국에서의 미 지상군 전면철수 계획을 제기했었다. 그리고 76년 대통령 선거운동 기간에 지속적으로 이 문제를 의제에 올렸다. 그후 77년 5월 5일에는 대통령 명령 제12호 문서(Presidential Directive/NSC: PD/NSC-12)가 하달되어 철수를 위한 시간표를 마련했다. 그 계획을 발표하는 기자회견에서 카터는 이러한 철수 결정이 협상에 좌우되지 않을 것이며 바로 추진될 것이라는 입장을 피력했다. 그러나 카터의 철군 계획은 강력한 비난에 직면했다. 의회의 압력과 북한에 대한 수정된 정보 평가, 그리고 아시아 동맹국들로부터의 비난이 겹쳐지자 카터는 결국 철군 계획을 철회하고 말았다. Victor D. Cha, *Alignment Despite*

김일성은 1976년 12월 20일 부토 파키스탄 대통령을 통해 "카터 행정부와 평화협상 준비가 되어 있다."라는 서신을 카터에게 전달했다.[130] 이어 1977년 2월 1일에는 허담 북한 외무상이 반스 미 국무장관에게 "한반도 긴장완화를 위한 실질적인 방안은 미·북한 회담을 통해 강구해야 한다."라는 내용의 서신을 전달했다. 이러한 북한의 제의에 대해 카터 행정부는 2월 24일 북한과의 관계개선 용의가 있음을 표명했으나, 한국의 참가가 전제되어야 북한과의 회담이 가능하다고 밝혔다.[131] 카터는 3월 18일 유엔 연설을 통해 미국은 북한을 포함한 아태지역 적대국과의 관계개선의 용의는 있으나,[132] 한국의 참여 없이 대북 관계개선을 위한 어떠한 조치도 취하지 않을 것이라고 언급했다. 김일성은 이에 재차 1977년 6월 봉고 가봉 대통령, 9월 티토 유고 대통령 등을 통해 미국과의 직접 접촉을 강하게 희망하는 메시지를 거듭 미국 측에 전달했다. 그러나 미국은 북한과의 양자 직접접촉을 거부했다. 1978년 3월 김일성의 서한을 전달한 티토 유고 대통령과의 회담에서 카터는 미국, 남·북한 간의 실무자급 3자회담을 제의했다.[133] 이에 5월 14

Antagonism, pp.144-146.

130) 이하의 내용은 국가안전기획부, 『한반도문제 관련 관계국회담 자료집』(1985.2), pp. 46-57을 바탕으로 하고 있다.

131) 당시 카터가 한반도에 대한 불개입 의사를 표명하였다고는 하지만, 한반도 문제해결의 직접적 당사자에 반드시 한국이 포함되어야 된다는 생각에는 변함이 없었다. 한반도 문제 해결의 관건은 남·북한 직접협상에 있다는 생각은 당시 중국이나 미국 모두 공유하고 있었다. 이는 1971~72년 미·중 관계정상화 과정에서 양국 지도부가 이미 암묵적으로 합의한 사실이다. 후에 키신저는 1986년 9월 6일 일해연구소 초청 연설에서 "미국이 몇몇 나라의 제안처럼 긴장완화를 위해 북한과 접촉하는 것은 대단히 위험스런 발상이며, 그것은 미국이 한국을 저버릴 수 있다는 느낌과 함께 한국이 미국의 꼭두각시라는 인상을 줄 수 있다. 따라서 한반도 문제는 남북한의 직접협상으로 해결되어야 하며, 협상은 국제적인 노력을 통해 이뤄져야 할 것이다. 미국이 남·북한 문제에 직접 개입하는 것은 곤란하고, 한국의 정치적 장래는 한국인에 의해 결정되어져야 할 것이다."라고 언급하였다. 국방부, 『주변국 주요인사 발언 및 군사동향(한반도 및 동북아 안보정세를 중심으로)』(국방부정책기획관실, 1987), p.24.

132) 미 국무부는 1977년 3월 10일, 미국 시민의 대북 여행 제한조치를 해제했다. 그리고 4월 14일에는 미국 영주권자의 북한, 쿠바, 베트남 여행 제한조치를 해제한다.

133) 미국의 3자회담 개최 제의에 대해 당초 한국정부의 반응은 부정적이었다. 그러나

일 북한 김영남 외무상은 일본 마이니찌 신문과의 회견을 통해 "미국은 우리가 제의한 평화협정 체결 제의에 응하지 않는 것을 은폐하기 위해 3자회담을 제안했으나 우리는 이를 받아들일 수 없다."라고 밝혔다. 결국, 1979년 7월 10일 북한 외무성 대변인은 '3당국 회담 한·미 공동제안'에 대해, "이것은 극히 비현실적이고 사리에 맞지 않으며 이것도 저것도 아닌 혼탕된 제안이며…통일문제 해결에서 제기되는 문제는 외세간섭 없이 조선사람 자신이 대화를 통하여 해결할 민족내부 문제이고…미군 철거문제와 정전협정을 평화협정으로 바꾸는 문제는 우리와 미국 사이에 해결해야 할 문제"라고 주장했다.[134)]

북한의 이러한 행보는 분명히 중국의 이해에 부합된다고 할 수 없는 것이었다. 앞에서도 살펴본 바와 같이, 중국은 한반도 문제가 남·북한 간의 가시적 긴장완화 조치를 통해 점진적으로 여건을 조성한 다음 국제적인 노력을 통해 해결되어야 한다는 입장에 있었다. 이는 키신저·저우언라이의 암묵적 합의였다. 따라서 당시 중국은—명시적으로 표명한 것은 아니라 할지라도—한반도 문제논의에 있어 한국정부가 실제적인 당사자의 자격을 가지고 있다고 판단하고 있었다.[135)] 중국은 미국의 실무자급 3자회담 제의에 대해 북한이 강한 반발을 보이고 있을 당시에도 '암묵적으로' 3자회담을 지지하고 있었다. 1978년 4월 10일 주일 중국대사관의 샤오샹치엔(肖向前) 공사는 "3자회담에 대해 (우리는) 반대하지 않으나, 소련과 북한은 우려할 것으로 본다."라는 견해를 밝혔다.[136)]

스나이더 주한 미국 대사의 설득과 카터의 철군 계획 철회선언 이후 한국은 이에 대해 신축적인 반응을 보였다. 흥미로운 사실은 당시 한국은 북한의 대미 평화협정 체결 주장에 대해, 북한이 중국을 배제하고 있다고 보고 있었다는 점이다. 어쨌든 한국정부는 3자회담(3당국 회담)에 대해 미국과 충분한 협의를 거쳐 공동 전략을 수립했다고 발표했다.

134) 이는 79년 7월 10일 북한 외무성 대변인 성명 내용이다.

135) 심지어 중국은 73년 실제로 전쟁을 벌이고 있는 하노이에 대해서조차 남베트남 정부를 협상 상대로 인정하라고 촉구할 정도였다.

136) 국가안전기획부, 『한반도문제 관련 관계국회담 자료집』(1985.2), p.58.

이러한 중국의 입장은 1978년 5월 5~10일 화궈펑(華國鋒)의 방북을 통해서도 분명히 드러나고 있었다. 김일성은 화 주석과의 단독회담에서 미국이 제안한 3자회담에 대한 거부 논리로 "3자회담은 실제적으로 조선·미국의 쌍무회담으로 될 것이며, 남조선은 참관자로 옆에 앉아 있을 뿐이다. 그러나 남조선이 참가한다면, 표면적으로나마 남조선과 담판을 하는 것이니, 남조선 (좌익)인사들이 그것을 반대하고 있다."라고 언급했다. 이러한 언급은 김일성이 여전히 주한미군 철수를 통해 한반도 '혁명전략'(남조선 혁명에 기초하여 북한 중심의 패권적 통일 지향)을 추진한다는 기존의 사고에서 벗어나지 못하고 있음을 단적으로 보여주는 것이었다. 이에 대해 화 주석은 "(한반도 관련) 회담은 남조선 인민들의 염원을 고려해야 한다. 물론 남조선 민주당파(좌익)의 의견도 고려해야 한다…조선문제 해결에 관해서 이것은 어디까지나 조선동지들의 일이지만, 우리도 형제로서 큰 관심을 기울이고 있다."라고 언급했다. 이는 남한도 실질적 당사자로서의 자격이 있다는 것으로 3자회담을 간접적으로 긍정하고 있는 것이다. 또한, 한반도 문제는 단순히 남·북이나 북·미 양자 문제만이 아니라 중국이 포함된 국제적 문제임을 강조한 것이다. 그러면서 화 주석은 "조선문제에서 기본전략은 이미 1975년 4월 모택동 주석과 주은래 총리가 연구해서 일차적인 의견의 일치를 보았다…(우리는) 과거에 모택동-주은래-김일성이 합의한 '방침'에 따를 뿐이다."라고 첨언함으로써, 김일성의 한반도 '혁명전략'에 대한 비토 의사를 다시 한번 내비쳤다.[137]

김일성은 5월 7일 평양 모란봉 경기장에서 거행된 화(華) 주석 군중환영대회 연설을 통해 대미 단독 협상을 주장하면서 3자회담을 거부한다는 의사를 분명히 밝혔다. 그리고 그는 중국의 대소 견제 암호명인 '반패권주의'라는 용어 대신 '반지배주의'라는 용어를 사용함으로써 중국에 대한 불만을 드러냈다.[138] 이 무렵 북한 내부의 정치적 담론은 중국 비판을 암시하는 언

137) 여기에서 직접 인용한 김일성과 화궈펑의 1978년 5월 5일 대화록은 오진용, 『김일성 시대의 중소와 남북한』, pp.65-67.

술들이 눈에 띄게 등장했다. 조선노동당 중앙위원회 당 역사연구소가 펴낸 『조선로동당략사』에는 다음과 같이 기술되어 있다.

> "우리 당은 제국주의를 반대하는 동시에 온갖 형태의 지배주의를 다 반대하여 견결히 투쟁하여왔다. 지배주의는 자주성을 지향하는 현시대의 추세에 역행하는 반혁명적 조류이며 세계 혁명적 인민들의 공동의 투쟁대상이다.… 지배주의에는 공공연히 다른 나라를 식민지로 만들고 로골적으로 억압하고 착취하는 형태도 있으며 여러 가지 교활한 방법으로 다른 나라에 예속의 올가미를 씌워 지배하고 통제하는 형태도 있다."[139]

당시 중·북 관계를 고려한다면, 북한이 말하는 '지배주의'가 누구를 겨냥한 것인지는 분명해 보인다. 결국, 중·북 양측은 중국공산당 주석으로는 최초 공식방문이었음에도 공동성명 발표를 위한 문안 작성에 실패했다.[140]

그러나 화궈펑 방북의 주요 목적은 당시 중국의 대일, 대미 관계 정상화 과정에 대해 북한에 관련 사실을 사전 통보하기 위한 데 있었다. 이는 동맹의무규범의 준수를 위한 것이었으며, 이를 통해 북한의 대소 경사를 방지하고자 하는 목적도 있었다. 화 주석은 평양방문을 통해 미·중 관계개선에 따르는 상당한 반대급부를 김일성에게 제공하였다. 중국은 1억 달러 상당의 차관을 제공하고, 북한의 2차 7개년계획(1978~84년) 동안 30개의 공장건설을 지원했다. 그리고 대북 석유공급을 무역 베이스 1백만 톤 이외에 150만 톤을 추가 공급하고, 그것도 소련의 대북 석유판매가인 배럴당 11달러에 비해 훨씬 싼 4.30달러로 제공하기로 했다. 특히 중국은 대베트남 원유 공급을 중단했기 때문에 그 지원용으로 비축된 50~70만 톤의 석유를 북한 쪽으로 전용했다.[141]

---

138) 5월 5일 김일성이 주최한 환영 만찬에서 화궈펑은 '반패권주의'라는 용어를 사용했다. 劉金質·楊淮生 主編, 『中國對朝鮮和韓國政策文件彙編 5』, p.2213; 외무부, 『한·중국, 북한·중국관계 주요자료집』, p.227.

139) 조선로동당 중앙위원회 당력사연구소, 『조선로동당략사』, p.738.

140) 외무부, 『한·중국, 북한·중국관계 주요자료집』, pp.223, 227-228.

미·중 관계정상화에 대한 중국의 대북 사전 통보 노력은 계속되었다. 1978년 9월 8일 덩샤오핑을 단장으로 하는 중국 당·정 대표단이 북한 정권 수립 30주년 기념식 참석차 평양을 방문했다.142) 그러나 김일성은 관례와 달리 직접 영접을 나오지 않았다. 덩샤오핑은 12일 오전 김일성과 한 차례 회담을 진행했을 뿐이다. 덩샤오핑은 국제정세가 전반적으로 매우 안정되지 못했다고 평가하면서, "우리는 일본과 '중·일 평화우호조약'을 체결했다. 그리고 반패권 조항을 적어 넣었다. 이는 세계에서 첫 번째 사례라고 할 수 있을 것이다."라고 언급했다. 그리고 덩(鄧)은 중국이 미국과 국교정상화 논의를 비밀리에 진행시키고 있다고 통보했다. 그런데 이 대목에서 흥미로운 사실은 덩샤오핑이 미·중 관계정상화 문제를 김일성에게 통보하면서 대만 문제에 대해 언급한 내용이다.

덩은 김일성에게 "우리와 미국과의 관계에는 대만 이슈가 주요한 문제이다. 우리는 현실 상황에 따라 대만문제를 해결할 것이다. 미국은 대만과의 상호방위조약 폐기, 대만에서의 미군 철수, 대만과의 외교관계 단절이라는 (우리의) 3가지 (요구) 조건을 수용한다는 데 동의를 표했다. 그러나 미국은 대만문제 해결에 있어 무력 불사용 의무에 (우리가) 동의하기를 희망했다. (하지만) 우리는 그렇게 할 수 없다고 말했다."라고 언급한 것이다.143) 한편, 덩샤오핑은 "우리는 22년 동안 전쟁이 일어나지 않기를 바라고 있다. 그러하다면 우리는 곧 4개 현대화를 실현할 수 있을 것"이라고 언급하면서, "우리는 반드시 국제 선진기술을 현대화 추진에 출발점으로 삼아야 한다. 우리는 여전히 낙후된 국가이며 농촌은 아직도 빈곤하다. 적극 경제를 발전시키고 교육을 발전시켜야 한다."라고 강조했다.144)

이상의 언급내용을 통해 덩샤오핑이 김일성에게 보내는 메시지는 3가지

141) 오진용, 『김일성 시대의 중소와 남북한』, pp.68-69.

142) 자세한 방문 일정에 관해서는 滿敬國 主編, 『共和國外交風雲中的鄧小平』, pp.378-380.

143) 中共中央文獻研究室 編, 『鄧小平年譜 一九七五~一九九七 (上)』(北京: 中央文獻出版社, 2004), p.373.

144) 『鄧小平年譜 (上)』, p.372; 滿敬國 主編, 『共和國外交風雲中的鄧小平』, pp.379-380.

로 요약된다. 우선은 중국의 미·일과의 관계 개선은 소련의 '패권주의'에 대한 견제의 목적이 가장 주요한 전략적 고려로 작용했다는 것이다. 둘째, 중국은 대만문제 해결의 원칙을 가지고 미국과 '흥정'하지 않았다는 것이다. 다시 말해 무력사용 여부를 포함하여 일체의 대만 관련 이슈는 전적으로 중국의 내정에 속한다는 기존의 원칙에는 타협하지 않았다는 것이다. 셋째, 중국의 당면한 최대의 국내정치적 과제는 현대화로서, 이를 위해 안정적 주변 환경이 필요하며 원치 않는 분쟁에 '연루'(entrapment)되지 않겠다는 의사를 표명한 것이다.

그런데 당시 북한의 시각에서 가장 우려스러웠던 점은 미·중 양국이 대만 문제와 한반도 문제(특히 주한미군 문제)를 서로 연계시킬 수 있었다는 사실이었을 것이다. 즉 중국이 미국의 대대만 커미트먼트 철회 대가로 주한미군 주둔을 용인할 수 있었다는 것이다. 이러한 북한의 의구심은 상황적으로 보아 어느 정도 타당한 것이었다. 1971~72년 미국과 화해를 추구하는 동안 중국은 북한의 대미 비난 서한을 공개적으로 발표할 정도로 북한을 지지하는 외양을 갖추고 있었다. 그러나 카터의 주한미군 철군 계획이 지속적으로 연기되고 있고, 심지어 1978년 3월에는 미군 4만 명과 한국군 6만 명이 참가하는 6·25전쟁 정전 이후 최대 규모의 한미연합작전훈련(팀 스피릿)이 벌어지는 상황에서조차 중국은 미국을 직접적으로 비난하지 않았다.[145)]

1978년 12월 15일 국교정상화 관련 '미·중 공동성명' 발표에 대한 미 정부의 성명이 나오자 북한의 의구심은 증폭되었다. 동시에 발표된 중국정부 성명에는 "조국 통일문제는 전적으로 중국의 내정에 속한다."라는 문구가 포함되어 있었으나,[146)] 미 정부성명에는 미국이 주장한 대만문제에 대한 평화적 해결 원칙에 대해 중국이 양해했음을 강하게 시사하는 문구가 들어가

145) 김용호, 『현대북한 외교론』(서울: 오름, 1996), pp.158-159.

146) 「Statement of the Government of the People's Republic of China」, 외무부, 『중국관계 자료집』(1988.1), p.42.

있었다.[147] 미·중 양국 정부의 성명이 각각 발표된 직후 북한은 중국에 대한 불만과 함께 북한이 처한 '고립감'을 표출하기 시작했다.

> "국제공산주의운동의 내부형편은 매우 복잡합니다.… 우리는 지난 시기에도 남의 본을 따고 남의 뒤를 따르거나 남의 덕에 살아온 것이 아니라 우리식대로 살아왔습니다.… 오늘 조성된 정세는 우리들에게 자력갱생의 혁명정신을 높이 발휘할 것을 절실히 요구하고 있습니다. 지금 어느 나라도 남을 도와주려고 하지 않으며 도와주려고 하여도 도와줄 형편이 못됩니다.[148]

1979년 1월 1일 미국과 중국이 정식 외교관계를 수립했을 때, 북한은 냉담한 반응으로 일관했다. 이는 북한이 1972년 미·중「상하이 공동성명」이 발표되었을 때 '미국 백기론'과 중국의 '승리'라 표현하며 미·중 화해의 분위기가 미·북 관계로까지 확대되기를 기대했던 상황과는 확연히 대비되는 대목이다. 1972년은 북한에 '기회의 창'이었으나 79년은 냉전의 차가운 기운 속에 홀로 남겨진 '고립'의 시간이었다. 북한의 언론은 미국이 대만과의 방위조약을 폐기했듯이 한국과의 방위조약을 왜 폐기하지 않으며, 대만으로부터 철군했음에도 왜 남한으로부터는 철군하지 않는가라고 공격했다. 이는 중국이 자신이 이익을 위해 북한의 이익을 '팔아 버렸다'는 비판이었다.[149]

그러나 이러한 북한의 대중 비판은 메아리 없는 외침이었다. 앞서 지적했지만, 1979년 7월 10일 북한 외무성 대변인은 '3당국 회담'에 대한 비난 성명을 발표했다. 물론 중국은 이를 지지하는 논평을 냈다. 그러나 그 논평은『人民日報』사설을 통해 발표한 것이 아니라, 개인 논평원의 명의로 짤막하

147)「United States Statement Accompanying the Joint Communique, December 15, 1978」. 외무부,『중국관계 자료집』(1988.1), p.41.

148) 김정일, "당의 전투력을 높여 사회주의건설에서 새로운 전환을 일으키자"(조선로동당중앙위원회 조직지도부, 선전선동부 책임일군협의회에서 한 연설, 1978년 12월 25일),『주체혁명위업의 완성을 위하여 4』(평양: 조선로동당출판사, 1987), pp.122-144.

149) 도날드 S. 자고리아(Donald S. Zagoria), "대소·대중공 관계," 김준엽·스칼라피노 공편,『북한의 오늘과 내일』(서울: 법문사, 1987), p.360.

게 발표되었을 뿐이다. 대북 지지의 격이 그만큼 떨어졌던 것이다.[150] 1979년 7월 22일 북한 중앙통신사는 성명을 통해 "카터가 철군 중지를 발표한 것은 시대조류에 대한 도전이며…카터가 남조선에 왔다가서 철군계획을 취소한 것으로 보아 그가 3당국 회의를 제기한 것도 진심이 아니라 분열 책동과 전쟁 책동을 가리기 위한 외교적 술책이라는 것이 명백하다."라고 미국을 비난했다.[151] 그러나 중국은 1979년 9월 9일 북한정권수립기념일에조차 대표단을 파견하지 않았다. 이는 문화혁명이 최고조에 달했던 1967~70년 상황을 제외하고는 없었던 일이다. 9·9절 기념행사에 관한 『人民日報』 사설은 주한미군 철수 문제에 관한 언급을 생략했다. 더구나 흔히 있어 왔던 남한 비판과 한반도 통일에 대한 중국의 '지지'라는 평범한 수사조차 생략되었고 오직 통일은 '언젠가는' 이루어질 것이라고만 논평했다.[152] 이러한 표현은 한반도 통일문제의 '긴박성'을 배제시키는 것으로 통일의 긴박성이 점증하고 있다는 북한의 공식(formula)에 정면으로 배치되는 것이었다.[153]

2. 김일성의 '계산된 일탈'과 중국의 처벌

김일성은 조급해할 수밖에 없었다. 북한으로서는 미국과의 양자 직접접촉을 통해 주한미군 철수를 현실화시켜 통일문제에 대한 주도권을 잡지 못한다면, 시간은 결코 북한 편이 될 수가 없었다.[154] 이제 김일성은 중국이 아

---

150) "支持朝鮮人民的嚴正聲明," 『人民日報』(論評員文章), 1979年 7月 13日. 劉金質·楊淮生 主編, 『中國對朝鮮和韓國政策文件彙編 5』, pp.2259-2260.

151) 국가안전기획부, 『한반도문제 관련 관계국회담 자료집』(1985.2), p.57.

152) "祝賀朝鮮國慶佳節," 『人民日報』(社論), 1979年 9月 9日. 劉金質·楊淮生 主編, 『中國對朝鮮和韓國政策文件彙編 5』, pp.2262-2263.

153) 도날드 S. 자고리아, "대소·대중공 관계," pp.360-361.

154) 1979년 남한은 이제 미국의 경제원조에 의존하는 나라가 아니었다. 이미 상당한 경제규모와 다양한 산업 활동을 자랑하는 발전 일로에 있는 중견국가로 성장하고 있었다. 또한, 군사적으로도 비무장 지대의 최전방을 방어하는 임무는 미군이 아니라 대부분 한국군이 담당하고 있었다. 돈 오버도퍼, 『두 개의 한국』, p.177.

파하는 곳을 건드리면서, 미·북 직접 접촉을 위한 중국의 도움을 요청하는 '계산된 일탈'을 기획하게 된다.

북한은 소련의 아프가니스탄 침공 직후 1980년 1월 카말 바브라크(Karmal Babrak) 소련 '괴뢰정부'를 인정해 버렸다. 그리고 이 정부가 권력을 장악한 지 두 달 후인 2월 아프간 라디오 방송은 김일성이 바브라크에게 보낸 축하 메시지를 흘려보냈다. 그리고 3월에는 카불 라디오 방송이 북한과 아프간 사이의 라디오 및 TV 협정 조인 소식을 보도하기에 이른다.[155]

이와 동시에 김일성은 1980년 3월 허담 외무상을 극비리에 베이징에 파견해 황화(黃華) 중국 외교부장에게 "중국이 미·북 접촉을 주선해 주고 미·북 관계 정상화를 위해서 적극적으로 나서 줄 것"을 요망했다. 물론 허담은 "우리는 남하할 의사가 없음"을 강조하며 중국의 '연루' 우려를 해소해 주기 위한 발언을 잊지 않았다. 그리고 "미군이 철거한 이후 소련이 남하하지 않을까 우려할 필요가 없고 조선이 통일된 이후 미·일에 대한 위협이 되지 않을까 근심할 필요가 없다."라는 점을 미국과 일본 측에 전달해 줄 것을 부탁했다. 또한, 허담은 중국이 "남조선 사회의 민주화가 실현되도록 협조해 주기 바란다."라는 언급도 덧붙였다. 그러면서 미국이 제안한 3자회담이나 일본이 주장하는 남·북한 교차승인 주장은 "두 개의 조선을 만들려는 것"이기 때문에 반대한다는 뜻을 분명히 밝혔다.[156] 결국, 이러한 허담의 요청은 북한이 김일성의 혁명지향적 통일관을 여전히 유지하고 있음을 확인하는 것과도 같았다. 앞에서 지적한 바와 같이, 비록 북한이 1975년 4월 김일성의 방중을 계기로 무력 통일의 가능성을 '포기'했다고는 하지만, 여전히 북한이 주도권을 쥔 '적화통일' 전략은 유지되고 있었던 것이다.

그러나 황화는 "국제정세가 상당히 유동적이라는 점, 미·중 관계도 제한적이며 한계가 있다는 점, 중·소 관계도 개선의 조짐이 없는 것은 아니라며

---

155) 도날드 S. 자고리아, "대소·대중공 관계," p.364. 그 외에도 북한의 대소 관계 개선 노력은 다양한 형태로 진행되었는데, 이에 대해서는 자고리아 논문, pp.363-365를 참조하라.

156) 오진용, 『김일성 시대의 중소와 남북한』, pp.72-74.

··· 더 관망해야 한다."라는 원칙적인 입장만을 피력했다.[157] 김일성의 처지에서 볼 때, 대북 동맹외교에 대한 중국의 이러한 소극적 입장이나, 특히 중국이 미국과 대만문제에 대해 '타협'하였다는 사실은 김일성의 한반도 '혁명전략'에 대한 중국의 커미트먼트를 더는 기대할 수 없게 되었음을 의미했다.

1980년 5월 김일성은 티토의 장례식 참석을 계기로 브레즈네프를 만났다.[158] 그리고 북한의 『로동신문』은 이 해후를 "중대한 의미를 갖는 역사적 사건"이라고 보도했다.[159] 10월 조선로동당 제6차 당대회 중앙위원회 사업총화보고를 통해 김일성은 한반도 통일의 '긴박성'을 강조하면서, "혁명의 근본이익을 팔아먹은" 중국의 동맹 '이탈' 행위를 다음과 같이 강한 어조로 비판했다.

> "조국통일을 하루빨리 실현하지 못하고 분렬을 지속시키면 우리 민족은 영원히 두 개 민족으로 갈라지게 될 것이며 남조선인민들은 식민지노예의 처지에서 벗어날 수 없게 될 것입니다.··· 우리 나라에서 긴장상태를 완화하고 전쟁위협을 제거하는 문제는 오직 정전협정을 평화협정으로 바꿈으로써만 해결될 수 있습니다.··· 사회주의나라들과 쁠럭불가담나라들, 모든 신흥세력나라들은 제국주의와 무원칙하게 타협하지 말아야 합니다.··· 제국주의자들과 원칙적인 문제를 가지고 흥정하여서는 안 되며 제국주의자들에게 혁명의 근본리익을 팔아먹어서는 안 됩니다.··· 자기 나라의 리익을 위하여 다른 나라의 리익을 희생시키는 행동을 하지 말아야 합니다."[160]

157) 오진용, 『김일성 시대의 중소와 남북한』, p.74.

158) 김일성은 유고로 가던 도중 베이징에도 들러 화궈펑(華國鋒) 주석과 회담을 했다. 그러나 중국은 「신화사」를 통해 만남 자체만을 간단하게 보도했을 뿐 어떤 논평도 내놓지 않았다. 劉金質·楊淮生 主編, 『中國對朝鮮和韓國政策文件彙編 5』, pp.2275-2276.

159) 도날드 S. 자고리아, "대소·대중공 관계," p.364.

160) 김일성, "조선로동당 제6차 대회에서 한 중앙위원회 사업총화 보고"(1980년 10월 10일), 서대숙 편, 『북한문헌연구: 제1권(조선로동당)』, pp.523, 538. 당시 당대회에는 리셴녠(李先念)이 북한의 공식 요청을 받고 참석하고 있었다. 당시는 이 사실이 알려지지 않았다. 이는 6년 후인 1986년 10월 리셴녠이 북한을 방문했을 때 언급한 내용을 통해 확인할 수 있다. 劉金質·楊淮生 主編, 『中國對朝鮮和韓國政策文件彙編 5』, p.2484.

그런데 김일성의 이와 같은 '계산된 일탈'과 대중 비판에 대한 중국의 대응에 변화가 나타나기 시작했다. 과거 문혁 기간 마오는 김일성의 대중국 불만에 대해 혹독한 '역할 분담'을 주문했는가 하면, 문혁의 질곡에서 서서히 벗어나 대미 데탕트를 시도할 때에는 대북 선제외교를 통해 북한의 안전을 재보장(reassurance)하였고, 군사지원 재개라는 '보상'을 제공하였다. 또한, 마오의 후임자들도 '보상'과 '침묵'을 적절히 배합하며 김일성의 중국 비판에 대응했다. 그러나 이제 중국은 김일성의 일탈에 대해 '처벌'이라는 수단을 함께 쓰게 된다.161)

우선 중국은 대북 군사지원을 서서히 줄였다. 3천9백만 달러 상당의 1979년 지원량이 1980년에는 2천4백만 달러로 전년 대비 절반가량 줄어들었다. 그리고 이 수치도 1981년이 되면 약 20%가 감소한 1천9백만 달러로 하락한다.162) 무엇보다 중국지도부는 1980년 초·중반 북한이 소련을 지지하는 메시지를 '의도적으로' 흘리자, 원유라는 수단을 동원해 고통스러운 압박을 서서히 가했다. 중국은 원유공급량을 10% 감축한다고 북한에 통고했다. 북한은 1980년 6월부터 전국에 석유 5% 절약령을 하달한다. 이에 중국은 8월 화궈펑의 방북 시 북한에 보장했던 석유 추가공급 약속을 철회했다. 그러자 북한은 1981년 1월 다시 석유 10% 절약령을 발표해야 했다. 1981년 1월 10일 북한은 이종옥 총리의 베이징 방문을 통해 석유문제를 해결하려 했으나, 중국의 압박은 계속되었다. 같은 해 5월부터 대북한 석유공급 전량을 중단한다고 발표했다. 북한은 이번에는 허담 부총리 겸 외무상을 중국에 파견하여 '경제협력'을 요청했으나, 중국은 북한의 원유공급 증가 요청을 거절한다. 그리고 중국은 10월 22일 대북 원유수출 미납금 2억 5천만 스위스 프랑을 1983년 이후 6년에 걸쳐 상환하라고 요구했고, 대외적으로 북한의 원유도입에 따르는 대중국 외채가 5억 달러라고 발표해 버렸다.163)

161) 다시 언급하겠지만, 이후 김일성은 중국의 전략적 이해에 영향을 미칠 수 있는 일체의 문제(남북관계, 대소 관계)에 대해 중국과 협의하는 과정을 거치게 된다.

162) Yong-Sup Han, "China's Leverages over North Korea," *Korea and World Affairs*, Vol.18, No.2(Summer 1994), pp.243-244.

왜 이처럼 중국은 1980년대에 접어들면서 대북한 처벌 위협을 가하게 될 수 있었을까? 동맹국 관리에 있어 상대적 강대국은 처벌 위협과 보상 약속을 적절히 배합하는 것이 일반적이다.[164] 그러나 '특수한 상황', 즉 일반적 통념과는 다르게 '약소국의 힘'이 드러나는 상황에서는 약소국에 대한 강대국의 '제한' 행위는 그 효과성을 담보하기 어렵다. 그런데 '약소국의 힘'은 다름 아닌 지전략적 중요성 때문에 발생하는 것이며, 이는 기본적으로 상대적 강대국의 위협인식에 기반을 둔 것이다. 다시 말해 약소국의 불가예측성이나 모험주의적 행위 자체가 상대적 강대 동맹국에 대한 하나의 레버리지로 작용하도록 하려면, 약소국을 둘러싼 강대국 간의 전략적 이해관계가 첨예하게 대립될 때 가능한 것이다.[165]

중·북 동맹관계와 관련하여 생각한다면, 북한의 '돌발행동'[166]이나 '동맹이탈 행위'[167]가 대중국 관계에서 하나의 레버리지로 작용하기 위해서는 중국이 미국이나 소련에 대해 고강도의 위협인식을 가지고 있을 때 가능하다. 미·소에 대한 중국의 위협이 그다지 높지 않을 경우에 북한이 '돌발행동'을 한다든지 '동맹이탈 행위'를 한다면, 이는 오히려 대북 '관리'를 위한 강대국 공조 체제만을 강화시켜 줄 뿐이다. 이럴 경우 북한은 '약소국의 힘'의 한계성을 절감할 것이며, 중국은 보상 약속과 처벌 위협을 적절히 배합하는 강대국의 일반적 동맹국 관리 수단을 확보할 수 있는 것이다. 1980년대에 접어들면서 대북 동맹관리에 있어 '보상'과 '처벌'의 다양한 수단이 나타날 수 있었던 것도 바로 중국의 미·소에 대한 위협인식이 바뀌었기 때문이다.

---

163) 오진용, 『김일성시대의 중소와 남북한』, pp.48-49. 이러한 중국의 대북 압박은 1982년 9월에 가서야 풀리게 된다(p.90).

164) Glenn H. Snyder, *Alliance Politics,* pp.322-323.

165) 제2장 부분을 참조하라.

166) 여기에는 모험주의적 도발이나 테러 행위 등을 상정할 수 있을 것이다.

167) 북한의 대중 동맹이탈 행위는 북한이 소련으로 과도하게 경사되어 중국의 전략적 이해에 위해를 가한다든지, 한반도 문제해결 과정에서 중국을 배제시키려 한다든지 하는 경우를 상정해 볼 수 있을 것이다.

3. 중국의 새로운 기대구도 출현

중·미 국교정상화가 소련의 '팽창주의'에 대한 공동 견제라는 측면에서 추동되었음은 주지의 사실이다. 그러나 개혁개방 시기 중국지도부의 대소관(對蘇觀)은 마오와는 확연히 달랐다. 당시까지도 베이징은 여전히 모스크바-베이징-평양 간 '지역적 동학'의 제약을 받고 있었다. 그러나 중·소 양국은 1980년「중·소 우호동맹조약」만기를 앞두고 이미 양국 관계정상화 문제를 내부적으로 신중히 검토하고 있었다.[168] 심지어 1982년 10월부터는 중·소 관계정상화를 위한 제1차 정치협상(외무차관 회의)이 베이징에서 개최되었다.[169] 비록 쌍방은 1986년 4월 모스크바에서 개최된 제8차 협상 때까지도 "3대 장애" 문제에 대해 돌파구를 마련하지는 못했지만, 협상은 단절되지 않고 지속되었으며 의사소통 채널을 유지해 갔다. 이러한 대화유지 노력은 경제무역 및 과학기술 협력과 같은 양국의 실질적 관계개선에 중요한 모멘텀을 제공할 수 있었다.[170]

결국, 이러한 사실은 마오 시절 중국지도부가 대소 관계를 '제로섬의 심리상태'로 파악하는 것에서 벗어나, '넌-제로섬의 관계'로 소련을 조망하기 시작했다는 것을 의미하는 것이다. 바로 이러한 소련과의 관계개선 진전은

---

168) 沈志華, "試論中蘇同盟破裂的內在原因," 각주 1. 1950년대 말에서 1980년 말에 이르는 30년간의 중·소 관계를 시대 구분할 때 '3개 십년'(三個十年)이란 말을 흔히 사용한다. 다시 말해 1959~69년을 '십년 논쟁,' 1969~79년을 '십년 대항,' 1979~89년을 '십년 담판' 기간으로 구분하곤 한다. 錢其琛, 『外交十記』(北京: 世界知識出版社, 2003), p.3. 첸치천 전 외교부장의 이 회고록에 수록된 중소관계 정상화 부분은 錢其琛, "'見證'中蘇關係正常化," 『中國外交』, 第5期(2005), pp.45-55에 전제되었다.

169) 중·소의 이러한 변화는 원래 1982년 3월 중소관계 개선을 강력히 시사한 브레즈네프의 우즈베크 타슈켄트 연설이 결정적 계기가 된다. 중국은 소련으로부터의 적극적 신호가 있자 바로 소련과의 정치협상을 위한 가이드라인을 마련했다. 중국은 "3대 장애" 제거(중·소 변경지역 및 몽골로부터 소련군 철군, 아프간에서의 철군, 캄보디아로부터 베트남군 철수)를 관계정상화의 전제조건으로 삼았다. 錢其琛, 『外交十記』, p.6.

170) 錢其琛, 『外交十記』, pp.10-22.

중국의 대북정책에 그만큼의 정책적 유연성을 제공하게 되었다는 의미도 아울러 내포하고 있는 것이다. 1960년대 초반처럼 북한과의 쌍무적 관계를 대폭 강화하여 소련에 '균형'을 취한다든지, 1970년대 초반처럼 '선제외교'를 통해 북한의 대소 경사를 미연에 방지한다든지 하는 상황은 아니었다는 말이다.[171] 이제 중국은 북한의 대소 접근을 보다 유연하게 사고할 수 있게 되었다. 북한과 소련의 밀착이 중국의 안보에 위협요인으로 작용하지 않는 이상, 중국은 북·소 관계개선을 오히려 긍정적으로 평가하게 된다.[172]

한편, 1970년대 말부터 무역거래가 시작된 한·중 관계는 중국으로 하여금 한국을 사실상 승인(*de facto* recognition)하도록 하였다. 한국은 이제 중국 현대화를 위해 협력해야 할 하나의 엄연한 정치적 실체일 수밖에 없었다. 홍콩을 경유한 중국의 대한국 간접교역량(홍콩 통계)은 1979년에 2,700만 달러, 80년에는 1.86억 달러, 81년에는 무려 3.51억 달러로 급증했다.[173] 같은 시기 중국과 북한의 교역규모가 각각 6.4억 달러, 6.8억 달러, 5.4억 달러 수준이었다는 점에 비추어 볼 때 결코 무시할 수 없는 수치였다.[174] 1980년 1월에 이미 중국은 "대문은 닫고 있으나, 자물쇠는 채우지 않는다."(關門不上鎖)는 대한국 정책을 추진하면서, 외교부 내에 한국과의 관계를 개선하기 위한 조직으로서 '대한국 협력 판공실'을 설치하여 다양한 민간차원이 협력방안을 마련하기 시작했다.[175] 중국이 북한에 대해 남북대화와 한반도 긴장완화를 지속적으로 주문해 왔던 것도, 북한의 대남 접촉에 상응하여 중국도 남한과의 무역관계를 강화시킬 수 있었기 때문이었다.[176]

---

171) 제4장 1절과 제5장 1절 부분을 참조하라.
172) 이 점은 다시 논의할 것이다.
173) 김용호, 『현대북한외교론』, p.195; 오진용, 『김일성 시대의 중소와 남북한』, p.86.
174) 김용호, 『현대북한외교론』, p.194.
175) Sung-po Chu, "Peking's Relations with South and North Korea in the 1980's," *Issues and Studies,* Vol.22, No.11(November 1986), p.71; 오진용, 『김일성 시대의 중소와 남북한』, p.79.
176) Hao Yufan, "China and the Korean Peninsula: A Chinese View," *Asian Survey,* Vol.XXVII, No.8(August 1987), pp.878-879.

이제 중국의 동북아 정책기조의 명백한 코드명은 '평화와 안정'일 수밖에 없었다. 이러한 중국의 기대구도 변화를 가장 극명하게 드러내 보인 것이 1980년 1월 황화 외교부장의 내부 비밀 연설이다. 황화의 연설 중 1980년대 중국의 외교방향과 동북아 정책에 관한 부분은 다음과 같다.[177)]

"(前略) 당면한 최대의 정치적 임무인 4개 현대화 건설을 둘러싸고 우리에게는 꽤 장시간을 요하는 국제적 평화환경과 국내적인 안정·단결된 정세가 필요하(다.)… 우리는 건설에 필요한 시간이 필요하고 건설을 위한 안정된 환경이 필요하(다.)… 全세계의 모든 혁명적·진보적·평화적 역량을 연합하여 국제 反패권주의 통일전선을 결성하고 세계 각국과의 우호관계를 발전시켜 4개 현대화를 위해 봉사하도록 해야 한다. 이것이 80년대의 총제적인 외교사업의 방향인 것이다. (中略)

조선반도는 2차 세계대전으로 양단되었으나 이 두 각기 독립한 국가는 단기간 내에 재차 통일될 가능성은 없다. 하나는 과거 우리의 전우였으나 지금은 오히려 우리 적의 친구가 되어 있다. 여하히 교묘하게 우리와 이 양자 간의 관계를 처리하는가 하는 문제는 근년 대에 외교부를 가장 골치 아프게 했던 문제이다. 만일 이렇지만 않다면 우리 외교부에 이 문제를 전문으로 다루는 전문소조를 설치하여 조선반도에 대한 외교정책과 관계를 시시각각으로 연구하고 조정하지는 않았을 것이다.

우리는 조선에 하나의 통일된 국가가 출현하는 것을 보기를 원하며 평화적인 방법을 통해 조선민주주의인민공화국 정부가 제기한 통일 주장이 실현되기를 희망한다.… 그러나 우리는 재차 우리 스스로가 착오를 저질러 제2의 베트남이 중국의 동북부에 출현하는 것을 보기를 원치 않으며 더욱이 대문을 열어 놓고 도적에게 모두 내맡기는 형세를 조성하며 소련으로 하여금 조선해협의 대문을 열고 아태지구로 가서 동서에서 좌충우돌하게 할 수는 없다. (中略)

베트남이 바로 분명한 하나의 예로서 그들은 우리에게 해를 입혔을 뿐만 아니

---

177) 黃華, "1980年代外交情勢政策及今後的任務"(1980년 1월 25일). 오진용은 『김일성시대의 중소와 남북한』, pp.75-78에서 동북아 정세에 관한 부분을 소개하고 있다. 한국 외무부는 이 연설 전체원고를 입수하여 자료집(대외비)으로 발간한 바 있다. 외무부, 『중국관계자료집』(서울: 서라벌, 1988), pp.8-18. 다만, 외무부 자료집에는 중국어 원문이 아니라 번역문이 소개되어 있다. 번역 표현이 상당히 매끄럽지 못한 점이 아쉽다.

라 더욱이 직접적으로 태국, 말레이시아 등 아시안 제국에 해를 입혔다. '抗美援越'의 형세에 처해 있을 당시 우리는 국제주의 입장에서 전적으로 베트남을 지원한 것은 옳은 일이었으나 무원칙적인 원조는 오히려 용서할 수 없는 착오였다. 등소평 부주석께서 "잘못은 너무나 많은 원조를 한 데 있다"고 하였다. 이는 많은 깊은 뜻을 내포하고 있는데 여러분은 그 뜻을 깨우쳤는지 어떤지 모르겠다. (中略)

전체적인 反패권 통일전선을 형성하여 아태지역에 無覇權安全防衛體系를 형성한다는 대국적 견지에서 금후 남북조선에 대한 정책을 결정하며 원칙을 확정하는 기초로 삼아야 한다. 원칙의 내용에는 반드시 다음과 같은 몇 가지 사항을 포함시켜야 한다.

가. 조선의 통일은 오로지 평화적 방식을 통하여 남북 쌍방이 스스로 원하며 외래의 간섭이 없는 상황하에서 추진되어야 하며… 남북통일을 실현하기 위한 조선민주주의인민공화국의 주장을 지지하나 조선민주주의인민공화국이 평화회담 이외의 군사수단을 사용하여 남북조선의 통일을 해결하는 것을 찬성하지 않으며 지지하지도 않는다. 미국이 남조선에 주둔하고 있는 문제에 대한 태도에 대해서는 중국은 이미 유관 국가에 대해 공개적으로 태도를 표시하였는 바 우리는 미국의 입장을 양해한다.

나. 우리는 미국, 일본과 공통된 관점을 갖고 있으며 조선의 안정은 동북아 지역정세의 안정에 도움이 될 뿐만 아니라 아태지역의 안전에도 관계가 된다고 인정함으로써 조선과 우호관계를 유지하는 동시에 우리는 소련의 조선에서의 세력증강 및 조선항구 사용 가능성 등을 면밀히 주시할 뿐만 아니라, 금후 부단히 미·일 등 국가와 조선정세를 상의해서 조선에 대한 외교정책을 조정해 나가야 된다.

다. 우리는 조선민주주의인민공화국과 정부·민간을 포함한 각 방면의 우호왕래와 교류를 강화하여 소련의 영향을 배제하고 더욱 많은 조선인민의 중국 입장에 대한 동정과 이해를 쟁취함과 동시에 그들 내부의 친중국파 세력의 지위를 강화시켜 양국 인민의 우의에 유리하고 또한 조선 내부 친소파의 망동주의 경향을 약화시키는 데 유리하게 해야 한다.

우리는 조선을 원조하여 그들의 사회주의경제를 발전시키고 건설시켜야만 하나 이러한 원조를 우리의 능력을 우선적으로 고려하여 이를 전제로 삼아야 되며 조선의 경제적인 곤란에 대해서는 중국은 오로지 그들을 도와 해결해 줄 의무만을 가지며 이를 도맡을 책임은 없다. 군사 무상원조는 하지 않으나 매매는 할 수 있다. 조선은 우리에게 몇10억의 빚을 지고 있는데 이를 서서히 갚을 수는 있으나 갚기를 게을리해서는 안 된다. 공짜로 주는 것은 주는 것이고 빌리는 것은 빌리는 것이다. 공짜로 주는 것과 빌리는 것은 같은 것이 아니다. (中略)

다음은 중국이 조선으로 수출하는 석유 및 석유 부산물은 금년 1월 1일부터 적당한 가격으로 인상함과 아울러 중국의 석유증산상황에 근거하여 조선이 요구하는 공급량 증가를 부분적으로 만족시켜 줄 수 있다고 하는 것이다. 그리고 쌍방간의 무역거래인데, 중국은 호혜호리(互惠互利)의 기본원칙을 견지한다는 것이다.

적지 않은 동지들이 이렇게 하면 조선이 배반한다고 걱정합니다만 나는 걱정하지 말라고 말한다. 조선은 '소련카드'를 갖고 있으나 우리도 '남조선 카드'를 갖고 있다는 것을 잊어서는 안 된다. 조선이 만일 소련 일변도로 기운다면 일체의 원조는 생각도 말아야 하며 또한 우리도 똑같이 뒤돌아서서 남조선을 지지할 것이다. 우리는 이미 이런 일에 익숙해 있다. (中略)

남조선과 중국 관계의 대문은 현재 명백히 문은 닫혔으나 자물쇠를 채우지 않은 그런 상태에 놓여 있다. 언제라도 열 수가 있다.… 제일 좋은 것은 조선이 알지 못하게 하는 것으로서 피할 수 있는 것은 최대한 피해야 한다. 미국정부를 포함하여 일본정부도 중국의 조선 문제에 대한 입장을 잘 이해한다. 우리가 이렇게 하는 것은 바로 문은 닫혔으나 자물쇠를 채우지 않는다고 하는 정책이며, 그 목적은 조선을 소련 일변도로 밀어붙여도 안 되는 동시에 또한 그들로 하여금 감히 노골적으로 소련에 기울지 못하도록 하는 데 있다. (後略)

황화의 비밀연설에서는 향후 중국은 대내 경제건설을 위해 주변의 안정과 평화가 필수적으로 요구된다고 하였다. 이는 한반도 현상유지의 불가피성을 말하는 것이다. 특히 황화의 비밀연설은 주한미군에 대해 용인하는 태도를 명시적으로 드러내 보이고 있다는 점이 중요하다. 중국은 한반도 통일의 긴박성을 배제했다. 이는 김일성 '혁명전략'에 대한 커미트먼트 철회를 의미했다. 그런데 북한은 여전히 주변정세의 불안정 요인으로 남아 있다는 것이다. 따라서 북한의 미래 행보를 예측 가능한 범주 내로 '관리'하는 것이 필요하다고 결론을 내리고 있는 것이다. 그리고 그 관리의 구체적 수단으로써 미·일과의 공조, '남조선 카드', '프롤레타리아 국제주의' 식의 무조건적 지원 지양 및 처벌의 배합 등을 열거하고 있다.

4. 중국의 '3자회담' 이니셔티브와 북한의 사보타지

위와 같은 중국의 대한반도 정책기조가 대북 동맹관계에는 어떻게 구체적으로 투영되어 나타났을까? 미·중 국교정상화 이후 중국은 한반도에 있어 자국의 새로운 기대구도가 투영되도록 하기 위해 한·중 양자관계 개선을 염두에 두고 착실하게 '변화의 틀'을 모색하는 한편, 한반도 정전체제의 '안정'을 위해 미국과도 부단히 대화를 진행시켰다.[178] 다시 말해 중국은 종전의 입장과는 다르게 한반도문제 논의에서 사실상의 '조정자'(*de facto* mediator) 역할을 담당하는 단계로 진입하게 된 것이다.

그렇다면, 중국이 한반도문제 해결의 '조정자'가 된다는 것은 중·북 동맹관계라는 맥락에서 무엇을 의미하는 것인가? 그것은 북한이 상정하는 중·북 동맹관계의 존립근거와는 근본적으로 성격을 달리함을 뜻한다. 북한이 '기대'하는 중·북 동맹이란, "미 제국주의와 투쟁하는 동방의 최전선"에 위치한 북한에 인적·물질적·외교적 지원을 조건 없이 제공하는 메커니즘이다. 이미 지적한 바와 같이, 북한의 시각에서 볼 때 중·북 동맹체제는 주한미군 철수와 한미 방위동맹 와해에 조력하기 위한 수단이어야 했다. 그러나 중국의 '조정자' 역할이란 기본적으로 한반도 현상유지를 상정하고 있는 것이다. 이는 북한이 기대하고 있었던 동맹국의 기능과는 근본적으로 다름을 의미한다. 따라서 중국은 외견상 자신의 중재자 역할을 부인하는 듯한 레토릭을 구사할 수밖에 없었다.[179]

---

178) 키신저는 닉슨과 포드 행정부 시절 최소한 11차례에 걸쳐서 저우언라이를 위시한 여러 중국 측 인사들과 한반도 문제를 숙의한 바 있다. 돈 오버도퍼, 『두 개의 한국』, p.227. 황화가 중국은 이미 미·일과 공통된 관점을 가지고 있고 향후 부단히 미·일과 상의해서 대북정책을 조정해 나갈 것이라 강조한 것도 바로 이 점을 가리켜 하는 말이다. 그는 미·일 정부가 북한문제에 대한 중국의 입장을 이미 잘 이해하고 있다고 말하고 있다.

179) 1984년 2월 자오쯔양(趙紫陽) 총리는 호크 오스트레일리아 총리와의 회담에서 "중국은 한반도 회담에는 참가하지 않을 것이며, 남북한 회담을 측면에서 지켜보는 것이 더 좋을 것으로 생각"한다고 언급했다. 그리고 같은 해 4월 우쉐치엔(吳學謙) 외교부

한반도 문제의 국제적 협상 논의와 관련하여 중국이 가장 선호하는 구도는 4자회담이었다. 이것은 1971년 저우언라이가 키신저에게 밝힌 내용이다. 중국외교부 부부장 주치전(朱啓禎)은 1984년 4월 “중국이 한반도 문제에 관한 회담 참여를 배제하는 것은 생각해 본 일이 없다.”라고 잘라 말한 적이 있다.[180] 그런데 중국이 기대하고 있었던 4자 구도란 기본적으로 ‘2(남·북)+2(미·중)의 ‘동심원적 접근’이다.[181] 즉 한반도를 둘러싼 다자간협의는 남북당사자 간의 직접대화를 중심으로 형성되어야 하고, 주변국은 ‘협력자·조력자·촉진자’의 역할을 담당해야 한다는 것이다.[182] 이는 1975년 키신저가 유엔총회 연설을 통해 4자회담을 제안했던 취지와도 일맥상통하는 면이 있다.

그러나 북한이 4자회담을 ‘두 개의 조선정책’을 통해 분단을 영구화하려는 ‘미제’의 술책으로 간주하는 이상,[183] 이를 북한에 강제할 수도 없었고,

---

장도 「다이제스트」誌와의 회견에서 “중국은 힘이 미치는 범위 안에서 어떤 역할을 해도 좋으나 조정인의 역할을 할 수 없다. 그러나 중국은 한반도 평화통일에 도움이 되는 일을 측면에서 무엇인가 해도 좋을 것이다.”라는 견해를 밝혔다. 국가안전기획부, 『한반도문제 관련 관계국 회담 자료집』, pp.80, 81.

180) 국가안전기획부, 『한반도문제 관련 관계국 회담 자료집』, p.81.

181) 2002년 10월 ‘2차 북한 핵위기’ 발생 이후, 북핵문제의 포괄적 해결을 위한 관련국의 접근법은 이와 같은 80년대 논의와는 순서(sequence)에 있어 차이를 보이고 있다. 최근 들어 한반도평화체제 수립 문제는 일종의 ‘포위 다자간주의,’ 즉 ‘6-2-2式’의 접근법이다(이 용어는 쿠라다 히데야(倉田秀也), “6자회담과 한반도 평화체제수립 문제의 전망: ‘안전의 보증’의 국지·지역적 차원,” 『북한학연구(동국대학교 북한학연구소)』, 창간호(2005), pp.41-64 참조). 그러나 동심원적 확장방식이든, ‘포위 다자간주의’이든, 어느 것도 문제 해결의 ‘돌파구’를 마련하지는 못했다. 왜냐하면, 북한이 가장 선호하는 방식은 북·미 양자 직접접촉이었기 때문이다. 2007년 북핵 ‘2·13 합의’가 도출된 것은 결국 동년 1월 ‘베를린 북·미 양자접촉’이 결정적 계기가 된 것이다. 이러한 현상의 기원은 이미 1980년대 초반으로 거슬러 올라간다. 중국의 ‘보이지 않는’ 대북 압박성 중재로 시작된 다자간 협상논의는 결국에 가서는 흐지부지 되었다.

182) 타오빙웨이(陶炳蔚), “중국의 대한반도 정책,” 한·일·중 공동학술회의(일본 慶應大, 1986년 7월 19일) 발표논문. 외무부, 『중국관계자료집』(서울: 서라벌, 1988), pp.27-30.

183) 북한이 4자회담을 거부했던 또 다른 이유는 중국의 개입을 꺼렸기 때문이다. 돈 오버도퍼, 『두 개의 한국』, pp.231, 246.

공개적으로 타국과 4자회담을 논의하고 있다는 인상을 줄 수도 없었다. 따라서 1977년 8월 말 밴스 미 국무장관이 베이징을 방문해 황화 외교부장에게 4자회담을 제안했지만 중국정부는 적극적 관심을 보일 수가 없었다.[184] 이후 중국지도부나 외교 당국자들은 미국으로부터 4자회담을 제의받았다는 사실 자체를 숨기려 했다.[185] 따라서 중국은 3자회담을 차선으로 선택할 수밖에 없었다.

원래 1981년 초 레이건 행정부 초기 헤이그(Alexander Haig) 국무장관은 3자회담에 소극적이었다. 그러나 대다수 미국 외교관들은 그의 의견에 동의하지 않았고, 중국주재 미국대사관은 계속해서 중국정부와 3자회담의 가능성을 타진해 왔다. 급기야 1983년 9월 미국은 중국을 통해 북한에 외교성명을 전달하면서 북·미 관계개선 항목 가운데 하나로 3자회담을 명시했다.[186]

중국의 입장에서 볼 때, 3자회담의 가장 큰 의의라고 한다면 남한을 실질적 당사자로 인정한다는 것이고, 이는 개혁개방 시기 중국의 대한반도 기대구도에 들어맞는 것이다. 그러나 김일성은 1978년 5월 화궈펑(華國鋒)과의 회담에서 자신의 한반도 '혁명전략'에 어긋난다는 논리로 3자회담에 대한 거부 의사를 분명히 밝혔었다. 중국의 딜레마는 여기서부터 시작되었다. 이제부터 분석할 내용은 중국이 이러한 딜레마를 어떻게 극복하려 했으며, 북한은 그러한 중국의 행보에 어떤 식으로 대응했는가 하는 점이다.

1) 중·미의 3자회담 제기

중국은 어떤 방식으로 북한으로 하여금 3자회담을 받아 드리도록 종용했을까? 우선은 김일성의 '혁명전략'에 대한 중국의 커미트먼트를 완전히 철회해 버렸다. 현상변경은 안 된다고 확실히 못을 박는 것이다. 그리고는 경제적·군사적 '보상'을 제공하고, 북한의 통일정책을 지지하는 외교적 수사를 동원했다. 외견상 이러한 방식들은 상호 모순되는 것처럼 보이지만, 중국

184) 돈 오버도퍼, 『두 개의 한국』, p.144.
185) 국가안전기획부, 『한반도문제 관련 관계국 회담 자료집』, pp.78-82.
186) 돈 오버도퍼, 『두 개의 한국』, pp.229-230.

이 의도한 목표는 분명한 것이다. 3자회담이란 한반도 현상유지를 위해 중국이 선택한 차선의 포맷이다. 한반도 현상유지를 위해서는 무엇보다 북한의 행보를 예측 가능한 범주 내로 '제한'(restraints)시켜야 했다. 그런데 그러려면 북한과의 '우호적' 관계 유지가 필수적이다. 북한과의 '우호관계'가 유지되어야 북한의 행보를 '제한' 시킬 수 있다. 따라서 '보상'이라는 수단이 동원되어야 했으며, 외교적 수사도 필요했던 것이다. 그런데 그 '보상'과 '외교적 수사'는 김일성의 대미 전략 목표에 부응하기에는 부족한 것일 수밖에 없다. 왜냐하면, 보상과 외교적 지지가 김일성의 공세적 현상변경 노력에 부합되어서는 안 되었기 때문이다. 따라서 중국의 대북 공약은 언제나 '계산된 모호성'을 유지할 수밖에 없었다.

1981년 4월 김일성은 1981~82년 중·미 관계가 냉각되는 시점을 이용하여,[187] 덩샤오핑과의 회담을 중국에 타진했다. 이에 덩샤오핑은 4월 17일 김일성을 베이징으로 불러들이지 않고 극비리에 중국 선양(瀋陽)으로 가서 김일성과 회담을 했다.[188] 김일성은 "우리는 반드시 미국과 손을 잡아야 하며, 중국이 조선·미국 관계개선에 협조해 주길" 요청했다. 그러면서 "우리가 먼저 전쟁을 일으키지는 않을 것"이라고 덩(鄧)을 안심시키려 했다. 김일성은 북·미 양자접촉 주선을 중국에 요청하면서, 중국의 '연루' 우려를 해소시키고자 했던 것이다. 이러한 김일성의 요청에 덩은 "조선문제는 앞으로 당신들 자신의 문제이다. 물론 우리는 당신들의 투쟁을 지지한다. 이것은 우리의 일관된 입장이다.… 현재 미·중·소와 남조선은 조선에서 한 차례 전쟁을 할 생각이 없으며 현 상황을 변경할 생각도 없다.… 한반도에서 누가

187) 1981~82년 중·미 양국은 미 의회의 「대만관계법」 통과와 미국의 대대만 무기판매안을 둘러싸고 관계가 또다시 냉각되었다. 그러나 레이건 행정부가 1982년 8월 대만에 대한 FX 전투기 판매 안을 포기하고, 대만에 대한 무기 판매에 일정한 제한을 가하는 내용의 중·미 공동성명을 발표한 이후, 중·미 양국의 협력관계는 급속히 회복되어 '밀월의 황금시기'(golden years)를 구가했다. 서진영, 『21세기 중국의 외교정책』, pp.171-174; James Mann, *About Face,* pp.134-154.

188) 『鄧小平年譜 (下)』, pp.733-734; 瀋敬國 主編, 『共和國外交風雲中的鄧小平』, p.380.

전쟁을 일으켜도 중국이 개입하는 것을 삼가지 않을 수 없다.… 미군이 한반도에서 쉽게 나가지 않을 것이다.… 중국이 미·일에 대해 조선과의 관계개선을 요청하기는 어렵다."라고 대답했다.[189)]

덩샤오핑 발언의 핵심은 북한을 제외한 한반도 주변국 모두 현상변경을 원치 않으니 김일성의 '혁명전략'에 대해서는 중국의 커미트먼트를 완전히 철회하겠다는 것이다. 주한미군 철수와 한반도 적화통일 이외의 목적으로 대미·일 관계를 개선하는 데에는 일관되게 지지하겠지만, 그렇지 않을 경우 중국의 북·미 접촉 주선은 어려울 것이란 점을 분명히 밝힌 것이다. 이러한 덩샤오핑의 발언은 당시 중·미 관계가 급격히 냉각된 시점에서 나온 것이라는 점을 생각할 때 파격이 아닐 수 없다. 만약 김일성이 중·미 관계의 냉각 상황하에서 북한의 지정학적 가치를 활용하여 중국의 커미트먼트를 기대했었다면, 그것은 그의 전략적 오판이었다. 김일성이 대중 관계를 여전히 진영론적 사고로 조망하려고 했다면, 미국과 중국은 이미 1971~72년부터 한반도 정전체제의 안정적 '관리'가 양국 공동의 이해관계에 부합되는 것으로 인식하고 있었다. 중국의 입장에서 볼 때, 이제 중·북 동맹은 북한의 호전성 '관리'를 위한 '제한의 협정'으로 기능하게 된 것이다.

그런데 북한의 행위를 예측 가능한 범주 내로 '제한'시키려면 우호관계 유지가 필요했고, 거기에는 북한을 지지하는 외교적 수사와 적절한 '보상'이 동원되어야 했다. 이를 위해 1981년 12월 20~24일 자오쯔양 총리가 천무화(陳慕華) 부총리겸 대외경제연락부장, 한녠룽(韓念龍) 외교부 부부장, 챠오스(喬石) 당 대외연락부 부부장 등을 대동하고 평양을 방문했다. 자오는 20일 환영만찬 연설에서 한국정부 비난 및 주한미군 철수와 같은 종래의 원론적 언급에 더하여, "한반도 분열상태의 지속은 미군 주둔 및 미국의 대한반도 내정간섭의 결과이며, 이는 동북아 정세의 불안정 요인"이라고 지적함으로써 대미 비난의 강도를 높였다.[190)] 이와 같은 중국의 강도 높은 대미 비난은

189) "심양에서 등소평과 김일성의 대담기록," 오진용, 『김일성 시대의 중소와 남북한』, pp.83-84.

당시 대만문제로 중·미 관계가 냉각되었기 때문이라는 주장도 있으나,[191] 실은 북한과의 우호관계 유지를 위한 외교적 레토릭에 불과했다. 중·북 양국은 공동성명조차 발표하지 못했다. 특히 과거 중국지도부들이 북한을 방문할 때는 북한을 유일한 합법정부로 인정하고 '남조선 당국'을 불인정한다는 입장을 천명한 바 있었으나, 이번에는 이러한 수사적 언급조차 없었다.[192]

1982년 4월 15일 김일성의 70회 생일을 앞두고 중국은 김일성을 초청하였다. 그러나 당시 북한 내부에서는 중국의 대한국 간접교역량이 급증하는데 따른 불만의 목소리가 높아 김일성의 방중은 연기되었다.[193] 그러자 후야오방과 덩샤오핑이 4월 26~30일 비공개리에 평양을 방문했다.[194] 덩(鄧)과 후(胡)의 이번 방북에서 특별히 주목되는 부분은 양국 지도자가 '상호통보 및 협의제'의 충실한 이행을 다시 한번 부각시키고 있는 대목이다. 다시 말해 상호 이해갈등 관리를 위한 동맹의 내적 기능을 강조했다는 말이다. 4월 27일 김일성 주최 환영 만찬에서 양국 지도자는 다음과 같은 연설을 했다.

> 김일성: 양국의 지도자는 무엇인가 협의해야 할 문제가 있을 때에는 정식 또는 내부적 형식에 의해 상호 왕래하고, 항상 접촉, 협의하여 공동의 행동을 취해 왔다. 이는 매우 좋은 전통으로 금후로도 계속 행해 가겠다.
>
> 후야오방(胡耀邦): 과거에 등소평은 우리 양국의 지도자는 항상 회담해야 하며 협의해야 할 여하한 문제에 대해서도 김일성 동지를 만나지 않으면 안 된다고 말했다.[195]

---

190) "趙紫陽團長在朝鮮黨和政府擧行的歡迎中國黨政代表團宴會上的講話," 劉金質·楊淮生 主編, 『中國對朝鮮和韓國政策文件彙編 5』, p.2329.

191) 김용호, 『현대북한외교론』, pp.215-216.

192) 외무부, 『한·중국, 북한·중국관계 주요자료집』, pp.236-237.

193) 당시 중국의 대한국 간접교역량(홍콩경유), 중·북 교역량은 김용호, 『현대북한외교론』, pp.194-195; 오진용, 『김일성시대의 중소와 남북한』, p.86.

194) 潘敬國 主編, 『共和國外交風雲中的鄧小平』, pp.380-381; 『鄧小平年譜 (下)』, pp.817-820.

195) 외무부, 『한·중국, 북한·중국관계 주요자료집』, p.242.

사실 후야오방과 김일성은 3차례(4월 27일 오전과 오후, 4월 28일 오전)에 걸쳐 회담을 진행하면서 중·미 관계, 중·소 관계, 홍콩 반환 문제, 양국 정치적 상황, 남한 문제, 비동맹 운동 문제 등 광범위한 의제에 대해 의견을 교환했다. 그런데 한 가지 흥미로운 사실은 회담 내용에 긴장감이 스며 있다는 것이다.

4월 27일 후야오방은 중·미 관계를 언급하면서 중·미 관계의 일시적 냉각이 중국에 불리하다는 여론이 많지만 중국은 이를 개의치 않는다고 말했다.[196] 물론 이는 김일성을 안심시키기 위한 발언이었을 뿐이다. 사실 불과 4개월이 채 지나지 않아 중·미 양국은 미국의 대대만 무기판매에 제한을 가하는 공동성명(1982.8.17)을 발표했고, 이를 계기로 양국관계는 유례없는 '밀월의 황금시기'를 맞게 된다.[197]

그리고 4월 28일 3차 회담에서도 양국 대외정책 방향의 간극을 찾아 볼 수 있다. 김일성은 저개발 국가 정상회의(비동맹 국제회의)를 개최하여 제3세계 국가의 단결을 보여주기야 한다는 국제여론이 많음을 상기시키며 중국이 이점을 고려해 주기를 희망했다.[198] 김일성의 이러한 발언은 제3세계 국가를 대상으로 한 남·북한 외교전에서 중국의 지지를 요청한 것이다.[199] 이에 대해 후야오방은 제3세계 국가 간 단합 및 상호 지지는 중국의 일관된 주장이라고 말하면서도, 이와 관련한 중국의 외교정책은 원래는 2가지 점에 중점을 두었는데 3가지로 바뀌었다고 언급했다. 즉 종전에는 '제3세계 국가

---

196) 『鄧小平年譜 (下)』, p.818.

197) James Mann, *About Face,* pp.127, 134-154.

198) 『鄧小平年譜 (下)』, p.819.

199) 사실 북한은 1970년대에 들어와서는 서유럽 국가와의 관계개선, 유엔 산하기구 등 국제기구 가입 추진, 비동맹 운동 참여 등 외교의 외연을 확장시켜 왔다. 그러나 북한은 1970년대 중반 대서방 외채 상환 능력을 상실함에 따라 서유럽 국가와의 관계개선에 별다른 진전을 보지 못했다. 따라서 북한 외교는 비동맹 운동에 관심을 집중시켜, 1975년 비동맹 회의의 정식 회원국이 되고 1979년 9월에는 비동맹조정위원국으로 선출되는 등 비동맹 국가들을 대상으로 한 외교에서는 큰 성과를 거두었다. 정성장·임재형, "대외전략," 세종연구소 북한연구센터 엮음, 『북한의 국가전략』(서울: 한울, 2003), pp.240-241; 정규섭, 『북한외교의 어제와 오늘』, pp.132-136.

의 단결과 협력', '패권주의 반대'였는데, 현재는 '세계평화 유지'라는 기조가 더해졌다는 것이었다.[200] 다시 말해 중국은 종전에는 소련 견제('패권주의 반대')의 목적에서 비동맹 운동을 조망했으나, 현재는 소련과의 관계 정상화를 모색하는 과정이라는 것이다. 후야오방은 4월 27일 회담 시 중·소 관계를 언급하면서 중·소 관계는 반드시 언젠가는 개선되어야만 하나, 현재는 아직 중국이 제시한 '3개 조건'이 구비되지 않고 있다고 언급했었다.[201] 이러한 발언은 김일성이 '기대'했던 것이 아니었을 것이다. 중국은 남·북 외교경쟁에서 동맹외교적 지지를 기대하는 김일성에게 전혀 '엉뚱한' 대답으로 '화답'한 것처럼 보인다.

어쨌든, 북한과의 '우호관계' 유지를 위한 중국의 노력은 대북 '보상' 제공으로 구체화되었다. 1982년 6월 14~22일 껑뱌오(耿飈) 부총리겸 국방부장이 북한을 방문하여, 9월로 예정된 김일성의 방중 시 제공될 대북 군사지원을 논의했다. 그리고 8월 9일 상하이 세관은 종래 표면적으로 금지하고 있던 한·중 간접무역을 문서로 금지 고시했다.[202] 이에 김일성은 오진우 당 인민무력부장,[203] 김영남 당 국제부장, 허담 외교부장 등을 대동하고 9월 16일부터 25일까지 그동안 연기했던 중국방문을 재개했다.[204] 9월 24일 중국과 북한은 「중·조간 군사·경제원조 증가를 위한 합의서」에 서명했다. 우선 중국은 한국이 F16 팰컨(Falcon) 전투기를 미국으로부터 구매하기로 한 조치에 대한 대응으로,[205] A5 전투기 20~40대를 북한에 제공하기로 했다는 보도가

---

200) 『鄧小平年譜 (下)』, p.819.

201) 『鄧小平年譜 (下)』, p.818. 중국의 소련에 제기한 '3개 조건'에 관해서는 앞 절의 "3. 중국의 새로운 기대구도 출현" 부분을 참고하라.

202) 외무부, 『한·중국, 북한·중국관계 주요자료집』, pp.244-247.

203) 북한은 1982년 4월 5일 정부 개편 시, 인민무력부를 정무원에서 당 직속으로 이관하는 군 지도체제 개편을 단행한 바 있다.

204) 외무부, 『한·중국, 북한·중국관계 주요자료집』, pp.248-257. 김일성의 이번 방문은 1975년 이후 7년 만에 다시 중국을 공식 방문하는 것이었다.

205) 과거 카터는 F16 전투기에 대한 한국의 구매 요청을 거절한 반면, 레이건은 취임 후 취한 첫 번째 조치들 가운데 하나로 한국에 대한 전투기 판매를 승인했다. Victor D. Cha, *Alignment against Antagonism,* p.174.

흘러나왔다.[206] 그리고 중국은 1980년 중반부터 제공을 감소시킨 대북 원유 지원 규모를 종전보다 10% 증가(70만 배럴)시키기로 합의했다.[207]

그러나 당시 중국의 대북 공약은 실질적이라기보다는 다분히 정치적이었다. 중국은 주한미군 철수 문제에 대한 명확한 의사를 밝히지 않고, '모호성'을 남겼을 뿐이다. 김일성은 9월 16일 인민대회당 만찬 연설에서 주한미군의 즉각 철수를 주장하면서, "미국은 조선민족의 자주권을 유린하는 신식민주의적 강점정책과 시대착오적인 민족분열 정책을 버리고 남조선에서 침략군대를 지체없이 거두어 나가야 하며 두 개 조선을 조작하기 위한 음모책동을 당장 그만두어야 합니다."라고 말했다.[208] 그러나 9월 16일 후야오방은 환영연설에서 "주한미군 철수는 민심의 지향이며 역사의 필연적 추세"라고만 언급했으며,[209] 덩샤오핑은 9월 21일 사천성 청두(成都)시 시민환영대회 연설에서 주한미군 문제 자체를 아예 언급하지 않았다.[210] 한편, 중국의 대북 군사지원도 1981년 미국이 기능이 향상된 F16기를 한국에 판매하고 한국의 '5개년(1982~87년) 군사력 증강계획'을 지원하여 남·북한 간의 군사력 균형에 질적인 변화를 도모했던 데 비추어 볼 때,[211] 군사적 의미보다는 정치적 의미가 더 큰 것이었다.

그러면서 중국은 한반도 긴장완화 조치에 대해 미국과의 협의를 지속적으로 진행하고 있었다. 프리먼(Charles W. Freeman) 전 주중 미대사의 회고에 따르면, 한반도 긴장완화 방안과 관련해서는 오히려 당시 중국이 미국보

---

206) 김용호, 『현대북한외교론』, p.217.

207) 오진용, 『김일성시대의 중소와 남북한』, p.90.

208) 김일성, "김일성의 답사"(김일성 방중 관련 연설문, 1982년 9월 16일), 외무부, 『중국·북한 관계 주요 자료집(성명문, 연설문, 축전, 신문사설 등)』(외무부 집무자료, 1990. 2), p.249.

209) "胡耀邦總書記在中共中央·國務院擧行的歡迎金日成主席宴會上的講話," 劉金質·楊淮生 主編, 『中國對朝鮮和韓國政策文件彙編 5』, p.2356.

210) "鄧小平同志在成都市人民歡迎金日成主席大會上的講話," 劉金質·楊淮生 主編, 『中國對朝鮮和韓國政策文件彙編 5』, pp.2357-2359.

211) Victor D. Cha, *Alignment Despite Antagonism,* p.174.

다도 더 창의적이고 덜 경직된 태도로 접근했다고 한다. 마치 중국이 주요한 정책 이니셔티브를 쥐고자 하는 것처럼 보였다는 것이다. 또한, 프리먼 대사는 당시 중국 지도부가 말하는 핵심적 요지는 한반도의 평화와 안정 유지가 미·중 공동의 이익에 부합한다는 것이었다고 회고하고 있다.[212)]

1983년 9월 덩샤오핑은 와인버거(Caspar Weinberger) 미 국방장관을 만난 자리에서 처음으로 한반도 통일에 대한 자신의 구체적 시각을 드러냈다. 덩(鄧)은 미국과 중국이 협력해 한반도의 긴장을 완화하고 평화통일을 앞당기는 방법을 모색하자고 제안했다.

> "우선 남·북한은 이질적인 체제를 갖고 있는 상대방의 존재를 인정해야 한다. 서로 상대방을 국가로 인정한 다음, 그 기반 위에서 두 체제 간의 오랜 공존을 통해서 평화통일의 필요성을 인정하고, 자유롭고 평화적인 방법으로 두 체제 간의 결합이 이루어져야 한다. 물론 단기간에는 어렵다고 본다. 그래서 우리는 남북 간의 대화를 도와야 한다. 만일 한반도에서 전쟁이 일어날 경우 북한의 명백한 남침이면, 중국은 개입하지 않을 것이다. 남한의 공격이 명백한 경우, 북한을 지원해야 한다면, 미국과 협의를 거치도록 하겠다."[213)]

덩샤오핑은 남한을 실질적으로 승인하고 있었던 것이다. 그리고 한반도 현상유지를 위해서는 남·북한 간 직접대화가 가장 긴요하며, 전쟁재발 방지를 위해서는 미·중의 공조가 전제되어야 한다는 것이다. 그러면서 중국의 최고지도자는 그러한 한반도 긴장완화의 국제적 논의의 현실적 포맷으로 '3자회담'을 제안했다. 그리고 그 3자회담을 베이징에서 개최하고 중국이 그것을 주선(東道主) 하겠다고 말했다. 이는 형식상 '3자회담'이지만, 실질적으로는 '4자회담'의 성격을 갖는 것이다. 다시 말해, 중국 배제는 불가하다는

---

212) Nancy Bernkopf Tucker, *China Confidential: American Diplomats and Sino-American Relations, 1945-1996* (New York: Columbia University Press, 2001), pp.429-430.

213) 이 내용은 와인버거 장관을 수행했던 리처드 아미티지가 서울에 와서 와인버거의 중국방문 결과를 한국정부에 통보한 것이다. 오진용, 『김일성 시대의 중소와 남북한』, p.96.

말을 하는 것이다. 물론 덩이 3자회담을 거론했을 때, 그 방점은 어디까지나 남·북 직접대화 촉진에 두어졌다. 즉 '남·북·미'에서 '남·북'에 초점이 두어진 것으로 볼 수 있다. 드디어 1983년 9월 중국은 북·미 관계개선 항목 가운데 하나로 3자회담을 명시한 미국의 외교성명을 북한에 전달했다.[214)]

2) 북한의 '랭군 폭탄 테러' 조장

북한은 딜레마 상황에 봉착했을 것이다. 북한 또한 중국과의 우호관계 유지는 필수적 요망사항이었다. 레이건 행정부의 한국에 대한 안보공약이 강화되는 상황에서 중·소와의 안정된 동맹유지는 북한의 생존에 전제조건과도 같은 것이었다.[215)] 그러나 한반도 현상유지를 위한 중국의 '중재'는 받아들 수 없었다. 이러한 상황하에서 북한이 선택한 방식은 일단은 미·중의 합의로 제기된 3자회담을 표면적으로 받아드리면서, 3자회담 개최 자체가 아예 실현 불가능하도록 '돌출행동'을 보이는 것이었다. 다시 말해 평화공세와 테러(랭군 사태)를 동시에 도모한다.

북한의 처지에서 볼 때 3자회담은 어떤 식으로라도 회피되어야 했다. '남조선의 파쇼정권'을 인정한다는 것은 김일성의 한반도 '혁명전략'에 위배되는 것이었고, 또한 그것은 김일성의 정치적 정당성을 근본적으로 훼손할 가능성이 있었다. 간단히 말해, '3자회담'은 북한 내부의 정치적 담론과는 맞지 않는 것이었다.[216)] 바로 그러한 이유 때문에 카터 행정부가 집요하게 제안해온 '3자회담'을 거부했던 것이다. 그런데 그때는 중국이 '침묵'하고 있었다. 그만큼 '3자회담'을 거부하기 쉬웠다는 것이다. 그런데 이제 중국이 적극적으로 이를 밀어붙이고 있었다. 그것도 '보상'과 '외교적 수사'를 동원

---

214) 이와 같은 사실은 프리먼 전 주중 미 대사의 회고에서 밝혀진 것으로, 자세한 내용은 Nancy Bernkopf Tucker, *China Confidential,* pp.429-432 참조.

215) 레이건 행정부 시절 미국의 대한 안보공약의 재확약에 관해서는 Victor D. Cha, *Alignment Despite Antagonism,* pp.172-175 참조.

216) 김일성, "조선로동당 제6차 대회에서 한 중앙위원회 사업총화 보고," pp.521-523, 538; 김일성, "조선로동당 건설의 력사적 경험"(김일성고급당학교 창립 40돐에 즈음한 강의록, 1986년 5월 31일), pp.573-574, 623-625 부분을 보라.

해서 말이다.

북한은 "중국을 통한 대미 접근" 방식을 그대로 수용할 수 없는 처지에 있었다. 북한에 있어 중국의 '중재'란 대북 '통제'와 동의어였다. 중국의 중재적 역할은 기본적으로 북한의 이해와 상치되었다. 중국의 중재적 역할이 가시화되면 될수록 북한이 상정하고 있는 한반도 정세변화 구도의 실현가능성은 점차 희박해질 수밖에 없었다. 즉 한반도 적화통일의 최상위 목표가 소실되는 상황이 도래할 수 있었던 것이다. 북한은 「조·중 동맹」이 북한을 '관리'하기 위한 메커니즘으로 변질하는 것을 용인할 수 없었을 것이다. 따라서 중국의 중재자 역할이 가시화되는 것을 방지할 필요가 있었다. 여기에는 '돌출행동'을 통한 긴장고조가 가장 효과적이었다. 북한은 일단 '3자회담'을 수용하면서, '돌출행동'을 통해 3자회담 개최 자체의 가능성을 차단해 버리는 방식을 택했다.

1983년 10월 8일 북한은 중국주재 자국 대사관을 통해 중국외교부에 대미 외교 공한(公翰)을 전달했다. 이 서한에서 북한은 "미국 측의 입장을 참작하여 한국대표가 참여하는 미국과의 대화 개최에 동의하기로 했으며, 이 대화 제의에 아무런 조건을 붙이지 않는다."라고 말했다.[217] 그리고 바로 다음 날 북한은 미얀마 '랭군 폭발 테러사건'을 일으켰다.[218] 그러면서 북한은 평화공세를 계속했다. 북한은 12월 3일 다시 한 번 '3자회담'을 수용하겠다는 '외교적 수사'를 거듭했다.[219]

돈 오버도퍼가 지적하고 있듯이, 북한정부가 평화공세와 테러를 동시에 도모한 이유는 아직도 풀리지 않는 까다로운 '퍼즐'임에 틀림없다.[220] 그러

217) 국가안전기획부, 『한반도문제 관련 관계국 회담 자료집』, p.63.

218) '랭군 폭탄 테러사건'에 관해서는 Chuck Downs, *Over the Line,* pp.162-164.

219) 국가안전기획부, 『한반도문제 관련 관계국 회담 자료집』, p.64.

220) 돈 오버도퍼, 『두 개의 한국』, p.228. '랑군 사건' 발생 원인에 대한 견해는 다양하게 존재하고 있다. 북한 내부 관료조직상의 의사소통 부재로 인한 상반된 노선 추구설(說), 전두환의 대중·소 접근 사전 차단설, 대미·대남 정책을 둘러싼 강·온 노선 갈등설 등 다양한 견해가 제시되고 있다. 오진용, 『김일성시대의 중소와 남북한』, pp.112-115; 돈 오버도퍼, 『두 개의 한국』, pp.228-229; 황장엽, 『나는 역사의 진리를

나 한 가지 분명한 사실은 '랭군 사건'은 '3자회담'과 연관이 있다는 것이며, 북한은 본래부터 '3자회담'에 진정성이 없었다는 점이다. 중국은 남·북·미 3자 접촉을 위해 자국의 적극적 중재 노력이 가시화되는 와중에 테러행위가 발생하자 북한에 대한 극도의 혐오감을 표출했다. 프리먼 대사는 중국이 북한 측 '요청'에 따라 미국 측에 '3자회담' 수용의사를 전달한 바로 다음날 '랭군 폭탄 테러 사건'이 발생하자, 덩샤오핑은 이 사건이 분명히 김정일의 의도된 소행이라 간주하고 격노했다고 회고했다.[221)]

중국이 상정한 3자회담의 바람직한 논의 방향과 북한이 상정한 그것과는 근본적인 차이가 있었다. 북한이 3자회담 기제를 통해 달성하고자 했던 목표는 남북대화를 통한 한반도 긴장완화가 아니라 북·미 양자 평화협정 체결과 주한미군 철수에 있었다. 김일성은 1984년 5월 에리히 호네커 동독 서기장과의 회담에서, 레이건의 주한미군 군사력 증강을 저지하는 것이 '3자회담' 제안의 주요 목적이었다고 밝히면서 "대화를 제안함으로써 미군의 남한 주둔 이유에 대한 변명이 궁해질 때까지 몰아붙이려는 것이 우리의 전략"이라고 설명했다.[222)]

북한은 1984년 1월 9~16일 미국 방문을 앞둔 자오쯔양(趙紫陽) 중국 총리에게 '3자회담'을 제안하는 서한을 미국 측에 전달할 것을 또다시 '요망'해 왔다. 자오 총리는 이 서한을 레이건과 슐츠(George Shultz) 장관에게 전달할 수밖에 없었다. '3자회담' 안은 원래 중국이 주도적으로 제기한 것이었기 때문이다. 1984년 1월 10일 자오와 레이건이 정상회담을 개최하고 있을 때, 북한은 중앙인민위원회와 최고인민회의 상설회의 연합회의를 열고 「미국 정부와 의회에 보내는 편지」를 채택하고, 1월 11일 그것을 평양발로 보도해 버렸다.[223)] 마치 '3자회담' 구상이 중국과 북한의 긴밀한 공조하에 제안된 듯한 외양을 갖추면서 말이다.

보았다』, pp.317-318.

221) Nancy Bernkopf Tucker, *China Confidential,* pp.431, 533, n.48.

222) 돈 오버도퍼, 『두 개의 한국』, p.231.

223) 평화연구원, 『북한군사문제 제의자료집』, p.33.

그러나 북한이 제안한 '3자회담' 구상은 이미 한국이나 미국 모두 받아들일 수 없게 되어 있었다. 우선 한·미 양국은 '랭군 사태' 이후 북한이 평화공세를 펴는 저의에 대해 의구심을 가질 수밖에 없었다. 그리고 1월 10일 북한의 서한에는 '정전 협정' 체결의 주(主) 당사자인 북한과 미국 사이에 정전협정을 대신할 '평화 협정'을 체결하고 미군을 남한에서 철수시키는 한편, 종속적인 당사자인 남한과는 '불가침 선언'을 채택하는 것을 주요 내용으로 하는 '3자회담' 구상이 남겨 있었다.[224] 다시 말해 '3자회담'을 북·미 직접 접촉의 수단으로 삼겠다는 내용이었다. 방점이 남·북 긴장완화에 있지 않았다. 레이건은 자오 총리와의 정상회담에서 즉각 거부 의사를 밝혔다. 미국은 "북·미 직접 접촉을 반대하며, 4자회담을 원한다."라고 분명히 밝혔다. 그리고 1월 11일 워커 주한 미 대사는 "미국은 3자회담을 절대 반대하며 남·북 및 미·중이 참가하는 4자회담을 지지한다."라고 밝혔다. 그리고 다음 날 슐츠 미 국무장관도 기자회견을 열어 "한반도 문제해결의 핵심은 남·북이 한반도의 긴장을 완화하고 더욱 안정된 상태로 옮겨가기 위한 대화를 갖는데 있다."라고 강조했다.[225]

중국은 그야말로 허망해할 수밖에 없었다. 중국은 레이건이 제기하는 '4자회담'에 긍정적으로 답변할 수 없었다. 앞서 언급한 바와 같이 만약 중국이 '4자회담'을 수용하게 된다면, 그것이 중·북 관계에 무엇을 의미하는지 분명했기 때문이다. 사실 중국은 '4자회담'에 관심을 보이고 있었으나 외세의 개입을 꺼리는 북한은 단호하게 중국의 참여를 반대했다. 1984년 5월 김일성과 체르넨코 서기장의 회담 내용을 기록한 소련관리는 "한반도 운명에 관한 결정권 일부가 중국의 손아귀에 주어지는 데 대해 우리는 물론이고

224) 평화연구원, 『북한군사문제 제의자료집』, p.33; 사실 남·북·미 '3자회담'을 '북·미'와 '남·북'으로 분리하여 접근하는 이러한 북한의 방식은, 1991년 「남북화해와 불가침 및 교류·협력에 관한 합의서」(남북 기본합의서) 체결 이후에도 지속된다. 1991년 9월 남북 유엔 동시가입 이후 북한은 '3자회담'의 논리에 따라 미·북 평화협정 체결과 주한미군 철수를 다시 주장했다. 윤덕민, 『한반도 평화협정에 관한 연구』, pp.7-8.

225) 국가안전기획부, 『한반도문제 관련 관계국 회담 자료집』, p.70.

북한정부 역시 불안감을 느끼는 것 같았다."라고 적었다.[226] 따라서 자오 총리는 "3자회담은 과거 미국이 제안했던 방안이며, 중국은 추후에 참여할 수 있을 것이다. 4자회담 개최를 제의받은 바 없으며, 따라서 참여할 것을 고려하고 있지 않다."라고 언급하면서 애써 속내를 감추었다.[227]

그렇다고 중국이 북한이 상정하고 있는 '3자회담'에 희망을 걸 수도 없는 노릇이었다. 이미 그 성사 가능성 자체가 없었기 때문이다. 중국외교부는 1984년 1월 12일 '3자회담'을 지지한다고 밝혔다. 그러나 1월 26일 국방부장을 역임한 바 있고 당시 중국전인대 외교위원단 위원장을 맡고 있었던 껑뱌오(耿飈)는 프랑스 하원 외교위원회 사절단과의 면담에서 "북한제의는 주한미군 철수 문제를 협의하기 위한 것이므로 중국은 이 문제에 간섭하고 싶지 않다."라고 언급하면서, "중국은 여하한 테러 행위에도 반대한다."라는 입장을 강조했다. 그리고 같은 해 2월 27일 우쉐치엔(吳學謙) 외교부장은 말레이시아 외상과의 회담에서 "랭군 사건은 매우 불행한 사건으로 이로 말미암아 한반도 긴장이 고조되었으며, 이러한 긴장은 단시일 내에 해소되기 어려울 것이다. 따라서 3자회담이든 4자회담이든 한반도 통일문제를 협의하기 위한 회담은 당장 실현되기 어려울 것으로 본다."라고 밝혔다.[228] 더욱이 자오쯔양 총리는 1984년 3월 중국을 방문한 나카소네 일본 총리에게 "중국은 한반도에서의 긴장완화와 안정을 희망한다는 기본 입장을 취하고 있으며 긴장을 고조하는 모든 행위를 그 진원지와 관계없이 반대한다."라고 언급했다.[229] 북한에 대한 안보공약이나 동맹외교적 지지는 중국지도부의 입에서 서서히 사라졌다. 다시 말해 동맹의 외적 기능이 거의 소진된 것이다.

---

226) 돈 오버도퍼, 『두 개의 한국』, pp.231, 246.

227) 이러한 중국의 입장을 감안하여 1984년 4월 28일 슐츠 미 국무장관은 우쉐치엔(吳學謙) 중국외교부장에게 83년 덩샤오핑이 와인버거 미 국방장관에게 제안한 바 있는 '3자회담 베이징 개최 안'을 제안하기도 했다. 국가안전기획부, 『한반도문제 관련 관계국 회담 자료집』, pp.74, 78-79.

228) 국가안전기획부, 『한반도문제 관련 관계국 회담 자료집』, pp.79-80.

229) "Japanese Prime Minister in China," *Beijing Review,* April 2 1984, p.11.

5. 중·북 간 안보딜레마(security dilemma)

중국의 대북 안보공약이 점차로 약화되는 상황이었지만, 북한의 대외 안보위협 인식은 오히려 고조되고 있었다. 김정일은 1983년 1월 조선로동당중앙위원회 조직지도부, 선전부 책임일군대회에서 한 연설에서 다음과 같이 북한의 위협인식을 표출하고 있다.

> "최근 미, 일, 남조선 사이의 3각군사동맹체계를 완성하기 위한 미제국주의자들의 책동으로 하여 우리 나라의 정세는 극도로 첨예화되고 있습니다. 미제국주의자들의 3각군사동맹 조작책동은 일본군국주의를 재무장시키고 남조선괴뢰도당의 장기집권과 매국배족행위를 뒷받침해주어 저들의 침략야욕을 실현하려는데 그 목적이 있습니다. 지금 미제국주의자들은 일본군국주의를 재무장시켜 아세아의 맹주로 내세우려 하고 있으며 남조선에 핵무기를 비롯한 대량살륙무기를 대대적으로 들이밀어 공화국북반부를 반대하는 전쟁준비를 더욱 강화하고 있습니다."[230]

김일성은 1984년 5월 30일 베를린에서 호네커와 회담 시 "작년의 팀 스피릿 훈련에는 미군 이외에 10만 명의 남조선 병사가 참가했다. 우리는 미군이 10만 명의 남조선 군사를 동원한 데 대해 약간 놀랐다. 그래서 비상사태를 선포했다. 올해는 미군이 20만 명의 용병을 동원해 또다시 팀 스피릿 훈련을 했다. 적군의 군사훈련이 있으면 우리는 이에 대응조치를 취해야 한다. 이는 우리의 생산에 커다란 장애요인이 되고 있다."라며 당시의 안보 우려감을 표출했다.[231] 그리고 다음 날 계속된 회담에서 김일성은 "우리의 위치 때문에, 즉 중국과 긴 국경을 맞대고 있으면서 미·일과 대치하고 있기 때문에

---

230) 김정일, "현정세의 요구에 맞게 당사업에서 혁명적 전환을 일으키자"(조선로동당중앙위원회 조직지도부, 선전부 책임일군대회에서 한 연설, 1983년 1월 14일), 『주체혁명위업의 완성을 위하여 5』(평양: 조선로동당출판사, 1988), p.1.

231) 「Stenographic record of conversation between Erich Honecker and Kim Il Sung, 30 May 1984」, *CWIHP Bulletin,* Issue 14/15, p.57.

우리가 가장 우려하는 점은 중국이 사회주의를 고수할 것인가 하는 점이다." 라고 언급하며 중국의 동맹이탈에 대한 우려감을 나타냈다. 또한, 김일성은 "복잡한 국제정세를 고려할 때, 소련과 중국의 관계가 원만하기를 희망한다."라고 밝혔다.[232] 이러한 김일성의 언급을 통해 볼 때, 사실 북한은 중국이 동맹을 이탈하지 않고 미국이라는 '공동의 위협'에 대응하는 북·중·소의 단결된 동맹체제로 회귀하기를 '기대'하고 있었음을 알 수 있다.

이러한 북한의 외적 위협인식에도 중국은 오히려 북한의 '적국'인 미국과 유례없는 군사협력을 강화하고 있었다. 1983년 9월 와인버거 미 국방장관의 방중 이후 미·중 양국은 소련의 아태지역에 대한 군사력 증강에 전략적 균형을 맞추고자 지속적으로 군사협력을 강화해 왔다.[233] 북한으로서는 소련

---

232) 「Memorandum of conversation between Erich Honecker and Kim Il Sung, 31 May 1984」, *CWIHP Bulletin,* Issue 14/15, p.60.

233) 1984년 10월 23일 윌리엄 크로우(William Crowe) 미 태평양지역 사령관은 기자회견을 통해 "소련은 미국이 베트남전 당시 최대의 해군기지로 사용했던 캄란만에 해군력과 공군력을 집중적으로 증가시키는 등 영구기지화하고 있으며, 이 같은 캄란만의 소련 군사력 증가는 매우 경악스러운 사태발전으로써 소련으로 하여금 남지나해의 해상교통로를 교란하고 인도양에 소련 해군력 배치를 용이케 하며, 필리핀을 소련 공군기의 공격범위에 들어가도록 하였다. 소련은 캄란만에서 언제라도 발진시킬 수 있는 6~7척의 전투용 함정과 5~6척의 잠수함, 10~12척의 지원함, 9대의 공격용 비행기 및 8대의 장거리 정찰기 등을 운용하고 있으며, 이 같은 소련의 군사력 증강은 소련 극동지역에 배치된 135기의 SS-20 핵미사일과 더불어 태평양 지역에서의 군사력 균형을 매우 심각하게 깨뜨리고 있다."라고 말했다. 그리고 그는 1985년 2월 27일 미 상원 군사위원회 청문회에서 "미·중 양국은 상호 다른 상황에 처해 있으나, 공동의 이해를 지니고 있으며, 양국 간 긴밀한 관계는 아태지역의 전략적 균형을 위한 중요한 요소이다."라고 증언했다. 국방부, 『미행정부지도자 및 의원 발언 요지(한반도안보정세를 중심으로)』(국방부, 1985.4), p.37.

1983년 와인버거 국방장관 중국 방문 이후 미·중 간 군사협력은 급속히 진전되었다. 레이건 행정부는 1986년 초, 중국군이 보유하고 있는 F8 제트요격기(소련제 MIG-23기에 해당)의 성능을 강화하고자 5억 5천만 달러 규모의 레이더 및 무기발사 통제시스템 장비 등을 중국에 판매할 용의가 있다고 발표했다. 이는 미국이 이제까지 중국에 판매했던 군사장비로는 최대 규모였다. 이와 함께 미 의회도 중국의 화약 및 포탄 제조공장 설립을 지원하기 위한 9,800만 달러의 대중국 군사지원안을 승인했다. 국방부, 『주변국 주요인사 발언』(1987), p.247.

의 대북 군사지원을 유도함으로써 북한동맹체제의 외적 기능을 보강할 수밖에 없는 현실에 봉착했다. 당시 김일성의 전략적 판단은 다시 모스크바 쪽으로 경사될 수밖에 없다는 것이었다. 이에 따라 1984년 2월 유리 안드로포프(Yuri Andropov) 후임으로 공산당 서기장으로 취임한 체르넨코(Konstantin Chernenko)에게 김일성은 모스크바 공식방문 의향을 통보했다. 그리고 소련 정부는 이를 즉각 수락했다. 1984년 이후 소련의 대북한 무기 이전은 급속히 증가한다. 북한은 SA-2 지대공 미사일 580기, SCUD-B 지대공 미사일 15기, MIG-23 전투기 50기, SU-7 전투기 10기, MI-24 헬기 50기 등을 소련으로부터 이전받고, 그 대가로 소련 TU-16/95 정찰 및 폭격기의 북한 내륙통과 비행 및 기착권 인정(1984.12), 나진항에 이어 원산항 기항권 인정(1985.8), 중국과 대면하고 있는 남포항에 대한 소련 해군함대의 기항권을 인정(1986.7)해 주었다.[234] 북한이 무기지원의 대가로 이처럼 소련의 요구조건을 수락한 내용을 보면, 북한이 지금까지 주권의식에 집착하여 강조한 자주외교, 내정간섭 배제가 얼마나 '수사'에 그쳤는가를 쉽게 이해할 수 있을 것이다. 마치 한·미 동맹과 같이 북·소 동맹도 '자율성·안보 교환동맹'으로 변화하고 있는 듯한 모습을 보여준다.

그러나 어찌 되었건 1984년 이후의 상황은 중·북 양국에 '안보딜레마'를 가져다 주었다.[235] 중국이 대북 안보공약을 약화시키면서 미국과의 군사협력을 강화해 나갈수록, 북한의 대소 군사협력은 그만큼 더 고조되어 갔다. 그러나 북한으로서도 소련의 대북 군사적 영향력 팽창을 무작정 용인할 수도 없었다. 소련의 아태지역에 대한 군사력 증강은 또다시 미·중 간 협력과 중국의 대북 안보공약 축소로 나타날 것이었기 때문이다. 1984년 5월 와인버거 국방장관은 일본 외신기자클럽에서 "소련의 극동 군사력 증강에 따른 한·미·일·중 4개국 간 군사협력은 극동지역 안전을 위해 효과적이며, 한·

---

234) 정영태, 『북한과 주변 4국의 군사관계』(민족통일연구원, 1996.10), p.39.
235) 안보딜레마에 대해서는 John H. Herz, *International Politics in the Atomic Age* (New York: Columbia University Press, 1962), p.231; Robert Jervis, "Cooperation Under the Security Dilemma," *World Politics,* Vol.30, No.2(1978), pp.186-194.

미·일·중 4개국 간 군사협력이 장차 이루어질 가능성이 크다."라고 언급했다.[236)]

특히 북한이 소련해군함대의 서해 남포항 기항을 허용하게 된다는 것은 중국에는 심각한 안보적 위협이 아닐 수 없었다. 1986년 8월 31일 베이징 주재 동구소식통을 인용해 『조선일보』는 "소련이 동해의 북한 최대 해군기지인 원산항에 대한 입항권에 이어 남포항의 기항권도 획득하는 등 동·서해 양쪽에 교두보를 구축하게 됨으로써 한반도의 군사균형에 큰 영향을 끼칠 뿐 아니라, 한국·일본·미국은 물론 중국의 중요한 해군기지인 여순, 대련 항구와 200마일 거리를 두고 마주보고 있어 중공을 크게 자극하게 되었다."라고 보도했다.[237)]

이러한 북·소 군사협력에 대해 중국도 1986년 10월 와인버거 미 국방장관 방중을 통해 미 태평양함대의 칭다오(靑島) 기항을 승인했다.[238)] 이는 1949년 5월 미 해군 정비함 딕시호가 중공정권 수립 5개월을 앞두고 칭다오를 떠난 이후 37년 만에 처음으로 이루어지는 중대 사건으로 북한을 자극하기에 충분했다.[239)]

6. 김일성의 '연목구어'(緣木求魚), 그리고 '결박' 동맹기능

위와 같은 안보딜레마 상황에서 중국과 북한은 어떤 기대감을 가지고 상호 대응하는 과정을 거쳤을까? 결론부터 말하면, 중국은 북한의 대소 군사밀착에 대해 소련과 대북 '유인경쟁'에 뛰어들지 않았다. 중국은 「조·중 조약」의 내적 기능, 즉 상호 이해갈등 관리를 위한 '결박'의 기능을 통해 북한과의 관계를 일관되게 안정적으로 유지시키고자 했다. 반면 김일성은 여전

---

236) 국방부, 『미행정부지도자 및 의원 발언 요지(한반도안보정세를 중심으로)』(국방부, 1985.4), p.37.

237) 국방부, 『주변국 주요인사 발언』(1987), pp.159-160에서 재인용.

238) 북경발 *AFP, UPI* 보도(86.10.9), 국방부, 『주변국 주요인사 발언』(1987), p.248.

239) 국방부, 『주변국 주요인사 발언』(1987), pp.249-250.

히 '블록 외교의 부활'이라는 관점에서 북·중·소 동맹체제를 재구성해보려 시도했다. 물론 중국은 이를 단호히 거부한다. 김일성의 치명적 실수는 소련의 의도를 오판한 데 있었고, 그의 '남조선혁명역량강화'가 그러했던 것처럼 '국제혁명역량강화'에 대한 기대도 '연목구어'(緣木求魚)였다.

중국은 '3자회담' 조율에 실패하자 북한에 대해 보다 직접적으로 남북대화와 협력 문제를 촉구했다. 이후 중국지도부와 김일성 사이의 대화에서 나타나는 일관된 중심화제는 바로 남북대화 문제이다.240) 1984년 이후 중국의 대북 정책기조는 바로 북한에 대해 남북대화를 촉구하고, 중·북 간 상호교환 방문을 통한 협의의 강화였다. 그리고 일정한 보상을 제공하여 중·미 군사협력에 대한 북한의 의구심을 해소시키고자 했다. 중국은 여전히 북한과의 우호관계 유지가 동북아 안정과 한반도 평화에 유리하다고 판단하고 있었다. 왜냐하면, 남북 직접대화를 통한 한반도 긴장완화를 북한에 '권유'하기 위해서는 북한과 어느 정도의 우호관계는 반드시 유지되어야 했기 때문이다.241) 중국에 있어 북한과의 우호관계 유지는 강대국 간 세력균형의 관점에서가 아니라 한반도 안정을 위해 북한을 '관리'하기 위한 수단이었다.242) 이 점은 1986년 8월 1일 브레진스키(Zbigniew Brezinski)의 발언에서

240) 이는 오진용, 『김일성시대의 중소와 남북한』, pp.152-153, 185-186에 수록된 「1984년 11월 27일 김일성이 베이징을 방문해서 후야오방·자오쯔양과 나눈 대화록」, 「1985년 5월 4일 후야오방의 신의주 방문 시 김일성·김정일과의 대화록」 등을 참조.

241) Hao Yufan, "China and the Korean Peninsula," pp.873-880.

242) 사실 이러한 중국의 입장은 큰 맥락에서 보면 당시 미국의 대한반도 정책기조와도 일치하는 것이었다. 1984년 11월 18일 윌리엄 셔먼(William Sherman) 미 국무부 부차관보는 미 스탠포드대학 학술회의에서 '한반도 긴장완화에 관하여'라는 제하의 연설을 통해 "한반도에 대한 미국의 기본정책목표는 한반도에서의 전쟁 재발을 방지하는 것이며, 전쟁행위의 기선을 잡는 최선의 방법은 남·북한 간의 직접대화를 통해 긴장을 점차로 완화시키는 것이다. 중국과 소련은 한반도 긴장완화에 지극히 중요한 이해관계가 있으며 그 어떤 나라들도 이들 두 나라보다 북한 지도층에 큰 영향을 미칠 수 없기 때문에 중국과 소련이 북한에게 온건한 노선을 권고하고 궁극적으로는 긴장을 완화, 북한이 한반도에서 전쟁 방지를 위한 대화의 장으로 나오도록 고무시키기를 미국은 바라고 있다."라고 언급했다. 그리고 1985년 4월 15일, 리처드 워커(Richard Walker) 주한 미국 대사는 귀국 기자회견을 통해 "중국은 한반도의 긴장과

잘 확인되고 있다. 그는 중국지도부와 폭넓은 대화를 가진 이후 베이징에서 『뉴스위크』와의 회견을 통해 다음과 같이 말했다.

> "대만·중공의 화해시도가 비공식 접촉의 증가로 긍정적인 전망을 보이고 있는 데 비해 한반도의 상황은 앞으로 2~3년 동안 더욱 악화될 전망이다. 특히 한국이 올림픽 개최로 국제사회에서 지위가 향상되는 것에 비례해서 북한이 도발할 가능성을 배제할 수 없다. 한반도 문제는 미국과 중국이 협력하여 장기간에 걸쳐 도와줌으로써 긴장을 해소시킬 수 있다. 이는 한국과 미국, 중국과 북한이 긴밀한 유대관계를 유지할 때만 가능한 것이고, 최근 북한과 소련의 밀착관계 형성으로 중·북 관계가 악화됐다고만은 볼 수 없다."[243]

이 말은 북한과의 긴밀한 유대관계 지속을 바탕으로 중국이 북한의 도발행위를 '관리'해 나가야 할 필요가 있다는 것이다. 다시 말해 중·미 군사협력과 북·소 군사밀착이 동시 진행되는 안보딜레마 상황을 막으려면 미·중이 서로의 동맹국(남·북한)과 긴밀한 의사소통을 꾸준히 지속할 필요가 있다는 것이다. 그러한 의사소통의 제도화가 전제되지 않으면, 상대방의 의도를 분별할 수 없는 상황에서 일방적 대외안보추구를 할 수밖에 없으며, 이는 오히려 자국의 대외안보를 저해하는 딜레마를 초래하게 되는 것이다.

미국의 대한국 방위공약과 중국의 대북한 공약은 비대칭적이었다. 미국은 태평양 연안지역의 군사적 위협 인식을 바탕으로 이 지역, 특히 한국에 대한 확고한 안보공약 및 실질적인 대규모 군사지원을 단행했지만,[244] 중국은 단

대결 상태를 완화하려는 방안을 마련하는 데 미국과 함께 하고 있다."라고 말했다. 국방부, 『미행정부지도자 및 의원 발언 요지(한반도안보정세를 중심으로)』(국방부, 1985.4), pp.30-31; 국방부, 『미 정부 주요인사 발언 및 언론보도 요지(한반도 안보정세를 중심으로)』(국방부정책기획관실, 1986.3), p.19.

243) 국방부, 『주변국 주요인사 발언 및 군사동향(한반도 및 동북아 안보정세를 중심으로)』(국방부정책기획관실, 1987), pp.11-13에서 재인용.

244) 조지 슐츠 미 국무장관은 1985년 2월 22일 샌프란시스코 커먼 웰스 클럽에서 행한 '미국과 자유화를 위한 투쟁'이라는 제하의 연설을 통해 "세계에서 가장 군사력이 집중되어 있는 곳은 태평양 연안지역으로서 소련은 이 지역의 인구밀집지역에 대하

순히 '북한과의 우호관계 유지'라는 '수단'을 확보하고자 북한의 제안을 외교적으로 지지하는 정도로 대북 공약을 제한적으로 수행하였다. 무엇보다 중국의 북한정책이 소련의 대북 군사지원[245]에 경쟁적으로 대응한 것이 아니라는 점이 특히 중요하다.[246] 이는 중국의 대북 동맹관계 유지의 주목적이 한반도에 대한 강대국 간 영향력 경쟁의 차원에서 추동되었다기보다는 북한의 행위를 '결박'하는 데 있었음을 의미하는 것이다.

1984년 4월 레이건의 중국 방문 직후 후야오방 주석은 5월 4~10일 김일성의 초청으로 북한을 방문했다.[247] 후 주석은 김일성에게 레이건과의 회담에서 북한의 '3자회담' 제안을 지지했다고 말하고, 한반도에서 적대행위가 발발할 경우 "미군이 한반도에 도착하는 시간은 하루면 충분할 것"이라며 주한미군 철수를 주장했다.[248] 그러나 중국의 이러한 '3자회담'에 대한 언급이나, 주한미군 철수 주장은 매우 원칙적 수사에 불과하다. 사실 1984년 4월

여 전체 SS-20 중거리 핵 미사일 보유량의 1/3을 배치시키고 있고, 지상군의 1/2~1/3에 해당하는 52개 사단을 이미 이 지역에 배치하고 있으며, 그들의 태평양 함대는 4개 함대 중 그 전략이 최대일 뿐 아니라 전략전술 항공기도 계속 증강시키고 있다. (중략) 미국은 이 같은 군사력 집중 현상을 크게 우려하고 있으며, 특히 이 지역에서 소련이나 그 대리인들인 북한, 캄보디아 및 아프칸 3개국들이 그들의 정치목적을 달성키 위해 방대한 군사력을 사용하려는 의도에 관하여 미국은 크게 우려하고 있다"고 언급하고 있다. 이러한 인식을 바탕으로 슐츠 장관은 1985년 3월 7일 미 상원 세출위 대외활동 소위원회 증언을 통해 "한·미간 공동 방위유대 관계를 유지하기 위하여 미국은 대한 FMS의 지속지원이 필요하며, 그것이 한국군의 전투능력을 향상시킬 수 있는 바, 2억 2,800만 달러의 FMS를 포함 총 4억 8,300만 달러의 FY86 군사지원액을 의회가 승인해 줄 것을 요청"하였다. 국방부, 『미행정부지도자 및 의원 발언 요지(한반도안보정세를 중심으로)』(국방부, 1985.4), pp.19-20. 레이건 행정부 시절 미국의 대한 안보공약의 재확약에 관해서는 Victor D. Cha, *Alignment Despite Antagonism,* pp.172-175 참조.

245) 정영태, 『북한과 주변 4국의 군사관계』, pp.37-39.

246) 1983년 이후 중국의 실질적 대북 군사원조는 통계상에 잡히지 않고 있다. Yong-Sup Han, "China's Leverages over North Korea," p.244.

247) 『조선중앙년감 1985』, pp.158-159.

248) 돈 오버도퍼, 『두 개의 한국』, pp.243-244; "胡耀邦同志在平壤市群衆大會上的講話," 劉金質·楊淮生 主編, 『中國對朝鮮和韓國政策文件彙編 5』, p.2415.

미·중 정상회담 시 양국은 회담형식에 관계없이 남·북 직접대화 분위기 조성이 긴요하다는 데 의견을 같이했다. 특히 중국은 "한반도에서 긴장을 격화시키는 어떠한 행동도 반대하며, 합리적이고 현실적인 견지에서 한반도의 긴장완화를 위해 가능한 한 모든 조치를 취할 용의가 있음"을 표명했다.[249] 더욱이 주한미군에 대한 중국의 용인은 1980년 1월 황화 외교부장의 비밀연설 속에서부터 찾아볼 수 있다. 앞서 지적한 바와 같이, 중국은 공개적으로는 주한미군 철수를 주장했지만,[250] 이미 주한미군을 기정사실로 받아들이고 있었고, 사실상 동북아에서 중국이 원하는 것은 현상유지였다. 따라서 미군의 즉각적이고 전면적인 철수로 초래될 수도 있는 한반도 상황의 불안정성을 원치 않았다.[251]

한편, 김일성의 '기대'는 남북대화를 통한 긴장완화가 아니라, 중·북·소 동맹체제를 "미, 일, 남조선 사이의 3각군사동맹체제"에 '균형'을 맞추도록 재구성하는 데 있었다. 따라서 김일성은 북·소 군사밀착이 오히려 중·미 군사협력 강화로 이어지는 안보딜레마 상황을 막아야 했다.[252] 그러므로 중·소를 '이간'할 수 없었으며, 특히 중국이 지속적으로 주문하는 남북대화에 대해 어느 정도의 '성의'를 보여야만 했던 것이다.[253]

---

249) 정진위, 『북방삼각관계』, pp.195-196. 87년 1월 4일 장슈(章曙) 주일 중국 대사는 『東京新聞』과의 회견에서 "한반도 안정을 위해서는 남북한 직접대화 이외의 길은 없다고 생각한다."라고 말했다.

250) 우쉐치엔(吳學謙) 외교부장은 1986년 9월 23일 유엔 총회 연설을 통해서도 주한미군 철수 주장과 함께 북한의 '3자회담' 제의, 김일성의 '고려민주련방공화국 창립방안' 지지의사를 밝혔다. 국방부, 『주변국 주요인사 발언』(1987), p.221. 그런데 중국이 김일성의 고려연방제 통일방안을 지지하는 데 비교적 용이했던 것은 그것이 중국의 통일방안(一國兩制)과 동일한 성격을 가지고 있었기 때문이다. Hao Yufan, "China and the Korean Peninsula," pp.878-879.

251) 정세현, 『모택동의 국제정치 사상』(서울: 형성사, 1984), p.228; 힌턴(Harold C. Hinton), "1980년대 말 중국과 초강대국간의 관계," 김달중 편, 『소련·중국·동북아』(서울: 대한교과서주식회사, 1990), p.137.

252) 안보딜레마 상황을 회피하고자 했던 것은 김일성이나 중국지도부나 다 같이 원했던 것이다. 그러나 양자의 의도는 달랐다. 이는 안보딜레마 상황 회피 이후의 기대구도에 차이가 났다는 말이다.

김일성이 1984년 5월 모스크바를 방문하기에 앞서 후야오방을 초청해 북·소 간 진행 중인 협력사업의 내용을 사전에 중국 측에 통보한 것도 북한동맹체제의 복원을 위한 일환이었다. 김일성은 후야오방 주석의 '외교적 수사'에도 불구하고, 중국이 대일 수출입 창구로 요구해온 청진(淸津)항에 대한 전용권을 허여(許與)하였다.[254] 그리고 5월 체르넨코와의 회담에서도 김일성은 중국을 두둔했다. 그는 중·북 양국은 앞으로도 지속적인 우호관계를 유지할 것이라고 호언하였다. 그리고 김일성은 중국이 '4자회담' 같은 것에 동의하지 않는다고 말하며 애써 자신의 속내를 감추려 했다.[255] 또한, 1984년 11월 12~27일 체르넨코·김일성 간 군사협력 문제를 보다 구체화하려고 미하일 카피차(M. Kapitsa) 외무차관이 평양을 방문했을 때에도 김일성은 소련과의 최종합의에 앞서 중국지도부를 직접 찾아 사전 통보하는 절차를 거쳤다. 1984년 11월 26~28일 김일성은 비밀리에 중국을 방문해 중국공산당 최고 원로들 모두와 폭넓은 대화를 가졌다.[256]

그러나 상황은 김일성의 의도대로 전개되지 않았다. 양국 간에 가장 쟁점이 된 부분은 소련 정찰 및 폭격기의 북한내륙통과 비행 및 기착권 인정 문제였다. 북한으로서는 그 대가로 획득할 수 있는 소련의 대북 군사지원의 유혹을 뿌리칠 수 없는 것이었고, 중국으로서는 소련기의 북한영공 통과가 동북아의 전략적 균형을 깰 수도 있는 중대한 사안이었다. 그러나 양국은

---

253) 1984년 5월 방북 시 후야오방이 행한 각종 연설이나 기자회견, 당시 『人民日報』 사설 등의 행간에는 대부분이 한반도 긴장완화와 남북대화의 중요성에 방점을 두고 있음을 쉽게 발견할 수 있다. 劉金質·楊淮生 主編, 『中國對朝鮮和韓國政策文件彙編 5』, pp.2406-2419.

254) 중국의 청진항 요구에 대해서는 오진용, 『김일성시대의 중소와 남북한』, pp.121-131.

255) 앞서 지적한 바 있지만, 김일성은 모스크바 방문을 마치고 동독을 방문했을 때에는 "중국이 사회주의를 포기하는 것"이 가장 두렵다고 말했었다. 「Memorandum of conversation between Erich Honecker and Kim Il Sung, 31 May 1984」, *CWIHP Bulletin,* Issue 14/15, p.60; 돈 오버도퍼, 『두 개의 한국』, pp.245-246. 김일성이 모스크바를 찾아 중·소를 '이간'하지 않고 중국을 두둔한 것은 과거의 행동패턴과는 확연히 차이가 나는 대목이다.

256) 『조선중앙년감 1985』, pp.157-158; 潘敬國 主編, 『共和國外交風雲中的鄧小平』, p.381.

접점을 찾지 못했다. 결국, 북한은 미·중 군사협력에 대한 불만을 토로했고, 중국은 대북 안보공약에 모호성을 남긴 채 남북 직접대화만을 요구했다.[257] 중국은 비공식 방문임에도 대외연락부 사상 최초로 기자회견을 열어 김일성 방중 결과를 발표해 버렸다.[258]

이제 김일성은 북한동맹체제의 복원을 위해서는 중국의 요구조건에 적극적 '성의'를 보이는 모습을 보여줘야 했다. 1985년 1월 1일 김일성의 신년사는 남한정부에는 '유혹'에 가까우리만큼 파격적이었다. 우선 김일성은 "지난 해에 형제적 린방인 중화인민공화국과의 친선관계 발전에서 중요한 리정표가 마련되였습니다."라고 언급하며 중국과의 관계를 특히 강조했다. 그러면서 그는 어느 때보다도 남북대화를 강조하면서 "북과 남 사이의 대화가 인민들의 기대와 조국통일의 리념에 맞게 잘 진행된다면 그것은 점차 보다 높은 급의 회담으로 발전할 수 있을 것이며 나아가서는 북과 남의 고위급정치회담도 실현될 수 있을 것입니다."라고 언급했다.[259] 그런데 한국정부는 이를 '정상회담'까지도 생각해 볼 수 있다는 신호로 해석하고 너무나 신속히 남북 간 직통 '비밀채널'을 가동하기 시작했다. 물론 김일성은 이를 중·북 관계개선에 적극 이용하려고 했다. 1985년 3월 중순 김일성은 '남북대화'를 주제로 후야오방과 극비리에 다롄(大連)에서 회담을 하자고 중국에 요청했다.[260] 물론 중국도 이를 흔쾌히 수락했다. 회담에서 후야오방은 북한에 3가지를 제안했다. 즉 남북대화를 중단하지 말고 지속할 것, 대외개방을 추진할 것, 소련과의 군사관계는 한반도는 물론 중국에 대한 위협이 되므로 군사균형을 변화시키는 상황으로는 발전시키지 말 것을 요구했다.[261]

북한은 남북 비밀접촉을 꾸준히 진행해 중국의 요구에 '부응'하는 듯한

257) 오진용, 『김일성시대의 중소와 남북한』, pp.149-154.
258) "金日成總書記對中國進行內部非正式訪問," 『人民日報』, 1984年 11月 30日. 劉金質·楊淮生 主編, 『中國對朝鮮和韓國政策文件彙編 5』, pp.2440-2441; 외무부, 『한·중국, 북한·중국관계 주요자료집』, p.273.
259) "신년사"(1985년 1월 1일), 『조선중앙년감 1986』, p.1, 3.
260) 오진용, 『김일성시대의 중소와 남북한』, p.180.
261) 국방부, 『주변국 주요인사 발언』(1987), p.238.

모습을 보였다. 5월이 되면, 남북 간 '물밑 접촉'이 구체적인 협의과정에 들어갔다. 5월 28일에는 12년 만에 서울서 열리는 제8차 남북적십자회담에서 고위급 접촉이 예정되어 있었다. 이를 배경으로 김일성은 1985년 5월 4~6일 다시 후야오방을 북한의 신의주로 초청했다.262) 김일성은 북한이 소련과 교류비행(상호방문비행)을 한다고 해서 중국과의 '혈맹' 관계에는 조금의 변화도 없음을 강조했다. 이에 대해 후야오방은 중국이 도와주지 못한 것을 소련에서 얻을 수 있다는 것은 오히려 환영할 만하다고 답변했다. 그러면서 군사비를 축소하고 경제건설에 힘써 달라고 당부했다. 그러나 김일성은 미국이 '북침 준비훈련'(팀 스피릿)을 계속하고 있기 때문에 군사력 증강에 소홀히 할 수 없다고 강조했다. 이에 후(胡)는 "미국에 의한 북침은 없을 것이다."라고 말하며 남북대화를 강조했다. 그러나 김일성은 "남북대화만으로 통일문제를 해결할 수 없다고 보고 있다. 그래서 남북대화를 전 세계에 대한 정치선전의 목적으로 회담을 '하다-말다'하는 식으로 임할 생각이다."라고 '화답'했다.263)

양국 지도부는 서로 자신의 의도를 상대방에게 이해시키려 하고 있지만, 동시에 상당한 긴장감을 드러내고 있다. 이후 양국은 서로의 기대감을 어느 정도 충족시켜 줄 방안을 모색해 나갔다. 중국 측에서는 미·중 군사협력에 우려감을 표시하는 북한을 위해 미 해군함정의 칭다오 기항을 유보했다. 원래 미 해군함정의 중국 친선방문 계획은 1980년 해럴드 브라운 미 국방장관이 처음 시사한 것으로, 1985년 6월에 실시될 예정에 있었다. 그러나 후야오방 총서기가 호주기자들과의 회견을 통해 "미국은 핵무기를 실은 함정의 기

---

262) 중국 측 회담 참석자는 후야오방 중공 총서기, 리수정(李淑錚) 당 대외연락부장, 주치전(朱啓禎) 외교부 부부장, 쉬신(徐信) 중국인민해방군 부총참모장, 종커원(宗克文) 주북한 중국 대사 등 5명이고, 북한 측은 김일성 외에 김정일, 오진우 인민무력부장, 허담 조국평화통일위원장, 현준극 주중 북한대사 등 7명이었다. 이러한 회담 구성원을 보면, 남북대화와 북한의 대소 군사협력 문제가 주요 의제로 상정될 것임을 예측할 수 있을 것이다. "胡耀邦總書記對朝鮮進行非正式訪問," 劉金質·楊淮生 主編, 『中國對朝鮮和韓國政策文件彙編 5』, pp.2445-2447.

263) 이상의 내용은 오진용, 『김일성시대의 중소와 남북한』, pp.156-158에 바탕하고 있다.

항을 금지하는 중국의 정책에 따르기로 동의"했다고 발표하고 미국 측이 이를 '부인'하는 형식을 통해 칭다오 기항문제를 자동 유산시켰다.[264]

한편, 북한도 남북접촉 문제에 대해 중국과 꾸준히 협의했다. 7월 초 판문점 실무대표회담에서 북한 측이 별도의 고위급(각료급) 회담을 제의하기 직전, 7월 5~12일 주량(朱良) 중공 대외연락부 부부장이 평양을 방문했다. 평양에서 주량은 판문점 실무대표회담의 모든 진행과정을 관찰하고 북한 실무진과 긴밀히 협의했다. 마침내 9월과 10월 '남북한 당국 최고위급 회담'(남북정상회담)을 성사시키기 위해 장세동 안기부장과 허담 조선로동당 비서 간 남북 비밀교환방문이 진행되었다. 이로써 중국의 기대감은 최고조에 달했을 것이다. 그러나 과거 중국의 중재가 그러했던 것처럼 이번에도 중국의 대북 영향력은 한계에 봉착한다. 1986년 1월 20일 북한이 팀 스피릿 훈련을 이유로 모든 남북대화를 거부해 버렸던 것이다.[265]

북한의 갑작스런 대화중단의 가장 큰 이유는, 남북대화 재개(再開)를 레버리지로 하여 중국을 북한이 상정한 '북·중·소 동맹체제' 내로 복귀시키기 위한 것으로 보인다. 다시 말해 북한은 중국을 북한 동맹체제로 회귀시키고자 남북대화 일시 중단이라는 수단을 썼을 수 있다는 것이다.

김일성은 1986년을 북한동맹체제를 복원하는 해로 만들고 싶어했다. 다시 말해 미·소 간의 '신 냉전'을 '기회의 창'으로 인식했던 것이다. 1986년 10월 고르바초프는 소련을 방문 중인 김일성과의 오찬 연설을 통해 "미국이 일본, 한국 및 기타 아시아 국가들을 포함한 동방군사동맹체를 나토(NATO)와 비슷한 형태로 결성하려 하고 있다."라고 미국을 비난했다.[266] 북한은 바로 이와 같은 소련의 위협인식과 동일선상에 있었기 때문에, 고르바초프의 '수사'를 믿고 있었다.[267] 북한은 이러한 상황인식을 바탕으로 자국의 동맹

264) 국방부, 『주변국 주요인사 발언』(1987), pp.249-250.
265) 오진용, 『김일성시대의 중소와 남북한』, pp.188-189; 허문영, "북한의 통일정책," p.157.
266) 국방부, 『주변국 주요인사 발언』(1987), p.119.
267) 고르바초프의 '수사'에 대해서는 다시 후술할 것이다.

체제, 즉 중·소와의 군사협력 관계를 동시에 확대·심화시키려 했다.[268] 문제는 이러한 북한의 기대에 소련은 적극적으로 부응해 왔지만, 중국은 대단히 '신중한' 자세만을 견지하고 있었다는 점이다.

따라서 김일성은 남북대화의 급속한 진전을 통해 중국의 '기대'에 부응해야 했다. 그러나 앞서 살펴본 바와 같이, 김일성은 남북대화에 본래부터 진정성이 없었다. 김일성이 남북대화에 적극적 이니셔티브를 취한 것은 중국을 북한동맹체제로 '유인'하기 위한 것이었다. 그런데 중국은 안보공약의 '모호성'만을 유지한 채 북한에 동조하지 않았다. 따라서 북한은 중국의 기대감이 최고조에 올랐을 때, 남북대화를 중단했다. 그리고 남북대화 재개라는 카드로 중국의 '복귀'를 요청하고자 했을 것이다.[269] 김일성은 소련과의 군사협력 못지않게 중국과의 군사협력도 대외적으로 과시해야 했다. 그래야 "한·미·일 간 나토형 동방군사동맹체제"에 균형을 맞출 수 있을 것이라 판단한 것이다.

남북대화를 갑작스레 중단시킨 이후 김일성은 중국공산당 총서기 후야오방에게 1986년 상반기 중에 북·중 양자회담을 개최할 것을 제의했다. 그리고 1986년 7월「조·중 조약」체결 25주년을 기념하기 위해, 85년 8월 소련이 원산항에 항공모함 민스크호를 주축으로 한 태평양함대를 파견한 것과 같이 중국도 북양함대를 서해의 남포항에 파견해 줄 것을 제의했다.[270] 즉 김일성은 한·미·일 군사협력 강화에 '균형'을 맞추기 위한 북·중·소 동맹체제의 '재구성'을 염두에 두고 있었다는 것이다.

중국은 김일성의 2가지 제안 모두를 단호히 거절했다. 중국이 김일성과의

---

268) 적어도 북한의 관점에서 볼 때, 이러한 김일성의 의도는 1961년 7월 북한이 중·소와 동시에 동맹조약을 체결하려고 시도했던 때와 유사하다. 다시 말해, 북한은 한·미·일에 균형을 맞출 수 있는 북한동맹체제의 복원을 기대하고 있었다는 것이다.

269) 이러한 추론은 김일성이 중국고위층과 만날 때는 언제나 '남북대화'라는 '선물'을 준비했었다는 사실에 바탕을 두고 있다. 이후 상황전개는 이러한 추론을 어느 정도 입증하고 있다. 이 점은 다시 후술할 것이다.

270) 일본관계자 인용한『도쿄연합』보도(1986.9.12), 국방부,『주변국 주요인사 발언』(1987), pp.238-239.

회담을 거절한 사유는 1985년 3월 김일성과 후야오방의 다롄(大連) 회담에서 중국 측이 제시한 3가지 건의를 북한이 무시했다는 것이었다. 그리고 북양함대의 남포항 기항 요구에 대해서도 한반도 긴장을 고조시키는 결과가 된다는 이유로 거부한다.[271]

대신 중국은 「조·중 조약」 25주년을 기념하기 위해 톈지윈(田紀雲) 부총리와 이종옥 북한 부주석을 단장으로 하는 축하사절을 상호 교환하는 데에만 합의했다. 부총리급의 교환방문은 조약 체결 기념의 의미를 급격히 떨어뜨리는 것이다. 중국은 그야말로 군사적 색채를 완전히 배제한 정치적 '축하' 사절단만으로 구성된 대표단을 파견했다.[272] 반면 소련은 「조·소 조약」 체결 기념일을 앞두고 북한에 약 10대의 MIG-23 전투기를 제공했다. 이로써 북한공군은 2개의 MIG-23 비행중대를 구성할 수 있었다.[273] 북한은 이에 대한 대가로 7월을 전후해 서해 남포항에까지 소련 해군함대의 기항을 허용해 버렸다. 「조·소 조약」 체결 기념행사에서 북한은 "한·미·일 군사협력을 비난하고 시트로프 태평양함대 사령관이 북한과 공동작전을 수행할 준비가 되어 있다."라는 등 북·소 군사밀착만을 강조하는 데 그쳤다.[274] 이 말은 북·중·소의 단일한 북한동맹체제를 재구성하려는 김일성의 노력이 실패했음을 알리는 것과도 같은 것이다.

중공 총서기 후야오방이 조약체결을 기념하기 위해 김일성에게 보낸 메시지와 부총리 완리(萬里)가 이종옥을 위해 개최한 환영 연설 상에는 현재의 국제정세하에서 「조·중 조약」이 어떠한 의의를 갖고 있는지에 대해 의미를 부여하지 않았다.[275] 이러한 중국의 태도는 한·미·일 관계강화를 한반도 정세의 긴장, 위협요인으로 간주하고 있는 북한의 인식과 큰 차이가 있는 것이다. 부총리 완리(萬里)가 이종옥 등을 위한 환영연회에서 한·미 합동군

---

271) 국방부, 『주변국 주요인사 발언』(1987), p.238.
272) 평양발 『新華通信』(1986.7.2), 국방부, 『주변국 주요인사 발언』(1987), p.156.
273) 일본 『時事通信』(1986.7.18), 국방부, 『주변국 주요인사 발언』(1987), p.151.
274) 국방부, 『주변국 주요인사 발언』(1987), pp.159-160.
275) 劉金質·楊淮生 主編, 『中國對朝鮮和韓國政策文件彙編 5』, pp.2470-2473, 2478.

사훈련 문제를 언급하기도 했으나, 그것도 남북한의 접촉과 대화를 재개하기 위한 장애를 없애도록 연습이 중지돼야 한다고 부드럽게 비판하는 데 그쳤다.[276] 그리고 중국은 김일성의 후야오방 초청제의에 대해 조약체결 참석차 방북한 톈(田) 부총리를 통해 김일성이 중국을 공식방문하라는 덩샤오핑과 후야오방의 메시지를 전달했다.[277]

그럼에도 '대북 우호관계 유지'라는 수단을 확보하기 위한 중국의 노력은 계속되었다. 다시 말해 동맹 외적 기능은 애써 감추려 했지만, 상호 이해갈등의 관리를 위한 동맹 내적 기능은 오히려 부각시키려 했다. 이는 중국이 미·중 군사협력을 한 단계 격상시키기 전에 북한에 사전 통보하여 적절한 보상과 이해를 구하는 과정 속에 잘 반영되고 있다.

중국은 자국 북양함대 기지와 대면하고 있는 남포항에 대해 북한이 소련 함대의 기항을 허용한 것을 중국의 안보에 직접적 영향을 미칠 수 있는 사안으로 간주했다. 또한, 북한함대의 블라디보스토크 항 공식 방문(1985년 7월 25~29일)에 대해서도 경계감을 표시했다. 특히 소련전투기의 북한 상공 '왕복통과' 허용과 더불어 해군에까지 급속히 협력관계가 확대되는 것은, 우호와 의례의 차원을 넘어선 안전보장상의 의미가 있다고 보았다.[278] 이에 대해 미국과 중국은 양국 군사협력을 한 단계 격상시킬 필요성이 있었다. 이의 일환으로 1986년 10월 7일 와인버거(Caspar Weinberger) 미 국방장관의 방중이 예정되어 있었다.

그런데 중국은 북한이 소련과의 군사협력을 확대하는 것을 미·중 간 군사협력에 대항하기 위한 시위행동들이라고 평가하고 있었다.[279] 따라서 중국은 와인버거 방중 전에 거물급 인사를 북한에 파견하여 미·중 군사협력에 양해를 구하는 과정을 거쳤다. 1986년 10월 3~6일 리셴녠(李先念) 중국

---

276) 국방부, 『주변국 주요인사 발언』(1987), pp.241-242.

277) 중공당국 소식통 인용한 북경발 『교도통신』(86.11.23), 국방부, 『주변국 주요인사 발언』(1987), pp.243-244.

278) 『人民日報』, 1986年 7月 24日.

279) 국방부, 『주변국 주요인사 발언』(1987), pp.235-237.

국가주석이 방북한다. 리 주석은 "우리는 서로 간에 매우 좋은 전통이 있다. 영도자들이 마치 일가 친척처럼 항상 만나 의견을 교환한다. 마오 주석과 저우 총리가 살아 있을 때도 이러했고 지금도 그러하다."라며 「조·중 동맹」의 '결박' 기능을 다시 한번 강조했다.[280] 그러면서 중국은 2천만 달러의 무상원조를 제공하고 현재 무상으로 북한에 공급하는 석유를 연간 150만 톤에서 200만 톤으로 50만 톤 정도를 더 확대해 주겠다는 뜻을 전달했다. 이에 북한은 미 태평양함대의 칭다오 기항을 '양해'했다.[281]

그러나 북한은 더는 중국의 '복귀'를 기대할 수는 없었다. 김일성은 덩샤오핑과 후야오방의 중국 공식방문 요청에 대한 분명한 회답을 지연한 채 10월 22일 중국 측에 어떠한 사전 통보도 없이 소련을 전격 방문하게 된다. 특히 김일성은 10월 4일 리셴녠(李先念)과 회담할 때에도 자신의 소련방문이 임박했다는 사실을 전혀 언급하지 않았다. 이에 중국 측은 방소 사실 자체를 사전 통보하지 않았다는 데에 큰 충격을 받았다.[282] 이는 중국이 애써 부각시키려 했던 동맹규범으로부터 북한이 이탈한 데 대한 충격이었다. 앞서 언급했지만, 사실 중국은 북한의 대소 군사협력 증진 노력 자체를 반대한 것이 아니다. 다만, 중국은 그것이 상대방의 의도를 분별할 수 없는 상황에서 진행되어서는 안 된다는 점을 강조한 것이다. 따라서 상호 안보불안을 해소할 수 있는 '사전 통보 및 협의'를 원하고 있었다.

모스크바에서 김일성과 고르바초프는 한·미·일의 '나토형 동방군사동맹체제'의 결속을 비난했다. 라이온즈(James Lyons) 미 태평양함대 사령관은 1986년 11월 중국방문 기자회견을 통해, "김일성이 1주일간 모스크바 방문을 끝내고 지난 10월 26일 평양으로 돌아온 직후부터, 소련 비행기들이 한반도 상공을 횡단하여 북쪽으로 비행하기 시작하였다."라고 밝혔다. 그는 "북

280) "李先念主席在同金日成主席會談時的談話," 劉金質·楊淮生 主編, 『中國對朝鮮和韓國政策文件彙編 5』, p.2485.
281) 국방부, 『주변국 주요인사 발언』(1987), p.245.
282) 중공당국 소식통 인용한 북경발 『교도통신』(86.11.23), 국방부, 『주변국 주요인사 발언』(1987), pp.243-244.

한 상공을 거쳐 서해, 동지나해, 남지나해 상공을 나는 소련기들의 남쪽으로의 비행은 이미 전(1984.12)에 허용되었으나 북쪽으로의 비행은 일본을 돌아가지 않으면 안 되었다. 북한이 베트남과 시베리아 사이를 비행하는 소련 폭격기의 북한 상공 이용을 허용함으로써 이들 비행기의 항로를 수백 마일이나 단축시키고 있다."라고 설명했다. 그리고 그는 "이것은 전적으로 새로운 현상이며 소련령 아시아지역과 베트남의 캄란기지 간의 물자이동을 크게 용이하게 만들고 있다. 소련 폭격기들은 최근 북한 상공을 거쳐 황해 및 남지나해로 진입, 이 해역의 중공 영해 상의 가상 해상 목표물에 대해 모의훈련을 해 왔다."라고 언급함으로써 북·소 군사협력이 중국에 직접적 안보위협이 됨을 시사했다.[283]

중국은 이처럼 미국의 입을 빌려 북한을 간접적으로 비난했지만, 북한의 대소 군사협력에 대한 논평을 내놓지 않았다. 1986년 9월 "북한의 자주외교 정책을 높이 평가한다."라는 풍자 섞인 짤막한 언급을 표명한 이후 계속 침묵하고 있었다.[284] 대신 중국의 지도자들은 남한과의 교역량 증가를 '조심스럽게' 묵인하고 있었다. 북한의 동맹규범 이탈에 대한 일종의 '처벌'과도 같은 것이었다. 1986년 11월 10일 나카소네 일본 총리는 중국방문 결과를 설명하면서, "중공은 한국에 대해 이전보다 더 활짝 창문을 열어 놓은 것 같은 느낌이 들었다."라고 말했다.[285] 1986년 홍콩을 통한 한·중 간접교역 규모는 이미 6.53억 달러로, 중국의 대북 교역량 5.13억 달러를 훨씬 웃돌기 시작했다.[286]

중국이 이처럼 남한과의 교역을 증가시키면서 북한의 대소 경사를 초연하게 지켜볼 수 있었던 것은, 당시 강대국 국제정치에 냉전의 긴장감이 있었다고는 하지만 미·중·소 3국은 서로의 관계를 더는 '제로섬의 심리상태'로 조망하지 않았기 때문이다. 그래서 '새로운'(new) 냉전이라 불렀던 것이다.

---

283) 국방부, 『주변국 주요인사 발언』(1987), p.119.
284) 외무부, 『한·중국, 북한·중국관계 주요자료집』, p.273.
285) 국방부, 『주변국 주요인사 발언』(1987), pp.173-174.
286) 김용호, 『현대북한외교론』, pp.256, 280.

중·소 양국 정치회담은 '신 냉전'이 시작됨과 동시에 시작되었다. 1986년 7월 23일 고르바초프의 '블라디보스토크 연설' 직후,[287] 중·소 양국은 관계 정상화를 위한 돌파구를 이미 마련해 놓고 있었다.[288] 김일성은 무엇보다 소련의 의도를 잘못 파악하고 있었다. 이것은 그의 치명적 전략적 오판이다. 미국뿐 아니라 소련과 중국은 이미 당시에 '신 냉전'의 굴레에서 벗어나고자 했다. 소련이 북한에 대해 군사적 지원을 대폭 증가시킨 것은 오히려 중국과의 관계개선을 위한 수단이었으며, 그를 통해 아시아 태평양 지역으로 새롭게 진출하려는 고르바초프 셈법의 결과였다.[289]

북한은 때늦게 '북남고위급 정치회담'을 개최하자고 1986년 12월 30일 남한당국에 다시 제안했다.[290] 김일성의 중국 방문 길에 가지고 갈 '선물'이 또다시 필요했던 것이다. 그러나 이번에는 남한으로부터 명확한 반응이 없었다. 그래서 반년이 지나서야 중국을 찾았다. 1987년 5월 21일 김일성을 위한 환영 만찬에서 리셴녠(李先念)은 "남한과 미국은 작년 12월 말 김일성 주석이 제기한 남·북한 고위정치회담을 진지하게 검토해야 할 것"이라 언급하며, 김일성의 '선물'에 화답했다.[291] 5월 22일 김일성은 중국최고지도자 덩샤오핑을 면담했다. 예상대로 덩(鄧)은 "모든 국가는 각자가 처한 상황에 따라 문제를 처리할 수밖에 없다. 일치성을 억지로 찾는 것은 불가능하다. 다른 국가들 동지들이 이 점을 이해해주길 바란다. 한반도 문제와 관련하여 중·조 양국이 추구하는 목표는 하나다. 그것은 바로 통일이다. 우리는 당신들 통일을 지지한다. 물론 이는 장기적인 문제일 것이다."라고 언급하며 경

287) 국방부, 『주변국 주요인사 발언』(1987), pp.117-118.

288) 錢其琛, 『外交十記』, pp.22-26.

289) 오진용, 『김일성시대의 중소와 북한』, pp.171, 201-208; 돈 오버도퍼, 『두 개의 한국』, pp.249-252. 1987년 이후 평양의 고위급 외교관들 사이에서는 김일성이 고르바초프를 가리켜 "지긋지긋한 흐루시초프를 능가하는 수정주의자"라고 평했다는 소문이 파다하게 돌았다.

290) 허문영, "북한의 통일정책," p.157.

291) "李先念主席在歡迎金日成主席宴會上的講話," 劉金質·楊淮生 主編, 『中國對朝鮮和韓國政策文件彙編 5』, p.2496.

제건설 문제로 화제를 돌렸다.[292] 덩샤오핑은 김일성의 북한동맹체제 복원에 대한 기대가 무망한 것임을 '모호하게' 말하고 있는 것이다.[293]

김일성이 중국방문을 미치고 귀국한 직후인 6월 4일 덩샤오핑은 일본 공명당(公明黨) 위원장 야노준야와의 대담에서 "소련·북한관계에 관해 세계여론은 중국이 우려를 하고 있다고 하고 있으나 이는 전혀 사실과 다르며, 양자 관계개선이 나쁜 게 아니다. 중국도 역시 소련과의 관계를 증진시켜가고 있는데, 이것은 중·소 관계가 세계평화에 기여할 것이기 때문이다."라고 언급했다. 또한, 그는 "세계 각국은 한반도에서 사태가 발생하지 않는 것을 희망하고 있다."라고 말하고, 중국의 입장은 "남침도 북침도 찬성하지 않는 것"이라고 말했다.[294]

중국은 이처럼 대북 안보공약을 '모호하게' 유지하면서, '우호관계 유지'라는 수단을 통해 북한의 행보를 '관리'하려는 '계산된 모호성'을 지속해 나갔다. 북한은 이러한 중국의 '계산된 모호성'에 대해 또 다른 '돌출행동'으로 '화답'했다. 1987년 11월 'KAL 858기 폭파사건'을 기획·단행한 것이다.[295] 1988년 2월 3일 베이징 *AFP* 연합은 "중국은 지난 수년 동안 평양의 호전적 자세를 완화시켜 미·북 접촉 및 남·북 대화 촉진을 시도했으나 이 모든 노력이 무위로 돌아갔다고 중국의 외교관들이 밝혔다."라고 보도했다.[296]

1988년 3월 8일 방미 중인 우쉐치엔(吳學謙) 중국 외교부장은 레이건 대통령 및 슐츠 장관과의 회담에서 "중국은 KAL기 사건 등으로 인해 한반도에 긴장이 고조되고 있음을 우려하고 있는 바, 이러한 적대감 완화를 위해 일정한 냉각기간을 갖는 것이 바람직할 것으로 생각한다. 중국은 북한과 긴

---

292) 『鄧小平年譜 (下)』, pp.1190-1191.

293) 중국은 물론 김일성 방중의 외양만은 화려하게 치장해 주었다. 劉金質·楊淮生 主編, 『中國對朝鮮和韓國政策文件彙編 5』, pp.2495-2501.

294) 『주요국제정세일보(외무부)』(1987.6.5); 『서울신문』(1987.6.5); 『교도통신』(1987.6.4). 국방부, 『한반도 및 동북아군사정세 자료집』(1988), pp.248-251.

295) 폭파범 김현희는 수사 초기에 "자신이 일본에 거주하는 중국인이라고 주장했었다." KAL기 폭파사건에 대해서는 돈 오버도퍼, 『두 개의 한국』, pp.284-288.

296) 국방부, 『한반도 및 동북아군사정세 자료집』(1988), pp.260-261에서 재인용.

밀한 관계를 유지하고 있으나 북한은 독자적인 정책을 고려하고 있으므로 중국의 대북한 영향력에는 한계가 있다. 한국은 중국과의 관계 증진에 강한 희망을 품고 있는 것으로 알고 있다. 중국은 적절한 경로를 통해 한국에 대해 통상 분야에서 진전이 있을 것임을 전달한 바 있다. 그러나 현시점에서 국가승인이나 관계수립 등은 불가능할 것이며, 이러한 방향으로의 노력은 한반도 긴장완화에 도움이 되지 않을 것이다."라는 견해를 피력했다.[297)]

이러한 우(吳) 부장의 발언은 북한은 이제 오직 한 가지 레버리지만 갖고 있음을 말하고 있는 것이다. 중국의 대북 영향력에 한계가 있다는 우(吳) 부장의 언급은 중국은 북한의 '돌출행동'으로 인한 불안정성을 관리할 능력에 한계가 있음을 의미하는 것이다. 북한의 이해관계에 반하는 조치를 급속히 단행할 경우, 북한의 행보를 예측하기 어렵다는 것이다. 이는 한반도 긴장완화라는 최우선 정책목표 달성에 '불확실성'을 배가시킨다. 이러한 '불확실성'을 관리하려면 역설적이게도 북한과의 '우호관계 유지'라는 수단이 필요하다는 것이다. 이는 「조·중 조약」의 기능이 여전히 유효하다는 말과도 같다. 상호 이해갈등 관리를 위한 '결박'의 기능은 최소한 '우호관계 유지'라는 수단을 확보하는 데 있어 중요한 메커니즘으로 작용할 수 있다는 것이다.

---

297) 국방정보본부 중요첩보 제10호(1988.3.11), 국방부, 『한반도 및 동북아군사정세 자료집』(1988), p.339.

결 론

제1절 논의의 정리

동맹에 관한 기존 문헌들이 시사하는 분명한 교훈은 동맹이 세력의 분포와 관련된 것이라기보다는 위협과 관련된 국가의 행위라는 사실이다. 또한, 그 '위협'이라는 것도 '제3의 공동 위협'과 '동맹 파트너 자체의 모험주의적 행위에서 비롯되는 위협'으로 분절될 수 있다는 사실을 발견할 수 있다. 따라서 한 국가의 동맹 행위란 공동위협에 대한 안보협력이라는 관점으로 이해할 수 있는 측면과 아울러, 상호 이해갈등의 관리를 목적으로 한 '관리의 수단'으로도 조망해 볼 필요가 있는 것이다.

이는 중국과 북한의 동맹조약 성립을 이해하는 데 있어 매우 긴요한 이론적 고찰임이 틀림없다. 왜냐하면, 중국과 북한 관계는 기본적으로 사회주의 국제관계의 규범인 '프롤레타리아 국제주의'의 '내장된 불안정성'을 역사적으로 익히 경험했기 때문이다. 그것은 다름 아닌 하이어라키 질서를 전제로 한 '권력관계'를 의미했으며, 이는 약소 사회주의 국가의 정권안보에 분명한 위협요인으로 작용했다.

북한은 6·25전쟁 이전부터 중·소와의 군사동맹 조약 체결을 원하고 있었다. 그러나 북한의 대내 정치적 경쟁구도의 변화에 따라 김일성은 안보적 외부연계를 오히려 차단하고자 했다. 이것은 이승만 정권의 예에서 보는 바와 달리, 중국과의 동맹형성이 정권안보를 강화시키는 것이 아니라 오히려 대내 정치적 경쟁에 불리하게 작용할 개연성이 높았기 때문이다. 바로 이 점이 김일성의 '일원적 지도' 체제 형성과 「중·조 조약」 성립이 시기적으로 일치하는 핵심적 이유 중의 하나로 보인다.

동맹형성 이전 중국과 북한의 군사관계는 하이어라키적 질서를 상정한 '프롤레타리아 국제주의' 원칙에 기반을 두고 있었다. 즉 영도적 지위에 있는 중국이 '형제적 원조'라는 명목으로 일방적으로 지원하는 형태였던 것이다. 그러나 이러한 관계규범은 언제라도 강대국의 내정간섭이 가능한 구도를 형성했다. 북한은 대부분 국가와는 다르게 정권 수립 직후부터 한반도 현상타파를 통한 김일성 정권의 지배 확대라는 팽창주의적 정책을 추구해 왔다. 그런데 무력을 사용한 정권의 정치권력 확장이라는 김일성의 '혁명전쟁관'은 자신의 정권안보에 대한 민감성을 전제한 것이었다. 바로 이러한 정권안보에 대한 민감성 자체가 중·소와의 동맹형성을 지연시켰다. 김일성은 주한미군이 핵 무장화되고 한미 상호방위 동맹체제가 더욱 공고화되는 와중에서도 중국인민지원군을 철수시켰다. 사실상 중국군의 철수는 중·북 간 통일된 지휘체제 형성을 애초부터 불가능하게 만들었다.

어쨌든 김일성이 자신의 '일원적 지도' 체제를 형성시킨 이후 가장 긴요한 안보적 과제로 삼은 것은 중·소와의 공식적 동맹조약 체결이었다. 왜냐하면, 6·25전쟁 이후 북한 안보정책 수립에서 가장 긴요한 과제 중의 하나가 북한 '중력의 중심부'의 외연을 확장하는 데 있었기 때문이다. 다시 말해 북한은 중·소와의 군사동맹조약 체결을 통해 한·미·일 3각 동맹체제에 대칭될 수 있는 북한동맹체제의 강화가 무엇보다도 필요했던 것이다.

한편, 당시 사회주의 진영의 내적 동학은 정치적 대격변을 예고하고 있었다. 중·소 간 '내장된 불안정성'이 언제라도 드러날 조짐을 보이고 있었던 것이다. 중국은 점차 소련의 행보 자체를 자국에 대한 안보위협으로 간주하기 시작했다. 중국은 소련과의 위협인식의 갭이 확대되자 주변국과의 관계 재조정이 필요했다. 따라서 기존의 사회주의 국제관계 규범을 재정의하여 북한과의 갈등적 상황을 봉합했다. 이로써 중·북 양자관계에는 비로소 국가 대 국가 간 안보이해의 조정을 통한 협력적 상호작용이 일시적으로나마 나타났다.

그러나 동맹형성이란 측면에서 더욱 중요한 대목은 중·북 양자의 '포괄적 위협평가'가 달랐다는 점이다. 북한이 '미제'를 가장 주요한 위협요인으로 간주했다면, 중국은 '소련의 수정주의'를 최대의 안보위협으로 상정하고 있었던 것이다. 그러나 전반적 국제정세에 대한 포괄적 위협평가는 일반적으로 강대국에 의해 정의되는 법이다. 따라서 기존의 하이어라키 질서에 대한 요구는 언제라도 다시 나타날 수밖에 없는 '불안정성'을 안고 있었다. 이는 중·북 양자 모두에게 상호 이해갈등 관리를 위한 행위규범의 마련을 요구하고 있었다. 특히 조약 체결 직전 김일성이 보여준 외교적 수완, 즉 이념적으로 대중 '편승'의 자세를 보이면서도 중·소 간 전략적 균형을 유지하여 「조·중 조약」과 「조·소 조약」을 동시에 이끌어 내는 모습은 분명히 '순한 양'의 은유로는 표현할 수 없었다. 이것이 「조·중 조약」 내에 '대미 균형'과 '상호 결박'의 동인이 동시에 포함된 배경요인이 되었다.

결국 「조·중 조약」이 1961년에 가서야 성립될 수 있었던 것은 북한 내부 정치역학 구도의 변화라는 '대내적 요인'과 중·소 분쟁이라는 '체계적 요인', 김일성의 '외교적 능력'이라는 개인적 요인이 상호 복합적으로 작용한 결과였다.

조약 체결 이후 중국과 북한은 '포괄적 위협평가'를 달리했다. 따라서 동맹 동인의 우선순위 부여에도 차이가 나타난 것은 당연한 논리적 귀결일 수밖에 없었다. 상대적 약소국인 북한으로서는 '균형' 동인에 우선순위를 부여했으며, 중국은 북한의 미래 행보에 대한 '관리'의 목적을 중시했다. 결국, 이러한 우선순위의 상이성은 공약에 대한 상호 기대감에 차이를 만들었으며, 이로 말미암아 동맹 유지의 정치적 동학이 발생했다.

동맹은 "목적이 아니라 수단이다."라는 명제는 재론의 여지가 없다. 그러므로 동맹국 간 정치적 과정에서 '혈맹'이니 '전통적 우의'라는 수사는 애초 공허한 말에 지나지 않는다. 중요한 것은 상호 지지에 대한 기대감을 얼마나 충족시켜 줄 수 있는가 하는 문제가 동맹정치의 본질적 출발점이라는 사실이다. 그런 점에서 보면, 중·북 동맹체제는 애초부터 통일된 연합체를 형성하기에는 너무나 어려운 구조적 제약하에서 출발했다. 왜냐하면, 동맹에 대해 서로 기대하는 바가 달랐기 때문이다. 중국은 「조·중 조약」이 북한의 미래 행보를 '관리'하기 위한 수단으로 활용되기를 기대했다면, 북한은 '미제국주의'의 위협에 균형을 맞추는 기제이기를 바랐다. 중·북 동맹관계사를 전체적으로 조망할 때 그러한 대방(對方) 기대공약이 수렴되는 듯한 외양을 갖추었을 때는 1970년대 초반의 불과 3~4년 기간뿐이었다. 그것도 서로 다

〈표 4〉 논의의 정리

시기	동인의 우선순위		안보우려와 전략		상호 기대공약 구도	결과
	중국	북한	중국	북한		
1961~66	결박/균형	균형/결박	방기 우려 '역할분담론'	연루/방기 우려 '자주' (책임전가)	편차	밀월 속의 불안정성
1966~69	결박/균형	균형/결박	방기/연루 우려 비밀외교	연루/방기 우려 '계산된 모험주의'	편차	적대적 갈등과 봉합
1970~73	결박	균형	방기 우려 선제외교	방기 우려 순응	수렴	협력적 공조와 동상이몽
1974~82	결박	균형	연루 우려 보상과 처벌	방기 우려 호전성 표출	편차	갈등적 관계 유지
1983~89	결박	균형	연루 우려 '계산된 모호성'	방기 우려 '돌출행동'	편차	표면적 우호관계 유지

른 위협평가를 바탕으로 한 '동상이몽의 공조'였다. 다음은 동맹조약 체결 이후의 과정을 <표 4>에 근거하여 다시 한 번 정리해 보기로 한다.

1961년 7월 「조·중 조약」과 「조·소 조약」 체결을 계기로 북한에게는 1950년 2월 중국과 소련이 맺은 동맹조약과 함께 북한, 중국 및 소련의 사회주의 삼국동맹체제가 외형적으로나마 수립되는 것처럼 보였다. 그러나 삼국동맹체제 수립 자체가 북한에는 전략적 딜레마로 다가왔다. 왜냐하면, 북한 '중력의 중심부'여야 할 중국과 소련 자체가 '제로섬의 심리상태'에 빠져 있었기 때문이다. 미·소 양극적 구조 속에서는 북한의 대외행위는 그만큼 단순해지고 선택이 쉬웠을 것이다. 그러나 중·소 관계가 분열상을 보임에 따라 북한은 파열구조를 보이는 사회주의 진영 내에서의 위치 조정(positioning)과 미국 위협에 대한 균형 조정(balancing)을 동시에 해야 하는 이중적 과제를 안게 되었다.

중·소 간 '제로섬 심리상태'는 김일성에게 더는 동맹 체결 이전의 외교적 수완을 허락하지 않았다. 김일성은 당면한 상황 인식을 바탕으로 양자택일을 각오해야만 했다. 그리고 그러한 선택에 있어 김일성은 한반도 공산화 통일이라는 정치적 목표 달성을 위한 수단으로 활용될 수 있는 자국의 국력 증강과 국제적 여건 향상에 얼마나 기여할 수 있느냐를 척도로 삼아 안보협력의 동반관계를 형성할 수밖에 없었다.

1964년까지 북한이 선택한 안보협력 파트너는 중국이었다. 왜냐하면, 당시 소련은 서방과의 데탕트를 위해 동아시아 사회주의 혁명전략 지원에 너무나도 소극적인 행보를 보이고 있었기 때문이다. 그렇다고 북한이 소련의 복귀를 기대하지 않았다는 말은 결코 아니다. 조약 체결 직후 김일성은 중·소 간 이념분쟁에 기회주의적으로 적응하고자 했다. 그러나 소련의 소극성으로 말미암아 대안(alternatives)의 부재 속에서 중국이라는 밴드워건에 올랐을 뿐이다. 마오쩌둥의 중국은 소련을 '제로섬의 심리상태'로 조망했으며, 이는 기존의 하이어라키 질서에 대한 요구를 되살아나게 하였다. 그래서 김일성이 중국에 대한 이념적 '편승'의 모습을 보일 때조차도 마오의 '자의적' 위협 평가('두 개의 중간지대론')는 계속되었으며, 중·북한 당제관계의 불안정성은 끊이지 않았다.

북한으로서 가장 큰 딜레마는 소련을 주적(主敵)으로 하여 동아시아 사회주의 국제동맹 연대를 구축하자는 중국의 지속적 압박('역할분담론')이었다. 그러나 북한이 소련을 주적으로 상정하다는 것은 일종의 '전략적 자살'과도 같았다. 북한에 대해 실질적 군사지원이나 핵우산을 제공할 국가는 소련뿐이었다. 북한이 기대하고 있었던 것은 한·미·일 3각 안보동맹체제에 균형을 맞출 수 있는 통일된 북·중·소 동맹체제였을 뿐이다. 이로써 북한은 중·소 양당 이념분쟁에 대한 '연루' 우려를 경험해야 했으며, 통일된 대북 지원기제의 와해가 초래할 국가관계에서의 '방기' 우려를 동시에 느껴야 했다. 1966년 10월 조선노동당 제2차 대표자회에서 "자주성과 단결을 옳게 결합시키는 기초우에서 형제당 및 형제나라들과의 관계를 부단히 발전시켜 나가야" 한다고 강조한 김일성의 연설은 상호 모순된 것처럼 보이지만, 실은 당제관계와 국가관계를 분리해서 말한 것이다. 김일성이 말하는 '자주'는 당제관계의 '내장된 불안정성'에서 벗어나고자 하는 전략적 반성으로서의 정치적 모토이자 '연루' 우려를 말하는 대명사였으며, '단결'은 국가 동맹관계에서의 '방기' 우려를 우회적으로 표현해 주는 용어였다.[1)]

그러나 문화대혁명의 광풍이 중국 전역을 휩쓴 기간(1966~69), 마오쩌둥의 중국은 사회주의 진영의 '단결'을 가장 듣기 싫어했으며, 중·소 이념분쟁을 중재하려는 하노이나 평양의 노력을 배신으로 받아들였다. 왜냐하면, 중·소 화해는 마오의 대내 정치적 정당성 제고에 하등의 도움이 되지 않았기 때문이다. 중국은 진영의 단결을 강조하는 북한의 주장을 '중간주의, 절충주의, 기회주의'로 비판하면서, 북·중 동맹관계는 파산의 위기에 봉착했다. 그러나 김일성은 문혁(文革) 기간 내내 아무것도 하지 못하고 그냥 앉아서 기다리지는 않았다. 그는 중국이 처한 안보상황을 보아가며 '기회'를 포

1) 본문에서도 지적했듯이, 남한의 박정희 정권이 미국으로부터의 '방기' 우려로 1970년대 핵개발을 시도했던 것처럼, 북한도 같은 맥락에서 이미 1960년대부터 핵 보유의 야망을 품고 있었다는 사실은 시사하는 바가 크다.

착했다. 중국의 안보위협 인식이 최고조에 달한 타이밍을 이용해 김일성은 마오에게 또 다른 전략적 고민을 안겨 주었다. 바로 '모험주의'라는 수단을 이용해 문혁의 압박에서 일시적으로나마 벗어나는 데 성공했다. 문혁기 북한의 '모험주의'는 당제관계에서의 '연루' 우려와 국가관계에서의 '방기' 우려를 동시에 해소해 보고자 하는 계산된 의도의 결과였다.

중국은 상대적 강대국임에도 일반적 통념과는 다르게 북한과의 동맹관계에 일정 정도의 '방기' 우려를 느끼고 있었다는 점도 중요하다. 이는 북한의 동맹의무 규정 위반이 그만큼 중국의 안보이해에 직접적 위협을 가할 정도의 사안이었음을 말해주는 것이다. 적어도 미·중 화해를 통해 미국과 전략적 제휴 관계를 형성하기 이전까지 중국은 북방(소련)으로부터의 위협과 남방으로부터의 안보 우려(대미 의구심)를 동시에 고려하지 않을 수 없는 제약 아래 있었다. 이러한 취약한 안보환경하에서 북한의 동맹 이탈 행위, 즉 대소련 경사나 모험주의적 행동 등은 중국의 대외 위협인식을 자극하기에 충분한 것이었다.

결국, 중·북한 모두 적대적 갈등이 지속되는 것을 원치 않았다. 따라서 이해갈등 관리를 위한 '결박'(tethering) 동맹기능의 필요성을 인지해 갔다. 중국은 당시 대내적 사회분위기가 북한을 '수정주의'로 비난함에도 비밀리에 관계개선을 원하는 신호를 보냈고, 북한은 중국의 위협인식이 고조됨에도 중국의 외적 위협을 오히려 더욱 자극하는 '모험주의'(푸에블로 호 나포, EC-121 미 정찰기 격추)를 통해 중국으로 하여금 중·북 동맹관계 회복에 적극적으로 나서도록 유도해 갔다. 이는 문혁기 적대적 갈등 속에서도 양국관계가 빠르게 봉합되는 결과를 가져왔다.

1970~73년, 소련이 가장 현실적인 위협으로 부상함에 따라 마오쩌둥은 공세적이고 현상타파적인 '혁명전략'이 아니라, 국가의 기존 가치를 보호하고자 하는 방어적이고 현상유지적인 '안보전략'의 관점에서 정세를 조망하기 시작했다. 그가 스스로 초래한 '천하대란'(긴장)의 역할이 국가안보 자체에 위협을 가할 수 있다는 것을 비로소 인지하기 시작했기 때문이다. 따라서 그는 위협평가 '방식'을 수정하게 된다. 즉 이념에서 힘의 역학 관계에 기반

을 둔 안보전략을 강구했다. 이는 미·소라는 두 개의 주적을 상정하여 전략적 타깃을 이원화할 때의 한계성을 인지했다는 의미였다. 따라서 수정주의에 대한 투쟁이 아니라 미·소의 '패권주의'에 대한 투쟁으로 정치적 모토를 바꾸었다. 물론 그러한 모토 속에는 미국이 적(enemy)으로 남아 있는 외양을 갖추었지만, 가장 주요한 적(primary enemy)은 아니었다. 그런데 이러한 마오의 위협평가 '방식'이 당시 북한에게는 나쁠 것이 없었다는 점도 중요하다. 왜냐하면, 그것은 문혁기 당제관계에서의 '연루' 우려에서 벗어날 수 있다는 것을 의미했기 때문이다. 다시 말해, 비로소 국가 대 국가 관계의 전략적 이해의 조정이 가능해졌다는 것이었다.

그러나 북한은 여전히 중국의 안보이해에 우려의 대상으로 남아 있었다. 중국이 미국과 화해한 근본적 이유는 소련위협을 억제('聯美制蘇')하는 데 있었다. 따라서 '연미'(聯美)의 결과가 모스크바-평양-하노이의 연대로 이어져 오히려 소련위협을 강화시켜 주는 결과를 차단해야 했다. 다시 말해, 대미 데탕트를 위해 평양이나 하노이의 이익을 '팔아 버리는' 이미지를 보여주어서는 아니 되었다. 마오 스스로 그토록 혐오했던 흐루시초프의 이미지를 보여 줄 수는 없었던 것이다. 따라서 중국은 북한이 동맹이탈을 선택하기 전에 미리 움직여야 했다. 중국은 '선제외교'를 통해 북한을 위한 진정한 동맹외교를 수행하고 있다는 이미지를 창출해냈다.[2] 북한도 이러한 중국의 커미트먼트의 진정성을 일단은 받아들였다. 다시 말해 북한은 '중국을 통한 대미 접근'이라는 포맷을 수용하고, 남북대화를 통해 한반도 긴장완화를 바라는 중국의 기대에 '순응'하고자 했다. 이것이 미·중 화해 기간 중·북한 간의 협력적 공조가 가능했던 맥락이다. 결국, 이는 서로에 대한 기대공약을

2) 중국으로서는 대미 데탕트를 위해 한반도 문제를 미국과 '흥정'하고 있을 수 있다는 북한의 '방기' 우려를 불식시켜 줄 필요가 있었다. 역설적이게도 이러한 점이 미·중 화해가 중·북 군사협력의 강화로 이어질 수밖에 없는 상황적 맥락이었다. 1971년 9월 중국은 북한과 '무상군사원조 제공 협정'을 체결했다. 그러나 더욱 중요한 점은 미국이 중국의 이러한 행위를 양해했다는 것이다. 다시 말해 미국과 중국은 한반도를 전략적 대립의 각축장이 아니라, 관리해야 할 공조의 대상으로 인식을 공유해 갔다는 것이다.

충족시켜 주었기 때문에 협력적 상호작용이 가능했다는 의미이다.

그러나 그러한 협력적 상호작용도 외적 위협평가의 상이성에 기반을 둔 편의적 연대에 지나지 않았다. 당시 미·중은 한반도를 더는 서로의 전략적 이해를 투사하는 대립의 각축장으로 조망하지 않았고, 공동 관리해야 할 '공조'의 대상으로 바라보기 시작했다. 즉 미·중 관계에서 한반도 문제를 분리하고 싶어했던 것이다. 그러나 북한은 미·중 화해가 미·북 관계로까지 확대되기를 기대했다. 중국이 '혁명전략'이 아니라 '안보전략'의 관점에서 정세를 조망하기 시작했다는 말을 한반도에 적용시켜 말하면, 이제 중국은 남북 직접대화를 통한 한반도의 가시적 긴장완화와 현상유지를 기대했다는 것이다. 반면, 북한은 남북관계에 진정성이 있었다기보다는 북·미 양자 평화협정 체결과 주한미군 철수, 한미 방위동맹의 와해를 기대했다.[3] 이러한 의미에서 미·중 화해기 중·북 간 협력적 공조는 '동상이몽의 공조'일 수밖에 없었다. 북·미 양자접촉을 주선해 달라는 북한의 요청에 중국은 소극적일 수밖에 없었던 것이다. 왜냐하면, 이미 당시 중국과 미국은 주한미군 철수 문제는 북·미 양자 포맷(2+0)으로 해결될 수 있는 문제가 아니라, 남한을 포함한 관련국의 '국제적 작업'(2+2)이 불가피하다는 데 인식을 같이하고 있었기 때문이다.

바로 그러한 동상이몽의 관계는 중국의 커미트먼트에 대한 북한의 의구심을 더욱 증폭시켜 갔다. 북한으로서는 자국의 지전략적 중요성을 부각시킬 수 있는 '호전성'을 유일한 레버리지로 사용할 수밖에 없었다. 북한은 중국을 통한 주한미군 철수에 대한 기대감이 서서히 소멸해가자 미·중이 선호하는 방식(2+2), 즉 남북대화를 통한 한반도의 가시적 긴장완화 포맷이 실효성이 없음을 입증해 보여야 했던 것이다. 북한은 1974년부터 한반도 긴장을 또다시 조성하기 시작한다. 이러한 북한의 호전성 표출(1975년 4월 김

3) 한반도문제 해결에 대한 북한의 전략과 구상을 간략히 소개한 논문은 전재성, "한반도 평화체제: 남북한의 구상과 정책 비교검토," 『한국과 국제정치』, 제22권 1호(2006년 봄), pp.33-66을 참조.

일성의 방중, 1976년 8월 '판문점 도끼살해 사건')은 중국의 '연루' 우려를 자극하기에 충분했다. 그러나 약소국의 불가예측성이나 모험주의적 행위 자체가 상대적 강대 동맹국에 대해 하나의 레버리지로 작용하려면, 약소국을 둘러싼 강대국 간 전략적 이해관계가 첨예하게 대립할 때 가능한 것이었다. 다시 말해 중국이 미국이나 소련에 대해 고강도의 위협인식을 가지고 있을 때 가능하다는 것이다. 미·소에 대한 중국의 위협인식이 그다지 높지 않을 경우에 북한이 '돌출행동'을 한다든지 '동맹이탈 행위'를 한다면, 이는 오히려 중국의 연루 우려를 증폭시켜 대북 '관리'를 위한 강대국 공조 체제만을 강화시켜 줄 뿐이었다. 1980년대에 접어들면서 중국의 대북 동맹관리에 있어 '보상'과 '처벌'의 다양한 수단이 나타날 수 있었던 것도 바로 중국의 미·소에 대한 위협인식이 바뀌었기 때문이었다.

심지어 중국은 1980년대 초반 남북대화를 통한 가시적인 한반도 긴장완화 조치를 북한에 적극적으로 주문하기까지 했다. 바로 '3자회담'에 대한 중국의 이니셔티브는 대북 동맹관리에 있어 하나의 수단이었다.[4] 그러나 북한으로서는 중국의 그러한 주문을 그대로 받아들일 수 없었다. 남한당국에 대한 정치적 인정은 김일성의 한반도 '혁명전략'의 철회를 의미했다. 한반도 '혁명'을 대내 정치적 정당성의 기반으로 삼는 김일성으로서는 남북대화나 '3자회담'에 진정성을 부여할 수가 없었다. 따라서 미·중 합의로 추진된 '3자회담'을 표면적으로 받아들이면서도, 그것의 실현 가능성 자체를 없애버릴 수 있는 '돌출행동'('1983년 랑군 폭탄테러 사건')을 보였던 것이다. 1980년대 중반 중·북한 양국 지도부는 '전통적 우의'를 강조하는 외교적 수사로 양국관계를 포장했지만, 아이러니컬하게도 동맹관계에 있는 국가 간에 '안

4) 본문에서 이미 설명한 바와 같이, 1980년대 중국이 '3자회담'(남·북·미)에 적극성을 보인 것은 현대화를 위한 안정적 주변환경 확보와 자국 현대화의 조력자로 부상하기 시작한 한국정부를 정치적으로 인정하고자 하는 의도에서 비롯된 것이지, 한반도 문제 해결 과정에서 중국이 관망자로 남아 있기를 원했기 때문은 결코 아니었다. 당시 중국이 미국과 협의하여 북한에 제안한 '3자회담'은 중국이 주선하고 베이징에서 개최하는 방안이었다. 따라서 이는 실제 '4자'의 형식과도 같은 것이다.

보딜레마' 상황이 연출되기까지 했다.

이후 중국지도부는 북한에 대한 대외 안보공약이나 동맹외교적 지지를 더는 말하지 않았다. 다시 말해 동맹의 외적 기능이 더는 작동되지 않았다는 말이다. 그러나 북한으로서는 북한동맹체제로의 중국의 '복귀'가 여전히 중요한 것이었다. 따라서 북한은 한편으로는 중국이 가장 기대하고 있는 남북대화에 대해 적극성을 보이면서, 다른 한편으로는 북·소 군사협력에 대한 중국의 우려감을 해소시키고자 했다.

물론 북한은 남북대화에 진정성이 없었다. 오히려 남북대화라는 수단을 통해 중국의 동맹 복귀를 종용하고자 했을 뿐이다. 중국은 이미 1971년 미·중 화해 과정을 통해 주한미군을 기정사실로 받아들이고 있었고, 사실상 동북아에서 중국이 원하는 것은 현상유지였다. 따라서 미군의 즉각적이고 전면적인 철수로 초래될 수도 있는 한반도 상황의 불안정성을 원치 않았다. 그러나 김일성의 '기대'는 남북대화를 통한 긴장완화가 아니라, 여전히 '블록 외교의 부활'이라는 관점에서 한·미·일 제휴체제에 '균형'을 맞출 수 있는 북한 동맹체제를 재구성하는 것이었다. 물론 중국은 이를 단호히 거부한다. 중국은 북한의 대소 군사밀착에 대해 소련과 대북 '유인경쟁'에 뛰어들지 않았다. 김일성의 '남조선혁명역량강화'가 그러했던 것처럼 '국제혁명역량강화'에 대한 기대도 '연목구어'(緣木求魚)였다.

중국은 「조·중 조약」의 내적 기능, 즉 상호 이해갈등 관리를 위한 '결박'의 기능을 통해 북한과의 관계를 일관되게 안정적으로 유지시키고자 했을 뿐이다. 따라서 중국은 대북 안보공약을 '모호하게' 유지하면서, '우호관계 유지'라는 수단을 통해 북한의 행보를 '관리'하려는 '계산된 모호성'을 지속해 나갔다. 북한은 더는 중국의 '복귀'를 기대할 수 없게 되었다. 따라서 또다시 동맹규범 이탈을 선택할 수밖에 없었다. 북한은 중국의 '계산된 모호성'에 대해 또 다른 '돌출행동'('1987년 KAL기 폭파사건')으로 '화답'했던 것이다. 이처럼 북한의 모험주의적 돌출행동 뒤에는 언제나 중국과의 불화가 전제되어 있었다. 1980년 1월 "중·북 양자관계를 어떻게 처리하는가 하는 문제가 중국 외교부를 가장 골치 아프게 했다."라는 황화(黃華) 중국 외교부장의 푸념 섞인 불만은 냉전기뿐만 아니라 지금까지도 여전히 유효한 발언이다.

중국은 북한의 '돌출행동'으로 야기될 수 있는 한반도 불안정성을 '관리' 할 능력에 여전히 한계가 있는 것처럼 보인다. 북한의 이해관계에 반하는 조치를 급속히 단행할 경우, 북한의 행보를 예측하기 어렵다. 이는 한반도 긴장완화라는 최우선 정책목표 달성에 '불확실성'을 배가시킨다. 이러한 '불확실성'을 관리하려면 역설적이게도 북한과의 '우호관계 유지'라는 수단은 여전히 필요한 것이다. 이는 「조·중 조약」의 기능이 여전히 유효하다는 말과도 같다. 상호 이해갈등 관리를 위한 '결박'의 기능은 최소한 '우호관계 유지'라는 수단을 확보하는 데 있어 중요한 메커니즘으로 작용할 수 있는 것이다.

물론 '결박'이 완전한 '통제'와 동의어일 수는 없다. 통제가 기대 목표라고 한다면, '결박'은 상호 이해갈등 관리를 위한 '과정' 그 자체를 의미한다. '결박'은 서로의 기대감을 완전히 만족시켜 줄 수는 없다고 하더라도, 최소한 극단적 상호 충돌(관계 파탄)은 회피할 수 있는 완충제임은 분명하다. 그래서 「조·중 조약」의 외적 기능은 이미 1970년대 미·중 화해 이후 점차 사라져왔음에도, 그 내적 기능은 지금까지도 여전히 중요하게 남아 있는 것이다. 1970년대 이래 중·북 관계는 '외양은 뜨겁고, 내면은 싸늘하게' 유지됐다. 이를 보다 이론적으로 말하면, 외양은 동맹의 내적 기능을, 내면은 동맹의 외적 기능을 의미한다고 볼 수 있을 것이다.

제2절 현재적 함의와 전망[5)]

1. 탈냉전과 대북 관여정책, 그리고 중국

탈냉전 이후 한·미의 대북정책 기조는 한반도의 안정 유지와 긴장완화 및 공고한 평화구축을 통해 북한을 '연착륙'(soft landing) 시킨다는 것이었다. 6·25전쟁 이후 냉전 종식까지 미국의 대북정책은 가능한 도발에 대한 봉쇄와 억지(containment & deterrence)에 중심 목표를 설정했었다. 그러나 레이건 행정부는 1988년부터 "조심스러운 구상"(modest initiative) 정책으로

---

5) 이 절에서는 지금까지 논의한 중국의 대북 '중재' 외교의 한계성이 탈냉전 이후에도 여전히 지속되고 있음을 보여주고자 '4자회담'과, 2차 북핵위기를 계기로 형성된 미·중 접근을 사례로 설정했다. 이러한 논의를 바탕으로 중·북 동맹관계의 내적 동학이 현재에는 어떤 함의를 내포하고 있는지 간략하게 기술했다. 다행히 최근 들어 중·북 동맹관계를 '역사적 요인'이나 '특수성' 담론이 아닌 일반적 국제정치 용어를 빌어 설명하는 다양한 시각들이 개진되고 있다. 김태호, 『최근 북·중관계 변화의 실체와 아국의 대비 방향』(국방연구원 연구보고(안01-365), 2001); 박홍서, "북핵위기시 중국의 대북 동맹안보딜레마 관리 연구: 대미관계 변화를 주요 동인으로," 『국제정치논총』, 제46집 1호(2006); 신상진, "대만문제와 북핵문제를 둘러싼 중·미관계: 동북아 안보위기의 협력적 관리," 『국가전략』, 13권 3호(2007); 박홍서, "중국의 부상과 탈냉전기 중미 양국의 대한반도 동맹전략," 『한국정치학회보』, 제42집 1호(2008); Yongho Kim, "Forty Years of the Sino-North Korean Alliance: Beijing's Declining Credibility and Pyongyang's Bandwagoning with Washington," *Issues and Studies,* Vol.37, No.2(March/April 2001); Samuel S. Kim and Tai Hwan Lee, "Chinese-North Korean Relations: Managing Asymmetrical Interdependence," in Samuel S. Kim and Tai Hwan Lee (eds.), *North Korea and Northeast Asia* (New York: Rowman & Littlefield Publishers, 2002); Sukhee Han, "Alliance Fatigue amid Asymmetrical Interdependence: Sino-North Korean Relations in Flux," *The Korean Journal of Defense Analysis,* Vol.XVI, No.1(Spring 2004); Michael R. Chambers, "Dealing with a Truculent Ally: A Comparative Perspective on China's Handling of North Korea," *Journal of East Asian Studies,* Vol.5, No.1(Jan.-Apr. 2005); Samuel S. Kim, "China's Conflict-Management Approach to the Nuclear Standoff on the Korean Peninsula," *Asian Perspective,* Vol.30, No.1(2006); Quansheng Zhao, "Moving Toward a Co-Management Approach: China's Policy Toward North Korea and Taiwan," *Asian Perspective,* Vol.30, No.1(2006).

선회하여 점진적인 대북접촉을 시작했다.[6] 이는 1992년 대북접촉 확대 및 1994년 '제네바 합의'로 발전하였다. 특히 1996년 4월 미국의 대북정책은 한·미 양국정상이 공동 제의한 4자회담을 통해 적극적인 관여정책(engagement policy)으로 확대되었다.[7] 사실 한·미 정상이 공동 제안한 4자회담은 한반도의 현 정전체제를 평화체제로 전환시키는 문제뿐만 아니라, 그 과정에서 긴장완화와 신뢰구축 조치 문제 등도 폭넓게 협의한다는 것으로서, 미국은 한반도의 평화문제를 구조적으로 해결하고자 하는 적극적인 포괄적 접근의 일환으로 4자회담을 추진했다.[8]

그런데 한·미의 4자회담 구상은 탈냉전 이후 한반도 문제와 관련한 중국의 역할을 전제하고 있었다. 한·미 양국은 중국이 정전협정의 직접적인 관련국으로서 한반도 평화문제에 밀접한 이해관계가 있다는 점도 고려하였지만, 무엇보다 탈냉전 이후 중국이 북한에 대해 상당한 영향력을 가지고 있을 것이라 가정하고 있었다. 즉 평양의 외교적 고립, 북·러 관계의 소원, 북한의 대미 접근의 어려움 등으로 중국이 북한의 가장 중요한 정치적 동맹국이자 국제적 중재자의 지위를 확보하고 있다고 보았다. 간단히 말해 북한에 가장 많은 레버리지를 행사할 수 있는 국가가 중국이다는 가정이었다.[9] 따라서 사실 4자회담의 주요 목적은 "한·미가 중국의 힘을 빌려 한반도에서 긴장완화와 신뢰구축 기반을 마련한다."라는 것이었다.[10]

이러한 한·미의 제의에 대해 중국은 초기에는 상당히 못마땅하게 생각했다. 중국은 북한이 과거 4자회담에 대해 어떤 반응을 보였는지 알고 있었으

---

6) C. Kenneth Quinones, "North Korea: From Containment to Engagement," in Dae-Sook Suh and Chae-Jin Lee (eds.), *North Korea After Kim Il Sung* (Boulder, Colorado: Lynne Rienner Publishers, 1998), pp.101-106.

7) 외무부, 『한반도문제 주요현안 자료집』(집무자료, 1998), p.88.

8) 외무부, 『한반도문제 주요현안 자료집』, p.90.

9) Xiaoxiong Yi, "China's Korea Policy," pp.119-140; 외무부, 『한반도문제 주요현안 자료집』, p.145.

10) 4자회담 관련 주요간부브리핑 자료(1998년 3월 23일); Ji-soo Kim, "Views of North Korean 'Hard' Landing Gain More Substance," *Korea Herald,* April 14, 1997.

므로 이를 북한에 '설득'할 경우 북한과의 미묘한 관계유지가 위험에 빠질 수도 있다고 생각했기 때문이다. 그러나 한·미뿐만 아니라, 중국 자체도 자국의 참여는 불가피하다고 보았다. 한·미는 중국이 장기적인 지역안정에 중요한 작용을 할 것이라 가정하고 있었으므로 중국의 역할이 축소되는 것을 원치 않았다. 또한, 중국을 하나의 일원으로 참여시키는 것은 한반도문제 해결과정의 필수조건인 동시에 거대한 장애물을 미연에 방지하는 것이기도 했다.[11] 한편, 중국도 한반도 평화체제 구축이라는 새로운 동북아 질서 구축과정에서 자국이 배제될 경우, 자국의 발언권이 축소되고, 새로운 환경변화에 적응하지 못하는 피동적 지위로 전락할 것을 우려해 왔다. 중국은 북한의 '2+0' 안은 "비현실적이며, 불합리하고 불가능"하다는 반응을 보여 왔다. 중국은 그러한 북한의 제안을 한반도의 복합적 안보상황에서 중국요인을 한계화(marginalization) 시키는 것으로 간주했다.[12]

이로써 미국은 중국에 4자회담 참석과 더불어 대북 설득을 요청했고, 중국도 이를 신속하게 수용할 수밖에 없었다. 크리스토퍼(Warren Christopher) 미 국무장관은 1996년 5월 "우선 중국이 우리의 4자회담 제의가 합리적이며, 북한이 참석하면 자신들도 참석할 것이라고 시사했다. 북한은 추가설명을 요구했다. 그들은 우리의 제안에 진지한 관심을 보였다."라고 말했다.[13] 그리고 7월 레이크(Anthony Lake) 백악관 안보담당보좌관이 중국을 방문해 한반도 평화정착을 위한 미·중의 '공동전략'을 협의하고, 이를 바탕으로 한국정부와 북한의 4자회담 참여 문제를 논의했다.[14]

중국은 4월 한·미의 4자회담 제의 이후 그리고 7월 레이크 보좌관의 방

---

11) Eric A. McVadon, "Chinese Military Strategy for the Korean Peninsula," in James R. Lilly and David Shambaugh (eds.), *China's Military Faces the Future* (American Enterprise Institute, 1999), p.289.

12) Samuel S. Kim and Tai Hwan Lee, "Chinese-North Korean Relations: Managing Asymmetrical Interdependence," pp.120-121.

13) Press Briefing by Secretary Christopher, The White House, May 16, 1996.

14) "Lake to Discuss Ways to Induce NK into Peace Talks," *Korea Times,* July 10, 1996; FBIS-CHI-96-132-A, pp.5-9; FBIS-CHI-96-133-A, pp.5-8; FBIS-CHI-96-136, pp.10-11.

중 시기를 전후해 북한 껴안기에 적극적으로 나섰다. 중국은 1980년대 초반 3자회담에 북한을 참여시키고자 외교적 지지와 보상을 동원했었다. 중국은 4자회담의 경우에도 마찬가지 방법을 동원하여 북한의 참여를 유도했다. 당시 중·북 관계는 한·중 수교와 김일성 사망으로 관계가 전반적으로 경색되어 고위급 교류가 거의 전무한 상태였다.[15] 그럼에도, 중국은 북한과의 관계 복원 노력에 적극적이었다. 중국은 1996년 5월 북한 홍성남 경제담당 부총리 방중을 계기로 본격적인 대북 경제지원에 나선다. 1996년 5월 21일 중국은 북한과 향후 5년간의 대북 원조내용을 담은 '상품 차관협정'과 대북 무상원조를 위한 '경제 및 군사원조 협정'을 체결한다.[16]

중국은 북한과의 협정을 통해 2000년까지 연간 50만 톤 정도의 식량(밀가루나 옥수수)을 무상 50%, 우대가격 50%의 조건으로 제공하며, 동일한 조건으로 원유 110만 톤, 석탄 250만 톤을 제공하기로 했다.[17] 또한, 북한은 1996년 6월 김광진 인민무력부 부부장 방중을 통해 중국으로부터 346만 달러 상당의 군사물자를 도입할 수 있었는데, 이는 1995년 대비 247% 증가된 규모이다.[18] 특히 중·북 양국은 1996년 7월 중·북 간 공식 동맹조약 체결 35주년을 맞아 중·북 양자관계 역사상 최초로 중국인민해방군 소속 북양함대가 북한 남포항을 방문함으로써 군사분야에서의 양국 간 우의를 재확인하였다.[19] 또한, 7월 10~13일 중국 국무위원 겸 비서장 뤄간(羅幹)이 북한을 방문해 "중국은 자주 평화통일이라는 북한의 합리적 주장을 항상 지지하고 있다."라고 강조하면서, 10만 톤의 식량을 추가 원조하기로 했다.[20]

---

15) Taeho Kim, "Strategic Relations Between Beijing and Pyongyang: Growing Strains amid Lingering Ties," in *China's Military Faces the Future,* pp.295-321.

16) 中華人民共和國外交部 政策研究室, 『中國外交 1997年版』(北京: 世界知識出版社, 1997), p.907.

17) 『연합뉴스』, 1996년 7월 18일.

18) 『연합뉴스』, 1996년 10월 2일.

19) "DPRK Armed Forces Minister Meets North Sea Fleet Commander," *Xinhua* (Beijing), July 11, 1996, FBIS-CHI-96-136, pp.10-11.

20) "Luo Gan: Sino-DPRK Ties To Be 'Further Deepened'," *Xinhua* (Beijing), July 11,

이러한 일련의 중국의 대북 동맹외교는 북한의 4자회담 참여와 관련한 중국의 역할을 한·미가 적극적으로 요구하고 있는 와중에 취해진 것이다. 1996년 9월 워런 크리스토퍼 미 국무장관은 "중국 측에 북한이 4자회담을 수용하도록 설득해줄 것을 요청해 왔다."라면서, "미국은 북한이 4자회담을 위한 한·미의 공동설명회 개최에 동의하는 것을 조심스럽게 낙관하고 있다."라고 말했다.[21]

2. 북한의 '4-2' 접근

북한은 처음부터 4자회담을 선호하지 않았다. 북한은 미국과의 직접 협상, 즉 '2+0' 방식을 일관되게 주장해 왔다. 이는 미·북 간 평화협정 체결을 통하여 자신들의 생존권을 보장받으려는 북한의 오랜 대외정책의 일환이었다.[22] 이러한 북한의 의도는 1994년 정전협정의 무효화 선언 및 1996년 미·북 잠정협정(provisional agreement) 체결 주장에 잘 반영되고 있었다.[23] 결국, 북한은 4자회담이 개최되기 직전 1996년 잠수함 침투사건으로 미·북 고위급 회담 채널을 확보했고, 4자회담 본회담이 진행되자 1998년 8월 대포동 미사일 발사를 통해 미국을 자극함으로써 4자회담이 북·미 회담에 종속되는 구도를 만들어 간다. 이로써 북한은 4자회담 본회담 직전과 직후에 북·미 회담이 별도로 개최되도록 만들었다.[24]

북한이 중국의 참여를 최종적으로 수용한 것은 중국으로부터 식량 원조를 획득하기 위해서였을 뿐이다. 당초 북한은 4자회담과 식량지원을 연계시키고 있었다. 그러나 한·미는 회담 수락을 위한 반대급부 제공은 불가하다

1996; *Singtao Daily* (Hong Kong), July 13, 1996, FBIS-CHI-96-136, p.10.

21) 『세계일보』, 1996년 9월 21일.

22) 탈냉전기 북한의 최상위 대외정책 목표도 역시 미국과의 관계정상화를 통한 체제안정이었다. 서보혁, 『탈냉전기 북미관계사』(서울: 선인, 2004).

23) Larry Niksch, "North Korea's Campaign Against the Korean Armistice," *CRS Report for Congress* (95-1187 F), December 11, 1995.

24) 외무부, 『한반도문제 주요현안 자료집』, p.89.

는 입장에 있었다.[25] 따라서 북한은 중국의 대북 경제지원이 지속되기를 바라고 있었다. 그러려면 중국이 '기대'하고 있는 4자회담 공동설명회(briefing session)에 응할 필요가 있었다.

1997년 3월 5일 북한 김계관 부부장이 한·미의 설명회(뉴욕)에 참석했다. 그러자 1997년 4월 12일 북한 주재 완융샹(萬永祥) 중국 대사는 "중국은 최근 식량을 포함한 각종 경제원조를 북한에 제공하고 있음"을 상기시키면서, 구체적으로 쌀 1만 톤과 옥수수 6만 톤 등 총 7만 톤의 식량지원 방침을 밝혔다.[26] 그런데 북한은 4월 22일 북측 대표단 명의의 보도자료(press release)를 발표(뉴욕)하면서, 4자회담을 수락하겠지만, 4자회담이 보다 생산적이고 실속있게 되도록 하기 위해 '3+1' 회담 형식을 제의했다. 5월 3일 조선중앙통신도 '3+1' 회담 방식의 타당성을 강조했다. 중국을 실질적 당사자로 인정하지 않겠음을 강하게 시사하고 있었다. 사실 이러한 북한의 입장 표명은 한·미의 입장과도 맞지 않았다. 그래서 한국 외교장관이 5월 19일 베이징을 방문했다. 당연히 중국은 4자회담 참가에 적극적인 입장을 표명했다.[27] 중국은 북한의 중국배제 시사에 불만을 표시했으나, 중국이 북한의 기본적인 이해관계에 해를 가하는 일은 없을 것임을 확신(reassurance)시키려 했다. 이러한 맥락에서 1997년 6월 류산자이(劉山齋) 중국대외무역합작사 부사장이 평양을 방문하여 북한과 2천만 위엔 상당의 원조물자 제공 협정을 체결했다.[28] 이에 북한은 6월 30일 4자회담을 위한 예비회담 개최를 수락했다. 이에 대한 중국의 보상이 다시 뒤따랐다. 중국은 1997년 7월 14일 8만 톤의 식량을 북한에 무상으로 제공할 것임을 공개하였다.[29]

이로써 4자회담은 1997년 8월부터 1999년 8월까지 3번의 예비회담과 6번

---

25) 외무부, 『한반도문제 주요현안 자료집』, p.158.

26) "China Envoys to Visit N. Korea," *The Associated Press* (Seoul), April 12, 1997.

27) 외무부, 『한반도문제 주요현안 자료집』, p.160.

28) "China and DPRK Sign Document on Providing Aid to DPRK," *People's Daily,* June 28, 1997, p.A7.

29) 『연합뉴스』, 1997년 7월 18일.

의 본회담의 과정을 거쳤다. 그러나 북한은 회담 과정 중에 4자회담은 남북회담도 아니며, 미·중의 공동 사안도 아님을 강조했다. 1997년 8월 조선중앙통신은 "북한의 기본원칙은 어떤 경우에도 4자회담이 민족 내부 문제를 논의하는 마당이 될 수 없다."라고 강조했다. 그리고 1997년 10월 29일 미·중 정상이 4자회담을 통해 한반도에서의 항구적 평화체제 구축을 위해 상호협의 하기로 합의했다는 소식에 대해, 11월 북한 외교부 대변인은 4자회담 참가 여부는 "우리 스스로" 판단할 문제라며 미·중을 강하게 비난했다.[30) 특히 북한은 중국의 역할이 부각되는 것을 극히 꺼렸다. 1997년 12월 1차 본회담 시 4자는 2차 본회담 준비를 위해 베이징에서 특별소위원회를 개최하기로 합의했으나, 북한은 나중에 이를 끝내 거부했다. 4자회담은 전부 스위스 제네바에서 개최되었다.[31)]

북한은 4자회담 참석 후 한·미·중이 도저히 수용할 수 없는 의제를 제기해 회담 자체가 무용하도록 만들었다. 한·미·중은 평화체제가 수립되기 전까지는 현재의 정전체제가 유지되어야 하고, 한반도의 긴장완화와 신뢰구축을 위해 분과위원회를 구성하여 쉬운 것부터 논의하자는 입장이었다. 그러나 북한은 소의제를 먼저 정하고, 소의제에는 주한미군 철수, 미·북 평화협정 문제가 반드시 포함되어야 하며, 분과위원회를 구성한다고 해도 사전에 미·북 문제를 협의할 수 있다는 점이 보장되어야 한다는 입장을 고수했다. 3차 본회담에서 분과위 구성에 합의했으나, 이후 북한의 주장에는 조금의 변화도 없었다.[32)] 북한은 처음부터 4자회담에 진정성이 없었다. 2차 본회담 북한 차석대표인 이근은 사적인 자리에서 한국대표에게 "우리가 이번 4자회담의 판을 깰 텐데 너무 민감하게 반응하지 마라."고까지 언급했다.[33)]

---

30) 『조선중앙통신』, 1997년 8월 11일, 11월 4일. 외무부, 『한반도문제 주요현안 자료집』, p.162.
31) 4자회담 관련 주요간부브리핑 자료(1998년 1월 26일).
32) 4자회담 관련 주요간부브리핑 자료(1998년 3월 17일, 4월 26일).
33) 이 사실은 당시 '비공개'를 전제로 브리핑된 내용이다. 4자회담 관련 주요간부브리핑 자료(1998년 3월 23일).

4자회담에 참석한 바 있는 한국 실무대표는 "북한은 기본적으로 '4-2' 방식을 고수했다. 중국은 한·미에 대단히 동정적이었다. 그리고 예비회담에서는 우리를 지지하는 적극적 자세를 보였으나, 막상 본회담이 진행되자 북한의 주장에 막혀 별반 역할을 하지 못했다. 중국은 1999년 8월 제6차 본회담의 의장국을 맡았다. 중국이 마련한 한반도 평화협정 초안에는 한·미가 선호하는 '군사적 신뢰구축'이라는 문구가 들어가 있었다. 그러나 이는 북한의 비토로 결국 누락되었다. 북한이 북·미 양자협상 채널을 여전히 최우선시함에 따라 4자회담의 효용성은 소실되었다. 결국, 우리는 4자회담에 대한 기대를 접고 남북대화 추진 쪽으로 선회했다."라고 회고했다.

3. 북핵위기와 미·중 접근, 그리고 북한의 핵실험

중국은 6·25전쟁 이후, 한반도 정전협정의 당사자로서, 한반도 문제를 '관리'할 책임을 가진 주요 강대국의 일원으로 받아들여져 왔다.[34] 중국은 이러한 역할을 통해 동북아 국제정치에서의 자국의 정치적 위상을 정립하고자 했다. 특히 중국은 1970년대 미국과 화해를 추구하면서 한반도 문제해결을 위한 구체적인 방도를 고민하기 시작했다. 그것은 한반도 전쟁상태 종결을 위해 평화협정이 필요하며, 이를 위해서는 남북 화해가 가장 시급한 과제라 생각했다. 즉 남북 화해를 통한 가시적 긴장 완화 조치가 선행되고, 추후 중·미 양국이 장기적으로 정치적·평화적 방법을 모색해 가야 한다는 것이었다. 다시 말해 중국이 선호하는 방식은 급격한 현상변경이 아닌 현상의 '관리'를 통한 점진적 변화를 의미하는 '2+2' 포맷이었다.

이처럼 중국은 이미 1970년대 이래로 한반도 상황의 안정적 '관리'에 주력하며, 이것이 중국의 대내적 경제발전을 위한 평화롭고 안정적 주변환경

---

34) Bruce A. Ellenman, *Modern Chinese Warfare, 1795-1989* (London: Routledge, 2001), pp.251-53; David Rees, "The Korean War Revisited: Reckless War-Making," *National Interest,* No.42(Winter 1995/96), pp.101-07.

마련에 부합되기를 기대했다. 이 과정에서 중국은 단기적으로는 남북화해를 통한 한반도의 가시적 긴장완화를 기대하였고, 보다 장기적으로는 한반도 평화 기제(peace mechanism)를 마련하고자 했다.[35] 따라서 지금까지 논의된 거의 모든 한반도 문제해결을 위한 국제적 논의에는 언제나 중국의 '중재'가 전제되어 있었다. 그러나 앞에서도 상세히 논의하였지만, 중국의 '보이지 않는' 중재로 시작된 다자간 협상논의는 결국에 가서는 북한의 비토로 흐지부지되었다.

북한은 현재도 여전히 중국의 대북 동맹외교의 진정성에 의문을 품고 있는 듯하다. 북한은 중국의 '중재'를 통한 다자간 협상에서는 중국이 북한의 이해를 진정으로 대변해 준다고 기대하지 않는 듯하다. 2004년 5월 한성렬 유엔주재 북한대표부 차석대사는 *USA Today*와의 인터뷰에서 "한반도 정전협정을 새로운 체제, 즉 평화조약이나 평화협정으로 바꿔야 하며, 한반도에 군대를 주둔시키고 있는 국가들이 그 조약에 참여할 수 있다."라고 발언하였다. 한성렬의 발언은 한반도 평화협정의 직접 당사자로서 중국을 배제하겠다는 것을 시사한 것으로 볼 수 있다.[36] 심지어 김계관 북한 외무성 부상은 2007년 3월 전미외교정책협의회(NCAFP)와 코리아 소사이어티 주최로 열린 한 토론회에서 "중국은 자신들만의 전략적 이해를 가지고 있으며, 우리에 대한 영향력도 거의 없다. 미국은 핵 문제 해결을 위해 중국에 너무 기대하지 마라."라고까지 언급했다. 그러면서 그는 미국이 북한에 대해 '전략적 관심'이 있는지를 물으며, "한반도는 중국에서 일본에 이르기까지 외세의 침략대상이었다. 미국과의 전략적 관계는 북한에 도움이 되고 지역을

---

35) Xinbo Wu, "Managing the Korean Issue: A Chinese Perspective," *Korea and World Affairs,* Vol.24, No.1(Spring 2000), pp.79-91.

36) Barbara Slavin, "North Korea Suggests Peace Treaty to Settle Nuclear Dispute," *USA TODAY,* May 12, 2004. 이외의 북한의 중국 배제 드라이브에 관해서는 Chae-Jin Lee, "China In North Korean Foreign Policy," in ByungChul Koh (ed.), *North Korea and the World: Explaining Pyongyang's Foreign Policy* (Seoul: Kyungnam University Press, 2004), pp.210-211.

안정시킨다."라고 발언했다.[37] 이러한 김계관의 홍미로운 발언은 사실상 북핵 협상에서의 중국의 '중재' 역할에 대한 북한 특유의 반응이 재현된 것일 뿐이다.

탈냉전기 북한의 핵심적 대외정책 목표는 미국과의 관계정상화를 통한 정권의 체제안정이었으며, 핵무기 개발은 이의 실현을 위한 최대의 협상 지렛대였다. 지난 20년간 핵협상 과정에서 북한이 보여준 태도는 매우 일관된 것이었다. 그것은 미국으로부터 한반도에 국한된 제한적 핵 억지력(minimum deterrence)을 인정받는 대신, 미국의 우려 사안(중·장거리 미사일 개발 및 핵물질 이전)을 최대한 해소해 주고, 주한미군 주둔도 용인한다는 선에서의 정치적 타협을 모색한다는 것이었다. 탈냉전기 남북간 정치·경제·군사적 격차 및 한·중, 한·러 관계의 발전 등 북한이 처한 동북아 안보환경에서 볼 때, "제한된 핵무기 보유 및 미국과의 전략적 관계 설정은 불리한 남북 군사균형을 일거에 역전시켜 남한에 의한 흡수통일을 방지하고, 동북아 정세 변화에서 자국의 정치적 위상을 유지시키는 생존의 정치적·심리적 안전판"이 될 수 있었다. 그런데 북한의 2002년 10월 우라늄농축프로그램(UEP) '시인'으로 촉발된 2차 북핵위기 협상 과정에서 한반도 비핵화를 핵심 정책목표로 설정한 중국이 주요한 행위자(major player)로 등장하게 된 것이다. 중국을 북핵문제의 주요 행위자로 끌어들인 장본인은 바로 미국이었다. 사실 2차 북핵위기를 계기로 미국은 중국과 새로운 협력 구도를 만들어 내고자 노력했다.[38]

---

37) 『조선일보』, 2007년 3월 9일; *Canada-Korea Electronic Information Service(Cankor) Report,* No.275, March 9, 2007, http://www.nautilus.org/pipermail/cankor/2007-March/000105.html.

38) 김정일은 2005년 정동영 당시 통일부 장관에게 중·장거리 미사일을 포기할 수 있다고 전한 바 있다. 또한, 북한은 1991년 초 미·북 고위급회담에서 김용순을 통해 주한미군을 인정하고 미국의 맹방이 될 수 있다고 했다. 이상의 내용은 윤덕민, "미·중 관계와 북한 문제: 미·북·중 3각 관계를 중심으로," 외교안보연구원, 『동아시아 정세 변화와 한국 외교 과제』(서울: 늘품플러스, 2008), pp.178-179. 냉전 종식 이후 북한의 주한미군 주둔 용인 발언들을 잘 정리한 논문은 함민호, "주한미군에 대한 북한의

미국의 부시 정부는 1차 북핵위기 때와는 달리 중국을 통한 북핵문제 해결을 도모했다.[39] 부시 정부는 북·미 직접협상을 통해 도출된 '제네바 합의'는 잘못된 행동에 보상을 제공한 것이라 비판했다. 사실상 미국 정부는 중동의 신질서 창출을 외교정책의 최우선 과제로 설정했고, 북핵문제는 다자 틀을 유지하는 가운데 중국을 통해 관리·해결한다는 복안이었다. 특히 2기 부시 정부는 '중국 책임론'에 입각해 대중 정책의 전환을 시도하는 한편, 미·중 '고위급 대화'(Senior Dialogue)를 통해 현안 문제들에 대한 중국의 책임 있는 역할을 장려했다. 이를 통해 미국은 중국을 북한문제의 핵심적 '이해상관자'(stakeholder)로 부각시켰다. 실제 미국은 2005년 3월과 7월 라이스의 방중과 2005년 8월 제1차 미·중 전략 대화를 통해 '북한의 미래' 문제에 대해 중국과 심도 있는 논의를 전개한 것으로 알려졌다.[40] 2기 부시 외교팀은 중국이 북한의 정권 붕괴가 초래할 파장을 우려해 북핵 해결에 적극적이지 않고 '현상유지'를 선호한다는 판단 하에 중국의 이해를 배려한

입장 변화 연구," 국방대학교 석사학위 논문(2007). 그리고 탈냉전기 한반도 문제 관련 미·중 협력에 대한 이론적 논의를 시도한 논문은 박홍서, "탈냉전기 중미간 '협조체제의 출현?" 『국제정치논총』, 제47집 3호(2007), pp.77-97.

39) 물론 1차 북핵위기 시에도 중국은 신중했지만, 적극적 역할을 했다는 주장도 있다. Xiaoxiong Yi, "China's Korea Policy," pp.119-140.

40) 이는 2005년 9월 졸릭 부장관의 미중관계위원회에서의 연설로 연결된다. "Wither China: From Membership to Responsibility?" Speech of Robert B. Zoellick, Deputy Secretary of State, before the National Committee on United States-China Relations, New York, September 21, 2005. http://www.ncuscr.org/articlesandspeeches/Zoellick.htm. 이후 미·중 전략 대화에서 한반도 문제가 주요 핵심의제 중의 하나로 논의되었다는 사실은 중국의 언론보도를 통해서도 쉽게 확인할 수 있다. "中美戰略對話欲明确利益相關者概念," http://world.people.com.cn/GB/1030/3929220.html(2005.12.9); "第二輪中美戰略對話落幕 美重申中美利益相關論," http://world.people.com.cn/GB/14549/3931655.html(2005.12.10); 袁鹏, "中美關係戰略重要性與日俱增," 『人民日报』, 2005年 11月 22日; "美副国务卿佐利克訪華商討中美第三輪戰略對話," http://world.people.com.cn/GB/1029/4055369.html(2006.1.23); "第四次中美戰略對話結束," http://world.people.com.cn/GB/1029/5901465.html(2007.6.22); "第五次中美戰略對話結束," http://politics.people.com.cn/GB/1026/6794474.html(2008.1.19).

정책을 추진했다는 것이다. 즉 미국은 미·중 고위급회담을 통해 중국의 우려를 해소하고자 북한 정권교체(regime change)가 아닌 점진적·단계적 변화를, 북한 체제변화의 모델로서 '핵무기가 없고, 중국식 개혁·개방을 취하는 북한'을 제시하고, 이것이 '미국에도 좋고 중국에도 좋은 한반도 장래 시나리오'임을 주지시켰다는 것이다.[41)]

한편, 라이스(Condoleezza Rice) 국무장관과 젤리코(Philip D. Zelikow) 자문관 등을 중심으로 한 부시 2기 외교안보팀은 1기 부시 정부의 대북 강경기조에서 선회하여, '새로운 포괄적 접근법'(a new broad approach)을 마련해 놓고 있었다.[42)] 2005년 초 젤리코 보고서에는 북핵이라는 복잡한 문제를 풀려면 단순한 핵 폐기 요구만으로는 불충분하며, 핵 폐기와 더불어 에너지·경제지원, 관계정상화, 종전선언 등 다양한 방식을 동시 다발적으로 늘려 추진해야 한다는 내용이 포함되었다. 미국의 이러한 새로운 접근법에서 주목되는 부분은 북핵문제 해결을 위한 동북아 강대국 간 공조의 중요성을 강조한 대목이다. 젤리코 자문관은 2005년 미국은 두 가지 접근법을 취했다고 지적하면서, "하나는 외교적(diplomatic)이었고, 다른 하나는 방어적(defensive)이었다. 외교적 전략은 북한만을 겨냥한 것이 결코 아니었다. 한

---

41) Glenn Kessler, "Zoellick Details Discussions with China on Future of the Korean Peninsula," *Washington Post*, Sep. 7, 2005, p.A22. 골드스타인(Avery Goldstein)은 한반도 미래 시나리오로 북한의 점진적 변화를 통한 현상의 개선을 의미하는 '현상유지 플러스'(Status quo Plus), 상황타개 지연과 악순환을 의미하는 '현상유지 마이너스'(Status quo Minus), 북한의 '전면적 개혁·개방'(Serious Reform), 북한의 '정권붕괴'(Transformation) 등 4가지 가능성을 상정하고 있다. 2005년 8월 미·중은 이와 같은 상정 가능한 시나리오 중 '현상유지 플러스'에 합의했다고도 볼 수 있다. Avery Goldstein, "Across the Yalu: China's Interests and the Korean Peninsula in a Changing World," in Alastair Iain Johnston and Robert S. Ross (eds.), *New Directions in the Study of China's Foreign Policy* (Standford: Standford University Press, 2006), pp.139-143.

42) David E. Sanger, "U.S. Said to Weigh a New Approach on North Korea," *New York Times*, May 18, 2006; Robert B. Zoellick, "Long Division," *Wall Street Journal*, February 26, 2007.

반도는 지속적으로 동북아 강대국 간 각축장이었다. 미국, 특히 라이스 장관과 졸릭 부장관은 (한반도를 둘러싼) 중·일·러 간 외교적 신경전의 틀을 깰 수 있는 방도를 모색했다. 북한 문제는 동북아에서 잠재적 경쟁관계에 있는 강대국들을 공동전선으로 묶을 기회 요인이 될 수 있었다.…(한편) 방어적 접근법은 북한이 경제적 생존을 위해 의존했던 각종 불법 활동(outlaw strategy)에 대한 대응이었다."라고 밝혔다. 그리고 이러한 두 가지 정책은 2005년 하반기부터 실제로 작동되었다고 회고했다.[43]

이후 중국의 적극적 행보를 통해 볼 때, 중국으로서도 상충되는 이해 없이 미국의 입장에 상당히 접근했던 것으로 보인다. 사실상 위에서 지적한 미국의 외교적, 방어적 접근법은 중국의 책임 있는 역할을 확보하는 데 주안점이 두어졌던 것이다.[44] 중국은 이러한 미국의 대중 접근에 적극적으로 호응했다. 미·중 접근을 배경으로 중국은 제4차 6자회담에서는 종전의 저자세 외교와 달리,[45] 매우 적극적인 행보를 보이며 '말 대 말,' '행동 대 행동'의 이행원칙을 담은 '9·19 공동 성명' 도출에 결정적 역할을 하였다. 마치 중국이 최종문안을 받아들이지 않을 경우 모든 책임을 미국에 전가시킬 것이라고 위협하여 공동 성명을 도출했다는 평가도 있지만,[46] 이는 사실과 다르며 미 정부는 중국의 공헌을 높이 평가하는 데 주저하지 않았다.[47]

한편, 중국은 대북 경제협력 방식을 전환하여 북한 체제변화를 유도하면

---

43) Philip Zelikow, "The Plan That Moved Pyongyang," *Washington Post,* February 20, 2007, p.A13.

44) 윤덕민, "미·중 관계와 북한 문제," p.163.

45) 북핵 협상과 관련한 중국의 역할 변화의 모습들에 대해서는 Anne Wu, "What China Whispers to North Korea," *The Washington Quarterly,* Vol.28, No.2(Spring 2005), pp. 35-48; Bonnie S. Glaser and Wang Liang, "North Korea: The Beginning of a China-U.S Partnership?" *The Washington Quarterly,* Vol.31, No.3(Summer 2008), pp.165-180.

46) Bonnie S. Glaser and Wang Liang, "North Korea: The Beginning of a China-U.S Partnership?" p.171.

47) 윤덕민, "미·중 관계와 북한 문제," p.174; Thomas J. Christensen, "Will China Becomes a "Responsible Stakeholder?": The Six Party Talks, Taiwan Arms Sales, and Sino-Japanese Relations," *China Leadership Monitor,* No.16(Fall 2005), pp.2-6.

서, 북한의 불법행위에 대한 미국의 압박 조치에도 적극적으로 동참했다. 중국이 중앙정부 차원에서 대북 경협의 제도적 기반 마련과 경협의 원칙을 천명하면서, 본격적인 경제적 '관여' 정책을 표명한 시점은 바로 2005년 라이스의 방중(3월/7월)을 계기로 형성된 미·중 고위급대화 시점과 시기적으로 일치한다. 2005년 3월 북·중 양국은 '투자장려 및 보호협정'을 체결함과 동시에 '경제협력공동위원회' 설치에 합의했다. 또한, 동년 7월에는 '세관협력 협정' 체결을 추진했으며, 10월에는 경협의 새로운 진전을 위한 3개 원칙(정부주도, 기업참여, 시장운영)에 합의하고 11차 5개년 계획기간(2006~2010)에 시행될 '경제협력협정'에 서명했다.[48] 특히 중국은 10월 28~30일 후진타오 주석 방북을 통해 미국의 '포괄적 대북 접근법'과, 중국과의 협력을 전제로 북한이 개혁·개방이라는 변화된 모습을 보여야 한다는 미국의 의도를 전달한 것으로 추정된다.[49]

이에 김정일은 후진타오 주석 방북 후 불과 70여 일 만인 2006년 1월 중국 남부의 '개혁의 성지'(덩샤오핑의 남순강화 코스)를 방문함으로써 미국과 중국에 대한 메시지를 동시에 보여줬다. 이는 중국과 미국에 대해 북한의 개혁 '의지'를 과시하고, 미국의 새로운 대북 포괄적 접근법이 실제로 추진되도록 하는 정지작업의 성격이 강하다.[50] 그러나 중국은 북한의 불법행동에 대해 단호한 조치를 취했다. 미 재무부가 북한 위장 기업의 불법자금 세탁 및 위조 달러 유통 등에 관여해 온 마카오 소재 '뱅코 델타 아시아'

48) 중국의 대북 경협 제도화에 대한 자세한 내용은 최수영, 『북·중 경제관계 확대와 대응방안』(통일연구원, 2007) 참조.

49) 중국은 북한에 대해 과거와 같은 무조건적 지원은 곤란하며, 북한 내부변화와 '호혜성'이 전제된 조건성 지원을 강조한 것으로 알려지고 있다. 구체적 내용에 대해서는 Mika Marumoto, "The Roles of China and South Korea in North Korean Economic Change," The Korea Economic Institute Working Paper, http://www.keia.org/Publications/KoreasEconomy/2008/Marumoto1.pdf, pp.94-95.

50) 이런 점에서 볼 때, 사실 2006년 1월 김정일의 남순강화 코스 방문은 진정한 개혁·개방의 의지를 보여주기 위한 것이라기보다는 정치·외교적 함의를 더욱 내포하고 있다고 봐야 한다.

(Banco Delta Asia)를 애국법(Patriot Act) 331조에 따라 '주요 돈세탁 우려대상'으로 지정하자, 중국은 김정일 비자금을 관리해 온 것으로 알려진 최측근인 강상춘 조선노동당 조직지도부 부부장을 김정일 방중 기간에 마카오에서 전격 체포해 버렸다.[51] 그 후 중국은 북한의 불법행위 제재와 관련한 미국과의 협력체제를 더욱 강화시켰다. 2006년 7월 중국은 중국은행(Bank of China) 마카오 지점의 북한 관련 계좌를 동결하는 조치를 취했다.[52]

북한의 처지에서 볼 때, 한반도 비핵화와 북한 체제변화 유도를 위한 미·중 협력체제의 등장과 중국의 '중재' 역할은 미국과의 직접적인 정치적 타협 모색에 중대한 방해물일 수밖에 없었다. 결국, 북한은 미·중 협력구도를 견제하고 중국의 '중재' 역할을 최소화시킬 필요성을 절감했을 것이다. 북한은 또다시 역사의 패턴을 재현시켰다. 2006년 7월 북한은 대포동 미사일 시험발사를 단행했으며, 중국 최고지도부의 우려와 만류에도 그해 10월 9일 핵실험을 하는 초강수 조치를 선보였다. 중국은 "북한이 국제사회의 반대를 무릅쓰고 제멋대로(悍然) 핵실험을 실시했으며, 중국정부는 단호하게 반대한다." 라는 분노 섞인 공식 성명을 발표하고 북·중 관계 역사상 최초로 유엔의 대북 제재 결의안(유엔안보리 결의안 1718호)에 찬성표를 던지는 것으로 대응했지만, 이제까지 투입한 자국의 외교적 역할이 한순간에 소진되는 결과를 지켜봐야만 했다.[53]

역설적이게도 북한의 미사일 시위와 핵실험은 북핵 협상에 새로운 모멘텀을 형성했다. 북·미 양국은 2007년 1월 베를린에서 미국의 힐(Christopher Hill) 차관보와 북한의 김계관 외무성 부상의 직접 접촉을 통해 6자회담의 재개와 함께 '9·19 공동 성명'의 초기 이행에 관한 기본 골격에 합의하기에

51) 윤덕민, "미·중 관계와 북한 문제," pp.174-175.

52) Gregory J. Moore, "How North Korea threatens China's interests: understanding Chinese 'duplicity' on the North Korean nuclear issue," *International Relations of the Asia-Pacific,* Vol.8, No.1(2008), pp.9-10.

53) 신상진, "대만문제와 북핵문제를 둘러싼 중·미관계," pp.72-73; Gregory J. Moore, "How North Korea threatens China's interests," pp.10-12.

이른다.[54] 중국을 배제하고 미국과 직접 협상을 하려는 북한의 목표는 결국 또 다른 초강경 '모험주의'를 통해 달성될 수 있었다. 북한의 핵실험으로 사실상 6자회담을 주도했던 중국의 역할은 북·미 협상의 뒷자리로 밀려나게 되었다.[55]

4. 전망

<표 4>에서 보듯이 북·중 동맹조약은 동상이몽의 메타포였을 뿐이다. 「조·중 조약」은 '공동위협에 대한 안보협력'을 전제로 한 군사동맹적 성격보다는 양자관계의 '바람직한' 규범을 정의한 정치동맹적 성격이 오히려 강하다. 그렇다고 현재 북한이 중국과의 동맹관계를 청산할 수도 없는 노릇이다. 탈냉전기 중국과의 관계유지는 북한의 국가생존 자체의 전제조건처럼 보이고 있다.[56] 무엇보다 한미 상호방위동맹이 건재해 있고, 미국의 대북 '적대시 정책'이 소멸하였다고 인식하지 않는 이상 김정일이 북한의 안보전략에서 중국을 완전히 배제하는 것은 거의 불가능할 것으로 보인다. 2007년 김계관이 한 발언처럼, 북한은 여전히 미·중 간 전략적 간극을 이용해 보려는 유혹을 떨치지 못할 것이다. 이는 <그림 2>에서 보는 바와 같이 『로동신문』상에 '반제노선'과 미국·중국 관련 사설이 왜 거의 같은 비율로 나타나는지를

---

54) 결국, 이를 계기로 2007년 '2·13 합의'가 도출되었다. '2·13 합의'에서 6자회담 참가국들은 북한 핵 폐기를 폐쇄 및 동결, 신고 및 불능화, 그리고 폐기라는 3단계로 구분하여 실행하는 행동계획을 마련했다. '2·13 합의' 전문은 "Initial Actions for the Implementation of the Joint Statement," http://www.fmprc.gov.cn/eng/zxxx/t297463.htm 이후 북핵 문제의 전개과정에 대해서는 최강·최명해, "북핵 문제의 현황 및 전망과 향후 대책," 『전략연구』, 통권 44호(2008) 참조.

55) 윤덕민, "미·중 관계와 북한 문제," p.178.

56) 탈냉전기 중·북 경제관계에 대해서는 조명철, "북한과 중국의 경제관계 현황과 전망," 『KIEP 세경경제 Focus』(2005년 7월), pp.18-33; 박종철 등, "북·중관계 강화의 영향과 우리의 대책," 『통일정세분석 2006-04』(통일연구원, 2006.3); 한국무역협회, "최근 북·중관계 조망: 경제적 관점에서 본 중국의 대북 위협론 해부," 『기획조사 06-077』(2006); 최수영, 『북·중 경제관계 확대와 대응방안』 등 참조.

〈그림 2〉 '반제노선' 및 미·중 관련『로동신문』사설 비중

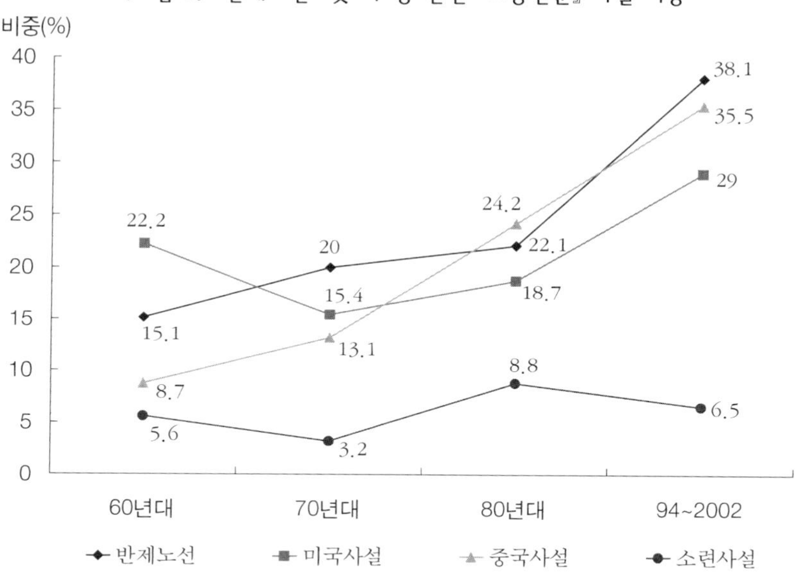

설명: 반제노선 관련 사설비중 92~2002년 기간임
출처: 백성호, "'로동신문'의 사설을 통해 본 북한 외교의 변화: 1994-2002," 국제정치학회 2004년 연례학술회의 발표논문(2004년 12월 21일, 외교안보연구원), p.7, 12를 바탕으로 재구성

잘 설명해 주는 듯하다.

그러나 북한으로서는 중국이 대북 '관리' 체제의 중심 국가로 등장하는 것을 원치 않는다. 이는 북한이 향후 한반도 상황 변화와 그로 말미암은 동북아 국제정치 구도 변화에서 자국의 정치적 위상을 유지하고자 한다면 강대국 '관리' 체제의 등장을 막아야 하기 때문으로 보인다. 북한이 정세변화 과정 중에 자신의 독자적인 정치적 목소리를 낼 수 있으려면 '5+1' 구도의 대북 "포위형 다자주의"보다는 미국과의 직접대화가 유리할 것이다. 그런 의미에서 북한은 우호관계 유지를 통해 중국으로부터 국가생존에 필요한 자원을 수취하면서도 대외 안보정책상에서는 여전히 미국과의 관계를 최우선 순위에 둘 수밖에 없을 것이다. 따라서 적어도 북한은 한반도 문제 해결과정

에서 중국이 중심적 '관리국가'의 역할을 담당하도록 묵인할 수는 없을 것으로 보인다.

그러나 이러한 북한의 행보는 중국의 안보이해에 부합된다고 볼 수 없다. 중국은 한반도 문제해결의 국제적 논의에서 배제될 수 없다는 입장에 있다.[57] 중국은 한반도 문제해결 과정에서 배제될 경우 자국의 발언권이 축소되는 피동적 지위로의 전락을 우려하고 있다. 또한, 중국은 북한의 '모험주의적 돌출행동'으로 야기될 수 있는 주변 안보상황의 불확실성을 여전히 우려하고 있다. 재미 학자 사무엘 김(Samuel S. Kim)은 "동북아 국제정치에서 균형자(balancer)로서의 레버리지를 극대화시키려는 의도와는 별도로, 중국이 진정으로 우려하는 사실은 북한이 궁지에 몰려 반격을 할 수밖에 없는 상황이 되어 적어도 지역전쟁이 촉발되는 것이다. 중국은 북한이 독일식의 패권적 통일에 승복하기보다는 반격을 감행할 것이라는 데에 의심의 여지를 두지 않는다. 더욱이 북한체제가 단순히 붕괴된다 하더라도 유혈국면을 초래할 가능성이 있으며, 남한에 의한 즉각적인 통일보다 내전을 촉발시킬 것으로 보고 있다."라고 중국의 대북 안보 우려를 예측하고 있다.[58]

이처럼 북한의 중국 배제 드라이브가 지속되고, 북한의 '돌출행동'으로 야기될 수 있는 불확실성이 남아 있는 이상 중·북 우호관계 유지라는 '수

57) 4자회담 참여에 대한 중국의 견해를 밝힌 중국외교부 대변인 탕궈창(唐國强)의 발언 내용은 『人民日報』, 1997年 7月 3日; "China agrees to participate in four-party talks," *People's Daily,* July 3, 1997, p.A4; 虞少華, "朝鮮半島形勢的發展與前景," 『國際問題硏究』, 第4期(1997年), pp.12-16. 2007년 남북정상회담 결과로 채택된 「남북관계 발전, 평화번영 선언」 제4항의 문안("직접 관련된 3자 또는 4자 정상들이 한반도 지역에서 만나 종전을 선언하는 문제를 추진하기 위해 협력해 나가기로 했다.")에 대해 중국은 대단히 민감한 반응을 보였다. "作爲朝鮮停戰協定締約方–中國支持建立朝鮮半島平和機制," 『中國靑年報』, 2007年 10月 10日; "半島終戰離不開中國," 『環球時報』, 2007年 10月 9日; Yuan Jing-dong, "Beijing Keeps a Wary Eye On the Korean Peace Process," *China Brief* (The Jamestown Foundation), Vol.7, No.22(November 29, 2007), pp.7-9.

58) Samuel S. Kim, "The Making of China's Korea Policy in the Era of Reform," p.402; Samuel S. Kim and Tai Hwan Lee, "Chinese-North Korean Relations: Managing Asymmetrical Interdependence," p.132.

단'은 중국에게 여전히 주요한 정책적 고려사항이 아닐 수 없다. 이러한 측면에서 볼 때, 앞으로도 「조·중 조약」은 여전히 북한 행보의 불확실성을 관리하기 위한 중요한 기제로 활용될 것이다. 그러나 이는 다른 한편으로 중국의 대북 영향력이 그만큼 제한적이라는 사실을 말해주는 것일 수 있다는 점에 유의할 필요가 있다. 재미 러시아 학자 만소로프(Mansourov)의 지적처럼, "중국이 북한을 '연회장'(party)으로 가끔 데려올 수 있을지는 몰라도 북한을 음악에 맞추어 춤을 추게 할 수는 없을 것"이다.[59] 북한이 "가장 가까이하고 싶어 하는 국가는 역시 미국이며, 그들이 가장 싫어하는 국가는 다름 아닌 중국이다."라고 말한 전직 중국외교관의 발언은 북·중 동맹관계의 정치적 동학을 자세히 살펴보면 어느 정도 이해할 만하다. 역설적이게도 1980년대 이후 중국의 급속한 정치·경제적 위상 제고에도 불구하고 '혈맹과 전통적 우의'를 자랑하는 가장 가까운 '동맹국'이어야 할 북한이 중국으로부터 제공받은 안보재화나 동맹외교적 지지란 거의 전무한 것이었다고 봐도 과언이 아니다.

결국, 동맹이 위협과 관련된 것이라면 북·중 동맹관계의 내적 긴장과 갈등의 역사는 '포괄적 위협평가'(comprehensive threat assessment)의 상이성에 기인하는 것이다. 냉전기뿐만 아니라 현재까지도 북·중 양국은 이 점에 대해 완전한 일치점을 찾지 못했다. 따라서 서로에 대해 기대하는 바가 달랐던 것이다. 그러나 역량의 비대칭성이라는 구조적 제약 속에서 북한이 중국에 대해 취할 수 있는 전략 옵션이란 대단히 제한적일 수밖에 없었다. 지금까지 북한은 '편승', '기회주의', '자력갱생' 등의 수단을 선택했으나, 어느 것 하나 실효성을 담보하지 못했다. 오직 북한은 '모험주의적 돌출행동' 등을 통해 자국의 지정학적 위상을 부각시키는 방법이나 핵무장과 같은 '자구책'으로 동맹에 대한 의존을 낮추는 선택밖에는 다른 대안이 없었던 것으로 보인다.

그러나 그러한 북한의 행위는 오히려 중국의 '연루' 우려만을 자극했고,

---

59) Alexander Y. Mansourov, "Giving Lip Service with an Attitude: North Korea's China Debate," Asia-Pacific Center for Security Studies, Special Assessment (December 2003).

북한에 대한 강대국 공조의 필요성만을 강화시켰다. 이는 중국으로 하여금 안보위협의 원천을 제3의 공동의 대상에서 찾도록 하는 것이 아니라, 북한의 행보 자체를 위협으로 인식하게 만들었다. 따라서 중국은 북·중 동맹체제의 '결박' 기능을 통해 북한 행보의 불확실성을 관리하는 데에 주력할 수밖에 없는 것이다. "한반도 문제해결 과정에서 건설적 역할을 하기를 희망한다."라는 중국의 입장은 바로 이를 두고 하는 말로 해석할 수 있다.

그러나 중국이 말하는 "건설적 역할"은 북한의 시각에서 볼 때, 대북 '통제'와 동의어일 수밖에 없다. 2007년 남북정상회담에서 김정일이 한반도 평화체제 협상의 주체와 관련해 중국 배제에 관심이 있었다고 전해지는 것은,[60] 중·북 동맹관계사를 고찰한다면 전혀 놀라운 일이 아니다. 양국 동맹역사에서 중국이 북한의 기대감을 충족시켜 준 시기는 거의 전무하기 때문이다.

현재 중국과 북한은 양자관계를 공식적으로는 '전통적 우호협력' 관계로 형용하고 있다. 그런데 이러한 관계를 중국에서는 "전통 우의를 공고화하고, 상호신뢰를 강화하며, 상호이익과 협력을 확대한다."(鞏固傳統友誼, 加强相互信任, 擴大互利合作)라는 18자 방침으로 표현하고 있으며, 북한에서는 "조·중 친선을 세대와 세기를 이어 끊임없이 공고, 발전시킨다."로 표현하고 있다.[61] 양자의 표현법은 묘한 뉘앙스의 차이를 보여주고 있다. 사실 중국은 상호신뢰, 상호이익과 협력이라는 후자를 강조하는 것이고, 북한은 전통 우의라는 전자만을 받고 있는 것이다. 북한이 중국의 18자 모두를 인정한다면, 이는 사실상 중국의 대북 '관리' 체제를 수용한다는 의미와도 같다. 사실 '상호신뢰'란 문구 속에는 '상호 협의 및 통보'를 통해 어느 일방의 행위가 타방의 이해관계에 위배되지 않도록 해야 한다는 의미가 내포되어 있으며, '상호이익과 협력'의 문구 속에는 중국의 무조건적 대북지원이 아닌 북한의

---

60) "김정일, 종전선언 中 배제에 관심," 『연합뉴스』, 2007년 10월 5일.
61) 2005년 10월 후진타오 주석 방북 관련 기사 참조. 『人民日報』, 2005年 10月 31日; 『조신중앙통신』, 2005년 10월 28일.

변화(또는 개혁·개방)라는 의미가 내포되어 있다. 북한의 핵무장을 포함한 일련의 '모험주의' 및 '수령체제'의 유지는 한반도 평화와 안정 및 비핵화를 바라는 중국의 이해에 부합되지 못한다. 사실상 중국은 이를 강조하고 있는 것이다. 그러나 북한이 이러한 중국의 이해구도에 들어갈 경우, 시간이 북한 편이 된다는 보장이 없다. 핵 포기와 개혁·개방은 내부체제 결속을 위한 유효한 수단이자, 자국의 동북아 국제정치 게임의 유일한 레버리지가 상실됨을 의미할 수 있다. 그 결과는 불확실성 그 자체이다. 따라서 북한은 경제적 생존을 위해 중국과의 우호적 관계를 유지해야겠지만, 중국의 대북 관리체제의 등장만은 어떤 식으로라도 막아야 하는 딜레마에 빠져 있는 듯하다.

한편, 중국의 대북 정책에 관한 현재의 주류 견해는 '혈맹'이라는 관점에서 무조건적 지원을 제공한 과거의 관계에서 탈피해 국가이익을 우선시하는 정상적 국가 대 국가 관계로 변화하고 있으나, 북한이 제공하는 전략적 이익 때문에 동맹관계를 청산하지 못하고 전략적 '협력'이 유지된다는 것이다. 그러나 과거 중국이 북한에 무조건적 지원을 한 적이 있었느냐는 문제는 차치하고라도, 북한이 중국에 제공할 수 있는 전략적 이익이 구체적으로 무엇인지도 불명확하다. 적어도 동맹의 관점에서 전략적 '협력' 관계가 형성되려면, 각자가 상대방에게 제공할 수 있는 안보적·경제적 재화가 있어야 한다. 다시 말해 기지 제공, 상대국을 위한 파병, 군사정보 교류, 동맹유지의 비용분담, 동맹외교적 지지 등등이 상호 간에 존재해야 '협력' 관계가 형성될 수 있을 것이다. 표면적으로 드러난 현재의 양상을 통해 볼 때, 북한이 중국에 그러한 재화들을 제공할 수 있는지는 대단히 회의적이다.

중국이 현재에도 북한과 동맹조약을 폐기하지 못하는 이유는 북한문제(North Korean Questions)로 야기될 수 있는 한반도 상황의 불확실성을 관리할 능력에 확신이 없기 때문으로 보인다. 즉 북한 의도에 대한 의구심, (미국과의 전략적 공감대 형성이 미비한 상태에서) 북한의 미래문제와 그로 말미암은 한반도 전체의 한·미 동맹체제로의 '일방적' 편입 등 미래 한반도 상황에 대한 불확실성이 남아 있는 이상 「조·중 조약」은 여전히 유지될 것으로 보인다. 향후 「조·중 조약」은 적어도 중국의 처지에서 볼 때 미래 한반도 문제에 개입할 수 있는 법적 근거로 작용할 것이다. 북한의 미래문제로 야기될 수 있는 대(對)한반도 개입 논쟁은 중국지도부의 분열(leadership split)을 결과할 수도 있는 중대한 사안이다. 6·25전쟁의 경우, 마오쩌둥의 카리스마가 지도부 분열을 방지할 수 있었지만, 현재 중국의 정치적 역학 구도 속에서는 이를 확신하기도 어려운 상황이다. 따라서 개입의 법적 근거를 유지하는 것은 여전히 중요한 전략적 고려사항일 수밖에 없을 것이다. 이와 관련하여 「조·중 조약」은 구체적으로 2가지 기능을 담당할 것으로 전망된다. 한편으로는 미래 한반도 상황 전개가 중국의 안보이해에 위배되는 방향으로 전개되는 것을 방지하는 대한·미 '연성 균형 기제'(soft balancing mechanism)로 작동(조약 2조 근거)할 것이며, 다른 한편으로는 북한에 대해 상호 통보 및 협의의 의무를 강조함으로써 북한의 '돌출행동'을 제어하는 대북 '관리 기제'(management mechanism)로 작동(조약 4조 근거)할 것이다.

최근 중국은 한·미 전략동맹 강화에 대해 '복선'이 깔린 반응을 보이고 있다. 2008년 5월 중국 외교부 대변인은 "한·미 군사동맹은 역사가 남긴 산물이다··· 냉전시기의 군사동맹으로 당면한 안보문제를 형량하고 처리하는 것은 불가능하다."라는 논평을 낸 바 있다.62) 이는 한·미 전략동맹에 대한 강한 '비판'처럼 들리는 것이 사실이지만, 전체적 문장을 세심히 보면 상당한 복선을 깔고 있다. 그는 다음과 같은 말을 덧붙였다.

> "중국은 상호신뢰, 상호이익, 평등, 협력이라는 신(新)안보관 수립을 주장한다. 다시 말해, 이 지역에 안보이익이 있는 국가 간에 교류를 강화하고, 상호신뢰를 증진하며, 협력을 강화하여, 공동으로 지역안보를 유지하는 것이 유일하고 유효한 길이다. 중국은 한국과, 그리고 이 지역의 여타 국가들과 공동으로 노력하여 이러한 목표를 실현하기를 원한다."

중국이 한·미 전략동맹에 대해 직설적 반응을 보인 것은 '가치동맹'이라는 용어에 대한 거부감, 지역동맹화 가능성에 대한 우려감 때문일 수도 있겠

---

62) "秦剛就中韓關係, 六方會談, 中美人權對話等答問," http://xinhuanet.com(2008.5.27).

지만, 한반도 미래 상황의 불확실성 또는 불가예측성에 대한 우려감에서 연유한 것일 수도 있다. 북핵문제, 북한의 미래 문제, 동북아 다자안보협력 문제, 포스트 북핵시대의 동북아 질서변화 가능성 등 미래 한반도 상황의 최종결과(end state)는 매우 불확실하다. 중국이 강조하고자 한 것은 한·미 군사동맹만이 그러한 불확실성을 '관리'할 유일한 수단은 아니다는 것이다. 즉 한반도 문제에서 중국의 외교적 주도권(또는 영향력)이 유지되어야 하고, 미래 한반도 상황 전개가 중국의 안보이해에 위배되는 방향으로 전개되어서는 안 된다는 점을 역설하고 있는 것이다. 이는 그만큼 중국이 북한의 미래문제와 그로 말미암아 야기될 동북아 질서변화 및 자국의 영향력 축소 가능성을 민감하게 인식하고 있음을 의미하는 것일 수 있다. 중국이 북한과의 우호관계를 지속적으로 유지하려는 것도 같은 맥락에서 이해할 수 있을 것이다. 즉 북한과의 우호관계가 유지되어야 대북 정보접근의 독점적 지위가 유지될 것이고, 그에 따른 외교적 중재 역할이 부각될 수 있을 것이다. 또한, 북한의 미래문제에서도 개입의 조건과 정당성이 마련될 수 있기 때문이다.[63)]

한·미 전략동맹과 한·중 전략적 협력관계를 어떻게 상호 보완적으로 발전시킬 것인가 하는 문제는 21세기 한국의 전략적 파트너십 구축에 있어 핵심적 관건이 아닐 수 없다. 그런데 이는 복합적 네트워크의 확대라는 21세기 국제정치 양태의 맥락에서 볼 때 양자택일의 문제가 되어서는 안 되며, 어떻게 양자 간 '교집합'의 폭과 깊이를 늘려야 할 것인가의 관점에서 접근

---

63) 북한이 핵실험이라는 초강경 조치로 중국의 외교적 역할을 일거에 소진시켰음에도, 중국지도부는 일시적 냉각기를 가진 후 2007년 7월 양제츠(楊潔篪) 외교부장 방북, 2008년 6월 시진핑(習近平) 국가부주석 방북, 2009년 1월 왕자루이(王家瑞) 대외연락부장 방북 등 우호적 성격의 방북을 지속하고 있다. 물론 중국은 그에 따른 경제적 비용을 감수해야만 했다. 앞서 여러 번 지적한 바 있지만, 이러한 중국의 딜레마를 북한은 이미 역사적으로 오랫동안 익숙하게 이용해 왔다. '중국 소외'(China passing) 제스처는 북한이 중국으로부터 경제적 이익을 수취하는 유용한 카드임이 틀림없다. 최근 중국의 대북지원 규모 등에 대한 추정 기사는 "中, 北 불법행위 중단 대가 年 20억 달러 지원설," 『연합뉴스』, 2009년 2월 5일; "中 '무상원조 결정' 北 보도에 당황한 듯," 『연합뉴스』, 2009년 2월 5일 등 참조.

해야 한다.[64] 원론적 언급이 될 수도 있겠지만, 한·미 동맹과 한·중 협력의 '교집합'의 양을 늘리려면 지역적·세계적 범위에서 협력 가능한 어젠다를 발굴하여 이해관계의 폭을 넓히는 한편, 다양한 대화 기제들을 마련하여 신뢰의 깊이를 두텁게 해야 할 것이다. 무엇보다도, "부유하고, 안정되고, 우호적인" 통일 한반도의 등장이 한·미·중 모두의 공동 이해에 부합된다는 전략적 공감대를 형성하기 위한 노력이 필요할 것으로 보인다.

64) 이 점은 이희옥 교수의 아이디어로부터 빌려온 것이다.

참고문헌

1. 중문 자료

■ 공식 문헌

『建國以來重要文獻選編』(北京: 中央文獻出版社, 1997).
『鄧小平年譜: 一九七五~一九九七(上)·(下)』(北京: 中央文獻出版社, 2004).
『鄧小平文選(第3卷)』(北京: 人民出版社, 1993).
『毛澤東軍事文集(第六卷)』(北京: 軍事科學出版社, 1993).
『毛澤東文集(第七卷)』(北京: 人民出版社, 1999).
『毛澤東外交文選』(北京: 中央文獻出版社·世界知識出版社, 1994).
『周恩來年譜 一九四九~一九七六(上)·(中)·(下)』(北京: 中央文獻出版社, 1997).
『周恩來外交文選』(北京: 中央文獻出版社, 1990).
『中國共産黨大辭典』(北京: 中國國際廣播出版社, 1991).
『中國外交 1996~2001年版』(北京: 世界知識出版社, 1996~2001).
『中華人民共和國外交大事記 第1, 2卷』(北京: 世界知識出版社, 1997, 2001).
『陳毅年譜(上)·(下)』(北京: 人民出版社, 1995).

■ 회고록 및 자료집

金 戈. "在外交部'奪權'前後." 『周恩來的最後歲月 1966-1976』(北京: 中央文獻出版社, 2002).

師 哲 回憶, 李海文 整理.『在歷史巨人身邊: 師哲回憶錄』(北京: 中央文獻出版社, 1991).
吳冷西.『十年論戰: 1956~1966 中蘇關係回憶錄(上)·(下)』(北京: 中央文獻出版社, 1999).
劉金質·楊淮生 主編.『中國對朝鮮和韓國政策文件彙編 1~5』(北京: 中國社會科學出版社, 1994).
錢其琛.『外交十記』(北京: 世界知識出版社, 2003).
『朝鮮勞動黨反華言論集』(中共中央對外聯絡部 內部資料, 1967年 1月).
胡喬木.『回憶毛澤東』(北京: 人民出版社, 2003).

■ 논문 및 단행본

姜長斌, 羅伯特·羅斯 主編.『從對峙走向緩和: 冷戰時期中美關係再探討 I/II』(北京: 世界知識出版社, 2000).
金東吉. "'三國同謀論'分析: 朝鮮戰爭起源的再思考."『當代中國史研究』, 第2期(2006).
______. "中國人民解放軍中的朝鮮師回朝鮮問題新探."『歷史研究』, 第6期(2006).
唐 灝.『毛澤東中蘇結盟之行』(北京: 中國工人出版社, 2005).
杜康傳·李景治 主編.『國際共産主義運動概論』(北京: 中國人民大學出版社, 2002).
朴斗福.『中共參戰韓戰原因之硏究』(臺北: 黎明文化事業股份有限公司, 1975).
裴堅章 主編.『中華人民共和國外交史(第一卷)』(北京: 世界知識出版社, 1998).
謝·岡察洛夫. "劉少奇秘密訪問莫斯科." 李丹慧 編.『北京與莫斯科: 從聯盟走向對抗』(桂林: 廣西師範大學出版社, 2002).
史蒂文·M·戈德斯坦. "聾子的對話?: 1955~1970年中美大使級會談." 姜長斌, 羅伯特·羅斯 主編.『從對峙走向緩和: 冷戰時期中美關係再探討 I』(北京: 世界知識出版社, 2000).
徐 焰.『毛澤東與抗美援朝戰爭』(北京: 解放軍出版社, 2004).
石源華.『中國共産黨援助朝鮮獨立運動紀事』(北京: 中國社會科學出版社, 2000).
石志夫 主編.『中華人民共和國對外關係史』(北京大學出版社, 1994).
蕭冬連.『五十年國事紀要(外交卷)』(長沙: 湖南人民出版社, 1999).
孫其明,『中蘇關係始末』(上海: 人民出版社, 2002).
宋成有 等.『中韓關係史』(現代卷) (北京: 社會科學文獻出版社, 1997).
宋恩繁·黎家松 主編.『中華人民共和國外交大事記(第1卷)』(北京: 世界知識出版社, 1997).
瀋敬國 主編.『共和國外交風雲中的鄧小平』(哈爾濱: 黑龍江人民出版社, 2004).
沈志華. "1956年10月危機: 中國的角色和影響."『歷史研究』, 第2期(2005).

______. "試論中蘇同盟破裂的內在原因." 『國際觀察』, 第5期(2005).
______. "中蘇條約談判中的利益衝突及其解決." 『中國現代史』(人民大學 復印版), 第8期(2001).
______. "赫魯曉夫, 毛澤東與中蘇未實現的軍事合作." 『中共黨史研究』, 第5期(2002).
______. 『毛澤東 · 斯大林與朝鮮戰爭』(廣州: 廣東人民出版社, 2003).
______. 『蘇聯專家在中國(1948~1960)』(北京: 中國國際廣播出版社, 2003).
楊奎松 主編. 『冷戰時期的中國對外關係』(北京: 北京大學出版社, 2006).
______. 『毛澤東與莫斯科的恩恩怨怨』(江西人民出版社, 1999).
葉自成. 『新中國外交思想: 毛澤東 · 周恩來 · 鄧小平外交思想比較研究』(北京: 北京大學出版社, 2001).
吳玉山. 『抗衡或扈從: 兩岸關係新詮』(臺北: 正中, 1997).
吳興唐. 『政黨外交和國際關係』(北京: 當代世界出版社, 2004).
王泰平 主編. 『中華人民共和國外交史(第二~三卷)』(北京: 世界知識出版社, 1999).
姚金果. "大革命時期共産國際,聯共(布)與中共三者之間的組織關係," 『黨的文獻』, 第5期(2003).
牛 軍. "中國外交的革命化進程." 楊奎松 主編. 『冷戰時期的中國對外關係』(北京: 北京大學出版社, 2006).
______. "一九四五年至一九四九年的美蘇國共關係." 『歷史研究』, 第2期(2002).
虞少華. "朝鮮半島形勢的發展與前景." 『國際問題研究』, 第4期(1997).
劉建飛. 『敵人 朋友 還是伙伴』(北京: 中央文獻出版社, 2000).
劉金質 等. 『當代中韓關係』(北京: 中國社會科學出版社, 1998).
陸俊元. "中國在朝鮮半島的安全利益與對策." 『東北亞研究』, 第3期(1997).
李 捷. 『毛澤東與新中國的內政外交』(北京: 中國青年出版社, 2003).
李丹慧. "1964年: 中蘇關係與毛澤東外患內憂思路的轉變." http://www.coldwarchina.com/zgyj/wjjc/001641.html
______. "中國聯美反蘇的戰略出臺." 楊奎松 主編. 『冷戰時期的中國對外關係』(北京: 北京大學出版社, 2006).
______. "中蘇分裂與文革時期中國外交." 『世界歷史』, 第1期(1994).
李丹慧 編. 『北京與莫斯科: 從聯盟走向對抗』(桂林: 廣西師範大學出版社, 2002).
章百家 · 賈慶國. "對抗中的方向盤, 緩衝器和測試儀: 從中國的角度看中美大使級會談." 姜長斌, 羅伯特 · 羅斯 主編. 『從對峙走向緩和: 冷戰時期中美關係再探討 I』(北京: 世界知識出版社, 2000).

章百家·牛軍 主編. 『冷戰與中國』(北京: 世界知識出版社, 2002).
錢其琛. "'見證'中蘇關係正常化." 『中國外交』, 第5期(2005).
陳 兼. "革命與危機的年代." 楊奎松 主編. 『冷戰時期的中國對外關係』(北京: 北京大學出版社, 2006).
陳峰君·王傳劍. 『亞太大國與朝鮮半島』(北京: 北京大學出版社, 2002).
青石(楊奎松). "金日成阻止了毛澤東進攻臺灣的計劃." 『明報月刊』, 第7期(1994).
許志嘉. 『中共外交決策模式研究』(臺北: 水牛出版社, 2000).

2. 국문 자료

■ 공식 문헌

김일성. "국가활동의 모든 분야에서 자주, 자립, 자위의 혁명정신을 더욱 철저히 구현하자"(조선민주주의인민공화국 최고인민회의 제4기 제1차 회의에서 발표한 조선민주주의인민공화국 정부정강, 1967년 12월 16일). 『김일성 저작선집 4』(평양: 조선로동당출판사, 1968).
_____. "김일성의 답사"(김일성 방중 관련 연설문, 1982년 9월 16일). 외무부. 『중국·북한 관계 주요 자료집(성명문, 연설문, 축전, 신문사설 등)』(외무부 집무자료, 1990.2).
_____. "당, 정권기관, 인민군대를 더욱 강화하여 사회주의대건설을 더 잘하여 혁명적 대사변을 승리적으로 맞이하자"(조선로동당 중앙위원회 제5기 제10차 전원회의에서 한 결론, 1975년 2월 17일). 『김일성 저작집 30』(평양: 조선로동당출판사, 1985).
_____. "당대표자결정을 철저히 관철하기 위하여"(함경남도 당 및 함흥시 당열성자회의에서 한 연설, 1967년 6월 20일). 『김일성 저작집 21』(평양: 조선로동당출판사, 1983).
_____. "미제를 반대하는 아세아 혁명적 인민들의 공동투쟁은 반드시 승리할 것이다"(캄보쟈 국가원수이며 캄보쟈 민족통일전선 위원장인 노르돔 사하누크 친왕을 환영하는 평양시 군중대회에서 한 연설, 1971년 8월 6일), 『김일성 저작집 26』(평양: 조선로동당출판사, 1984).

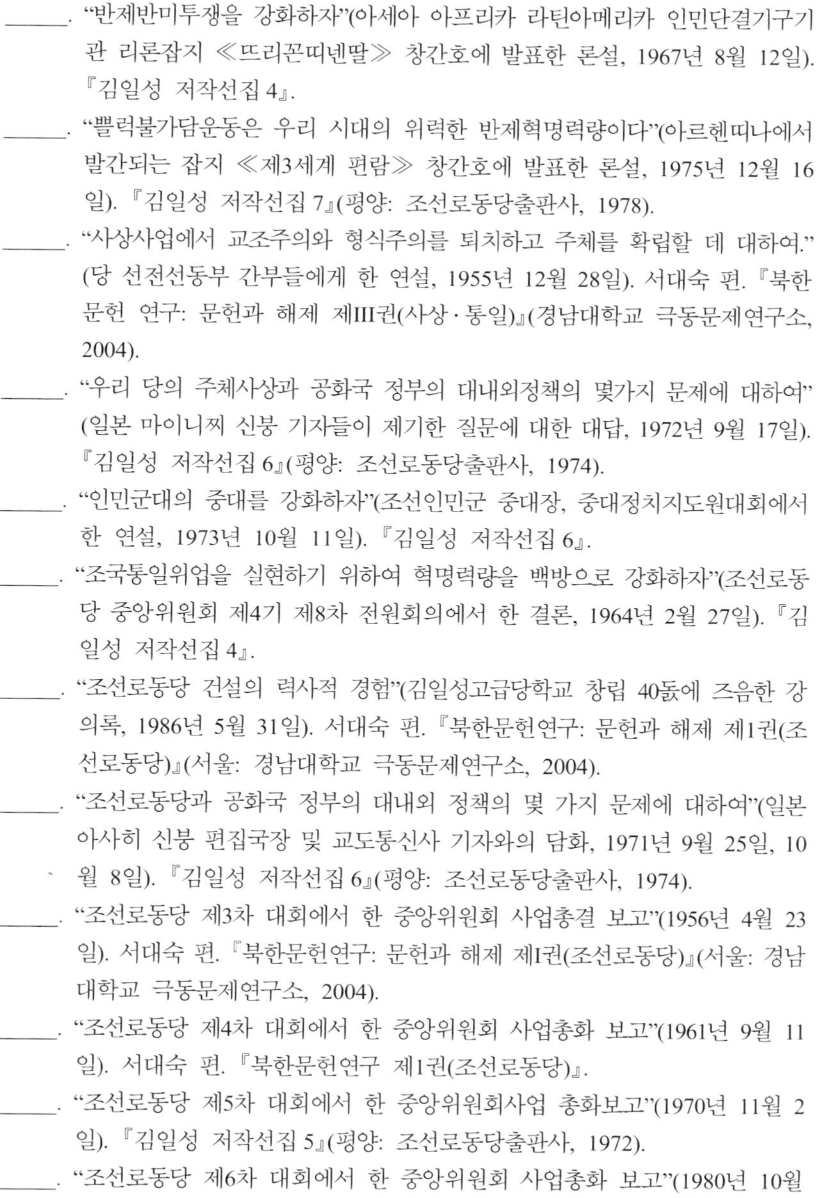

______. “반제반미투쟁을 강화하자”(아세아 아프리카 라틴아메리카 인민단결기구기관 리론잡지 ≪뜨리꼰띠넨딸≫ 창간호에 발표한 론설, 1967년 8월 12일). 『김일성 저작선집 4』.

______. “쁠럭불가담운동은 우리 시대의 위력한 반제혁명력량이다”(아르헨띠나에서 발간되는 잡지 ≪제3세계 편람≫ 창간호에 발표한 론설, 1975년 12월 16일). 『김일성 저작선집 7』(평양: 조선로동당출판사, 1978).

______. “사상사업에서 교조주의와 형식주의를 퇴치하고 주체를 확립할 데 대하여.”(당 선전선동부 간부들에게 한 연설, 1955년 12월 28일). 서대숙 편. 『북한문헌 연구: 문헌과 해제 제III권(사상 · 통일)』(경남대학교 극동문제연구소, 2004).

______. “우리 당의 주체사상과 공화국 정부의 대내외정책의 몇가지 문제에 대하여”(일본 마이니찌 신붕 기자들이 제기한 질문에 대한 대답, 1972년 9월 17일). 『김일성 저작선집 6』(평양: 조선로동당출판사, 1974).

______. “인민군대의 중대를 강화하자”(조선인민군 중대장, 중대정치지도원대회에서 한 연설, 1973년 10월 11일). 『김일성 저작선집 6』.

______. “조국통일위업을 실현하기 위하여 혁명력량을 백방으로 강화하자”(조선로동당 중앙위원회 제4기 제8차 전원회의에서 한 결론, 1964년 2월 27일). 『김일성 저작선집 4』.

______. “조선로동당 건설의 력사적 경험”(김일성고급당학교 창립 40돐에 즈음한 강의록, 1986년 5월 31일). 서대숙 편. 『북한문헌연구: 문헌과 해제 제1권(조선로동당)』(서울: 경남대학교 극동문제연구소, 2004).

______. “조선로동당과 공화국 정부의 대내외 정책의 몇 가지 문제에 대하여”(일본 아사히 신붕 편집국장 및 교도통신사 기자와의 담화, 1971년 9월 25일, 10월 8일). 『김일성 저작선집 6』(평양: 조선로동당출판사, 1974).

______. “조선로동당 제3차 대회에서 한 중앙위원회 사업총결 보고”(1956년 4월 23일). 서대숙 편. 『북한문헌연구: 문헌과 해제 제I권(조선로동당)』(서울: 경남대학교 극동문제연구소, 2004).

______. “조선로동당 제4차 대회에서 한 중앙위원회 사업총화 보고”(1961년 9월 11일). 서대숙 편. 『북한문헌연구 제1권(조선로동당)』.

______. “조선로동당 제5차 대회에서 한 중앙위원회사업 총화보고”(1970년 11월 2일). 『김일성 저작선집 5』(평양: 조선로동당출판사, 1972).

______. “조선로동당 제6차 대회에서 한 중앙위원회 사업총화 보고”(1980년 10월

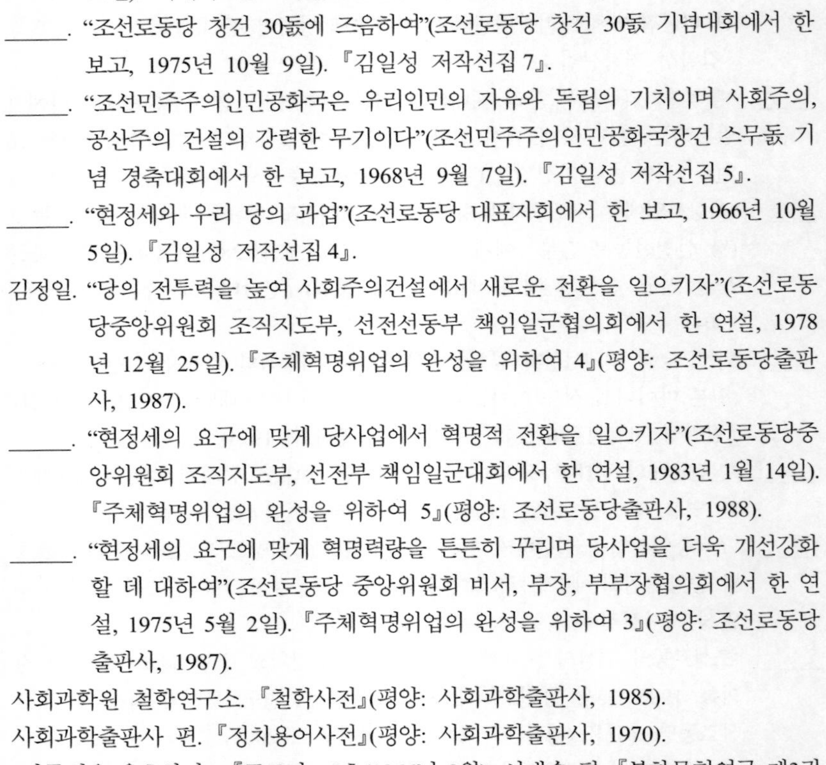

10일). 서대숙 편. 『북한문헌연구: 제1권(조선로동당)』.

_____. "조선로동당 창건 30돐에 즈음하여"(조선로동당 창건 30돐 기념대회에서 한 보고, 1975년 10월 9일). 『김일성 저작선집 7』.

_____. "조선민주주의인민공화국은 우리인민의 자유와 독립의 기치이며 사회주의, 공산주의 건설의 강력한 무기이다"(조선민주주의인민공화국창건 스무돐 기념 경축대회에서 한 보고, 1968년 9월 7일). 『김일성 저작선집 5』.

_____. "현정세와 우리 당의 과업"(조선로동당 대표자회에서 한 보고, 1966년 10월 5일). 『김일성 저작선집 4』.

김정일. "당의 전투력을 높여 사회주의건설에서 새로운 전환을 일으키자"(조선로동당중앙위원회 조직지도부, 선전선동부 책임일군협의회에서 한 연설, 1978년 12월 25일). 『주체혁명위업의 완성을 위하여 4』(평양: 조선로동당출판사, 1987).

_____. "현정세의 요구에 맞게 당사업에서 혁명적 전환을 일으키자"(조선로동당중앙위원회 조직지도부, 선전부 책임일군대회에서 한 연설, 1983년 1월 14일). 『주체혁명위업의 완성을 위하여 5』(평양: 조선로동당출판사, 1988).

_____. "현정세의 요구에 맞게 혁명력량을 튼튼히 꾸리며 당사업을 더욱 개선강화할 데 대하여"(조선로동당 중앙위원회 비서, 부장, 부부장협의회에서 한 연설, 1975년 5월 2일). 『주체혁명위업의 완성을 위하여 3』(평양: 조선로동당출판사, 1987).

사회과학원 철학연구소. 『철학사전』(평양: 사회과학출판사, 1985).

사회과학출판사 편. 『정치용어사전』(평양: 사회과학출판사, 1970).

"자주성을 옹호하자." 『근로자』 8호(1966년 8월). 서대숙 편. 『북한문헌연구 제3권(사상·통일)』(경남대학교 극동문제연구소, 2004).

조선로동당 중앙위원회 당력사연구소. 『조선로동당략사』(평양: 조선로동당출판사, 1979).

『조선중앙년감』(평양: 조선중앙통신사, 각년도).

■ **자료집 및 회고록**

국가안전기획부. 『소련의 「불가침·상호원조·우호협력」 조약집』(1981.2).

_____. 『한반도문제 관련 관계국 회담 자료집』(1985.2).

국방부. 『미 정부 주요인사 발언 및 언론보도 요지(한반도 안보정세를 중심으로)』

(국방부정책기획관실, 1986.3).

______. 『미행정부지도자 및 의원 발언 요지(한반도 안보정세를 중심으로)』(국방부, 1985.4).

______. 『주변국 주요인사 발언 및 군사동향(한반도 및 동북아 안보정세를 중심으로)』(국방부정책기획관실, 1987).

______. 『한반도 및 동북아 군사정세 자료집』(국방부정책기획관실, 1988).

서대숙 편. 『북한문헌연구: 문헌과 해제 I~IV』(서울: 경남대학교 극동문제연구소, 2004).

소진철. "북한 김일성의 1966 발언록." 『외교』, 제86호(2008년 7월).

외무부. 『중국관계자료집』(집무자료 88-1, 1998).

______. 『중국·북한 관계 주요 자료집(성명문, 연설문, 축전, 신문사설 등)』(집무자료, 1990.2).

______. 『한·중국, 북한·중국관계 주요자료집』(집무자료 90-54).

______. 『한반도문제 주요현안 자료집』(집무자료, 1998).

평화연구원. 『북한군사문제 제의 자료집(1948~1988)』(서울: 평화연구원, 1989).

한국일보 편. 『證言 金日成을 말한다: 兪成哲 李相朝가 밝힌 北韓政權의 實體』(서울: 한국일보사 출판국, 1991).

황장엽. 『나는 역사의 진리를 보았다』(서울: 한울, 1999).

■ 논문 및 단행본

강성학. "냉전시대의 한반도 위기관리." 『아이고와 카산드라』(서울: 오름, 1997).

______. "북한의 안보정책 및 군사전략." 양성철·강성학 공편. 『북한 외교정책』(서울: 서울프레스, 1996).

______. "한국외교정책의 특성: 평승에서 쿠오바디스로?" 『IRI 리뷰』, Vol.2, No.2 (1997년 여름).

골드스타인(Joshua S. Goldstein). *International Relations* (4th ed.) (New York: Longman, 2001). 김연각 등 옮김. 『국제관계의 이해』(서울: 인간사랑, 2002).

곽승지. "안보전략." 세종연구소 북한연구센터. 『북한의 국가전략』(서울: 한울, 2003).

권오중. "제네바 한국평화회담(1954)의 진행, 결과 그리고 의미." 『통일정책연구』, 14권 2호(2005).

김계동. "북한의 대미정책." 양성철·강성학 공편. 『북한 외교정책』(서울: 서울프레스, 1996).
______. “한미동맹관계의 재조명: 동맹이론을 분석틀로.” 『국제정치논총』, 제41집 2호(2001).
김광운. 『북한정치사 연구 I』(서울: 선인, 2003).
김기수. “북한의 대외경제정책.” 양성철·강성학 공편. 『북한 외교정책』(서울: 서울프레스, 1996).
김용현. “1960년대 북한체제의 위기와 군사화의 대두.” 경남대학교 북한대학원 엮음. 『북한현대사 1』(서울: 한울아카데미, 2004).
김용호. 『현대북한외교론』(서울: 오름, 1996).
김우상. “한·미 동맹의 이론적 재고.” 『한국과 국제정치』, 제20권 1호(2004 봄).
김일영·조성렬. 『주한미군: 역사, 쟁점, 전망』(서울: 한울, 2003).
김태호. “탈냉전기 중국의 대북 영향력 동향과 전망.” 『국방논집』, 제42호(1998년 여름).
______. 『최근 북·중관계 변화의 실체와 아국의 대비 방향』(국방연구원 연구보고(안01-365), 2001).
다나카 아키히코(田中明彦). 이원덕 옮김. 『戰後 일본의 안보정책』(서울: 중심, 2002).
도날드 자고리아(Donald S. Zagoria). “대소·대중공 관계.” 김준엽·스칼라피노 공편. 『북한의 오늘과 내일』(서울: 법문사, 1987).
돈 오버도퍼(Don Oberdorfer). 이종길 옮김. 『두 개의 한국』(서울: 길산, 2003).
드미트리 안토노비치 볼코고노프. 김일환 외 옮김. 『크렘린의 수령들(상)』(서울: 한송, 1996).
량전싼(梁鎭三). “전쟁기 중국지도부와 북한지도부 사이의 모순과 갈등.” 국방부 군사편찬연구소 편. 『한국전쟁사의 새로운 연구 2』(서울: 정문사문화주식회사, 2002).
로벨(John Lovell). “미국의 군사동맹조약: 결정구조와 요소.” 박동환 편저. 『주한미군의 전략가치』(서울: 국방연구원, 1990).
매클리어(Michael Maclear). 유경찬 옮김. 『베트남: 10,000일의 전쟁』(서울: 을유문화사, 2002).
모리 카즈꼬(毛里和子). 김하림 역. 『중국과 소련』(서울: 사민서각, 1989).
바라바라 바르누앙·위창건. 유상철 옮김. 『저우언라이 평전』(서울: 베리타스북스, 2007).
박건영·박선원·우승지. “제3공화국 시기 국제정치와 남북관계: 7·4 공동성명과 미국의 역할을 중심으로.” 『국가전략』, 9권 4호(2003 겨울).
박두복·김부기. 『最新中蘇關係論』(서울: 경영문화원, 1991).
박승준. “한·미 외교의 미·중 외교에 대한 종속성 연구.” 고려대학교 정책대학원 석사논문(2004).
박종철 등. “북·중관계 강화의 영향과 우리의 대책.” 『통일정세분석 2006-04』(통일연구원, 2006.3).
박형중. “1950년대 북한의 정치와 권력: 인전대적 동원체제 형성과 3중의 권력투쟁.” 경남대학교 북한대학원 엮음. 『북한현대사 1』(서울: 한울아카데미, 2004).
박홍서. “북핵위기시 중국의 대북 동맹안보딜레마 관리 연구: 대미관계 변화를 주요 동인으로.” 『국제정치논총』, 제46집 1호(2006).
_____. “중국의 부상과 탈냉전기 중미 양국의 대한반도 동맹전략: 동맹전이 이론의 시각에서.” 『한국정치학회보』, 제42집 1호(2008).
_____. “탈냉전기 중미간 ‘협조체제의 출현?” 『국제정치논총』, 제47집 3호(2007).
백성호. “‘로동신문’의 사설을 통해 본 북한 외교의 변화: 1994-2002.” 국제정치학회 2004년 연례학술회의 발표논문(2004년 12월 21일, 외교안보연구원).
백준기. “정전 후 1950년대 북한의 정치변동과 권력재편.” 경남대학교 북한대학원 엮음, 『북한현대사 1』(서울: 한울아카데미, 2004).
백학순. “대남전략.” 세종연구소 북한연구센터 엮음. 『북한의 국가전략』(서울: 한울, 2003).
산케이 신문 특별 취재반. 임홍빈 옮김. 『모택동 비록(상/하)』(서울: 문학사상사, 2001).
서대숙. 『현대 북한의 지도자: 김일성과 김정일』(서울: 을유문화사, 2000).
서동만. 『북조선 사회주의체제 성립사 1945~1961』(서울: 선인, 2005).
서보혁. 『탈냉전기 북미관계사』(서울: 선인, 2004).
서상문. “지정학적 관점에서 본 마오쩌둥의 6.25 전쟁 개입동기.” 『STRATEGY 21』, 제19호(2007 봄·여름).
서진영 편. “부강한 신중국의 등장과 한반도.” 서진영·이내영 공편. 『변혁기의 세계질서와 동아시아』(서울: 오름, 2001).
_____. 『21세기 중국외교 정책』(서울: 폴리테이아, 2006).
_____. 『중국의 대외관계: 동북아 신질서와 중국』(서울: 고려대학교 아세아문제연구소, 2000).
_____. 『중국혁명사』(서울: 한울아카데미, 2004).

______. 『현대중국과 북한 40년 I·II·III』(서울: 고려대 아세아문제연구소, 1989; 1990; 1991).

______. 『현대중국정치론: 변화와 개혁의 중국정치』(서울: 나남출판, 1997).

선즈화(沈志華). "중국의 한국전쟁 참전결정에 대한 평가." 박두복 편저. 『한국전쟁과 중국』(서울: 백산서당, 2001).

시모토마이 노부오(下斗米伸夫). 『アジア冷戦史』(東京: 中央公論新社, 2004). 이혁재 옮김. 『북한정권 탄생의 진실』(서울: 기파랑, 2006).

신상진. "대만문제와 북핵문제를 둘러싼 중·미관계: 동북아 안보위기의 협력적 관리." 『국가전략』, 13권 3호(2007).

______. 『중·북관계 전망: 미·북관계와 관련하여』(서울: 민족통일연구원, 1997).

신윤석. "조선로동당과 일본공산당의 관계변화에 관한 연구." 경남대학교 북한대학원 석사학위 논문(2001).

안성규. "중국 망명한 연안파 거물들의 한과 충격증언." 『월간중앙』(1994년 5월호).

오진용. 『김일성시대의 중소와 남북한』(서울: 나남, 2004).

윤덕민. "미·중 관계와 북한 문제: 미·북·중 3각 관계를 중심으로." 외교안보연구원, 『동아시아 정세변화와 한국 외교 과제』(서울: 늘품플러스, 2008).

______. "한반도 평화협정에 관한 연구: 평화협정의 쟁점사항을 중심으로." 『정책연구 시리즈』(서울: 외교안보연구원, 1999).

은천기. 『북한의 대중소 외교정책』(서울: 남지, 1994).

이승현. "1960년대 북한의 권력구조 재편과 유일사상의 대두: 제한적 다원성에서 유일체제로." 경남대학교 북한대학원 엮음. 『북한현대사 1』(서울: 한울아카데미, 2004).

이영주. 『중국의 신외교전략과 한중관계』(1998).

이종석. "탈냉전기의 북한·중국 관계." 장달중·이즈미 하지메 공편. 『김정일 체제의 북한: 정치·외교·경제·사상』(서울: 아연출판부, 2004).

______. 『북한-중국관계: 1945-2000』(중심, 2000).

______. 『새로 쓴 현대북한의 이해』(서울: 역사비평사, 2000).

이태섭. 『김일성 리더쉽 연구: 수령체계의 성립배경을 중심으로』(서울: 들녘, 2001).

이한종 외. "북한의 대남전략방향 및 능력판단 – 제1부: 중·소의 대북한 군사지원 전망." 『정책연구보고서』(서울: 국방대학원 안보문제연구소, 1985).

전재성. "동맹이론과 한국의 동맹정책." 『국방연구』, 제47권 제2호 (2004년 12월).

전쟁기념사업회. 『한국전쟁사 제2권: 전쟁의 기원』(서울: 전쟁기념사업회, 1990).

정규섭. 『북한외교의 어제와 오늘』(서울: 일신사, 1997).
정부기록보존소. 『한국전쟁과 중국 I · II』(대전: 정부기록보존소, 2002).
정성장 · 임재형. “대외전략.” 세종연구소 북한연구센터 엮음, 『북한의 국가전략』(서울: 한울, 2003).
정세현. 『모택동의 국제정치 사상』(서울: 형성사, 1984).
정영태. 『북한과 주변4국의 군사관계』(서울: 민족통일연구원, 1996).
정진위. 『北方三角關係: 北韓의 對中 · 蘇關係를 中心으로』(서울: 법문사, 1987).
정창현. 『인물로 본 북한현대사』(서울: 민연, 2002).
조명철. “북한과 중국의 경제관계 현황과 전망.” 『KIEP 세경경제 Focus』(2005년 7월).
조준래. “중국의 대북한관계 특수성 연구.” 한국외국어대학교 박사학위 논문(2001).
찰스 펜(Charles Fenn). 김기태 옮김. 『호치민 평전』(서울: 자인, 2001).
최 강 · 최명해. “북핵 문제의 현황 및 전망과 향후 대책.” 『전략연구』, 통권 44호(2008).
최명해. “북 · 중 동맹조약 체결에 관한 소고.” 『한국정치학회보』, 제42집 4호(2008).
______. “중국의 대미 데탕트 시도와 북 · 중 동맹관계의 재조명.” 『아세아연구』, 제51권 3호(2008).
______. “1960년대 북한의 대중국 동맹딜레마와 ‘계산된 모험주의’.” 『국제정치논총』, 제48집 3호(2008).
최수영. 『북 · 중 경제관계 확대와 대응방안』(통일연구원, 2007).
쿠라다 히데야(倉田秀也). “6자회담과 한반도 평화체제수립 문제의 전망: ‘안전의 보증’의 국지 · 지역적 차원.” 『북한학연구(동국대학교 북한학연구소)』, 창간호(2005).
타오빙웨이(陶炳蔚). “중국의 대한반도 정책.” 「한 · 일 · 중 공동학술회의(일본 慶應大, 1986년 7월 19일)」 발표논문. 외무부. 『중국관계자료집』(서울: 서라벌, 1988).
피터 헤이즈(Peter Hayes). 고대승 · 고경은 옮김. 『핵 딜레마: 미국의 한반도 핵정책의 뿌리와 전개과정』(서울: 한울, 1993).
하딩(Harry Harding). 안인해 역. 『중국과 미국』(서울: 나남, 1995).
한국무역협회(Kotra). “최근 북 · 중관계 조망: 경제적 관점에서 본 중국의 대북 위협론 해부.” 『기획조사 06-077』(Kotra, 2006).
한델(Michael Handel). *Weak States in the International System* (London: Frank Class

and Company Limited, 1981). 김진호 옮김. 『약소국생존론』(서울: 대왕사, 1995).
함민호. "주한미군에 대한 북한의 입장 변화 연구." 국방대학교 석사학위 논문 (2007).
허문영. "북한의 통일정책." 양성철·강성학 공편. 『북한외교정책』(서울: 서울프레스, 1996).
______. 『북한외교정책 결정구도와 과정: 김일성 시대와 김정일 시대의 비교』(서울: 민족통일연구원, 1998).
현성일. 『북한의 국가전략과 파워엘리트: 간부정책을 중심으로』(서울: 선인, 2007).
힌턴(Harold C. Hinton). "1980년대 말 중국과 초강대국간의 관계." 김달중 편. 『소련·중국·동북아』(서울: 대한교과서주식회사, 1990).

3. 일문 자료

下斗米伸夫. 『アジア冷戦史』(東京: 中央公論新社, 2004).
小島朋之. 『現代中國の 政治: その 理論 實踐』(慶應義塾大學出版會, 1999).
荒井利明. 『變貌する 中國外交: 經濟重視の世界戰略』(東京: 日中出版, 2002).
赤旗編輯局 編. 『中國覇權主義とのたなかい』(東京: 新日本出版社, 1992).

4. 영문 자료

■ 미 국립문서보관소(National Archive) 자료

「Memcon, Haig and Zhou, 7 January 1972」.
「Memcon, Kissinger and Mao, 17 February 1973」.
「Memcon, Kissinger and Zhou, 10 July 1971」.
「Memcon, Kissinger and Zhou, 16 February 1973」.
「Memcon, Kissinger and Zhou, 18 February 1973」.

「Memcon, Kissinger and Zhou, 22 October 1971」.

「Memcon, Kissinger and Zhou, 23 February 1972」.

「Memorandum of Conversation(Memcon), Kissinger and Zhou, 9 July 1971」.

■ CWIHP 자료

Westad, Odd Arne, Chen Jian, Stein Tonneson, Nguyen Vu Tungand, and James G. Hershberg. "77 Conversations: Between Chinese and Foreign Leaders on the Wars in Indochina, 1964-1977." *CWIHP Working Paper,* No.22.

「Excerpt from a Personal Letter of the Acting Ambassador of the GDR in Pyongyang, Comrade Jarck, 23 February 1968」, MfAA C 1093/70. *CWIHP Working Paper,* No.44.

「Excerpts from the Report of the Soviet Embassy in Pyongyang. "Some New Aspects of Korean-Chinese Relations in the First Half of 1965," 4 June 1965」, AVPRF, fond 0102, opis 21, papka 106, delo 20, listy 14-27. *CWIHP Working Paper,* No.47.

「From the Diary of Soviet Ambassador to North Korea Vasily Moskovsky, 26 September 1963」, AVPRF, fond 0102, opis 19, papka 97, delo 5, list 159. *CWIHP Working Paper,* No.47.

「Letter of the Extraordinary and Plenipotentiary Ambassador of the GDR in the DPRK, Pyongyang, 8 December 1967」, MfAA, G-A 320. *CWIHP Working Paper,* No.44.

「Memorandum of conversation between Erich Honecker and Kim Il Sung, 31 May 1984」, SAPMO-BA, DY 30, 2460. *CWIHP Bulletin,* Issue 14/15.

「Memorandum of Conversation between Soviet Ambassador to North Korea Vasily Moskovsky and acting Soviet Military Attache Ustinov, 1 September 1962」, AVPRF, fond 0102, opis 18, papka 93, delo 5, list 48. *CWIHP Working Paper,* No.47.

「Memorandum of Conversation between Soviet Ambassador to North Korea Vasily Moskovsky and Kim Il Sung, 1 November 1962」, AVPRF, fond 0102, opis 18, papka 93, delo 5, listy 135-138. *CWIHP Working Paper,* No.47.

「Memorandum of Conversation between Soviet Ambassador to North Korea Vasily

Moskovsky and Kim Il Sung, 14 August 1962」, AVPRF fond 0102, opis 18, papka 93, delo 5, listy 3-9. *CWIHP Working Paper,* No.47.

「Memorandum of Conversation between Soviet Ambassador to North Korea Vasily Moskovsky and Kim Il Sung, 14 November 1962」, AVPRF, fond 0102, opis 18, papka 93, delo 5, listy 152-154. *CWIHP Working Paper,* No.47.

「Memorandum of Conversation between Soviet Ambassador to North Korea Vasily Moskovsky and North Korean Foreing Minister Pak Song Ch'ol, 26 August 1962」, AVPRF, fond 0102, opis 18, papka 93, delo 5, listy 28-29. *CWIHP Working Paper,* No.47.

「Memorandum of Conversation between Soviet Ambassador to North Korea Vasily Moskovsky and Romanian Ambassador to North Korea [M.] Bodnaras, 22 August 1963」, AVPRF, fond 0102, opis 19, papka 97, delo 5, listy 81-83. *CWIHP Working Paper,* No.47.

「Memorandum of Conversation with ambassador of the People's Republic of China to the DPRK, Qiao Xiao Guang, 4 September 1956」, RGANI, Fond 5, Opis 28, Delo 410, Listy 322-325. *CWIHP Working Papers,* No.52.

「Memorandum on the Visit of the Party and Government Delegation of the GDR, led by Comrade Prof. Dr. Kurt Hager, with the General Secretary of the KWP and Prime Minister of the DPRK, Comrade Kim Il Sung, on 16 April 1968, 5:00 p.m. to 6:50 p.m」, MfAA, C 159/75. *CWIHP Working Paper,* No.44.

「Record of Conversation Between A. A. Gromyko and Deputy Chairman of the Cabinet of Ministers, Minister of Foreign Affairs of the DPRK Comrade Pak Song-ch'ol, 20 November 1967」, AVPRF, fond 0102, opis 23, papka 110, delo 3, listy 93-96. *CWIHP Working Paper,* No.44.

「Record of Conversation between Polish Delegation and Chinese communist politburo member Liu Shaoqi, Moscow, 29 November 1960」, Sygnatura XI A15, AAN, KC PZPR, Warsaw. Compiled by James G. Hershberg (GWU) for the Conference on "New Evidence from Central and East European Archives on the Cold War in Asia." In Budapest (October 30 to November 1, 2003).

「Record of Conversation between Soviet Foreign Minister Andrei Gromyko and North Korean Foreign Minister Pak Song Ch'ol, 9 April 1966」, AVPRF, fond 0102, opis 22, papka 107, delo 4, listy 1-5. *CWIPH Working Paper,* No.47.

「Record of Converstion between Soviet Deputy Foreign Minister Vasily Kuznetsov and the North Korean Ambassador to the Soviet Union Kim Pyong-chik, 21 May 1965」, AVPRF fond 0102, opis 21, papka 105, delo 32, list 21. *CWIHP Working Paper,* No.47.

「Report, Embassy of Hungary in North Korea to the Hungarian Foreign Ministry, 22 November 1973」, XIX-J-1-j Korea, 1973, 69. doboz, 81-20, 00804/7/1973. *CWIHP Working Paper,* No.53.

「Report, Embassy of Hungary in North Korea to the Hungarian Foreign Ministry, 30 July 1975」, XIX-J-1-j Korea, 1975, 83. doboz, 81-10, 00835/8/1975. *CWIHP Working Paper,* No.53.

「Report, Embassy of the GDR in the DPRK to the Foreign Policy and International Department of the Socialist Unity Party, GDR, 14 March 1961」, SAPMO-BA, Dy 30, IV 2/20/137. *CWIHP Bulletin,* Issue 14/15.

「Report, First Extra-European Department, 3 May 1962」, SAPMO-BA, DY 30, IV 2/20/136. *CWIHP Bulletin,* Issue 14/15.

「Stenographic record of conversation between Erich Honecker and Kim Il Sung, 30 May 1984」, SAPMO-BA, DY 30, 2460. *CWIHP Bulletin,* Issue 14/15.

■ 논문 및 단행본

Altfeld, Michael F. "The Decision to Ally: A Theory and Test." *Western Political Quarterly*, Vol.37, No.4(December 1984).

Austin, Greg, and Stuart Harris. *Japan and Greater China: Political Economy and Military Power in the Asian Century* (Honolulu: University of Hawaii Press, 2001).

Bajanov, Evgueni. "Assessing the Politics of the Korean War, 1949-1951." *CWIHP Bulletin*, Issue 6/7(Winter 1995/1996).

Baldwin, David A. "Power Analysis and World Politics." *World Politics*, Vol.31, No.2 (January 1979).

Barnett, A. Doak. *A New US Policy toward China* (Washington, D.C.: Brookings

Institute, 1972).

Bernett, Michael. "Identity and Alliances in the Middle East." In Peter Katzenstein (ed.). *The Culture of National Security: Norms and Identity in World Politics* (New York: Columbia University Press, 1996).

Bueno de Mesquita, Bruce. *The War Trap* (New Haven, Conn: Yale University Press, 1981).

Burr, William (ed.). *The Kissinger Transcripts: The Top Secret Talks with Beijing and Moscow* (New York: The New Press, 1998).

Buzan, Barry. *People, States and Fear: An Agenda for International Security Studies in the Post-Cold War Era* (2nd ed.) (Boulder, Colorado: Lynne Rienner Publishers, 1991).

Cha, Victor D. *Alignment Despite Antagonism: The United State-Korea-Japan Security Triangle* (Stanford, California: Stanford University Press, 1999).

______. "Engaging China: The View from Korea." In Alastair Iain Johnston and Robert Ross (eds.). *Engaging China: The Management of an Emerging Power* (London: Routledge, 1999).

Chambers, Michael R. "Dealing with a Truculent Ally: A Comparative Perspective on China's Handling of North Korea." *Journal of East Asian Studies*, Vol.5, No.1(Jan.-Apr. 2005).

______. *Explaining China's Alliances: Balancing Against Regional and Superpower Threats* (Ph D. Dissertation, Columbia University, 2000).

Chen, Jian. "China and the First Indo-China War, 1950-54." *The China Quarterly*, No.133(March 1993).

______. "China's Involvement in the Vietnam War, 1964-69." *The China Quarterly*, No.142(June 1995).

______. "Limits of the 'Lips and Teeth' Alliance: A Historical Review of Chinese-North Korean Relations." Woodrow Wilson International Center for Scholars: *Asia Program Special Report*, No.115(September 2003).

______. "The Myth of America's 'Lost Chance' in China: A Chinese Perspective in Light of New Evidence." *Diplomatic History*, Vol.21, No.1(Winter 1997).

______. *China's Road to the Korean War: The Making of the Sino-American Confrontation* (New York: Columbia University Press, 1994).

______. *Mao's China and the Cold War* (University of North Carolina Press, 2001).

Chen, Philp Ming. "The Triangle Relations: Communist China's Policies Toward the United States and the Soviet Union." In Peter Kien-hong & Philp M. Chen (eds.). *Models & Case Studies on Washing-Moscow-Peking* (Taipei: Asia and World Institute, 1987).

Choi, Myeong-hae. "South Korea's Multilateral Security Policy and China." *East Asian Review,* Vol.20, No.1(Spring 2008).

Christensen, Thomas J. "Will China Becomes a "Responsible Stakeholder?": The Six Party Talks, Taiwan Arms Sales, and Sino-Japanese Relations." *China Leadership Monitor,* No.16(Fall 2005).

Chu, Sung-po. "Peking's Relations with South and North Korea in the 1980's." *Issues and Studies*, Vol.22, No.11(November 1986).

Chun, Hae-jong. "Sino-Korean Tributary Relations in the Ch'ing Period." In John King Fairbank (ed.). *The Chinese World Order: Traditional China's Foreign Relations* (Cambridge: Harvard University Press, 1968).

David, Steven R. *Choosing Sides: Alignment and Realignment in the Third World* (Baltimore: Johns Hopkins University Press, 1991).

______. "Explaining Third World Alignment." *World Politics*, Vol.43, No.2(January 1991).

Dittmer, Lowell. "The Strategic Triangle: An Elementary Game-Theoretic Analysis." *World Politics*, Vol.33, No.4(July 1981).

Downs, Chuck. *Over the Line: North Korea's Negotiating Strategy* (Washington, D.C.: The AEI Press, 1999).

Ellenman, Bruce A. *Modern Chinese Warfare, 1795-1989* (London: Routledge, 2001).

Ellison, Herbert J. (ed.). *The Sino-Soviet Conflict: A Global Perspective* (Seattle: University of Washington Press, 1982).

Garrett, Banning, and Bonnie Glaster. "Looking Across the Yalu: Chinese Assessments of North Korea." *Asian Survey*, Vol.XXXV, No.6(June 1995).

Garver, John W. *Foreign Relations of the People's Republic of China* (NJ: Prentice Hall Inc., 1993).

Glaser, Bonnie S. and Wang Liang. "North Korea: The Beginning of a China-U.S Partnership?" *The Washington Quarterly,* Vol.31, No.3(Summer 2008).

Goldstein, Avery. "Across the Yalu: China's Interests and the Korean Peninsula in a Changing World." In Alastair Iain Johnston and Robert S. Ross (eds.). *New Directions in the Study of China's Foreign Policy* (Standford: Standford University Press, 2006).

Goncharov, Sergei N., John W. Lewis, and Xue Litai. *Uncertain Partners: Stalin, Mao, and the Korean War* (Stanford: Stanford University Press, 1994).

Griffith, William E. *The Sino-Soviet Rift* (Cambridge, M.A.: The MIT Press, 1964).

Habeeb, William Mark. *Power and Tactics in International Negotiation: How Weak Nations Bargain with Strong Nations* (Baltimore: Johns Hopkins University Press, 1988).

Han, Sukhee. "Alliance Fatigue amid Asymmetrical Interdependence: Sino-North Korean Relations in Flux." *The Korean Journal of Defense Analysis*, Vol.XVI, No.1 (Spring 2004).

Han, Yong-Sup. "China's Leverages over North Koea." *Korea and World Affairs*, Vol.18, No.2(Summer 1994).

Hao, Yufan. "China and the Korean Peninsula: A Chinese View." *Asian Survey*, Vol.XXVII, No.8(August 1987).

______, and Zhai Zhihai. "China's Decision to Enter the Korean War: History Revisited." *The China Quarterly*, No.121(March 1990).

Harding, Harry. "North Korea and the People's Republic of China." Prepared for the Conference on Northeast Asia in the 1980s: Issues and Opportunities, Sponsored by IFANS and the Pacific Forum (Seoul, November 1983).

He, Di. "The Most Respected Enemy: Mao Zedong's Perception of the United States." *The China Quarterly*, No.137(March 1994).

Herz, John H. *International Politics in the Atomic Age* (New York: Columbia University Press, 1962).

Hinton, Harold. "China as an Asian Power." In Thomas W. Robinson and David Shambaugh (eds.). *Chinese Foreign Policy: Theory and Practice* (New York: Oxford University Press, 1994).

Hong, Yong-Pyo. *State Security and Regime Security: President Syngman Rhee and the Insecurity Dilemma in South Korea 1953-1960* (London: Macmillan Press, 2000).

Hosti, Ole R., P. Terrence Hopmann, and John D. Sullivan. *Unity and Disintegration in International Alliance: Comparative Case Studies* (New York: John Wiley and Sons, 1973).

Hunt, Michael H. *The Genesis of Chinese Communist Foreign Policy* (New York: Columbia University Press, 1996).

Inoguchi, Takashi. *Japan's International Relations* (London: Pinter Publishers, 1991).

International Crisis Group. "China and North Korea: Comrades Forever?" *International Crisis Group Asia Report*, No.112.

Jervis, Robert. "Cooperation Under the Security Dilemma." *World Politics*, Vol.30, No.2(1978).

Johnston, Alastair Iain. "International Structures and Chinese Foreign Policy." In Samuel S. Kim (ed.). *China and the World: Chinese Foreign Policy Faces the New Millennium* (Boulder: Westview, 1998).

Kaufman, Robert G. "To Balance or to Bandwagon: Alignment Decisions in the 1930s Europe." *Security Studies*, Vol.1, No.3(Spring 1992).

Keohane, Robert O. "Big Influence of Small Allies." *Foreign Policy*, No.2(Spring 1971).

______. *International Institution and Sate Power: Essays in International Theory* (Boulder, Colo.: Westview Press, 1989).

______, and Lisa L. Martin. "The Promise of Institutionalist Theory." *International Security*, Vol.20, No.1(Summer 1995).

Kim, Donggil, and William Stueck. "Did Stalin lure the United States into the Korean War? New Evidence on the Origins of the Korean War." *NKIDP e-Dossier,* No.1(2008).

Kim, Hakjoon. *The Sino-North Korean Relations, 1945-1984* (Seoul: Korean Research Center, 1985).

Kim, Ilpyong (ed.). *The Strategic Triangle: China, the United States, and the Soviet Union* (New York: Paragon House, 1987).

______, and Hong Pyo Lee (eds.). *Korea and China in A New World: Beyond Normalization* (Seoul: Sejong Institute, 1993).

Kim, Samuel S. *China and the World: Chinese Foreign Policy in the Post-Mao Era* (Boulder, CO: Westview Press, 1984).

______. "The Making of China's Korea Policy in the Era of Reform." In David M. Lampton (ed.). *The Making of Chinese Foreign and Security Policy in the Era of Reform* (Stanford University Press, 2001).

______. "China and North Korea in a Changing World." Woodrow Wilson International Center for Scholars: *Asia Program Special Report*, No.115(September 2003).

______. "China's Conflict-Management Approach to the Nuclear Standoff on the Korean Peninsula." *Asian Perspective*, Vol.30, No.1(2006).

______, and Tai Hwan Lee. "Chinese-North Korean Relations: Managing Asymmetrical Interdependence." In Samuel S. Kim and Tai Hwan Lee (eds.). *North Korea and Northeast Asia* (New York: Rowman & Littlefield Publishers, Ins., 2002).

Kim, Taeho. "Strategic Relations Between Beijing and Pyongyang: Growing Strains amid Lingering Ties." In James R. Lilly and David Shambaugh (ed.). *China's Military Faces the Future* (American Enterprise Institute, 1999).

Kim, Taewan. *The Korean Paradox of the 1972 Sino-American Rapprochement: An East Asian Perspective* (Ph D. Dissertation, The University of Colorado, 2005).

Kim, Yongho. "Forty Years of the Sino-North Korean Alliance: Beijing's Declining Credibility and Pyongyang's Bandwagoning with Washington." *Issues and Studies*, Vol.37, No.2(March/April 2001).

Knorr, Klaus (ed.). *Historical Dimensions of National Security Problems* (Lawrence: The University Press of Kansas, 1976).

Koh, Byung Chul. *The Foreign Policy of North Korea* (New York: Frederick A. Praeger, 1969).

Labs, Eric J. "Do Weak States Bandwagon." *Security Studies*, Vol.1, No.3(Spring 1992).

Lake, David A. "Anarchy, hierarchy, and the variety of international relations." *International Organization*, Vol.50, No.1(Winter 1996).

Lampton, David M. (ed.). *The Making of Chinese Foreign and Security Policy in the Era of Reform* (Stanford University Press, 2001).

Lankov, Andrei. *From Stalin to Kim Il Sung: The Formation of North Korea 1945-1960* (New Jersey: Rutgers University Press, 2002).

Larson, Welch Deborah. "Bandwagon Images in American Foreign Policy: Myth or

Reality." In Robert Jervis and Jack Snyder (ed.). *Dominoes and Bandwagons: Strategic Belief and Great Power Competition in the Eurasian Rimland* (New York: Oxford University Press, 1991).

Lee, Chae-Jin. *China and Korea: Dynamic Relations* (Stanford: Hoover Institution, 1996).

______. "China In North Korean Foreign Policy." ByungChul Koh (ed.). *North Korea and the World: Explaining Pyongyang's Foreign Policy* (Seoul: Kyungnam University Press, 2004).

Lerner, Mitchell B. *The Pueblo Incident: A Spy Ship and the Failure of American Foreign Policy* (Lawrence: University Press of Kansas, 2002).

Levine, Steven I. "China in Asia: The PRC as a Regional Power." In Harding (ed.). *China's Foreign Relations in the 1980s* (New Haven: Yale University Press, 1984).

Lieberthal, Kenneth G. *Governing China: From Revolution Through Reform* (New York: W.W. Norton & Company, Inc., 1995).

______. *Sino-Soviet Conflict in the 1970s: Its Evolution and Implications for the Strategic Triangle* (Santa Monica: Rand Corporation, 1978).

Liska, Goerge. *Nations in Alliance: The Limits of Interdependence* (Baltimore: Johns Hopkins University Press, 1962).

Lu, Ning. *The Dynamics of Foreign-Policy Decision-making in China* (Boulder: Westview, 1997).

Luthi, Lorenz M. "The Collapse of Sino-Soviet Party Relations and Its Influence on the Early Vietnam War, 1963-1966." Paper presented at the conference on "New Evidence from Central and East European Archives on the Cold War in Asia." Budapest (October 30 to November 1, 2003).

MacFarquhar, Roderick. *The Origins of the Cultural Revolution 3: The Coming of the Cataclysm 1961-1966* (New York: Columbia University Press, 1997).

Mancall, Mark. "The Ch'ing Tribute System: An Interpretive Essay." In John King Fairbank (ed.). *The Chinese World Order: Traditional China's Foreign Relations* (Cambridge: Harvard University Press, 1968).

Mann, James. *About Face: A History of America's Curious Relationship with China, From Nixon to Clinton* (New York: A Division of Random House, Inc., 2000).

Mansourov, Alexander Y. "Giving Lip Service with an Attitude: North Korea's China Debate." Asia-Pacific Center for Security Studies, Special Assessment (December 2003).

Marumoto, Mika. "The Roles of China and South Korea in North Korean Economic Change." The Korea Economic Institute Working Paper, http://www.keia.org/Publications/KoreasEconomy/2008/Marumoto1.pdf.

McVadon, Eric A. "Chinese Military Strategy for the Korean Peninsula." In James R. Lilly and David Shambaugh (ed.). *China's Military Faces the Future* (American Enterprise Institute, 1999).

Mearsheimer, John J. "The False Promise of International Institutions." *International Security*, Vol.19, No.3(Winter 1994/95).

______. *The Tragedy of Great Powers* (New York: W.W. Norton & Company, 2001).

Moore, Gregory J. "How North Korea threatens China's interests: understanding Chinese 'duplicity' on the North Korean nuclear issue." *International Relations of the Asia-Pacific,* Vol.8, No.1(2008).

Morgan, Patrick M. *American extended deterrence in Northeast Asia* (Seongnam: The Ilhae institute, 1987).

Morgenthau, Hans J. "Alliances in Theory and Practice." In Arnold Wolfers (ed.). *Alliance Policy in the Cold War* (Westport, CT: Greenwood Press, 1959).

______. *Politics among Nations: The Struggle for Power and Peace* (5th ed.) (New York: Alfred A. Knopf, 1973).

Morrow, James D. "Alliance and Asymmetry: An Alternative to the Capability Aggregation Model of Alliances." *American Journal of Political Science*, Vol.35, No.4(November 1991).

Nanto, Dick L. "North Korea: Chronology of Provocations, 1950-2003." CRS Report for Congress (Order Code RL300004) (March 18, 2003).

Ng-Quinn, Michael. "International Systemic Constraints on Chinese Foreign Policy." In Samuel S. Kim (ed.). *China and the World: Chinese Foreign Policy in the Post-Mao Era* (Boulder, CO: Westview Press, 1984).

Niksch, Larry. "North Korea's Campaign Against the Korean Armistice." CRS Report for Congress (95-1187 F) (December 11, 1995).

Niu, Jin. "1962: The Eve of the Left Turn in China's Foreign Policy." *CWIHP*

Working Paper, No.48(October 2005).

______. "The Historical Background of the Shift in Chinese Policy toward United States in the Late 1960s." Paper presented at the Conference on "New Evidence on China, Southeast Asia and the Indochina Wars"(Hong Kong, January 11-12, 2000).

Nye. Jr., Joseph S. "The Changing Nature of World Power." *Political Science Quarterly*, Vol.105, No.2(Summer 1990).

Osgood, Robert E. *Alliance and American Foreign Policy* (Baltimore: Johns Hopkins Press, 1968).

Pantsov, Alexander V. "How Stalin Helped Mao Zedong Become the Leader: New Archival Documents on Moscow's Role in the Rise of Mao." *Issues & Studies*, Vol.41, No.3(September 2005).

Park, Chang-jin. "The Influence of Small States on the Superpowers." *World Politics*, Vol.28, No.1(October 1975).

Person, James F. ""We Need Help from Outside": The North Korean Opposition Movement of 1956." *CWIHP Working Papers,* No.52(August 2006).

Przeworski, Adam, and Henry Teune. *The Logic of Comparative Social Research* (New York: Wiley, 1970).

Quinones, Kenneth C. "North Korea: From Containment to Engagement." In Dae-Sook Suh and Chae-Jin Lee (eds.). *North Korea After Kim Il Sung* (Boulder, Colorado: Lynne Rienner Publishers, 1998).

Radchenko, Sergey S. "The Soviet Union and the North Korean Seizure of the USS Pueblo: Evidence From Russian Archives." *CWIHP Working Paper*, No.47.

Rees, David. "The Korean War Revisited: Reckless War-Making." *National Interest*, No.42(Winter 1995/96).

Robinson, Thomas W., and David Shambaugh (eds.). *Chinese Foreign Policy: Theory and Practice* (Oxford: Clarendon Press, 1994).

Ross, Robert S. *The Indochina Tangle: China's Vietnam Policy, 1975-1979* (New York: Columbia University Press, 1988).

______, and Paul H. B. Godwin. "New Direction in Chinese Security Studies." In David Shambaugh (ed.). *American Studies of Contemporary China* (New York: Woodrow Willson Center Press, 1993).

Rothstein, Robert L. *Alliances and Small Powers* (New York: Columbia University Press, 1968)

Scalapino, Robert A., and Lee Chong-sik. *Communism in Korea*(Part II) (Berkeley: University of California Press, 1972).

Schaefer, Bernd. "North Korean 'Adventurism' and China's Long Shadow, 1966-1972." *CWIHP Working Paper*, No.44(October 2004).

Schweller, Randall. "Bandwagoning for Profit: Bringing the Revisionist State Back In." *International Security*, Vol.19, No.1(Summer 1994).

______. "New Realist Research on Alliance: Refining, Not Refuting, Walt's Balancing Proposition." *American Political Science Review*, Vol.91, No.4(December 1997).

Segal, Gerald. *The Great Power Triangle* (London: Macmillan Press, 1982).

Shambaugh, David (ed.). *American Studies of Contemporary China* (New York: Woodrow Willson Center Press, 1993).

Shen, Dingli. "North Korea's Strategic Significance to China." *China Security*, Vol.3, No.2(Autumn 2006).

Shen, Zhihua. "China Sends Troops to Korea: Beijing's Policy-Making Process." In Xiaobing Li and Hongshan Li (eds.). *China and the United States: A New Cold War History* (Lanham: University Press of America, 1998).

______. "Sino-North Korean Conflict and its Resolution during the Korean War." *CWIHP Bulletin*, Issue 14/15.

______. "Sino-Soviet Relations and the Origins of the Korean War: Stalins Strategic Goals in the Far East." *Journal of Cold War Studies*, Vol.2, No.2(Spring 2000).

Sheng, Michael M. *Battle Western Imperialism: Mao, Stalin, and the United States* (Princeton NJ: Princeton University Press, 1988).

______. "The Triumph of Internationalism: CCP-Moscow Relations before 1949." *Diplomatic History*, Vol.21, No.1(Winter 1997).

Shroeder, Paul W. "Alliance, 1815-1945: Weapons of Power and Tools of Management." In Klaus Knorr (ed.). *Historical Dimensions of National Security Problems* (Lawrence: The University Press of Kansas, 1976).

______. "Historical Reality vs. Neo-realist Theory." *International Security*, Vol.19,

No.1(Summer 1994).

Slocombe, Walter. "Extended Deterrence." *Washington Quarterly*, Vol.7, No.4(Autumn, 1984).

Snyder, Glenn H. "Alliances, Balance, and Stability." *International Organization*, Vol.45, No.1(Winter 1991).

______. *Alliance Politics* (Ithaca: Cornell University Press, 1997).

______. "Alliance Theory: A Neorealist First Cut." *Journal of International Affairs*, Vol.44, No.1(Spring/Summer 1990).

______. "The Security Dilemma in Alliance Politics." *World Politics*, Vol.36, No.4 (July 1984).

Suhrke, Astri. "Gratuity or Tyranny: The Korean Alliances." *World Politics*, Vol.25, No.4(Jul. 1973).

Sutter, Robert G. "Peking's Relations with Vietnam and Korea: Implications for Future Change in Peking's Foreign Policy." *Issues and Studies*, Vol.23, No.9 (September 1987).

Szalontai, Balazs. "1956: A Challenge to Kim Il-sung." Paper presented at the conference on "New Evidence from Central and East European Archives on the Cold War in Asia." Budapest (October 30 to November 1, 2003).

______, and Sergey Radchenko. "North Korea's Efforts to Acquire Nuclear Technology and Nuclera Weapons: Evidence from Russian and Hungarian Archives." *CWIHP Working Paper*, No.53(August 2006).

Thomas, Risse-Kappen. "A Liberal Interpretation of the Transatlantic Security Community." In Peter Katzenstein (ed.). *The Culture of National Security: Norms and Identity in World Politics* (New York: Columbia University Press, 1996).

Tsui, David. "Did the CCP Sign a Secret Document on Mutual Defense with the DPRK in 1949?" *Journal of Contemporary China*, No.20(March 1999).

Tucker, Nancy Bernkopf. *China Confidential: American Diplomats and Sino-American Relations, 1945-1996* (New York: Columbia University Press, 2001).

Tyler, Patrick. "The (ab)normalization of U.S.-China relations." *Foreign Affairs*, Vol.78, No.5(Sept./Oct. 1999).

Van Evera, Stephen. "Primed for Peace: Europe After the Cold War." *International*

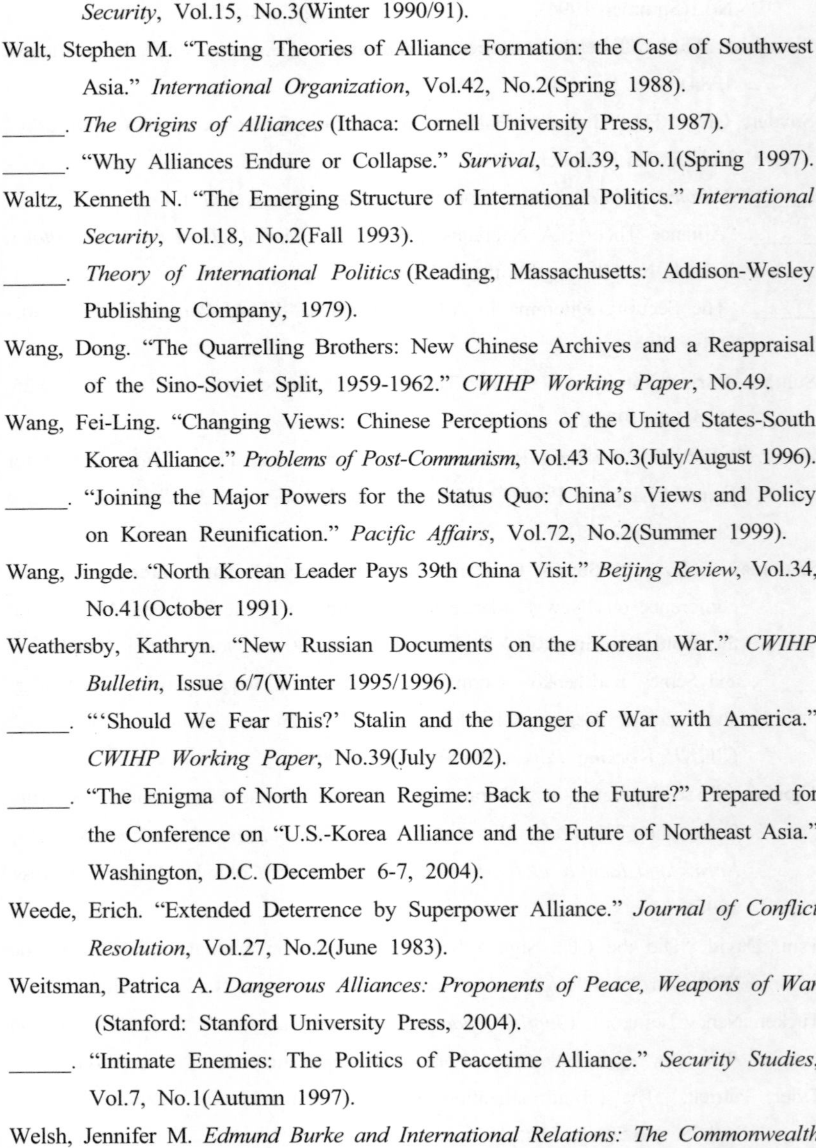

Security, Vol.15, No.3(Winter 1990/91).

Walt, Stephen M. "Testing Theories of Alliance Formation: the Case of Southwest Asia." *International Organization*, Vol.42, No.2(Spring 1988).

_____. *The Origins of Alliances* (Ithaca: Cornell University Press, 1987).

_____. "Why Alliances Endure or Collapse." *Survival*, Vol.39, No.1(Spring 1997).

Waltz, Kenneth N. "The Emerging Structure of International Politics." *International Security*, Vol.18, No.2(Fall 1993).

_____. *Theory of International Politics* (Reading, Massachusetts: Addison-Wesley Publishing Company, 1979).

Wang, Dong. "The Quarrelling Brothers: New Chinese Archives and a Reappraisal of the Sino-Soviet Split, 1959-1962." *CWIHP Working Paper*, No.49.

Wang, Fei-Ling. "Changing Views: Chinese Perceptions of the United States-South Korea Alliance." *Problems of Post-Communism*, Vol.43 No.3(July/August 1996).

_____. "Joining the Major Powers for the Status Quo: China's Views and Policy on Korean Reunification." *Pacific Affairs*, Vol.72, No.2(Summer 1999).

Wang, Jingde. "North Korean Leader Pays 39th China Visit." *Beijing Review*, Vol.34, No.41(October 1991).

Weathersby, Kathryn. "New Russian Documents on the Korean War." *CWIHP Bulletin*, Issue 6/7(Winter 1995/1996).

_____. "'Should We Fear This?' Stalin and the Danger of War with America." *CWIHP Working Paper*, No.39(July 2002).

_____. "The Enigma of North Korean Regime: Back to the Future?" Prepared for the Conference on "U.S.-Korea Alliance and the Future of Northeast Asia." Washington, D.C. (December 6-7, 2004).

Weede, Erich. "Extended Deterrence by Superpower Alliance." *Journal of Conflict Resolution*, Vol.27, No.2(June 1983).

Weitsman, Patrica A. *Dangerous Alliances: Proponents of Peace, Weapons of War* (Stanford: Stanford University Press, 2004).

_____. "Intimate Enemies: The Politics of Peacetime Alliance." *Security Studies*, Vol.7, No.1(Autumn 1997).

Welsh, Jennifer M. *Edmund Burke and International Relations: The Commonwealth of Europe and the Crusade against the French Revolution* (London: St.

Marin's Press, 1995).

Wendt, Alexander, and Daniel Fredheim. "Hierarchy under anarchy: informal empire and the East German state." *International Organization*, Vol.49, No.4 (Autumn 1995).

Whetten, Lawrence L. (ed.). *The Present State of Communist Internationalism* (D.C. Heath and Company: Lexington, Massachusetts, 1983).

Whiting, Allen S. "Forecasting Chinese Foreign Policy: IR Theory vs. the Fortune Cookie." In Thomas W. Robinson and David Shambaugh (eds.). *Chinese Foreign Policy: Theory and Practice* (Oxford: Clarendon Press, 1994).

______. *The Chinese Calculus of Deterrence: India and Indochina* (Ann Arbor: The University of Michigan Press, 1975).

Wolfers, Arnold (ed.). *Alliance Policy in the Cold War* (Westport, CT: Greenwood Press, 1959).

______. *Discord and Collaboration: Essays on International Politics* (Baltimore: The Johns Hopkins Press, 1962).

Wu, Anne. "What China Whispers to North Korea." *The Washington Quarterly*, Vol.28, No.2(Spring 2005).

Wu, Xinbo. "Managing the Korean Issue: A Chinese Perspective." *Korea and World Affairs*, Vol.24, No.1(Spring 2000).

Yang, Kuisong. "Changes in Mao Zedong's Attitude toward the Indochina War." *CWIHP Working Paper*, No.34(February 2002).

Yi, Xiaoxiong. "China's Korea Policy: From "One Korea" to "Two Koreas"." *Asian Affairs*, Vol.22, No.2(Summer 1995).

Yoshihara, Toshi, and James Holmes. "China, a Unified Korea, and Geopolitics." *Issues & Studies*, Vol.41, No.2(June 2005).

You, Ji. "China and North Korea: a fragile relationship of strategic convenience." *Journal of Contemporary China*, Vol.10, No.28(2001).

Yuan, Jing-dong. "Beijing Keeps a Wary Eye On the Korean Peace Process." *China Brief* (The Jamestown Foundation), Vol.7, No.22(November 29, 2007).

Zagoria, Donald S. "North Korea: Between Moscow and Beijing." In Robert A. Scalapino and Jun-Yop Kim (eds.). *North Korea Today* (Berkeley: University of California Press, 1983).

_____. *The Sino-Soviet Conflict, 1956-1961* (New York: Atheneum, 1969).

Zhai, Qiang. *China & the Vietnam Wars, 1950-1975* (Chapel Hill and London: The University of North Carolina Press, 2000).

Zhao, Quansheng. "Moving Toward a Co-Management Approach: China's Policy Toward North Korea and Taiwan." *Asian Perspective*, Vol.30, No.1(2006).

Zhu, Hongqian. "China and the Triangular Relationship." In Hao Yufan and Huan Guocang (eds.). *The Chinese View of the World* (New York: Pantheon, 1988).

Zubok, Valdislav, and Constantine Pleshakov. *Inside the Kremlin's Cold War: From Stalin to Khrushchev* (Harvard University Press, 1996).

中华人民共和国和朝鲜民主主义人民共和国友好合作互助条约

1961年 7月 11日

中华人民共和国主席和朝鲜民主主义人民共和国最高人民会议常任委员会，根据马克思列宁主义和无产阶级国际主义的原则，在互相尊重国家主权和领土完整、互不侵犯、互不干涉内政、平等互利、互相援助和支持的基础上，决心尽一切努力，进一步加强和发展中华人民共和国和朝鲜民主主义人民共和国之间的兄弟般的友好合作互助关系，共同保障两国人民的安全，维护和巩固亚洲和世界的和平，并且深信，两国之间的友好合作互相关系的发展和加强，不仅符合两国人民的根本利益，而且也符合世界各国人民的利益。为此目的，决定缔结本条约，并各派全权代表如下:

中华人民共和国主席特派中华人民共和国国务院总理周恩来；朝鲜民主主义人民共和国最高人民会议常任委员会特派朝鲜民主主义人民共和国内阁首相金日成。

双方全权代表互相校阅全权证书，认为妥善后，认定下列各条:

第一条

缔约双方将继续为维护亚洲和世界的和平和各国人民的安全而尽一切努力。

第二条

缔约双方保证共同采取一切措施，防止任何国家对缔约双方的任何一方的侵略。一旦缔约一方受到任何一个国家的或者几个国家联合的武装进攻，因而处于战争状态时，缔约另一方应立即尽其全力给予军事及其他援助。

第三条

缔约双方均不缔结反对缔约对方的任何同盟，并且不参加反对缔约对方的任何集团和任何行动或措施。

第四条

缔约双方将继续对两国共同利益有关的一切重大国际问题进行协商。

第五条

缔约双方将继续本着互相尊重主权、互不干涉内政、平等互利的原则和友好合作的精神，在两国的社会主义建设事业中，彼此给予一切可能的经济和技术援助；继续巩固和发展两国的经济、文化和科学技术合作。

第六条

缔约双方认为，朝鲜的统一必须在和平民主的基础上，而这种解决正符合朝鲜人民的民族利益和维护远东和平的目的。

第七条

本条约须经批准，并且互换批准之日起生效。批准书在平壤互换。

本条约在未经双方就修改或者终止问题达成协议前，将一直有效。

本条约于1961年7月11日在北京签定，共两份，每份都用中文和朝文写成，两种文本具有同等效力。

中华人民共和国
全权代表
周恩来
(签字)

朝鲜民主主义人民共和国
全权代表
金日成
(签字)

조선민주주의인민공화국과 중화인민공화국 간의 우호, 협조 및 호상 원조에 관한 조약

1961년 7월 11일

조선민주주의인민공화국 최고인민회의 상임위원회와 중화인민공화국 주석은 맑스-레닌주의와 프롤레타리아 국제주의의 원칙에 립각하여 또한 국가 주권과 령토 완정에 대한 호상 존중, 호상 불가침, 내정에 대한 호상 불간섭, 평등과 호혜, 호상 원조 및 지지의 기초 우에서 조선민주주의인민공화국과 중화인민공화국 간의 형제적 우호, 협조 및 호상 원조 관계를 가일층 강화 발전시키며 량국 인민의 안전을 공동으로 보장하며 아세아와 세계 평화를 유지 공고화하기 위하여 모든 노력을 다할 것을 결의한다. 또한 량국 간의 우호, 협조 및 호상 원조 관계의 강화 발전은 량국 인민의 근본 리익에 부합될 뿐만 아니라 또한 세계 각국 인민의 리익에 부합된다고 확신한다.

이 목적을 위하여 본 조약을 체결하기로 결정하고

조선민주주의인민공화국 최고인민회의 상임위원회는 조선민주주의인민공화국 내각 수상 김일성을;

중화인민공화국 주석은 중화인민공화국 국무원 총리 주은래를 각각 자기의 전권대표로 임명하였다.

쌍방 전권대표는 전권 위임장이 정확하다는 것을 호상 확인하고 다음과 같은 조항들에 대하여 합의하였다.

제1조

체약 쌍방은 아세아 및 세계의 평화와 각국 인민의 안전을 수호하기 위하여 계속 모든 노력을 다할 것이다.

제2조

체약 쌍방은 체약 쌍방 중 어느 일방에 대한 어떠한 국가로부터의 침략이라도 이를 방지하기 위하여 모든 조치를 공동으로 취할 의무를 지닌다.

체약 일방이 어떠한 한 개의 국가 또는 몇 개의 국가들의 련합으로부터 무력 침공을 당함으로써 전쟁상태에 처하게 되는 경우에 체약 상대방은 모든 힘을 다하여 지체없이 군사적 및 기타 원조를 제공한다.

제3조

체약 쌍방은 체약 상대방을 반대하는 어떠한 동맹도 체결하지 않으며 체약 상대방을 반대하는 어떠한 집단과 어떠한 행동 또는 조직에도 참가하지 않는다.

제4조

체약 쌍방은 양국의 공동 리익과 관련되는 일체 중요한 국제문제들에 대하여 계속 협의한다.

제5조

체약 쌍방은 주권에 대한 호상 존중, 내정에 대한 호상 불간섭, 평등과 호혜의 원칙 및 친선 협조의 정신에 계속 립각하여 량국의 사회주의 건설사업에서 호상 가능한 모든 경제적 및 기술적 원조를 제공하며 량국의 경제, 문화 및 과학기술적 협조를 계속 공고히 하며 발전시킨다.

제6조

체약 쌍방은 조선의 통일이 반드시 평화적이며 민주주의적인 기초 우에서 실현되어야 하며 그리고 이와 같은 해결이 곧 조선인민의 민족적 리익과 극동에서의 평화 유지에 부합된다고 인정한다.

제7조

본 조약은 비준을 받아야 하며 비준서를 교환한 날로부터 효력을 발생한다. 비준서는 평양에서 교환된다.

본 조약은 수정 또는 폐기할 데 대한 쌍방 간의 합의가 없는 이상 계속 효력을 가진다.

본 조약은 1961년 7월 11일 북경에서 조인되었으며 조선문과 중국문으로 각각 2통씩 작성된 이 두 원문은 동등한 효력을 가진다.

조선민주주의인민공화국	중화인민공화국
전권대표 김일성	전권대표 주은래

사항 색인

〈ㄷ〉

〈ㄹ〉

〈ㅁ〉

〈ㅂ〉

〈ㅅ〉

〈ㅇ〉

〈ㅈ〉

〈ㅊ〉

〈ㅋ〉

〈ㅌ〉

〈ㅍ〉

인명 색인

〈ㅊ〉

〈ㅋ〉

〈ㅌ〉

〈ㅍ〉

〈ㅎ〉

지은이 소개

❖ **최명해(崔明海 Choi, Myeong-hae)**

경북 영주 출생(1969)
중앙대학교 정치외교학과 졸업(1996)
대만 정치대학 정치학과 석사(1999)
고려대학교 정치외교학과 박사(2008)
외교안보연구원 연구원(1999~2008)
외교안보연구원 객원교수

주요 업적 |

"양빈(楊斌) 사건과 북한·중국 관계" (공저) (2005)
"1960년대 북한의 대중국 동맹딜레마와 '계산된 모험주의' " (2008)
"중국의 대미 데탕트 시도와 북·중 동맹관계의 재조명" (2008)
"북핵 문제의 현황 및 전망과 향후 대책" (공저) (2008)
"북 · 중 동맹조약 체결에 관한 소고" (2008)
"South Korea's Multilateral Security Policy and China" (2008)

중국·북한 동맹관계

불편한 동거의 역사

초판 1쇄 발행: 2009년 2월 18일
초판 2쇄 발행: 2009년 8월 27일

지은이: 최명해
발행인: 부성옥
발행처: 도서출판 오름
등록번호: 제2-1548호 (1993. 5. 11)

서울특별시 서초구 서초동 1420-6
전 화: (02) 585-9122, 9123 / 팩 스: (02) 584-7952
E-mail: oruem@oruem.co.kr
URL: http://www.oruem.co.kr

ISBN 978-89-7778-309-6 93340 정가 18,000원